Oberrath | Öffentliches Recht

Öffentliches Recht

Verfassungsrecht, Europarecht, Allg. Verwaltungsrecht und Verwaltungsprozessrecht mit Grundlagen des öffentlichen Wirtschaftsrechts

Von

Professor Dr. iur. Jörg-Dieter Oberrath

Fachhochschule Bielefeld
Fachbereich Wirtschaft

4., neu bearbeitete Auflage

Verlag Franz Vahlen München 2012

Zitiervorschlag: *Oberrath* ÖffR Rn.

www.vahlen.de

ISBN 978 3 8006 3949 6

Wilhelmstraße 9, 80801 München
Druck: Druckhaus Nomos
In den Lissen 12, 76547 Sinzheim

Satz: R. John + W. John GbR, Köln
Umschlagkonzeption: Martina Busch, Grafikdesign, Fürstenfeldbruck

Gedruckt auf säurefreiem, alterungsbeständigem Papier
(hergestellt aus chlorfrei gebleichtem Zellstoff)

Vorwort

Das vorliegende Buch dient der Vermittlung der Grundlagen des öffentlichen Rechts. Besprochen werden zunächst das Verfassungsrecht, das europäische Unionsrecht und das allgemeine Verwaltungsrecht sowie das Verwaltungsprozessrecht. Dabei wird ein Schwerpunkt auf die Regelungen gelegt, mit denen der Staat auf die Wirtschaft als Ganzes oder die wirtschaftliche Betätigung Einzelner Einfluss nimmt. Deswegen schließt die Darstellung auch mit einem Kapitel über das besondere Wirtschaftsverwaltungsrecht.

Das Buch wendet sich in erster Linie an Studierende des Wirtschaftsrechts bzw. der Wirtschaftswissenschaften. Es kann aber auch von Studierenden der Rechtswissenschaften zum Einstieg oder zur schnellen Auffrischung ihres Wissens im öffentlichen Recht herangezogen werden.

In die Neuauflage wurden die aktuellen Entwicklungen in den betreffenden Rechtsgebieten eingearbeitet, insbesondere die aktuelle Rechtsprechung des Bundesverfassungsgerichts zum Wahlrecht sowie den Grundrechten, das Integrationsverantwortungsgesetz sowie die Rechtsfragen im Zusammenhang mit dem »Eurorettungsschirm«.

Das Öffentliche Recht hat den Ruf, schwer zugänglich zu sein. Besonderes Anliegen des Buches ist es daher, den notwendigen Stoff anschaulich darzustellen und gezielte Hilfestellung zur Prüfungsvorbereitung zu geben. In Anlehnung an den durch den sehr geschätzten und leider viel zu früh verstorbenen Kollegen Prof. Dr. *Rainer Wörlen* geprägten »Dialogstil«, wird der Leser durch in den Text einbezogene Fragen und Fälle dazu animiert, das Gelesene aktiv zu rekapitulieren und seinen Wissenstand zu überprüfen. Zudem erleichtern zahlreiche Übersichten die Aufnahme des Stoffes sowie die Anwendung des Erlernten in Klausuren.

Wie in allen juristischen Fächern ist auch im öffentlichen Recht die Benutzung der einschlägigen Gesetzestexte unumgänglich. Empfehlenswert ist insoweit die Anschaffung der neuesten Auflage der im NWB-Verlag erschienenen Sammlung »Wichtige Wirtschaftsverwaltungs- und Gewerbegesetze«.

Für die Unterstützung bei der Erstellung des Manuskripts bedanke ich mich herzlich bei meiner wissenschaftlichen Hilfskraft Frau Stefanie Menzel (LL.B.).

Für Anregungen und Verbesserungsvorschläge bin ich stets dankbar. Sie können an den Verlag zu Händen des Verfassers oder direkt an mich (Fachhochschule Bielefeld, Fachbereich Wirtschaft, Universitätsstraße, 33615 Bielefeld) gerichtet werden.

Bielefeld, im Mai 2012 *Jörg-Dieter Oberrath*

Inhaltsverzeichnis

Verzeichnis der Übersichten

Abkürzungsverzeichnis

aA	anderer Ansicht
Abb.	Abbildung
ABl. EG	Amtsblatt der Europäischen Gemeinschaft
Abs.	Absatz
AEG	Allgemeines Eisenbahngesetz
AEUV	Vertrag über die Arbeitsweise der Europäischen Union
aF	alte Fassung
AGB	Allgemeine Geschäftsbedingungen
AGG	Allgemeines Gleichbehandlungsgesetz
AMG	Arzneimittelgesetz
Art.	Artikel
AsylVfG	Asylverfahrensgesetz
AÜG	Arbeitnehmerüberlassungsgesetz
AT	Allgemeiner Teil
AtomG	Atomgesetz
Aufl.	Auflage
AuslG	Ausländergesetz
BAföG	Bundesausbildungsförderungsgesetz
BauGB	Baugesetzbuch
BauNVO	Baunutzungsverordnung
BB	Betriebsberater (Zeitschrift)
BBankG	Bundesbankgesetz
BBiG	Berufsbildungsgesetz
BDI	Bundesverband der Deutschen Industrie
BDSG	Bundesdatenschutzgesetz
BetrAVG	Gesetz über die betriebliche Alterversorgung
BetrVG	Betriebsverfassungsgesetz
BfA	Bundesanstalt für Angestellte
BGB	Bürgerliches Gesetzbuch
BGBl.	Bundesgesetzblatt
BGH	Bundesgerichtshof
BGHZ	Bundesgerichtshofentscheidungen Zivilrecht
BHO	Bundeshaushaltsordnung
BIP	Bruttoinlandsprodukt
BImSchG	Bundesimmissionsschutzgesetz
BImSchV	Verordnung zum Bundesimmissionsschutzgesetz
BR	Bundesrat
BReg	Bundesregierung
BSHG	Bundessozialhilfegesetz
BT	Bundestag
BVerfG	Bundesverfassungsgericht
BVerfGE	Bundesverfassungsgerichtsentscheidung
BVerfGG	Gesetz über das Bundesverfassungsgericht
BVerwG	Bundesverwaltungsgericht
BVerwGE	Bundesverwaltungsgerichtsentscheidungen
bzw.	beziehungsweise
dh	das heißt
DB	Der Betrieb (Zeitschrift)
DÖV	Die öffentliche Verwaltung (Zeitschrift)
DVBl.	Deutsche Verwaltungsblätter (Zeitschrift)
EG	Europäische Gemeinschaft
EGKS	Europäische Gemeinschaft für Kohle und Stahl

EGV	Vertrag zur Gründung Europäische Gemeinschaft
EnWG	Energiewirtschaftsgesetz
EP	Europäisches Parlament
EStG	Einkommensteuergesetz
ESZB	Europäisches System der Zentralbanken
etc.	et cetera
EU	Europäische Union
EuG	Europäisches Gericht Erster Instanz
EuGH	Europäischer Gerichtshof
EUV	Vertrag zur Gründung der Europäische Union
EuVV	Europäischer Verfassungsvertrag
EuZW	Europäische Zeitschrift für Wirtschaftsrecht
EZB	Europäische Zentralbank
evtl.	eventuell
EVU	Energieversorgungsunternehmen
EWG	Europäische Wirtschaftsgemeinschaft
EWGV	Vertrag zur Gründung der Europäischen Wirtschaftsgemeinschaft
EWS	Europäisches Wirtschaftssystem
EZB	Europäische Zentralbank
FernStrG	Bundesfernstraßengesetz
FGO	Finanzgerichtsordnung
ff.	fortfolgende (Seiten)
Fn.	Fußnote
G v.	Gesetz vom
GastG	Gaststättengesetz
gem.	gemäß
GeschOBR	Geschäftsordnung des Bundesrates
GeschOBReg	Geschäftsordnung der Bundesregierung
GeschOBT	Geschäftsordnung des Deutschen Bundestages
GewArch.	Gewerbearchiv (Zeitschrift)
GewO	Gewerbeordnung
GG	Grundgesetz
ggf.	gegebenenfalls
GmbH	Gesellschaft mit beschränkter Haftung
GO	Gemeindeordnung
GR	Grundrechte
grds.	grundsätzlich
GSG	Gesetz über technische Arbeitsmittel
GPSG	Geräte- und Produktsicherheitsgesetz
GüKG	Güterkraftverkehrsgesetz
GVBl.	Gesetz- und Verordnungsblatt
GWB	Gesetz gegen Wettbewerbsbeschränkungen
hM	herrschende Meinung
HandwO	Handwerksordnung
HausTWG	Haustürwiderrufsgesetz
HessVGH	Hessischer Verwaltungsgerichtshof
HGB	Handelsgesetzbuch
HGrG	Haushaltsgrundsätzegesetz
HPG	Heilpraktikergesetz
Hs.	Halbsatz
idR	in der Regel
ieS	im engeren Sinn
IFG	Informationsfreiheitsgesetz
IHK	Industrie- und Handelskammer

IHKG	Gesetz über die Industrie- und Handelskammern
insbes.	insbesondere
IntVG	Gesetz über die Wahrnehmung der Integrationsvereinbarung des Bundestages und des Bundesrates in Angelegenheiten der Europäischen Union
iSd	im Sinne des
iSv	im Sinne von
iVm	in Verbindung mit
JA	Juristische Arbeitsblätter (Zeitschrift)
jP	juristische Person
Jura	Juristische Ausbildung (Zeitschrift)
JuS	Juristische Schulung (Zeitschrift)
Kap.	Kapitel
KG	Kommanditgesellschaft
KWG	Gesetz über das Kreditwesen
LadSchlG	Ladenschlussgesetz
LFGB	Lebensmittel- und Futtermittelgesetzbuch
LuftVG	Luftverkehrsgesetz
LuftVZO	Luftverkehrszulassungsordnung
Mio.	Millionen
MDStV	Medienstaatsvertrag
MS	Mitgliedstaat
nF	neue Fassung
NJW	Neue Juristische Wochenschrift
Nr.	Nummer
nP	natürliche Person
NRW	Nordrhein-Westfalen
NVwZ	Neue Zeitschrift für Verwaltungsrecht
NVwZ-RR	NVwZ-Rechtsprechungs-Report (Zeitschrift)
ÖffR	Öffentliches Recht
oHG	offene Handelsgesellschaft
OLG	Oberlandesgericht
OVG	Oberverwaltungsgericht
OWiG	Ordnungswidrigkeitengesetz
PBefG	Personenbeförderungsgesetz
ProdHaftG	Produkthaftungsgesetz
ProdSG	Produktsicherheitsgesetz
ProstG	Prostitutionsgesetz
R	Recht
RL	Richtlinie
Rn.	Randnummer
Rspr.	Rechtsprechung
RStV	Rundfunkstaatsvertrag
S.	Seite
SGB	Sozialgesetzbuch
SGG	Sozialgerichtsgesetz
Slg.	Sammlung der Rechtsprechung des Europäischen Gerichtshofes
sog.	so genannte
SpuR	Sport und Recht (Zeitschrift)
StGB	Strafgesetzbuch

StPO	Strafprozessordnung
str.	strittig
StVG	Straßenverkehrsgesetz
StVZO	Straßenverkehrszulassungsordnung
StWG	Gesetz zur Förderung der Stabilität und des Wachstums der Wirtschaft
SubvG	Subventionsgesetz
TDG	Teledienstgesetz
TierSchG	Tierschutzgesetz
TKG	Telekommunikationsgesetz
TMG	Telemediengesetz
ua	unter anderem
UAG	Umweltauditgesetz
UrhG	Urheberrechtsgesetz
UStG	Umsatzsteuergesetz
uU	unter Umständen
UVPG	Gesetz über die Umweltverträglichkeitsprüfung
UWG	Gesetz gegen den unlauteren Wettbewerb
VA	Verwaltungsakt
VAEU	Vertrag über die Arbeitsweise der EU
VAG	Versicherungsaufsichtsgesetz
Verf	Verfassung
VerfR	Verfassungsrecht
Verw	Verwaltung
VerwR	Verwaltungsrecht
VG	Verwaltungsgericht
VGH	Verwaltungsgerichtshof
vgl.	vergleiche
VO	Verordnung
VOEG	Verordnung der Europäischen Gemeinschaft
VOEU	Verordnung der Europäischen Union
VR	Verwaltungsrundschau (Zeitschrift)
VwGO	Verwaltungsgerichtsordnung
VwVfG	Verwaltungsverfahrensgesetz
VwVG	Verwaltungsvollstreckungsgesetz
VwZG	Verwaltungszustellungsgesetz
WaffG	Waffengesetz
WHG	Wasserhaushaltsgesetz
zB	zum Beispiel
zT	zum Teil
Ziff.	Ziffer
ZPO	Zivilprozessordnung

Literaturverzeichnis

(Aufgeführt sind nur Lehrbücher und Kommentare; Aufsätze sind im Text mit Verfasser und vollständigem Titel zitiert.)

Arndt, Hans-Wolfgang/ Rudolf, Walter	Öffentliches Recht, 15. Aufl. 2007 (zit. *Arndt/Rudolf* ÖffR)
Arndt, Hans-Wolfgang/ Fischer, Kristian	Europarecht, 10. Aufl. 2010 (zit. *Arndt/Fischer* EuropaR)
Arndt, Hans-Wolfgang/ Fischer, Kristian	Europarecht – 20 Fälle mit Lösungen, 7. Aufl. 2010 (zit. *Arndt/Fischer* EuropaR – Fälle)
Badura, Peter	Wirtschaftsverfassung und Wirtschaftsverwaltung, 4. Aufl. 2010 (zit. *Badura* WirtschaftsVerf/WirtschaftsVerw)
Baldus, Manfred/ Grzesziak, Bernd/ Wienhues, Sigrid	Staatshaftungsrecht, 3. Aufl. 2009 (zit. *Baldus/Grzesziak/ Wienhues* StaatsHaftR)
Battis, Ulrich	Allgemeines Verwaltungsrecht, 3. Aufl. 2002 (zit. *Battis* VerwR AT)
Borchardt, Klaus Dieter/ Grabitz, Eberhard	Die rechtlichen Grundlagen der Europäischen Union, 4. Aufl. 2010 (zit. *Borchardt/Grabitz* Grundl. EU)
Brox, Hans/ Rüthers, Bernd/ Henssler, Martin	Arbeitsrecht, 18. Aufl. 2011 (zit. *Brox/Rüthers/Henssler* ArbR)
Degenhart, Christoph	Staatsrecht I, 27. Aufl. 2011 (zit. *Degenhart* StaatsR I)
Detterbeck, Steffen	Öffentliches Recht für Wirtschaftswissenschaftler, 8. Aufl. 2011 (zit. *Detterbeck* ÖffR)
Detterbeck, Steffen	Allgemeines Verwaltungsrecht mit Verwaltungsprozessrecht, 10. Aufl. 2012 (zit. *Detterbeck* VerwR AT)
Dietlein, Johannes	Examinatorium Staatsrecht, 2. Aufl. 2005 (zit. *Dietlein* Examinatorium StaatsR)
Doerfert, Carsten	Europarecht, 4. Aufl. 2010 (zit. *Doerfert* EuropaR)
Doerfert, Carsten/ Oberrath, Jörg-Dieter/ Schäfer, Peter	Arbeitsbuch Europarecht, 3. Aufl. 2010 (zit. *Doerfert/ Oberrath/Schäfer* EuropaR)
Doehring, Karl	Allgemeine Staatslehre, 3. Aufl. 2004 (zit. *Doehring* AllgStaatsL)
Erbguth, Wilfried	Allgemeines Verwaltungsrecht, 4. Aufl. 2011 (zit. *Erbguth* VerwR AT)
Fischer, Hans Georg	Europarecht, 2. Aufl. 2008 (zit. *Fischer* EuropaR)
Frenz, Walter	Öffentliches Recht, 5. Aufl. 2011 (zit. *Frenz* ÖffR)
Frotscher, Werner/ Kramer, Urs	Wirtschaftsverfassungs- und Wirtschaftsverwaltungsrecht, 5. Aufl., 2008 (zit. *Frotscher/Kramer* WirtschaftsVerfR/WirtschaftsVerwR)

Glaser, Andreas/ Klement, Jan Henrik — Öffentliches Wirtschaftsrecht, 2009 (zit. *Glaser/Klement* Öff-WirtschaftsR)

Gramlich, Ludwig — Öffentliches Wirtschaftsrecht – Schnell erfasst, 2007 (zit. *Gramlich* ÖffWirtschaftsR)

Grote, Rainer/ Kraus, Dieter — Fälle zu den Grundrechten, 3. Aufl. 2007 (zit. *Grote/Kraus* Fälle GR)

Gröpl, Christoph — Staatsrecht I, 3.Aufl. 2011 (zit. *Gröpl* StaatsR I)

Häde, Ulrich — Verwaltungsrecht, 2. Aufl. 2002 (zit. *Häde* VerwR)

Hakenberg, Waltraud — Europarecht, 6. Aufl. 2012 (zit. *Hakenberg* EuropaR)

Haratsch, Andreas/ Koenig, Christan/ Pechstein, Matthias — Europarecht, 7. Aufl. 2010 (zit. *Haratsch/Koenig/Pechstein* EuropaR)

Haug, Volker — Staats- u. Verwaltungsrecht, 7. Aufl. 2008 (zit. *Haug* StaatsR/ VerwR)

Heintschel von Heinegg, Wolff/ Pallas/Nadine — Grundrechte, 2002 (*Heintschel von Heinegg/Pallas* GR)

Hendler, Reinhard — Allgemeines Verwaltungsrecht, 3. Aufl. 2000 (zit. *Hendler* VerwR AT)

Herdegen, Matthias — Europarecht, 14. Aufl. 2012 (zit. *Herdegen* EuropaR)

Hobe, Stephan — Europarecht, 7. Aufl. 2012 (zit. *Hobe* EuropaR)

Hösch, Ulrich — Fälle und Lösungen zum Wirtschaftsverwaltungsrecht, 2001 (zit. *Hösch* Fälle WirtschaftsverwR)

Hofmann, Harald/ Gerke, Jürgen — Allgemeines Verwaltungsrecht, 10. Aufl. 2010 (zit. *Hofmann/ Gerke* VerwR AT)

Honig, Gerhart/ Knarr, Matthias — Handwerksordnung – Kommentar, 4. Aufl., 2008 (zit. Honig/ Knarr/*Bearbeiter* HandwO)

Hufen, Friedhelm — Verwaltungsprozessrecht, 8. Aufl. 2011 (zit. *Hufen* Verw-ProzR)

Hufen, Friedrich — Staatsrecht II – Grundrechte, 3. Aufl. 2011 (zit. *Hufen* Staats-R II)

Ipsen, Jörn — Staatsrecht I – Staatsorganisationsrecht, 23. Aufl. 2011 (zit. *Ipsen* StaatsR I)

Ipsen, Jörn — Staatsrecht II – Grundrechte, 14. Aufl. 2011 (zit. *Ipsen* Staats-R II)

Ipsen, Jörn — Allgemeines Verwaltungsrecht, 7. Aufl. 2011 (zit. *Ipsen* VerwR AT)

Jarass, Hans Dieter — Wirtschaftsverwaltungsrecht, 3. Aufl. 1997 (zit. *Jarass* Wirt-schaftsVerwR)

Jarass, Hans Dieter/ Pieroth, Bodo — Grundgesetz für die Bundesrepublik Deutschland – Kommentar, 11. Aufl. 2011

Katz, Alfred — Staatsrecht, 18. Aufl. 2010 (*Katz* StaatsR)

Kilian, Wolfgang — Europäisches Wirtschaftsrecht, 4. Aufl. 2010 (zit. *Kilian* Eu-ropWirtschaftsR)

Koch, Hans-Joachim/ Rubel, Rüdiger/ Heselhaus, Sebastian — Allgemeines Verwaltungsrecht, 3. Aufl. 2003 (zit. *Koch/ Rubel/Heselhaus* VerwR AT)

Kopp, Ferdinand/ Ramsauer, Ulrich — Verwaltungsverfahrensgesetz – Kommentar, 12. Aufl. 2011

Kopp, Ferdinand/ Schenke, Wolf-Rüdiger — Verwaltungsgerichtsordnung – Kommentar, 17. Aufl. 2011

Landmann, Robert von/ Rohmer, Gustav — Gewerbeordnung – Loseblattkommentar, Stand 1. September 2011 (zit. Landmann/Rohmer/*Bearbeiter*)

Manssen, Gerrit — Staatsrecht II, 9. Aufl. 2012 (zit. *Manssen* StaatsR II)

Maurer, Hartmut — Allgemeines Verwaltungsrecht, 18. Aufl. 2011 (zit. *Maurer* VerwR AT)

Maurer, Hartmut — Staatsrecht I, 6. Aufl. 2010 (zit. *Maurer* StaatsR I)

Michel, Elmar/ Kienzle, Werner/ Pauly, Rende — Das Gaststättengesetz – Kommentar, 2003 (zit. Michel/ Kienzle/Pauly/*Bearbeiter*)

Oberrath, Jörg-Dieter/ Schmidt, Alexander/ Schomerus, Thomas — Arbeitsbuch Öffentliches Wirtschaftsrecht, 3. Aufl. 2009 (zit. *Oberrath/Schmidt/Schomerus* ÖffWirtschaftsR)

Oppermann, Tomas/ Classen, Claus Dieter/ Nettesheim, Martin — Europarecht, 5. Aufl. 2011 (zit. *Oppermann/Classen/Nettesheim* EuropaR)

Palandt, Otto — Kommentar zum Bürgerlichen Gesetzbuch, 71. Aufl. 2012 (zit. Palandt/*Bearbeiter* BGB)

Peine, Franz-Joseph — Allgemeines Verwaltungsrecht, 10. Aufl. 2011 (zit. *Peine* VerwR AT)

Peto, Rudolf — Grundlagen der Makroökonomik, 13. Aufl. 2008 (zit. *Peto* Makroökonomie)

Pieroth, Bodo/ Schlink, Bernhard — Grundrechte – Staatsrecht II, 25. Aufl. 2009 (zit. *Pieroth/ Schlink* StaatsR II)

Robinski, Severin — Gewerberecht, 2. Aufl. 2002 (zit. Robinski/*Bearbeiter* GewR)

Ruthig, Josef/ Storr, Stefan — Öffentliches Wirtschaftsrecht, 3. Aufl. 2011 (zit. *Ruthig/Storr* ÖffWirtschaftsR)

Sander, Gerald G./ Sigloch, Daniel — Fälle zum Wirtschaftsverfassungs- und Wirtschaftsverwaltungsrecht, 2003 (zit. *Sander/Sigloch* Fälle WirtschaftsVerfR/ WirtschaftsVerwR)

Schäfer, Peter — Studienbuch Europarecht 3. Aufl. 2006 (zit. *Schäfer* EuropaR)

Schenke, Wolf-Rüdiger — Verwaltungsprozessrecht, 13. Aufl. 2012 (zit. *Schenke* VerwProzR)

Schliesky, Utz — Öffentliches Wirtschaftsrecht, 3. Aufl. 2008 (zit. *Schliesky* ÖffWirtschaftsR)

Schmidt, Reiner/ Vollmöller, Thomas (Hrsg) — Kompendium Öffentliches Wirtschaftsrecht, 3. Aufl. 2007 (zit. *Schmidt/Vollmöller* ÖffWirtschaftsR)

Schmitt Glaeser, Walter/ Horn, Hans-Detlef — Verwaltungsprozessrecht, 16. Aufl. 2009 (zit. *Schmitt Glaeser/Horn* VerwProzR)

Schöbener, Burkhardt/ Jahn, Ralf	Fälle zum Öffentlichen Wirtschaftsrecht, 2. Aufl. 2009 (zit. *Schöbener/Jahn* Fälle ÖffWirtschaftsR)
Schomerus, Thomas/ Hobro, Yvonne	Verwaltungsrecht, 2. Aufl. 2007 (zit. *Schomerus/Hobro* VerwR)
Schwerdtfeger, Gunther	Öffentliches Recht in der Fallbearbeitung, 13. Aufl. 2008 (zit. *Schwerdtfeger* Fallbearbeitung ÖffR)
Sodan,Helge/ Ziekow, Jan	Grundkurs Öffentliches Recht, 5. Aufl. 2012 (zit. *Sodan/ Ziekow* GK ÖffR)
Stober, Rolf	Allgemeines Wirtschaftsverwaltungsrecht, 17. Aufl. 2011 (zit. *Stober* WirtschaftsVerwR AT)
Stober, Rolf	Besonderes Wirtschaftsverwaltungsrecht, 17. Aufl. 2011 (zit. *Stober* WirtschaftsVerwR BT)
Streinz, Rudolf	Europarecht, 9. Aufl. 2012 (zit. *Streinz* EuropaR)
Streinz, Rudolf/ Ohler, Christoph/ Herrmann, Christoph	Der Vertrag von Lissabon zur Reform der EU, 3. Aufl. 2010 (zit. *Streinz/Ohler/Herrmann* Lissabon)
Tettinger, Peter J./ Wank, Rolf	Gewerbeordnung – Kommentar, 8. Aufl. 2011 (zit. Tettinger/ Wank/*Bearbeiter*)
Tettinger, Peter J./ Wahrendorf, Volker	Verwaltungsprozessrecht, 3. Aufl. 2005 (zit. *Tettinger/ Wahrendorf* VerwProzR)
Többens, Hans	Wirtschaftsstrafrecht, 2006 (zit. *Többens* WirtschaftsStrafR)
Wessels, Johannes/ Hillenkamp, Thomas	Strafrecht Besonderer Teil/2, 32. Aufl. 2009 (zit. *Wessels/ Hillenkamp* StrafR BT/2)
Wolff, Heinrich Amadeus/ Decker, Andreas	Studienkommentar VwGO/VwVfG, 3. Aufl. 2012 (zit. Wolff/Decker/*Bearbeiter*)
Woll, Artur	Allgemeine Volkswirtschaftslehre, 15. Aufl. 2007 (zit. *Woll* AllgVWL)
Wörlen, Rainer/ Kokemoor, Axel	Sachenrecht, 8. Aufl. 2012 (zit. *Wörlen/Kokemoor* SachenR)
Wörlen, Rainer/ Metzler-Müller, Karin	Schuldrecht Besonderer Teil, 10. Aufl. 2011 (zit. *Wörlen/ Metzler-Müller* SchuldR BT)
Wörlen, Rainer/ Kokemoor, Axel	Arbeitsrecht, 10. Aufl. 2011 (zit. *Wörlen/Kokemoor* ArbR)
Wörlen, Rainer/ Metzler-Müller, Karin	BGB AT, 12. Aufl. 2012 (zit. *Wörlen/Metzler-Müller* BGB AT)
Wolffgang, Hans-Michael (Hrsg.)/ Kock, Kai-Uwe/ Stüwe, Richard/ Zimmermann, Heiko	Öffentliches Recht und Europarecht, 5. Aufl., 2010 (zit. *WKSZ* ÖffR/EuropaR)
Würtenberger, Thomas	Verwaltungsprozessrecht, 3. Aufl. 2011 (zit. *Würtenberger* VerwProzR)
Ziekow, Jan	Öffentliches Wirtschaftsrecht, 2. Aufl. 2010 (zit. *Ziekow* ÖffWirtschaftsR)

1. Teil. Einführung

I. Begriff des öffentlichen Rechts

Das Leben allgemein und insbesondere auch die unternehmerische Tätigkeit werden wesentlich durch die Rahmenbedingungen und die Vorgaben, die der Staat bestimmt, beeinflusst. Die rechtlichen Grundlagen für das Verhältnis des Staats zu seinen Bürgern und den Unternehmen sind Hauptgegenstand des **öffentlichen Rechts**. Daneben gehören zum öffentlichen Recht auch die Vorschriften für das Verhältnis von staatlichen Stellen untereinander. 1

Abzugrenzen ist das öffentliche Recht vom **Privatrecht**.[1] Während das öffentliche Recht in weiten Teilen vom Überordnungsverhältnis zwischen Staat und Bürger geprägt ist, hat das Privatrecht die Beziehung gleich geordneter Rechtssubjekte zum Gegenstand. 2

> **Beispiel:** Die Auseinandersetzung eines Unternehmers mit einem Lieferanten wegen der Mangelhaftigkeit der gelieferten Ware gehört dem Privatrecht an, da die beiden Rechtssubjekte Unternehmer und Lieferant sich gleich geordnet gegenüber stehen. Dagegen geht es bei der Erhebung von Steuern durch den Staat oder bei der Anordnung eines bestimmten Verhaltens durch eine Behörde um öffentliches Recht, da hier der Staat als übergeordnete Institution dem Bürger als untergeordnetem Rechtssubjekt gegenüber tritt.

Das öffentliche Recht kann nach dem Urheber der Regelungen bzw. ihrem Anwendungsbereich in verschiedene Bereiche eingeteilt werden, die der folgenden Übersicht zu entnehmen sind: 3

Übersicht 1: Gegenstand des öffentlichen Rechts

Gegenstände des öffentlichen Rechts			
= staatliche Regelungen zum Verhältnis Staat – Bürger			
Europäisches Unionsrecht	**Nationales Verfassungsrecht**	**Allgemeines Verwaltungsrecht und Verwaltungsprozessrecht**	**Besonderes Verwaltungsrecht**
Vorgaben an die Mitgliedstaaten, die Wirtschaft/den wirtschaftlich Tätigen und die Bürger	Vorgaben an staatliche Stellen	Allgemeine Regelungen zum Umgang der Verwaltung mit den Bürgern und Rechtsschutzmöglichkeiten der Bürger gegen Handlungen der Verwaltung	Regelung besonderer Sachverhalte, insbes. bestimmter Tätigkeiten

1 Zum Wirtschaftsprivatrecht gehören insbesondere das Bürgerliche Recht, das Handels- und Gesellschaftsrecht sowie das Arbeitsrecht.

II. Rechtsquellen

4 Das staatliche Handeln gegenüber den Bürgern und Unternehmen wird durch zahlreiche Rechtsvorschriften bestimmt. Diese Vorschriften sind der Ursprung für das zwischen Staat und dem Einzelnen bzw. Unternehmen geltende Recht und werden daher als Rechtsquellen bezeichnet. Zur Systematisierung der Rechtsquellen lassen sich vier Begriffspaare bilden.

1. Geschriebenes und ungeschriebenes Recht

5 Die überwiegende Zahl der Rechtsquellen sind geschriebene, dh die Regeln sind in Gesetzen und Verordnungen etc. niedergeschrieben. Manche Rechtsregeln gelten aber auch ohne dass sie irgendwo niedergeschrieben sind, als sog. Gewohnheitsrecht.

Beispiel: Gewohnheitsrechtlich ist zB anerkannt, dass Festsetzungen in einem Bebauungsplan (= Satzung) durch eine entgegenstehende Praxis der Baugenehmigungsbehörden verdrängt werden können.

2. Übernationales und nationales Recht

6 Nach dem Urheber der Rechtsvorschrift unterscheidet man übernationales und nationales Recht. Beim übernationalen Recht sind das Völkerrecht und das Europarecht zu unterscheiden. Völkerrecht sind die Regelungen, die insbesondere aufgrund völkerrechtlicher Verträge zwischen verschiedenen Staaten gelten. Als Europarecht kann man diejenigen Rechtsvorschriften bezeichnen, die im Gebiet der Europäischen Union gelten und die sich aus den entsprechenden Verträgen und den von den Organen der Europäischen Union aufgestellten Rechtssätzen zusammensetzen (Europarecht im engeren Sinne). Das nationale Recht wird von den Rechtsvorschriften gebildet, die ein Staat für sein Hoheitsgebiet erlassen hat.

3. Verfassungsrecht und einfaches Recht

7 Das nationale Recht lässt sich wiederum untergliedern in Verfassungsrecht und einfaches Recht. Das Verfassungsrecht legt die Grundordnung des jeweiligen Staates fest. In der Bundesrepublik Deutschland ist dies durch das **Grundgesetz** geschehen. Ebenfalls Verfassungsrecht sind die Verträge für die Europäische Union. Das einfache Recht gestaltet die Rechtsbeziehungen innerhalb dieses Staates auf der Grundlage des Verfassungsrechts näher aus.

4. Gesetze und untergesetzliche Rechtsvorschriften

8 Die Unterscheidung zwischen Gesetz und untergesetzlichen Rechtsvorschriften knüpft an die Urheberschaft des Rechtssatzes an. Während ein Gesetz vom Gesetzgeber (Legislative) erlassen wird, werden die untergesetzlichen Rechtsvorschriften von der Verwaltung (Exekutive) erlassen, um die Gesetze auszufüllen. Inhaltlich stehen sich Gesetz und untergesetzliche Rechtsvorschriften gleich, da beide abstrakt generelle Regelungen enthalten, dh eine Vielzahl von Fällen für eine Vielzahl von Personen regeln. In der Rechtslehre werden daher auch die untergesetzlichen Rechtsvorschriften als **Gesetze im materiellen Sinne** aufgefasst. **Gesetze im formellen Sinne**

sind dagegen nur die von der Legislative erlassenen Regelungen (sog. Parlamentsgesetze). Die Unterscheidung verdeutlicht die Übersicht 2.

Übersicht 2: Begriff des Gesetzes 9

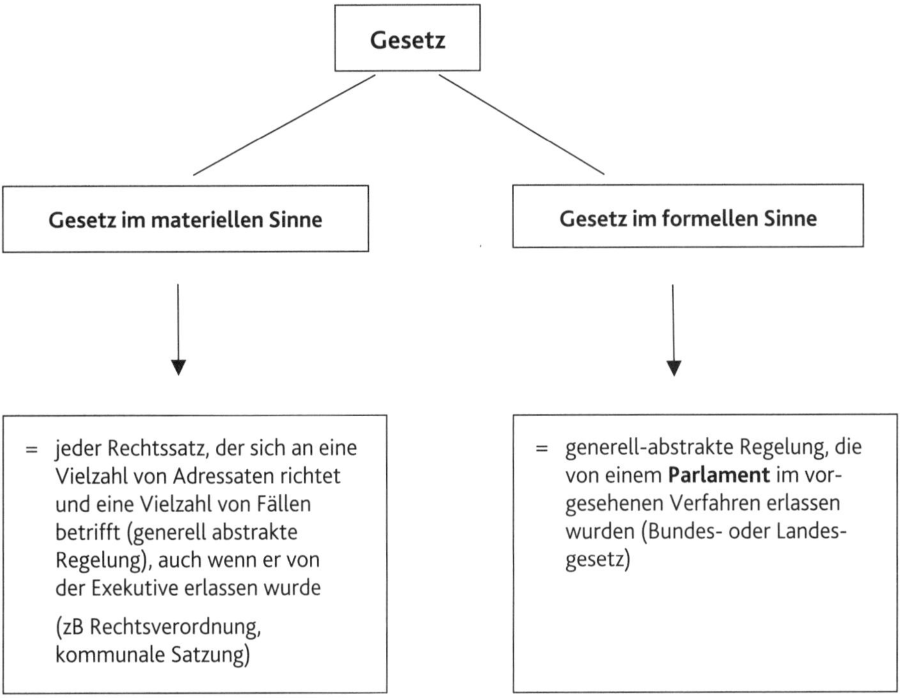

Aufgrund der Vielzahl der Rechtsquellen ist es erforderlich, zwischen den einzelnen Rechtsquellen eine Rangordnung festzulegen. Danach geht das übernationale Recht grundsätzlich dem nationalen Recht vor, was das Grundgesetz für das Völkerrecht in Art. 25 GG ausspricht und für das Europarecht in Art. 23 GG andeutet. Innerhalb des nationalen Rechts gilt, dass ein Gesetz dem untergesetzlichen Recht vorgeht und dass im Verhältnis von bundesrechtlichen Vorschriften zu landesrechtlichen Vorschriften das Bundesrecht vorgeht (Art. 31 GG). Damit ergibt sich insgesamt die in Übersicht 3 dargestellte Hierarchie. 10

11 Übersicht 3: Rangordnung der Rechtsquellen

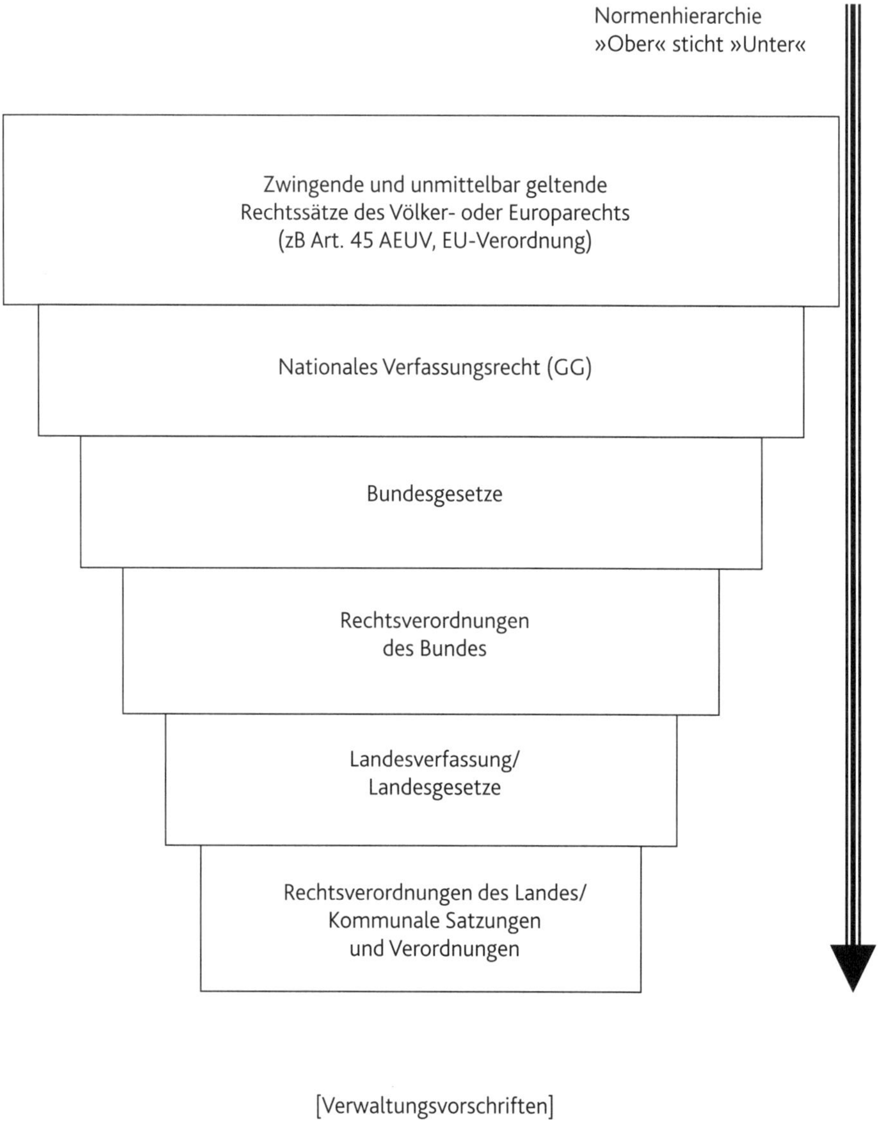

12 Für das öffentliche Recht existieren auf jeder dieser Stufen Rechtsvorschriften. Im nationalen Recht gibt es dabei – anders als im (Wirtschafts-)Privatrecht, wo mit dem BGB zumindest eine Art gesetzliche Grundordnung besteht, die für alle einzelnen Rechtsgebiete den Rahmen vorgibt – für jedes Gebiet eine Vielzahl von Vorschriften.

13 Besonders wichtig sind:

- im **Verfassungsrecht**

das Grundgesetz (GG)
das Bundesverfassungsgerichtsgesetz (BVerfGG)
das Stabilitätsgesetz (StWG)
- im **europäischen Unionsrecht**
der Vertrag über die Europäische Union (EUV)
der Vertrag über die Arbeitsweise der Europäischen Union (AEUV)
- im **allgemeinen Verwaltungsrecht**
die Verwaltungsverfahrensgesetze des Bundes und der Länder (VwVfG)
die Verwaltungsgerichtsordnung (VwGO)
- im **besonderen Verwaltungsrecht**
die Gewerbeordnung (GewO)
das Gaststättengesetz (GastG)
die Handwerksordnung (HandO)
das Bundesimmissionsschutzgesetz (BImSchG)
das Bundesbaugesetz (BauBG)

III. Exkurs: Das öffentliche Wirtschaftsrecht

1. Begriffliches

In den Curricula der Hochschulen und in Lehrbüchern kann man die Begriffe **öffentliches Wirtschaftsrecht** und **Wirtschaftsverwaltungsrecht** finden. Beide bezeichnen im Prinzip das Gleiche, nämlich die Summe derjenigen rechtlichen Bestimmungen, die die Grundlagen für das Auftreten und Handeln von Behörden gegenüber wirtschaftlich Tätigen darstellen. 14

Für das vorliegende Buch wird das **öffentliche Wirtschaftsrecht** mit dem Begriff des Wirtschaftsverwaltungsrechts im weiteren Sinne gleichgesetzt. Damit deckt er das Wirtschaftsverfassungsrecht, das Wirtschaftsverwaltungsrecht im engeren Sinne und das europäische Unionsrecht ab. Dabei werden in diesem Buch beim Verfassungsrecht (Teil 2), beim Europarecht (Teil 3) und beim Allgemeinen Verwaltungsrecht bzw. Verwaltungsprozessrecht (Teil 4)[2] die Besonderheiten dieser Rechtsgebiete bei der Anwendung auf wirtschaftliche Betätigung mit behandelt. Teil 5 des Buches wird sich dagegen allein Fragestellungen des Wirtschaftsverwaltungsrechts im engeren Sinne widmen, in dem dort ausgewählte Bereiche des besonderen Wirtschaftsverwaltungsrechts besprochen werden. 15

Die Ausführungen zum öffentlichen Wirtschaftsrecht sollen dabei die Kenntnisse des Wirtschaftsprivatrechts, die den Studierenden in den zivilrechtlichen Fächern vermittelt werden, ergänzen und damit das Wissen über den rechtlichen Rahmen wirtschaftlicher Tätigkeit komplettieren. 16

Manche Rechtsgebiete, die für die wirtschaftliche Betätigung wichtig sind, haben Verbindungen sowohl zum öffentlichen Recht als auch zum Privatrecht. Dies gilt insbesondere für das Kartell- und Wettbewerbsrecht, das in der Regel in speziellen Veranstaltungen und Lehrbüchern gelehrt wird. 17

2 Diese Gebiete werden häufig unter dem Begriff »Allgemeines Wirtschaftsverwaltungsrecht« zusammengefasst.

2. Mittel des öffentlichen Wirtschaftsrechts

Bei der Definition des Begriffs öffentliches Wirtschaftsrecht wurde davon ausgegangen, dass es die Rechtsvorschriften erfasst, aufgrund deren die staatlichen Behörden den Unternehmern entgegentreten. Die Formen der Einwirkung des Staates auf die unternehmerische Tätigkeit sind vielfältig.

18 Der Staat kann die wirtschaftliche Tätigkeit **lenken**, indem er zur Erreichung bestimmter wirtschaftspolitischer Ziele bestimmte Vorgaben macht, die unmittelbar auf die unternehmerische Entscheidung einwirken. Mittel der Wirtschaftslenkung können wirtschaftspolitische Maßnahmen[3] oder Eingriffe sein, die eine gesamtwirtschaftliche Zielrichtung haben.[4]

Beispiele: Wirtschaftslenkung liegt zB vor, wenn der Staat auf die Produktion bzw. den Vertrieb bestimmter Güter eine Abgabe erhebt, wenn er sich verpflichtet, bestimmte Produkte aufzukaufen, wenn sie auf dem Markt keinen bestimmten Preis erreichen oder wenn er die Zahl derjenigen, die eine bestimmte wirtschaftliche Tätigkeit ausüben dürfen, begrenzt.

19 Im Rahmen der **Wirtschaftsaufsicht bzw. -überwachung** wird der Staat tätig, wenn er Maßnahmen ergreift, die dazu nötig sind, Gefahren, die von einer bestimmten wirtschaftlichen Tätigkeit ausgehen, einzudämmen.

Beispiele: Im Rahmen der Wirtschaftsaufsicht bzw. -überwachung wird der Staat tätig, wenn er zB für das Betreiben einer Anlage, die Schadstoffe emittiert, eine Genehmigung nach dem BImSchG verlangt, wenn er das Betreiben einer Gaststätte von einer entsprechenden Genehmigung abhängig macht oder wenn er jemandem seine gewerbliche Tätigkeit untersagt, weil dieser die Tätigkeit nicht ordnungsgemäß ausübt.

20 Im Wege der **Wirtschaftsplanung** wird der Staat tätig, wenn er Pläne oder Programme aufstellt, die zB Wirtschaftsdaten festlegen oder die wirtschaftliche Tätigkeit örtlich strukturieren. Ziel der Wirtschaftsplanung ist, für die Gesamtwirtschaft oder einzelne Bereiche der Wirtschaft mittel- oder langfristige Pläne zu formulieren und Vorgaben zu deren Einrichtung zu machen. Inhaltlich kann zwischen reiner Wirtschaftsplanung, räumlicher Planung und fachbezogener Planung unterschieden werden.[5]

Beispiele: Reine Wirtschaftsplanung sind der Haushaltsplan (Art. 110 GG), der Finanzplan oder der Jahreswirtschaftsplan nach § 2 StWG; zur räumlichen Planung gehören Maßnahmen der Raumordnung oder die Bauleitpläne; fachspezifische Planungen sind die wasserrechtlichen Bewirtschaftungspläne (§ 83 WHG) oder die Planfeststellung konkreter Projekte (zB § 17 FStG).

21 Schließlich kann der Staat im Rahmen der **Wirtschaftsförderung** tätig werden, in dem er einem Unternehmen Subventionen gewährt oder Aufträge an bestimmte Unternehmen vergibt.[6]

Die möglichen Einwirkungen des Staates auf die Wirtschaft sind in Übersicht 4 noch einmal zusammengefasst.

---

3 Siehe dazu in 2. Teil 2. Kapitel.
4 Insoweit kritisch *Schliesky* ÖffWirtschaftsR S. 112.
5 Näher *Schliesky* ÖffWirtschaftsR S. 120.
6 → Rn. 1197 ff.

Übersicht 4: Staatliche Einwirkungen auf die Wirtschaft 22

Wirtschaftslenkung ⇨	Einwirkung auf Gesamtwirtschaft zB Konjunktursteuerung, Marktordnung, Steuern und Sonderabgaben
Wirtschaftsplanung ⇨	Einwirkung auf Gesamtwirtschaft oder mittelbar auf einzelne Unternehmen zB Haushaltsplan, Regionalplan
Wirtschaftsaufsicht ⇨	Einwirkung auf einzelnes Unternehmen zum Schutz der Allgemeinheit zB Genehmigungserfordernisse, Anordnungen im Einzelfall
Wirtschaftsförderung ⇨	Begünstigung von bestimmten Wirtschaftszweigen oder einzelnen Unternehmen zB Subventionen

2. Teil. Verfassungsrecht

1. Kapitel. Verfassungsrechtsrechtliche Grundlagen

Wesentliche Rechtsquelle des deutschen Verfassungsrechts ist das Grundgesetz (GG). 23
Das GG legt die rechtliche Grundordnung der Bundesrepublik fest. Aus Art. 20 III GG ergibt sich seine grundlegende Bedeutung für jegliches staatliche Handeln. Inhalt und der Bestand des GG als Verfassung der Bundesrepublik sind durch Art. 79 III und 146 GG besonders gesichert. Das folgende Kapitel soll einen Überblick über die Bestimmungen des GG geben, wobei der Schwerpunkt auf die Regelungen gelegt wird, die für das Handeln des Staates gegenüber der Wirtschaft von besonderer Bedeutung sind.

■ Jeder Staatsbürger sollte zumindest die Kernaussagen, die das GG über unser 24
Staatswesen trifft, kennen. Wissen Sie, welche Themenbereiche das Grundgesetz anspricht?

▶ Bitte lesen Sie die Überschriften der 14 Abschnitte des GG. Damit gewinnen Sie einen Überblick über die im GG geregelten Fragen.

I. Die Verfassungsprinzipien

1. Das Demokratieprinzip

a) Allgemeines

In Art. 20 I GG ist festgelegt, dass die Verfassung der Bundesrepublik Deutschland 25
ein demokratischer Staat ist. Demokratie bedeutet, dass Träger der Staatsgewalt das Volk ist. Art. 20 II 1 GG stellt dies ausdrücklich fest: »Alle Staatsgewalt geht vom Volke aus«.

■ Wissen Sie, wie das Volk in der Bundesrepublik seine Staatsgewalt ausübt? 26

▶ Das Grundgesetz hat sich für die **repräsentative Demokratie** entschieden, dh das Volk übt die Staatsgewalt durch die von ihm gewählten Abgeordneten aus.

■ Bei welcher Demokratieform entscheidet das Volk unmittelbar? Gibt es diese 27
Form auch in der Bundesrepublik?

▶ Unmittelbare Entscheidungen des Volkes, zB Volksentscheide, gibt es bei der **direkten Demokratie**. Sie sind im Grundgesetz auf Bundesebene nur in Art. 29 GG (Neugliederung des Bundesgebietes) und Art. 146 GG (Entscheidung über eine neue Verfassung) vorgesehen. Von der Bundesregierung initiierte Befragungen des Volkes zu grundlegenden politischen Themen hält das BVerfG auf der Bundesebene daher für unzulässig.[7]

---

7 BVerfGE 8, 104; vgl. zu Reformüberlegungen *Kühling*, Volksgesetzgebung und Grundgesetz-»Mehr direkte Demokratie wagen?«, JuS 2009, 777.

28 Weitergehende Elemente direkter Demokratie enthalten allerdings verschiedene Länderverfassungen.[8] Dabei sind grundsätzlich drei Arten der (Mit-) Entscheidung des Volkes zu unterscheiden:

- Die Volksbefragung, mit der vom Staat die Meinung der Bürger zu einzelnen Fragen, zB zu einem bestimmten Gesetzesvorhaben, abgefragt wird.
- Das Volksbegehren, mit dem die Bürger den Gesetzgeber zu einer bestimmten Regelung zwingen oder die Durchführung eines Volksentscheids erreichen können.
- Der Volksentscheid, mit dem die Bürger über eine bestimmte ihnen vorgelegte Frage oder einen Gesetzentwurf entscheiden können.

Volksentscheide sind vor allem auf kommunaler Ebene von Bedeutung, wo zB durch Bürgerabstimmung über die Durchführung eines bestimmten Vorhabens entschieden werden kann

29 **b) Das Wahlrecht**

Eine besondere Ausprägung des Demokratieprinzips ist das Wahlrecht. Wahlen haben nach Art. 38 I GG allgemein, unmittelbar, frei, gleich und geheim zu sein.

- **Allgemein** bedeutet, dass grundsätzlich alle Angehörigen eines Staates an der Wahl teilnehmen dürfen.
- **Unmittelbar** heißt, dass der Wähler die zukünftigen Mitglieder des Bundestages selbst bestimmen darf. Verboten ist danach die Einschaltung von Wahlmännern.
- **Frei** ist eine Wahl, wenn der Wahlberechtigte seine Stimme frei von Zwang oder sonstiger Einflussnahme ausüben kann.
- **Gleichheit** der Wahl besteht, wenn alle Stimmen gleich gewichtet werden.
- **Geheim** ist eine Wahl, wenn die Stimmenabgabe unbeobachtet erfolgen kann.[9]

Aus dem Demokratie- und dem Rechtsstaatsprinzip leitet das BVerfG zudem den Grundsatz der Öffentlichkeit der Wahl ab, der insbesondere beim Einsatz von Wahlcomputern zu beachten ist.[10] Ausländer haben bei Bundestagswahlen kein Wahlrecht, da dieses die deutsche Staatsangehörigkeit voraussetzt.[11]

Die nähere Ausgestaltung des Wahlverfahrens für den Bundestag ist im Bundeswahlgesetz (BWahlG) und in der Bundeswahlordnung (BWO) geregelt. Es gilt ein **personalisiertes Verhältniswahlrecht**. Danach hat jeder Wähler zwei Stimmen. Mit der **Erststimme** wählt er einen Abgeordneten direkt, während er mit der **Zweitstimme** die Liste einer Partei wählt. Die Verteilung der Zweitstimmen auf die einzelnen Parteien richtet sich dabei nicht mehr nach dem Höchstzahlverfahren von D'Hondt oder dem Verfahren von Hare/Niemeyer, sondern nach dem Verfahren von Sainte-Laguë, auch Divisorverfahren genannt (vgl. § 6 II BWahlG).[12]

Besonderheiten stellen die Überhangmandate und die sog. »5%-Klausel« da. **Überhangmandate** entstehen dadurch, dass eine Partei mehr Direktmandate erringt als ihr nach der Verteilung der Zweitstimmen zustehen. Dies ist unter den Aspekten des sog.

8 Vgl. dazu die Übersicht bei *Degenhart* StaatsR I § 1 Rn. 47 ff.
9 Näher dazu *Detterbeck* ÖffR Rn. 138 ff.
10 Ausführlich BVerfG JuS 2009, 746.
11 Auf kommunaler Ebene können nach Art. 28 I 3 GG auch EU-Ausländer wählen.
12 Ausführlich zum Wahlsystem *Ipsen* StaatsR I § 4 Rn. 105 ff.

negativen Stimmgewichts und der Gleichheit der Wahl problematisch.[13] Die **Sperrklausel** des § 6 VI BWahlG besagt, dass bei der Verteilung der Abgeordnetensitze die Parteien nicht berücksichtigt werden, die nicht wenigstens 5% der abgegebenen Stimmen erreichen. Diese Bestimmung steht im Widerspruch zum Grundsatz der Gleichheit der Wahl. Nach dem BVerfG ist dies aber bei der Wahl zum Bundestag gerechtfertigt, um eine Zersplitterung des Parlaments zu verhindern.[14] Bei der Kommunalwahl und bei der Wahl zum Europaparlament ist die 5%-Sperrklausel dagegen verfassungswidrig.[15]

c) Die Rolle der Parteien 30

Art. 21 GG bestimmt, dass die **Parteien** bei der Willensbildung des Volkes mitwirken. Daraus lassen sich insbesondere die Gründungsfreiheit und die Chancengleichheit für politische Parteien entnehmen.[16] Weiter bestimmt das Grundgesetz, dass die innere Ordnung der Parteien demokratischen Grundsätzen entsprechen muss (Art. 21 I 3 GG) und, dass die Parteien über ihr Vermögen sowie über die Herkunft und Verwendung ihrer Mittel öffentlich Rechenschaft ablegen müssen (Art. 21 I 4 GG). Konkretisiert werden die Regelungen des GG durch das Parteiengesetz (PartG). Dort finden sich zB der Begriff der Partei (§ 5 PartG), der Grundsatz der Gleichbehandlung (§ 5 PartG) und Vorgaben für die Annahme von Spenden und deren Ausweisung im Rechenschaftsbericht (§§ 24, 25 PartG). Schließlich ist noch auf Art. 21 II 2 GG hinzuweisen, wonach eine politische Partei allein vom Bundesverfassungsgericht verboten werden darf.[17]

d) Die kommunale Selbstverwaltungsgarantie 31

Ausfluss des Demokratieprinzips ist schließlich auch die kommunale **Selbstverwaltungsgarantie**, die in Art. 28 II GG niedergelegt ist. Sie bedeutet, dass die Gemeinden und Gemeindeverbände alle Angelegenheiten der örtlichen Gemeinschaft im Rahmen der Gesetze in eigener Verantwortung regeln dürfen.[18] Ein wesentliches Element des Selbstverwaltungsrechts ist die so genannte Satzungshoheit, die die Gemeinden in die Lage versetzt, untergesetzliche Rechtsnormen, die so genannten Satzungen, zu erlassen. Die Einzelheiten der gemeindlichen Selbstverwaltung regelt ein Sondergebiet des Verwaltungsrechts, das so genannte **Kommunalrecht**, auf das hier nicht eingegangen werden kann.

2. Das Rechtsstaatsprinzip

Nach dem Grundgesetz ist die Bundesrepublik Deutschland ein Rechtsstaat. Dieser 32
Begriff wird in Art. 20 GG nicht ausdrücklich genannt, taucht aber in Art. 28 I GG

13 Näher dazu *Sodan/Ziekow* GK ÖR § 6 Rn. 59 f. und *Holste*, Die Reform des Bundestagswahlrechts: Wiedervorlage in Karlsruhe, NVwZ 2012, 8 ff.

14 Zur Verfassungsmäßigkeit der 5%-Klausel in Hinblick auf den Grundsatz der Gleichheit der Wahl vgl. BVerfGE 82, 322 ff.; weitere Einzelheiten siehe *Degenhart* StaatsR I § 2 Rn. 59 f.

15 BVerfG NVwZ 2008, 407 ff. (Kommualwahl) bzw. BVerfG NVwZ 2012, 33 ff. (Wahl zum Europaparlament).

16 Vgl. dazu *Kunig*, Politische Parteien im Grundgesetz, Jura 1991, 247; *Ossenbühl*, Die Parteien im System des Grundgesetzes, BayVBl. 2000, 161.

17 Zu den insoweit bestehenden Rechtsproblemen siehe zB *Rhein*, Neues NPD-Verbotsverfahren?, ZRP 2012, 31.

18 Näher dazu *Schoch*, Der verfassungsrechtliche Schutz der kommunalen Selbstverwaltung, Jura 2001, 121; *Welti*, Die Verfassungsgarantie der kommunalen Selbstverwaltung, JA 2006, 871.

auf. Das Rechtsstaatsprinzip setzt sich aus verschiedenen Elementen zusammen, die das Handeln des Staates gegenüber den Bürgern maßgeblich bestimmen.

33 ■ Überlegen Sie zunächst selbst einmal, was für Sie persönlich einen Rechtsstaat ausmacht!

▶ Üblicherweise werden zum Rechtsstaatsprinzip der Grundsatz der Gewaltenteilung, die Gesetzmäßigkeit der Verwaltung, der Verhältnismäßigkeitsgrundsatz, der Bestimmtheitsgrundsatz und das Rückwirkungsverbot gezählt.

a) Das Gewaltenteilungsprinzip

34 Nach Art. 20 II 2 GG sind die drei Bereiche staatlicher Gewalt, dh Gesetzgebung (Legislative), vollziehende Gewalt (Exekutive) und Rechtsprechung (Judikative), voneinander organisatorisch zu trennen. Danach dürfen Funktionen der einen Gewalt grundsätzlich nicht von Organen der anderen ausgeübt werden. Dementsprechend enthält das Grundgesetz für die Gesetzgebung (Art. 70 ff. GG), die Rechtsprechung (Art. 92 ff. GG) und die vollziehende Gewalt (Art. 83 ff. GG) auch jeweils eigene Abschnitte. Zwischen den drei Gewalten gibt es in modernen Rechtsstaaten jedoch gewisse Verflechtungen, durch die Kontrollmöglichkeiten der einen Gewalt gegenüber der anderen Gewalt bestehen.

Beispiel: So kann ein Verwaltungsgericht die Maßnahme einer Behörde aufheben oder das Parlament die Regierung zur Rechenschaft ziehen (zB durch Einsetzung von Untersuchungsausschüssen; vgl. Art. 44 GG).

35 Neben dieser im Grundgesetz festgelegten horizontalen Gewaltenteilung ergibt sich im Bundesstaat dadurch, dass die Ausübung staatlicher Gewalt auf verschiedene Rechtspersönlichkeiten (Bund, Land, Gemeinden) verteilt wird, auch eine vertikale Gewaltenteilung.

b) Die Gesetzmäßigkeit der Verwaltung

36 Nach Art. 20 III GG (bitte lesen!) ist die Legislative an die Verfassung und die Verwaltung sowie die Rechtsprechung an Gesetz und Recht gebunden. Für die Verwaltung wird die Gesetzmäßigkeit ihres Handelns durch zwei besondere Prinzipien konkretisiert:

37 **aa)** Der **Vorrang des Gesetzes** bedeutet, dass die Verwaltung sich nicht über bestehende Gesetze hinwegsetzen darf. Besteht für einen Bereich ein Gesetz, muss dieses also beachtet werden. Damit verbietet der Grundsatz des Vorrangs des Gesetzes ein Handeln gegen das Gesetz.

38 **bb)** Demgegenüber verbietet der **Vorbehalt des Gesetzes** ein Handeln ohne Gesetz. Er bedeutet also, dass die Verwaltung grundsätzlich nur handeln darf, wenn sie durch ein entsprechendes Gesetz dazu legitimiert ist. Dies gilt nach hM uneingeschränkt im Bereich der so genannten **Eingriffsverwaltung**, dh also dort, wo der Staat dem einzelnen Bürger/Unternehmer rechtliche Nachteile zufügt und damit in seine Grundrechte eingreift. Hier müssen alle grundlegenden Entscheidungen dem parlamentarischen Gesetzgeber überlassen werden (so genannte Wesentlichkeitstheorie).[19]

39 Problematisch ist, ob der Grundsatz des Vorbehalts des Gesetzes auch im Bereich der so genannten Leistungsverwaltung gilt. **Leistungsverwaltung** liegt dann vor, wenn

19 BVerfGE 40, 237 (249 f.).

der Staat dem Bürger/Unternehmer eine Vergünstigung gewährt, zB BAföG zahlt oder eine Subvention bewilligt. Nach hM sind hier geringere Anforderungen zu stellen. Einzelheiten dazu werden im Subventionsrecht behandelt.[20]

Zur Wiederholung des Begriffs »Vorbehalt des Gesetzes« lesen Sie bitte die Übersicht 5.

Übersicht 5: Vorbehalt des Gesetzes 40

Vorbehalt des Gesetzes

Staat darf bestimmte Maßnahmen nur aufgrund ausdrücklicher Ermächtigung ergreifen

(Kein Handeln ohne Gesetz)

Eingriffsverwaltung

Soweit Grundrechte tangiert sein können, ist eine Ermächtigung der Verwaltung durch Parlamentsgesetz erforderlich

Leistungsverwaltung

Trotz möglicher Berührung Dritter in Grundrechten ist nach hM für die konkrete Maßnahme kein Parlamentsgesetz erforderlich

c) Der Bestimmtheitsgrundsatz

Der Bestimmtheitsgrundsatz verlangt, dass Inhalt, Zweck und Ausmaß einer Rege- 41
lung klar zu ermitteln sein müssen. Der Bürger muss also auch ohne große Rechtskenntnisse wissen, was der Staat mit einer bestimmten Regelung von ihm verlangt. Dieser Bestimmtheitsgrundsatz gilt nicht nur für Gesetze, also Maßnahmen der Legislative, sondern auch für Maßnahmen der Exekutive, also zB die Entscheidung eines Einzelfalles (vgl. § 37 I VwVfG).

Beispiele: Unzulässig wegen Verstoßes gegen den Bestimmtheitsgrundsatz wäre zB ein Strafgesetz, das bestimmt: »Wer einen anderen stört, wird bestraft«. Rechtswidrig wäre auch der Bescheid einer Behörde, die dem Betreiber einer Gaststätte, durch die sich die Anlieger gestört fühlen, aufgibt: »Es ist Abhilfe zu schaffen«.

d) Das Rückwirkungsverbot

Das Rückwirkungsverbot betrifft die Fälle, in denen die Rechtslage zu Lasten des 42
Bürgers nachträglich verschlechtert wird. Ein absolutes Rückwirkungsverbot gilt nach dem Grundgesetz nur für das Strafrecht. Nach Art. 103 II GG darf eine Tat nämlich nur bestraft werden, wenn die Strafbarkeit gesetzlich bestimmt war, bevor

20 → Rn. 1200 ff.

die Tat begangen wurde. Im Übrigen wird unterschieden, ob ein Fall echter oder unechter Rückwirkung vorliegt:

43 **Echte Rückwirkung** bedeutet das Anknüpfen einer Regelung an einen in der Vergangenheit liegenden, abgeschlossenen Sachverhalt. Das BVerfG bezeichnet sie in seiner neueren Rspr. auch als Rückbewirkung von Rechtsfolgen.[21] Die echte Rückwirkung ist grundsätzlich verboten, es sei denn, dass das Vertrauen des Bürgers auf den Fortbestand der alten Rechtslage nicht schutzwürdig ist.[22]

Beispiel: Unzulässig wäre damit ein Gesetz, das 2012 rückwirkend für 2011 den Satz für die Einkommensteuer erhöht. Zulässig wäre dieses Gesetz dagegen, wenn bereits im Laufe des Jahres 2011 das Gesetz vom Parlament verabschiedet wurde, weil dann der Vertrauensschutz der Bürger fehlte.

44 **Unechte Rückwirkung** bezeichnet die Anknüpfung einer Regelung an einen Tatbestand, der zwar aus der Vergangenheit herrührt, dort aber noch nicht abgeschlossen wurde. Das BVerfG spricht neuerdings von tatbestandlicher Rückanknüpfung.[23] Die unechte Rückwirkung ist grundsätzlich zulässig. Unzulässig ist sie nur dann, wenn das Vertrauen der Betroffenen auf die alte Rechtslage besonders schutzwürdig erscheint. Der Gesetzgeber muss dazu ggf. Ausnahme- oder Übergangsregelungen treffen, um dem Verhältnismäßigkeitsgrundsatz zu entsprechen.[24]

Beispiel: Zulässig wäre es danach zB, den Abschreibungssatz für eine 2010 begonnene Abschreibung 2012 herabzusetzen;[25] ohne eine entsprechende Übergangsregelung unzulässig wäre es dagegen, ab sofort eine bestimmte Berufstätigkeit zu untersagen.

45 ■ Zur Wiederholung: Im März 2012 tritt ein Bundesgesetz über die Verwendung von Plastikverpackungen in Kraft. Danach soll jeder Hersteller, der sein Produkt in einer Plastikverpackung auf den Markt bringt, eine monatliche Plastikverpackungsabgabe von 1.000 EUR zahlen. Das Gesetz soll ab dem 1.7.2011 gelten. Ist das Gesetz mit dem Rechtsstaatsprinzip vereinbar?

▶ Nein. Es liegt ein Fall echter Rückwirkung vor.

e) Der Grundsatz der Verhältnismäßigkeit

46 Der Grundsatz der Verhältnismäßigkeit (auch **Übermaßverbot** genannt), bedeutet, dass der Staat nur insoweit in die Rechtsposition seiner Bürger eingreifen darf als dies unbedingt notwendig ist. Eine staatliche Maßnahme, sei es ein Gesetz oder der Bescheid einer Behörde, muss daher

- einem vernünftigen, im öffentlichen Interesse liegenden Zweck dienen,
- zur Erreichung dieses Zwecks ein geeignetes Mittel sein (= **Geeignetheit**),
- unter verschiedenen Möglichkeiten zur Erreichung des Zwecks das mildeste Mittel sein (= **Erforderlichkeit**) und
- unter Berücksichtigung des Verhältnisses des angewandten Mittels zum angestrebten Ziel zumutbar sein (**Verhältnismäßigkeit im engeren Sinne** oder Angemessenheit).

21 BVerfGE 72, 200 ff.
22 Näher *Katz* StaatsR § 10 Rn. 203.
23 BVerfGE 72, 200 ff.
24 BVerfGE 67, 1.
25 Vgl. BVerfG NJW 1998, 1547 ff.

■ Der Bundestag beschließt zur Bekämpfung der Jugendarbeitslosigkeit ein Gesetz, 47
wonach jeder Betrieb jedes Jahr 5 Auszubildende einstellen muss. Ist diese Regelung mit dem Verhältnismäßigkeitsgrundsatz vereinbar?

▶ Der Verhältnismäßigkeitsgrundsatz wäre nicht verletzt, wenn die Regelung einem legitimen Zweck dienen würde sowie geeignet, erforderlich und angemessen wäre. Zwar ist die Bekämpfung der Arbeitslosigkeit ein legitimes Ziel und die »Zwangseinstellung« von Auszubildenden auch grundsätzlich zu ihrer Bekämpfung geeignet. Jedoch kommen mildere Maßnahmen, wie zB die »Verstaatlichung« der Berufsausbildung in Betracht und ist die Maßnahme unverhältnismäßig ieS, da zumindest bei kleinen Betrieben die Nachteile außer Verhältnis zu den angestrebten Zielen stehen.

Der Verhältnismäßigkeitsgrundsatz gilt für alle Formen staatlichen Handelns und ist 48
damit ein zentraler Punkt bei der Prüfung einer staatlichen Maßnahme im Hinblick auf ihre Verfassungsmäßigkeit bzw. Rechtmäßigkeit. Die Anforderungen an die Einhaltung des Verhältnismäßigkeitsgrundsatzes sind in Übersicht 6 noch einmal zusammengefasst.

Übersicht 6: Der Verhältnismäßigkeitsgrundsatz 49

Geeignetheit der Maßnahme	Maßnahme muss **geeignet** sein, den konkreten Zweck, den der Staat im öffentlichen Interesse anstrebt, zu erreichen.
+	
Erforderlichkeit der Maßnahme	Zur Erreichung des verfolgten Zwecks darf es **kein gleich geeignetes Mittel** geben, das den Bürger weniger belastet.
+	
Angemessenheit der Maßnahme (= Verhältnismäßigkeit ieS)	Der Nutzen, der mit der Maßnahme erstrebt wird, darf zu den für den Einzelnen entstehenden Nachteilen nicht außer Verhältnis stehen (= **Interessenabwägung**).

f) Die Rechtsschutzgarantie

Schließlich gehört zu einem Rechtsstaat, dass derjenige, der von einer staatlichen 50
Maßnahme betroffen ist, gegen diese Maßnahme die Gerichte anrufen kann. Dieser Rechtsschutz durch unabhängige Gerichte ist in Art. 19 IV GG gewährleistet. Nach hM erstreckt sich die Rechtsschutzgarantie aber nur auf Maßnahmen der Exekutive.[26]

3. Das Bundesstaatsprinzip

Art. 20 I GG bestimmt, dass die Bundesrepublik Deutschland ein Bundesstaat ist. 51
Ein Bundesstaat ist dadurch gekennzeichnet, dass sich mehrere Einzelstaaten derge-

26 Näher *Degenhart* StaatsR I § 4 Rn. 418 f.

stalt miteinander verbinden, dass sie souveräne Staaten bleiben (insoweit unterscheidet sich der Bundesstaat vom Zentralstaat), jedoch auch die entstehende Verbindung Staatscharakter hat (hier liegt der Unterschied zum Staatenbund).

52 ■ Wann liegt überhaupt ein Staat vor? Überlegen Sie, was zu einem Staat erforderlich ist!

▶ Ein Staat im rechtlichen Sinne liegt dann vor, wenn ein Zusammenschluss besteht, der über **Staatsgebiet, Staatsvolk und Staatsgewalt**[27] verfügt. Das Staatsgebiet ist dabei das Territorium, auf dem der Staat eigene Staatsgewalt ausüben kann und von der Ausübung fremder Staatsgewalt frei ist. Staatsvolk ist der Personenkreis, der die Staatsangehörigkeit des betreffenden Staates besitzt. In der Bundesrepublik Deutschland bestimmt sich die Frage nach der Staatsangehörigkeit nach Art. 116 GG iVm dem Staatsangehörigkeitsgesetz (StAG).

53 Aus dem Begriff des Bundesstaates folgt, dass neben der Verfassung und der Staatsgewalt des Bundes auch eben solche der einzelnen Länder bestehen. Es gibt also neben dem Grundgesetz Länderverfassungen, neben den Bundesgesetzen Ländergesetze und auch bei der Verwaltung und der Rechtsprechung gibt es jeweils Institutionen, die dem Bund bzw. den einzelnen Ländern zuzuordnen sind. Die dadurch notwendige Kompetenzverteilung wird im Grundgesetz vorgenommen.

54 ■ Wer hat Ihrer Meinung nach in der Bundesrepublik primär die Staatsgewalt?

▶ Sie werden überrascht sein. Nach Art. 30 GG ist die Ausübung der staatlichen Befugnisse Sache der Länder, soweit das GG keine andere Regelung trifft. Dieser allgemeine Grundsatz wird im GG durch spezielle Regelungen für die Legislative (Art. 70 I GG), die Exekutive (Art. 83 I GG) und die Judikative (Art. 92 GG) konkretisiert.

55 Übergreifend ist zu beachten, dass nach Art. 31 GG das Bundesrecht Vorrang vor Landesrecht hat und dass direkt aus dem Bundesstaatsprinzip das Gebot **bundesfreundlichen Verhaltens**[28] abgeleitet wird. Aus diesem folgt zB der Länderfinanzausgleich (vgl. auch Art. 107 II GG) und eine Pflicht zur gegenseitigen Rücksichtnahme bei allen Maßnahmen des Bundes bzw. eines Landes.

4. Das Sozialstaatsprinzip

56 Aus Art. 20 I GG ergibt sich schließlich, dass die Bundesrepublik Deutschland ein Sozialstaat ist. Das Sozialstaatsprinzip verpflichtet den Staat, für eine gerechte Sozialordnung zu sorgen. Daraus folgt, dass jeder an den Freiheiten, die der Rechtsstaat bietet, teilhaben können soll. Es verpflichtet den Staat damit zu sozialer Sicherheit und Gerechtigkeit.[29] Das Sozialstaatsprinzip kommt in zahlreichen Grundrechten zum Ausdruck.

> **Beispiel:** Art. 6 IV und V GG gibt Müttern und unehelichen Kindern Ansprüche gegen den Staat. Art. 2 I und Art. 14 I 2 GG verhindern, dass Einzelne auf Kosten sozial Schwacher ihre Rechte ausüben können. Art. 14 II GG begründet die Sozialbindung des Eigentums.

---

27 Ausführlich zum Staatsbegriff *Doehring* AllgStaatsL § 2.
28 Näher zu dessen Auswirkungen *Degenhart* StaatsR I § 5 Rn. 481 ff.
29 *Katz* StaatsR § 11 Rn. 222 ff.

Allerdings kann nach hM ein Einzelner direkt aus dem Sozialstaatsprinzip grundsätzlich keine Ansprüche gegen den Staat ableiten. Jedoch ist nach dem BVerfG aus Art. 1 I GG in Verbindung mit Art. 20 I GG ein Recht auf **Gewährleistung eines menschenwürdigen Existenzminimums** abzuleiten, das der Gesetzgeber konkretisieren und stetig aktualisieren muss.[30] Dementsprechend besteht zB ein Anspruch auf Sicherung des Existenzminimums aufgrund des Gesetzes über die Grundsicherung für Arbeitssuchende (SGB II)[31] und des Gesetzes über die Sozialhilfe (SGB XII).

Die Bedeutung des Sozialstaatsprinzips liegt damit vor allen Dingen darin, dass sich jegliches staatliche Handeln, sei es in Form von Gesetzen oder Einzelfallentscheidungen, am Gesichtspunkt der sozialen Gerechtigkeit auszurichten hat.

Beispiel: Der besondere Schutz des Mieters von Wohnraum durch das BGB oder die Vorschriften zum Kündigungsschutz im Arbeitsrecht wurzeln im Sozialstaatsprinzip.

5. Sonstige Prinzipien

Aus den Bestimmungen des Grundgesetzes ergeben sich insbesondere drei weitere 57 Grundsätze, denen die Staatsgewalt der Bundesrepublik Deutschland in besonderer Weise verpflichtet ist.

Aus Art. 20 I GG ergibt sich, dass die Bundesrepublik Deutschland **republikanisch** 58 **verfasst** sein muss, dh, dass es in der Bundesrepublik Deutschland keine Monarchie geben darf.[32]

Nach Art. 20a GG, der 1994 ins Grundgesetz aufgenommen wurde, ist der Staat in 59 besonderer Weise dem **Umweltschutz** und seit der Neufassung des Art. 20a GG im Jahr 2002 auch dem Tierschutz verpflichtet. Diese so genannte Staatszielbestimmung verpflichtet den Gesetzgeber, die Verwaltung und die Rechtsprechung dazu, bei ihrer Tätigkeit den Umweltschutz besonders zu berücksichtigen.[33] Zur Verwirklichung dieses Zieles können auch Eingriffe vorgenommen oder Leistungsansprüche begründet werden. Art. 20a GG gibt als Staatszielbestimmung aber anders als ein Grundrecht kein einklagbares Recht auf eine intakte Umwelt und damit auf entsprechende Schutzmaßnahmen des Staates.[34]

Beispiel: Nicht auf Art. 20a GG könnte sich damit zB ein Waldbesitzer stützen, der von der Bundesregierung Maßnahmen verlangt, die das sog. Waldsterben einschränken.

Aus Art. 23 GG ist als Staatsziel schließlich die **Realisierung der Europäischen** 60 **Union** zu entnehmen. Die Bundesrepublik Deutschland hat danach an der Verwirklichung eines vereinten Europas mitzuwirken und kann dazu auch Hoheitsrechte auf die Europäische Union übertragen.[35] Erforderlich hierzu ist nach Art. 23 I 2 GG ein Gesetz, das der Zustimmung des Bundesrates bedarf. Die damit begründete sog. Integrationsverantwortung von Bundesrat und Bundestag wurde durch das Gesetz zur

30 BVerfG DVBl. 2010, 314.
31 Dies ist das sogenannte Arbeitslosengeld II, auch Hartz IV genannt.
32 Genauer zum Begriff der Republik *Doehring* AllgStaatsL § 16.
33 Als neue Staatszielbestimmungen sind die Kinderrechte oder der Sport im Gespräch.
34 Ausführlich dazu *Westphal*, Staatsziel »Umweltschutz«, JuS 2000, 339.
35 Näher *Sodan/Ziekow* GK ÖffR § 5 Rn. 3.

Wahrnehmung der Integrationsvereinbarung des Bundestages und des Bundesrates in Angelegenheiten der Europäischen Union (IntVG) konkretisiert.[36]

II. Die Staatsorgane

61 Der Staat ist rechtlich als juristische Person einzustufen. Um handlungsfähig zu sein, bedarf es daher der Errichtung von Organen, deren Handeln dem Staat zugerechnet wird. Dies sind insbesondere die in der Verfassung genannten Organe sowie alle anderen Stellen, die mit staatlicher Macht ausgestattet sind. Die im Grundgesetz vorgesehenen Organe sollen im Folgenden dargestellt werden.

62 ■ Welches sind die wichtigsten Bundesorgane?

▶ Die Antwort können Sie den Überschriften der Abschnitte III–VI des GG entnehmen.

1. Der Bundespräsident

63 Der Bundespräsident, dessen Stellung und Aufgaben in den Art. 54–61 GG geregelt sind, stellt formal das Staatsoberhaupt der Bundesrepublik Deutschland dar. Seine Befugnisse sind jedoch gegenüber denen der von anderen Verfassungen vorgesehenen Präsidenten deutlich geringer. Der Bundespräsident wird auf fünf Jahre von der sog. Bundesversammlung gewählt (Art. 54 I u. II GG). Die Bundesversammlung setzt sich aus den Abgeordneten des Bundestages sowie einer gleich großen Zahl von Personen, die von den Länderparlamenten gewählt sind, zusammen. Der Bundespräsident darf in seiner Amtszeit keine anderen Tätigkeiten ausüben (Art. 55 II GG) und genießt gem. Art. 60 IV GG – wie die Abgeordneten des Deutschen Bundestages – Immunität, dh Schutz vor strafrechtlicher Verfolgung.

64 Die Befugnisse des Bundespräsidenten sind im Grundgesetz ausdrücklich bestimmt. Insbesondere vertritt er die Bundesrepublik Deutschland nach außen, ist also zB für die Unterzeichnung der Verträge mit ausländischen Staaten zuständig (Art. 59 GG). Weitere Befugnisse sind das Vorschlagsrecht für die Wahl des Bundeskanzlers, die Ernennung des Bundeskanzlers nach dessen Wahl durch den Bundestag sowie die Ernennung bzw. Entlassung der Bundesminister (Art. 63, 64 GG). Außerdem kann er gem. Art. 68 GG auf Vorschlag des Bundeskanzlers den Bundestag auflösen, wenn der Bundeskanzler mit der Vertrauensfrage gescheitert ist und der Bundestag kein anderes Mitglied zum Bundeskanzler gewählt hat.

65 Schließlich spielt der Bundespräsident gem. Art. 82 GG beim Zustandekommen der Bundesgesetze eine wichtige Rolle. Nach Art. 82 I GG hat er diese nämlich zu unterschreiben (»Ausfertigung«). In diesem Zusammenhang ist streitig, inwieweit dem Bundespräsidenten dabei das Recht zusteht, die Unterschrift zu verweigern, falls er das Gesetz für nicht verfassungsmäßig hält.[37] Unstreitig wird ihm ein sog. **formelles Prüfungsrecht** zugebilligt, dh die Möglichkeit, die Einhaltung der Verfahrensvor-

36 Näher *Nettesheim*, Die Integrationsverantwortung – Vorgaben des BVerfG und gesetzgeberische Umsetzung, NJW 2010, 177.

37 In der Geschichte der Bundesrepublik haben schon verschiedene Bundespräsidenten Gesetzesentwürfe beanstandet; zuletzt zum Beispiel Bundespräsident Köhler das Gesetz zur Flugsicherheit; vgl. auch *Nolte/Tams*, Das Prüfungsrecht des Bundespräsidenten, JuS 2006, 1088 ff.

schriften zu kontrollieren. Seine Befugnis zur Prüfung der Frage, ob das Gesetz auch inhaltlich mit dem Grundgesetz vereinbar ist (sog. **materielles Prüfungsrecht**), wird dagegen teilweise bestritten. Die herrschende Meinung geht allerdings davon aus, dass der Bundespräsident zumindest bei schweren Verfassungsverstößen berechtigt ist, die Unterzeichnung des Gesetzes zu verweigern.[38]

2. Die Bundesregierung

Die Bundesregierung besteht aus dem Bundeskanzler und aus den Bundesministern (Art. 62 GG). Der Bundeskanzler wird dabei auf Vorschlag des Bundespräsidenten vom Bundestag gewählt (Art. 63 GG), während die Bundesminister auf Vorschlag des Bundeskanzlers vom Bundespräsidenten ernannt werden (Art. 64 GG). Dieser kann die Minister wiederum auf Vorschlag des Bundeskanzlers auch entlassen. Schwieriger ist dagegen die Ablösung eines Bundeskanzlers. **66**

■ Wissen Sie, welche zwei Möglichkeiten das GG insoweit vorsieht? **67**

▶ Die Antwort finden sie in den Art. 67 und 68 GG.[39]

■ Erinnern Sie sich an Fälle aus der Geschichte der Bundesrepublik, in denen ein Bundeskanzler nach Art. 67 oder 68 GG abgelöst wurde? **68**

▶ Die Antwort können Sie der Fußnote[40] entnehmen.

■ Halten Sie das Stellen der Vertrauensfrage in Fällen, in denen ein Bundeskanzler an sich die Mehrheit des Bundestages hinter sich weiß, aber Neuwahlen erreichen will, für verfassungsgemäß?

▶ Das Verfahren ist verfassungsrechtlich nicht unbedenklich. Bezüglich der Vertrauensfrage von Bundeskanzler Helmut Kohl im Jahre 1982 hat das BVerfG entschieden, dass neben den formellen Voraussetzungen des Art. 68 GG erforderlich ist, dass eine sog. Auflösungslage besteht, dh eine Lage der politischen Instabilität zwischen Bundeskanzler und Bundestag.[41] Im Jahre 2005 hat das BVerfG entschieden, dass die auf Auflösung gerichtete Vertrauensfrage gerechtfertigt ist, wenn die Handlungsfähigkeit einer Bundesregierung verloren gegangen ist, weil der Bundeskanzler nicht mehr die Mehrheit der Abgeordneten hinter sich weiß.[42]

---

38 Vgl. zum Streitstand *Ipsen* StaatsR I §9 Rn. 499; *Kunig*, Der Bundespräsident, Jura 1994, 217 ff.; *Schnapp*, Ist der Bundespräsident verpflichtet, verfassungsmäßige Gesetze auszufertigen? JuS 1995, 286 ff.

39 Ausführlich zum konstruktiven Misstrauensvotum und zur Vertrauensfrage *Haug* StaatsR/VerwR Rn. 111 ff., der auch Fallbeispiele bringt.

40 1972 scheiterte ein Misstrauensvotum gegen Bundeskanzler Willy Brandt; im gleichen Jahr stellte dieser die Vertrauensfrage und bekam das Vertrauen nicht ausgesprochen; 1982 hatte ein konstruktives Misstrauensvotum gegen den Bundeskanzler Helmut Schmidt Erfolg, da der Bundestag Helmut Kohl zum Bundeskanzler wählte; wenig später stellte Bundeskanzler Kohl die Vertrauensfrage, mit dem Ziel, die Auflösung des Bundestages und damit Neuwahlen zu erreichen; 2001 stellte Bundeskanzler Gerhard Schröder die Vertrauensfrage und bekam das Vertrauen ausgesprochen; im Juli 2005 stellte Bundeskanzler Gerhard Schröder erneut die Vertrauensfrage, um die Auflösung des Bundestages und damit Neuwahlen zu erreichen (vgl. dazu *Terhechte*, Die vorzeitige Bundestagsauflösung als Verfassungsproblem, Jura 2005, 512).

41 BVerfGE 62, 1 ff. (42); näher *Sodan/Ziekow* GK ÖffR § 15 Rn. 12 ff.

42 BVerfG NJW 2005, 2669.

69 Die Arbeit der Regierung wird nach dem Grundgesetz von drei Prinzipien geprägt, nämlich dem Kanzler-, dem Ressort- und dem Kollegialprinzip.[43] Das **Kanzlerprinzip** gem. Art. 65 S. 1 GG besagt, dass der Bundeskanzler die Richtlinien der Politik bestimmt und die Verantwortung dafür trägt (sog. Richtlinienkompetenz). Daraus folgt, dass der Bundeskanzler die Geschäfte der Regierung leitet und insbesondere den einzelnen Ministern Vorgaben machen kann. Das **Ressortprinzip** nach Art. 65 S. 2 GG bedeutet, dass jeder Minister innerhalb der vom Bundeskanzler vorgegebenen Richtlinien seinen Geschäftsbereich selbstständig und in eigener Verantwortung führt. Das **Kollegialprinzip** (Art. 65 S. 3 GG) legt fest, dass Streitigkeiten zwischen einzelnen Ministern durch die Bundesregierung, also durch das gesamte Kabinett, zu entscheiden sind. Einzelheiten der Regierungsarbeit sind in der Geschäftsordnung der Bundesregierung (GeschO-BReg) festgelegt.

70 Die Bundesregierung ist das politische Leitungsorgan des Staates und hat in allen Bereichen staatlicher Tätigkeit wichtige Befugnisse:

- Hinsichtlich der Gesetzgebung hat sie das Recht zur Abgabe von Gesetzesvorschlägen, wichtige Mitwirkungsrechte im Verfahren und das Recht untergesetzliche Vorschriften (Rechtsverordnungen) nach Maßgabe des Art. 80 GG zu erlassen.
- Hinsichtlich der Verwaltung obliegen ihr Organisationsbefugnisse, die Aufsicht über die Ausführung der Bundesgesetze durch die Länder (Art. 84, 85 GG) sowie der Erlass allgemeiner Verwaltungsvorschriften.

71 Weitere wichtige Befugnisse sind Zuständigkeiten im Bereich der auswärtigen Gewalt, die Mitwirkung bei der Aufstellung des Haushalts oder die Zuständigkeit für Maßnahmen nach dem Stabilitätsgesetz.

72 Abzugrenzen sind die Befugnisse der Regierung als Ganzes von denen der einzelnen Bundesminister. Manche Vorschriften des Grundgesetzes richten sich nämlich auch an einzelne Bundesminister. So hat nach Art. 65a GG der Bundesminister für Verteidigung in Friedenszeiten die Befehls- und Kommandogewalt über die Streitkräfte und gem. Art. 112 GG muss der Bundesfinanzminister Ausgaben, die nicht durch den Haushaltsplan gedeckt sind, zustimmen.

3. Der Bundestag

73 Der Bundestag wird nach Maßgabe von Art. 38 GG in Verbindung mit dem Bundeswahlgesetz für vier Jahre, der sog. Wahlperiode, von den wahlberechtigten Bürgern gewählt (Art. 39 I GG).[44] Nach Art. 39 I 2 GG endet eine Wahlperiode erst mit Zusammentritt eines neuen Bundestages. Damit gelten auch alle noch nicht beschlossenen Anträge, Gesetzesvorhaben etc. als erloschen und verlieren alle Organe des alten Bundestages ihre Stellung (Grundsatz der **Diskontinuität**).

Die Anzahl der Bundestagsabgeordneten beträgt seit dem Jahr 2002 grundsätzlich 598 Abgeordnete (§ 1 Bundeswahlgesetz). Aufgrund der Berücksichtigung sog. Überhangmandate[45] besteht der Bundestag aber regelmäßig aus mehr Abgeordneten. So sind in der 17. Wahlperiode (2009–2013) tatsächlich 622 Abgeordnete im Bundes-

43 Näher dazu *Degenhart* StaatsR I § 9 Rn. 687 ff.
44 Ausführlich dazu *Burkiczak*, Die Verfassungsrechtlichen Grundlagen der Wahl des Deutschen Bundestages, JuS 2009, 805.
45 Vgl. dazu *Detterbeck* ÖffR Rn. 149 ff.

tag vertreten. Die innere Organisation des Bundestages richtet sich nach der Geschäftsordnung des Deutschen Bundestages (GeschOBT). Dort finden sich auch nähere Regelungen zur Stellung des **Bundestagspräsidenten** oder zur Bildung und Bedeutung der **Fraktionen** (§§ 10 ff. GeschOBT).

Von den Befugnissen des Bundestages sind insbesondere der Erlass von Gesetzen, das Recht zur Bestellung von Organen und verschiedene Kontrollrechte zu nennen: 74

- Die Bundesgesetze werden gem. Art. 77 I 1 GG vom Bundestag beschlossen. Allerdings geht dem ein streng geregeltes Verfahren voraus, in dem insbesondere der Bundesrat wichtige Mitwirkungsrechte hat.
- Bei der Bestellung von Organen ist das Recht zur Wahl des Bundeskanzlers (Art. 63 I GG) und die Mitwirkung bei der Wahl des Bundespräsidenten (Art. 54 III GG) sowie bei der Wahl der Bundesverfassungsrichter (Art. 94 I GG) hervorzuheben.
- Eine Kontrolle der Regierungstätigkeit ist dem Bundestag zunächst über Art. 43 GG eingeräumt, wonach die Mitglieder der Bundesregierung vor dem Parlament jederzeit Rede und Antwort zu stehen haben. Zum anderen bestehen Kontrollmöglichkeiten durch die Einsetzung von Untersuchungsausschüssen (Art. 44 GG) und durch das Recht den Haushalt zu bewilligen (Art. 110 GG). Schließlich kann der Bundestag über Art. 68 GG einem Bundeskanzler das Vertrauen entziehen und einen anderen wählen.

Die Unabhängigkeit des Parlamentes wird weiter dadurch gewährleistet, dass die persönliche Stellung des einzelnen Abgeordneten besonders abgesichert ist.[46] Zum einen sind sie nach Art. 38 I 2 GG nicht an Aufträge und Weisungen gebunden und nur ihrem Gewissen unterworfen (sog. freies Mandat).[47] Zum anderen darf der Abgeordnete gem. Art. 46 I GG wegen seines Abstimmungsverhaltens oder wegen Äußerungen im Bundestag oder einem Ausschuss nicht dienstrechtlich oder strafrechtlich verfolgt werden (**Indemnität**). Schließlich darf der Abgeordnete nach Art. 46 II GG bezüglich seines privaten Verhaltens strafrechtlich nur verfolgt werden, wenn der Bundestag dem zustimmt (**Immunität**). Nach Art. 47 GG haben die Abgeordneten zudem ein Zeugnisverweigerungsrecht bezüglich solcher Tatsachen, die ihnen aufgrund ihres Amtes anvertraut werden und gem. Art. 48 GG haben sie Anspruch auf eine angemessene materielle Versorgung. 75

4. Der Bundesrat

Der Bundesrat besteht aus Mitgliedern der Landesregierungen der einzelnen Bundesländer (Art. 51 I GG). Einzelheiten der Entsendung regelt das jeweilige Landesverfassungsrecht. Die Geschäftsordnung des Bundesrates (GeschO-BR) bestimmt nach Maßgabe des Art. 51 II GG welches Bundesland wie viele Stimmen im Bundesrat hat. Art. 52 GG legt fest, dass an der Spitze des Bundesrates ein Präsident steht. Nach gängiger Praxis wechselt dieses Amt zwischen den Ministerpräsidenten der Bundesländer. 76

Aufgabe des Bundesrates ist es, an der Gesetzgebung und Verwaltung des Bundes mitzuwirken (Art. 50 GG). Die Mitwirkungsrechte werden durch spezielle Vor- 77

46 Ausführlich dazu *Sodan/Ziekow* GK ÖffR § 12 Rn. 18 ff.
47 Näher dazu und zu seinen Grenzen aufgrund unseres Parteiensystems *Ipsen* StaatsR I § 6 Rn. 289.

schriften im Grundgesetz konkretisiert. Besonders wichtig ist seine Mitwirkung im Gesetzgebungsverfahren (Art. 77 GG)[48] und die Mitwirkungsrechte bei Maßnahmen im Zusammenhang mit der Mitwirkung der Bundesrepublik Deutschland in der Europäischen Union (Art. 23 IV–VI GG).

78 Die wichtigsten Staatsorgane und ihre Aufgaben sind in Übersicht 7 noch einmal zusammengefasst.

79 **Übersicht 7: Die wichtigsten Staatsorgane des Bundes**

Bundestag **Art. 38 ff GG** (=Legislativorgan)	**Bundesregierung** **Art. 62 ff GG** (=Exekutivorgan; politische Spitze der Verwaltung)	**Bundesrat** **Art. 50, 51 GG** (=Ländervertretung)	**Bundespräsident** **Art. 54 ff GG** (=Staatsoberhaupt)
• Beschluss von Gesetzen • Wahl und Abberufung des Bundeskanzlers • Kontrolle der Regierung • Mitglieder werden vom Volk gewählt und genießen Indemnität und Immunität	• Ausführung der Gesetze • Recht zur Gesetzesinitiative und zum Erlass von Rechtsverordnungen • Mitglieder sind der Bundeskanzler und die vom Bundespräsidenten auf Vorschlag des Bundeskanzlers ernannten Bundesminister	• Mitwirkung bei Bundesgesetzgebung	• Vertretung der Bundesrepublik Deutschland nach außen • Gegenzeichnung, Ausfertigung und Verkündung der Gesetze • Ernennung und Entlassung der Bundesminister

5. Hinweis auf sonstige Organe

80 Neben den dargestellten obersten Bundesorganen enthält das Grundgesetz Regelungen zu weiteren Bundesorganen:

81 • Der **gemeinsame Ausschuss**, der sich gem. Art. 53a GG aus 2/3 der Abgeordneten des Bundestages und 1/3 der Mitglieder des Bundesrates zusammensetzt, dient dazu, im Verteidigungsfall die Aufgabe eines Notparlaments zu übernehmen. Seine Befugnisse sind in Art. 115e GG festgelegt.

82 • Die **Bundesversammlung** (Art. 54 GG) setzt sich aus den Mitgliedern des Bundestages und einer gleichen Zahl von durch die Parlamente der Länder zu wählenden Mitgliedern zusammen und hat die Aufgabe, den Bundespräsidenten zu wählen.

48 → Rn. 98 ff.

- Das **Bundesverfassungsgericht** ist nach Art. 92 GG Teil der rechtsprechenden Gewalt und entscheidet in den in Art. 93 GG festgelegten Fällen. Die Zusammensetzung ist in Art. 94 GG und im Bundesverfassungsgerichtsgesetz (BVerfGG) geregelt. Die in der Praxis wichtigste Verfahrensart vor dem Bundesverfassungsgericht ist die sog. Verfassungsbeschwerde, die unten[49] näher besprochen wird. 83

III. Der Erlass von Bundesgesetzen

1. Allgemeines

Aufgrund des Rechtsstaatsprinzips ist die Grundlage fast jeden staatlichen Handelns die Ermächtigung der handelnden Stelle durch ein entsprechendes Gesetz. Die Frage nach der Verfassungsmäßigkeit eines Gesetzes spielt daher in der Rechtswirklichkeit eine wichtige Rolle, da Mindestvoraussetzung für die Rechtmäßigkeit einer staatlichen Maßnahme ist, dass das ihr zugrunde liegende Gesetz mit dem Verfassungsrecht vereinbar ist. Dazu ist zum einen Voraussetzung, dass das Gesetz ordnungsgemäß zustande gekommen ist (**formelle Verfassungsmäßigkeit**) und zum anderen, dass der Inhalt des Gesetzes mit dem Grundgesetz vereinbar ist (**materielle Verfassungsmäßigkeit**). Danach gilt für die Überprüfung eines Bundesgesetzes der in Übersicht 8 dargestellte Ablauf: 84

Übersicht 8: 85

Überprüfung der Verfassungsmäßigkeit eines Bundesgesetzes
I. Formelle Verfassungsmäßigkeit 1. Vorliegen der Gesetzgebungskompetenz (Art. 70 ff. GG) 2. Einhaltung des Gesetzgebungsverfahrens (Art. 76 ff. GG) 3. Beachtung der Formvorschriften (Art. 82 GG)
II. Materielle Verfassungsmäßigkeit 1. Keine Verletzung von Grundrechten 2. Keine Verletzung sonstigen Verfassungsrechts, zB Art. 79 III GG

2. Die Gesetzgebungskompetenzen

Aufgrund der bundesstaatlichen Struktur der Bundesrepublik Deutschland ergibt sich das Problem, die Gesetzgebungskompetenzen von Bund und Ländern gegeneinander abzugrenzen. Diese Abgrenzung wurde zum 1.9.2006 durch Inkrafttreten der so genannten **Förderalismusreform I**[50] neu geordnet. 86

Art. 70 GG enthält die Grundregel, nach der die Gesetzgebungszuständigkeit grundsätzlich bei den Ländern liegt und der Bund nur in den vom Grundgesetz ausdrück-

49 → Rn. 122 ff.

50 *Degenhardt*, Die Neuordnung der Gesetzgebungskompetenzen nach der Förderalismusreform, NVwZ 2006, 1209; *Ipsen*, Die Kompetenzverteilung zwischen Bund und Ländern nach der Förderalismusnovelle, NJW 2006, 2801; *Sodan/Ziekow* GK ÖffR § 8 Rn. 40; die Föderalismusreform II von 2009 betraf nur die Finanzverfassung.

lich genannten Fällen die Gesetzgebungsbefugnis hat. In der Rechtswirklichkeit wird dieses Regel-Ausnahme-Verhältnis zugunsten der Länder allerdings ins Gegenteil verkehrt. In den meisten Fällen liegt die Gesetzgebungskompetenz danach beim Bund. Dabei sind verschiedene Arten von Gesetzgebungskompetenzen[51] zu unterscheiden.

a) Ausschließliche Gesetzgebung des Bundes

87 Ausschließliche Gesetzgebung des Bundes bedeutet, dass die Länder für die betreffenden Themenbereiche von der Gesetzgebung generell ausgeschlossen sind (Art. 71 GG). Die Bereiche der ausschließlichen Gesetzgebung sind zum einen in Art. 73 GG (bitte lesen!) verankert und ergeben sich zum anderen aus Einzelbestimmungen des Grundgesetzes (zB Art. 29 VII, 41 III, 105 I GG). Aus dem Katalog des Art. 73 GG, der durch die Förderalismusreform erweitert wurde, sind für das Wirtschaftsleben die Zuständigkeit für das Währungs- und Geldwesen (Nr. 4), die Regelung des grenzüberschreitenden Handels (Nr. 5), das Verkehrswesen (Nr. 6 und 6a) sowie der gewerbliche Rechtsschutz (Nr. 9) von besonderer Bedeutung. Neu eingefügt wurde Art. 73 II GG, wonach Gesetze zur Bekämpfung des internationalen Terrorismus (Art. 73 I Nr. 9a GG) der Zustimmung des Bundesrates bedürfen.

b) Konkurrierende Gesetzgebung des Bundes

88 Konkurrierende Gesetzgebung des Bundes bedeutet gem. Art. 72 I GG, dass für die betreffenden Bereiche sowohl der Bund als auch die Länder Gesetze erlassen dürfen, wobei die Länderkompetenz allerdings unter dem Vorbehalt steht, dass der Bund von seiner Kompetenz keinen Gebrauch gemacht hat. Damit besteht dann grundsätzlich ein Verbot für die Länder, in diesem Bereich gesetzgeberisch tätig zu werden (**Sperrwirkung**). Dieser Grundsatz wurde durch die Förderalismusreform allerdings aufgeweicht. Nach Art. 72 III GG können die Länder bei bestimmten Materien (zum Beispiel dem Naturschutz, dem Wasserhaushalt oder der Hochschulzulassung) von dazu erlassenen Bundesgesetzen abweichende Regelungen treffen.

89 Die Gebiete, die der konkurrierenden Gesetzgebung unterliegen, ergeben sich aus dem Katalog des Art. 74 GG (bitte lesen).

Beispiele: Im Bereich der Wirtschaft spielt die konkurrierende Gesetzgebung eine besondere Rolle. So hat der Bund zB die Zuständigkeit für das Recht der Wirtschaft (Art. 74 I Nr. 11 GG), das Arbeitsrecht (Art. 74 I Nr. 12 GG) oder das Kartellrecht (Art. 74 I Nr. 16 GG).

90 Auch hier hat die Förderalismusreform Änderungen gebracht. So sind von der Kompetenz für das Recht der Wirtschaft (Art. 74 I Nr. 11 GG) das Gaststättengewerbe und das Recht des Ladenschlusses ausgeschlossen worden und die Kompetenz des Bundes für das Versammlungsrecht (Art. 74 I Nr. 3 GG aF) gestrichen worden.

Nach § 125a I GG gelten bestehende Gesetze, die heute nicht mehr als Bundesgesetze erlassen werden können, weiter, bis sie durch entsprechende Landesgesetze ersetzt werden. Daher gilt das GastG des Bundes momentan noch weiter, während das Ladenschlussgesetz des Bundes bereits weitgehend durch Landesladenschlussgesetze der Länder ersetzt wurde.

91 Die konkurrierende Gesetzgebungskompetenz des Bundes wird durch Art. 72 II GG beschränkt. Allerdings betrifft das nach der Förderalismusreform nicht mehr alle Ge-

51 Eine Übersicht der verschiedenen Kompetenzen des Bundes und Anwendungsfälle dazu bietet *Haug* StaatsR/VerwaltungsR Rn. 149 ff.

genstände der konkurrierenden Gesetzgebung, sondern nur die, die in Art. 72 II GG ausdrücklich genannt sind, wie zB das Recht der Wirtschaft oder das Lebensmittelrecht. Danach darf der Bund auf bestimmten Gebieten des Art. 74 I GG nur tätig werden, wenn und soweit die Herstellung gleichwertiger Lebensverhältnisse im Bundesgebiet oder die Wahrung der Rechts- oder Wirtschaftseinheit im gesamtstaatlichen Interesse eine bundesgesetzliche Regelung erforderlich macht (sog. **Bedürfnisklausel**).[52] Der Bundesgesetzgeber muss also jeweils begründen, warum eine bundeseinheitliche Regelung erforderlich ist.[53]

Abgeschafft wurde durch die Föderalismusreform die **Rahmengesetzgebungskompetenz** des Bundes (Art. 75 GG aF). Die Besonderheit der Rahmengesetzgebung lag darin, dass der Bund hier nur einen Rahmen vorgab (Art. 75 II GG aF), der von den Ländern mit eigenen Gesetzen ausgefüllt werden musste (Art. 75 III GG aF). Die Materien, die früher unter die Rahmenkompetenz fielen, wurden entweder in die Kompetenz der Länder oder in die Vollkompetenz des Bundes nach Art. 74 GG überführt.[54] Bezüglich letzterem wurde den Ländern in Art. 72 III GG aber das Recht eingeräumt, von der Regelung des Bundes abzuweichen. Allerdings kann der Bund darauf seinerseits reagieren und ein von der Länderregelung abweichendes neues Gesetz erlassen.[55] 92

c) Ungeschriebene Bundesgesetzgebungskompetenzen

Über die genannten, vom Grundgesetz vorgesehenen Gesetzgebungskompetenzen des Bundes hinaus, werden von Rechtslehre und Rechtsprechung noch verschiedene ungeschriebene Kompetenzen angenommen.[56] Anerkannt sind: 93

- **Kompetenz kraft Sachzusammenhangs**: Erfasst werden hier Regelungen, die mit einem dem Bund ausdrücklich zugewiesenen Bereich in so engem Zusammenhang stehen, dass es sachfremd wäre, hier den Ländern die Kompetenz zu überlassen. So hat das BVerfG[57] dem Bund die Gesetzgebungskompetenz für die Regelung der Altersversorgung von Schornsteinfegern zugesprochen, weil insoweit ein Sachzusammenhang mit der Regelungsmaterie »Handwerk« (vgl. Art. 74 I Nr. 11 GG) bestände. 94
- **Annexkompetenz**: Diese Kompetenz ist eigentlich nur ein Sonderfall der Kompetenz kraft Sachzusammenhangs und betrifft Sachverhalte, die sich notwendig aus der Regelung eines Bereiches ergeben, der dem Bund ausdrücklich zugewiesen ist. Daher kann der Bund aufgrund seiner Zuständigkeit für ein bestimmtes Gebiet, zB das Gewerberecht, auch die entsprechenden Befugnisse der Ordnungs- und Polizeibehörden mitregeln, obwohl Polizei- und Ordnungsrecht eigentlich in die Kompetenz der Länder fällt. 95
- **Kompetenz kraft Natur der Sache**: Diese Kompetenz des Bundes erfasst Materien, die begriffsnotwendig nur der Regelung durch den Bund obliegen können, zB die Frage, wo der Bundestag seinen Sitz haben soll (vgl. jetzt Art. 22 GG). 96

52 Zur Prüfung in der Klausur siehe *Detterbeck* ÖffR Rn. 266 ff.
53 Zum Umfang dieser Prüfungs- und Begründungspflicht vgl. BVerfGE 106, 62.
54 *Schwerdtfeger* Fallbearbeitung ÖffR Rn. 670.
55 Näher zu dem dadurch entstehenden »Ping-Pong-Effekt« *Katz* StaatsR § 20 Rn. 427.
56 Näher *Detterbeck* ÖffR Rn. 285 ff.
57 BVerfGE 1, 264 ff.

97 Wird ein Gesetz durch einen nach dieser Kompetenzverteilung unzuständigen Gesetzgeber erlassen, ist es verfassungswidrig und würde zB im Rahmen einer Verfassungsbeschwerde vom Bundesverfassungsgericht aufgehoben werden.

3. Das Gesetzgebungsverfahren

98 Verfassungsgemäß ist ein Gesetz ferner nur, wenn es das durch die Verfassung vorgeschriebene Verfahren einhält. Sowohl das Grundgesetz als auch die Länderverfassungen enthalten insoweit Vorschriften. Im Folgenden soll ein kurzer Überblick über das Gesetzgebungsverfahren für Bundesgesetze, das in den Art. 76–78 GG (bitte lesen!) geregelt ist, gegeben werden.[58]

99 Zeitlich lassen sich im Gesetzgebungsverfahren drei Abschnitte unterscheiden, nämlich die Vorlage eines Gesetzesentwurfs, die Beratung und die Verabschiedung des Entwurfs im Bundestag sowie die Beteiligung des Bundesrates.

a) Die Vorlage eines Gesetzesentwurfs

100 Das Recht zu Gesetzesvorlagen, die sog. **Gesetzesinitiative**, steht nach Art. 76 I GG der Bundesregierung, dem Bundesrat und der Mitte des Bundestages zu. Gesetzesinitiativen aus der Mitte des Bundestages müssen dabei von einer Fraktion oder von mindestens fünf Prozent der Abgeordneten (vgl. § 76 I GeschOBT) stammen. Vorlagen der Bundesregierung müssen nach Art. 76 II GG zunächst dem Bundesrat vorgelegt werden und Gesetzesvorlagen des Bundesrates können nach Art. 76 III GG nur bei der Bundesregierung eingebracht werden.

b) Beratung und Beschluss eines Gesetzesentwurfs

101 Über das eigentliche Gesetzgebungsverfahren, dh den Weg vom Entwurf bis zum fertigen Gesetz, bestimmt das Grundgesetz in Art. 77 GG nur, dass der Beschluss des Gesetzes im Bundestag erfolgen muss und welche Rechte der Bundesrat in dem Verfahren hat. In den §§ 78 ff. GeschO BT wird allerdings festgelegt, dass im Bundestag drei Beratungen über den Gesetzesentwurf stattfinden, die sog. **Lesungen**. In der ersten Lesung wird der Entwurf im Regelfall nur vorgestellt und zur weiteren Beratung an einen Ausschuss verwiesen. In der zweiten Lesung wird im Plenum über den Gesetzesentwurf beraten und in der dritten Lesung wird dieser verabschiedet. Für die Verabschiedung reicht außer bei verfassungsändernden Gesetzen, bei denen nach Art. 79 II GG zwei Drittel der Mitglieder des Bundestages zustimmen müssen, die einfache Mehrheit der abgegebenen Stimmen aus (Art. 42 II GG).

c) Die Beteiligung des Bundesrates

102 Das Kernstück des Gesetzgebungsverfahrens stellt die **Beteiligung des Bundesrates** dar. Aus dem Bundesstaatsprinzip folgt zwingend ein Mitspracherecht der Länder beim Erlass von Bundesgesetzen. Der Bundesrat, der nach Art. 51 I GG aus Mitgliedern der Regierungen der Bundesländer besteht, hat daher durch Art. 77 II–IV GG bestimmte Befugnisse eingeräumt bekommen. Für entsprechende Beschlüsse des Bundesrates ist Art. 51 II und III GG zu beachten, wonach jedes Land mindestens

58 Ausführlich dazu *Frenzel*, Das Gesetzgebungsverfahren – Grundlagen, Problemfälle und Entwicklungen, JuS 2010, 27 ff. u. 119 ff.; vgl. auch *WKSZ* ÖffR/EuropaR S. 113.

3 Stimmen hat und die Stimmen eines Landes nur einheitlich abgegeben werden können.[59]

Die Intensität der Mitwirkung des Bundesrates hängt dabei davon ab, ob ein sog. Einspruchsgesetz oder ein sog. Zustimmungsgesetz vorliegt:

aa) Ein **Einspruchsgesetz** ist jedes Gesetz, das nicht Zustimmungsgesetz ist. Hat der Bundesrat Einwände gegen ein solches Gesetz muss er nach Art. 77 II GG den Vermittlungsausschuss einberufen. Der Vermittlungsausschuss setzt sich nach Maßgabe der Geschäftsordnung des Vermittlungsausschusses aus je 16 Mitgliedern des Bundestages und des Bundesrates zusammen und hat Einigungsvorschläge zu erarbeiten. Soweit diese eine Änderung des Gesetzes beinhalten, muss gemäß Art. 77 II 5 GG der Bundestag noch einmal darüber beschließen. Kommt es im Vermittlungsverfahren zu keiner Einigung, kann der Bundesrat nach Art. 77 III GG gegen den fraglichen Gesetzesentwurf Einspruch einlegen. Dieser kann nach Art. 77 IV GG allerdings vom Bundestag zurückgewiesen werden.[60] **103**

bb) Ein **Zustimmungsgesetz** liegt vor, wenn das Grundgesetz das Zustimmungserfordernis ausdrücklich vorsieht. Dies ist zB in Art. 79 II GG (Änderung des Grundgesetzes), Art. 104a IV GG (Gewährung von Finanzhilfen) oder Art. 106 III 2 GG (Festlegung der Anteile von Bund und Ländern an der Umsatzsteuer) der Fall. Bei einem Zustimmungsgesetz kann der Bundesrat, nachdem ein vom Bundestag, Bundesregierung oder Bundesrat eingeleitetes Vermittlungsverfahren erfolglos durchgeführt worden ist (Art. 77 IIa GG), die Zustimmung zum Gesetz verweigern und dieses damit endgültig zum Scheitern bringen (= **Vetorecht**). **104**

Insgesamt ergibt sich für das Gesetzgebungsverfahren damit der in Übersicht 9 dargestellte Ablauf:[61] **105**

59 Lehrreich insoweit BVerfGE 106, 310 zur Beschlussfassung des Bundesrates im Zusammenhang mit dem Zuwanderungsgesetz.

60 Einzelheiten bei *Nolte/Tams*, Das Gesetzgebungsverfahren nach dem Grundgesetz, Jura 2000, 158.

61 Vgl. auch die Ablaufschemata bei *Katz* StaatsR § 20 nach Rn. 437 oder *Sodan/Ziekow* GK ÖffR § 17 Rn. 38.

Übersicht 9: Ablauf des Gesetzgebungsverfahrens n.d. GG

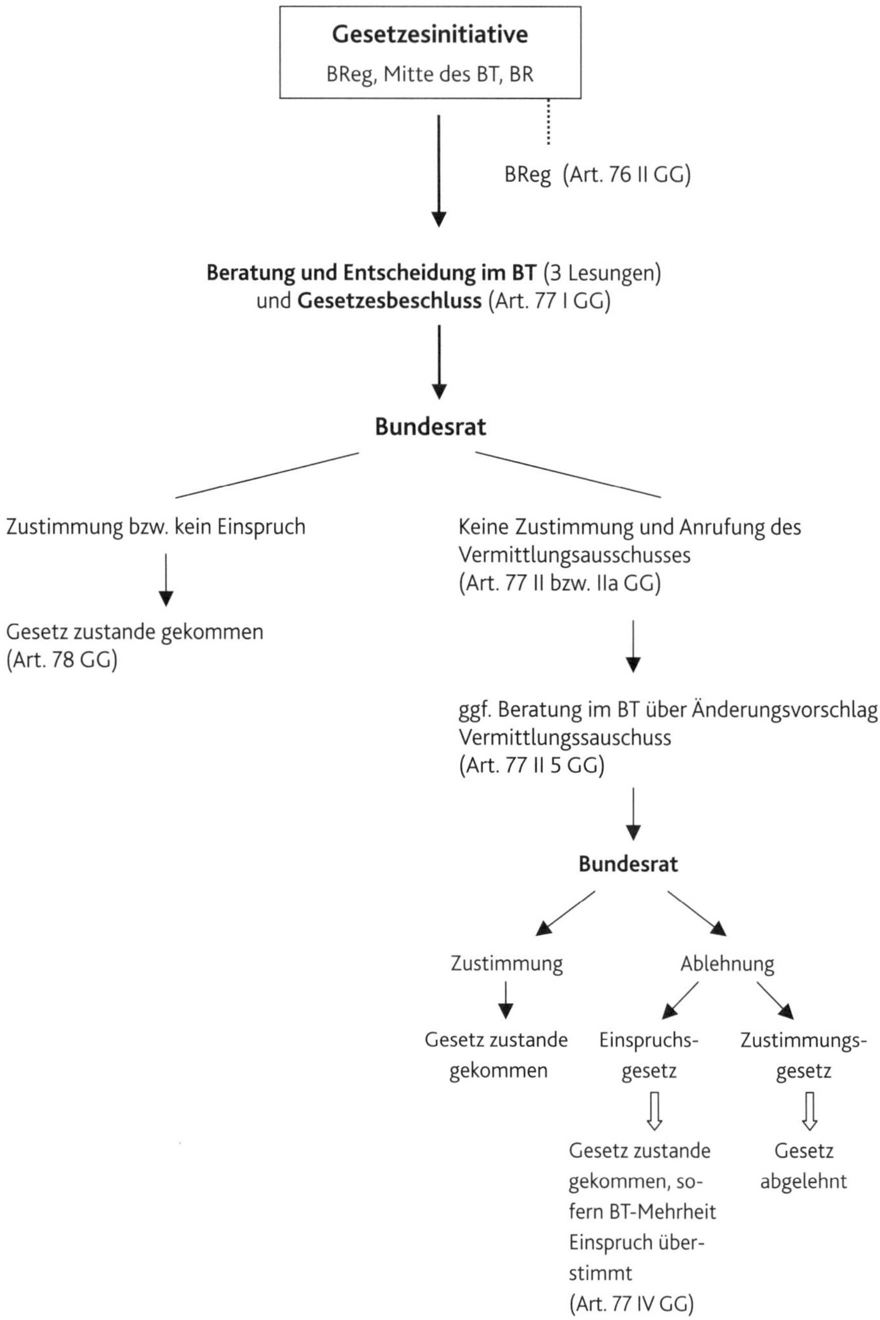

Ihre Kenntnisse über den Ablauf des Verfahrens können Sie anhand des folgenden Übungsfalls[62] noch einmal kontrollieren:

Übungsfall 1 105a

Nachdem es in den Jahren 2010 und 2011 zu Rücktritten der durch die Bundesversammlung gewählten Bundespräsidenten kam, möchte der Bundestagsabgeordnete Streit die Wahl des Bundespräsidenten reformieren. Er findet unter den Abgeordneten aller Parteien Sympathisanten. Diese Gruppe von insgesamt 40 Abgeordneten bringt schließlich einen Gesetzesentwurf zur Neuwahl des Bundespräsidenten ein. Danach soll der Bundespräsident zukünftig vom Volk gewählt werden. Das Gesetz wird in der 3. Lesung des Bundestages mit knapper Mehrheit verabschiedet. Allerdings verweigert der Bundesrat seine Zustimmung dazu. Auch ein vom Bundestag angestrengtes Vermittlungsverfahren bringt keinen Erfolg. Allerdings überstimmt der Bundestag den ablehnenden Beschluss des Bundesrates und leitet das Gesetz dem Bundespräsidenten weiter.
Ist das Gesetzgebungsverfahren ordnungsgemäß abgelaufen?

■ Die Fallbearbeitung im öffentlichen Recht erfolgt nach den gleichen Prinzipien wie im Privatrecht. Ausgangspunkt ist die Fallfrage. Diese beinhaltet hier nicht die gesamte formelle Verfassungsmäßigkeit eines Bundesgesetzes, sondern nur einen Teilaspekt. Welches ist dieser?

▶ Gefragt ist nur nach dem ordnungsgemäßen Zustandekommen des Gesetzes, also nach Punkt I.2 des Prüfungsschemas unter Rn. 85.

■ Wie im Privatrecht beginnt die Falllösung mit einer These: wie könnte diese hier lauten?

▶ **Lösung:** Die These lautet »Das Gesetzgebungsverfahren wäre ordnungsgemäß abgelaufen, wenn die Vorgaben der Art. 76 ff. GG eingehalten wurden.«

■ Schauen Sie sich die Art. 76 ff. GG an und prüfen Sie dann die einzelnen Voraussetzungen mittels einer kurzen schriftlichen Lösungsskizze!

▶ **Lösung:** Gefragt ist nur nach dem ordnungsgemäßen Zustandekommen des Gesetzes, also nach Punkt I.2 des Prüfungsschemas unter Rn. 85.

Nach Art. 76 ff. GG ist das Gesetzgebungsverfahren ordnungsgemäß abgelaufen, wenn das Gesetzgebungsverfahren richtig eingeleitet worden ist, die Beratung und der Beschluss des Gesetzesentwurf im Bundestag sowie die Beteiligung des Bundesrates und das Abschlussverfahren korrekt erfolgt sind.

a) Das Gesetzgebungsverfahren müsste durch die Vorlage eines Gesetzesentwurfs durch eine berechtigte Stelle iSv Art. 76 GG eingeleitet worden sein. Berechtigt zum Einbringen von Gesetzesentwürfen sind nach Art. 76 I GG die Bundesregierung, der Bundesrat oder einen bestimmte Anzahl von Abgeordneten (»aus der Mitte des Bundestages«). Hier haben 40 Abgeordnete den Gesetzesentwurf eingebracht. Nach § 76 GOBT können Gesetzesvorlagen von einer Fraktion oder von 5% der Mitglieder des Bundestages eingebracht werden. Die 40 Abgeordneten um Streit bilden keine Fraktion, sie sind aber mehr als 5% der zurzeit 622 im Bundestag vertretenen Abgeordneten. Damit waren sie zur Einbringung des Gesetzes-

62 Weitere Übungsfälle finden sich bei *Dietlein* Examinatorium StaatsR S. 76 ff. (Gesetzgebungsverfahren); *WKSZ* ÖffR/EuropaR § 13 I. (Staatsorganisationsrecht); *Oberrath/Schmidt/Schomerus* ÖffWirtschaftsR Fall 1 (Gesetzgebungsverfahren).

entwurfs in den Bundestag berechtigt. Das Gesetzgebungsverfahren wurde somit korrekt eingeleitet.

b) Die Beratung und der Beschluss eines Gesetzesentwurfs im Bundestag richten sich nach der GOBT. Der Gesetzesentwurf muss entsprechend §§ 78 ff. GeschOBT drei Lesungen im Bundestag durchlaufen und dann gemäß § 80 GeschOBT ordnungsgemäß beschlossen worden sein. Diese Voraussetzungen sind hier erfüllt, da drei Lesungen stattfanden und der Bundestag mit seiner Mehrheit das Gesetz beschlossen hat.

c) Die Beteiligung des Bundesrates ist in den Art. 77 und 78 GG geregelt. Das vom Bundestag beschlossene Gesetz wurde entsprechenden Art. 77 2 GG dem Bundesrat zugeleitet, der das Gesetz abgelehnt hat. Danach wurde vom Bundestag der Vermittlungsausschuss angerufen. Ob dies korrekt ist, hängt gemäß Art. 77 II 4 davon ab, ob das betreffende Gesetz ein Zustimmungsgesetz war.

Ein Zustimmungsgesetz liegt nur bei Gesetzen vor, für deren Zustandekommen das GG ausdrücklich die Zustimmung des Bundesrates verlangt. In Betracht kommt für die Begründung eines Zustimmungserfordernisses hier nur Art. 79 II GG. Dazu müsste das fragliche Gesetz das GG ändern. Nach dem GG wird der Bundespräsident gemäß Art. 54 III GG von der Bundesversammlung gewählt. Da das neue Gesetz die Wahl des Bundespräsidenten durch das Volk vorsieht, ändert es das GG. Damit liegt ein Zustimmungsgesetz vor und der Bundestag konnte daher den Vermittlungsausschuss anrufen. Insoweit liegt also kein Verfahrensfehler vor.

Nachdem es im Vermittlungsausschuss zu keiner Einigung kam, hat der Bundesrat erneut die Ablehnung des Gesetzes beschlossen. Dies entspricht Art. 77 IIa GG. Fraglich ist aber wie sich der erneute Beschluss des Gesetzes im Bundestag auswirkt. Gemäß Art. 78, 77 IV GG könnte das Gesetz durch die Überstimmung des Bundesrates durch den Bundestag trotzdem zustande gekommen sein. Das setzt nach Art. 77 IV GG aber voraus, dass es um ein Einspruchsgesetz geht. Wie oben festgestellt liegt hier aber ein Zustimmungsgesetz vor. Damit konnte der Bundestag die Ablehnung des Bundesrates nicht überstimmen.

Damit bleibt es bei der fehlenden Zustimmung des Bundesrates, so dass das Verfahren nicht ordnungsgemäß war und das Gesetz gemäß Art. 78 GG nicht zustande gekommen ist.

4. Das Wirksamwerden eines Gesetzes

106 Mit dem Beschluss des Gesetzes durch den Bundestag ist das Gesetz noch nicht wirksam. Gem. Art. 82 I GG bedarf es zu seinem In-Kraft-Treten zunächst noch der Ausfertigung durch den Bundespräsidenten nach Gegenzeichnung durch ein Mitglied der Bundesregierung (Art. 58 GG). In diesem Zusammenhang ist streitig, inwieweit dem Bundespräsidenten dabei das Recht zusteht, die Unterschrift zu verweigern, falls er das Gesetz für nicht verfassungsmäßig hält.

■ Wissen Sie noch, wie insoweit der Meinungsstand in Rechtsprechung und Lehre ist?

▶ Wenn nein, lesen Sie bitte oben[63] noch einmal nach.

63 → Rn. 65.

Schließlich bedarf es noch der Verkündung des Gesetzes im Bundesgesetzblatt. Das In-Kraft-Treten des Gesetzes erfolgt dann entweder an dem von ihm bestimmten Tag oder, wenn eine solche Bestimmung fehlt, mit dem vierzehnten Tage nach Ablauf des Tages, an dem das Bundesgesetzblatt ausgegeben worden ist (Art. 82 II GG).

Ist bei einem Gesetz das dargestellte Verfahren nicht eingehalten worden, ist es verfassungswidrig und kann zB im Rahmen einer Verfassungsbeschwerde[64] vom Bundesverfassungsgericht aufgehoben werden. 107

V. Der Vollzug von Gesetzen

Ein wesentlicher Teil der Verwaltungstätigkeit ist der Vollzug von Gesetzen. Das Grundgesetz trifft in diesem Zusammenhang Regelungen darüber, wer die Bundesgesetze auszuführen hat. Schon aus Art. 30 GG würde sich ergeben, dass der Vollzug der Bundesgesetze grundsätzlich den Ländern obliegt. Art. 83 GG stellt das aber noch einmal ausdrücklich fest. Dass die Länder die Landesgesetze vollziehen, ergibt sich nicht aus dem Grundgesetz, sondern aus der Natur der Sache. 108

Art. 83 GG bestimmt nicht nur, dass die Länder die Bundesgesetze zu vollziehen haben, sondern legt auch fest, dass dieser Gesetzesvollzug **eigene Angelegenheit der Länder** ist.[65] Das bedeutet, dass die Organisation des Vollzugs, die Einrichtung von Behörden sowie die Regelungen des Verwaltungsverfahrens allein den Ländern obliegen (Art. 84 I 1 GG). Für die Möglichkeit des Bundes, dazu Vorgaben zu machen, hat die Förderalismusreform Änderungen gebracht. Zwar können Bundesgesetze nach wie vor Regelungen zur Behördenzuständigkeit und zum Verfahren treffen.[66] Grundsätzlich können die Länder nach Art. 84 I 2 GG von diesen bundesgesetzlichen Vorgaben aber abweichen.[67] Eine Ausnahme gilt für Regelungen zum Verwaltungsverfahren. Diesbezüglich kann der Bund nach Art. 84 I 5 GG das Abweichungsrecht der Länder durch Gesetz, das der Zustimmung des Bundesrates bedarf, ausschließen.[68] 109

Ansonsten hat der Bund in diesem Bereich der ländereigenen Verwaltung nur beschränkte Einwirkungsmöglichkeiten. Nach Art. 84 III u. IV GG hat der Bund die sog. **Rechtsaufsicht**, dh er kann in bestimmten Grenzen gegen einen rechtswidrigen Vollzug von Gesetzen vorgehen. Instrumente dafür sind in Art. 84 III und IV GG genannt.

Beispiel: Der Bund kann zB einen Beauftragten entsenden (Art. 84 III GG) oder eine Beanstandung des Länderverhaltens vornehmen (sog. Mängelrüge iSv § 84 IV GG); ein Weisungsrecht steht dem Bund dagegen grundsätzlich nicht zu.[69]

Vom Grundsatz des ländereigenen Vollzugs gibt es drei Ausnahmen: die Bundesauftragsverwaltung, die bundeseigene Verwaltung und die sog. Gemeinschaftsaufgaben. 110

64 → Rn. 122.
65 Ausführlich dazu *Hebeler*, Die Ausführung von Bundesgesetzen (Art. 83 ff. GG), Jura 2000, 164 ff.
66 Anders als nach Art. 84 I GG aF sogar ohne, dass das entsprechende Gesetz der Zustimmung des Bundesrates bedarf.
67 Näher dazu, insbesondere zu dem möglichen Hin und Her zwischen Bund und Ländern vgl. *Ipsen* StaatsR I § 11 Rn. 619 ff.
68 *Sodan/Ziekow* GK ÖffR § 18 Rn. 4.
69 Zu den Ausnahmen in Art. 84 V GG vgl. *Hufen* StaatsR I § 18 Rn. 13.

Diese Fälle sind dadurch gekennzeichnet, dass der Bund beim Vollzug der Gesetze durch die Länder stärkere Einwirkungsmöglichkeiten hat oder den Vollzug selber vornimmt.

111 Bei der **Bundesauftragsverwaltung** gem. Art. 85 GG führen die Länder den Vollzug der Bundesgesetze im Auftrag des Bundes durch. Dies hat zur Folge, dass die Länder zwar auch wieder Fragen der Organisation und des Verfahrens regeln dürfen, der Bund hier aber nicht nur die Rechtmäßigkeit des Vollzugs kontrollieren, sondern gem. Art. 85 III GG Weisungen erteilen und nach Art. 85 IV GG die Zweckmäßigkeit der Ausführung überprüfen kann (sog. **Fachaufsicht**).[70] Die Gegenstände der Bundesauftragsverwaltung sind im Grundgesetz ausdrücklich normiert. Zu nennen sind vor allen Dingen der Bereich der Kernenergie (Art. 87c GG) und die Verwaltung der Bundesfernstraßen (Art. 90 II GG).

112 Bei der **bundeseigenen Verwaltung** nach Art. 86 GG führt der Bund den Vollzug der Gesetze selbst durch, wobei er sich eigener Behörden, selbstständiger Bundesbehörden, wie zum Beispiel dem Statistischen Bundesamt oder dem Amt für Strahlenschutz, oder bundesunmittelbarer Körperschaften oder Anstalten des öffentlichen Rechts bedient.[71] Landesbehörden haben in diesem Bereich grundsätzlich keine Kompetenzen. Die Gegenstände bundeseigener Verwaltung ergeben sich aus Art. 87 GG (Auswärtiger Dienst, Bundesfinanzverwaltung), Art. 87b GG (Bundeswehrverwaltung), Art. 87d GG (Luftverkehrsverwaltung) und Art. 89 GG (Bundeswasserstraßen).

113 Bei den **Gemeinschaftsaufgaben** gem. Art. 91a bis 91e GG findet ausnahmsweise eine sog. Mischverwaltung statt,[72] dh der Gesetzesvollzug wird sowohl von Bundes- als auch von Landesbehörden vorgenommen. Gemeinschaftsaufgaben sind zB der Hochschulausbau oder -neubau, die Verbesserung der regionalen Wirtschaftsstruktur, die Bildungsplanung oder die Grundsicherung für Arbeitssuchende.

Damit ergibt sich für den Vollzug der Bundesgesetze die in Übersicht 10 dargestellte Systematik.

70 Näher dazu *Ipsen* StaatsR I § 11 Rn. 641 f.; *Janz*, Inhalt, Grenzen u. haftungsrechtliche Dimensionen des Weisungsrechts nach Art. 85 III GG, Jura 2004, 227.

71 Ausführlich dazu *Degenhart* StaatsR I § 5 Rn. 510 ff.

72 Grundsätzlich ist eine Mischverwaltung unzulässig, da die Art. 83 ff. GG von einer Trennung der Verwaltungskompetenzen ausgeht; vgl. dazu BVerfG JA 2008, 317 hinsichtlich der Verfassungswidrigkeit der Hartz-IV-Arbeitsgemeinschaften (inzwischen sind diese nach Art. 91e GG aber zulässig).

Übersicht 10: Vollzug der Bundesgesetze 114

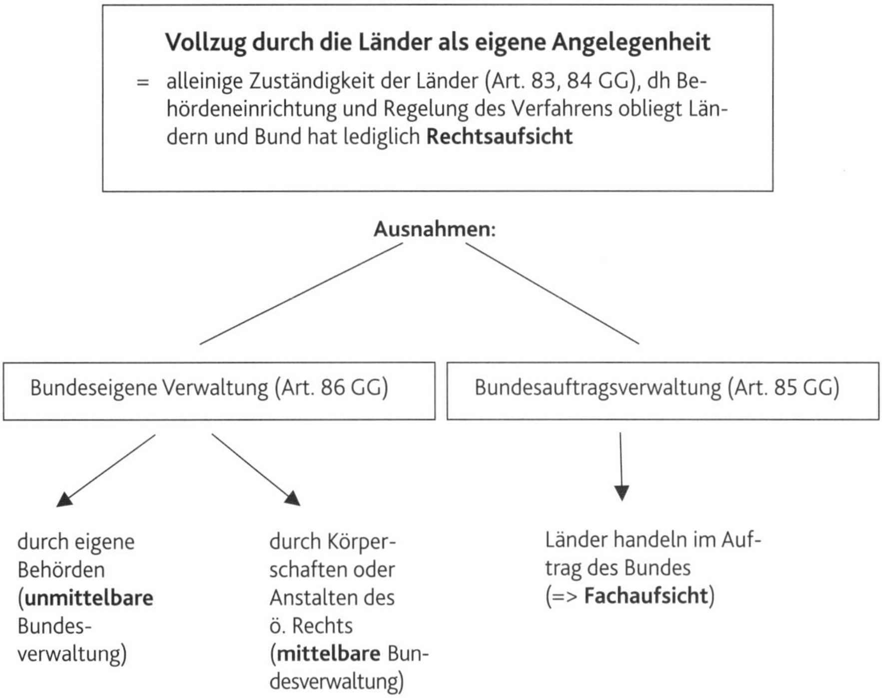

VI. Der Schutz der Verfassung durch das Bundesverfassungsgericht

1. Allgemeines

Das Bundesverfassungsgericht ist vom Grundgesetz als »Hüter der Verfassung« konzipiert und für die in Art. 93 GG festgelegten Verfahren zuständig.[73] Im Einzelnen sind das neben der im Anschluss ausführlich zu behandelnden Verfassungsbeschwerde folgende Streitigkeiten: 115

- Das **Organstreitverfahren** (Art. 93 I Nr. 1 GG, §§ 63 ff. BVerfGG) betrifft den Fall, dass ein oberstes Bundesorgan gegen eine Maßnahme oder Unterlassen eines anderen obersten Bundesorgans vorgeht.[74] 116

  Beispiel: Die Bundesregierung geht gegen die Auflösung des Bundestages durch den Bundespräsidenten vor; der Bundesrat verklagt die Bundesregierung, weil sie den Haushalt überschreitet.

- Die **abstrakte Normenkontrolle** (Art. 93 I Nr. 2 GG, §§ 76 ff. BVerfGG) berechtigt die Bundesregierung, eine Landesregierung oder 1/3 der Mitglieder des Bundestages, die Verfassungsmäßigkeit einer Rechtsnorm (Gesetz im formellen oder materiellen Sinn) überprüfen zu lassen. Das Verfahren wird abstrakte Normenkontrolle genannt, weil die Norm losgelöst von einem konkreten Rechtsstreit überprüft wird. 117

---

73 Näher zu den einzelnen Verfahrensarten *Detterbeck* ÖffR §§ 17 und 18 oder *Haug* StaatsR/VerwR Rn. 110; Prüfungsschemata finden Sie bei *Dietlein* Examinatorium ÖffR 288 ff.

74 Eine Übersicht über die möglichen Beteiligten gibt *Sodan/Ziekow* GK ÖffR § 52 Rn. 6.

Beispiel: Ein Drittel der Mitglieder des Bundestages klagen gegen die Neufassung des Einkommensteuergesetzes.

118 • Eine **Bund-Länder-Streitigkeit** (Art. 93 I Nr. 3 GG, §§ 68 ff. BVerfGG) liegt vor, wenn zwischen einem Bundesland und dem Bund eine Streitigkeit um die jeweiligen Kompetenzen besteht. Antragsteller bzw. Antragsgegner sind die jeweiligen Regierungen.

Beispiel: Das Bundesland B macht geltend, dass die Bundesregierung zu Unrecht die Ausführung eines Bundesgesetzes durch das Land moniert hat.

119 • Eine **sonstige Bund-Länder-Streitigkeit** (Art. 93 I Nr. 4 GG, §§ 76 ff. BVerfGG) liegt vor, wenn ein Bundesland geltend macht, der Bund oder ein anderes Bundesland verletze seine verfassungsrechtlichen Kompetenzen. Diese Zuständigkeit des BVerfG hat keine praktische Bedeutung, da sie gegenüber Art. 93 I Nr. 3 GG und auch gegenüber der Zuständigkeit der Verwaltungsgerichte subsidiär ist.

120 • Die **konkrete Normenkontrolle** (Art. 100 I GG, §§ 80 ff. BVerfGG) berechtigt ein Gericht, im Rahmen eines konkreten Rechtsstreites eine für sein Verfahren einschlägige Frage dem Bundesverfassungsgericht zur Entscheidung vorzulegen.

Beispiel: Ein Unternehmer klagt gegen einen Bußgeldbescheid wegen Verletzung des BImSchG. Das zuständige Strafgericht ist der Auffassung, dass die Bestimmung des BImSchG, deren Verletzung dem Bußgeldbescheid zugrunde liegt, wegen Unbestimmtheit des Gesetzestextes verfassungswidrig ist. Es legt daher dem BVerfG diese Frage zur Entscheidung vor.

In Übersicht 11 können Sie die Verfahrensarten vor dem BVerfG noch einmal im Überblick sehen.

121 **Übersicht 11: Die Verfahrensarten vor dem BVerfG**

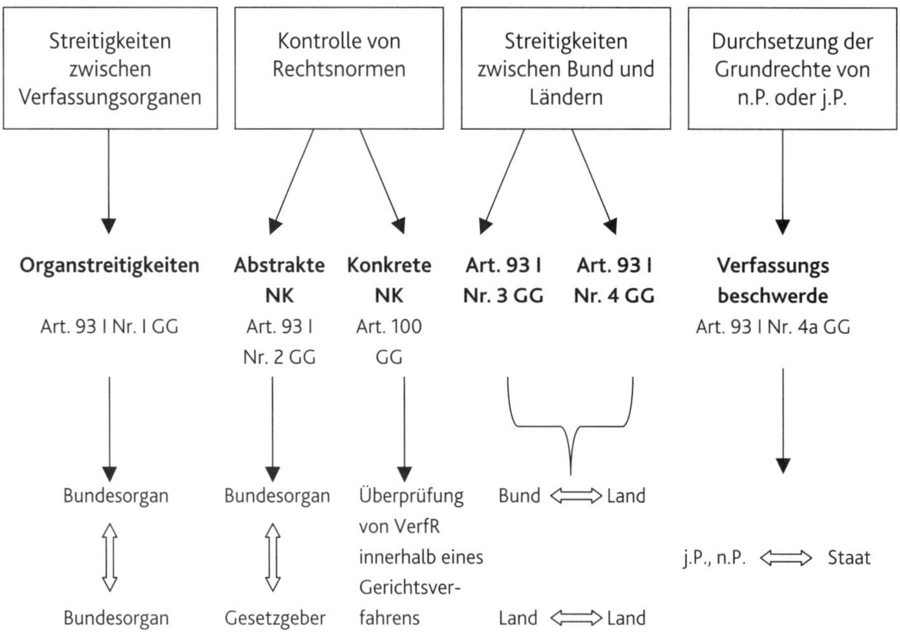

2. Die Verfassungsbeschwerde

Die Verfassungsbeschwerde ist der in der Praxis wichtigste und am Häufigsten auftretende Fall, in dem das Bundesverfassungsgericht zur Entscheidung angerufen wird. Dieser Rechtsbehelf steht »jedermann« zu, also zB auch einem wirtschaftlich Tätigen, der sich durch eine staatliche Entscheidung in seinen Grundrechten verletzt fühlt. 122

Die Verfassungsbeschwerde ist in Art. 93 I Nr. 4a GG und in den §§ 90 ff. BVerfGG geregelt. Ihr Erfolg hängt – wie auch der jedes anderen Rechtsbehelfs – von zwei Voraussetzungen ab. Sie muss zum einen **zulässig** und zum anderen **begründet** sein. 123

a) Die Zulässigkeit einer Verfassungsbeschwerde

- Zunächst muss derjenige, der eine Verfassungsbeschwerde erhebt, **beschwerdeberechtigt** (= antragsberechtigt oder beschwerdefähig) sein. Nach Art. 93 I Nr. 4a GG ist das »**jedermann**«. Dies ist, da es bei der Verfassungsbeschwerde um den Schutz von Grundrechten geht, jeder, der **grundrechtsfähig** ist. Uneingeschränkt grundrechtsfähig sind alle deutschen natürlichen Personen, auch solche, die noch minderjährig sind. Ausländer sind nur bezüglich derjenigen Grundrechte grundrechtsfähig, die sich nicht auf Deutsche beschränken. Inländische juristische Personen des Privatrechts sind grundrechtsfähig, soweit das entsprechende Grundrecht seinem Wesen nach auf sie anwendbar ist (Art. 19 III GG). 124

> **Beispiel:** Ein Ausländer kann sich nicht auf Art. 8 GG (Versammlungsfreiheit) oder Art. 12 I GG (Berufsfreiheit) berufen, da diese Grundrechte nach ihrem Wortlaut nur für Deutsche gelten. Eine Aktiengesellschaft kann sich nicht auf Art. 5 GG (Meinungsfreiheit) oder Art. 6 GG (Schutz der Familie) stützen, da diese Grundrechte sich nur an natürliche Personen richten.

- Zweiter Prüfungspunkt bei der Beschwerdeberechtigung ist die sog. **Prozessfähigkeit**, dh die Fähigkeit, im Verfahren vor dem BVerfG selbst Verfahrenshandlungen vornehmen zu können. Diese Fähigkeit knüpft nach der hM grundsätzlich an die volle Geschäftsfähigkeit nach dem BGB an. Ein Minderjähriger müsste sich bei der Erhebung einer Verfassungsbeschwerde daher grundsätzlich von seinen Eltern vertreten lassen. Nach hM sind Minderjährige aber bereits prozessfähig, wenn sie in Bezug auf den konkreten Streitfall hinreichend einsichtsfähig erscheinen (sog. Grundrechtsmündigkeit[75]). 125
- **Beschwerdegegenstand** der Verfassungsbeschwerde kann nach Art. 93 I Nr. 4a GG iVm §§ 93 ff. BVerfGG nur ein Akt öffentlicher Gewalt sein. Mit öffentlicher Gewalt sind alle drei Staatsgewalten angesprochen, sodass die Verfassungsbeschwerde sowohl gegen ein Gesetz als auch gegen ein Gerichtsurteil oder eine Verwaltungsentscheidung erhoben werden kann. 126
- Weitere Zulässigkeitsvoraussetzung ist die sog. **Beschwerdebefugnis**, dh der Beschwerdeführer muss geltend machen, in einem seiner Grundrechte oder in einem der in Art. 93 I Nr. 4a GG genannten Rechte verletzt zu sein (§ 90 I BVerfGG). Dazu ist zunächst erforderlich, dass nach dem Vortrag des Beschwerdeführers eine **Grundrechtsverletzung möglich** erscheint. Außerdem ist nach dem BVerfG erforderlich, dass der Beschwerdeführer durch die staatliche Maßnahme selbst, gegenwärtig und unmittelbar betroffen ist: 127

75 Vgl. *Pieroth/Schlink* StaatsR II Rn. 1124.

128 Die *Selbstbetroffenheit* fehlt, wenn ein staatlicher Akt gar nicht den Beschwerdeführer betrifft, sondern Dritte.

Beispiel: Ein Gastwirt könnte daher zB nicht gegen eine Änderung eines Ladenschlussgesetzes vorgehen, die den Betreibern von Verkaufsstellen vorschreibt, das Geschäft zu einer bestimmten Zeit zu schließen. Es fehlt die Selbstbetroffenheit.

129 Die *unmittelbare Betroffenheit* verlangt, dass der Beschwerdeführer direkt, dh ohne weitere Zwischenschritte rechtlich tangiert wird. Problematisch ist dies vor allem, wenn sich jemand gegen ein Gesetz wenden will. Eine Rechtsverletzung durch das Gesetz selber ist nämlich nur möglich, wenn die gesetzliche Bestimmung unmittelbar zu einer Verschlechterung der Rechtsposition des Beschwerdeführers führt, nicht aber, wenn das Gesetz erst durch einen Akt der Behörde umgesetzt werden muss.

Beispiel: § 17 BImSchG, der es der Behörde erlaubt, gegen einen Anlagenbetreiber, der das BImSchG verletzt, Anordnungen zu treffen, verletzt einen Anlagenbetreiber nicht unmittelbar in seinen Rechten, da die Verschlechterung seiner Rechtsposition erst dann eintritt, wenn die Behörde von der ihr eingeräumten Befugnis Gebrauch macht. Anders liegt die Sache bei § 8 UmweltHG, der einen Anlagenbetreiber unmittelbar dazu verpflichtet, jemanden der behauptet, durch diese Anlage geschädigt worden zu sein, Auskunft zu erteilen.

130 Die *gegenwärtige Betroffenheit* schließlich setzt voraus, dass die angegriffene Maßnahme schon und noch wirkt. Damit kann man sich also weder gegen ein künftiges Gesetz noch gegen ein bereits außer Kraft getretenes Gesetz wehren.

131 • Weiter ist für die Zulässigkeit einer Verfassungsbeschwerde die sog. **Rechtswegerschöpfung** erforderlich (Art. 94 II 2 GG, § 90 II 1 BVerfGG). Darunter versteht man, dass das Bundesverfassungsgericht erst dann angerufen werden kann, wenn der gegen die fragliche staatliche Entscheidung zulässige Rechtsweg bereits ausgeschöpft worden ist.

Beispiel: Ein Unternehmer erhält von der Behörde einen Bußgeldbescheid, weil er gegen Arbeitsschutzbestimmungen verstoßen hat. Statt, wie vom Ordnungswidrigkeitengesetz vorgesehen, Einspruch gegen diesen Bescheid zu erheben, wendet sich der Unternehmer sofort an das Bundesverfassungsgericht. Dieses würde die Verfassungsbeschwerde als unzulässig zurückweisen, weil der Rechtsweg noch nicht erschöpft ist.

132 Ausnahmen von dem Erfordernis der Erschöpfung des Rechtswegs bestehen allerdings dann, wenn die Sache von allgemeiner Bedeutung ist oder wenn dem Beschwerdeführer durch die Nichterhebung der Verfassungsbeschwerde ein schwerer und unabwendbarer Nachteil entstehen würde (vgl. § 90 II BVerfGG).[76]

133 Über die Erschöpfung des Rechtswegs hinaus verlangt das BVerfG für Verfassungsbeschwerden gegen Gesetze, dass es dem Beschwerdeführer nicht möglich ist, auf andere Weise wirkungsvollen Rechtsschutz zu erlangen (sog. **Subsidiarität der Verfassungsbeschwerde**). Das bedeutet, dass der Betroffene sich auch dann zunächst zum fachgerichtlichen Schutz bemühen muss, wenn er vor den Fachgerichten nicht unmittelbar gegen den Beschwerdegegenstand klagen kann.[77] In Betracht käme zB eine Feststellungsklage oder eine Klage gegen den ein Gesetz vollziehenden Bescheid der Verwaltung.[78] Eine Ausnahme macht das BVerfG nur

76 *Detterbeck* ÖffR Rn. 988.
77 BVerfG 69, 122 ff.; 74, 69 ff.
78 Näher dazu *Detterbeck* ÖffR Rn. 990 ff.

dann, wenn die Anrufung der Fachgerichte unzumutbar erscheint. Das ist zB anzunehmen, wenn der Betroffene erst gegen das fragliche Gesetz verstoßen müsste, um gegen die dann zu erwartende staatliche Sanktionsmaßnahme, zB einen Bußgeldbescheid, klagen zu können.[79]

- Schließlich ist für die Zulässigkeit der Verfassungsbeschwerde noch erforderlich, dass sie **schriftlich** (§ 23 I BVerfGG) und **fristgerecht** eingelegt wird.[80] Die Einlegungsfrist bestimmt sich nach § 93 BVerfGG und beträgt gegen Gerichtsurteile und Verwaltungsentscheidungen einen Monat nach Zustellung des entsprechenden Aktes und bei Gesetzen ein Jahr nach deren Inkrafttreten. **134**

Selbst wenn die Verfassungsbeschwerde zulässig ist, ist noch nicht sicher, dass sich das Bundesverfassungsgericht tatsächlich mit der Sache auseinandersetzt. Nach Maßgabe der §§ 93a–93d BVerfGG bedarf es nämlich noch der **Annahme der Verfassungsbeschwerde** durch ein Gremium aus drei Bundesverfassungsrichtern. Die Annahme erfolgt, wenn die Verfassungsbeschwerde grundsätzliche Bedeutung hat oder wenn ihre Behandlung zur Durchsetzung von Grundrechten oder grundrechtsgleichen Rechten angezeigt ist.[81] **135**

b) Die Begründetheit der Verfassungsbeschwerde

Begründet ist die Verfassungsbeschwerde, wenn das Bundesverfassungsgericht feststellt, dass der Beschwerdeführer durch den angegriffenen staatlichen Akt tatsächlich in einem seiner Grundrechte oder einem der anderen in Art. 93 I Nr. 4a GG genannten Rechte verletzt ist. Das Bundesverfassungsgericht überprüft den vorgelegten Fall dabei umfassend, beschränkt sich also nicht nur auf die Argumente des Beschwerdeführers. Allerdings gibt das Bundesverfassungsgericht der Verfassungsbeschwerde nicht bei jedem Verstoß gegen das Grundgesetz Recht, sondern nur bei Verstößen gegen **spezifisches Verfassungsrecht**. Vereinfacht gesagt, verlangt das Bundesverfassungsgericht in diesem Zusammenhang, dass die festgestellte Grundrechtsverletzung eine gewisse Intensität erreicht und sich die Rechtsanwendung als willkürlich darstellt.[82] Zur Begründung dieser Einschränkung verweist das Bundesverfassungsgericht darauf, dass es keine Superrevisionsinstanz sei, also nicht die Aufgabe habe, die Anwendung des Rechts durch das Fachgericht einer erneuten Prüfung zu unterziehen.[83] **136**

Hält das Bundesverfassungsgericht die Verfassungsbeschwerde für begründet, hebt es die angegriffene Entscheidung auf bzw. verweist die Sache an das zuständige Gericht zurück (§ 95 BVerfGG). Bei einer erfolgreichen Verfassungsbeschwerde gegen ein Gesetz wird dieses für nichtig erklärt (§ 95 III BVerfGG). **137**

Damit sind für die Überprüfung der Erfolgsaussichten einer Verfassungsbeschwerde die in Übersicht 12 genannten Prüfungsschritte zu durchlaufen.[84] **138**

79 BVerfGE 81, 70 ff.; näher dazu *Sodan/Ziekow* GK ÖffR § 51 Rn. 45 ff.

80 Ausführlich dazu *Gas*, Der ordnungsgemäße Antrag im Verfassungsbeschwerdeverfahren – zu den Anforderungen der §§ 23, 92 BVerfGG, JA 2007, 375.

81 Näher dazu *Sodan/Ziekow* GK ÖffR § 51 Rn. 64 ff.

82 Näher *Sodan/Ziekow* GK ÖffR § 51 Rn. 60 ff.

83 BVerfGE 18, 85 ff.; 62, 338 ff.

84 Vgl. auch bei *Dietlein* Examinatorium StaatsR S. 287; *WKSZ* ÖffR/EuropaR § 11 IV. 2.

Übersicht 12:

139

Prüfung einer Verfassungsbeschwerde
I. Zulässigkeit 1. Beschwerdeberechtigung: grds. »Jedermann« 2. Prozessfähigkeit: grds. bei Geschäftsfähigkeit 3. Beschwerdegegenstand: → Maßnahme der Legislative, Exekutive oder Judikative? 4. Beschwerdebefugnis: → Beschwerdeführer möglicherweise in einem der in Art. 93 I Nr. 4a GG genannten Rechte selbst, gegenwärtig und unmittelbar verletzt? 5. Rechtswegerschöpfung (§ 90 I 1 BVerfGG)/Subsidiarität: → bestehende Rechtsbehelfe ausgeschöpft bzw. nicht zumutbar? 6. Beachtung von Form und Frist (§§ 23, 92 und 93 BVerfGG)
II. Begründetheit (+), wenn Beschwerdeführer in seinen Grundrechten bzw. grundrechtsgleichen Rechten verletzt ist.

140 Zum Abschluss noch ein Fall,[85] mit dem Sie prüfen können, ob Sie das Erlernte auch anwenden können:

Übungsfall 2	
Der Bundestag erlässt ein Gesetz, wonach an Tankstellen kein Alkohol mehr verkauft werden darf. Zur Begründung wird darauf verwiesen, dass durch den Verkauf von Alkohol an Tankstellen der Trunkenheit im Straßenverkehr Vorschub geleistet werde. Das deutsche Mineralölunternehmen M-AG, das mehrere Tankstellen betreibt, legt im April 2012 gegen das im Januar 2011 in Kraft getretene Gesetz Verfassungsbeschwerde ein. Zur Begründung wird ausgeführt, dass das Gesetz die Freiheit der Berufsausübung gem. Art. 12 I GG beschränke. Ist die Verfassungsbeschwerde zulässig?	

141 ■ Schauen Sie sich noch einmal das vorstehende Schema an und prüfen Sie dann die einzelnen Voraussetzungen mittels einer kurzen schriftlichen Lösungsskizze!

▶ **Lösung:** Zur Zulässigkeit der Verfassungsbeschwerde müsste die M-AG zunächst **beschwerdeberechtigt** sein. Beschwerdeberechtigt ist jeder der Träger von Grundrechten ist. Die M-AG als inländische juristische Person kann grundsätzlich Träger von Grundrechten sein (Art. 19 III GG). Damit ist sie beschwerdeberechtigt. Über ihre gesetzlichen Vertreter ist die M-AG auch **prozessfähig**.

142 Weiter müsste ein geeigneter **Beschwerdegegenstand** vorliegen. Eine Verfassungsbeschwerde kann gegen jeden Akt öffentlicher Gewalt eingelegt werden. Die M-AG wendet sich gegen ein Gesetz und damit gegen einen Akt öffentlicher Gewalt iSv Art. 93 I Nr. 4a GG. Ein geeigneter Beschwerdegegenstand liegt damit vor.

85 Einen weiteren Übungsfall zur Verfassungsbeschwerde finden Sie bei *Oberrath/Schmidt/Schomerus* ÖffWirtschaftsR Fall 5.

Die M-AG ist auch **beschwerdebefugt**, da sie die Verletzung eines Grundrechts, nämlich Art. 12 GG, geltend macht und durch das Gesetz auch selbst, unmittelbar und gegenwärtig betroffen ist. 143

Weiter müsste für die Zulässigkeit der Verfassungsbeschwerde noch der **Rechtsweg ausgeschöpft** sein und – weil Gegenstand ein Gesetz ist – der Grundsatz der **Subsidiarität** beachtet sein. Gegen ein Gesetz besteht keine andere unmittelbare Klagemöglichkeit. Außerdem ist es der M-AG nicht zumutbar, erst gegen das Gesetz zu verstoßen und dann gegen eine dagegen gerichtete Maßnahme der Verwaltung die Gerichte anzurufen. Damit ist beides gegeben. 144

Schließlich müsste die Verfassungsbeschwerde noch **form- und fristgerecht** eingelegt worden sein. Dies ist nicht der Fall, da die Verfassungsbeschwerde entgegen § 93 III BVerfGG nicht innerhalb eines Jahres nach Inkrafttreten des Gesetzes erhoben wurde. 145

Ergebnis: Die Verfassungsbeschwerde der M-AG ist nicht zulässig.

Literatur zur Vertiefung: *Arndt/Rudolf* ÖffR Kapitel 4–11; *Degenhart* StaatsR I §§ 1–3 und 5–8; *Detterbeck* ÖffR Teil 1, Kapitel 1 und 3; *Dietlein* Examinatorium StaatsR Erster Teil; *Dreier*, Das Demokratieprinzip des Grundgesetzes, Jura 1997, 249; *Ehlers*, Ungeschriebene Kompetenzen, Jura 2000, 323; *Fischer*, Die Verfassungsmäßigkeit rückwirkender Normen, JuS 2001, 861; *Hebeler*, Die Ausführung der Bundesgesetze – Art. 83 ff. GG, Jura 2002, 164; *Ipsen* StaatsR I §§ 4–11 und 18; *Jarass*, Allgemeine Probleme der Gesetzgebungskompetenz des Bundes, NVwZ 2000, 1089; Katz StaatsR I 9–12 und 15–21; *Maurer* StaatsR I §§ 8, 10, 17 u. 20; *Maurer*, Die Ausführung der Bundesgesetze durch die Länder, JuS 2010, 945; *Pieroth*, Das Demokratieprinzip des Grundgesetzes, JuS 2010, 473 ff.; *Selmer*, Die Föderalismusreform – Eine Modernisierung der bundesstattlichen Ordnung?, JuS 2006, 714; *Siekmann*, Die Zuständigkeit des Bundes zum Erlass umfassender Rauchverbote nach Inkrafttreten der 1. Stufe der Föderalismusreform, NJW 2006, 3382; *Thiele*, Die Neuregelung der Gesetzgebungskompetenz durch die Föderalismusreform – Ein Überblick, JA 2005, 711; *Voßkuhle/Kaufhold*, Grundwissen – Öffentliches Recht: Das Rechtsstaatsprinzip, JUS 2010, 116; *Wehr*, Grundfälle zu Vorrang und Vorbehalt des Gesetzes, JuS 1997, 419 ff.; *Vosskuhle*, Der Grundsatz des Vorbehalts des Gesetzes, JuS 2007, 118; *ders.*, Der Grundsatz der Verhältnismäßigkeit, JuS 2007, 429; *WKSZ* ÖffR/EuropaR §§ 5–8.

Urteile zum Nachlesen: BVerfGE 90, 286 (Zustimmung des Bundestages bei Auslandseinsätzen der Bundeswehr); BVerfGE 8, 104 (Zulässigkeit der 5%-Klausel bei Wahlen); BVerfG NJW 2001, 670 ff. (Rechtstaatsprinzip und DDR-Unrecht); BVerfG JuS 2003, 395 ff. (Bundeskompetenz für Regelungen zur Altenpflege); BVerfG NJW 2003, 1577 (NPD-Verbotsverfahren); BVerfG NJW 2004, 38 ff. (Bundeskompetenz zur Regelung der sog. Juniorprofessur); BVerfG NJW 2004, 977 ff. (Subsidiarität der Verfassungsbeschwerde).

2. Kapitel. Verfassungsrechtliche Grundlagen der Wirtschaftspolitik

146 Nach der Darstellung einiger wichtiger, allgemein gültiger Aussagen des Verfassungsrechts soll im Folgenden dargestellt werden, welche Aussagen sich der Verfassung speziell für das Verhältnis Staat-Wirtschaft entnehmen lassen. Dabei soll insbesondere erörtert werden, inwieweit Möglichkeiten und Grenzen der staatlichen Einwirkung auf die wirtschaftliche Betätigung schon im Grundgesetz festgelegt sind.

I. Die Wirtschaftsordnung des Grundgesetzes

147 In der Volkswirtschaftslehre werden verschiedene Wirtschaftssysteme und -ordnungen diskutiert, die sich im Wesentlichen nach dem Umfang, in dem der Staat auf die wirtschaftliche Betätigung Einfluss nimmt, unterscheiden. Bei der **Plan- oder Zentralwirtschaft** gibt der Staat der Wirtschaft genaueste Vorgaben bzw. ist selbst ihr Träger, während sich bei der freien **Marktwirtschaft** der Staat aus der Wirtschaft völlig heraushält und sie dem Spiel der freien Kräfte überlässt.[86]

148 ■ Wissen Sie, welches Wirtschaftssystem in der Bundesrepublik Deutschland gilt?

▶ Im Allgemeinen wird davon ausgegangen, dass in der Bundesrepublik Deutschland das **Prinzip der sozialen Marktwirtschaft** gilt, dh dass der Staat nicht voll auf den freien Wettbewerb setzt, sondern sich vorbehält, zur Schaffung sozialer Gerechtigkeit in das Wirtschaftsleben einzugreifen.

Während die tatsächliche Geltung dieses Prinzips unstreitig ist, besteht darüber Uneinigkeit, ob das Grundgesetz die soziale Marktwirtschaft zwingend vorschreibt. Anders ausgedrückt ist streitig, ob sie die einzige nach dem Grundgesetz zulässige Wirtschaftsform ist. Die heute vorherrschende Meinung in der Rechtslehre geht davon aus, dass sich aus verschiedenen Vorschriften, wie zB dem Sozialstaatsprinzip (Art. 20 I GG), der Berufsfreiheit (Art. 12 I GG) oder der Eigentumsgarantie (Art. 14 GG), eine Tendenz zur sozialen Marktwirtschaft feststellen lässt, dass sich dem GG aber auf der anderen Seite kein absolutes Verbot anderer Wirtschaftssysteme entnehmen lässt.[87] In diesem Zusammenhang kann auf Art. 15 GG verwiesen werden, der in gewissem Umfang sogar eine Sozialisation, dh eine Verstaatlichung von Unternehmen, zulässt. Hinzuweisen ist aber darauf, dass die Mitgliedstaaten der EU und damit auch die Bundesrepublik durch Art. 119 I AEUV zu einer offenen Marktwirtschaft mit freiem Wettbewerb verpflichtet werden.[88]

149 Auch das Bundesverfassungsgericht betont in seinen Entscheidungen immer wieder die **wirtschaftspolitische Neutralität** des Grundgesetzes. Nach dem Bundesverfassungsgericht ist die Wirtschaft sich grundsätzlich selbst überlassen, jedoch ist es dem Staat aus übergeordneten Gründen möglich, gewisse Regelungen zur Gestaltung des Wirtschaftslebens zu treffen.[89]

---

86 Näheres zu den Wirtschafsordnungen finden Sie in der volkswirtschaftlichen Literatur, zB *Woll* Allg. VWL 3. Kapitel I.
87 Vgl. *Schliesky* ÖffWirtschaftsR S. 16 ff.
88 Näher *Frotscher/Kramer* WirtschaftsVerfR/WirtschaftsVerwR Rn. 33 f.
89 Vgl. BVerfGE 50, 290 ff.; 67, 256 ff.

Für die Rechtswirklichkeit bedeutet dies, dass sich der Staat bei der Einflussnahme auf die Gesamtwirtschaft von Verfassung wegen zurückhalten muss und Eingriffe in die Freiheit des Wirtschaftens immer besonders legitimiert sein müssen.[90] Außerdem hat der Staat bei allen Eingriffen in die Wirtschaftstätigkeit den Grundsatz der Verhältnismäßigkeit zu beachten. 150

Beispiel: Obwohl damit in das freie Spiel der Kräfte eingegriffen wird, ist es dem Staat von Verfassung wegen nicht grundsätzlich verboten, bestimmte Wirtschaftszweige, zB durch die Vergabe von Subventionen, besonders zu fördern oder andere durch besondere Steuerbelastungen zu benachteiligen. Allerdings wird sich der Staat dabei vor allem bei Belastungen immer am Grundsatz der Verhältnismäßigkeit messen lassen müssen.

II. Das Ziel des gesamtwirtschaftlichen Gleichgewichts

1. Allgemeines

Nach Art. 109 II GG haben Bund und Länder bei ihrer Haushaltswirtschaft den Erfordernissen des gesamtwirtschaftlichen Gleichgewichts Rechnung zu tragen. Über den Wortlaut hinaus, hat diese Verpflichtung für die gesamte Wirtschaftspolitik Bedeutung,[91] da durch die Festlegung der staatlichen Ausgaben und Einnahmen Einfluss auf die Vermögensverhältnisse von Unternehmen und Privatpersonen und damit mittelbar auf das Investitions- bzw. Konsumverhalten Einfluss genommen wird. Die Verpflichtung, auf das gesamtwirtschaftliche Gleichgewicht Rücksicht zu nehmen, kann unter anderem auch die aktive Einflussnahme auf den Wirtschaftskreislauf durch verschiedene Maßnahmen rechtfertigen. 151

Was konkret unter dem Begriff wirtschaftliches Gleichgewicht zu verstehen ist und welche Maßnahmen zu seiner Erhaltung getroffen werden können, sagt das Grundgesetz selbst nicht. Vielmehr wird dies durch das Gesetz zur Förderung der Stabilität und des Wachstums der Wirtschaft, dem Stabilitätsgesetz (StWG), das aufgrund der Ermächtigung des Art. 109 IV GG ergangen ist, festgelegt. Auf dieses soll daher bereits an dieser Stelle näher eingegangen werden, obwohl es sich dabei um einfaches Recht und nicht um Verfassungsrecht handelt. 152

2. Exkurs: Das Stabilitätsgesetz

a) Begriffliches

Nach § 1 StWG wird die Forderung nach dem gesamtwirtschaftlichen Gleichgewicht durch die Verpflichtung zur Sicherung der Stabilität des Preisniveaus, eines hohen Beschäftigungsgrades und des außenwirtschaftlichen Gleichgewichts bei stetigem und angemessenen Wachstum der Wirtschaft konkretisiert (sog. »**magisches Viereck**«).[92] 153

- **Stabilität des Preisniveaus** bedeutet, dass die Preise insgesamt gesehen immer auf dem gleichen Niveau bleiben sollen, dh, dass Preiserhöhungen in einem Bereich durch Preissenkungen in einem anderen Bereich ausgeglichen werden sollen. 154
- Der **hohe Beschäftigungsgrad** bedeutet, dass Vollbeschäftigung angestrebt werden soll. 155

90 *Schmidt/Vollmüller* ÖffWirtschaftsR § 2 Rn. 7.
91 *Stober* WirtschaftsVerwR AT § 10 I.
92 Ausführlich dazu *Peto* Makroökonomie I 1.2.

156 - Das **außenwirtschaftliche Gleichgewicht** verlangt eine ausgeglichene Zahlungsbilanz, dh, die Zahlungsströme vom Inland ins Ausland und vom Ausland ins Inland sollen etwa gleich hoch sein.

157 - Das **angemessene und stetige Wirtschaftswachstum** bedeutet, dass das Bruttosozialprodukt, also die gesamtwirtschaftliche Leistung, stetig zunehmen soll.

b) Die Instrumente des Stabilitätsgesetzes

158 Zur Erreichung bzw. zur Abwehr von Störungen des gesamtwirtschaftlichen Gleichgewichts stellt das StWG verschiedene Instrumente zur Verfügung:[93]

- Nach § 2 StWG hat die Bundesregierung dem Bundestag und dem Bundesrat jährlich den **Jahreswirtschaftsbericht** vorzulegen. Darin hat die Bundesregierung zum Jahresgutachten des Sachverständigenrates, der sog. fünf Weisen, Stellung zu nehmen und die wirtschaftspolitischen Ziele für das kommende Jahr festzulegen.
- Nach den §§ 9, 10 und 14 StWG haben Bund und Länder **mittelfristige Finanzplanungen** vorzunehmen, indem sie einen für fünf Jahre geltenden Finanzplan und Investitionsprogramme vorzulegen haben.
- Nach § 12 StWG hat die Bundesregierung alle 2 Jahre einen **Subventionsbericht** vorzulegen, der alle existierenden Finanzhilfen auflistet und Vorschläge zu deren Abbau enthalten muss.
- Schließlich ermächtigt das StWG die Bundesregierung zu bestimmten Maßnahmen, mit denen die Konjunktur entweder durch Erhöhung der staatlichen Ausgaben angeregt oder durch Drosselung der Ausgaben gedrückt werden kann (**Grundsatz der antizyklischen Finanzpolitik**). So kann sie die Kreditaufnahme von Bund, Ländern und Gemeinden beschränken (§§ 19, 20 StWG) oder anregen (§ 11 StWG), Bund und Länder zur zinslosen Hinterlegung einer Konjunkturausgleichsrücklage verpflichten (§ 15 StWG) und die Einkommen- und Körperschaftsteuer um 10 % erhöhen oder mindern (§§ 26, 27 StWG). Außerdem kann sie den Bundesfinanzminister zur Verfügung einer Haushaltssperre ermächtigen (§§ 5 I, 6 I StWG).

III. Die Finanzverfassung

1. Das Finanzwesen

159 Das Grundgesetz enthält in den Art. 104a–108 Regelungen zur Finanzpolitik. Dabei wird in Art. 104a GG zunächst die **Verteilung der Ausgabenlast** zwischen Bund und Ländern festgelegt. Diese folgt der Aufgabenverteilung, dh wer eine Aufgabe wahrnimmt, trägt auch die damit verbundenen Ausgaben (**Grundsatz der Konnexität**).[94]

160 Art. 105 bestimmt, wer für den **Erlass von Steuergesetzen**, dh für die Einführung von Steuern,[95] zuständig ist.

161 ■ Kann diese Aussage richtig sein? Haben Sie nicht oben bereits andere Normen für die Regelung der Gesetzgebungszuständigkeit kennen gelernt?

---

93 Ausführlich dazu *Frotscher/Kramer* WirtschaftsVerf/WirtschaftsVerwR Rn. 187 ff.
94 *Degenhart* StaatsR I § 5 Rn. 533 ff.
95 Andere öffentliche Abgaben (Gebühren, Beiträge, Sonderabgaben) werden von den Art. 105 ff. GG nicht erfasst.

▶ Art. 105 enthält tatsächlich eine Gesetzgebungszuständigkeitsregelung. Er verdrängt damit als sog. lex specialis die allgemeinen Regelungen der Art. 70 ff. GG, die Sie oben[96] kennen gelernt haben.

■ Was sind überhaupt Steuern? 162

▶ Steuern sind nach § 3 Abgabenordnung (AO) Geldleistungen, die nicht eine Gegenleistung für eine besondere Leistung darstellen und von einem öffentlich-rechtlichen Gemeinwesen zur Erzielung von Einnahmen allen auferlegt werden, bei denen der Tatbestand zutrifft, an den das Gesetz die Leistungspflicht knüpft.

Die Zuständigkeit für die Einführung von Steuern liegt nach Art. 105 I und II GG 163 weitgehend beim Bund. Für Zölle hat er nach Art. 105 I GG die ausschließliche Zuständigkeit. Für andere Steuern hat er gemäß Art. 105 II GG die Gesetzgebungskompetenz, wenn die Voraussetzungen des Art. 72 II GG vorliegen oder wenn das Aufkommen aus der Steuer ihm nach Art. 106 GG ganz oder teilweise zustehen würde. Damit verbleiben den Ländern praktisch nur die örtlichen Verbrauchs- und Aufwandssteuern iSd Art. 105 IIa GG,[97] zB die Getränke- oder die Jagdsteuer.

Die Frage, wie die aus einer erhobenen Steuer resultierenden Einnahmen zwischen 164 Bund, Ländern und Gemeinden verteilt werden (sog. **Ertragshoheit**), ist in Art. 106 GG geregelt. Danach fließen bestimmte Steuern entweder nur dem Bund, nur den Ländern oder nur den Gemeinden zu (sog. Trennungsgrundsatz). Bei anderen Steuern stehen die Einnahmen dagegen allen drei gemeinsam zu (sog. Verbundsystem).[98]

Beispiele: Nur dem Bund fließen zB Zölle und Verbrauchssteuern zu (Art. 106 I Ziff. 1 und 2 GG), nur den Ländern die Erbschafts- oder die Kfz-Steuer (Art. 106 II Ziff. 2 und 3 GG) und ausschließlich den Gemeinden die Grund- und die Gewerbesteuer (Art. 106 VI GG); dagegen werden zB die Einkommensteuer und die Umsatzsteuer auf Bund, Länder und Gemeinden verteilt (Art. 106 III, V und Va GG).

An die Ertragshoheit knüpft auch die Frage an, wer für die **Finanzverwaltung** zu- 165 ständig ist. Art. 108 GG trifft insoweit genaue Festsetzungen. Hinzuweisen ist darauf, dass die Oberfinanzdirektionen gemeinsame Mittelbehörden von Bund und Ländern sind.

Durch die Verteilung der Steuereinnahmen auf Bund und Länder findet ein **vertika- 166 ler Finanzausgleich** statt, der durch Finanzzuweisungen und -hilfen des Bundes für die Länder ergänzt wird. Daneben sieht das Grundgesetz einen **horizontalen Finanzausgleich** vor. Nach Art. 107 I GG werden die Anteile der Länder an den Steuern auf diese nach bestimmten Maßstäben verteilt. Art. 107 II S. 1 und 2 GG sieht den sog. **Länderfinanzausgleich** vor. Danach müssen finanzstarke Länder wie Bayern oder Baden-Württemberg, finanzschwachen Ländern, zB Bremen, finanzielle Zuweisungen machen.[99] Die Finanzkraft eines Landes bestimmt sich nach dem Umfang seiner Einnahmen dividiert durch seine Einwohnerzahl. Art. 107 II schreibt einen angemessen Ausgleich vor, daher, darf der Länderfinanzausgleich nicht zu einer Schwächung der gebenden Länder und nicht zu einer Nivelierung der Länderfinanzen führen.[100] Einzelheiten dieses Ausgleichsanspruchs, der immer wieder Anlass

96 → Rn. 86 ff.
97 *Degenhart* StaatsR I § 5 Rn. 545.
98 *Degenhart* StaatsR I § 5 Rn. 536.
99 Ausführlich *Degenhart* StaatsR I § 5 Rn. 538 ff.
100 BVerfGE 116, 327 ff. (380); *Gröpl* StaatsR I § 11 Rn. 781.

zum Streit zwischen den Bundesländern gibt[101] regeln das Finanzausgleichsgesetz (FAG) und das Maßstäbegesetz.

167 Außer der Erzielung von Einnahmen können die Steuern auch als Instrument insbesondere der Wirtschaftspolitik dienen. Der Staat ist dabei bezüglich der Schaffung neuer Steuern bzw. der Erhöhung bestehender Steuern weitgehend frei. Verfassungsrechtliche Grenzen können sich allerdings aus den Grundrechten und aus dem Grundsatz der Verhältnismäßigkeit ergeben.

168 Große Bedeutung als Instrument der Wirtschaftslenkung haben auch sog. **Sonderabgaben**, die sich von den Steuern dadurch abgrenzen, dass mit ihnen ein besonderer Sachzweck verfolgt wird und ihr Aufkommen daher nicht in den allgemeinen Staatshaushalt einfließt. Solche Abgaben sind zB die Berufsbildungsabgabe, die Fremdenverkehrsabgabe, der Konjunkturzuschlag, die Schwerbehindertenausgleichsabgabe oder die Abwasserabgabe. Das BVerfG lässt Sonderabgaben nicht unbegrenzt zu. Erforderlich soll insbesondere sein, dass zwischen dem Zweck, der mit der Abgabe verfolgt wird, und der von ihr belasteten Personengruppe ein sachlicher Zusammenhang besteht.[102]

Beispiele: Ein solcher Zusammenhang besteht zB bei der Abwasserabgabe, da diese die Vermeidung von Abwassereinleitungen bezweckt und nach dem AbwAG nur von denjenigen erhoben wird, die Abwasser direkt in ein Gewässer einleiten. Dagegen fehlt nach dem BVerfG[103] ein solcher Zusammenhang bei dem sog. Kohlepfennig, da diese Abgabe der Förderung der Steinkohle diente, aber von jedem Stromverbraucher erhoben wurde.

2. Das Haushaltsrecht

169 Der zweite Abschnitt der finanzverfassungsrechtlichen Bestimmungen des Grundgesetzes hat den Haushaltsplan und das Haushaltsgesetz des Bundes zum Gegenstand.[104] Art. 109 GG legt den Grundsatz der Trennung der Haushalte von Bund und Ländern fest und verpflichtet Bund und Länder bei ihrer Haushaltswirtschaft auf das Ziel des gesamtwirtschaftlichen Gleichgewichts.[105]

170 Die Aufstellung des Bundeshaushalts ist in Art. 110 GG geregelt. Verabschiedet wird der Haushalt gemäß Art. 110 II GG vom Parlament in Gestalt des sog. Haushaltsgesetzes (Budgetrecht des Parlaments). Für die Aufstellung des Haushalts gelten bestimmte Grundsätze, die in Art. 110 GG bzw. im Haushaltsgrundsätze-Gesetz (HGrG) und in der Bundeshaushaltsordnung (BHO) festgelegt sind.[106] Zu beachten sind insbesondere:

- die Trennung von Einnahmen und Ausgaben (sog. Bruttoprinzip)

101 Vgl. Häde, Das Ende der Solidarität zwischen den Ländern? – der Streit um den Länderfinanzausgleich, LKV 2011, 1 ff.
102 Näher siehe *Elsner/Kaltenbronn*, Sonderabgaben im Steuerstaat, JA 2005, 823; *Kluth*, Die verfassungsrechtlichen Anforderungen an Sonderabgaben, JA 1996, 260 ff.
103 BVerfGE 91, 186.
104 Ausführlich dazu *Häde*, Die bundesstaatliche Finanzverfassung des Grundgesetzes, JA 1994, 1 ff. und 33 ff.; zum Einfluss des Gemeinschaftsrechts *Schmidt/Vollmöller* ÖffWirtschaftsR § 4 Rn. 7.
105 → Rn. 150 ff.
106 Einzelheiten bei *Häde*, Die bundesstaatliche Finanzverfassung des Grundgesetzes, JA 1994, 80 ff.

- der Grundsatz der Einheitlichkeit und Vollständigkeit des Haushalts, dh die Verpflichtung, alle Einnahmen und Ausgaben in einem einzigen Haushaltsplan zu erfassen (Art. 110 I 1 GG)
- das Gebot des Haushaltsausgleichs (Art. 110 I 2 GG)
- das sog. Bepackungsverbot (Art. 110 IV 1 GG), dh das Verbot im Haushaltsgesetz Dinge zu regeln, die nicht unmittelbar etwas mit dem Haushalt zu tun haben.

Vom Grundsatz, dass nur Ausgaben getätigt werden können, die im Haushaltsplan festgelegt sind, wird in Art. 112 GG eine Ausnahme gemacht. Danach kann das Bundesfinanzministerium überplanmäßige und außerplanmäßige Ausgaben bewilligen. Art. 115 GG enthält eine Sonderregelung zur Kreditaufnahme bzw. -gewährung durch den Bund und stellt zB Geldbeschaffungen durch Anleihen oder Bankkredite unter einen Gesetzesvorbehalt. Hinsichtlich des Umfangs der Kreditaufnahme besteht seit 2009 eine Neuverschuldungsgrenze (sog. **Schuldenbremse**). Nach Art. 109 III, 105 II GG dürfen die Einnahmen aus neuen Krediten in jedem Haushaltsjahr 0,35% des nominalen Bruttoinlandsprodukts nämlich nicht überschreiten.[107] Nach Art. 143d I 5 GG kann der Bund davon bis 31.12.2015 abweichen. **171**

3. Die Geldpolitik

Die Wirtschaft kann schließlich auch dadurch beeinflusst werden, dass der Staat auf das zur Verfügung stehende Geldvolumen Einfluss nimmt oder das Zinsniveau verändert. Zuständig für die Geldpolitik ist gem. Art. 88 GG die **Bundesbank**. Durch das Bundesbankgesetz (BBankG) ist die Bundesbank als bundesunmittelbare juristische Person des öffentlichen Rechts gegründet worden. In § 12 S. 2 BBankG ist festgelegt, dass die Bundesbank von Weisungen der Bundesregierung unabhängig ist. Ihr Organ ist der Vorstand (§ 7 BBankG).[108] Außerdem unterhält die Deutsche Bundesbank nach § 8 BBankG Hauptverwaltungen, die jeweils von einem Präsidenten geleitet werden. **172**

Aufgaben der Bundesbank waren früher die Ausgabe von Geldnoten, die Festlegung der Zins- und Diskontsätze, die Festsetzung der Mindestreserven und ähnliche geldpolitischen Entscheidungen. Heute sind diese währungspolitischen Befugnisse weitgehend auf das Europäische System der Zentralbanken (ESZB) bzw. die **Europäische Zentralbank** mit Sitz in Frankfurt übergegangen.[109] Nach § 3 BBankG wirkt die Bundesbank an der Erfüllung der Aufgaben des ESZB mit. Zusätzlich darf sie nach § 14 BBankG mit Genehmigung der EZB Euro-Banknoten ausgeben. Einzelheiten zur europäischen Geldpolitik werden in Dritten Teil[110] besprochen. **173**

Zusammengefasst ergeben sich aus dem GG die in Übersicht 13 wiedergegebenen Aussagen.

---

107 Einzelheiten regelt das »Artikel 115-Gesetz«; näher *Gröpl* StaatsR I Rn. 811 ff.

108 Näher zur jetzigen und früheren Organisationsstruktur vgl. *Schmidt/Vollmüller* ÖffWirtschaftsR § 4 Rn. 42.

109 Näher *Frotscher/Kramer* WirtschaftsVerfR/WirtschaftsVerwR Rn. 219 ff.

110 → Rn. 518 ff.

Übersicht 13: Wirtschaftspolitische Aussagen des GG

174

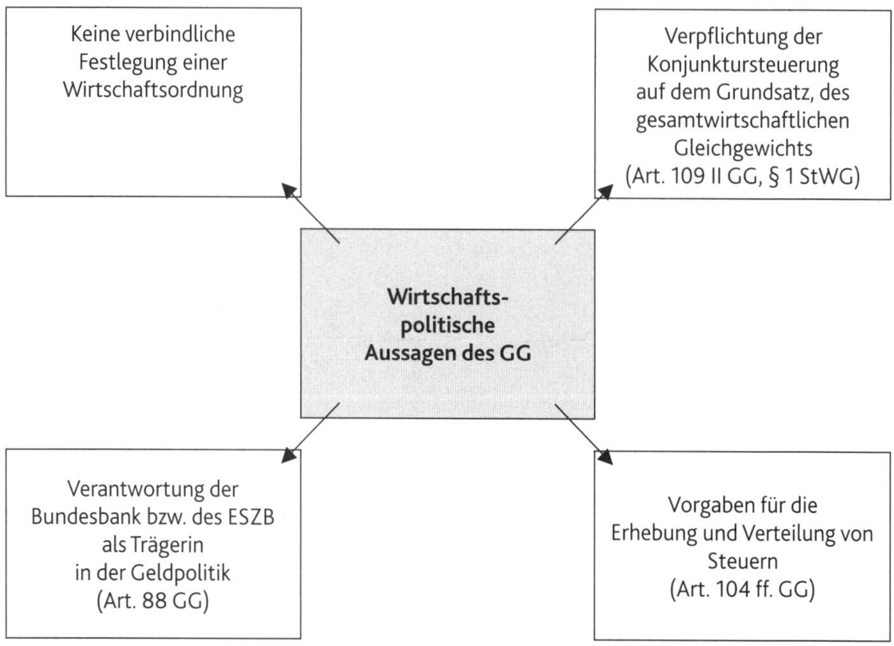

Literatur zur Vertiefung: *Frotscher/Kramer* WirtschaftsVerfR/WirtschaftsVerwR §§ 2 und 8; *Jarass* WirtschaftsVerwR § 13; *Schmidt/Vollmöller* § 4; *Schliesky* ÖffWirtschaftsR Teil 1, 3. Abschnitt; *Stober* WirtschaftsVerwR AT § 5; *Schwarz/Reimer*, Schwerpunktbereich – Einführung in das Finanz- und Haushaltsverfassungsrecht, JuS 2007, 119, 219; *Stüber*, Grundsätze des Haushaltsrechts, JA 2004, 932 ff.

3. Kapitel. Allgemeine Grundrechtslehren

I. Begriff und Funktionen der Grundrechte

Zusätzlich zu den Grenzen der staatlichen Einwirkung aufgrund der dargestellten Staatsprinzipien und speziellen Regelungen des Grundgesetzes zur Wirtschaft, werden die Einwirkungsmöglichkeiten des Staates auf den einzelnen Bürger und den einzelnen Unternehmer bzw. das Unternehmen, vor allem durch deren Grundrechte beschränkt. 175

1. Die Grundrechte des GG

a) Standort

■ Wo sind die Grundrechte geregelt? 176

▶ Die Grundrechte des Grundgesetzes sind im ersten Abschnitt des Grundgesetzes (bitte lesen Sie die Art. 1–19 GG!) festgelegt. Daneben enthält das GG mit Art. 20 IV GG (Widerstandsrecht) und den sog. Justizgrundrechten, dh dem Anspruch auf den gesetzlichen Richter (Art. 101 I GG), dem Anspruch auf rechtliches Gehör vor Gericht (Art. 103 I GG), dem strafrechtlichen Rückwirkungsverbot (Art. 103 II GG), dem Verbot der Doppelbestrafung (Art. 103 III GG) und den Rechtsgarantien bei Freiheitsentziehung (Art. 104 GG) weitere besondere Rechtsverbürgungen, die im Anschluss an Art. 93 I Nr. 4c GG als **grundrechtsähnliche Rechte** bezeichnet werden können.

b) Unterscheidungen

Der Grundrechtebestand des GG kann nach verschiedenen Kriterien klassifiziert werden. Hinsichtlich des **Schutzgutes** kann zB wie folgt unterschieden werden: 177

- Grundrechte, die dem **Schutz des Individuums** als solches dienen. Dies sind Art. 1 (Menschenwürde[111]), Art. 2 I (Allgemeine Handlungsfreiheit und Persönlichkeitsrecht) Art. 2 II (Leben, körperliche Unversehrtheit und körperliche Fortbewegungsfreiheit), Art. 3 (Gleichbehandlung), Art. 10 (Brief- Post- und Fernmeldegeheimnis), Art. 13 (Unverletzlichkeit der Wohnung), Art. 16 (Schutz vor Ausbürgerung und Auslieferung), Art. 16a (Recht auf Asyl).
- Grundrechte, die die **Kommunikation mit anderen** schützen sollen, nämlich Art. 4 (Glaubens- und Gewissensfreiheit), Art. 5 I (Meinungs- , Informations-, Presse-, Rundfunk- und Filmfreiheit), Art. 5 III (Kunst- und Wissenschaftsfreiheit), Art. 8 (Versammlungsfreiheit), Art. 9 I (Vereinigungsfreiheit) und das Petitionsrecht nach Art. 17 GG.
- Grundrechte, die die **Erwerbstätigkeit und ihre Ergebnisse** schützen sollen. Dazu zählen Art. 12 (Freiheit des Berufs, des Arbeitsplatzes und der Ausbildungsstätte), Art. 9 III (Koalitionsfreiheit), Art. 11 (Freizügigkeit, dh das Recht nach Deutschland einzureisen, sowie sich dort frei zu bewegen und aufzuhalten) und Art. 14 Eigentum.

111 Die Menschenwürde als Grundrecht verbietet nach BVerfGE 50, 166 ff. jede Behandlung eines Menschen, die diesen zum bloßen Objekt degradiert, dh seine Subjektqualität in Frage stellt.

Bezüglich der Art eines Grundrechtes, dh danach, was durch das jeweilige Grundrecht gewährleistet werden soll, kann man **Freiheits- und Gleichheitsrechte** unterscheiden. Die Freiheitsrechte, wie zB Art. 4, 5, 8 und 9 GG dienen dazu, Lebensbereiche festzulegen, in die der Staat grundsätzlich nicht einwirken darf. Dagegen garantieren die Gleichheitsrechte, insbesondere Art. 3 GG, das der Staat grundsätzlich allen Bürgern eine gleiche Behandlung angedeihen lassen muss.

2. Grundrechtsfunktionen

178 Wichtiger als die Unterteilung der Grundrechte in verschiedene Arten ist ihre Unterscheidung nach ihrer Zweckrichtung, dh ihrer Funktion. Im Wesentlichen lassen sich dabei die Abwehrfunktion und die Teilhabefunktion unterscheiden.

179 Die **Abwehrfunktion** der Grundrechte ist die klassische Zweckrichtung dieser Rechte. Sie wurden geschaffen, um den Bürger vor staatlichen Eingriffen zu schützen.

Beispiele: Die Meinungsfreiheit nach Art. 5 I GG verbietet es dem Staat grundsätzlich, seinen Bürgern bestimmte Meinungsäußerungen zu untersagen, was in dem ausdrücklichen Zensurverbot gemäß Art. 5 II GG besonders zum Ausdruck kommt. Art. 2 II GG (Schutz der Gesundheit) verbietet es dem Staat grundsätzlich, in die Gesundheit seiner Bürger einzugreifen, zB durch eine Zwangsimpfung.

180 Bei der **Teilhabefunktion** der Grundrechte geht es um die Frage, inwieweit die Grundrechte einen Anspruch auf bestimmtes staatliches Handeln begründen können. Relativ unstreitig ist dabei, dass der Einzelne dann, wenn der Staat bestimmte Leistungen oder Einrichtungen allgemein zur Verfügung stellt, einen Anspruch auf Teilhabe an diesen Leistungen hat.

181 Daraus folgt, dass zB die Verteilung bestehender Studienplätze sich an den Grundrechten des Einzelnen ausrichten muss, insbes. dass der Gleichheitsgrundsatz dabei beachtet werden muss.[112]

182 Problematischer ist, ob die Grundrechte auch so genannte originäre Teilhaberechte oder **Leistungsrechte** begründen können, ob also der Einzelne aufgrund eines seiner Grundrechte ein bestimmtes Verhalten, insbesondere eine Leistung, vom Staat verlangen kann.

Beispiele: Ein Waldbesitzer verlangt unter Berufung auf die Eigentumsgarantie des Art. 14 GG, dass der Staat den Kraftverkehr einschränkt, damit seine Bäume nicht weiter in Mitleidenschaft gezogen werden. Ein Wohnungsloser verlangt unter Berufung auf das Grundrecht der körperlichen Unversehrtheit (Art. 2 II GG), dass ihm der Staat eine Wohnung zur Verfügung stellen müsse.

183 ■ Was meinen Sie? Haben die Betroffenen einen Anspruch auf entsprechendes Handeln des Staates?

▶ Bei der Begründung solcher Leistungsrechte sind die Rechtsprechung und die Rechtslehre zurückhaltend. Das Bundesverfassungsgericht hat solche Ansprüche nur zugelassen, wenn das Grundgesetz dies selbst, wie zB in Art. 6 IV GG (»Jede Mutter hat Anspruch auf den Schutz und die Fürsorge der Gemeinschaft«), zum Ausdruck bringt oder wenn sich ausnahmsweise aus den Staatsprinzipien die

112 BVerfGE 33, 308 ff.

Notwendigkeit eines solchen Anspruchs ergibt.[113] Damit bestehen die genannten Ansprüche nicht.

Schließlich haben die Grundrechte auch eine **objektive Funktion**. Als Entscheidung 184
für bestimmte Werte, binden die Grundrechte die staatlichen Gewalten und nehmen so Einfluss auf die Schaffung und Auslegung von Rechtssätzen. Ein wichtiger Anwendungsfall dieser objektiven Funktion ist die Begründung von **staatlichen Schutzpflichten**, aufgrund derer der Staat insbesondere im Bereich des Art. 2 II GG dazu verpflichtet ist, Eingriffe in die dort geschützten Rechtsgüter abzuwehren.[114]

Beispiel: Aus dem Sozialstaatsprinzip in Verbindung mit Art. 2 II GG hat das Bundesverfassungsgericht einen Anspruch auf die Sicherung eines Existenzminimums durch den Staat (Stichwort: Sozialhilfe) abgeleitet.

Problematisch wird das Bestehen staatlicher Schutzpflichten dann, wenn Schutz- 185
pflichten miteinander kollidieren, wie zum Beispiel bei der Frage, ob zur Rettung Dritter Unschuldige getötet werden dürfen. Zuletzt wurde dies für die Frage aktuell, ob von Terroristen entführte Flugzeuge abgeschossen werden dürfen.[115]

Zusammengefasst ergeben sich die in Übersicht 14 beschriebenen Grundrechtsfunk- 186
tionen.

Übersicht 14: Funktionen der Grundrechte

Abwehrfunktion	⇨	Belastende Maßnahmen des Staates sind am Grundrecht des Betroffenen zu messen
Teilhabefunktion	⇨	Einzelner muss an staatlichen Leistungen beteiligt werden
Leistungsfunktion	⇨	Aus dem Grundrecht entsteht ein Anspruch des Einzelnen auf eine Leistung des Staates
Elemente einer objektiven Wertordnung	⇨	Gesamte Rechtsordnung von Grundrechten geprägt

113 Vgl. näher *Heintschel v. Heinegg/Halter*, Grundrechte als Leistungsansprüche des Bürgers gegen den Staat, JA 1995, 305 ff. u. 333 ff.
114 BVerfGE 56, 54 ff. (73).
115 Vgl. dazu BVerfGE 115, 118 ff.

II. Der Geltungsbereich der Grundrechte

187 Die Frage nach dem Geltungsbereich der Grundrechte geht dahin, festzustellen, bei welchen Handlungen oder Verhaltensweisen sich welche Personen auf die Grundrechte berufen können und wem gegenüber dies erfolgen kann.

1. Der persönliche Schutzbereich

188 Ausgangspunkt für die Frage, wer sich auf Grundrechte berufen kann, ist die sog. **Grundrechtsträgerschaft**. Darunter versteht man die Fähigkeit, sich auf ein Grundrecht berufen zu können. Grundsätzlich können sich alle **natürlichen Personen** auf Grundrechte berufen. Nach hM steht auch die Minderjährigkeit einer Person ihrer Berufung auf Grundrechte nicht entgegen.[116] Allerdings muss sie sich bei der gerichtlichen Geltendmachung der Grundrechtsverletzung grundsätzlich durch ihren gesetzlichen Vertreter vertreten lassen. Eine Einschränkung der Grundrechtsberechtigung natürlicher Personen kann sich allerdings aus der Fassung des jeweiligen Grundrechts ergeben. Jedes Grundrecht bestimmt nämlich selbst seinen persönlichen Schutzbereich.

189 ■ Schauen Sie sich noch einmal den Grundrechtskatalog an und nennen sie jeweils drei Beispiele für Grundrechte deren persönlicher Anwendungsbereich unbeschränkt bzw. beschränkt ist.

▶ Die Handlungsfreiheit (Art. 2 I GG), der Gleichheitsgrundsatz (Art. 3 I GG), die Glaubensfreiheit (Art. 4 I GG) oder die Meinungsfreiheit stehen jedermann zu; demgegenüber können sich auf die Versammlungsfreiheit (Art. 8 GG), die Vereinigungsfreiheit (Art. 9 I GG) und die Berufsfreiheit (Art. 12 I GG) nur Deutsche berufen.

Bei den Grundrechten, die nur für Deutsche gelten, ist umstritten, ob aus Art. 18 AEUV, der jede Diskriminierung von EU-Bürgern aufgrund der Staatsangehörigkeit verbietet, folgt, dass sie auch auf EU-Ausländer anzuwenden sind.[117] Das BVerfG hat dies verneint, da für die betroffenen EU-Bürger über das Auffanggrundrecht des Art. 2 I GG ein hinreichender Grundrechtsschutz bestehe, soweit das Schutzniveau des nur für Deutsche geltenden Grundrechts nicht unterschritten werde.[118]

Die Frage, inwieweit sich **juristische Personen** oder andere Personenvereinigungen 190
auf Grundrechte berufen können, ist in Art. 19 III GG geregelt. Danach gelten die Grundrechte auch für inländische juristische Personen des Privatrechts, soweit sie ihrem Wesen nach auf diese anwendbar sind. Juristische Personen in diesem Sinne sind nach ganz hM nicht nur die Personenvereinigungen, die nach dem Privatrecht als juristische Person anerkannt sind, sondern alle Vereinigungen, die zu eigener Willensbildung und zu eigenständigem Handeln fähig sind. Neben der GmbH und der AG werden hier also auch der nichtrechtsfähige Verein, die oHG und die KG erfasst.

191 Art. 19 III GG bezieht sich nur auf inländische juristische Personen, dh Vereinigungen, die ihren Sitz in der Bundesrepublik Deutschland haben. Nach einem jüngeren Urteil des Bundesverfassungsgerichts können sich wegen Art. 26 II und 18 AEUV aber auch juristische Personen mit Sitz in einem Mitgliedstaat der EU auf die Grundrechte des

116 Näher zu diesem meist unter dem Stichwort »Grundrechtsmündigkeit« diskutierten Problem *Hufen* StaatsR II § 6 Rn. 41; *Pieroth/Schlink* StaatsR II Rn. 123 ff.
117 Ausführlich zum Meinungsstand *Manssen* StaatsR II § 26 Rn. 586 f.
118 BVerfG NVwZ 2011, 486.

GG berufen.[119] Andere ausländische juristische Personen werden von Art. 19 III GG nicht erfasst. Nach Auffassung des Bundesverfassungsgerichts können sich diese aber zumindest auf die Justizgewährleistungsrechte (Art. 100, 101 und 103 GG) berufen.

Ebenfalls nicht erfasst vom Grundrechtsschutz sind nach hM[120] juristische Personen des öffentlichen Rechts. Dies gilt auch für juristische Personen des Privatrechts, an denen der Staat allein oder überwiegend die Anteile hält.[121] Etwas anderes gilt wie bei den ausländischen juristischen Personen allerdings für die Justizgrundrechte.[122] Außerdem sollen sich juristische Personen des öffentlichen Rechts, die vom Staat unabhängig sind, auf Grundrechte berufen können, soweit sie unmittelbar in dem von einem Grundrecht geschützten Lebensbereich tätig sind. Deswegen können sich Hochschulen auf die Wissenschaftsfreiheit oder eine öffentlich-rechtliche Rundfunkanstalt auf die Rundfunkfreiheit berufen.[123]

Schließlich kann sich eine juristische Person nur auf solche Grundrechte stützen, die 192
ihrem Wesen nach auf diese anzuwenden sind. Ausscheiden muss daher eine Berufung auf die Menschenwürde, auf die körperliche Unversehrtheit oder auf den Schutz von Ehe und Familie. Anwendbar sind dagegen auf juristische Personen das Eigentumsrecht (Art. 14 GG), die Berufsfreiheit (Art. 12 GG) oder der Gleichheitsgrundsatz (Art. 3 GG).

Für die Anwendung von Grundrechten auf juristische Personen ergeben sich damit 193
die in Übersicht 15 zusammengefassten Grundsätze.

Übersicht 15: Anwendung von Grundrechten auf juristische Personen 194

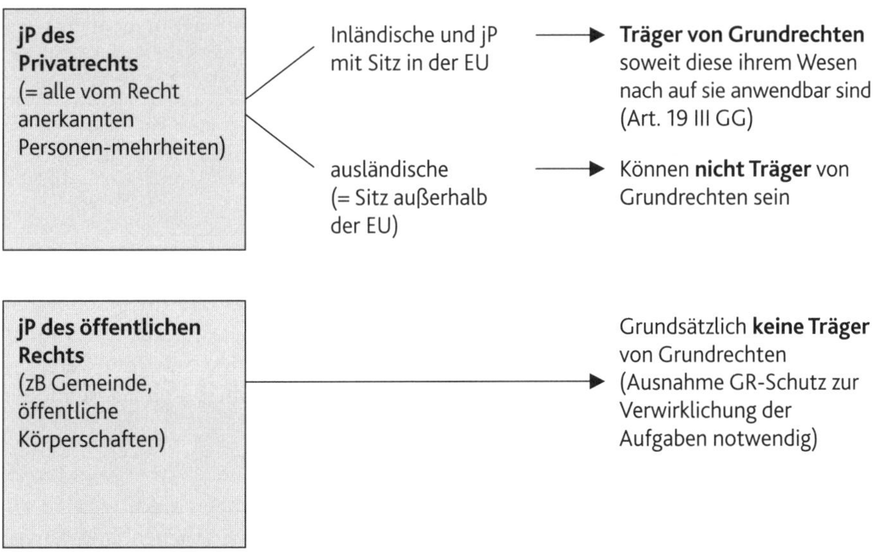

119 BVerfG JuS 2012, 379 mit Anm. *Sachs*.
120 BVerfGE 21, 326 ff.; 68, 193 ff. (205).
121 *Manssen* StaatsR II § 5 Rn 84.
122 BVerfGE 75, 192 ff.
123 Vgl. BVerfGE 15, 256 ff. bzw. BVerfGE 78, 101; ausführlich zum Ganzen *Pieroth/Schlink* StaatsR II Rn. 154 ff.

2. Der sachliche Schutzbereich

195 Der sachliche Schutzbereich betrifft die Frage, für welche Handlung oder Verhaltensweise ein Grundrecht gilt. Er ergibt sich aus dem Tatbestand der jeweiligen Grundrechtsnorm. Soweit der Tatbestand mehrerer Grundrechte erfüllt (sog. Grundrechtskonkurrenz) geht das speziellere Grundrecht vor.[124]

3. Adressat der Grundrechtsbindung

196 Schließlich stellt sich die Frage, wem gegenüber sich eine natürliche oder juristische Person auf Grundrechte berufen kann. Schon bei der Funktion der Grundrechte wurde dargestellt, dass es bei der Grundrechtsausübung grundsätzlich um das **Verhältnis Bürger-Staat** geht. Der Bürger will mit der Berufung auf seine Grundrechte regelmäßig ein staatliches Handeln abwehren. Dementsprechend legt zB Art. 1 III GG die Bindung an die Grundrechte auch nur für die drei staatlichen Gewalten (Gesetzgebung, Exekutive und Rechtsprechung) fest.

197 Die Frage, ob darüber hinaus die Grundrechte auch in der Rechtsbeziehung eines Privaten mit einem anderen Privaten Geltung beanspruchen können, wird unter dem Stichpunkt **Drittwirkung der Grundrechte** behandelt.[125] Positiv wird eine unmittelbare Drittwirkung nur in Art. 9 III 2 GG (bitte lesen) festgelegt, der Abreden in Arbeitsverträgen, die die Koalitionsfreiheit beeinträchtigen, verbietet. Allerdings wird angenommen, dass allen Grundrechten eine so genannte **mittelbare Drittwirkung** zukommt. Begründet wird dies damit, dass die Grundrechte über die oben erwähnte Abwehr- bzw. Teilhabefunktion hinaus für unsere Gesellschaft eine **objektive Wertordnung** aufstellen und sich damit auch auf die Rechtsbeziehung Privater auswirken können.[126] Dies geschieht dadurch, dass zur Konkretisierung der im einfachen Recht vielfach verwendeten sog. Generalklauseln auch die Grundrechte herangezogen werden.

> **Beispiel:** § 242 BGB verbietet es einem Vertragspartner, den anderen Partner unangemessen zu benachteiligen. Gegen Treu und Glauben iSv § 242 BGB verstößt dabei auch ein Verhalten, das sich nicht an die Grundrechte des Partners hält.

III. Die Einschränkung von Grundrechten

198 Die Grundrechte können notwendigerweise nicht uneingeschränkt gelten, sondern es muss dem Staat unter bestimmten Voraussetzungen möglich sein, in die geschützten Lebensbereiche einzugreifen. Ein geordnetes Zusammenleben wäre ansonsten nicht möglich. Man kann sich leicht vorstellen, welches Chaos entstehen würde, wenn jeder Bürger seine nach Art. 2 I GG gewährte Handlungsfreiheit voll ausschöpfen würde.

1. Grundrechtsschranken

Die Grenzen, die den Grundrechten von der Verfassung gezogen sind, werden als **Grundrechtsschranken** bezeichnet. Dabei ist zwischen geschriebenen und ungeschriebenen Schranken zu unterscheiden.

124 Ausführlich *Hufen* StaatsR II § 6 Rn. 45 ff.; *Pischel*, Konkurrenz von Grundrechten, JA 2006, 357.

125 Ausführlich dazu *Schnapp/Kaltenborn*, Grundrechtsbindung nicht staatlicher Organisationen, JuS 2000, 937 ff.; *de Wall/Wagner*, Die sogenannte Drittwirkung der Grundrechte, JA 2011, 734 ff.

126 BVerfGE 7, 198 – Lüth-Urteil.

Bei den **geschriebenen Grundrechtsschranken** enthält der Text des jeweiligen Grundrechts bereits selbst die Möglichkeit, in das Grundrecht einzugreifen. Der häufigste Fall einer solchen Einschränkungsmöglichkeit ist der sog. **einfache Gesetzesvorbehalt**, der es dem Gesetzgeber erlaubt, aufgrund eines Gesetzes in das Grundrecht einzugreifen. Solche einfachen Gesetzesvorbehalte sind zB in Art. 2 II GG (körperliche Unversehrtheit), Art. 8 II GG (Versammlungsfreiheit) oder Art. 12 I GG (Berufsfreiheit) enthalten. Bei anderen Grundrechten verlangt das Grundgesetz dagegen eine besondere Qualität für das eingreifende Gesetz. So kann in die Meinungsfreiheit nach Art. 5 I GG gemäß Art. 5 II GG nur durch die allgemeinen Gesetze oder durch gesetzliche Bestimmungen zum Schutze der Jugend oder zum Schutz der persönlichen Ehre eingegriffen werden.[127] 199

Soweit in den Grundrechtsartikeln von Gesetz die Rede ist, kann ein Parlamentsgesetz, also ein Gesetz im formellen Sinne, oder ein Gesetz im materiellen Sinne (also zB eine Rechtsverordnung oder eine Satzung), gemeint sein. Allerdings hat das BVerfG dies mit der sog. **Wesentlichkeitstheorie** eingeschränkt. Danach muss der Gesetzgeber im Bereich der Grundrechtsausübung alle wesentlichen Entscheidungen selbst treffen und darf sie nicht der Verwaltung überlassen.[128] 200

Besonders ausgestaltet ist die Grundrechtsschranke des Art. 2 I GG (allgemeine Handlungsfreiheit). Nach dem Grundgesetz findet die freie Entfaltung der Persönlichkeit ihre Grenze in den Rechten anderer, in der verfassungsmäßigen Ordnung und im Sittengesetz. Das Bundesverfassungsgericht versteht verfassungsmäßige Ordnung als die Gesamtheit aller Rechtsnormen.[129] Praktisch bedeutet das, dass die allgemeine Handlungsfreiheit sowohl durch Gesetz als auch durch untergesetzliche Vorschriften eingeschränkt werden kann. Damit verlieren die beiden anderen Grenzen des Art. 2 I GG, nämlich die Rechte anderer und das Sittengesetz, an praktischer Bedeutung, weil diese Umstände im Regelfall durch Rechtsnormen konkretisiert sind. 201

2. Grenzen für die Einschränkung von Grundrechten

Natürlich darf die durch Gesetzesvorbehalte mögliche Einschränkung von Grundrechten nicht soweit gehen, dass von dem Grundrecht nichts mehr übrig bleibt. Die Einschränkung durch Gesetz unterliegt daher ihrerseits wieder Begrenzungen. Man spricht hier von den sog. **Schranken-Schranken**. Konkret bedeutet das, dass ein einschränkendes Gesetz seinerseits verfassungsmäßig sein muss. Dazu muss es nicht nur vom zuständigen Organ stammen und das notwendige Verfahren durchlaufen haben, sondern es muss insbesondere auch dem Bestimmtheitsgrundsatz und vor allen Dingen dem Verhältnismäßigkeitsgrundsatz entsprechen. Im Rahmen der Verhältnismäßigkeitsprüfung ist auch die sog. **Wechselwirkungstheorie** des BVerfG[130] zu berücksichtigen. Danach muss das ein Grundrecht einschränkende Gesetz an der Bedeutung des betreffenden Grundrechts für die staatliche Ordnung gemessen werden. Letztlich ist damit eine Abwägung zwischen dem Grundrecht und dem durch das einschränkende Gesetz zu schützende Gut vorzunehmen. 202

127 Näher zur Abgrenzung zwischen einfachen und qualifizierten Gesetzesvorbehalten vgl. *Pieroth/Schlink* StaatsR II Rn. 252 ff.
128 BVerfGE 61 260 ff.
129 BVerfGE 6, 32 ff.
130 BVerfGE 7, 198.

Beispiel: Der Gesetzgeber darf aufgrund Art. 2 I GG zwar in die aus der allgemeinen Handlungsfreiheit resultierende Vertragsfreiheit eingreifen, indem er zB im Arbeitsrecht bestimmte Abschlussgebote und -verbote aufstellt. Dabei hat er jedoch stets darauf zu achten, dass er nicht übermäßig in die Grundrechtsposition eingreift. Deswegen dürfte der Gesetzgeber die Arbeitgeber zB nicht dazu verpflichten, in jedem Jahr eine bestimmte Anzahl von Auszubildenden einzustellen, um der Jugendarbeitslosigkeit Einhalt zu gebieten, sondern müsste zunächst nach milderen Möglichkeiten suchen oder zumindest Ausnahmetatbestände, zB für Kleinstbetriebe, vorsehen.

203 Neben den Grundrechten, die schon im Gesetzestext eine Einschränkungsmöglichkeit vorsehen, gibt es auch Grundrechte, in denen eine Beschränkung nicht vorgesehen ist. So enthält zB die Wissenschaftsfreiheit in Art. 5 III GG keine geschriebene Schranke. Trotzdem ist unbestritten, dass auch solche Grundrechte eine Einschränkung erfahren können müssen.

Beispiel: So ist es sicher einsichtig, dass die Wissenschaftsfreiheit nicht soweit gehen kann, dass zur Erforschung irgendwelcher Dinge uneingeschränkt Tier- oder sogar Menschenversuche möglich sind.

204 Rechtslehre und Bundesverfassungsgericht sprechen dabei von sog. **verfassungsimmanenten Schranken**. Diese ergeben sich aus den Grundrechten anderer und aus anderen wichtigen Verfassungsgütern. Gesetzliche Bestimmungen, die die Grundrechte anderer oder die der Allgemeinheit schützen sollen, können damit einen Grundrechtseingriff rechtfertigen.[131]

Beispiel: Durch § 8 TierSchG, der Tierversuche nur aufgrund einer Genehmigung zulässt, wird zwar in die Wissenschaftsfreiheit nach Art. 5 III GG eingegriffen; dieser Eingriff ist aber durch das Interesse der Allgemeinheit am verantwortungsvollen Umgang mit dem Mitgeschöpf Tier gerechtfertigt.

Unabhängig von den dargestellten Anforderungen an die Rechtfertigung eines Grundrechtseingriffs, haben staatliche Maßnahmen, die Grundrechte tangieren, noch die absoluten Grenzen von Art. 19 II GG (Wesensgehaltsgarantie) und Art. 79 III GG (Ewigkeitsgarantie) sowie die Anforderungen nach Art. 19 I GG (Verbot des Einzelfallgesetzes und Zitiergebot) zu beachten.[132]

3. Die Überprüfung von Grundrechtsbeschränkungen

205 Zusammenfassend lässt sich feststellen, dass nicht jede Beschränkung eines Grundrechts gleich zu seiner Verletzung und damit zur Verfassungswidrigkeit der entsprechenden Maßnahme führen muss. Vielmehr liegt die Verletzung einer Grundrechtsposition nur dann vor, wenn der festgestellte Grundrechtseingriff sich nicht verfassungsrechtlich rechtfertigen lässt. Damit ergibt sich für die Überprüfung einer Grundrechtsverletzung das in Übersicht 16 dargelegte Prüfungsschema.[133]

131 Vgl. *Katz* StaatsR § 28 Rn. 643 ff.
132 Näher *Ipsen* StaatsR II § 3 Rn. 196 ff.
133 Vgl. auch *Sodan/Ziekow* GK ÖffR § 24 Rn. 55.

Übersicht 16: 206

Prüfungsaufbau bei Eingriffen in ein Freiheitsgrundrecht durch Gesetz

1. Schutzbereich des Grundrechts berührt?
   - sachlicher Anwendungsbereich des Grundrechts
   - persönlicher Anwendungsbereich des Grundrechts
2. Eingriff in den Schutzbereich des Grundrechts
   → Beeinträchtigung des geschützten Freiheitsraumes?
3. Rechtfertigung des Eingriffs
   a) Grundrecht durch Gesetz einschränkbar?
      - Geschriebene Schranken, insbes. Gesetzesvorbehalt
      - Verfassungsimmanente Schranken (andere Grundrechte, sonstige Verfassungswerte)

   b) Einschränkendes Gesetz formell und materiell verfassungsgemäß (Schranken-Schranken)?

      aa) Formelle Verfassungsmäßigkeit
         - Zuständigkeit (Art. 70 ff. GG)
         - Verfahren (Art. 76–78 GG)
         - Form (Art. 82 GG)

      bb) Materielle Verfassungsmäßigkeit
         - Bestimmtheit
         - Keine unzulässige Rückwirkung
         - Verhältnismäßigkeit der Regelung:
           - Legitimer Zweck
           - Geeignetheit
           - Erforderlichkeit
           - Verhältnismäßigkeit ieS
         - Verbot der Einzelfallgesetzgebung (Art. 19 I GG)
         - Einhaltung des Zitiergebots (Art. 19 I 2 GG)
         - Beachtung des Art. 79 III GG

Erfolgt der Eingriff durch einen anderen staatlichen Akt, insbesondere einen **Akt der Exekutive** (Rechtsverordnung, Satzung, Verwaltungsakt), ist bei der Rechtfertigung des Eingriffs zunächst die Verfassungsmäßigkeit der Ermächtigungsgrundlage bzw. der angewandten Norm zu untersuchen. Daran schließt sich die Prüfung der grundrechtskonformen Anwendung des gesetzlichen Tatbestandes und der Verhältnismäßigkeit der ausgesprochenen Rechtsfolgen an.[134] 207

Literatur zur Vertiefung: *Detterbeck* ÖffR §§ 13, 14; *Guckelberger*, Die Drittwirkung der Grundrechte, JuS 2003, 1151 ff.; *Hufen* StaatsR II §§ 2–9; *Ipsen* StaatsR II §§ 2, 3; *Katz* StaatsR I §§ 24–27; *Michael*, Grundfälle zur Verhältnismäßigkeit, JuS 2001, 654 ff.; *Krausnick*, Grundfälle zu Art. 19 III GG, JuS 2008, 869 ff., 965 ff.; *Pieroth/Schlink* StaatsR II §§ 4–6; *Schliesky* ÖffWirtschaftsR 1. Teil, 3. Abschnitt Kapitel D; *Sodan/Ziekow* GK ÖffR §§ 21–24; *Stober* WirtschaftsVerwR AT § 18; *WKSZ* ÖffR/EuropaR § 9.

134 Entsprechende Aufbauschemata finden sich bei *Detterbeck* ÖffR Rn. 491, *Heintschel von Heinegg/Pallas* GR Rn. 15 oder *Sodan/Ziekow* GK ÖffR § 24 Rn. 55; vgl. auch *Kielmansegg*, Die Grundrechtsprüfung, JuS 2008, 23 ff.

4. Kapitel. Berufsfreiheit und Schutz des Eigentums

I. Die Berufsfreiheit (Art. 12 GG)

208 Art. 12 I GG schützt die Freiheit des Berufs. Für die wirtschaftliche Betätigung ist Art. 12 GG das zentrale Grundrecht.

1. Schutzbereich

209 Nach seinem Wortlaut schützt Art. 12 I GG (bitte lesen) die freie Wahl von Beruf, Arbeitsplatz und Ausbildungsstätte und die Ausübung des Berufs.

- Die **Berufswahl** betrifft die Entscheidung, einen bestimmten Beruf aufzunehmen (»ob« der Tätigkeit).
- Die **Berufsausübung** bezieht sich dagegen auf die tatsächliche Betätigung in einem gewählten Beruf (»wie« der Tätigkeit).
- Die **Wahl des Arbeitsplatzes** betrifft mehr den räumlichen Ort, an dem eine berufliche Tätigkeit ausgeübt wird, bezieht sich also auf die konkrete Beschäftigung in einem bestimmten Beruf.
- Die **Wahl der Ausbildungsstätte** betrifft den Besuch von Einrichtungen, die erst der Ausbildung zu einem bestimmten Beruf dienen. Eine Bildungseinrichtung ist aber nur dann als Ausbildungsstätte zu qualifizieren, wenn sie eine berufsbildende Qualifikation vermitteln soll.[135] Nicht erfasst werden nach ganz hM damit die allgemein bildenden Schulen, also Grund- und Hauptschule, sowie Stätten, die der kirchlichen, sportlichen oder kulturellen Bildung dienen. Geschützte Ausbildungsstätten sind dagegen die Hochschulen, staatliche Vorbereitungsdienste (zB für Lehrer und Juristen) und weiterführende Schulen, wie das Gymnasium.

210 Die ganz hM geht davon aus, dass die genannten Komponenten ein einheitliches Grundrecht der Berufsfreiheit bilden, weil man die verschiedenen Aspekte nicht hinreichend voneinander trennen könne.[136] Im Mittelpunkt der nachfolgenden Ausführungen stehen Berufswahl und -ausübung.

a) Der sachliche Schutzbereich

211 Gegenstand des von der Berufsfreiheit gewährten Schutzes ist der **Beruf**.

Definition: Beruf ist jede auf Dauer angelegte, erlaubte Tätigkeit, die auf die Schaffung und Erhaltung einer Lebensgrundlage zielt.[137]

212 **Auf Dauer angelegt** ist jede Tätigkeit, die nach der Intention des Tätigen für eine gewisse Zeit ausgeübt werden soll. Eine ununterbrochene Ausübung ist allerdings nicht erforderlich. Das Merkmal der **Erlaubtheit** ist nicht unumstritten.[138] Einigkeit besteht jedenfalls insoweit, dass Tätigkeiten, die in bedeutende Rechtsgüter anderer eingreifen, nicht geschützt werden. Der Berufskiller oder der Menschenhändler fallen also nicht unter Art. 12 I GG. Zur **Schaffung** oder **Erhaltung einer Lebensgrundlage** dient jede Tätigkeit, die auf die Erzielung nicht unerheblicher Einkünfte gerichtet

---

135 BVerfGE 33, 303 ff.
136 Vgl. BVerfGE 7, 377 ff. (sog. Apothekenurteil).
137 BVerfGE 102, 197.
138 Zum Meinungsstand vgl. *Pieroth/Schlink* StaatsR II Rn. 810 ff.

ist. Nicht dazu gehören Tätigkeiten, die als reines Hobby anzusehen sind. Ob Nebentätigkeiten erfasst werden, ist strittig.[139]

Die Berufsfreiheit erfasst alle Tätigkeiten im oben genannten Sinne, unabhängig davon, ob sie selbstständig oder unselbstständig ausgeübt werden. Unerheblich ist grundsätzlich auch, ob die Tätigkeit einem festen, anerkannten Berufsbild entspricht. Allerdings kann nach dem BVerfG die Existenz eines solchen für die Frage der Rechtfertigung eines Eingriffs in die Berufsfreiheit eine Rolle spielen. Darauf wird später noch näher einzugehen sein.[140] **213**

Auch die Gründung und Führung von Unternehmen wird von dem Begriff des Berufs erfasst.[141] Einen Spezialfall dieser Unternehmerfreiheit stellt die Gewerbefreiheit dar, die durch § 1 GewO[142] auch auf einfach gesetzlicher Ebene geschützt wird. **214**

b) Der persönliche Schutzbereich

■ Was unter dem persönlichem Schutzbereich zu verstehen ist, wurde oben bereits besprochen! Wer kann sich ihrer Meinung nach auf Art. 12 GG berufen? **215**

▶ Träger des Grundrechts der Berufsfreiheit ist jeder Deutsche. Inländische Unternehmen und Unternehmen mit Sitz in einem Mitgliedstaat der EU können sich entsprechend Art. 19 III GG ebenfalls auf Art. 12 GG berufen. Ausländer können sich dagegen nur auf die allgemeine Handlungsfreiheit nach Art. 2 I GG stützen. Für EU-Angehörige ist aber auch Art. 45 ff. AEUV zu beachten.[143]

2. Eingriffe in Art. 12 I GG

a) Allgemeines

Eingriffe in die Berufsfreiheit liegen vor, wenn durch staatliches Handeln eine der vier genannten Ausprägungen der Berufsfreiheit beschränkt wird. Unproblematisch ist die Feststellung eines Eingriffs bei Maßnahmen, die die Berufsfreiheit gezielt beeinträchtigen, wie zB das Verbot einer bestimmten Tätigkeit oder Vorgaben für die Ausübung einer Berufstätigkeit. Problematisch sind aber die sog. **mittelbaren Eingriffe.** Es geht dabei um die Frage, ob staatliches Handeln, das auf andere Ziele als die Regelung einer beruflichen Tätigkeit abzielt, tatsächlich eine solche aber beschränkt, an Art. 12 I GG zu messen ist. Das BVerfG[144] stellt darauf ab, ob die Regelung berufsregelnde Tendenzen aufweist oder nicht. Fehlt diese, kann sich der Betroffene nicht auf Art. 12 I GG, sondern »nur« auf Art. 2 I GG (allg. Handlungsfreiheit) berufen. **216**

Beispiel: Die Regelungen der §§ 54 ff. UrhG, die Vergütungspflichten für die Vervielfältigung urheberrechtlich geschützter Werke begründen, gelten unabhängig davon, ob jemand die betreffende Maßnahme im Rahmen einer beruflichen Tätigkeit ausübt. Damit fehlt ihnen die berufsregelnde Tendenz. Dagegen hat eine Vorschrift, die vorschreibt, dass die Mikroverfilmung medizinischer Daten von Krankenhauspatienten nur noch durch das betreffende Krankenhaus erfolgen darf, berufsregelnde Tendenz, weil sie darauf abzielt, die externe Verarbeitung medizinischer Patientendaten durch private Unternehmen zu unterbinden.[145]

139 Siehe zum Meinungsstand *Jarass/Pieroth* Art. 12 GG Rn. 4.
140 → Rn. 224.
141 BVerfGE 50, 363.
142 → Rn. 999 ff.
143 → Rn. 567.
144 ZB BVerfGE 55, 25 ff.; 70, 191 ff.
145 BVerfG NJW 1991, 2952; vgl. auch *Detterbeck* ÖffRRn. 733.

217 Aktuell geworden ist die Problematik in den letzten Jahren insbesondere bei staatlichen Informationen über die Vorzüge oder Gefahren von Produkten, die den Wettbewerb beeinflussen können. Das BVerfG lehnte einen Eingriff insoweit ab.[146]

218 Grundsätzlich greift Art. 12 I GG nur ein, wenn diese Maßnahmen vom Staat ausgeübt werden. Aufgrund der sog. **mittelbaren Drittwirkung der Grundrechte**[147] können sich aber auch Privatrechtssubjekte untereinander auf die Berufsfreiheit berufen. Besondere Bedeutung hat dies im Arbeitsrecht. So kann sich ein Arbeitnehmer auch gegenüber einem privaten Arbeitgeber auf Art. 12 GG berufen.

Beispiel: Einem GmbH-Geschäftsführer wird durch seinen Anstellungsvertrag untersagt, in den auf sein Ausscheiden folgenden 5 Jahren eine konkurrierende Tätigkeit aufzunehmen (sog. Wettbewerbsverbot). Über § 138 BGB kann Art. 12 I GG in solchen Fällen zur Unwirksamkeit der Vertragsabrede führen (vgl. auch § 74a HGB).

219 Umgekehrt können auch Maßnahmen des Arbeitgebers gegenüber Arbeitnehmern, zB bestimmte Anweisungen auf der Basis des Direktionsrechts, durch Art. 12 I GG gerechtfertigt sein. Dabei wird es regelmäßig zu einer Abwägung mit Grundrechten des Arbeitnehmers kommen, was die Sache in der Regel rechtlich sehr schwierig macht.

Beispiel: Arbeitgeber A, der ein Kaufhaus führt, untersagt der muslimischen Mitarbeiterin M, während ihrer Tätigkeit in der Parfümerieabteilung das traditionelle Kopftuch zu tragen.

220 ■ Wie ist Ihrer Meinung nach der Konflikt zwischen Art. 12 I GG (A) und Art. 4 I GG (M) zu lösen?

▶ Das BVerfG[148] hat entschieden, dass bei einer Abwägung der Grundrechtspositionen von Arbeitgeber und Arbeitnehmer die Glaubensfreiheit der Arbeitnehmerin erst dann zurücktreten müsse, wenn der Arbeitgeber eine konkrete Gefahr des Eintritts von negativen betrieblichen oder wirtschaftlichen Folgen darlegen könne.

b) Einschränkungen der Berufsausübung oder der Berufswahl

221 Das BVerfG und die hM unterteilen die möglichen Eingriffe in drei Kategorien, nämlich in Berufsausübungsregeln, subjektive Zulassungsbeschränkungen und objektive Zulassungsbeschränkungen. Die Einteilung hat Bedeutung vor allem für die Anforderungen an die Rechtfertigung eines Eingriffs. Nach der so genannten **Dreistufentheorie des BVerfG** sind die Anforderungen an die verfassungsrechtliche Rechtfertigung, nämlich nach der Qualität des Eingriffs, dh der Stufe, auf der der Eingriff vorgenommen wird, zu differenzieren.

222 **aa) Berufsausübungsregelungen** sind solche Bestimmungen, die lediglich das »Wie« der fraglichen Tätigkeit betreffen. Im Wirtschaftsleben ist eine Vielzahl solcher Regelungen anzutreffen. Beispiele sind das Sonntagsfahrverbot für Lkw, Regelungen zum Ladenschluss und die früheren Regelungen zum Nachtbackverbot in Bäckereien.

223 **bb) Subjektive Zulassungsbeschränkungen** sind solche Bestimmungen, die für den Zugang zu einem Beruf Voraussetzungen aufstellen, die, wie die Ausbildung, das Alter, die charakterliche Eignung oder Gesundheitsvoraussetzungen, die Person des Bewerbers betreffen. Das besondere Wirtschaftsverwaltungsrecht sieht für eine Viel-

146 BVerfG NVwZ 2001, 824 und BVerfG NJW 2002, 2621.
147 → Rn. 197.
148 BVerfG NJW 2003, 2815.

zahl von Tätigkeiten solche Zulassungsregeln vor. Insbesondere ist für die Aufnahme bestimmter »Berufe« erst eine Genehmigung oder Erlaubnis erforderlich.[149]

Die Abgrenzung zu Berufsausübungsregeln ist dabei nicht immer ganz einfach:

- Ein Gesetz sieht vor, dass Sachverständige für Baustatik die Tätigkeit nur bis zu einem bestimmten Alter ausüben dürfen. Betrifft das die Berufsausübung oder die Berufswahl? 224

▶ Das BVerfG hat entschieden, dass eine subjektive Zulassungsschranke vorliegt, da das »wie lange« der Berufsausübung eine Frage sei, die sich bereits bei der Entscheidung für einen bestimmten Beruf auswirke, also die Berufswahl betreffe.

Für die Abgrenzung zwischen bloßer Berufsausübungs- und subjektiver Zulassungsregelung spielt nach dem BVerfG auch die Frage, ob ein bestimmtes traditionelles Berufsbild existiert, eine Rolle. Existiert ein solches nicht, lässt sich eine Regelung eher als Einschränkung der bloßen Ausübung einer Tätigkeit qualifizieren. So hat das BVerfG[150] die Verleihung von Arbeitnehmern im Baubereich nicht als eigenständigen Beruf angesehen. Das Verbot der gewerbsmäßigen Überlassung von Arbeitnehmern in Betrieben des Baugewerbes nach § 12a AFG (jetzt § 1b AÜG) ist daher keine Beschränkung der Berufswahl, sondern nur der Ausübung des Berufs »Arbeitnehmerverleiher«.[151]

cc) **Objektive Zulassungsbeschränkungen** machen den Zugang zu einem bestimmten Beruf von Voraussetzungen abhängig, auf deren Erfüllung der einzelne Bewerber keinen Einfluss hat. Für das Wirtschaftsleben relevant sind hier vor allem Bestimmungen, die die Zulassung zu einer Tätigkeit von einer **Bedürfnisprüfung** abhängig machen, also davon, ob der Staat für die betreffende Tätigkeit noch einen Bedarf sieht. 225

Beispiele: Ein Gesetz schreibt vor, dass ein Steuerberater nur dann ein neues Büro einrichten darf, wenn die im betreffenden Gebiet aktiven Steuerberater nicht ausreichen, um den vorhandenen Beratungsbedarf zu decken oder wenn durch die weitere Zulassung die bereits vorhandenen Steuerberater keine wirtschaftlichen Nachteile zu befürchten haben; § 13 IV PBefG schreibt vor, dass die Genehmigung für den Betrieb eines Taxiunternehmens nur erteilt werden kann, wenn durch die Zulassung die Funktionsfähigkeit des örtlichen Taxigewerbes nicht bedroht wird; der Staat bestimmt, dass Sportwetten nur von staatlichen Anbieter veranstaltet und vermittelt werden dürfen (staatliches Glücksspielmonopol).

Zu den objektiven Zulassungsbeschränkungen gehören auch Regelungen, mit denen der Staat den Zugang zu Ausbildungsstätten, insbesondere den Hochschulen, einschränkt. So stellt die Einführung eines sog. numerus clausus für einen Studiengang einen Eingriff in die Berufsfreiheit dar. 226

c) Sonstige Einschränkungen der Berufsfreiheit

Schließlich wird nach dem BVerfG in die Berufsfreiheit auch eingegriffen, wenn jemand zur Aufnahme oder Aufgabe eines bestimmten Arbeitsplatzes gezwungen oder an der Besetzung eines bestimmten Arbeitsplatzes gehindert wird. 227

---

149 → Rn. 1007 ff.
150 BVerfGE 77, 84 ff.
151 Vgl. auch *Ipsen* StaatsR II § 15 Rn. 629.

3. Die Rechtfertigung von Eingriffen in die Berufsfreiheit

228 ■ In Kapitel 3.I. haben Sie verschiedene Einschränkungsmöglichkeiten für Grundrechte kennen gelernt! Welche Art Schranke gilt für Art. 12 GG?

▶ Art. 12 I 2 GG enthält einen Gesetzesvorbehalt, der Eingriffe in die Berufsausübung durch oder aufgrund eines Gesetzes zulässt.

Nach ganz hM erstreckt sich dieser Gesetzesvorbehalt entgegen dem Wortlaut auf alle in Art. 12 I GG genannten Aspekte der Berufsfreiheit. Erforderlich zur Eingriffsrechtfertigung ist also ein Gesetz, wobei nach hM ein Gesetz im materiellen Sinn ausreicht. Dieses muss neben den allgemeinen Anforderungen[152] vor allem dem Grundsatz der Verhältnismäßigkeit entsprechen. Dieser hat bei Art. 12 I GG durch die schon oben erwähnte Dreistufentheorie eine besondere Ausprägung erfahren. Das BVerfG hat die entsprechenden Grundsätze im sog. Apothekenurteil[153] entwickelt, bei dem es darum ging, dass das bayerische Apothekengesetz die Errichtung neuer Apotheken von einer Bedürfnisprüfung abhängig machte. Die Dreistufentheorie besagt im Wesentlichen, dass die Rechtfertigung von Eingriffen in die Berufsfreiheit von der Eingriffsintensität abhängig ist. Daraus ergibt sich zunächst die schon oben angesprochene Unterscheidung zwischen Berufsausübungsregelungen und subjektiven bzw. objektiven Berufszulassungsbeschränkungen. Weiter folgt aus der Dreistufentheorie, dass die Anforderungen an die Rechtfertigung des Grundrechtseingriffs um so höher anzusetzen sind, je höher die Eingriffsintensität ist.

229 Integriert man die Dreistufentheorie in die übliche Verhältnismäßigkeitsprüfung ergeben sich folgende Prüfungsschritte:[154]

- Legitimer Zweck, dh dient die Regelung einem legitimen, im öffentlichen Interesse liegenden Zweck?[155]
- Geeignetheit der Regelung, dh ist die Regelung geeignet, diesen Zweck zu erreichen?
- Erforderlichkeit der Regelung, dh gibt es zur Erreichung des Zwecks ein gleich geeignetes aber milderes Mittel?: Hier wirkt sich die Dreistufentheorie zum ersten Mal aus, denn der Staat darf sich einer bestimmten Eingriffstiefe (Stufe) erst bedienen, wenn eine Regelung auf niedrigerer Stufe ausscheidet. Konkret bedeutet dies, dass erst dann zu einer subjektiven Berufszulassungsregelung gegriffen werden darf, wenn eine Berufsausübungsregelung nicht ausreicht. Ebenso darf eine objektive Berufszulassungsbeschränkung erst in Betracht gezogen werden, wenn der angestrebte Zweck nicht mit einer subjektiven Berufszulassungsbeschränkung erreicht werden kann.
- Verhältnismäßigkeit ieS, dh stehen die mit der Regelung verbundenen Nachteile noch in einem angemessenem Verhältnis zum erstrebten Zweck?: Hier ergibt sich die Hauptauswirkung der Dreistufentheorie. Das BVerfG nimmt zur Feststellung der Verhältnismäßigkeit ieS nämlich eine Abwägung zwischen der Berufsfreiheit

152 → Rn. 202.
153 BVerfGE 7, 377 ff.
154 Ähnlich *Pieroth/Schlink* StaatsR II Rn. 847 ff.
155 In Anlehnung an das BVerfG (zB BVerfG 65, 116) kann man sich hier damit begnügen, einen im Allgemeinwohl liegenden Grund zu benennen und auf die besondere Qualität des Grundes erst später einzugehen.

und dem mit dem Eingriff verfolgten Zweck vor, die je nach der Eingriffsstufe anderen Voraussetzungen unterliegt. So lassen sich:
- Berufsausübungsregelungen durch **jeden vernünftigen Zweck**,
- subjektive Zulassungsbeschränkungen durch die Notwendigkeit, ein **wichtiges Gemeinschaftsgut** zu schützen und
- objektive Zulassungsbeschränkungen nur durch die Verpflichtung, dringende **Gefahren** von einem **überragend wichtigem Gemeinschaftsgut** abwenden zu müssen, rechtfertigen.

Beispiele: Die Regelung, dass Lkw sonntags grundsätzlich nicht fahren dürfen (Berufsausübungsregelung), dient der Sicherheit des Verkehrs, also einem vernünftigen Zweck; der Umstand, dass bestimmte Berufe, zB der des Arztes, nur nach Abschluss einer entsprechenden Ausbildung ergriffen werden dürfen (subjektive Berufszulassungsregelung), ist zum Schutz wichtiger Gemeinschaftsgüter, wie zB der Gesundheit der Patienten, erforderlich; dass nur eine bestimmte Anzahl von Apotheken zulässig ist (objektive Berufszulassungsregelung), ist dagegen nicht zur Abwehr dringender Gefahren für die Volksgesundheit erforderlich; ein staatliches Monopol für Sportwetten kann durch den Zweck der Bekämpfung von Suchtgefahren gerechtfertigt sein.[156]

Das letzte Beispiel zeigt, dass die Kriterien des BVerfG nicht immer eine präzise Ent- **230**
scheidung begründen können. Trotzdem folgt die hM weitgehend der Rechtsprechung, wenn auch zT gewisse Modifizierungen der Dreistufentheorie für nötig gehalten werden.[157]

4. Besondere Aspekte der Berufsfreiheit

a) Teilhabe- und Leistungsfunktion

Neben der gerade besprochenen Funktion der Berufsfreiheit als subjektives Abwehr- **231**
recht, kommt ihr nach der Rechtsprechung des BVerfG auch eine **Teilhabefunktion** zu. Diese wurde insbesondere im sog. Numerus Clausus-Urteil[158] entwickelt. Danach resultiert bei der Hochschulzulassung aus Art. 12 I GG ein grundsätzliches Recht auf Teilhabe an der staatlichen Ausbildung. Dieses setzt zum einen der Einrichtung objektiver Zulassungsvoraussetzungen enge Grenzen und verlangt zum anderen bei Kapazitätsengpässen eine gerechte Verteilung der zur Verfügung stehenden Ausbildungsplätze.[159]

Demgegenüber lehnt die hM die Ableitung von **Leistungsrechten** aus Art. 12 I GG **232**
ab. Insbesondere wird ein **Recht auf Arbeit** abgelehnt, weil zu seiner Realisierung ein massiver Eingriff des Staates in die Freiheit der Wirtschaft, insbesondere in die Privatautonomie, erforderlich wäre.[160]

b) Verbot von Arbeitszwang und Zwangsarbeit

Art. 12 II GG verbietet den Arbeitszwang und Art. 12 III GG die Zwangsarbeit. Un- **233**
ter **Arbeitszwang** versteht man die persönliche Verpflichtung zu einer bestimmten Tätigkeit, unter **Zwangsarbeit** den Zwang, seine gesamte Arbeitskraft für einen bestimmten Zweck einzusetzen. Für den wirtschaftlich Tätigen ist vor allem Art. 12 II

156 BVerfG JuS 2006, 745; nach EuGH JuS 2010, 1032 verstößt ein solches Monopol aber gegen die Dienstleistungsfreiheit des Europarechts.

157 Näher vgl. *Brandt*, 40 Jahre Stufentheorie; Bestandsaufnahme und Leitfaden zur Falllösung, JA 1998, 82; *Gusy*, Die Freiheit der Berufswahl und Berufsausübung, JA 1992, 257 ff.

158 BVerfGE 33, 303 ff.

159 Einzelheiten vgl. *Pieroth/Schlink* StaatsR II Rn. 864.

160 BVerfGE 84, 133 ff.

GG von Bedeutung. Allerdings fasst das BVerfG den Begriff des Arbeitszwangs sehr eng und nimmt insbesondere Tätigkeiten von zumutbarem Umfang und Tätigkeiten, die nicht gewerblich ausgeübt werden können, vom Schutz des Art. 12 II GG aus.

> **Beispiel:** Die Mitwirkung des Arbeitgebers bei der Abführung der Lohnsteuer und Sozialversicherung[161] ist daher nicht an Art. 12 II GG zu messen; weder ist sie vom Unternehmer persönlich zu erfüllen, noch stellt sie eine unzumutbare Belastung dar.

234 Nicht erfasst werden auch Tätigkeiten, die sich nur als Nebenpflicht zur ausgeübten Tätigkeit darstellen, wie zB der Sonntagsdienst für Apotheken.[162]

235 Öffentliche Dienstleistungspflichten, wie die sog. Hand- und Spanndienste, greifen zwar in den Schutzbereich von Art. 12 II GG ein, sind aber gem. Art. 12 II GG gerechtfertigt, soweit sie auf einem Gesetz beruhen. Der Wehr- oder Zivildienst ist überhaupt nicht an Art. 12 III GG zu messen, sondern hat in Art. 12a GG eine Sonderregelung erfahren.

236 Abschließend können Sie anhand des folgenden Beispielsfalls[163] zu Art. 12 I GG überprüfen, ob Sie das bisher Gelernte auch anwenden können.

Übungsfall 3	
Der Bundesminister für Gesundheit erlässt ein Gesetz, wonach bei Tabakerzeugnissen auf der Verkaufsverpackung der Warnhinweis »Rauchen gefährdet ihre Gesundheit« anzubringen ist. Die A-AG mit Sitz in Berlin, die Zigaretten herstellt, sieht darin einen Verstoß gegen Art. 12 I GG. Verletzt das Gesetz Grundrechte der A-AG? [Es ist ein umfassendes rechtliches Gutachten anzufertigen. Dabei ist auch auf solche Fragestellungen einzugehen, die für ihre Lösung nicht mehr relevant sind.]	

237 ■ Was ist Gegenstand der Fallfrage?

▶ Gefragt ist danach, ob ein Gesetz ein Grundrecht verletzt.

■ Welches Grundrecht des GG kommt ihrer Meinung nach hier in Betracht?

▶ Art. 12 I GG

238 ■ Auch im öffentlichen Recht ist die Falllösung im Gutachtenstil zu erarbeiten. Wie könnte hier die Ausgangsthese lauten?

▶ Art. 12 wäre verletzt, wenn der Schutzbereich eröffnet wäre, ein Eingriff vorläge und für diesen Eingriff keine Rechfertigung bestände.[164]

239 ■ Was verlangt die Eröffnung des Schutzbereichs?

▶ Dass der zu überprüfende Sachverhalt vom sachlichen Schutzbereich erfasst ist und dass der Betroffene sich auf das fragliche Grundrecht berufen kann.

240 ■ Was verlangt die Eröffnung des sachlichen Schutzbereichs des Art. 12 I GG?

▶ Der sachliche Schutzbereich von Art. 12 I GG ist eröffnet, wenn die betroffene Tätigkeit ein Beruf ist. Ein Beruf ist eine auf Dauer angelegte und erlaubte Tätig-

161 BVerfGE 22, 380.
162 BVerwGE 65, 362.
163 Vgl. BVerfG DVBl. 1997, 548.
164 → Rn. 198 ff.; Aufbauschemata zu Art. 12 GG finden sich bei *Detterbeck* ÖffR Rn. 761; *Oberrath/Schmidt/Schomerus* ÖffWirtschaftsR S. 20; *WKSZ* ÖffR/EuropaR S. 183.

keit, die zur Schaffung/Erhaltung einer Lebensgrundlage dient. Das Herstellen von Zigaretten stellt eine solche Tätigkeit dar, sodass ein Beruf vorliegt.

■ Ist auch der persönliche Schutzbereich des Art. 12 I eröffnet? 241

▶ Auf Art. 12 I GG können sich nur Deutsche berufen. Über Art. 19 III können sich auch inländische juristische Personen auf Grundrechte und damit auch auf Art. 12 I GG berufen. Da die A-AG aufgrund ihres Sitzes in Berlin eine inländische juristische Person iSv Art. 19 III GG ist, ist der persönliche Schutzbereich eröffnet.

■ Wann liegt ein Eingriff in den Schutzbereich eines Grundrechtes vor? 242

▶ Ein Eingriff in den Schutzbereich liegt vor, wenn der von einem Grundrecht gewährte Freiheitsraum beschränkt wird. Bei Eingriffen in die Berufsfreiheit sind nach der Dreistufentheorie Berufsausübungsregelungen, subjektive Berufswahlregelungen und objektive Berufswahlregelungen zu unterscheiden.[165] Das zu überprüfende Gesetz stellt Anforderungen an den Vertrieb der hergestellten Zigaretten und schränkt somit das »Wie« der Tätigkeit »Zigaretten herstellen« ein. Damit liegt eine Berufsausübungsregelung iSd Dreistufentheorie des BVerfG vor.

■ Wann ist der Eingriff in ein Grundrecht gerechtfertigt? 243

▶ Eine Rechtfertigung liegt vor, wenn für das betreffende Grundrecht eine Schranke besteht und die sog. »Schranken-Schranken« beachtet werden.

■ Ist der Eingriff in die Berufsfreiheit durch das »Warnhinweis-Gesetz« gerechtfertigt? 244

▶ Für eine Rechtfertigung wäre zunächst erforderlich, dass für die Berufsfreiheit eine Grundrechtsschranke besteht. Dies ist der Fall, da Art. 12 I 2 GG einen geschriebenen Gesetzesvorbehalt enthält. Der Eingriff erfolgt zwar hier durch ein Gesetz. Dieses müsste, damit die sog. Schranken-Schranken gewahrt sind, aber auch formell und materiell verfassungsmäßig sein.

a) Bezüglich der formellen Verfassungsmäßigkeit ist zu prüfen, ob Zuständigkeit, Verfahren und Form hinsichtlich des betreffenden Gesetzes eingehalten wurden. Die Zuständigkeit des Bundes ergibt sich hier aus Art. 74 I Ziff. 11 (Recht der Wirtschaft). Das Gesetzgebungsverfahren ist ordnungsgemäß abgeschlossen, wenn das Gesetz vom Bundestag beschlossen wurde (Art. 77 I 1 GG). Hier wurde das Gesetz jedoch nicht vom Bundestag, sondern vom Bundesminister für Gesundheit erlassen. Damit ist es formell verfassungswidrig.

[Aufgrund des Bearbeitervermerks müssen Sie aber trotzdem (in einem **Hilfsgutachten**) weiterprüfen.]

b) Hinsichtlich der materiellen Verfassungsmäßigkeit ist zunächst ein Verstoß gegen den Bestimmtheitsgrundsatz oder das Rückwirkungsverbot zu prüfen. Ein solcher Verstoß ist hier nicht ersichtlich.

Des Weiteren müsste für die materielle Verfassungsmäßigkeit die gesetzliche Regelung aber dem Grundsatz der Verhältnismäßigkeit entsprechen, dh einem legitimen Zweck dienen, geeignet, erforderlich und angemessen sein. Der Schutz der Verbraucher vor Gesundheitsgefahren ist ein legitimer Zweck. Dieser ist durch die

165 → Rn. 221 ff.

Warnhinweise auch erreichbar, sodass die Maßnahme geeignet ist. Weiter ist ein milderes Mittel nicht ersichtlich, sodass die Maßnahme auch erforderlich ist. Schließlich ist der Eingriff verhältnismäßig ieS, da hinter ihm vernünftige Erwägungen stehen und die Hersteller nicht unzumutbar belastet werden.

Ergebnis: Art. 12 I GG wird durch das Gesetz nicht verletzt.

Literatur zur Vertiefung: *Detterbeck* ÖffR § 15; *Dietlein* Examinatorium StaatsR S. 216 ff.; *Fassbender*, Wettbewerbsrelevantes Staatshandeln und Berufsfreiheit: Quo vadis, Bundesverfassungsgericht?, NJW 2004, 816 ff.; *Frenz* ÖffR § 5; *Frenz*, Die Berufsfreiheit – Nichtraucherschutz, Sportwetten, Studiengebühren, JA 2009, 252 ff.; *Grote/Kraus* Fälle GR 3, 4; *Hufen* StaatsR II § 35; *Ipsen* StaatsR II § 15; *Katz* StaatsR I § 30 XIV; *Kimms*, Das Grundrecht der Berufsfreiheit in der Fallbearbeitung, JuS 2001, 664; *Kluth*, Das Grundrecht der Berufsfreiheit, Jura 2001, 371; *Langer*, Strukturfragen der Berufsfreiheit, JuS 1993, 203; *Nolte/Tams*, Grundfälle zu Art. 12 I GG, JuS 2006, 31, 130, 218; *Oberrath/Schmidt/Schomerus* ÖffWirtschaftsR Fall 2; *Pieroth/Schlink* StaatsR II § 21; *Sodan/Ziekow* GK ÖffR § 40; *Schliesky* ÖffWirtschaftsR 1. Teil, 3. Abschnitt Kapitel D; *Stober* WirtschaftsVerwR AT § 21; *WKSZ* ÖffR/EuropaR § 10 VII.

Urteile zum Nachlesen: BVerfGE 11,168 (Voraussetzungen für Taxikonzession); BVerfGE 19, 330 ff. (Sachkundenachweis für Einzelhändler); BVerfGE 87, 363 ff. (Nachtbackverbot); BVerfGE 103, 173 (Altersgrenze für Kassenärzte); BVerfGE 104, 357 ff. (Ausschluss von Apotheken von der Teilnahme an verkaufsoffenen Sonntagen); BVerwG JA 2002, 116 ff. (Zulassung privater Veranstalter zu Oddsetwetten); BVerfG NJW 2006, 1261 (Staatliches Monopol für Sportwetten); BVerfG NJW 2008, 2409 (Rauchverbot in Gaststätten).

II. Der Eigentumsschutz (Art. 14 GG)

245 Art. 14 GG (bitte lesen) garantiert das Eigentum sowohl als Grundrecht für den Einzelnen als auch als sog. Institutsgarantie. Als letztere verbietet Art. 14 GG Regelungen, die zu einer Abschaffung des Privateigentums als Grundentscheidung unserer Rechtsordnung führen würden.[166]

1. Der Schutzbereich

a) Sachlicher Schutzbereich

246 Als Grundrecht schützt Art. 14 GG das Eigentum.

Definition: Eigentum iSv Art. 14 GG sind alle privatrechtlichen, vermögenswerten Rechtspositionen.

Damit besteht ein eigener, verfassungsrechtlicher Eigentumsbegriff, der über den Eigentumsbegriff iSv § 903 BGB hinausgeht. Geschützt ist daher nicht nur das Eigentum an beweglichen Sachen oder Grundstücken, sondern jede konkrete Vermögensposition, soweit sie tatsächlich besteht. Bloße Hoffnungen, Erwerbschancen etc. reichen dagegen nicht aus.

166 BVerfGE 24, 367.

Beispiel: Erfasst werden von Art. 14 GG daher unter anderem auch schuldrechtliche Ansprüche, das Besitzrecht des Mieters,[167] Hypotheken, Aktien, Gesellschaftsanteile sowie Urheber- und Patentrechte.

Für den Unternehmer wird von der wohl hM außerdem das **Recht am eingerichteten und ausgeübten Gewerbebetrieb** als Eigentumsposition iSv Art. 14 GG anerkannt.[168] Damit wird alles, was zum wirtschaftlichen Wert eines Unternehmens gehört, durch Art. 14 GG geschützt. Neben dem Eigentum an Grundstücken, Gebäuden und Inventar sind damit zB auch der erworbene Kundenstamm oder die bestehenden Geschäftsbeziehungen erfasst. 247

Nicht erfasst von Art. 14 GG wird nach ganz hM das **Vermögen** als Ganzes. Insoweit gilt also entsprechendes wie bei § 823 I BGB. Mit anderen Worten soll Art. 14 GG nur tangiert sein, wenn der Staat auf eine konkrete Vermögensposition des Einzelnen zugreift. Damit ist die Auferlegung einer bloßen Zahlungspflicht, wie zB die Erhebung von Steuern, grundsätzlich nicht an der Eigentumsgarantie zu messen, da dadurch keine konkrete Vermögensposition betroffen ist.[169] 248

Erweitert wird nach hM die oben genannte Definition durch solche auf **öffentliches Recht** gegründete Rechtspositionen, die durch eine eigene Leistung des Privatrechtssubjekts geschaffen wurden. 249

■ Überlegen Sie, welche öffentlich-rechtlichen Leistungen sie kennen und ob diesen ggf. eine eigene Leistung des Anspruchberechtigten zu Grunde liegt! 250

▶ Der Anspruch aus der gesetzlichen Rentenversicherung oder der Anspruch auf Arbeitslosengeld I (SGB III) wird von Art. 14 GG erfasst, da ihnen Beitragszahlungen des Betroffenen zugrunde liegen. Demgegenüber resultiert die Gewährung von Sozialhilfe (SGB II und SGB SGB XII) auf einer (verfassungsrechtlichen) Verpflichtung des Staates (Sozialstaatsprinzip) und nicht auf einer (Vor-) leistung des Empfängers, daher wird sie von Art. 14 GG nicht erfasst; das Gleiche gilt in der Regel für staatliche Subventionen, da diese auf gesamtwirtschaftlichen Überlegungen beruhen und keine eigene Leistung des Subventionsempfängers voraussetzen!

Schließlich wird durch Art. 14 GG nicht nur der Bestand einer bestimmten Vermögensposition geschützt, sondern auch ihre (wirtschaftliche) Nutzung. 251

Beispiele: Geschützt wird von Art. 14 GG damit zB auch das Recht, ein Grundstück zu bebauen (str.)[170] oder zu veräußern. Andererseits schützt Art. 14 I GG nur das bereits Erworbene. Nicht geschützt werden bloße Chancen, Hoffnungen und Erwartungen oder der Erwerbsvorgang selbst. Nicht erfasst werden damit zB die günstige Lage einer Tankstelle an einer Durchgangsstraße (bloße Erwerbschance) oder rechtliche Vorgaben für die Ausübung einer wirtschaftlichen Tätigkeit, wie zB die Vorschriften der Ladenschlussgesetze (Eingriff in Art. 12 I GG).

Insgesamt werden damit die in Übersicht 17 zusammengefassten Rechtspositionen von Art. 14 GG erfasst.

167 BVerfGE 89, 1 ff.
168 Eher ablehnend BVerfGE 77, 84 ff.; zum Streitstand vgl. *Detterbeck* ÖffR Rn. 793 oder *Sodan/Ziekow* GK ÖffR § 42 Rn. 10.
169 Vgl. *Detterbeck* ÖffR Rn. 786 ff.
170 Ebenso *Hufen* StaatsR II § 38 Rn. 9.

Übersicht 17: Das Eigentum iSv Art. 14 GG

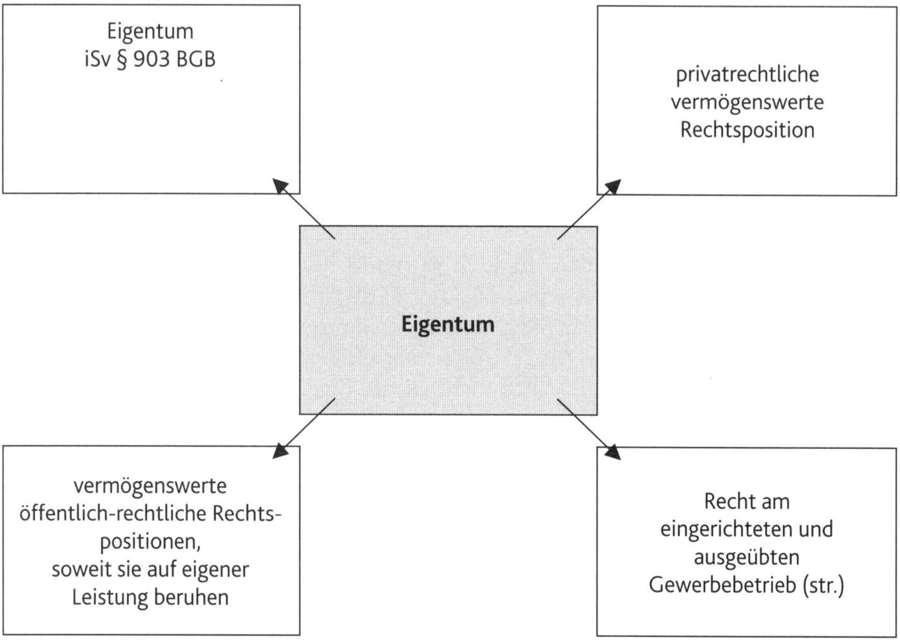

b) Persönlicher Schutzbereich

252 Art. 14 GG schützt das Eigentum von Privaten, also von natürlichen Personen und von inländischen juristischen Personen des Privatrechts. Das Eigentum öffentlich-rechtlicher Körperschaften, zB das Grundstückseigentum einer Gemeinde, wird dagegen von Art. 14 GG nicht erfasst.[171]

2. Eingriffe in das Eigentum

253 Ein Eingriff in das Eigentum liegt immer dann vor, wenn der Bestand oder die Nutzung einer der erfassten Vermögenspositionen durch staatliches Handeln beschränkt wird. Dabei sind vor allem zwei Kategorien von Eingriffen zu unterscheiden, nämlich die Inhalts- und Schrankenbestimmung auf der einen sowie die Enteignung auf der anderen Seite.

a) Abgrenzung von Inhalts- und Schrankenbestimmung und Enteignung

254 Eine **Inhalts- und Schrankenbestimmung** iSv Art. 14 I 2 GG liegt bei solchen Rechtsvorschriften vor, die generell und abstrakt wirken, dh für eine Vielzahl von Fällen und Personen die Rechte und Pflichten des Eigentümers festsetzen.[172] Demgegenüber ist eine **Enteignung** gegeben, wenn eine Eigentumsposition durch eine konkret individuelle Regelung (Einzelfall) ganz oder teilweise entzogen wird. Entzug bedeutet regelmäßig, dass das Eigentum auf den Staat oder eine Privatperson übertragen wird und das Vermögen des Empfängers vermehren soll. Die Zerstörung oder Ein-

171 Ganz hM vgl. zB BVerfGE 61, 82 ff.
172 Vgl. BVerfGE 58, 300 ff. (330); sog. Nassauskiesungsbeschluss.

ziehung von Eigentum zum Schutz übergeordneter Rechtsgüter ist daher keine Enteignung. So ist zB die Anordnung der Tötung eines Hundes, der sich mit Tollwut infiziert hat, keine Enteignung, sondern »nur« eine Inhalts- und Schrankenbestimmung.[173]

Dabei beinhaltet das Merkmal »konkret-individuell« auch das Erfordernis, dass der Betroffene gegenüber anderen ungleich belastet wird. Dies kommt den Ansätzen des BGH und des BVerwG nahe, die darauf abstellen, ob dem Betroffenen ein Sonderopfer abverlangt wird[174] oder ob er besonders schwer betroffen wird.[175] Keine Enteignung sind faktische Beeinträchtigungen des Eigentums. 255

Beispiele: Die Bestimmung in einer gemeindlichen Satzung, wonach die Grundstückseigentümer verpflichtet sind, den Anschluss an die gemeindliche Wasserversorgung zu dulden und diese auch zu benutzen (sog. Anschluss- und Benutzungszwang), ist für den Grundstückseigentümer, der über einen eigenen Brunnen verfügt, eindeutig eine Beschränkung der Nutzung seines Grundstückeigentums. Da ihm das Grundstück als solches belassen wird und sich die Regelung als generelle und abstrakte Festlegung der Rechte und Pflichten eines Grundstückeigentümers darstellt, liegt aber nur eine Inhalts- und Schrankenbestimmung, keine Enteignung vor. Dagegen wird dem Grundstückseigentümer, der zum Bau einer Staatsstraße sein Grundstück ganz oder teilweise abgeben muss, sein Grundstückseigentum durch eine konkret-individuelle Anordnung teilweise oder ganz entzogen, sodass eine Enteignung vorliegt.

Die Abgrenzung von Inhalts- und Schrankenbestimmung einerseits und Enteignung andererseits verdeutlicht noch einmal Übersicht 18. 256

Übersicht 18: Eingriffe in das Eigentum (Art. 14 GG)

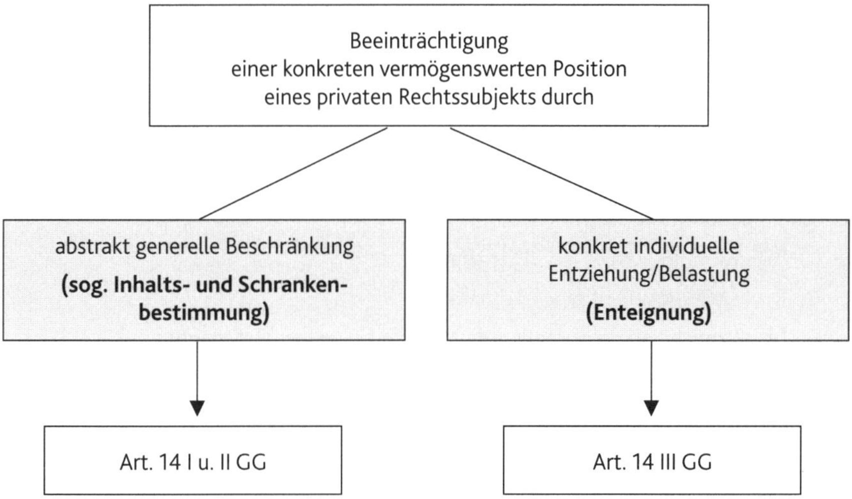

b) Exkurs: Eigentumseingriffe durch tatsächliches staatliche Handeln

Der Inhalts- und Schrankenbestimmung und der Enteignung sind gemeinsam, dass sie das Eigentum durch oder aufgrund einer Rechtsvorschrift verkürzen. Darüber hinaus kann es zu einer Verkürzung eigentumswerter Rechtspositionen aber auch 257

173 BVerfGE 20, 351.
174 BGHZ 6, 280 ff.
175 BVerwGE 19, 98 ff.

aufgrund sonstigen staatlichen Handelns kommen. Üblicherweise werden diese sonstigen Eingriffe in enteignungsgleiche und enteignende Eingriffe unterschieden.[176]

258 Ein **enteignender Eingriff** soll dabei dann vorliegen, wenn das staatliche Handeln rechtmäßig ist und die Eigentumsverkürzung ungewollte Nebenfolge des Handelns ist.

Beispiel: Trotz aller denkbaren Vorsichtsmaßnahmen kommt es bei Straßenbauarbeiten zu Einschränkungen eines angrenzenden Gewerbebetriebs infolge übermäßiger Staubentwicklung.

259 Von einem **enteignungsgleichen Eingriff** spricht man dagegen, wenn die Eigentumsverkürzung auf einem rechtswidrigen staatlichen Verhalten beruht.

Beispiel: Durch unzureichend geplante Straßenbaumaßnahmen ist einem Unternehmer und seinen Kunden zwei Wochen lang die Zufahrt zu dem Geschäftslokal unmöglich.

260 Bei solchen Eingriffen kann es zu einem **Entschädigungsanspruch** kommen, der vor den Zivilgerichten geltend gemacht werden muss (vgl. § 40 II 1 VwGO) und auf den allgemeinen Aufopferungsgrundsatz gestützt wird.[177] Neben dem Vorliegen eines enteignenden bzw. enteignungsgleichen Eingriffs setzt der Anspruch voraus, dass die eingetretene Eigentumsbeeinträchtigung unmittelbare Folge der staatlichen Maßnahme ist und dass der Eigentümer unangemessen belastet ist. Eine solche unangemessene Belastung liegt vor, wenn dem Eigentümer ein Sonderopfer abverlangt wird, dh wenn die Grenze dessen, was ihm im Interesse der Allgemeinheit zugemutet werden kann (Opfergrenze), überschritten ist.[178] Schließlich unterliegt der Anspruch aus enteignungsgleichem Eingriff noch dem Grundsatz der Subsidiarität, dh er kann nur geltend gemacht werden, wenn der Betroffene vorher versucht hat, sich (verwaltungsgerichtlich) gegen die belastende staatliche Maßnahme zu wehren.

261 Aus dem Gesagten ergibt sich für die Prüfung von Ansprüchen aus enteignendem bzw. enteignungsgleichem Eingriff die in Übersicht 19 dargelegte Prüfungsreihenfolge:

Übersicht 19:

Prüfungsabläufe
I. Enteignender Eingriff: 1. Eigentum iSv Art. 14 GG betroffen? 2. Rechtmäßige hoheitliche Maßnahme? 3. Eigentumsbeeinträchtigung unmittelbare Folge der Maßnahme? 4. Sonderopfer des Eigentümers?
II. Enteignungsgleicher Eingriff: 1. Eigentum iSv Art. 14 GG betroffen? 2. Rechtswidrige hoheitliche Maßnahme? 3. Eigentumsbeeinträchtigung unmittelbare Folge der Maßnahme? 4. Sonderopfer des Eigentümers? 5. Vorhergehender Versuch den Eingriff abzuwenden?

176 Näher dazu – auch zu dem Streit, ob die Unterscheidung mit der sog. Nassauskiesung-Entscheidung des BVerfG vereinbar ist – siehe *Pieroth/Schlink* StaatsR II Rn. 948 f.

177 BGHZ 111, 355; näher *Schmidt/Vollmüller* Öffentl. WirtschafsR § 2 Rn. 65.

178 Einzelheiten bei *Peine* VerwR AT Rn. 445 f.

3. Die Rechtfertigung von Eingriffen in das Eigentum

Die Rechtfertigung von Eingriffen in das Eigentum hängt von der Qualifizierung des Eingriffs ab. An die Zulässigkeit einer Inhalts- und Schrankenbestimmung sind danach andere Anforderungen zu stellen als an eine Enteignung. **262**

a) Die Rechtfertigung von Inhalts- und Schrankenbestimmungen

Inhalts- und Schrankenbestimmungen müssen wegen Art. 14 I 2 GG durch Gesetz erfolgen. Erforderlich ist dabei nur ein Gesetz im materiellen Sinne, dh es genügt auch eine Rechtsverordnung oder eine gemeindliche Satzung.[179] Dieses Gesetz muss außer den sonstigen verfassungsrechtlichen Anforderungen insbesondere dem Grundsatz der Verhältnismäßigkeit entsprechen. **263**

■ Erinnern Sie sich noch, in welchen Schritten der Verhältnismäßigkeitsgrundsatz geprüft wird? **264**

▶ Die Verhältnismäßigkeit wird in vier Schritten (legitimer Zweck, Geeignetheit, Erforderlichkeit, Verhältnismäßigkeit im engeren Sinne) geprüft.

Bei der Verhältnismäßigkeit ieS ergeben sich im Zusammenhang mit Art. 14 GG einige Besonderheiten. **265**

Bei der Abwägung zwischen dem Recht des Eigentümers und dem öffentlichen Interesse, das hinter dem von der Eingriffsregelung verfolgten Zweck steht, ist zu Lasten des Eigentümers zunächst Art. 14 II GG (bitte lesen) zu beachten, der die sog. **Sozialbindung des Eigentums** festschreibt.[180] Daher ist ein Eingriff umso eher verhältnismäßig ieS je mehr die betroffene Eigentumsposition einen sozialen Bezug aufweist. Ein solcher liegt insbesondere vor, wenn Dritte auf die Mitnutzung des betreffenden Eigentumsobjekts angewiesen sind. **266**

> **Beispiel:** Die Vorschrift des § 14 BWaldG, die jedermann zu Zwecken der Erholung das Betreten des Waldes erlaubt, ist eine verhältnismäßige Beschränkung des Waldeigentums, weil das Interesse der Allgemeinheit an der Nutzung höher zu bewerten ist als das Recht des Eigentümers an der alleinigen Nutzung seines Eigentums.

Darüber hinaus hat das Eigentümerinteresse auch gegenüber Grundrechten anderer oder bedeutenderen Verfassungswerten zurückzutreten. **267**

> **Beispiele:** Zulässige Inhaltsbeschränkungen sind damit zB baurechtliche Vorschriften und vor allem Vorschriften des Natur- und Umweltschutzes. So muss der Eigentümer eines Grundstücks Nutzungsbeschränkungen hinnehmen, die sich aus der Festsetzung eines Bebauungsplans ergeben.

Bei Beschränkungen des Grundstückseigentums ist in der Verhältnismäßigkeitsprüfung ein weiterer Aspekt zu berücksichtigen, der sich zum Nachteil des Eigentümers auswirken kann. In der Abwägung zwischen Eigentümer- und Allgemeininteressen ist nämlich die sog. **Situationsgebundenheit** des Grundstücks zu berücksichtigen. Dies bedeutet, dass solche Eigentumsbeschränkungen hingenommen werden müssen, die sich aus der Lage eines Grundstücks in einer bestimmten Umgebung ergeben. **268**

> **Beispiel:** Wer ein Grundstück in einem Naturschutzgebiet erwirbt, kann sich gegen das Verbot einer bestimmten Nutzung nicht auf Art. 14 GG berufen, da die entsprechende landesrechtliche Erklärung (vgl. § 22 BNatSchG) eine verhältnismäßige Inhalts- und Schrankenbestimmung darstellt.

---

179 *Pieroth/Schlink* StaatsR II § 23 Rn. 928.
180 *Sodan/Ziekow* GK ÖffR § 42 Rn. 28.

269 Auf der anderen Seite erkennt die hM an, dass eine Inhalts- und Schrankenbestimmung unter Umständen nur dann als verhältnismäßig zu beurteilen ist, wenn der Betroffene zum Ausgleich der Eigentumsverkürzung einen finanziellen Ausgleich erhält. Diese Fallgruppe wird allgemein unter dem Stichwort der **ausgleichspflichtigen Inhalts- und Schrankenbestimmungen** behandelt.[181] Voraussetzung für eine Entschädigung in solchen Fällen ist zum einen, dass keine Enteignung vorliegt und zum anderen, dass die Eigentumsbeschränkung den Betroffenen besonders belastet, dh dass ihm ein Sonderopfer abverlangt wird.[182] Solche Entschädigungsmöglichkeiten finden sich in verschiedenen Spezialgesetzen, zB in §§ 19a, 17 FStrG (Planfeststellung bezüglich einer Bundesstraße), § 52 IV WHG 2010 (Festlegung eines Wasserschutzgebietes) oder § 42 BImSchG (Entschädigung wegen Schallschutzmaßnahmen).

270 Abschließend ist noch darauf hinzuweisen, dass zur Verhältnismäßigkeit einer Inhalts- und Schrankenbestimmung auch erforderlich sein kann, dass in die entsprechende Rechtsvorschrift **Ausnahmeregeln oder Härteklauseln** aufgenommen werden.[183]

> **Beispiel:** Der schon oben erwähnte Fall des durch gemeindliche Satzung verfügten Anschluss- und Benutzungszwangs für die öffentliche Wasserversorgung ist an sich eine zulässige Inhalts- und Schrankenbestimmung. Jedoch muss die entsprechende Satzung Befreiungsmöglichkeiten etc. vorsehen, wonach zB eine Brauerei, die auf ihr eigenes Brunnenwasser angewiesen ist, vom Anschluss- und Benutzungszwang ausgenommen werden kann.

b) Die Rechtfertigung der Enteignung

271 Eine Enteignung ist nur gerechtfertigt, wenn sie den Anforderungen des Art. 14 III GG (bitte lesen) genügt. Danach muss die Enteignung:

- dem Wohl der Allgemeinheit dienen,
- durch oder aufgrund eines Gesetzes erfolgen, das eine Entschädigung vorsieht, und
- verhältnismäßig sein.

272 Das Erfordernis, dass die Enteignung dem **Wohl der Allgemeinheit** zu dienen hat, schließt Enteignungen, die nicht der Erfüllung staatlicher Aufgaben oder allein privaten Interessen dienen sollen, aus.[184] Nicht verboten sind aber Enteignungen für Projekte, die zwar einerseits einem Unternehmer wirtschaftlich nützen, aber andererseits auch öffentliche Interessen, zB Schaffung von Arbeitsplätzen, verfolgen.

273 Die Enteignung muss direkt **durch ein Gesetz** (sog. Legalenteignung) oder **aufgrund eines Gesetzes** (Administrativenteignung) erfolgen.

> **Beispiel:** Eine Legalenteignung enthielt das Hamburger Deichordnungsgesetz von 1964, das bestimmte Grundstücke zu öffentlichem Eigentum machte. Eine Administrativenteignung ist dagegen gegeben, wenn die zuständige Behörde zum Bau einer Straße auf der Grundlage des § 19 FStrG die Enteignung anordnet.

274 Weiter muss das entsprechende Gesetz nach der sog. **Junktimklausel** des Art. 14 III 2 GG eine Entschädigungsregelung vorsehen. Fehlt diese, ist die Enteignung verfassungswidrig.[185]

181 Näher *Schmidt/Vollmüller* ÖffWirtschaftsR § 2 Rn. 62.
182 BVerfGE 58, 137 ff.; sog. Pflichtexemplarentscheidung.
183 Vgl. *Pieroth/Schlink* StaatsR II § 23 Rn. 936.
184 BVerfGE 38, 175.
185 BVerfGE 24, 367.

Schließlich muss die Enteignung, wie jeder staatliche Eingriffsakt, auch den Erfordernissen des **Verhältnismäßigkeitsgrundsatzes** entsprechen. Hier spielt vor allem die Erforderlichkeit und die Verhältnismäßigkeit ieS eine Rolle. Die Erforderlichkeit, also das Gebot des mildesten Mittels, ist zum einen nicht erfüllt, wenn der Staat das Enteignungsobjekt auch auf andere Weise hätte erlangen können. Insbesondere haben hier also Versuche voranzugehen, das Eigentumsobjekt, zB ein für den Straßenbau erforderliches Grundstück, käuflich zu erwerben. Zum anderen fehlt die Erforderlichkeit nach hM regelmäßig bei Legalenteignungen, weil die Administrativenteignung für den Betroffenen das mildere Mittel sei, da diesem gegen einen Akt der Exekutive mehr Rechtsschutzmöglichkeiten[186] zur Verfügung stünden als gegenüber einem Gesetz.[187] Die Verhältnismäßigkeit ieS spielt dagegen regelmäßig keine besondere Rolle, da aufgrund der Zahlung einer angemessenen Entschädigung eine Unzumutbarkeit der Enteignung grundsätzlich ausscheiden wird. 275

Schließlich ist noch auf eine Besonderheit beim Rechtsschutz gegen eine Enteignung hinzuweisen. Gegen den Rechtsakt, der die Enteignung anordnet, also gegen ein Gesetz oder einen Bescheid der Verwaltung, kann sich der Betroffene mit der Verfassungsbeschwerde an das BVerfG (Gesetz) oder an die Verwaltungsgerichte (Bescheid) wenden. Geht es ihm dagegen nur um die Höhe der festgesetzten Entschädigung sind nach Art. 14 III 4 GG die Zivilgerichte zuständig. 276

4. Besondere Aspekte der Eigentumsgarantie

Neben der oben ausführlich dargestellten Funktion des Art. 14 GG als subjektives Abwehrrecht, schreibt ihm die hM auch eine **verfahrensrechtliche Komponente** zu. Danach verlangt Art. 14 I GG, dass der Eigentümer seine Interessen in Gerichts- und Verwaltungsverfahren geltend machen und durchsetzen kann. Ausdruck dieses Rechts sind zB die Rechtsbehelfe, die einem Eigentümer gegen Maßnahmen der Zwangsvollstreckung zustehen. 277

Einen außerhalb des Art. 14 GG geregelten Sonderfall der Beschränkung des Eigentums stellt die sog. **Sozialisierung** bestimmter Wirtschaftsgüter (= Vergesellschaftung) dar. Danach sind Eingriffe in die Marktwirtschaft und damit in Eigentumspositionen von Unternehmern möglich. Nach Art. 15 GG kann der Staat nämlich das Eigentum an Grund und Boden, Naturschätzen sowie Produktionsmitteln einziehen, indem er es auf öffentlich-rechtliche Einrichtungen überträgt (sog. Vergesellschaftung). Zu den Produktionsmitteln gehören nach (wohl) hM nur die Wirtschaftsunternehmen, die Güter erzeugen, nicht der Handel oder der Dienstleistungssektor.[188] Die Vergesellschaftung kann nur aufgrund eines Gesetzes und gegen Entschädigung erfolgen. Bis heute wurde von der Ermächtigung des Art. 15 GG allerdings kein Gebrauch gemacht. 278

Abschließend können Sie Ihre erworbenen Kenntnisse über Art. 14 in dem folgenden Beispielsfall[189] überprüfen. 279

186 → Rn. 862 ff.
187 BVerfGE 95, 1 ff.
188 Umstritten; siehe die Nachweise bei *Jarass/Pieroth* Art. 15 GG Rn. 3.
189 Vgl. BVerfG UPR 1999, 346.

Übungsfall 4
Unternehmer U ist Eigentümer einer gegen Ende des 19. Jahrhunderts errichteten Villa. Diese diente in den letzten Jahren betrieblichen Zwecken, hat sich aber inzwischen als dafür ungeeignet erwiesen. Auch eine andere Nutzung kommt für U nicht in Betracht. Nachdem alle Versuche zur Veräußerung der Villa gescheitert sind, stellt U bei der zuständigen Behörde einen Antrag auf Abriss der Villa. Dieser wird unter Bezugnahme auf § 12 des Landesdenkmalschutzgesetzes abgelehnt, weil die Villa als Kulturdenkmal unter Denkmalschutz stehe. § 12 lautet: »Ein geschütztes Kulturdenkmal darf nur mit Genehmigung abgebrochen werden. Diese kann nur erteilt werden, wenn andere Erfordernisse des Gemeinwohls die Belange des Denkmalschutzes überwiegen.« Kann § 12 Landesdenkmalschutzgesetz den Eingriff in das Eigentum des U rechtfertigen?

280 ■ Bei Art. 12 GG haben Sie den Aufbau einer Grundrechtsprüfung in Einzelschritten durchlaufen können. Bevor Sie die Falllösung zu Art. 14 GG lesen, versuchen Sie, zunächst selbst eine ausformulierte Lösung zu erstellen.[190] Achten Sie dabei besonders auf die Fallfrage!

▶ **Lösung:** Zu prüfen ist hier **nur**, ob der Eingriff in Art. 14 GG durch § 12 des Landesdenkmalschutzgesetzes gerechtfertigt ist.

1. Dazu müsste Art. 14 GG zunächst einschränkbar sein.

a) Bei den Eingriffen in Art. 14 GG ist zwischen Inhalts- und Schrankenbestimmungen einerseits und Enteignungen andererseits zu unterscheiden. Eine Inhalts- und Schrankenbestimmung liegt vor, wenn das Eigentum durch eine generell-abstrakte Regelung beschränkt wird. Die betreffende Vorschrift des Landesdenkmalgesetzes betrifft eine Vielzahl von Sachverhalten und Personen, stellt also eine generell-abstrakte Regelung dar. Außerdem belässt sie den Betroffenen das Eigentum, was bei einer Enteignung nicht der Fall wäre. Damit liegt eine Inhalts- und Schrankenbestimmung vor.

b) Nach Art. 14 I S. 2 GG sind Inhalts- und Schrankenbestimmungen durch ein Gesetz möglich. Die Einschränkbarkeit ist somit gegeben.

2. Der Eingriff erfolgt hier durch § 12 LDG, mithin durch ein Gesetz. Es müssten aber weiter die sog. Schranken-Schranken beachtet worden sein, dh das einschränkende Gesetz müsste formell und materiell verfassungsgemäß sein:

a) Bezüglich der formellen Verfassungsmäßigkeit bestehen keine Bedenken, da eine Verletzung der Zuständigkeit der Landesgesetzgebung, des Verfahrens oder der Formvorschriften nicht ersichtlich ist.

b) Fraglich ist, ob das Landesgesetz materiell verfassungswidrig ist.

Dazu müsste ein Verstoß gegen den Bestimmtheitsgrundsatz oder das Rückwirkungsverbot vorliegen. Dies ist hier nicht ersichtlich.

Des Weiteren müsste für eine materielle Verfassungsmäßigkeit das Gesetz dem Grundsatz der Verhältnismäßigkeit entsprechen. Dazu müsste die Regelung zunächst einen legitimen im öffentlichen Interesse liegenden Zweck haben. Dieser besteht hier in dem Erhalt von Denkmälern und ist somit gegeben. Außerdem müsste die Maßnahme geeignet und erforderlich sein. Durch das Abrissverbot

190 Zum allgemeinen Aufbau einer Grundrechtsprüfung → Rn. 206; spezielle Aufbauschemata zu Art. 14 finden sich bei *Detterbeck* ÖffR Rn. 853; Frenz, nach Rn. 295; *Oberrath/Schmidt/Schomerus* ÖffWirtschaftsR S. 21/22; *WKSZ* ÖffR/EuropaR S. 189.

wird der Erhalt gesichert, danach ist die gesetzliche Regelung geeignet. Bei einem drohenden Abriss eines Denkmals hilft nur ein Verbot, somit ist kein milderes Mittel denkbar. Daher ist auch die Erforderlichkeit gegeben. Fraglich ist damit nur noch die Angemessenheit der Regelung. Dazu dürfte sie den Betroffenen nicht unzumutbar belasten. Hier ist selbst bei völliger Wertlosigkeit des Gebäudes für den Eigentümer U kein Ausgleich für das Abrissverbot vorgesehen. Damit kann für den Eigentümer eines denkmalgeschützten Gebäudes sein Eigentum zu einer bloßen Belastung werden, zumal ihn auch eine Erhaltungspflicht trifft. Dies ist dem Eigentümer nicht zumutbar. Damit ist die Regelung unangemessen und daher ihre Verhältnismäßig im weiteren Sinne nicht gegeben.

Ergebnis: Das Landesgesetz ist infolgedessen materiell verfassungswidrig, da die Schranken-Schranken nicht beachtet worden sind. Daher verletzt es Art. 14 GG.

Literatur zur Vertiefung: *Berg*, Entwicklung und Grundstrukturen zur Eigentumsgarantie, JuS 2005, 361; *Detterbeck* ÖffR § 15; *Dietlein* Examinatorium StaatsR S. 144 ff.; *Fehling/Faust/Rönnau*, Grund und Grenzen des Eigentums und Vermögensschutzes, JuS 2006, 18; *Frenz* ÖffR § 5; *Frotscher/Kramer* WirtschaftsVerfR/WirtschaftsVerwR Rn. 90 ff.; *Grote/Kraus*, GR-Fälle 5, 6; *Hufen* StaatsR II § 38; *Ipsen* StaatsR II § 17; *Jarass*, Inhalts- und Schrankenbestimmung oder Enteignung, NJW 2000, 2841; *Jochum/Durner*, Grundfälle zu Artikel 14 GG, JuS 2005, 220, 320, 412; *Katz* StaatsR I § 30 XVI; *König*, Inhalts- und Schrankenbestimmung oder Enteignung, JA 2001, 345; *Oberrath/Schmidt/Schomerus* ÖffWirtschaftsR Fall 5; *Papier*, Grundfälle zu Eigentum/Enteignung und enteignungsgleichem Eingriff, JuS 1989, 630; *Pieroth/Schlink* StaatsR II § 23; *Sander/Siegloch* Fälle WirtschaftsVerfR/WirtschaftsVerwR S. 41 ff.; *Sodan/Ziekow* GK ÖffR § 42; *Schliesky* ÖffWirtschaftsR 1. Teil 3. Abschnitt Kapitel D; *Stober* WirtschaftsVerwR AT § 22; *WKSZ* ÖffR/EuropaR § 10 VIII.

Urteile zum Nachlesen: Urteile: BVerfGE 45, 142 ff. (Schutz öffentlich-rechtlicher Rechtspositionen); BVerfGE 50, 290 ff. (Mitbestimmung in Großunternehmen); BVerfGE 74, 264 ff. (Zweck der Enteignung); BVerfGE 104, 1 (Abgrenzung Enteignung – Inhalts- und Schrankenbestimmung); BVerfG NJW 2007, 153 (Erbschaftssteuer).

5. Kapitel. Überblick über weitere Freiheitsgrundrechte

I. Das Recht auf freie Entfaltung der Persönlichkeit (Art. 2 I GG)

281 Art. 2 I GG (bitte lesen) schützt das Recht auf freie Entfaltung der Persönlichkeit. Neben der gleich näher zu besprechenden allgemeinen Handlungsfreiheit werden aus Art. 2 I GG in Verbindung mit Art. 2 II GG auch das Recht auf informationelle Selbstbestimmung und der Schutz des Persönlichkeitsrechts abgeleitet.

1. Die allgemeine Handlungsfreiheit

a) Schutzbereich

282 Die **allgemeine Handlungsfreiheit** bedeutet das Recht des Einzelnen »zu tun und zu lassen, was er will«. Geschützt ist damit jede denkbare menschliche Betätigung. Eine Begrenzung auf irgendwie sozialwertige Tätigkeit wird von der hM abgelehnt.[191] Relativiert wird diese Weite des Schutzbereichs allerdings dadurch, dass die hM Art. 2 I GG als **bloßes Auffanggrundrecht** begreift, das nur zum Tragen kommt, wenn die speziellen Freiheitsrechte nicht greifen.

Beispiele: Die Zwangsmitgliedschaft in der IHK fällt nach hM nicht in den Schutzbereich des Art. 9 I GG[192], daher kann sie verfassungsrechtlich nur an Art. 2 I GG gemessen werden. Einschränkungen der Berufswahl eines Ausländers tangieren nur Art. 2 I GG, weil das Grundrecht der Berufsfreiheit nur für Deutsche gilt. Die Erhebung von Steuern ist, da Art. 14 GG nicht das Vermögen als Ganzes schützt,[193] in erster Linie an Art. 2 I GG zu messen.

Bezüglich wirtschaftlicher Betätigung kann Art. 2 I GG die Vertragsfreiheit, die Wettbewerbsfreiheit, dh das Recht, zu anderen Unternehmen in Konkurrenz zu treten[194] und – soweit es nicht um berufsbezogene Regelungen geht – die sog. Unternehmerfreiheit, dh das Recht zur freien Gründung und Führung eines Unternehmens, entnommen werden.[195]

Berufen kann sich auf die allgemeine Handlungsfreiheit jede natürliche Person und über Art. 19 III GG auch jede juristische Person mit Sitz in Deutschland oder der Europäischen Union. Für Ausländer kommt Art. 2 I GG insbesondere dann zum Tragen, wenn ein spezielleres Grundrecht, wie zB Art. 12 GG, nur für Deutsche gilt.

b) Eingriffe in die allgemeine Handlungsfreiheit

283 Eingegriffen wird in die allgemeine Handlungsfreiheit durch jedes staatliche Handeln, das dem Einzelnen etwas abverlangt, was er nicht will.[196] Dies kann durch die Aufstellung von Geboten und Verboten oder auch durch Realakte erfolgen.

---

191 Beispiele für die Weite des Schutzbereich des Art. 2 I GG geben BVerfGE 80, 137 (Reiten im Walde) oder E 90, 145 (Rauchen von Cannabis); vgl. auch *Ipsen* StaatsR II § 18 Rn. 770.

192 → Rn. 354.

193 → Rn. 249.

194 AA *Schliesky* ÖffWirtschaftsR S. 90.

195 Vgl. *Jarass* WirtschaftsVerwR Rn. 59; *Frotscher/Kramer* WirtschaftsVerfR/WirtschaftsVerwR Rn. 86 ff.

196 Ausführlich *Pieroth/Schlink* StaatsR II § 8 Rn. 370 f.

c) Rechtfertigung von Eingriffen in die allgemeine Handlungsfreiheit

Art. 2 I GG begrenzt die allgemeine Handlungsfreiheit durch die Rechte anderer, die verfassungsmäßige Ordnung und das Sittengesetz. 284

Von herausragender Bedeutung als Rechtfertigungsgrund ist die **verfassungsmäßige Ordnung**, da das BVerfG darunter die Summe aller formell und materiell mit der Verfassung in Einklang stehender Rechtsvorschriften versteht.[197] Damit kann die allgemeine Handlungsfreiheit also sowohl durch Gesetze und Rechtsverordnungen als auch durch Satzungen eingeschränkt werden. Zulässig sind allerdings gemäß den allgemeinen Grundsätzen für die Einschränkung von Grundrechten nur Regelungen, die den Anforderungen des Verhältnismäßigkeitsgrundsatzes entsprechen. 285

Beispiele: Zulässige Beschränkungen der unternehmerischen Tätigkeit sind damit die Steuervorschriften, gesetzliche Abschlussgebote oder Kündigungsverbote im Arbeitsrecht, Anzeige- und Genehmigungspflichten für bestimmte Tätigkeiten, Arbeitsschutzvorschriften, Preisfestlegungen[198] oder die Zwangsmitgliedschaft in der IHK.[199]

Rechte anderer, die der unbeschränkten Ausübung der allgemeinen Handlungsfreiheit entgegenstehen können, sind insbesondere deren Grundrechte, aber auch andere öffentlich-rechtliche oder privatrechtliche Rechtspositionen. Unter Sittengesetz sind allgemein anerkannte Wertvorstellungen der Gesellschaft zu verstehen. Der Begriff deckt sich im Wesentlichen mit dem der guten Sitten iSv § 138 BGB. Im Übrigen spielen diese Rechtfertigungsgründe in der Praxis kaum eine Rolle, weil aufgrund der Normendichte beide Aspekte in der Regel durch Rechtsvorschriften präzisiert und damit durch die Schranke der verfassungsmäßigen Ordnung mit abgedeckt sind. 286

2. Das allgemeine Persönlichkeitsrecht und das Recht auf informationelle Selbstbestimmung

Das **allgemeine Persönlichkeitsrecht** schützt die Privatsphäre des Einzelnen. Jedem Bürger soll ein Bereich verbleiben, in dem er sich frei von staatlicher Einflussnahme entfalten kann.[200] Geschützt wird damit einerseits die **Privatsphäre**, insbesondere die Vertraulichkeit persönlicher Unterlagen und Äußerungen. Andererseits erfasst das Persönlichkeitsrecht aber auch das **Recht auf Selbstdarstellung** in der Öffentlichkeit.[201] 287

Beispiele: Verletzt ist das allgemeine Persönlichkeitsrecht zB bei der Verwertung von tagebuchartigen Aufzeichnungen im Strafprozess[202] oder bei der unberechtigten Berichterstattung über Prominente.[203]

Das Allgemeine Persönlichkeitsrecht hat durch das BVerfG zahlreiche besondere Ausprägungen erfahren. So gewährt das **Recht auf informationelle Selbstbestimmung** dem Einzelnen das Recht, über die Preisgabe und Verwendung seiner persönlichen Daten zu entscheiden.[204] Dieser Schutz wird auf einfachgesetzlicher Ebene 288

197 BVerfGE 6, 32 ff.
198 BVerfGE 70, 25 ff.
199 BVerfG NVwZ 2002, 325 ff.
200 BVerfGE 6, 32; 32 273.
201 *Sodan/Ziekow* GK ÖffR § 28 Rn. 7.
202 BVerfGE 80, 367.
203 BVerfGE 101, 361 – Caroline von Monaco-Entscheidung.
204 Näher *Ipsen* StaatsR II § 5 Rn. 269 ff.

insbesondere durch das Bundesdatenschutzgesetz (BDSG) gewährt.[205] Jüngst hat das BVerfG aus dem allgemeinen Persönlichkeitsrecht ein Recht auf Gewährleistung der Vertraulichkeit und Integrität informationstechnischer Systeme entwickelt,[206] das von manchen Autoren als **Computergrundrecht** bezeichnet wird.[207]

289 Über die Generalklausel des § 242 BGB hat dieser Schutz der Privatsphäre auch für privatrechtliche Rechtsbeziehungen Bedeutung. So muss zB im Arbeitsrecht der Arbeitgeber bei der Befragung von Bewerbern im Vorstellungsgespräch oder bei der Überwachung des Verhaltens eines Arbeitnehmers deren allgemeines Persönlichkeitsrecht beachten.

Literatur zur Vertiefung: *Beaucamp/Seifert*, Das allgemeine Persönlichkeitsrecht als grundrechtlicher Nothelfer, JA 2004, 539; *Degenhart*, Die allgemeine Handlungsfreiheit des Art. 2 I GG, JuS 1990, 161 ff.; *Detterbeck* ÖffR § 15; *Ipsen* StaatsR II §§ 6 III, 18; *Kahl*, Grundfälle zu Art. 2 I GG, JuS 2008, 499 ff., 595 ff.; *Katz* StaatsR I § 30 II; *Kunig*, Der Grundsatz informationeller Selbstbestimmung, Jura 1993, 595; *Martini*, Das Allgemeine Persönlichkeitsrecht im Spiegel der jüngeren Rechtsprechung des Bundesverfassungsgerichts, JA 2009, 839 ff.; *Pieroth/Schlink* StaatsR II § 8; *Sander/Siegloch* Fälle WirtschaftsVerfR/WirtschaftsVerwR S. 97 ff.; *Schliesky* ÖffWirtschaftsR 1. Teil, 3. Abschnitt Kapitel D; *Stober* WirtschaftsVerwR AT § 18; *WKSZ* ÖffR/EuropaR § 10 I.

Urteile zum Nachlesen: BVerfGE 6, 32 (Elfes-Urteil); BVerfGE 34, 238 (Tonbandaufzeichnungen); BVerfGE 80, 177 (Reiten im Walde); BVerfGE 103, 21 (Genetischer Fingerabdruck); BVerfG NJW 2007, 753 (Heimliche Vaterschaftstests)

II. Die Grundrechte des Art. 4 GG

290 Art. 4 GG gewährt nach seinem Wortlaut (bitte lesen) fünf unterschiedliche Freiheiten, nämlich

- Die **Freiheit des Glaubens** (Art. 4 I GG)
- Die **Gewissens**freiheit (Art. 4 I GG)
- Die **Bekenntnis**freiheit (Art. 4 I GG)
- Das Recht der **Religionsausübung** (Art. 4 II GG)
- Das Recht den **Kriegsdienst zu verweigern** (Art. 4 III GG)

291 Ergänzt wird Art. 4 GG durch die Regelungen der Art. 137 WRV, die nach Art. 140 GG geltendes Verfassungsrecht sind. Die Vorschriften betreffen die Stellung der Kirchen und Religionsgemeinschaften im Staat und werden unter dem Begriff **Staatskirchenrecht** zusammengefasst.[208] Wichtigste Aussage des Staatskirchenrechts ist die sog. Neutralitätspflicht des Staates, die es dem Staat verbietet, sich in Form einer Staatskirche auf eine bestimmte Glaubensrichtung festzulegen.[209]

Im Mittelpunkt der folgenden Ausführungen stehen die Glaubensfreiheit und die Gewissensfreiheit.

---

205 Näher *Engelien-Schulz*, zu den Prinzipien und Grundsätzen des Bereichsspezifischen und allgemeinen Datenschutzrechts, VR 2009, 366.
206 BVerfG NJW 2008, 1042 – Onlinedurchsuchung.
207 Vgl. *Detterbeck* ÖffR Rn. 508.
208 Näher dazu *Hufen* StaatsR II § 23 Rn. 2 ff.
209 Näher BVerfGE 19, 2006.

1. Die Glaubensfreiheit

Nach herrschender Meinung bilden Glaubensfreiheit, Bekenntnisfreiheit und Freiheit der Religionsausübung ein einheitliches Recht der Glaubensfreiheit.[210] 292

a) Schutzbereich

aa) Der sachliche Schutzbereich

Gegenstand der Glaubensfreiheit sind sowohl der religiöse Glaube als auch die Weltanschauung. Geschützt wird dabei sowohl der Einzelne (individuelle Glaubensfreiheit) als auch eine religiöse bzw. weltanschauliche Vereinigung (kollektive Glaubensfreiheit). 293

Definition: Glaube bzw. Weltanschauung ist die Überzeugung und die Vorstellung von der Stellung des Menschen in der Welt und seinen Beziehungen zu den höheren Mächten und tieferen Seinsschichten.[211] 294

Geschützt werden der Glaube und Weltanschauung in dreierlei Hinsicht. 295

Zunächst darf der Einzelne einen Glauben oder eine Weltanschauung **bilden und haben**. Ein weiterer geschützter Aspekt ist die **Kundgabe und Weitergabe** der religiösen oder weltanschaulichen Überzeugung nach außen.

Schließlich darf der Einzelne auch seinem Glauben entsprechend handeln. Dies wird durch die **Religionsausübungsfreiheit** nach Art. 4 II GG ausdrücklich festgelegt. Dieser Aspekt der Glaubensfreiheit reicht nach dem BVerfG sehr weit. Erfasst werden zum einen traditionelle Glaubensmanifestationen, wie zB das Beten oder die Teilnahme an Gottesdiensten. Zum anderen hat man nach dem BVerfG aufgrund der Religionsausübungsfreiheit aber auch das Recht, sein gesamtes Verhalten an den Lehren seines Glaubens auszurichten und seiner inneren Überzeugung gemäß zu handeln.[212]

Beispiele: Erfasst werden vom Schutz der Glaubensfreiheit damit zB die Zugehörigkeit zu einer Religionsgemeinschaft, das Tragen von Kleidung gemäß deren Grundsätzen, das Werben für die Gemeinschaft, das Abhalten von Gottesdiensten oder die Erziehung von Kindern gemäß den Vorgaben der Glaubensrichtung.

Berufen kann man sich dabei aber nur auf Art. 4 I GG, wenn man plausibel macht, dass ein bestimmtes Verhalten von dem jeweiligen Glauben bzw. der Weltanschauung geboten ist.[213] 296

Problematisch ist in diesem Zusammenhang, inwieweit man sich bei **wirtschaftlichen Handlungen** auf Art. 4 I GG berufen kann. Ausgeschlossen ist dies jedenfalls dann, wenn die entsprechende Handlung nur bei Gelegenheit einer religiösen Betätigung erfolgt, wie zB der Verkauf von Speisen bei einer Veranstaltung.[214] 297

Die Glaubensfreiheit hat neben der positiven auch eine **negative Komponente**, dh man hat auch das Recht, seinen Glauben bzw. seinen Weltanschauung nicht zu offenbaren etc. Danach kann man also zB seinen Glauben verschweigen und kann dem Glauben entsprechende Handlungen unterlassen. 298

210 BVerfGE 24, 236.
211 Vgl. zB *Manssen* StaatsR II § 14 Rn. 301.
212 BVerfGE 32, 98.
213 *Detterbeck* ÖffR § 15 VII Rn. 563.
214 BVerfGE 19, 129 ff. (133); näher *Hufen* StaatsR II Rn. 13

bb) Der persönliche Schutzbereich

299 ■ Wer kann sich ihrer Meinung nach auf Art. 4 I GG berufen?

▶ Träger der Grundrechte des Art. 4 I GG kann jedermann sein. Damit können sich alle Menschen und auch religiöse und weltanschauliche Vereinigungen auf Art. 4 I GG berufen.

300 Soweit sich natürliche Personen auf die Glaubensfreiheit berufen, gibt es eine Besonderheit für minderjährige Personen. Wie oben erwähnt können nur Geschäftsfähige ihre Rechte selber geltend machen.[215] Im Bereich der Glaubensfreiheit wird dies durch das Gesetz über die religiöse Kindererziehung (RelKErzG) modifiziert. Danach können Kinder ab dem 14. Lebensjahr selber darüber entscheiden, welchem Glauben sie anhängen wollen (sog. Religionsmündigkeit).[216]

301 Personenvereinigungen können sich unabhängig davon, ob sie nach öffentlichem Recht oder Privatrecht organisiert sind, auf Art. 4 GG berufen.[217] Erforderlich ist allerdings, dass der Schwerpunkt der Arbeit der Vereinigung im religiösen/weltanschaulichen Bereich liegt und die ideele Zielsetzung der Vereinigung nicht nur vorgeschoben ist. Abgelehnt wird der Schutz des Art. 4 GG von der wohl hL daher zB für die Scientology-Gemeinschaft.[218]

b) Eingriffe in die Glaubensfreiheit

302 Eingriffe in die Glaubensfreiheit liegen zunächst vor, wenn durch staatliches Handeln eine der genannten Ausprägungen der Glaubensfreiheit beschränkt wird. Unproblematisch ist die Feststellung eines Eingriffs bei Maßnahmen die die Glaubensfreiheit gezielt beeinträchtigen, wie zB das Verbot einer bestimmten vom Glauben gebotenen Handlung oder das Verbot einer religiösen Vereinigung. Aktuell in diesem Zusammenhang sind die Kopftuchverbote für Lehrerinnen oder das Verbot des Schächtens von Tieren durch Muslime.

303 Problematischer sind sog. **mittelbare Eingriffe**, die sich nicht gezielt gegen eine Religionsgemeinschaft oder einen einzelnen Gläubigen richten, diese aber dennoch beeinträchtigen. Erforderlich für einen mittelbaren Eingriff ist, dass dadurch primär religiöse Interessen und nicht sonstige, insbesonde wirtschaftliche Interessen berührt werden.

> **Beispiele:** Für den Basar einer Religionsgemeinschaft wird eine gewerberechtliche Genehmigung verlangt. Es liegt kein Eingriff vor, da ledigich wirtschaftliche Interessen berührt sind.[219] Die Regelung eines Landes, nach der die Geschäfte an allen Adventssonntagen geöffnet sein dürfen, stellt dagegen einen Eingriff in die Glaubensfreiheit dar, da die religiöse Bedeutung dieser Tage betroffen ist.[220]

304 Grundsätzlich greift Art. 4 I GG nur ein, wenn diese Maßnahmen vom Staat ausgeübt werden. Aufgrund der sog. **mittelbaren Drittwirkung der Grundrechte**[221] kann man sich aber auch gegenüber Privatrechtssubjekten auf die Glaubensfreiheit beru-

215 → Rn. 188.
216 *Katz* StaatsR § 90 Rn. 718, 601.
217 Näher *Manssen* StaatsR II § 14 Rn. 283.
218 *Heintschel von Heinegg/Pallas* GR Rn. 391, *Hufen* StaatsR II § 22 Rn. 7; anders BVerwG NJW 2006, 1303.
219 BVerwG NVwZ 1999, 776.
220 BVerwG NVwZ 2010, 570.
221 → Rn. 197.

fen. Besondere Bedeutung hat dies im Arbeitsrecht. So kann sich ein Arbeitnehmer auch gegenüber einem privaten Arbeitgeber auf Art. 4 I GG berufen.

Beispiele: Ein muslimischer Arbeitnehmer verlangt von seinem Arbeitgeber, dass er während der Arbeitszeit die notwendigen Gebete durchführen darf.

■ Wie ist Ihre Meinung dazu? Muss der Arbeitgeber das tun?

▶ Die Problematik ist noch nicht höchstrichterlich entschieden. Das Landesarbeitsgericht Hamm[222] hat mit Rücksicht auf die Berufsfreiheit des Arbeitgebers entschieden, dass dem Arbeitnehmer ein Recht zum Beten während der Arbeitszeit dann eingeräumt werden muss, wenn dadurch die Betriebsabläufe nicht gestört werden und sich der Arbeitnehmer ordentlich abmeldet.

Das Beispiel zeigt, dass der Berufung des Arbeitnehmers auf die Glaubensfreiheit regelmäßig Grundrechte des Arbeitgebers entgegenstehen können, sodass eine Abwägung erforderlich ist. **305**

■ Ein solches Aufeinandertreffen von Grundrechten wurde schon bei der Berufsfreiheit näher besprochen. Erinnern Sie sich?

▶ Es ging um den Konflikt von Art. 12 I GG und Art. 4 I GG im Zusammenhang mit der Frage, ob ein Arbeitgeber von einer muslimischen Arbeitnehmerin verlangen kann, dass sie während der Arbeit kein Kopftuch tragen darf.[223]

c) Die Rechtfertigung von Eingriffen in die Glaubensfreiheit

Nach dem Wortlaut des Gesetzes besteht für die Glaubensfreiheit kein Gesetzesvorbehalt. Damit unterliegt die Glaubensfreiheit nur **verfassungsimmanenten Schranken**. **306**

Als Grenzen der Glaubensfreiheit kommen damit allgemeine verfassungsrechtliche Grundsätze und die Grundrechte anderer in Betracht. So kann zB der Tierschutz (Art. 20a GG) dem Töten von Tieren aus religiösen Gründen entgegenstehen.[224] Die (negative) Glaubensfreiheit anderer kann zB das Aufhängen von Kruzifixen im Klassenzimmer verbieten.[225]

Nach hM können sich schließlich auch aus den Art. 136 ff. der WRV Grenzen ergeben.[226] So regelt zB Art. 136 III 2 WRV wann der Staat nach der Religionszugehörigkeit fragen darf. **307**

2. Die Gewissensfreiheit

Neben der Glaubensfreiheit schützt Art. 4 I GG die Gewissensfreiheit.

---

222 LAG Hamm NJW 2002, 1970; vgl. auch *Hoevels*, Der Islam in der aktuellen Rechtsprechung zum Arbeitsrecht, ArbR Aktuell 2012, 5 ff.

223 Wenn Sie es noch nicht getan haben, lesen Sie unbedingt jetzt das BVerfG-Urteil (BVerfG NJW 2003, 2815) dazu!

224 Näher dazu *Kluge*, Das Schächten als Testfall des Staatsziels Tierschutz, NVwZ 2006, 650; das BVerfG hat in seinem sog. Schächturteil auf die Berufsfreiheit der Metzger abgestellt, vgl. BVerfGE 104, 337.

225 BVerfGE 93, 1; einschränkend BVerwG NJW 1999, 40 ff.; keinen Verstoß gegn die negative Glaubensfreiheit sieht der Europäische Menschengerichtshof NVwZ 2011, 737.

226 Näher dazu *Hufen* StaatsR II § 23.

a) Schutzbereich

aa) Der sachliche Schutzbereich

308 Geschützt wird durch Art. 4 I 2. Alt. GG das Recht, seine Entscheidungen nach seinem Gewissen auszurichten.

Definition: Gewissen ist das Bewusstsein, dass es ein verpflichtendes Sittengesetz für menschliches Handeln gibt.

309 Geschützt wird das Bilden und Haben eines Gewissens sowie insbesondere das Ausrichten des Verhaltens an den entsprechenden Vorgaben. Damit werden insbesondere **Gewissensentscheidungen** geschützt. Das BVerfG versteht darunter jede ernste, sittliche, dh an den Kategorien von Gut und Böse orientierte Entscheidung, die der Betroffene in einer konkreten Situation als für sich verbindlich erachtet.[227] Erforderlich ist aber, dass sich der Betroffene durch sein Gewissen zu einem bestimmten Verhalten gezwungen sieht, bloße Bedenken reichen nicht aus.

Beispiel: Eine Biologiestudentin muss in einem zoologischen Praktikum mit getöteten Tieren arbeiten. Eine Verweigerung der Tätigkeit kommt über Art. 4 I GG nur in Betracht, wenn sie sich darauf beruft, dass ihr Gewissen es verbiete, an toten Tieren Eingriffen vorzunehmen, nicht aber, wenn sie nur vorträgt, sie ekle sich vor Tierleichen.

bb) Der persönliche Sachbereich

310 Grundrechtsträger ist nach dem Wortlaut jedermann. Nach hM können sich auf die Gewissensfreiheit aber nur natürliche Personen berufen, da sie ihrem Wesen nach auf juristische Personen nicht passt.[228]

b) Eingriffe in die Gewissensfreiheit

311 Ein Eingriff in die Gewissensfreiheit liegt zunächst vor, wenn jemand durch den Staat dazu gezwungen wird, sich gegen sein Gewissen in einer bestimmten Weise zu verhalten.

Beispiel: Verpflichtung eines Arztes zur Vornahme einer Abtreibung obwohl ihm sein Gewissen die Tötung der Leibesfrucht verbietet; Verpflichtung zur Steuerzahlung, wenn damit zB auch Militäreinsätze finanziert werden und ein Bürger die Tötung von Menschen, auch wenn sie im Krieg erfolgt, nicht mit seinem Gewissen vereinbaren kann.

312 Mittelbar kann in die Gewissensfreiheit eingegriffen werden, wenn negative Reaktionen oder Sanktionen ihre Ursache darin haben, dass jemand sich auf eine Gewissensentscheidung berufen hat.

Beispiel: Verweigerung der Erteilung eines Scheines im Rahmen eines Biologiestudiums, weil aus Gewissensgründen die Arbeit mit toten Tieren abgelehnt wurde.

c) Rechtfertigung von Eingriffen in die Gewissensfreiheit

313 Auch die Gewissensfreiheit enthält keine geschriebene Schranke. Damit gelten auch hier nur die verfassungsimmanenten Schranken. In Betracht kommen vor allem Grundrechte anderer. So kann bei der Verweigerung einer notwendigen Behandlung durch einen Arzt die körperliche Unversehrtheit (Art. 2 II GG) des Patienten entgegenstehen. Bei der Verweigerung an Tierversuchen mitzuarbeiten kann die Wissenschaftsfreiheit des Lehrenden (Art. 5 III GG) entgegenstehen.[229]

227 BVerfGE 12, 45.
228 BVerfG NJW 1990, 241.
229 BVerfG NVwZ 1998, 853 ff.

Abschließend können Sie anhand des folgenden Beispielfalls[230] zu Art. 4 I GG überprüfen, ob Sie das bisher Gelernte auch anwenden können. 314

Übungsfall 5
Taxifahrer T hat auf seinem Taxi auf den Türen, auf der Motorhaube und am Kofferraum großflächige Aufkleber mit der Aufschrift »Jesus macht glücklich«. Die zuständige Behörde fordert ihn auf, die Aufkleber zu entfernen. Zur Begründung stützt sie sich auf einen Verordnung, nach der es untersagt ist, auf einem Taxi religiöse Werbung anzubringen. T meint, die Verordnung bzw. das Verbot verstieße gegen seine Glaubensfreiheit. Stimmt das?

■ Bevor Sie die Falllösung lesen, versuchen Sie, den Fall zumindest mittels einer schriftlichen Lösungsskizze, selber zu lösen![231]

▶ **Lösung: a)** Für eine Verletzung der Glaubensfreiheit müsste zunächst der Schutzbereich von Art. 4 I GG tangiert sein. Dazu müsste das Anbringen des Aufklebers mit dem Glauben des T in Zusammenhang stehen. Glaube ist jede Überzeugung und die Vorstellung von der Stellung des Menschen in der Welt und seinen Beziehungen zu den höheren Mächten. Die Überzeugung von Jesus ist zentraler Punkt des christlichen Glaubens. Damit ist das Werben für Jesus auf seinem Taxi eine Verlautbarung des Glaubens des O. Der Schutzbereich des Art. 4 I GG ist daher eröffnet.

b) Fraglich ist, ob in ihn auch eingegriffen wurde. Ein Eingriff in die Glaubensfreiheit liegt bei jeder staatlichen Maßnahme vor, die einen der verschiedenen Aspekte der Glaubensfreiheit beschränkt. Durch das Verbot der Verwendung des Aufklebers auf seinem Taxi wird O daran gehindert, seinen Glauben nach außen kundzutun. Damit liegt ein Eingriff in die Glaubensfreiheit des O vor.

c) Fraglich ist aber, ob der Eingriff in die Glaubensfreiheit gerechtfertigt ist. Art. 4 I GG enthält keinen Gesetzesvorbehalt. Daher könnte ein Eingriff nur zum Schutz anderer Verfassungswerte oder zum Schutz der Grundrechte anderer Bürger gerechtfertigt sein. Hier kommt das Recht von Fahrgästen oder Passanten vor der Konfrontation mit fremden Glaubensbekenntnissen geschützt zu werden (negative Glaubensfreiheit), in Betracht. Fraglich ist daher, ob diesem in Abwägung mit der (positiven) Glaubensfreiheit des T Vorrang einzuräumen ist. Das läuft letztlich auf eine Prüfung der Verhältnismäßigkeit des Verbots hinaus.

Das Verbot des Aufklebers dient mit dem Schutz Anders- oder Nichtgläubiger einem legitimen Zweck. Das Verbot ist auch geeignet, diesen Zweck zu erreichen, weil es verhindert, dass die Betroffenen mit anderen Glaubensinhalten konfrontiert werden. Es ist auch nicht ersichtlich, wie das Gleiche mit einem anderen, milderen Mittel erreicht werden sollte. Daher ist das Verbot auch erforderlich. Problematisch ist jedoch seine Angemessenheit. Zu fragen ist, ob es dem T zumutbar ist, im Interesse von Fahrgästen oder Passanten, die nicht mit fremden Glaubensäußerungen konfrontiert werden wollen, auf die Kundgabe seiner Glaubensüberzeugung zu verzichten. Dies lässt sich mit guten Argumenten verneinen (zB kein Zwang, gerade dieses Taxi zu nehmen; nur kurzfristige Konfrontation mit dem Schild bei Passanten). Das BVerfG hat aber entschieden, dass die Glaubensfreiheit des T hier zurücktreten müsse, weil der Schutz vor ungewollter Konfrontation mit

230 Vgl. BVerwG JuS 2000, 83.
231 Aufbauschemata zu Art. 4 I GG finden sich *WKSZ* ÖffR/EuropaR S. 175.

fremden Glaubensinhalten starkes Gewicht habe und auf der anderen Seite dem T genügend andere Möglichkeiten verbleiben, um seinen Glauben zu äußern. Folgt man dieser Auffassung, ist das Verbot des Aufklebers angemessen, sodass eine Verletzung von Art. 4 I GG ausscheidet.

Ergebnis: Das behördliche Verbot des Aufklebers auf dem Taxi des T verletzt T nicht in seinem Grundrecht aus Art. 4 I GG.

Literatur zur Vertiefung: *Detterbeck* ÖffR § 15 VII; *Dietlein* Examinatorium StaatsR S. 246 ff.; *Frenz*, Die Religionsfreiheit, JA 2009, 493 ff.; *Grote/Kraus*, GR-Fälle 6, 10; *Ipsen* StaatsR II § 9; *Katz* StaatsR I § 30 V; *Kluth*, Die Grundrechte des Art. 4 GG, Jura 1993, 137; *Merckel*, Die Grenzen der Gewissensfreiheit, NJW 2000, 689; *Pieroth/Schlink* StaatsR II § 12; *Sodan/Ziekow* GK ÖffR § 31; *WKSZ* ÖffR/EuropaR § 10 IV.

Urteile zum Nachlesen: BVerfGE 33, 23 (Eidesverweigerung); BVerfGE 93, 1 Kruzifix im Klassenzimmer); BVerfGE 104, 337 (Schächten von Tieren); BVerfGE 108, 282 (Lehrerin mit Kopftuch); BVerfG NJW 2003, 3468 f. (Gebet im Kindergarten); BVerwG NJW 2006, 77 (Unverbindlichkeit eines militärischen Befehls; BVerwG NJW 2006, 1303 (Scientology).

III. Die Grundrechte des Art. 5 I GG

315 Art. 5 I GG gewährt nach seinem Wortlaut (bitte lesen) fünf unterschiedliche Grundrechte, nämlich

- Die **Meinungs**freiheit
- Die **Informations**freiheit
- Die **Presse**freiheit
- Die **Rundfunk**freiheit
- Die **Film**freiheit

316 Diese Grundrechte können unter dem Begriff Kommunikationsgrundrechte zusammengefasst werden. Ergänzt werden diese durch die Kunstfreiheit und die Wissenschaftsfreiheit in Art. 5 III GG, auf die hier nicht näher eingegangen werden soll.[232]

Im Mittelpunkt der folgenden Ausführungen steht die Meinungsfreiheit.

1. Die Meinungsfreiheit

a) Schutzbereich

aa) Der sachliche Schutzbereich

317 Gegenstand der Meinungsfreiheit ist in erster Linie die Abgabe von **Werturteilen.** Ein Werturteil ist dadurch geprägt, dass es Elemente der Stellungnahme, des Dafürhaltens und des Meinens in einer geistigen Auseinandersetzung enthält.[233] Dabei ist es nicht entscheidend, ob die Äußerung richtig vernünftig oder wichtig ist und welche

232 Vgl. zu dieser zB *Detterbeck* ÖffR § 15 VIII 5.; *Kobow*, Grundfälle zu Art. 5 III GG, JuS 2006, 593 (Teil 1: Kunstfreiheit); *Pieroth/Schlink* StaatsR II § 13; *Sodan/Ziekow* GK ÖffR § 33.

233 BVerfGE 61, 1.

Zwecke damit verfolgt werden.[234] Auch Beleidigungen anderer können daher grundsätzlich eine Meinungsäußerung darstellen.

Keine Meinung iSd Art. 5 I GG sind dagegen grundsätzlich **Tatsachenbehauptungen**. Dies sind Äußerungen, deren Wahrheitsgehalt der Überprüfung mit Mitteln des Beweises zugänglich ist. Ihnen fehlen die oben genannten Elemente der Stellungnahme, des Dafürhaltens und des Meinens. **318**

Art. 5 I GG kann aber dann einschlägig sein, wenn Tatsachen als Grundlage für eine Meinung eingesetzt werden.[235] **319**

> **Beispiel:** Von Art. 5 I GG umfasst sind daher Aussagen im Zusammenhang mit einem Anwaltsranking.[236]

Allerdings wird die Anwendung des Art. 5 I GG für die bewusste Behauptung unwahrer Tatsachen, für das bewusste Leugnen erwiesener Tatsachen sowie für Formalbeleidigungen (zB »Du Lump«) und die sog. Schmähkritik, dh Äußerungen, mit der eine Diffamierung des Adressaten beabsichtigt ist,[237] ausgeschlossen. **320**

> **Beispiele:** Nicht erfasst von Art. 5 I GG sind daher das Leugnen der Existenz von Konzentrationslagern im dritten Reich (Leugnen bewiesener Tatsachen) oder die Bezeichnung eines einzelnen, namentlich bezeichneten Soldaten als Mörder (Schmähkritik).[238]

Problematisch ist, ob Aussagen im Rahmen kommerzieller **Werbung** als Meinungsäußerungen zu qualifizieren sind. Obwohl mit einer Werbung in erster Linie wirtschaftliche Zwecke verfolgt werden, ist dies jedenfalls dann zu bejahen, wenn die Werbung (auch) einen wertenden Inhalt hat und somit zumindest in gewissem Maße auch die geistige Auseinandersetzung mit Andersdenkenden berührt.[239] **321**

Als geschützte Verhaltensweisen nennt Art. 5 I GG die Äußerung und Verbreitung der Meinung in Wort, Schrift und Bild. Es herrscht aber Einigkeit darüber, dass auch andere Arten der Äußerung/Verbreitung von Meinungen geschützt werden. Beispiele sind das Tragen von Plakaten, das Tragen einer bestimmten Kleidung oder die Vornahme von Gesten.[240] **322**

Geschützt wird die Meinungsäußerung nicht nur in positiver, sondern auch in negativer Hinsicht.[241] Man ist daher davor geschützt, fremde Meinungen als eigene ausgeben zu müssen. **323**

■ Bei der Behandlung der Berufsfreiheit wurde die Verpflichtung der Tabakhersteller zum Anbringen von Warnhinweisen auf den Verpackungen diskutiert. Wird durch diese Verpflichtung die (negative) Meinungsfreiheit berührt?

▶ Das BVerfG hat dies verneint, weil der Warnhinweis aufgrund seiner Fassung eindeutig dem Staat zuzurechnen sei, sodass den betroffenen Unternehmen keine fremde Meinung als eigene aufgezwungen werde.[242]

234 *Sodan/Ziekow* GK ÖffR § 32 Rn. 2
235 BVerfGE 65, 1 ff.
236 BVerfG NJW 2003, 277.
237 Vgl. *Detterbeck* ÖffR § 15 VIII Rn. 586.
238 *Sodan/Ziekow* GK ÖffR § 32 Rn. 6.
239 *Hufen* StaatsR II § 25 Rn. 9.
240 *WKSZ* ÖffR/EuropaR § 10 V.2.
241 Näher BVerfGE 65, 1.
242 BVerfGE 95, 173.

bb) Der persönliche Schutzbereich

324 Geschützt werden durch Art. 5 I GG alle natürlichen Personen. Daneben werden gemäß Art. 19 III GG auch juristische Personen des Privatrechts mit Sitz in Deutschland oder in der EU erfasst. Juristische Personen des öffentlichen Rechts können sich dagegen nicht auf die Meinungsfreiheit berufen. Dies soll allerdings nicht für Mitglieder staatlicher Organe, zB Gemeinderatsmitglieder, gelten.[243]

b) Eingriffe in die Meinungsfreiheit

325 Ein Eingriff in Art. 5 I GG liegt vor, wenn das Recht zur Äußerung bzw. Verbreitung von Meinungen beeinträchtigt wird. Erfasst werden damit insbesondere das Verbot einer Meinung sowie die Verhängung strafrechtlicher Sanktionen oder die Auferlegung sonstiger rechtlicher Nachteile für die Äußerung einer Meinung.

> **Beispiele:** Eingriffe sind daher zB die Strafrechtsnormen der §§ 185 ff. StGB oder zivilrechtliche Normen, die Ansprüche auf die Unterlassung von Äußerungen geben oder Äußerungen iSd UWG als wettbewerbswidrig einstufen.

326 Daneben kommen auch **mittelbare Eingriffe** in Betracht. Ein solcher wäre zB die Auferlegung von Straßenreinigungskosten für den Verfasser oder Verteiler eines Flugblattes.[244]

327 Aufgrund der so genannten **mittelbaren Drittwirkung** der Grundrechte besteht grundsätzlich auch im Privatrechtsverkehr die Freiheit zur Äußerung und Verbreitung von Meinungen. Daher stellt es auch einen Eingriff dar, wenn der Arbeitgeber von einem Mitarbeiter verlangt, dass er während der Arbeit einen bestimmten Anstecker oder ein bestimmtes Kleidungsstück (zB das Trikot eines bestimmten Fußballvereins) nicht trägt.

c) Die Rechtfertigung von Eingriffen in die Meinungsfreiheit

328 Nach Art. 5 II GG findet die Meinungsfreiheit ihre Grenzen in den Vorschriften der allgemeinen Gesetze, den gesetzlichen Bestimmungen zum Schutz der Jugend und im Recht der persönlichen Ehre. Damit besteht für die Meinungsfreiheit eine geschriebene Schranke, nämlich ein **qualifizierter Gesetzesvorbehalt**.

329 Problematisch ist die Beschränkung der Meinungsfreiheit durch die **allgemeinen Gesetze**. Ein allgemeines Gesetz ist nach hM ein Gesetz, das sich nicht speziell gegen die Meinungsfreiheit richtet (sog. Sondergesetz), sondern das allgemein dem Schutz eines Gemeingutes dient, das gegenüber der Meinungsfreiheit vorrangig ist.[245]

■ Kennen Sie ein Sondergesetz in diesem Sinne?

▶ Ein Beispiel wäre § 130 III StGB, der es unter Strafe stellt, eine von den Nationalsozialisten begangene Handlung zu leugnen (zB die sog. Ausschwitzlüge).

330 Allgemeine Gesetze in diesem Sinne finden sich in der gesamten Rechtsordnung.

> **Beispiele:** § 1 UWG, der im Interesse der Kunden der Lauterkeit des Wettbewerbs dient; § 15 VersG, der das Abhalten von Versammlungen regelt.

---

243 BVerwG NVwZ 1998, 975.

244 *Hufen* StaatsR II § 25 Rn. 16.

245 BVerfGE 7, 198; zum Streit zwischen der Sonderrechtslehre und der Abwägungslehre vgl. *Pieroth/Schlink* StaatsR II § 13 Rn. 586 ff.

Zu beachten ist, dass auch ein allgemeines Gesetz die Meinungsfreiheit nur beschränken kann, wenn es formell und materiell verfassungsgemäß ist. Sowohl bei der Einschränkung durch ein Gesetz selbst, als auch bei der Einschränkung aufgrund der Anwendung eines solchen Gesetzes kommt es dabei im Wesentlichen darauf an, ob die Beschränkung der Meinungsfreiheit verhältnismäßig erscheint. Dabei kommt der **Wechselwirkungstheorie** des BVerfG besonderer Bedeutung zu.[246] Diese führt letztlich dazu, dass eine Abwägung zwischen der Meinungsfreiheit und dem durch das betreffende Gesetz geschützten Gut vorzunehmen ist.[247] 331

Beispiel: Eine Verurteilung nach § 90a I Nr. 2 StGB (Verunglimpfung staatlicher Symbole) wegen der Bezeichnung der Bundesflagge als »Schwarz-Rot-Senf« setzt voraus, dass die entsprechende Strafnorm unter Berücksichtigung der Bedeutung der Meinungsfreiheit ausgelegt und angewandt wird. Dazu muss ermittelt werden, ob die fragliche Äußerung noch als, wenn auch völlig verfehlte, Polemik bzw. Systemkritik oder aber als böswillige Verächtlichmachung einzustufen ist.[248] Nur im letzten Fall würde dem Schutz der Staatssymbole Vorrang zukommen.

Als **weitere Schranken** sieht Art. 5 II GG Sondergesetze zum Schutz der Jugend (zB das JSchutzG) bzw. zum Schutz der Ehre (insbes. §§ 185 ff. StGB) vor. 332

Eine Besonderheit besteht bei Art. 5 I GG im Hinblick auf die Grenzen einschränkender Regelungen, den sog. Schranken-Schranken. Art. 5 I 3 GG enthält nämlich mit dem sog. **Zensurverbot** eine geschriebene Schranken-Schranke.[249] Danach sind Regelungen verboten, die die Meinungsfreiheit **schon vor Verbreitung** der Meinung einschränken (sog. Vorzensur),[250] wie zB eine Genehmigungspflicht für Werbeplakate. 333

2. Der Schutzbereich der übrigen Grundrechte des Art. 5 I GG

Für das Vorliegen eines Eingriffes und dessen Rechtfertigung gilt für die Informations-, die Presse-, die Rundfunk- und die Filmfreiheit das für die Meinungsfreiheit Gesagte weitgehend entsprechend. Daher beschränken sich die folgenden Ausführungen auf den Gegenstand des jeweiligen Grundrechts.

a) Die Informationsfreiheit

Art. 5 I 1 2. Hs. GG gewährleistet jedermann das Recht, sich aus allgemein zugänglichen Quellen zu informieren. 334

Dieses Recht bezieht sich auf alle Informationsquellen, die faktisch bestimmt und geeignet sind, der Allgemeinheit Information zu verschaffen.[251] Erfasst werden damit Zeitungen, Fernsehen, Rundfunk, Flugblätter und sonstige Quellen, die nicht auf bestimmte Personen oder Personenkreise beschränkt sind. 335

Gewährleistet wird dabei sowohl die Aufnahme und Beschaffung einer Information als auch ihre Verarbeitung und Aufbewahrung.[252] 336

246 Vgl. zB BVerfGE 7, 198 (Lüth-Urteil); 71, 206.
247 *Sodan/Ziekow* GK ÖffR § 32 Rn. 29.
248 BVerfG NJW 2009, 908.
249 *Pieroth/Schlink* StaatsR II § 13 Rn. 604.
250 Zur Zulässigkeit einer Nachzensur siehe *Ipsen* StaatsR II § 10 Rn. 466.
251 BVerfGE 27, 71.
252 *Pieroth/Schlink* StaatsR II § 13 Rn. 566.

Beispiele: In den Schutzbereich fallen daher zB der Empfang von ausländischen Zeitungen[253] oder die Installation von Parabolantennen zum Empfang ausländischer Fernsehsender.[254]

Träger des Informationsrechts ist jede natürliche Person und nach Maßgabe von Art. 19 III GG auch juristische Personen.

b) Die Pressefreiheit

Nach Art. 5 I 2 GG wird die Presse geschützt.

337 **Definition:** Presse sind alle zur Verbreitung geeigneten und bestimmten Druckerzeugnisse und nach hM inzwischen auch Ton- u. Bildträger.[255]

338 Geschützt werden alle Tätigkeiten, die mit der Presse zusammenhängen. Erfasst wird das gesamte Spektrum von der Beschaffung der Informationen über deren Verarbeitung bis hin zur Verbreitung der entsprechenden Nachricht. Wichtige Aspekte des Schutzes sind daher zB

- die Gründung von Presseunternehmen
- der Zugang zu Presseberufen
- die Vertraulichkeit der Redaktionsarbeit
- der Schutz von Informanten
- der Absatz von Publikationen

339 Träger des Grundrechts sind grundsätzlich alle natürlichen Personen und nach Maßgabe von Art. 19 III GG auch juristische Personen. Erfasst sind damit vor allem die in einem Presseunternehmen tätigen Personen, wie Redakteure, Verlagsmitarbeiter etc. und das Presseunternehmen selbst.[256]

c) Die Rundfunkfreiheit

Nach Art. 5 I 2 GG ist die Freiheit der Berichterstattung durch den Rundfunk garantiert.

340 **Definition:** Rundfunk ist jede an die Allgemeinheit gerichtete drahtlose oder drahtgebundene Übermittlung von Gedankeninhalten durch physikalische Wellen.[257]

Erfasst werden damit in erster Linie Radio und Fernsehen. Geschützt werden aber auch Angebote im Internet, soweit sie redaktionell aufgearbeitet sind.[258]

341 Entgegen des Wortlautes wird nicht nur die Berichterstattung geschützt, sondern auch Sendungen mit anderen Inhalten.[259] Erfasst werden dabei alle damit zusammenhängenden Tätigkeiten, also über die bloße Sendung hinaus auch die Verschaffung der notwendigen Informationen, deren Verarbeitung und die technische Herstellung des Sendeprodukts.[260]

342 Träger des Grundrechts sind alle natürlichen und juristischen Personen, die Rundfunk betreiben. Erfasst werden damit zunächst die öffentlich-rechtlichen Rund-

253 BVerfGE 27, 71 für den Bezug einer Zeitschrift (Leipziger Volkszeitung) aus der damaligen DDR.
254 BVerfGE 90, 27.
255 Genauere Definitionen finden sich in den Landespressegesetzen der einzelnen Bundesländer.
256 Einzelheiten bei *Hufen* StaatsR II § 27 Rn. 6 ff.
257 *Sodan/Ziekow* GK ÖffR § 32 Rn. 19.
258 Strittig; näher *Pieroth/Schlink* StaatsR II § 13 Rn. 573.
259 *Detterbeck* ÖffR § 15 VIII Rn. 624.
260 *Sodan/Ziekow* GK ÖffR § 32 Rn. 20.

funkanstalten, dh die Landesrundfunkanstalten und das ZDF, nicht aber die ARD da sie keine eigene Rechtspersönlichkeit hat. Seit der Entwicklung des so genannten »Dualen Systems«, dh des Nebeneinanders von öffentlich-rechtlichen und privaten Anbietern, können sich aber auch private Sender wie RTL, Sat1, etc. auf die Rundfunkfreiheit berufen.[261]

Abschließend können Sie anhand des folgenden Beispielfalls[262] zu Art. 5 I GG über- 343
prüfen, ob Sie das bisher Gelernte auch anwenden können.

Übungsfall 6
O ist Inhaber eines Optikergeschäftes. In der örtlichen Tageszeitung schaltet er eine halbseitige Anzeige. Im oberen Teil ist eine Sonnenbrille zu sehen. Im unteren Teil sind neben dem Namen des O das Logo einer Naturschutzorganisation, die sich besonders für den Schutz des Regenwaldes einsetzt, und das Bild eines Papageien zu sehen. Beides wird durch den Schriftzug »Optik O unterstützt den Schutz des Regenwaldes« unterlegt. Auf die Klage eines Konkurrenten hin wird O verurteilt, Werbung mit dem Spruch »Optik O unterstützt den Schutz des Regenwaldes« zu unterlassen. Zur Begründung stützt sich das Gericht auf die §§ 3, 4 UWG. Verletzt das gerichtliche Verbot den O in seinem Grundrecht aus Art. 5 I GG?

■ Versuchen Sie zunächst selbst, eine ausformulierte Lösung zu erstellen.

▶ **Lösung:** In Betracht kommt die Verletzung von Art. 5 I 1 1. Alt. GG (Meinungsfreiheit)

a) Für eine Verletzung der Meinungsfreiheit müsste zunächst der Schutzbereich des Art. 5 I 1 GG eröffnet sein.

Der **sachliche** Schutzbereich ist eröffnet, wenn die betroffene Handlung die Äußerung einer Meinung ist. Meinungen sind Äußerungen, die Elemente des Dafürhaltens enthalten, also insbesondere Werturteile. Zwar enthält die Aussage »Optiker O unterstützt den Schutz des Regenwaldes« eine Tatsache, jedoch wird damit auch eine umweltpolitische Meinung verbreitet, nämlich dass der Regenwald schützenswert ist. Daher geht die Werbung des O über eine reine Tatsachenbehauptung hinaus. Außerdem trägt der Inhalt der Werbeanzeige zur Meinungsbildung bei, sodass die Anzeige nicht nur wirtschaftlichen Zwecken dient. Also stellt die Anzeige eine Meinungsäußerung des O dar.

Der **persönliche** Schutzbereich erstreckt sich nach dem Wortlaut des Art. 5 I GG auf jedermann. Damit können sich alle natürlichen Personen auf Art. 5 I GG berufen, also auch O.

b) Weiter müsste ein Eingriff in den Schutzbereich des Art. 5 I GG vorliegen. Eingriff ist jede staatliche Beeinträchtigung des Äußerns, Verbreitens, etc. von Meinungen. Das Urteil des Gerichts ist staatliches Handeln. Es untersagt dem O die weitere Äußerung einer Meinung. Damit liegt ein Eingriff vor.

c) Schließlich dürfte für den Eingriff keine Rechtfertigung bestehen. Eine solche wäre möglich, wenn für die Meinungsfreiheit eine Grundrechtsschranke besteht und die Schranken-Schranken eingehalten sind.

261 *Detterbeck* ÖffR § 15 VIII Rn. 626.
262 Vgl. BVerfG NJW 2002, 1187 ff.

Art. 5 II GG enthält einen qualifizierten Gesetzesvorbehalt, da die Meinungsfreiheit danach durch oder aufgrund allgemeiner Gesetze einschränkbar ist. Allgemeine Gesetze sind Vorschriften, die sich nicht gegen die Meinungsfreiheit an sich oder gegen die Äußerung bestimmter Meinungen richten. Das UWG, auf das sich das Gericht stützt, zielt nicht auf die Äußerungen von Meinungen ab, sondern dient dem Schutz der Lauterkeit des Wettbewerbs. Es ist also ein allgemeines Gesetz, sodass eine Rechtfertigung aufgrund Gesetzes in Betracht kommt.

Dazu müssten aber auch die sog. **Schranken-Schranken** eingehalten sein. Dazu müsste die Anwendung des UWG, an dessen Verfassungsmäßigkeit kein Zweifel besteht, durch das Gericht formell und materiell rechtmäßig erfolgt sein. Für die formelle Rechtswidrigkeit des Urteils ist nichts ersichtlich. Materiell wäre es rechtmäßig, wenn die Tatbestandsvoraussetzungen der entsprechenden Vorschriften des UWG vorlagen und ihre Anwendung im konkreten Fall verhältnismäßig erscheint.

§ 3 UWG verbietet unlautere geschäftliche Handlungen. § 4 Nr. 1 UWG nennt als Beispiel für eine unlautere geschäftliche Handlung Handlungen, die geeignet sind, auf den Verbraucher unsachlichen Einfluss auszuüben. Dazu gehört auch die sog. gefühlsbetonte Werbung. Das Gericht hat die Werbeanzeige unter dieses Verbot subsumiert.

Fraglich ist aber, ob diese Einschätzung des Gerichts im Einzelfall unververhältnismäßig erscheint, weil es das Gewicht der Meinungsfreiheit verkannt hat. Verhältnismäßigkeit liegt vor, wenn die Anwendung des UWG durch das Gericht einem legitimen Zweck dient sowie zu dessen Erreichung geeignet, erforderlich und angemessen ist. Der Schutz der Verbraucher vor unlauterer Werbung ist an sich ein legitimer Zweck. Fraglich ist hier aber schon, ob dieser bzw. ein funktionierender Wettbewerb hier überhaupt gefährdet ist. Dies ist eher zu verneinen, da durch den Hinweis auf die Umweltschutzorganisation noch nicht die Rationalität der Verbraucherentscheidung aufgehoben wird.[263] Damit wäre das Verbot schon mangels Verfolgung eines legitimen Zwecks unverhältnismäßig.

Würde man die Verfolgung eines legitimen Zwecks bejahen, wäre dieser durch das Verbot entsprechender Werbung auch erreichbar, sodass das gerichtliche Verbot geeignet wäre. Weiter ist ein milderes Mittel nicht ersichtlich, sodass das Verbot auch erforderlich wäre. Scheitern würde die Verhältnismäßigkeit dann aber an der Angemessenheit des Verbots. Bei einer Abwägung des Zwecks des Verbotes (Lauterkeit des Wettbewerbs) mit der Meinungsfreiheit des O wäre dieser Vorrang einzuräumen, da ein Eingriff in den Wettbewerb, wenn er überhaupt zu bejahen ist, nur ganz geringe Intensität hat.

Ergebnis: Art. 5 I GG wird durch das Verbot der Werbeanzeige verletzt.

Literatur zur Vertiefung: *Detterbeck* ÖffR § 15 VIII; *Dietlein* Examinatorium StaatsR S. 192 ff.; *Grote/Kraus* GR-Fälle 6, 11; *Hufen* StaatsR II §§ 25–28; *Ipsen* StaatsR II, 10; *Katz* StaatsR I § 30 VI; *Manssen* StaatsR II § 16; *Nolte/Tams*, Die Grundfälle zu Art. 5 I GG, JuS 2004, 111, 1999, 294; *Pieroth/Schlink* StaatsR II § 13; *Sodan/Ziekow* GK ÖffR § 32; *WKSZ* ÖffR/EuropaR § 10 V.

263 So auch BVerfG NJW 2002, 1187 (1189).

Urteile zum Nachlesen: BVerfGE 7, 1998 (Lüth-Urteil); BVerfGE 30, 336 (Verbot des Vertriebs jugendgefährdender Schriften); BVerfGE 85, 248 (ärztliches Werbeverbot); BVerfGE 93, 266 (Soldaten sind Mörder); BVerfGE 102, 347 (Benetton-Schockwerbung I); BVerfG NJW 2007, 3177 (Fernsehfilm zum Fall »Contergan«); BVerfG JA 2009, 161 (Caroline von Hannover); BVerfG JA 2009, 312 (Schwarz-Rot-Senf).

IV. Die Versammlungsfreiheit (Art. 8 I GG)

Art. 8 GG (bitte lesen!) schützt das Recht, sich mit anderen zu versammeln.[264]

1. Schutzbereich

a) Sachlicher Schutzbereich

Definition: Versammlung ist eine Ansammlung von mindestens 3 Teilnehmern, zwischen denen eine Verbindung besteht und deren Zweck eine gemeinsame Meinungsbildung oder -äußerung ist.[265] 344

Abzugrenzen ist sie daher von bloßen Ansammlungen, wie dem Menschenauflauf bei einem Verkehrsunfall und von Zusammenkünften mit anderen Zwecken als der Meinungsbildung, wie zB einer Hochzeitsfeier oder einer kommerziellen Unterhaltungsveranstaltung wie der »Love-Parade«.[266] Wenn Menschen zu unterschiedlichen Zwecken zusammenkommen (Ansammlung mit gemischtem Charakter) scheidet die Anwendung des Art. 8 GG nur aus, wenn sich aus einer Gesamtschau ergibt, dass für einen Außenstehenden andere Zwecke als die Meinungsbildung im Vordergrund zu stehen scheinen.[267] 345

Geschützt wird nach dem Wortlaut des Art. 8 GG nur die friedliche Versammlung ohne Waffen. **Unfriedlich** ist eine Versammlung, wenn sie einen gewaltätigen und aufrührenden Verlauf nimmt[268]. Das ist vor allem dann der Fall, wenn es zu Einwirkungen auf Sachen oder Personen kommt.[269] 346

Beispiele: Unfriedlich ist eine Versammlung, wenn ihre Teilnehmer Fensterscheiben etc. einwerfen; nicht unfriedlich ist dagegen eine reine Sitzblockade, wie sie zB von den Teilnehmern an Demonstrationen gegen die sog. »Castor-Transporte« durchgeführt wird.[270]

Ohne Waffen findet eine Versammlung statt, wenn die Teilnehmer keine Gegenstände im Sinne von § 1 Waffengesetz, wie zB Schusswaffen, Messer etc., mit sich führen. Keine Bewaffnung liegt bei der bloßen Vermummung von Teilnehmern vor. 347

Der Schutz des Art. 8 GG erstreckt sich über das bloße Versammeln hinaus, auch auf die Vorbereitung der Versammlung einschließlich der Werbung dafür sowie die Anreise und Abreise der Teilnehmer.[271] Auch die Nutzung öffentlicher Straßen und 348

264 Dieses Recht umfasst insbesondere das Abhalten von Demonstrationen, weshalb das Grundrecht aus Art. 8 GG auch häufig als Demonstrationsfreiheit bezeichnet wird.
265 BVerfGE 104, 92; teilweise werden auch 2 Personen als ausreichend angesehen, zB *Manssen* StaatsR II § 21 Rn 486.
266 BVerfG NJW 2001, 2459.
267 BVerwG JuS 2008,172.
268 BVerfGE 73, 206.
269 BVerfGE 69, 315.
270 BVerfGE 92, 1.
271 BVerfGE 84, 203.

Plätze ist abgedeckt.[272] Dies gilt auch auf Privatgelände, wenn dieses, wie zB die Abflughalle eines Flughafens, zumindest auch teilweise der Öffentlichkeit zur Verfügung steht.[273]

b) Persönlicher Schutzbereich

349 Geschützt wird durch Art. 8 GG jeder Deutsche iSv Art. 116 GG. Im Rahmen von Art. 19 III GG können sich auch juristische Personen auf Art. 8 GG berufen, nicht dagegen die Versammlung selbst.[274]

2. Eingriffe in Art. 8 I GG

Ein Eingriff in die Versammlungsfreiheit liegt bei jedem staatlichen Handeln vor, das eine Versammlung verhindert und beschränkt.[275] Damit fallen sowohl das Verbot von Versammlungen, als auch die Einführung von Genehmigungspflichten oder die Verhängung von Auflagen unter den Eingriffsbegriff.

3. Rechtfertigung von Eingriffen

350 Für die Rechtfertigung von Eingriffen in die Versammlungsfreiheit ist nach Art. 8 II GG zu differenzieren zwischen

- Versammlungen unter freiem Himmel und
- Versammlungen in geschlossenen Räumen

351 **Definition:** Unter freiem Himmel findet eine Versammlung statt, wenn sie nicht in einem zumindest nach den Seiten hin abgeschlossenen Raum stattfindet. Entscheidend ist die Abgrenzung zur Seite, nicht die nach oben.[276]

Beispiele: Geschlossener Raum ist ein Fußballstadion auch ohne Dach; kein geschlossener Raum ist dagegen ein Zeltdach, wenn es zur Seite keine Begrenzungen gibt.

352 Versammlungen unter **freiem Himmel** stehen nach dem Wortlaut des Art. 8 II GG unter einem allgemeinen Gesetzesvorbehalt.[277] Aufgrund dessen wurde insbesondere das Versammlungsgesetz (VersG) erlassen, das Versammlungen unter freiem Himmel verschiedenen Regelungen unterwirft.

Beispiele: Anmeldepflicht nach § 14 VersG, Recht zur Auflösung von Versammlungen nach § 15 VersG

353 Versammlungen in **geschlossenen Räumen** unterliegen keiner geschriebenen Schranke. Es können sich aber Beschränkungen durch andere Verfassungsprinzipien und die Grundrechte anderer ergeben.[278] Diese sind weitgehend durch die Vorschriften des Versammlungsgesetzes für Versammlungen in geschlossenen Räumen näher ausgestaltet worden. Darüber hinaus können sich Grenzen aus Art. 2 II GG (Schutz von Leib und Leben) oder Art. 14 GG (Schutz des Eigentums) ergeben.

272 BVerfG NJW 2011, 1201 ff.
273 *Sodan/Ziekow* GK ÖffR § 36 Rn. 4.
274 *Manssen* StaatsR II § 21Rn. 492.
275 Näher *Pieroth/Schlink* § 17 Rn. 706.
276 *Pieroth/Schlink* § 17 Rn. 704.
277 Näher *Manssen* StaatsR II § 21 Rn. 494 ff.
278 Vgl. *Hufen* StaatsR II § 30 Rn. 21.

Literatur zur Vertiefung: *Conrad*, Flashmobs, Smartmobs, Massenpartys – Die rechtliche Beurteilung moderner Kommunikations- und Interaktionsformen, NVwZ, 2011, 1171 ff.; *Detterbeck* § 15 XI; *Dietlein* Examinatorium StaatsR S. 204 ff.; *Enders*, Schutz der Versammlungsfreiheit, Jura 2003, 34, 103; *Grote/Kraus* GR-Fälle 11; *Gusy*, Einführung in Art. 8 GG, JA 1993, 321 ff.; *Ipsen* StaatsR II § 12; *Katz* StaatsR I § 30, X; *Kniesel*, Die Versammlungs- u. Demonstrationsfreiheit; NJW 2000, 2857; *Lembke*, Grundfälle zu Art. 8 GG, JuS 2005, 984, 1081; *Manssen* StaatsR II § 21; *Pieroth/Schlink* StaatsR II § 17; *Sodan/Ziekow* GK ÖffR § 36; *WKSZ* ÖffR/EuropaR § 10 VI.

Urteile zum Nachlesen: BVerfGE 69, 315 (Brokdorf); BVerfGE 90, 261 ff. (Auflösung einer Versammlung in geschlossenen Räumen).

V. Die Vereinigungs- und Koalitionsfreiheit (Art. 9 I GG)

1. Die Vereinigungsfreiheit

Art. 9 I GG (bitte lesen) gewährt die Vereinigungsfreiheit. Diese stellt sowohl für den einzelnen Bürger als auch für die Vereinigung als solche ein Grundrecht dar. Art. 9 I GG gilt nur für Deutsche. 354

a) Der Schutzbereich

Definition: Vereinigung ist ein freiwilliger Zusammenschluss mehrerer Personen zu einem gemeinsamen Zweck auf privatrechtlicher Basis. 355

Erfasst werden von Art. 9 I GG damit Zusammenschlüsse aller Art, soweit sie eine gewisse feste Organisation aufweisen. Im Bereich des Wirtschaftslebens werden insbesondere die verschiedenen Gesellschaftsformen, die das Privatrecht kennt, von Art. 9 I GG geschützt[279], aber auch andere wirtschaftliche Zusammenschlüsse wie Konzerne, Holdings etc. 356

Als **Grundrecht des Einzelnen** schützt Art. 9 I GG das Recht, eine Vereinigung zu gründen, ihr beizutreten und in ihr zu verbleiben (**positive Vereinigungsfreiheit**). Erfasst wird aber auch das entgegen gesetzte Recht, einer Vereinigung nicht beizutreten oder wieder auszutreten (**negative Vereinigungsfreiheit**). 357

Für den wirtschaftlich Tätigen ist in diesem Zusammenhang insbesondere die Zwangsmitgliedschaft in Zusammenschlüssen der wirtschaftlichen Selbstverwaltung problematisch. So schreibt § 2 I IHKG nämlich für die meisten Gewerbetreibenden eine Zwangsmitgliedschaft in der IHK vor. Entsprechendes gilt für die Mitgliedschaft in der Rechtsanwalts- oder Steuerberatungskammer. 358

■ Sind Ihrer Meinung nach solche Zwangsmitgliedschaften mit Art. 9 I GG vereinbar? 359

▶ Die hM hält durch eine solche Zwangsmitgliedschaft schon den Schutzbereich des Art. 9 I GG für nicht berührt. Diese Vereinigungen seien öffentlich-rechtlich organisiert und unterfielen daher nicht dem Begriff der Vereinigung iSv Art. 9 I GG.[280] Art. 9 I GG wollte nämlich nur Zusammenschlüsse auf privatrechtlicher Basis vor Zugriffen des Staates schützen.[281]

279 Vgl. BVerfG JuS 2009, 1037 für kleinere Versicherungsvereine auf Gegenseitigkeit.
280 ZB BVerfG NVwZ 2002, 335 ff.; BVerwG DVBl. 1999, 47 ff.
281 Ausführlich zur Problematik *Jahn*, IHK statt Staat, GewArch 2002, 98.

360 Als **Grundrecht der Vereinigung** selbst schützt Art. 9 I GG nach hM die Existenz und den Bestand einer Vereinigung sowie ihre Betätigung.

b) Eingriffe in die Vereinigungsfreiheit

361 Eingegriffen wird in die Vereinigungsfreiheit, wenn durch den Staat eine der genannten geschützten Verhaltensweisen beschränkt wird und sich eine gesetzliche Regelung nicht nur als Ausgestaltung einer bestimmten Rechtsform erweist.[282]

Beispiele: Keine Eingriffe sind nach hM für wirtschaftlich tätige Vereinigungen das Firmenrecht des HGB oder für Kapitalgesellschaften Vorschriften, wie die Schaffung eines Mindestkapitals, da sie bloße Ordnungsvorschriften darstellen. Eingriffscharakter hat eine Maßnahme aber dann, wenn sie nicht mehr der Entfaltungsfreiheit der Vereinigung oder dem Ausgleich mit Rechten Dritter dient.[283] Daher sind das Verbot einer Vereinigung oder Genehmigungspflichten, wie zB § 22 BGB, als Eingriffe zu werten.

c) Die Rechtfertigung von Eingriffen in die Vereinigungsfreiheit

362 Art. 9 II GG (bitte lesen) sieht ausdrücklich vor, dass Vereinigungen verboten sind, wenn ihr Zweck oder ihre Tätigkeiten gegen Strafgesetze oder die verfassungsmäßige Ordnung verstoßen. Für sonstige Beschränkungen sieht Art. 9 II GG keine Ermächtigung vor. Sie sind daher nur auf die verfassungsimmanenten Schranken zu stützen. Damit kann der Staat in die Vereinigungsfreiheit nur eingreifen, wenn der Schutz anderer Rechtsgüter, insbesondere der Schutz von anderen Grundrechten, dies erfordert und sich die staatliche Maßnahme in den Grenzen der Verhältnismäßigkeit hält.[284]

Beispiele: Das Verbot bzw. die Beschränkung von Unternehmenszusammenschlüssen durch das Kartellrecht verstößt damit nicht gegen die Verfassung, da es durch den Zweck der Wahrung der Wettbewerbsfreiheit gerechtfertigt ist.

2. Die Koalitionsfreiheit

363 Art. 9 III GG (bitte lesen) schützt das Recht, Vereinigungen zur Wahrung und Förderung der Arbeits- und Wirtschaftsbedingungen, die sog. Koalitionen, zu bilden.

364 ■ Im Kapitel über den Geltungsbereich haben wir schon einmal von einer Besonderheit der Koalitionsfreiheit gehört. Welche war das?

▶ Die Besonderheit der Koalitionsfreiheit liegt in ihrer durch Art. 9 III 2 GG angeordneten unmittelbaren Drittwirkung, also ihrer Geltung auch zwischen zwei Privatrechtssubjekten.[285]

a) Der Schutzbereich

365 **Definition:** Koalitionen sind Vereinigungen zum Zweck der Wahrung und Förderung der Arbeits- und Wirtschaftsbedingungen, die von der Gegenseite unabhängig sowie gegnerfrei und überbetrieblich organisiert sind.

Die einschränkenden Merkmale der Gegnerfreiheit und der Überbetrieblichkeit werden von der hM verlangt, weil das Grundrecht nur solchen Vereinigungen zukommen soll, die so stark sind, dass sie auch effektiv an der Verbesserung der Arbeits-

282 BVerfG NJW 2001, 2617.
283 Näher *Jarass/Pieroth* Art. 9 GG Rn. 14.
284 Näher vgl. *Murswick*, Grundfälle zur Vereinigungsfreiheit, JuS 1992, 116 ff.
285 Lesen Sie → Rn. 197 nach, falls Sie die Frage nicht beantworten konnten.

und Wirtschaftsbedingungen mitwirken können.[286] Abgelehnt wird von der hM dagegen, dass die sog. Kampfbereitschaft erforderlich ist.[287]

Geschützt werden durch Art. 9 III GG wiederum sowohl die einzelnen Arbeitnehmer bzw. Arbeitgeber als auch die Vereinigungen selbst, also die Gewerkschaften und die Arbeitgeberverbände. Bei letzteren erstreckt sich dieser Schutz nicht nur auf Gründung und Bestand, sondern garantiert vor allem auch das **Recht auf koalitionsmäßige Betätigung**. Daraus hat die hM wichtige Rechte, wie die Tarifautonomie und das Recht auf Arbeitskampfmaßnahmen abgeleitet.[288] Auch die Rechte der Gewerkschaften im Betrieb (zB §§ 2, 31, 43 IV BetrVG) wurzeln im Recht auf koalitionsmäßige Betätigung. Verdeutlichen Sie sich den Umfang des Schutzbereichs des Art. 9 III GG jetzt noch einmal anhand der Übersicht 20. 366

Übersicht 20: Der Schutzbereich der Koalitionsfreiheit

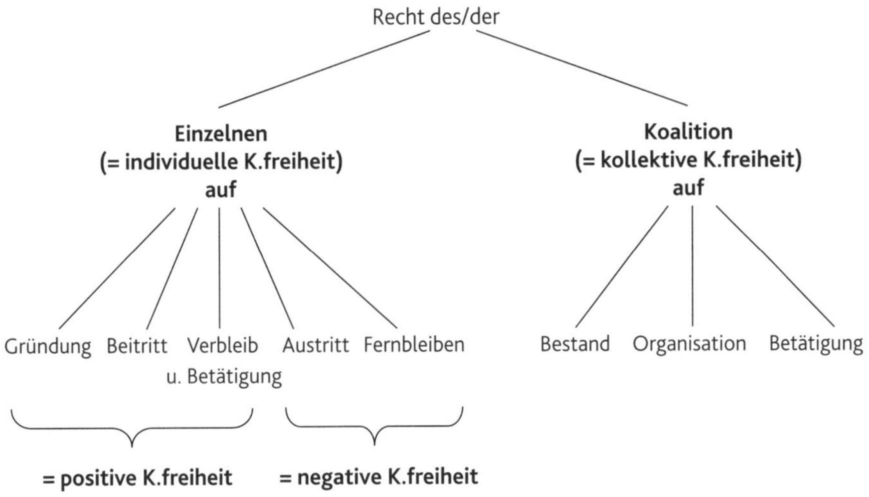

b) Eingriffe in die Koalitionsfreiheit

Alle Maßnahmen des Staates und wegen Art. 9 III 2 GG auch Privater, die die Ausübung der Koalitionsfreiheit beschränken, sind als Eingriffe zu qualifizieren. Keine Eingriffe sind nach hM aber diejenigen staatlichen Regelungen, die nur der Ausgestaltung der Koalitionsfreiheit dienen. Letzteres ist immer der Fall, wenn eine Vorschrift notwendig ist, um die rechtlichen Rahmenbedingungen zu schaffen, die zur Wahrnehmung der Aufgaben der Koalitionen nötig sind. 367

Beispiele: Keinen Eingriffscharakter haben danach insbesondere die Regelungen des TVG. Eingriffscharakter haben nach dem BVerfG dagegen die Übertragung der Wahrnehmung der Arbeitnehmerrechte auf öffentlich-rechtliche Arbeitnehmerkammern[289] oder die staatliche Zwangs-

286 Vgl. *Pieroth/Schlink* StaatsR II Rn. 734.
287 Vgl. BVerfGE 18, 18 ff.
288 Vgl. näher die arbeitsrechtliche Literatur, zB *Brox/Rüthers/Henssler* ArbR Kapitel 10; *Wörlen/Kokemoor* ArbR 3. Teil, Kapitel 2 und 3.
289 BVerfGE 38, 281 ff.

schlichtung eines Arbeitskampfes.[290] Ebenfalls Eingriffscharakter hat wegen Art. 9 III 2 GG die Klausel in einem Arbeitsvertrag, wonach einem Arbeitnehmer zu kündigen ist, wenn er einer Gewerkschaft beitritt.

c) Rechtfertigung von Eingriffen in die Koalitionsfreiheit

368 ■ Welche Grundrechtsschranke gilt für Art. 9 III GG?

▶ Art. 9 III GG enthält keinen Gesetzesvorbehalt. Ein Eingriff in die Koalitionsfreiheit lässt sich damit nur durch verfassungsimmanente Schranken rechtfertigen. Erforderlich dafür ist zum einen, dass der Schutz anderer wichtiger Rechtsgüter, wie zB die Unternehmensautonomie oder der Schutz der Gesundheit (Streik im Krankenhaus), angestrebt wird.[291] Zum anderen muss die betreffende Maßnahme dem Grundsatz der Verhältnismäßigkeit entsprechen, also geeignet, erforderlich und angemessen sein.

Zum Abschluss noch ein Beispielsfall[292] zur Koalitionsfreiheit.

Übungsfall 7
Gewerkschaftsmitglied G verteilt im Betrieb des A während der Arbeitszeit an Kollegen Werbebroschüren seiner Gewerkschaft. Daraufhin mahnt der A den G ab, weil die Werbung für die Gewerkschaft gegen die Pflichten aus dem Arbeitsvertrag verstoße. G sieht darin einen Verstoß gegen Art. 9 III GG. Liegt eine Verletzung der Koalitionsfreiheit vor?

369 ■ Bevor Sie die Falllösung zu Art. 9 III GG lesen, versuchen Sie, den Fall zumindest mittels einer schriftlichen Lösungsskizze, selber zu lösen![293]

▶ **Lösung:** a) Für eine Verletzung der Koalitionsfreiheit müsste zunächst der Schutzbereich der Koalitionsfreiheit tangiert sein. Gewerkschaften sind Vereinigungen zur Förderung der Arbeitsbedingungen, die gegnerfrei und überbetrieblich organisiert sind, sodass sie dem Koalitionsbegriff unterfallen. Art. 9 III GG schützt nicht nur die Koalition selbst, sondern auch das Recht des Einzelnen auf Betätigung in der Koalition. Die Werbung neuer Mitglieder gehört zur koalitionsmäßigen Betätigung. Damit, ist der Schutzbereich des Art. 9 III GG berührt.

b) Fraglich ist, ob in ihn auch eingegriffen wurde. Ein Eingriff liegt bei jeder Beschränkung der durch Art. 9 III GG geschützten Verhaltensweisen durch den Staat oder eine Privatperson (vgl. Art. 9 III 2 GG) vor. Durch die Maßnahme des A wird das Recht zur koalitionsmäßigen Betätigung des G, das auch die Werbung für die Koalition umfasst, verkürzt. Damit liegt ein Eingriff in die Koalitionsfreiheit vor.

c) Fraglich ist aber, ob der Eingriff in die Koalitionsfreiheit gerechtfertigt ist. Dies wäre der Fall, wenn das Recht des Arbeitgebers auf freie unternehmerische Betätigung (Art. 12 I GG) der Werbung entgegenstünde. Das ist nach Abwägung der Interessen des A und des G zu verneinen, da die Koalitionsfreiheit erst zurücktreten müsste, wenn durch die Werbung eine Störung des Arbeitsablaufs oder des Be-

290 BVerfGE 18, 30.

291 Näher siehe *Reinemann/Schulz-Henze*, Die Rechtsprechung des Bundesverfassungsgerichts zur Koalitionsfreiheit, JA 1995, 811 ff.

292 BVerfG NJW 1995, 1201.

293 Aufbauschemata zu Art. 9 III GG finden sich bei *WKSZ* ÖffR/EuropaR S. 175; *Oberrath/Schmidt/Schomerus* ÖffWirtschaftsR S. 23.

triebsfriedens verursacht würde. Entsprechendes ist aus dem Sachverhalt aber nicht ersichtlich.

Ergebnis: Die Maßnahme des A verletzt G in seinem Grundrecht aus Art. 9 III GG und ist damit unwirksam.

Literatur zur Vertiefung: *Detterbeck* ÖffR § 15; *Dietlein* Examinatorium StaatsR S. 208 ff.; *Frotscher/Kramer* WirtschaftsVerfR/WirtschaftsVerwR Rn. 116 ff.; *Günther/Frenz*, Grundfälle zu Art. 9 GG, JuS 2006, 788, 873; *Hufen* StaatsR II § 37; *Ipsen* StaatsR II § 16; *Katz* StaatsR I § 30 XIII; *Oberrath/Schmidt/Schomerus* ÖffWirtschaftsR Fall 3; *Pieroth/Schlink* StaatsR II § 19; *Sander/Siegloch* Fälle WirtschaftsVerfR/WirtschaftsVerwR S. 90; *Sodan/Ziekow* GK ÖffR § 37; *Schliesky* ÖffWirtschaftsR 1. Teil, 3. Abschnitt, Kapitel D; *Stober* WirtschaftsVerwR AT § 20; *WKSZ* ÖffR/EuropaR § 10 VI.

Urteile zum Nachlesen: BVerfGE 10, 89 ff. (Anwendung auf öffentlich-rechtliche Zusammenschlüsse); BVerfGE 38, 281 ff. (Anwendung auf Arbeitnehmerkammern); BVerfGE 57, 220 ff. (Werbung für eine Koalition).

6. Kapitel. Die Gleichheitsrechte

370 ■ Wo ist im GG der Gleichbehandlungsgrundsatz geregelt?

▶ Das GG enthält verschiedene Vorschriften, die eine Gleichbehandlung gebieten. Neben dem allgemeinen Gleichheitsgrundrecht des Art. 3 I GG finden sich in Art. 3 II und III GG und in den Art. 6 V, Art. 33 I-III sowie Art. 38 I und II GG spezielle Gleichheitsgrundrechte.

371 Eine Verletzung von Gleichheitsgrundrechten liegt vor, wenn der Schutzbereich tangiert ist, tatsächlich eine Ungleichbehandlung vorliegt und dafür ein sachlicher Grund fehlt oder die Ungleichbehandlung als unverhältnismäßig erscheint.

I. Der allgemeine Gleichheitsgrundsatz (Art. 3 I GG)

1. Der Schutzbereich

372 Art. 3 I GG (bitte lesen) verbietet, wesentlich Gleiches ungleich und wesentlich Ungleiches gleich zu behandeln. Daraus ergeben sich insbesondere die Grundsätze der **Rechtssetzungs- und der Rechtsanwendungsgleichheit**. Der Gesetzgeber darf nur Gesetze erlassen, die inhaltlich dem Gleichheitsgrundsatz entsprechen und die Verwaltung darf ein Gesetz nicht auf gleichartige Sachverhalte unterschiedlich anwenden.[294] Daraus ergibt sich, dass die Verwaltung von einer bestimmten Verwaltungspraxis nicht ohne weiteres abweichen darf (sog. **Selbstbindung der Verwaltung**). Nach dem Grundsatz »keine Gleichheit im Unrecht« gilt dies allerdings nur, wenn das vorhergehende Verwaltungshandeln rechtmäßig war.

373 Die Anwendung von Art. 3 I GG wird nicht dadurch ausgeschlossen, dass daneben auch ein Freiheitsgrundrecht tangiert ist. Nur gegenüber einem speziellen Gleichheitsgrundrecht tritt Art. 3 I GG zurück.

Beispiele: Gegen ein Gesetz, das dem Hersteller von alkoholischen Getränken vorschreibt, einen Warnhinweis auf die Suchtgefahr auf der Flasche anzubringen, kann der Hersteller sich sowohl auf Art. 12 (Berufsfreiheit) als auch auf Art. 3 I GG (Ungleichbehandlung zB gegenüber Herstellern anderer Suchtmittel) berufen. Eine Frau, die sich durch eine Rechtsvorschrift gegenüber Männern ungleich behandelt fühlt, kann sich dagegen nur auf Art. 3 II GG (Gleichheit von Mann und Frau), nicht auf Art. 3 I GG berufen.

2. »Ungleichbehandlung«

374 Das Hauptproblem bei der Anwendung des Art. 3 I GG liegt darin, im Einzelfall festzustellen, ob das Grundrecht tatsächlich beeinträchtigt wurde oder nicht. Erforderlich für eine Beeinträchtigung ist, dass eine Person oder Sache anders behandelt wird, als eine vergleichbare andere.[295] Eine solche Ungleichbehandlung setzt zunächst die Vergleichbarkeit der ungleich behandelten Sachverhalte voraus. Diese kann nur bejaht werden, wenn sich die beiden Sachverhalte oder Personengruppen einen gemeinsamen Oberbegriff zuordnen lassen, der zu den fraglichen Maßnahmen einen

294 Einzelheiten siehe bei *Pieroth/Schlink* StaatsR II § 11 Rn. 479 ff.

295 Zur Möglichkeit, dass Art. 3 I GG dadurch verletzt wird, dass wesentlich Ungleiches gleich behandelt wird, BVerfGE 98, 365; siehe auch *Pieroth/Schlink* StaatsR II § 11 Rn. 436.

Bezug aufweist.[296] Wichtig ist dabei, dass die beiden Vergleichsgruppen abschließend erfasst sind, dh dass dem Oberbegriff keine weiteren Gruppen angehören.

> **Beispiel:** Ein Gesetz sieht vor, dass Steuerberater mit Vollendung des 65. Lebensjahres ihre Zulassung zurückgeben müssen. Ein Verstoß gegen Art. 3 I GG kommt nur in Betracht, wenn man einen Berufsstand findet, der mit dem des Steuerberaters vergleichbar ist. Zu denken wäre an den des Wirtschaftsprüfers.

■ Lässt sich bei dem Beruf des Steuerberaters bzw. des Wirtschaftsprüfers ein gemeinsamer Oberbegriff finden, unter denen kein anderer Beruf fällt? 375

▶ Nein! Es lassen sich zwar beide Berufe unter dem Oberbegriff »Beratungsberuf« oder Freiberufler fassen. Jedoch werden vom Begriff »Beratungsberuf« zB auch Rechtsanwälte erfasst und gehören dem Oberbegriff »Freiberufler« auch Ärzte oder Apotheker an. Da sich auch kein anderer gemeinsamer Oberbegriff finden lässt, scheidet eine Vergleichbarkeit und damit letztlich auch eine Ungleichbehandlung im Hinblick auf andere Berufe aus!

Weiter verlangt die Ungleichbehandlung, dass tatsächlich ein bestimmter Sachverhalt 376 anders behandelt wird als ein damit vergleichbarer. Dies ist zum einen der Fall, wenn vergleichbaren Personengruppen unterschiedliche Belastungen auferlegt oder Begünstigungen gewährt werden (**formale Ungleichbehandlung**). Eine ungleiche Behandlung liegt aber auch vor, wenn eine für verschiedene Gruppen das Gleiche anordnende Regelung die Gruppen faktisch unterschiedlich trifft (**materielle Ungleichbehandlung**).

> **Beispiel:** Es wird im Einkommensteuergesetz festgelegt, dass jeder Steuerpflichtige 1.000 EUR Steuern im Monat zahlen muss. Formal werden alle Steuerpflichtigen gleich behandelt. Da jedoch die wirtschaftliche Leistungsfähigkeit unberücksichtigt bleibt, liegt faktisch eine Ungleichbehandlung zwischen Personen mit niedrigem und solchen mit hohem Einkommen vor.

Schließlich verlangt eine für Art. 3 I GG relevante Ungleichbehandlung auch noch, dass die Ungleichbehandlung durch die gleiche staatliche Stelle erfolgt.

> **Beispiel:** Trifft ein Gesetz eines Bundeslandes eine belastende Regelung, zB die Erhebung einer Landessteuer, die in einem anderen Bundesland fehlt, liegt daher keine Ungleichbehandlung iSv Art. 3 I GG vor.

3. Rechtfertigung von Eingriffen in den Gleichbehandlungsgrundsatz

Art. 3 I GG verlangt keine Gleichmacherei! Eine Ungleichbehandlung zweier ver- 377 gleichbarer Sachverhalte ist daher dann möglich, wenn ein sachlicher Grund für die Differenzierung gegeben ist und die Ungleichbehandlung verhältnismäßig ist.

Das Erfordernis eines solchen sachlichen Grundes wurde vom BVerfG früher als **Willkürverbot** ausgelegt.[297] Heute verlangt das BVerfG nicht nur, dass der Grund für die Differenzierung nicht willkürlich ist, sondern fordert, dass »Unterschiede von solcher Art und solchem Gewicht bestehen, dass sie die Ungleichbehandlung recht-

296 Vgl. *Pieroth/Schlink* StaatsR II § 11 Rn. 433 ff.
297 BVerfGE 4, 144 ff.

fertigen«.[298] Im Ergebnis fließt damit der allgemeine Verhältnismäßigkeitsgrundsatz in die Prüfung der Rechtfertigung ein.[299]

378 Für die Überprüfung einer Regelung an Art. 3 I GG ist daher ein zweistufiges Vorgehen notwendig.

- Zunächst ist zu ermitteln, welchem Zweck die Ungleichbehandlung dienen soll (Differenzierungsziel).
- Als zweites ist festzustellen, ob das Kriterium, das für die Ungleichbehandlung gewählt wurde (Differenzierungskriterium), verhältnismäßig erscheint.

379 ■ Ist in dem schon oben erwähnten Beispiel der Altersgrenze für Steuerberater die Ungleichbehandlung der Steuerberater, die 65 Jahre und älter sind, gegenüber den jüngeren Steuerberatern gerechtfertigt?

▶ Nimmt man an, dass die Regelung dazu dienen soll, die Mandanten vor leistungsunfähigen oder nur beschränkt leistungsfähigen Steuerberatern zu schützen (Differenzierungsziel), wäre die Regelung nur gerechtfertigt, wenn sich das Differenzierungskriterium (= Vollendung des 65. Lebensjahres) als verhältnismäßig erweisen würde. Dies ist hier schon im Hinblick auf den Aspekt der Geeignetheit zu verneinen, da das bloße Erreichen eines bestimmten Alters keinen verlässlichen Rückschluss auf die Leistungsfähigkeit des Betreffenden zulässt.

380 Zusammenfassend lässt sich ein Verstoß gegen Art. 3 I GG damit in den in Übersicht 21 genannten Schritten prüfen:[300]

Übersicht 21:

Prüfungsablauf zu Art. 3 I GG
1. Art. 3 I GG anwendbar oder durch spezielleren Gleichheitssatz verdrängt?
2. Ungleichbehandlung vergleichbarer Sachverhalte?
a) Vergleichsgruppe vorhanden?
b) Ungleichbehandlung?
3. Rechtfertigung der Ungleichbehandlung?
a) Zulässiges Differenzierungsziel?
b) Differenzierungskriterium geeignet, erforderlich und angemessen?

381 Die Anwendung dieses Prüfungsablaufs können Sie der Lösung des folgenden Beispielfalls zu Art. 3 I GG entnehmen.

298 BVerfGE 94, 241 (260).

299 Vgl. näher dazu *Odendahl*, Der allgemeine Gleichheitssatz: Willkürverbot und »neue Formel« als Prüfungsmaßstab, JA 2000, 170; *Sachs*, Die Maßstäbe des allgemeinen Gleichheitssatzes – Willkürverbot und sog. neue Formel, JuS 1997, 124 ff.

300 Ausführlichere Prüfungsabläufe finden sich bei *Detterbeck* ÖffR Rn. 534 und *Pieroth/Schlink* StaatsR II § 11 Rn. 501.

Übungsfall 8

§ 23 I 2 KSchG, der die Anwendbarkeit des Kündigungsschutzes regelt, lautete in der bis 31.12.2003 geltenden Fassung: »Die Vorschriften des 1. Abschnitts gelten nicht für Betriebe ..., in denen in der Regel fünf oder weniger Arbeitnehmer ausschließlich der zu ihrer Berufsausbildung Beschäftigten beschäftigt werden.« Arbeitnehmer A, der in einem Betrieb mit vier Beschäftigten arbeitet, meint, dass die sog. Kleinbetriebsklausel gegen den Grundsatz der Gleichbehandlung verstieße, weil Beschäftigten in kleinen Betrieben leichter gekündigt werden könne als Arbeitnehmern in größeren Betrieben.
Verstößt § 23 I 2 KSchG aF gegen Art. 3 I GG?

Lösen Sie jetzt bitte den Fall anhand des gerade vorgestellten Prüfungsschemas selbstständig und lesen Sie die Lösung erst, wenn Sie zumindest eine schriftliche Lösungsskizze entworfen haben! 382

Lösung: a) Zunächst müsste Art. 3 I GG überhaupt anwendbar sein. Das ist der Fall, da ein spezielleres Gleichheitsgrundrecht nicht in Betracht kommt und Art. 3 I GG durch Freiheitsgrundrechte, wie zB Art. 12 GG, nicht verdrängt wird.

b) Weiter müsste eine Ungleichbehandlung vorliegen, dh eine ungleiche Behandlung von wesentlich Gleichem. Dies ist der Fall, da sich die Gruppe »Arbeitnehmer in Betrieben mit fünf oder weniger Arbeitnehmern« und die Gruppe »Arbeitnehmer in Betrieben mit mehr als fünf Arbeitnehmern« unter dem gemeinsamen Oberbegriff Arbeitnehmer zusammenfassen lassen und die erste Gruppe gegenüber der zweiten Gruppe ungleich behandelt wird.

c) Fraglich ist, ob für die Ungleichbehandlung eine Rechtfertigung besteht. Differenzierungsziel ist der Schutz von Kleinunternehmern, da die Regelungen des KSchG für kleine Betriebe eine erhebliche Belastung darstellen. Als Differenzierungskriterium hat der Gesetzgeber die Betriebsgröße gewählt. Dies müsste den Anforderungen der Verhältnismäßigkeit genügen. Das Kriterium erscheint geeignet, da es sich leicht feststellen lässt und auch in der Lage ist, in hinreichender Weise die schutzbedürftigen Arbeitgeber von den nicht schutzbedürftigen abzugrenzen. Es ist auch kein die Arbeitnehmer weniger belastendes Kriterium ersichtlich und schließlich erscheint die Differenzierung nach der Betriebsgröße unter Abwägung der Arbeitgeber- und Arbeitnehmerinteressen angemessen.[301]

Ergebnis: § 23 I 2 KSchG aF verstößt nicht gegen Art. 3 I GG.

II. Gleichbehandlung von Mann und Frau

In Art. 3 II und III GG ist die Forderung nach der Gleichberechtigung der Geschlechter verfassungsrechtlich verankert. Nach heute hM gewähren beide Vorschriften zusammen ein **absolutes Differenzierungsverbot.**[302] Eine Ungleichbehandlung von Männern und Frauen ist daher nur ausnahmsweise zulässig, wenn 383

- eine unterschiedliche Regelung im Hinblick auf die objektiven, biologischen oder funktionalen Unterschiede zwischen Mann und Frau geboten ist.

> Beispiel: Zulässig sind damit zB arbeitsrechtliche Schutzvorschriften für Schwangere und Mütter, wie sie im MuSchG festgelegt sind.

301 Vgl. BVerfGE 97, 169 ff.
302 Ausführlich dazu *Pieroth/Schlink* StaatsR II § 11 Rn. 446 ff.

- eine Begünstigung eines Geschlechts zur Kompensation erlittener Nachteile für dieses gewährt.

> Beispiel: Eine Frau wird bei der Einstellung in der Verwaltung aufgrund einer sog. Quotenregelung gegenüber einem gleich qualifizierten Mann bevorzugt. Der EuGH[303] hat Quotenregelungen für zulässig gehalten, soweit den Frauen kein absoluter und unbedingter Vorrang eingeräumt wird.

III. Differenzierungsverbote (Art. 3 III GG)

384 Art. 3 III GG verbietet eine Ungleichbehandlung zB wegen des Geschlechts (siehe dazu schon oben), der Abstammung, der Rasse, der Sprache oder wegen einer Behinderung. Das Verbot greift ein, wenn eines der genannten Merkmale als Anknüpfungspunkt für eine rechtliche Ungleichbehandlung herangezogen wird.[304] Im Verhältnis Bürger–Bürger bestehen entsprechende Diskriminierungsverbote aufgrund des Allgemeinen Gleichbehandlungsgesetzes (AGG).

Literatur zur Vertiefung:

Detterbeck ÖffR § 15; *Dietlein* Examinatorium StaatsR S. 262 ff.; *Ipsen* StaatsR II § 19; *Katz* StaatsR I § 30 IV; *Pieroth/Schlink* StaatsR II § 11; *Schliesky* ÖffWirtschaftsR 1. Teil 3. Abschnitt Kapitel D; *Scheidler*, Einführung in die allgemeine Grundrechtslehre, Jura 2012, 256 ff.; *Sodan/Ziekow* GK ÖffR § 30; *Stober* WirtschaftsVerwR AT § 18; *WKSZ* ÖffR/EuropaR § 10 II.

Urteile zum Nachlesen:

BVerfGE 55, 72 (neue Formel); BVerfGE 92, 31 (keine Feuerwehrabgabe für Frauen).

303 Fall Marshall: NJW 1997, 3429; Fall Badeck: NJW 2000, 1549.
304 Näher *Ipsen* StaatsR II § 18 Rn. 777 ff.

3. Teil. Die Bundesrepublik Deutschland als Teil der EU

1. Kapitel. Grundlagen des Europarechts

I. Einführung

1. Geschichte

Die Entwicklung der Europäischen Gemeinschaften bzw. der Europäischen Union hat mit der Schaffung eines gemeinsamen Marktes für Kohle und Stahl durch den EGKS-Vertrag vom 18.4.1951, der 2002 auslief, begonnen. 1957 folgten durch die sog. römischen Verträge die Gründung der Europäischen Wirtschaftsgemeinschaft (EWG) und der Europäischen Atomgemeinschaft (EAG). Durch den Vertrag von Maastricht vom 7.2.1992 wurde die Europäische Union gegründet. Inzwischen ist, nach dem Scheitern des Europäischen Verfassungsvertrags (EuVV), der **Vertrag von Lissabon** in Kraft getreten, der die EU erheblich reformiert hat. Trotzdem ist deren Entwicklung noch keineswegs abgeschlossen. So sind die Vorgaben der AGENDA 2000 noch nicht alle umgesetzt und auch beim Kreis der Mitgliedstaaten der EU sind noch Änderungen zu erwarten. **385**

■ Wissen Sie, wie viele und welche Staaten zur Zeit zur EU gehören und welche Staaten in naher Zukunft noch dazu kommen sollen? **386**

▶ Seit 1.1.2007 gehören zur EU Belgien, Bulgarien, Deutschland, Dänemark, Estland, Finnland, Frankreich, Griechenland, Großbritannien, Irland, Italien, Lettland, Litauen, Luxemburg, Österreich, Malta, Niederlande, Polen, Portugal, Rumänien, Schweden, Slowakei, Slowenien, Spanien, Tschechien, Ungarn und Zypern. 2013 soll der Beitritt Kroatiens erfolgen. Kurz vor konkreten Beitrittsverhandlungen steht Mazedonien. Noch offen ist die Frage eines EU- Beitritts der Türkei, mit der seit 2005 Beitrittsverhandlungen laufen.

Einen Überblick über die wichtigsten Entwicklungsschritte gibt folgende Übersicht:

387 **Übersicht 22: Die Entwicklung der Europäischen Union**

Die Entwicklung der Europäischen Union
• EGKS-Vertrag vom 18.4.1951 (Belgien, Deutschland, Frankreich, Italien, Luxemburg, Niederlande) → Schaffung eines gemeinsamen Marktes für Kohle und Stahl • Römische Verträge von 1957 → Gründung von EWG und EAG (Euratom) • Fusionsvertrag (1967) → Bildung gemeinsamer Organe für alle 3 Gemeinschaften • Erweiterung um Dänemark, Irland und Großbritannien (1973), Griechenland (1981), Spanien und Portugal (1986) • Einheitliche Europäische Akte (in Kraft ab 1.7.1986) → Schaffung des Binnenmarktes bis 1992 → Stärkung des 1979 erstmals direkt gewählten Europäischen Parlaments • Vertrag von Maastricht (seit 1.11.1993 in Kraft) → Umbenennung und Modifikation des EWGV → Verwirklichung einer Wirtschafts- und Währungsunion → engere Zusammenarbeit in den Bereichen Sicherheits- und Außenpolitik sowie im Bereich Justiz- und Innenpolitik • Erweiterung um Finnland, Schweden und Österreich 1995 • Vertrag von Amsterdam (in Kraft seit 1.5.1999) • Einführung des Euro (1.1.1999) • Agenda 2000 (Unterzeichnung am 26.3.1999) → zur Schaffung der finanziellen Voraussetzungen für eine mögliche Osterweiterung der EU → Neuregelung der Beitragszahlung der Mitgliedstaaten → Neufestsetzung der Preisgarantien im Agrarbereich • Vertrag von Nizza (seit 1.2.2003 in Kraft) • Herbst 2003 Vorlage eines Verfassungsentwurfes • Erweiterung um Estland, Lettland, Litauen, Malta, Polen, Slowakei, Slowenien, Tschechien, Ungarn und Zypern (1.5.2004) • Unterzeichnung des Verfassungsentwurfes durch die Staats- und Regierungschefs und Beginn des Ratifizierungsprozesses (29.10.2004) • Scheitern der EU-Verfassung durch ablehnende Referenden in Frankreich und den Niederlanden (Frühjahr 2005) • Beitritt von Bulgarien und Rumänien (1.1.2007) • Vertrag von Lissabon (beschlossen 18./19.10.2007, unterzeichnet 13.12.2007, in Kraft seit 1.12.2009)

2. Die Entwicklung der Rechtsgrundlagen der EU

Wichtigste Rechtsquelle des Europarechts, besser des europäischen Gemeinschaftsrechts, war bis 30.11.2009 der **EG-Vertrag** (EGV). Dieser wurde durch die Verträge von Maastricht (1992) und Amsterdam (seit 1.5.1999 in Kraft) sowie den Vertrag von Nizza (seit 1.2.2003 in Kraft) erheblich gegenüber dem EWG-Vertrag modifiziert. Der EGV enthielt die maßgeblichen Vorschriften über die Organe der EG, ihre Kompetenzen und über die verschiedenen Politiken und ihre Umsetzung. Durch den Vertrag von Amsterdam änderte sich die Artikelfolge im EGV, wurden die Rechte des Parlaments gestärkt und Regelungen zur Verbesserung der gemeinsamen Außen- und Sicherheitspolitik aufgenommen. Der Vertrag von Nizza beinhaltete vor allem Regelungen zur Sicherung der Arbeitsfähigkeit der Organe der EU nach der Erweiterung auf 25 Staaten.[305] 388

Neben den EGV trat mit dem Vertrag von Maastricht der **Vertrag über die Europäische Union** (EUV). Dieser enthielt in seiner ursprünglichen Fassung eher Programmsätze als für den Einzelnen verbindliche Aussagen. Wichtige Themen des EUV aF waren Bestimmungen über die gemeinsame Außen- und Sicherheitspolitik (Art. 11–18 EUV aF), über die Zusammenarbeit in den Bereichen Justiz und Inneres (Art. 29–36 EUV aF) und die Schaffung des Europäischen Rates. Dieser bezeichnete die Zusammenkunft der Staats- und Regierungschefs der Mitgliedstaaten sowie des Kommissionspräsidenten (Art. 4 EUV aF). 389

Die Europäische Union war bis zum Zeitpunkt des Inkrafttretens des Vertrags von Lissabon kein selbstständiges Rechtssubjekt, da ihr von der hM die Rechtspersönlichkeit abgesprochen wurde. Rechtsfähigkeit besaß nach Art. 281 EGV nur die Europäische Gemeinschaft (EG). Die EU bildete danach nur ein Dach oder einen Rahmen über den verschiedenen Europäischen Gemeinschaften und den gemeinsamen europäischen Aktivitäten. Visualisiert wurde diese Konstruktion durch das in Abbildung 23 dargestellte sog. Drei-Säulen-Modell. 390

305 Näher dazu *Wiedmann*, Anmerkungen zum Vertrag von Nizza, JuS 2001, 846 ff.

Übersicht 23: Das frühere Drei-Säulen-Modell der EU

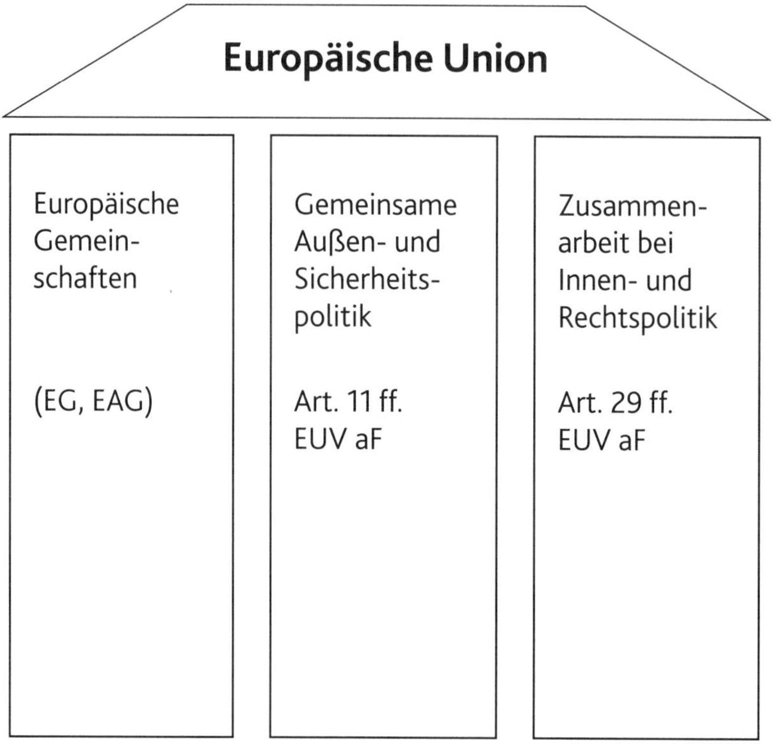

391 Beide Verträge, dh der EGV und der EUV aF, sollten mit Inkrafttreten des **Europäischen Verfassungsvertrages** (EuVV) in diesem aufgehen. Der EuVV,[306] der am 18.6.2004 vom Europäischen Rat verabschiedet und am 29.10.2004 von den Staats- und Regierungschefs der 25 Mitgliedstaaten in Rom unterzeichnet wurde, ist aufgrund der negativen Referenden in Frankreich und den Niederlanden endgültig gescheitert.[307] Im Juni 2007 wurde auf einer Ratstagung in Brüssel die Verwirklichung des EuVV aufgegegeben und die Ausarbeitung eines EU-Reformvertrags beschlossen. Dieser wurde im Oktober 2007 in Lissabon vom Europäischen Rat als **Vertrag von Lissabon** verabschiedet und am 13.12.2007 von den Staats- und Regierungschefs unterzeichnet. Nach langen Verhandlungen wurde der Vertrag 2009 endlich von allen Mitgliedstaaten ratifiziert und ist am **1.12.2009** in Kraft getreten. Der Vertrag von Lissabon besteht aus 2 Artikeln, mit denen der EUV aF und der EGV geändert werden. Letzterer wurde durch den Vertrag von Lissabon in Vertrag über die Arbeitsweise der EU (**AEUV**) umbenannt.

392 Der Vertrag von Lissabon enthält einige Regelungen, die auch im EuVV enthalten waren. Nicht übernommen wurden aber die dort vorgesehene Einführung von Staatssymbolen, wie eine Flagge oder eine Hymne, die Etablierung eines EU-Außenministers und die Verwendung des Wortes Verfassung.

306 Der Text des EUVV wurde im ABl. 2004 Nr. C 310, 1 ff. abgedruckt.
307 Näher zum Inhalt *Oppermann*, Eine Verfassung für die EU, DVBl. 2003, 1165 u. 1234.

Die folgenden Ausführungen werden anhand des EUV nF und des AEUV vorgenommen. Soweit erforderlich wird auf den Standort der betreffenden Regelungen im alten EUV bzw. im EGV hingewiesen.

3. Die EU nach dem Vertrag von Lissabon

Der Vertrag von Lissabon bestimmt, dass die Europäische Union Rechtsnachfolgerin der Europäischen Gemeinschaft ist (Art. 1 III 2 EUV). Nach Art. 47 EUV besitzt die EU nunmehr auch Rechtspersönlichkeit. Folge dieser Regelungen ist auch, dass im Zusammenhang mit dem Europarecht im engeren Sinne nunmehr von **Unionsrecht** zu sprechen ist und nicht mehr wie bisher von Gemeinschaftsrecht. 393

Das Unionsrecht hat durch den Vertrag von Lissabon wesentliche Änderungen erfahren.[308] Die wichtigsten sind 394

- Die Neuordnung des EUV, der jetzt neben allgemeinen Bestimmungen auch Bestimmungen über die demokratischen Grundsätze, die Organe und das Auswärtige Handeln enthält.
- Die Einführung eines **Wertekatalogs** der Europäischen Unions in Art. 2 EUV
- Die Neufassung der Ziele der EU in Art. 3 EUV
- Die Verbindlicherklärung der **Europäischen Grundrechtscharta** (Art. 6 I EUV) und der Beitritt der EU zur Europäischen Konvention zum Schutz der Menschenrechte (Art. 6 III EUV).
- Die Einführung eines **Austrittsrechts** für die Mitgliedstaaten (Art. 50 EUV)
- Verschiedene **Institutionelle Änderungen**, auf die unter II. sogleich näher eingegangen wird
- Ein Mitspracherecht der Mitgliedstaaten bei Rechtsakten der EU
- Die Koordination der gemeinsamen Außenpolitik der Union durch die Einführung eines **Hohen Vertreters für die Außen- und Sicherheitspolitik** (Art. 18 EUV)
- Die Einführung eines sog. **Bürgerbegehrens** (Art. 11 IV EUV) mit dem die Kommission durch die Unterschrift von mindestens einer Millionen EU-Bürgern zur Erarbeitung von Rechtsetzungsvorschlägen aufgefordert werden kann
- Die Vergemeinschaftung der polizeilichen und justiziellen Zusammenarbeit in Strafsachen (Art. 82 ff. AEUV).

II. Die Organe der EU

Als juristische Person kann die EU nur über ihre Organe handlungsfähig sein. 395

■ Kennen Sie die wichtigsten Institutionen der EU? 396

▶ Wenn nicht, lesen Sie in Art. 13 EUV nach, in dem die Organe abschließend aufgezählt sind. Seit dem Vertrag von Lissabon gehören auch der Europäische Rat und die Europäische Zentralbank (EZB) zu den Organen der EU.

308 Vgl. zu den Änderungen *Mayer*, Der Vertrag von Lissabon im Überblick, JuS 2010,189; *Pache/Rösch*, Der Vertrag von Lissabon, NVwZ 2008, 473; *Rabe*, Die Metamorphose des Europäischen Verfassungsvertrages, NJW 2007, 3153 ff.; *Schwarze*, Der Reformvertrag von Lissabon – Wesentliche Elemente des Reformvertrags, EuR 2009 Beiheft 1, 9.

1. Das Europäische Parlament (Art. 14 I und II EUV)

397 Das Europäische Parlament in Straßburg besteht aus den Vertretern der Völker der in der Gemeinschaft zusammengeschlossenen Mitgliedstaaten (Art. 14 II EUV). Seit dem Jahre 1979 werden die Abgeordneten des Europäischen Parlaments in den einzelnen Mitgliedstaaten für fünf Jahre direkt gewählt. Ein einheitliches Wahlverfahren dafür besteht bisher nicht, soll durch einen entsprechenden Auftrag an das Europäische Parlament im Vertrag von Amsterdam (Art. 223 AEUV) aber auf den Weg gebracht werden.[309] Die Anzahl der Abgeordneten wurde durch den Vertrag von Lissabon auf 750 zuzüglich des Präsidenten festgeschrieben (Art. 14 II 2 EUV), wobei sich diese nach einem bestimmten Schlüssel auf die verschiedenen Staaten aufteilen (Art. 14 I 3 EUV), der allerdings nicht zu einer proportionalen Vertretung des jeweiligen Staatsvolkes führt.[310]

398 Geleitet wird das Europäische Parlament vom Präsidium (1 Präsident und 14 Vizepräsidenten), das für zweieinhalb Jahre gewählt wird. Für Beschlüsse ist grundsätzlich die einfache Mehrheit der abgegebenen Stimmen erforderlich (Art. 231 AEUV), soweit der EGV nicht etwas anderes vorschreibt. So ist zB bei einem Misstrauensantrag gegen die Kommission eine 2/3 Mehrheit notwendig (Art. 234 II AEUV).

399 ■ Wissen Sie noch, was in Deutschland Hauptaufgabe des Parlaments war? Hat auch das Europäische Parlament diese Funktion?

▶ In der Bundesrepublik ist der Bundestag das Gesetzgebungsorgan.[311] Das europäische Parlament ist dies zumindest formal bisher noch nicht. Seine Kompetenzen wurden durch den Vertrag von Maastricht und nochmals durch den Vertrag von Amsterdam erheblich erweitert. Seit dem Vertrag von Lissabon ist das Parlament zusammen mit dem Rat Gesetzgebungsorgan (Art. 14 I EUV).[312] Trotzdem sind noch demokratische Defizite vorhanden, da das Parlament zB grundsätzlich kein eigenes Initiativrecht zum Erlass von Rechtsetzungsakten hat (vgl. Art. 294 II und 225 AEUV).

400 ■ Nachdem Sie erfahren haben, dass das Europäische Parlament zusammen mit dem Rat Rechtsetzungsorgan ist, überlegen Sie, welche Aufgaben es sonst haben könnte!

▶ Die wichtigsten Aufgaben des Europäischen Parlaments sind: die Mitwirkung bei der Aufstellung des Haushalts (Art. 314 AEUV), verschiedene Kontrollrechte, wie die Möglichkeit eines Misstrauensvotums gegen die Kommission (Art. 234 AEUV) oder die Einsetzung von Untersuchungsausschüssen (Art. 226 AEUV) oder die Mitwirkung bei der Besetzung der Kommission (Art. 17 VII EUV).

401 Für den einzelnen Bürger ist das Europäische Parlament durch das Petitionsrecht (Art. 227 AEUV) und die Institution des Bürgerbeauftragten (Art. 228 AEUV) Anlaufstelle für Beschwerden, welche die Europäische Union betreffen.

---

309 *Herdegen* EuropaR § 7 Rn. 74.
310 Vgl. *Herdegen* EuropaR § 7 Rn. 73.
311 → Rn. 101.
312 Einzelheiten bei *Weber*, Vom Verfassungsvertrag zum Vertrag von Lissabon, EuZW 2008, 7 ff. (9).

2. Der Europäische Rat (Art. 15 EUV)

Der **Europäische Rat** setzt sich nach Art. 15 II EUV aus den Staats- bzw. Regierungschefs der Mitgliedstaaten sowie dem Präsidenten des Europäischen Rats und dem Kommissionspräsidenten zusammen. Außerdem nimmt der Hohe Vertreter der Union für Außen- und Sicherheitspolitik an den Arbeiten teil. Der Präsident des Europäischen Rates wird nach Maßgabe des Art. 15 V EUV vom Europäischen Rat für zweieinhalb Jahre gewählt. 402

Der Europäische Rat tritt mindestens zweimal im Halbjahr zusammen. Nach Art. 15 I EUV legt er insbesondere die allgemeinen politischen Zielvorstellungen der Union fest, ist also eine Art politisches Leitorgan der EU.[313] Gesetzgerberisch wird der Europäische Rat zwar nicht tätig, jedoch sind ihm durch den EUV verschiedene Entscheidungen übertragen. So kann er zusammen mit dem Europäischen Parlament bestimmte Änderungen des EUV und des AEUV beschließen (Art. 48 VI und VII EUV) und ist zusammen mit dem Rat grundsätzlich für die Festlegung und Durchführung der Gemeinsamen Außen- und Sicherheitspolitik zuständig (Art. 24 I EUV).

■ Es gibt in Europa zwei Institutionen, die einen Namen haben, der ähnlich klingt wie der Europäische Rat. Kennen Sie diese Institutionen? 403

▶ Abzugrenzen ist der Europäische Rat vom Rat oder Ministerrat, auf den wir sogleich unter 3. näher eingehen, und vom Europarat.

Der **Europarat** ist ein Zusammenschluss von derzeit 46 europäischen Staaten,[314] der sich die Aufgabe gesetzt hat, bestimmte gemeinsame Ideale zu sichern und den sozialen und wirtschaftlichen Fortschritt seiner Mitglieder zu fördern.[315] Zu diesem Zweck wurde unter anderem die Europäische Konvention zum Schutze der Menschenrechte und Grundfreiheiten (EMRK) verabschiedet. Durch diese Konvention wurde auch der Europäische Gerichtshof für Menschenrechte in Straßburg geschaffen. Dieser entscheidet über Klagen von Vertragsstaaten bzw. von natürlichen Personen oder Personenvereinigungen, mit denen die Verletzung der EMRK gerügt wird.[316] 404

3. Der Rat (Art. 16 I EUV, Art. 290, 291 AEUV)

Der Rat, auch Ministerrat genannt, ist das Leitungsorgan der EU. Er besteht aus 27 Mitgliedern, nämlich je einem Vertreter jeden Mitgliedstaates im Ministerrang (Art. 16 II EUV). Dabei gibt es keine feste Zusammensetzung des Rates, sondern es gilt das Fachministerprinzip, dh der Rat tagt je nach zu behandelnder Thematik in unterschiedlicher Zusammensetzung. 405

Beispiele: Bei einer wirtschaftlichen Frage wird der Rat von den Wirtschaftsministern der Mitgliedstaaten (= Wirtschaftsministerrat), bei einer Frage des Umweltschutzes von den Umweltministern (= Umweltministerrat), gebildet.

Der Vorsitz im Rat wechselt nach einem System der gleichberechtigten Rotation (Art. 16 IX EUV), deren genaue Ausgestaltung durch einen Beschluss des Europäi- 406

313 *Herdegen* EuropaR § 7 Rn. 10; siehe auch *Frenz*, Europäischer Rat, VR 2011, 263 ff. (266).
314 Zu weiteren europäischen Organisationen, die neben der EU bestehen siehe *Doerfert* EuropaR Rn. 31 ff.
315 Näher *Streinz* EuropaR § 2 Rn. 74 ff.
316 Näher *Herdegen* EuropaR § 3 Rn. 11 ff.

schen Rates (Art. 236 AEUV) erfolgt.[317] Unterstützt wird die Tätigkeit des Rates durch den Ausschuss der ständigen Vertreter der Regierungen, der in der Regel mit der französischen Abkürzung COREPER bezeichnet wird. Dieser Ausschuss hat nach Art. 240 AEUV die Arbeiten des Rates vorzubereiten und die vom Rat übertragenen Aufträge zu erfüllen. Der Verwaltungsunterbau des Rates besteht aus einem Generalsekretariat (Art. 240 II AEUV), das über ca. 2500 Mitarbeiter verfügt, und einem Generalsekretär untersteht.

407 ■ Wissen Sie, welche Aufgaben der Rat hat?

▶ Die wichtigsten Aufgaben des Rates sind nach Art. 16 I EUV der Erlass von Rechtsakten sowie die Aufstellung des Haushalts im Zusammenwirken mit dem Europäischen Parlament, die Koordinierung der Wirtschaftspolitik oder die Mitwirkung bei der Besetzung anderer Organe, zB der Mitglieder des Rechnungshofes (Art. 286 II AEUV).

408 ■ Sie haben in den Medien sicher schon gehört, dass es bei Entscheidungen im Rat oft Probleme gibt, sich zu einigen. Lesen Sie einmal in den Art. 16 EUV, Art. 238 AEUV nach, ob Sie eine Aussage zur Entscheidungsfindung im Rat finden.

▶ Nach Art. 16 III EUV beschließt der Rat grundsätzlich mit qualifizierter Mehrheit. Einfache Mehrheit reicht nur aus, wenn dies in den Verträgen ausdrücklich bestimmt ist. Dort kann auch festgelegt werden, dass für bestimmte Beschlüsse Einstimmigkeit notwendig ist (zB gemäß Art. 49 EUV für den Beschluss zur Aufnahme eines neuen Mitglieds der Europäischen Union).[318]

409 Für **Abstimmungen mit qualifizierter Mehrheit** führt der Vertrag von Lissabon das Prinzip der **doppelten Mehrheit** ein (Art. 16 III EUV). Danach muss eine Mehrheit von mindestens 55% der Mitglieder des Rates, gebildet aus mindestens 15 Mitgliedern vorliegen und die von diesen vertretenen Mitgliedstaaten müssen mindestens 65% der Bevölkerung der Union ausmachen.[319] Außerdem können mindestens 4 Mitgliedstaaten eine Sperrminorität bilden.

410 Allerdings gelten diese Regelungen erst ab dem 1.11.2014. Bis dahin bleibt es bei der bisherigen Regelung, wonach die Stimmen der einzelnen Mitgliedstaaten entsprechend ihrer politischen und wirtschaftlichen Bedeutung gewichtet werden (Art. 16 V EUV). Danach sind für das Vorliegen von qualifizierter Mehrheit 255 der insgesamt 345 Stimmen notwendig.

4. Die Kommission (Art. 17 I EUV, Art. 244 ff. AEUV)

411 Die **Kommission**, die ihren Sitz in Brüssel hat, wird als **Motor und Hüterin** des europäischen Rechts angesehen. Aktuell besteht die Kommission einschließlich ihres Präsidenten und des Hohen Vertreters der Union für Außen- und Sicherheitspolitik

317 Danach wird der Vorsitz künftig für 18 Monate von einer Gruppe von jeweils 3 Mitgliedstaaten wahrgenommen.

318 In diesem Zusammenhang ist auch die sog. Luxemburger Vereinbarung zu erwähnen; danach wird bei Entscheidungen, die sehr wichtige Interessen eines Mitglieds berühren, eine einstimmige Entscheidung angestrebt, auch wenn nach dem Vertrag eine qualifizierte Mehrheit ausreichen würde; vgl. *Streinz* § 4 Rn. 364 ff.

319 Ausführlich zu dieser von den Mitliedstaaten hart umkämpften Regelung *Richter*, Die EU-Verfassung ist tot, es lebe der Reformvertrag!, EuZW 2007, 631 ff.

aus je einem Angehörigen jeden Mitgliedstaates (Art. 17 IV EUV), also aus 27 Mitgliedern.[320] Ab dem 1.11.2014 soll die Zahl der Kommissionsmitglieder nur noch zwei Drittel der Zahl der Mitgliedstaaten betragen (Art. 17 V EUV). Nach aktuellem Stand wären das 18 Kommissare.

Die Bestellung der Kommissare erfolgt aufgrund von Vorschlägen der Mitgliedstaaten letztlich durch Beschluss des Europäischen Rates. Allerdings ist vorher die Zustimmung des Europäischen Parlaments zu den vorgeschlagenen Kommissionsmitgliedern einzuholen (Art. 17 III und VII EUV) und muss das Parlament auch der Kommission als Kollegium zustimmen.

Die Amtsdauer der Kommissare beträgt fünf Jahre (Art. 17 III EUV). Während ihrer Tätigkeit dürfen sie keine anderen Tätigkeiten ausüben und sind von Weisungen der Regierungen der Mitgliedstaaten unabhängig (vgl. Art. 245 II AEUV).

■ Wissen Sie, wer im Moment deutscher EU-Kommissar ist? 412

▶ Es ist der CDU-Politiker Günther Oettinger.[321]

An der Spitze der Kommission steht der **Kommissionspräsident**. Durch den Vertrag von Amsterdam wurde dessen Stellung gestärkt, da ihm nach Art. 17 VI EUV die politische Führung zusteht. Seit Inkrafttreten des Vertrags von Lissabon wird er direkt vom Parlament gewählt (Art. 17 VII EUV). Entscheidungen der Kommission müssen mit der Mehrheit ihrer Mitglieder gefasst werden (Art. 250 AEUV). Als Verwaltungsunterbau der Kommission dienen die Generaldirektionen, die den nationalen Ministerien gleichen, und von je einem Kommissar geführt werden.

■ Was macht die Kommission, kennen Sie ihre Aufgaben? 413

▶ Aufgaben der Kommission sind vor allem die Initiative zum Erlass und die Ausarbeitung von Rechtsakten der EU,[322] die Überwachung der Einhaltung der Verträge durch die Mitgliedstaaten und der Erlass von Rechtsakten in bestimmten vom Vertrag zugewiesenen Bereichen. Wegen der ersten beiden Tätigkeitsfelder wird die Kommission auch Motor der Integration und Hüterin des Unionsrechts genannt.

Zur Überwachung der Einhaltung des EG-Vertrags hat die Kommission Klagerechte 414
zum EuGH (zB nach Art. 258 AEUV) und die Möglichkeit, gegenüber einem Mitgliedstaat bzw. einem einzelnen Rechtssubjekt eine Sanktion zu erlassen. So kann die Kommission zB die Rückzahlung von Beihilfen, die entgegen den Vorgaben des EGV gezahlt wurden, anordnen (Art. 108 AEUV) oder bei Wettbewerbsverstößen geeignete Maßnahmen ergreifen (Art. 105 AEUV).

5. Der Europäische Gerichtshof (Art. 19 EUV, Art. 180 ff. AEUV)

Der Europäische Gerichtshof mit Sitz in Luxemburg ist das Rechtsprechungsorgan 415
der Europäischen Union. Er besteht aus einem Richter je Mitgliedstaat (Art. 19 II

320 Bei *Herdegen* EuropaR § 7 Rn. 54 finden Sie einen Aufstellung der aktuellen Kommissare und ihrer Aufgaben.

321 Näheres zu seiner Person und den anderen Kommissaren finden sie im Internet unter http://ec.europa.eu/commission_2010-2014/index_de.htm.

322 Seit Inkrafttreten des Vertrags von Lissabon kann die Kommission auch durch ein Bürgerbegehren dazu aufgefordert werden, den Entwurf eines Rechtsaktes zu erarbeiten (vgl. Art. 11 IV EUV).

UAbs. 1 EUV, Art. 251 AEUV). Die Richter werden von den Mitgliedstaaten im gegenseitigen Einvernehmen auf sechs Jahre ernannt (Art. 253 I AEUV). Außerdem wird der EuGH von acht Generalanwälten (Art. 252 AEUV) unterstützt. Diese stellen sog. Schlussanträge, die eine unabhängige und überparteiliche Stellungnahme zur jeweiligen Rechtssache darstellen und dem EuGH bei der Entscheidungsfindung helfen sollen.

Neben dem EuGH existiert das **Gericht** (Art. 19 EUV), das früher Gericht erster Instanz genannt und geschaffen wurde, um für bestimmte Klagen den EuGH zu entlasten.[323] Einzelheiten zur Besetzung des Gerichts (EuG) regelt Art. 19 II UAbs. 2 EUV, Art. 254 AEUV. Zuständig ist das EuG nach Art. 256 AEUV vor allem für die erstinstanzielle Entscheidung über Nichtigkeits- und Untätigkeitsklagen (Art. 263, 265 AEUV).[324]

416 Die Fälle, in denen der EuGH überhaupt angerufen werden kann, die sog. **Klagearten**, sind im AEUV abschließend aufgezählt (näheres siehe sogleich unter Punkt V.). Sie dienen einerseits der Auslegung und der Fortbildung des Unionsrechts, andererseits aber auch der Kontrolle des Handelns der EU-Organe und der Überprüfung, ob das Handeln der Mitgliedstaaten mit Europarecht vereinbar ist.

6. Die Europäische Zentralbank (Art. 282 I AEUV)

417 Die **Europäische Zentralbank**, die ihren Sitz in Frankfurt am Main hat, und das System der Europäischen Zentralbanken werden im Kapitel über das europäische Wirtschaftsrecht besprochen (siehe sogleich Kapitel 2).

7. Der Rechnungshof (Art. 285 ff. AEUV)

418 Der Rechnungshof mit Sitz in Luxemburg besteht aus je einem Vertreter der Mitgliedstaaten (Art. 285 II AEUV). Er hat die Aufgabe, die Rechtmäßigkeit und Ordnungsmäßigkeit der Einnahmen und Ausgaben der EU zu überprüfen und sich von der Wirtschaftlichkeit der Haushaltsführung zu überzeugen (Art. 287 AEUV). Dabei haben ihn die Organe der Gemeinschaft sowie die Rechungsprüfungsorgane der Mitgliedstaaten zu unterstützen. Nach Abschluss eines jeden Haushaltsjahres erstattet der Rechnungshof einen Abschlussbericht. Außerdem kann er jederzeit zu besonderen Fragen Sonderberichte und Stellungnahmen abgeben.

419 Die Aufgaben der wichtigsten EU-Organe können Sie sich abschließend noch einmal in der Zusammenfassung in Übersicht 24 vor Augen führen.

---

323 Zur weiteren Entlastung dienen die sog. Fachgerichte gemäß Art. 257 AEUV.
324 Näher *Hobe* EuropaR § 8 Rn. 202.

Übersicht 24: Organe der EU (Art. 13 EUV)

Organ	Bestehend aus:	Aufgaben:
EP (Art. 14 I, II EUV) in Straßburg	751 (aktuell 754) Mitgliedern, die in MS direkt gewählt werden	• Rechtsetzung zusammen mit dem Rat • Einsetzung von Untersuchungsausschüssen (Art. 226 AEUV) • Entscheidung über Haushaltsplan (Art. 214 AEUV) • Ernennung eines Bürgerbeauftragten und Behandlung von Petitionen (Art. 227, 228 AEUV)
Europäischer Rat (Art. 15 EUV, 235 AEUV)	Staats- und Regierungschefs der Mitgliedstaaten sowie dem Präsidenten des Europäischen Rates und dem Präsidenten der Kommission	• gibt der Union die für ihre Entwicklung erforderlichen Impulse und legt die allgemeinen politischen Zielvorstellungen und Prioritäten hierfür fest
Rat (Art. 16 I EUV, Art. 290, 291 AEUV) in Brüssel	27 Mitglieder auf Regierungsebene; geführt vom Vorsitzenden	• Rechtsetzung zusammen mit dem Parlament • Koordinationsaufgaben • Führung der Außenbeziehungen • Aufstellung des Haushaltsentwurfs **Beachte:** abzugrenzen von: • Europäischer Rat (Art. 15 EUV) • Europarat (vgl. 220 AEUV)
Kommission (Art. 17 I EUV) In Brüssel	27 Mitglieder, die unter Mitwirkung des Kommissionspräsidenten des EP von den Mitgliedstaaten ernannt werden; Verwaltungsunterbau und sog. Generaldirektionen	• Initiative für Tätigwerden der EU • Kontrolle der Einhaltung des EU-Rechts • Teilweise Rechtssetzung

EuGH (Art. 19 EUV) in Luxemburg →	**Bestehend aus:** 27 Richtern, unterstützt durch das Gericht (Art. 256 AEUV) und Generalanwälte (Art. 252 AEUV) →	**Aufgabe:** • die Entscheidung der in den Art. 258 ff. AEUV genannten Klagearten

Europäische Zentralbank (Art. 282 AEUV) in Frankfurt →	**Aufgabe:** • Trägerin der Geldpolitik

Europäischer Rechnungshof (Art. 285 ff. AEUV) in Luxemburg →	**Aufgabe:** • Überwachung der Haushaltsführung

8. Sonstige Institutionen

420 Neben den gerade besprochenen Organen der EU gibt es noch weitere Institutionen, die sogleich im Überblick dargestellt werden. Daneben bestehen im Bereich der EU viele sonstige Einrichtungen, Behörden und Ämter.[325]

a) Wirtschafts- und Sozialausschuss und Ausschuss der Regionen

421 Art. 13 IV EUV erwähnt als weitere Institutionen den Wirtschafts- und Sozialausschuss (Art. 300 II, 301 ff. AEUV) und den Ausschuss der Regionen (Art. 300 III, 305 ff. AEUV). Beide sind beratende Einrichtungen, die in bestimmten Fällen, die der AEUV vorsieht, gehört werden müssen (zB Art. 114 I, 192 I AEUV) und ein Äußerungsrecht haben, wenn sie eine Stellungnahme für zweckdienlich erachten. Der **Wirtschafts- und Sozialausschuss**, der seinen Sitz in Brüssel hat, dient dabei als Interessenvertretung der wirtschaftlich Tätigen (vgl. die Aufzählung der vertretenen Gruppen in Art. 300 II AEUV). Der **Ausschuss der Regionen** soll dagegen den Einfluss der regionalen und lokalen Gebietskörperschaften, also zB der deutschen Bundesländer, stärken.

b) Europäische Investitionsbank

422 Die Art. 308 ff. AEUV regeln mit der Europäischen Investitionsbank eine weitere Institution. Diese hat die Aufgabe, in allen Wirtschaftszweigen bestimmte Vorhaben, wie die Erschließung strukturschwacher Gebiete oder die Modernisierung bzw. Umstrukturierung von Unternehmen, finanziell zu fördern.[326]

325 Eine Übersicht darüber finden Sie bei *Herdegen* EuropaR § 7 Rn. 104 ff.; vgl. auch *Görisch*, Die Agenturen der Europäischen Union, Jura 2012, 42.

326 Näher *Hakenberg* EuropaR Rn. 157 ff.; *Hobe* EuropaR § 8 Rn. 218.

c) Beschäftigungsausschuss

Schließlich sieht Art. 150 ff. AEUV die Einsetzung eines Beschäftigungsausschusses 423
vor. Dieser soll eine besondere Funktion im Bereich der Beschäftigungs- und Arbeitsmarktpolitik haben.

Einen zusammenfassenden Überblick über die sonstigen Institutionen der EU gibt 424
Übersicht 25.

Übersicht 25: Die sonstigen Institutionen der EU

Wirtschafts- und Sozialausschuss (Art. 300 II AEUV) →	**bestehend aus:** Vertretern der Gruppen des wirtschaftlichen und sozialen Lebens →	• Beratungsrecht • Recht auf Abgabe von Stellungnahmen
Ausschuss der Regionen (Art. 300 III, IV, Art. 305 AEUV) →	**bestehend aus:** Vertretern der regionalen und lokalen Gebietskörperschaften der einzelnen MS →	• Beratungsrecht • Anhörungsrechte aufgrund Eigeninitiative
Europäische Investitionsbank (Art. 308 AEUV) →	→	= Finanzierungsinstitut der EU, insbes. Beschaffung von Geldmitteln
Beschäftigungsausschuss (Art. 150 AEUV) →	**bestehend aus:** jeweils 3 Mitgliedern der Kommission und jeden Mitgliedstaaten →	• Koordinierung der Beschäftigung in den MS • Recht zur Abgabe und Stellungnahmen

III. Die Rechtsquellen des Unionsrechts

Die Rechtsquellen des Unionsrechts sind das primäre und das sekundäre Unions- 425
recht.

1. Primäres Unionsrecht

Primäres Unionsrecht sind die Gründungsverträge der Europäischen Union, die all- 426
gemeinen Rechtsgrundsätze und das europäische Gewohnheitsrecht. Das Primärrecht geht im Rang dem Sekundärrecht vor und bildet eine Art rechtliche Grundordnung der Europäischen Union. Ein Großteil seiner Regelungen richtet sich nur an die beteiligten Mitgliedsstaaten. Bestimmte Vorschriften, wie zB das allgemeine Diskrimi-

nierungsverbot nach Art. 18 AEUV, haben aber auch unmittelbare Wirkung, dh berechtigen oder verpflichten die Rechtssubjekte in den einzelnen Mitgliedstaaten.

427 • Die **Verträge** der Europäischen Union, also insbesondere der EUV und der AEUV bilden das Kernstück des primären Unionsrechts. Neuregelungen in diesem Bereich bedürfen einer Änderung des entsprechenden Vertrages.

Beispiel: So wurde auf der Grundlage von Art. 48 EUV aF der EUV geändert und der AEUV beschlossen.

428 • Unter den **allgemeinen Rechtsgrundsätzen** werden solche Regelungen verstanden, die allen Rechtsordnungen der Mitgliedstaaten gemein sind und daher als Unionsrecht anzuerkennen sind. Die Entwicklung solcher allgemeiner Rechtsgrundsätze erfolgt durch den EuGH. Wichtigster Anwendungsfall ist die Entwicklung eines Kataloges von gemeinschaftsrechtlichen Grundrechten, deren Wahrung nunmehr Art. 6 III EUV vorschreibt. Weitere Beispiele sind der Verhältnismäßigkeitsgrundsatz und das Vertrauensschutzprinzip.[327]

429 • **Gemeinschaftliches Gewohnheitsrecht** sind solche ungeschriebenen Regelungen, die aufgrund langjähriger Übung und entsprechendem Konsens der Beteiligten Geltung erlangen. Beispiel dafür ist die Praxis, dass sich die Mitgliedstaaten im Ministerrat entgegen dem Wortlaut von Art. 16 II, 9 EUV auch durch Staatssekretäre vertreten lassen können.[328]

2. Sekundäres Unionsrecht

430 Sekundäres Unionsrecht sind die Rechtsakte, die von Unionsorganen erlassen worden sind. Bestandteile des sekundären Unionsrechts sind nach Art. 288 AEUV die Verordnungen (Abs. 2), die Richtlinien (Abs. 3), die Beschlüsse (Abs. 4) sowie die Empfehlungen und Stellungnahmen (Abs. 5).[329] Davon zu unterscheiden sind die durch den Vertrag von Lissabon eingeführten sog. **delegierten Rechtsakte** (Art. 290 AEUV). Sie werden von der Kommission auf der Basis von Gesetzgebungsakten des Rates und des Parlaments erlassen und haben keinen Gesetzescharakter, dh sie werden nicht im ordentlichen oder besonderen Gesetzgebungsverfahren nach Art. 289 AEUV erlassen.

In der Praxis sind die Verordnungen und die Richtlinien, die generell-abstrakt wirken, also auf eine Vielzahl von Sachverhalten und Personen anwendbar sind, von besonderer Bedeutung und sollen daher im Folgenden näher dargestellt werden.

a) Verordnungen

431 Die **EU-Verordnung** hat nach Art. 288 II AEUV allgemeine Geltung, ist in allen Teilen verbindlich und gilt in jedem Mitgliedstaat unmittelbar. Damit hat sie für das einzelne Rechtssubjekt die gleiche Bedeutung wie ein nationales Gesetz. Der einzelne Bürger oder eine juristische Person werden allein aufgrund der EU-Verordnung berechtigt oder verpflichtet, ohne dass eine entsprechende nationale Rechtsvorschrift notwendig ist.

327 Vgl. *Doerfert* EuropaR Rn. 107.
328 *Hobe* EuropaR § 10 Rn. 17.
329 Die vom EVV vorgesehene Einführung des Begriffs EU-Gesetz wurde vom Vertrag von Lissabon nicht übernommen.

Beispiel: Durch die Gemeinschaftsmarken-Verordnung der EG[330] kann jedermann Zeichen als Gemeinschaftsmarke registrieren lassen.

b) Richtlinien

Die **EU-Richtlinie** ist nach Art. 288 III AEUV für jeden Mitgliedstaat hinsichtlich des zu erreichenden Ziels verbindlich, überlässt jedoch den innerstaatlichen Stellen die Wahl der Form und der Mittel. Anders als die EU-Verordnung hat die Richtlinie damit grundsätzlich keine unmittelbare Geltung. Sie wird für den Einzelnen erst rechtserheblich, wenn der Mitgliedstaat sie durch einen nationalen Rechtsakt umsetzt.[331] **432**

Beispiele: Eine Richtlinie verlangt Maßnahmen zur Reduzierung des Schadstoffausstoßes von Kraftfahrzeugen und regt an, dass den Herstellern Vorgaben zur Reduzierung des Kraftstoffverbrauchs zu machen sind. Auch wenn die Vorgaben hinreichend präzise wären, ist ein deutscher Automobilhersteller zu ihrer Erfüllung erst verpflichtet, wenn ein entsprechendes deutsches Gesetz besteht.

Für die Umsetzung der Richtlinien wird den Mitgliedstaaten eine bestimmte Frist gesetzt. Wird diese – was in der Praxis häufig vorkommt – nicht eingehalten, liegt eine Verletzung von Unionsrecht vor. Unmittelbar ist diese vom EGV nur durch die Möglichkeit eines Vertragsverletzungsverfahrens nach Art. 258, 259 AEUV sanktioniert. Der EuGH hat aber durch seine Rechtsprechung weitere »Druckmittel« geschaffen, nämlich die unmittelbare Geltung von Richtlinien zugunsten einzelner Rechtssubjekte und die Staatshaftung wegen unzureichender Umsetzung von Richtlinien. **433**

aa) Die unmittelbare Geltung von Richtlinien

Eine Direktwirkung von Richtlinien wird vom EuGH angenommen,[332] wenn: **434**

- eine Richtlinie unzureichend oder verspätet umgesetzt wird,
- die Richtlinie inhaltlich unbedingt ist und
- die Richtlinie inhaltlich hinreichend bestimmt ist.

Unbedingt ist die Richtlinie, wenn sie eine Verpflichtung festlegt, die unmittelbar umsetzbar ist. **Hinreichend bestimmt** ist sie, wenn die Verpflichtung durch die Richtlinie eindeutig festgelegt ist. Nicht mehr erforderlich ist nach der jüngsten Rechtsprechung des EuGH, dass die Richtlinie Rechte Einzelner begründen soll.[333] Daher kann auch eine Richtlinie, die den Staat zu einem Vorgehen verpflichtet, das nur der Allgemeinheit dient, zB die Einführung einer sog. Umweltverträglichkeitsprüfung für bestimmte Vorhaben, unmittelbar wirken.

Beispiel: Nach einer EG-Richtlinie werden die Mitgliedstaaten verpflichtet, ihren Bürgern freien Zugang zu Informationen über die Umwelt, die bei einer Behörde vorliegen, zu verschaffen. Wird diese Richtlinie nicht fristgerecht umgesetzt, hat ein Bürger dieses Mitgliedstaates einen Anspruch auf entsprechende Information (vgl. jetzt dazu § 4 Umweltinformationsgesetz).

Angewendet werden die Grundsätze über die unmittelbare Geltung einer Richtlinie aber nur im Verhältnis Bürger-Staat und auch nur zugunsten des Bürgers. Ausge-

---

330 VO EG 90/94 v. 20.12.1993, ABl. L 11, 1 ff.
331 Zum Problem, welche rechtliche Qualität der Umsetzungsakt haben muss, vgl. *Streinz* EuropaR § 5 Rn. 481.
332 EuGH Slg. 1982, 53 – Becker.
333 EuGH Slg. 1995 I, 2189 ff. – Großkrotzenburg.

schlossen ist die unmittelbare Geltung einer Richtlinie zu Lasten eines Bürgers und im Verhältnis Bürger – Bürger (sog. horizontale Drittwirkung).[334]

> **Beispiel:** Eine Richtlinie schreibt fest, dass bei Vertragsabschlüssen mit Privaten, die außerhalb von Geschäftsräumen erfolgen, ein Widerrufsrecht besteht (vgl. jetzt § 312 BGB, früher §§ 1, 3 HausTWG). Vor Umsetzung dieser Richtlinie durch das HausTWG hätte sich jemand, der an einem Straßenstand ein Zeitungsabo abgeschlossen hätte, auch bei Versäumung der vorgesehenen Umsetzungsfrist nicht auf die Rechtslage berufen können, da es um ein Recht gegenüber einem anderen Privatrechtssubjekt und nicht gegenüber dem Staat ging.[335]

bb) Die Staatshaftung wegen mangelnder Umsetzung von Richtlinien

435 Der EuGH hat in verschiedenen Urteilen einen unionsrechtlichen Staatshaftungsanspruch entwickelt, der dem Bürger einen Anspruch gegen einen Mitgliedstaat gibt, wenn dieser zurechenbar gegen Unionsrecht verstößt. Ein solcher Verstoß liegt insbesondere bei der Nichtumsetzung einer Richtlinie vor.[336]

436 Grundlagen dieses Anspruchs sind neben der Überlegung, dass nur so ein effektiver Schutz der Rechte des Einzelnen zu erreichen ist, die in Art. 4 III EUV zum Ausdruck kommende Pflicht der Mitgliedstaaten zur Vertragstreue und auch der Rechtsgedanke des Art. 340 AEUV, wonach für Verstöße gegen Unionsrecht eine Haftung (der EU) besteht.[337]

Haftungsvoraussetzungen sind nach der jüngeren Rechtsprechung des EuGH:[338]

- ein hinreichend qualifizierter Verstoß gegen einen Rechtsakt, der dem Einzelnen ein Recht verleiht und
- ein Kausalzusammenhang zwischen dem eingetretenen Schaden und dem Verstoß.

437 Ein hinreichend qualifizierter Verstoß liegt vor, wenn der Staat das ihm von der betreffenden Rechtsnorm eingeräumte Ermessen offenkundig und rechtserheblich überschreitet. Dies ist nach dem EuGH bei der nicht rechtzeitigen Umsetzung einer Richtlinie regelmäßig der Fall.[339]

Die genannten Grundsätze werden in folgendem Beispielsfall deutlich.[340]

Übungsfall 9	
Urlauber U hat bei Reiseveranstalter R eine Reise gebucht und gezahlt. Wegen Zahlungsschwierigkeiten des R kann die Reise nicht stattfinden und U seinen Rückzahlungsanspruch gegen R nicht durchsetzen. Eine Insolvenzversicherung hatte R nicht abgeschlossen, da eine entsprechende Verpflichtung aufgrund einer EU-Richtlinie vom deutschen Gesetzgeber nicht fristgerecht umgesetzt worden war. U verklagt die Bundesrepublik Deutschland auf Schadensersatz. Besteht ein entsprechender Schadensersatzanspruch?	

334 Ausführlich zum Ganzen *Streinz* EuropaR § 5 Rn. 489 ff.
335 Vgl. EuGH Slg. 1994, 3356 – Faccini Dori.
336 Vgl. EuGH NJW 1992, 165 – Francovich; NJW 1996, 1401.
337 *Hobe* EuropaR § 12 Rn. 219.
338 Einzelheiten bei *Bröhmer*, Die Weiterentwicklung des europäischen Staatshaftungsrechts – EuGH, EuGRZ 1996,144, JuS 1997, 121.
339 Näher *Streinz* EuropaR § 5 Rn. 460 ff.
340 Vgl. EuGH NJW 1996, 3141 – Dillenkofer und andere.

■ Bevor Sie die Falllösung lesen, versuchen Sie, zunächst selbst zumindest eine Lösungsskizze schriftlich zu erstellen.[341] 438

▶ **Lösung:** Ein Anspruch könnte sich aus dem unionsrechtlichen Staatshaftungsanspruch gemäß Art. 4 III EUV iVm Art. 260 AEUV analog ergeben.

a) Dieser verlangt zunächst einen hinreichend qualifizierten Verstoß gegen einen Rechtsakt, der einem Einzelnen ein Recht verleiht. Die Reiseveranstalter-RL begründet (subjektive) Rechte, da sie dem Verbraucherschutz dient. Ein hinreichend qualifizierter Verstoß lag auch vor, da die Bundesrepublik Deutschland die unionsrechtlich geforderte Maßnahme (Umsetzung der Richtlinie) unterlassen hat.

b) Weiter wäre die Ursächlichkeit des Verstoßes für den eingetretenen Schaden erforderlich. U wäre bei rechtzeitiger Umsetzung kein oder jedenfalls ein geringerer Schaden entstanden (vgl. die heutige Regelung des § 651k BGB). Damit ist sein Schaden auf den Verstoß der Bundesrepublik gegen Unionsrecht zurückzuführen.

Ergebnis: Urlauber U hat einen Schadensersatzanspruch gegen die Bundesrepublik Deutschland.

Die wichtigsten Rechtsakte des sekundären Unionsrechts sind in Übersicht 26 noch einmal zusammengefasst. 439

Übersicht 26: Sekundäres Unionsrecht

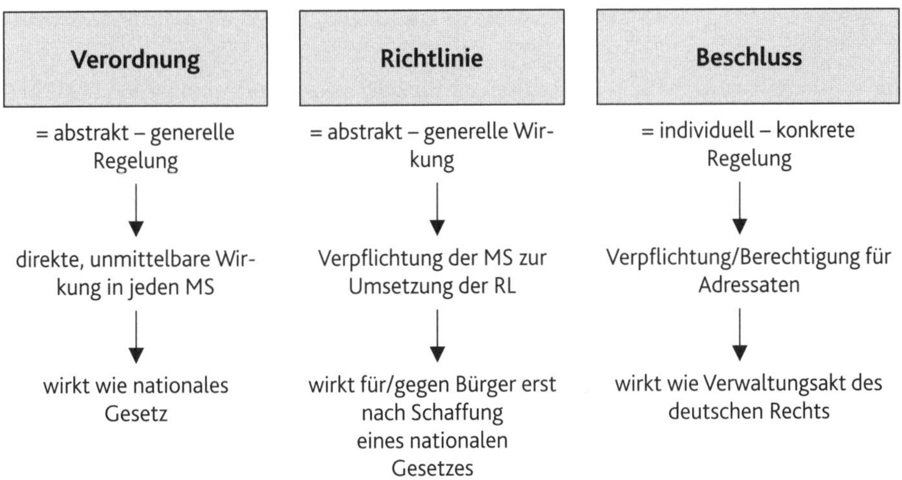

IV. Der Erlass von sekundärem Unionsrecht

1. Die Rechtsetzungskompetenz der Union

Die Rechtsetzung ist grundsätzlich ureigenste Angelegenheit des einzelnen Staates. 440
Zwar haben die einzelnen Mitgliedstaaten der EU durch ihren Beitritt einen Teil ihrer Hoheitsbefugnisse abgetreten (vgl. für die Bundesrepublik Deutschland hierzu Art. 23 GG). Trotzdem stellt sich die Frage, wann die EU und wann der einzelne Mitgliedstaat für den Erlass eines Rechtsaktes zuständig ist.

341 Aufbauhinweise finden sich bei *Hobe* EuropaR § 12 Rn. 237 oder *Frenz* ÖffR nach Rn. 965.

441 ■ Überlegen Sie selbst einmal, wie die Gesetzgebungskompetenz zwischen EU und den Mitgliedstaaten aufgeteilt sein könnte! Ziehen Sie dabei eine Parallele zu der Verteilung der Kompetenzen zwischen Bund und Ländern in der Bundesrepublik!

▶ Im Prinzip ist es wie in der Bundesrepublik im Verhältnis der Bundesländer zum Bund. Die Mitgliedstaaten haben die Gesetzgebungskompetenz, soweit der AEUV diese nicht der EU zuweist.

442 Der EGV enthält zur Verteilung der Gesetzgebungskompetenz zwei grundlegende Aussagen, nämlich das Prinzip der begrenzten Einzelermächtigung (Art. 5 I EUV) und das Subsidiaritätsprinzip (Art. 5 III EUV).

a) Prinzip der begrenzten Einzelermächtigung

443 Das **Prinzip der begrenzten Einzelermächtigung** besagt, dass für jedes Handeln der Gemeinschaft eine Rechtsgrundlage im AEUV vorhanden sein muss (vgl. Art. 5 I EUV). Dabei können diese Ermächtigungen dazu führen, dass die Mitgliedstaaten für diesen Bereich ihre Kompetenz verlieren (ausschließliche Rechtsetzungskompetenz der EU) oder dazu, dass sowohl die EU als auch die Mitgliedstaaten regelungsbefugt sind (konkurrierende Rechtsetzungskompetenz).

444 Im AEUV finden sich zahlreiche Rechtsetzungsbefugnisse. Diese können für eine Einzelmaterie bestehen oder eine Vielzahl von Sachverhalten betreffen.

Beispiele: Nach Art. 103 AEUV kann die EU Richtlinien und Verordnungen zur Vermeidung wettbewerbsverhindernder Vereinbarungen erlassen; nach Art. 114 AEUV sind alle Regelungen zulässig, die zur Verwirklichung des Binnenmarktes eine Rechtsangleichung herbeiführen.

445 Als Ausnahme vom Prinzip der begrenzen Einzelermächtigung enthält der EGV mit Art. 352 AEUV eine Generalermächtigung, die allerdings restriktiv auszulegen ist.[342] Außerdem geht der EuGH von einer ungeschriebenen Rechtsetzungskompetenz kraft Sachzusammenhangs[343] aus, dem sog. Prinzip der »implied powers«.[344]

b) Das Subsidiaritätsprinzip

446 Das **Subsidiaritätsprinzip** besagt, dass die EU in Bereichen, in denen sie nicht die ausschließliche Rechtsetzungszuständigkeit hat, nur tätig werden darf, wenn eine unionsrechtliche Maßnahme effektiver ist als Maßnahmen der einzelnen Mitgliedstaaten (vgl. Art. 5 III EUV). Bezüglich der Art und Weise, wie die EU tätig wird, wird das Subsidiaritätsprinzip durch den Grundsatz der Verhältnismäßigkeit ergänzt. Danach muss die Art der Rechtsetzung insbesondere erforderlich sein (Art. 5 IV EUV). Deswegen darf die EU zB erst dann eine Verordnung erlassen, wenn zur Erreichung des angestrebten Ziels eine Richtlinie nicht ausreichend ist.

447 Durch den Vertrag von Lissabon wurde eine **Subsidiaritätskontrolle** durch die nationalen Parlamente eingeführt. Diese können vor Erlass des Rechtsaktes Einspruch erheben, wenn sie die nationale Zuständigkeit als verletzt ansehen.

448 Von der gerade behandelten Frage, ob die EU Rechtsakte erlassen kann (sog. Verbandskompetenz), ist die Frage zu unterscheiden, welches Organ der EU für den Erlass des jeweiligen Rechtsaktes zuständig ist (= **Organkompetenz**). Dies wird in der

342 *Fischer* EuropaR § 6 Rn. 165.

343 Ähnlich wird im deutschen Recht eine ungeschriebene Gesetzgebungskompetenz des Bundes konstruiert; → Rn. 94.

344 Näher siehe *Herdegen* EuropaR § 8 Rn. 61.

jeweiligen Befugnisnorm angegeben (vgl. zB Art. 114 AEUV). Rechtsetzungsorgane sind nach dem Inkrafttreten des Vertrags von Lissabon Rat und Parlament gemeinsam (Art. 14 I, 16 I EUV).

2. Das Rechtsetzungsverfahren

Wie im nationalen Recht, ist auch im Europarecht das Verfahren zum Erlass eines Rechtsaktes genau vorgeschrieben. Im Mittelpunkt steht dabei die Frage, wie intensiv das Europäische Parlament zu beteiligen ist. Durch die Verträge von Maastricht und Amsterdam wurde dessen Stellung stetig verbessert, insbesondere durch die Einführung der Verfahren der Zusammenarbeit (Art. 252 EGV) und der Mitentscheidung (Art. 251 EGV). Durch den Vertrag von Lissabon wurde das Mitentscheidungsverfahren unter der Bezeichnung **ordentliches Gesetzgebungsverfahren** zum Regelgesetzgebungsverfahren aufgewertet (Art. 289 I AEUV).[345] **449**

Beim ordentlichen Gesetzgebungsverfahren (Art. 294 AEUV) müssen Parlament und Rat gemeinsam handeln, um einen Rechtsakt zu erlassen. Das ordentliche Gesetzgebungsverfahren durchläuft nach Art. 294 AEUV im Wesentlichen folgende Stadien:[346] **450**

- Vorschlag der Kommission (Art. 294 II AEUV)
- Beratung des Vorschlags im Parlament und Festlegung eines Standpunktes (1. Lesung)
- Billigung dieses Standpunktes durch den Rat bzw. Vorlage eines eigenen Standpunktes des Rates (Art. 294 IV u. V AEUV)
- Beratung des Standpunktes des Rates im Parlament (2. Lesung), die mit der Billigung des Standpunkts des Rates,[347] dessen Ablehnung oder der Abgabe von Änderungswünschen endet (Art. 294 VII AEUV)
- Billigung der Änderungswünsche des Parlaments durch den Rat oder Anrufung eines Vermittlungsausschusses (Art. 294 VIII–X AEUV)[348]
- Beratung in Rat und Parlament über Vermittlungsvorschlag (3. Lesung) und ggf. gemeinsamer Beschluss des Rechtsakts (Art. 293 XIII AEUV)

Graphisch lässt sich der Ablauf wie in Übersicht 27 erfolgt darstellen.

345 Daneben sieht der Vertrag von Lissabon nur noch ein weiteres Verfahren vor, das sog. besondere Gesetzgebungsverfahren (Art. 289 II AEUV).

346 *Streinz* EuropaR § 5 Rn. 49 ff.

347 Nach Art. 294 VII lit a) AEUV gilt der Rechtsakt auch als erlassen wenn sich das Parlament innerhalb von 3 Monaten nicht zum Standpunkt des Rates äußert.

348 Erzielt der Vermittlungsausschuss innerhalb von 6 Wochen keine Einigung, ist der Rechtsakt gescheitert.

451 Übersicht 27: Das ordentliche Gesetzgebungsverfahren nach Art. 294 AEUV

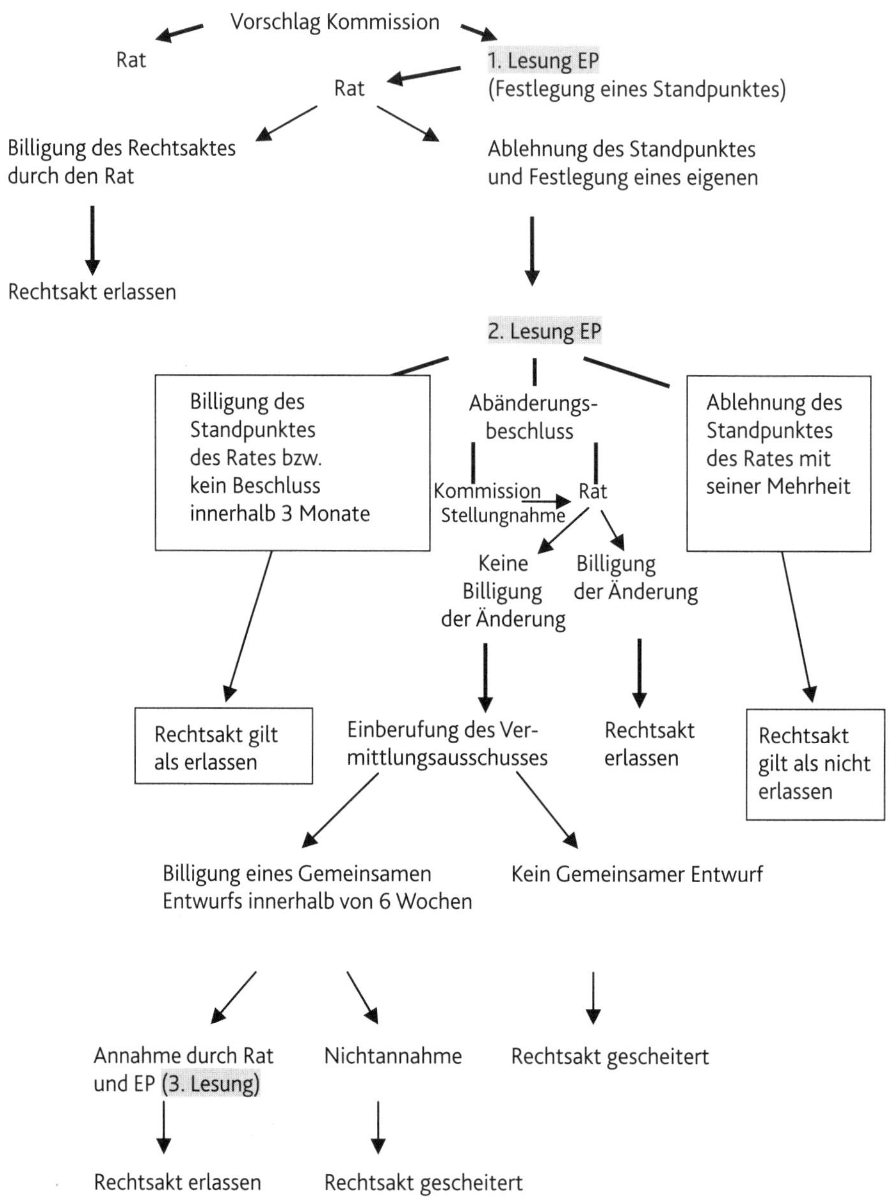

Neben dem ordentlichen Gesetzgebungsverfahren kennt das Unionsrecht seit dem Vertrag von Lissabon noch das besondere Gesetzgebungsverfahren (Art. 289 II AEV). Dieses zeichnet sich dadurch aus, dass das Zustandekommen eines Rechtsaktes des Europäischen Parlaments oder des Rates der Beteiligung des jeweils anderen Organs bedarf. Insoweit können unterscheiden werden: 452

- Rechtsakte, bei deren Erlass der Rat oder das Parlament nur **angehört** werden müssen (zB Art. 81 III, 89 oder 113 I AEUV, wonach ein Beschluss des Rates erst nach Anhörung des Parlaments erfolgen darf). 453
- Rechtsakte, deren Erlass der ausdrücklichen **Zustimmung** des jeweils anderen Organs bedarf. So bedarf es der Zustimmung des Parlaments wenn der Rat durch Verordnung eine Europäische Staatsanwaltschaft einführen will (Art. 86 I AEUV) oder der Zustimmung des Rates, wenn das Parlament eine Verordnung zur Rechtsstellung seiner Abgeordneten erlassen will (Art. 223 II AEUV). 454

Von der Zuständigkeit für den Erlass eines Rechtsaktes ist die **Zuständigkeit für die Durchführung des Rechtsaktes** zu unterscheiden. Diese Aufgabe ist der Exekutive zuzurechnen. Grundsätzlich sind dafür die Verwaltungen der einzelnen Mitgliedstaaten zuständig (indirekter Verwaltungsvollzug).[349] Zum Teil bestehen aber auch entsprechende Durchführungsvorschriften der EG. Diese sind mit den Rechtsverordnungen des deutschen Rechts (vgl. Art. 80 GG) vergleichbar und werden von der Kommission aufgrund Ermächtigung im jeweiligen Rechtsakt (vgl. Art. 291 II AEUV) erlassen. Die nationalen Behörden sind an solche Vorgaben gebunden. 455

3. Das Verhältnis von Unionsrecht und nationalem Recht

Soweit primäres oder sekundäres Unionsrecht in den Mitgliedstaaten unmittelbare Geltung hat, stellt sich die Frage nach dem Verhältnis von Unionsrecht und nationalem Recht. 456

■ Was meinen Sie, wie ein solcher Konflikt zu lösen ist? 457

▶ Es gilt der Grundsatz des **Anwendungsvorrangs des Unionsrechts**. Dieser führt dazu, dass bei einem Widerspruch zwischen einer nationalen und einer unionsrechtlichen Regelung die unionsrechtliche Regelung anzuwenden ist. Dies gilt im Grundsatz auch für das Verfassungsrecht eines Mitgliedstaates.

> **Beispiel:** Schreibt eine EU-Verordnung zB vor, dass in einem Produkt ein bestimmter Schadstoff nur bis zu einem Wert von 0,05 mg enthalten sein darf, würde ein deutsches Gesetz, das den Schadstoff bis zu 0,08 mg zulässt, hinter die unionsrechtliche Regelung zurücktreten.

■ Wie könnte man Ihrer Meinung nach den Vorrang des Unionsrechts begründen? 458

▶ Die Begründung für die Geltung dieses Prinzips ist zwischen dem EuGH und dem BVerfG umstritten. Während der EuGH dies aus der Verpflichtung der Mitgliedstaaten zur umfassenden Verwirklichung des EU-Rechts herleitet,[350] stützt das BVerfG den Grundsatz auf die Übertragung von Hoheitsrechten auf die EU durch die Verträge.[351] Die verschiedene Sichtweise hat Auswirkungen für die Frage, in-

349 Näher *Hobe* EuropaR § 10 Rn. 104 ff.
350 Vgl. zB EuGH Slg. 1978, 629.
351 BVerfGE 31, 145; im sog. Lissabon-Urteil hat das BVerfG, DÖV 2009, 84 insoweit aber die Mitwirkungspflichten von Bundestag und Bundesrat hervorgehoben.

wieweit der Vorrang des EU-Rechts auch gegenüber deutschem Verfassungsrecht, insbesondere den Grundrechten des GG, gilt. Diese Frage war Gegenstand wichtiger Entscheidungen des BVerfG, insbesondere der sog. »**Solange-Urteile**«,[352] des Maastricht-Urteils[353] und der sog. »Bananenentscheidung«.[354] Danach gilt, dass das BVerfG sich zwar die Kompetenz zuspricht, EU-Verordnungen am deutschen Verfassungsrecht zu messen, es von dieser Kompetenz aber nur Gebrauch macht, wenn der Grundrechtsschutz durch den EuGH generell nicht mehr gewährleistet ist.[355]

V. Der Rechtsschutz durch den EuGH

1. Allgemeines

459 Die Art. 258 ff. AEUV legen abschließend fest, wann der EuGH angerufen werden kann.[356] Ergänzt werden diese Regelungen durch die Verfahrensordnung des Europäischen Gerichtshofs (VerfO EuGH), die die Förmlichkeiten der Klageerhebung (zB Sprachenfrage) und den Verfahrensablauf festlegt.

460 Einen ersten Überblick über die Verfahren vor dem EuGH können Sie sich mit Übersicht 28 verschaffen.[357]

Übersicht 28: Die Verfahren vor dem EuGH

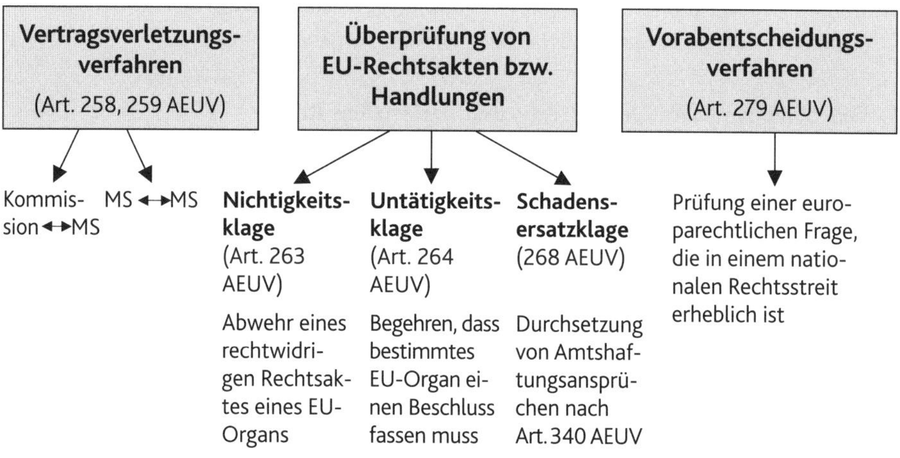

352 Solange I: BVerfGE 37, 271; Solange II: BVerfGE 73, 339.

353 BVerfGE 89, 155.

354 BVerfGE 102, 147.

355 Einzelheiten bei *Arndt/Zuck/Lenz*, Verfassungsrechtlicher Rechtsschutz gegen Europa, NJW 1997, 1193 ff.; *Odendahl*, »Das Kooperationsverhältnis« zwischen BVerfG und EuGH, JA 2000, 219 ff.; *Trautwein*, Zur Rechtsprechungskompetenz des BVerfG auf dem Gebiet des Europäischen Gemeinschaftsrechts, JuS 1997, 883 ff.

356 Eine Übersicht dazu gibt *Heller*, Der Rechtsweg zum EuGH, JuS 1996, 209 ff.; zur Modifizierung des Rechtsschutzes durch den Vertrag von Lissabon vgl. *Schröder*, Neuerungen im Rechtsschutz der Europäischen Union durch den Vertrag von Lissabon, DÖV 2009, 61 ff.

357 Vgl. auch das Schaubild bei *Hobe* § 11 Rn. 191.

Ein Teil der Klagemöglichkeiten, die sog. **Vertragsverletzungsverfahren**, betreffen den Einzelnen als Privatperson oder als Unternehmer nur mittelbar. Sie umfassen die Klage der Kommission (Art. 258 AEUV) oder eines Mitgliedstaats (Art. 259 AEUV) gegen einen Mitgliedstaat, der gegen primäres oder sekundäres Unionsrecht verstoßen hat. Für Einzelheiten dieses Verfahrens wird daher auf die europarechtliche Spezialliteratur verwiesen.[358] **461**

Verfahrensarten, die auch einen einzelnen Bürger oder Unternehmer betreffen, sind die Nichtigkeitsklage (Art. 263 AEUV), die Untätigkeitsklage (Art. 265 AEUV), das Vorabentscheidungsverfahren gem. Art. 267 AEUV sowie die Schadensersatzklage nach Art. 268 AEUV.[359] **462**

2. Die Nichtigkeitsklage

a) Gegenstand und Zulässigkeitsvoraussetzungen

Bei der Nichtigkeitsklage geht es darum, dass eine bestimmte Rechtshandlung eines EU-Organs, insbesondere eine Verordnung, eine Richtlinie oder ein Beschluss für nichtig erklärt werden soll. Klageberechtigt sind ein Mitgliedstaat, die in Art. 263 II AEUV genannten Organe, die EZB, der Rechnungshof, der Ausschuss der Regionen (Art. 263 III AEUV) oder eine natürliche bzw. juristische Person. Bei juristischen bzw. natürlichen Personen kann die Nichtigkeitsklage gem. Art. 263 III AEUV allerdings nur unter einschränkenden Voraussetzungen erhoben werden. **463**

Für die Nichtigkeitsklage einer natürlichen oder juristischen Person sind im Einzelnen folgende **Zulässigkeitsvoraussetzungen** erforderlich:[360] **464**

- **Klagegegenstand**: Maßnahme eines EU-Organs. **465**
- **Zulässiger Klagegrund**: Die Klage muss sich darauf stützen, dass die angegriffene Maßnahme von einem unzuständigen Organ erlassen wurde, dass beim Erlass Formvorschriften verletzt wurden, dass die Maßnahme gegen primäres oder sekundäres Unionssrecht verstößt oder dass beim Erlass der Maßnahmen das eingeräumte Ermessen missbraucht wurde. **466**
- **Klageberechtigung**: Der Kläger muss durch die angegriffene Maßnahme unmittelbar und individuell[361] betroffen sein (Art. 263 IV AEUV).[362] Dies ist bei Beschlüssen, die an den Kläger gerichtet sind, regelmäßig der Fall. **467**

  > **Beispiel:** Ein Unternehmer wendet sich dagegen, dass die Kommission wegen eines Wettbewerbsverstoßes gegen ihn ein Bußgeld verhängt hat.

  Schwieriger ist es, wenn ein Beschluss sich an **Dritte** richtet,[363] zB an einen Mitgliedstaat oder an einen Konkurrenten. Im ersten Fall wird die erforderliche Betroffenheit bejaht, wenn durch die Entscheidung des EU-Organs gegenüber dem **468**

358 Vgl. zB *Streinz* EuropaR § 8 Rn. 622 ff., *Herdegen* EuropaR § 9Rn. 4 ff. Gleiches gilt für die Beamtenstreitigkeiten nach Art. 236 EGV.

359 Prüfungsschemata zu den wesentlichen Klagen finden sich bei *Doerfert/Oberrath/Schäfer* EuropaR S. 85 ff.

360 Ausführlich dazu *König*, Die Individualklage nach Art. 230 IV EG, JuS 2003, 257.

361 Die individuelle Betroffenheit entfällt seit dem Vertrag von Lissabon aber wenn, ein sog. Rechtsakt mit Verordnungscharakter angegriffen wird, der keinen Gesetzescharakter hat.

362 Zur Auslegung dieser Begriffe *Fischer* EuropaR § 8 Rn. 291 f.

363 Näher dazu *Herdegen* EuropaR § 9 Rn. 17 ff.

Mitgliedstaat die Entscheidung des Mitgliedstaats gegen den Einzelnen bereits vorgeprägt ist.

> **Beispiel:** Die Aufforderung der Kommission an einen Mitgliedstaat, eine unionsrechtswidrige Subventionszahlung zurückzufordern (vgl. Art. 107 AEUV), betrifft das fragliche Unternehmen unmittelbar und individuell, weil der Mitgliedstaat europarechtlich zur Rückforderung verpflichtet ist.

Im zweiten Fall lässt der EuGH die Klage zu, wenn sich die Entscheidung zugunsten des Konkurrenten unmittelbar wettbewerbsverschlechternd auswirkt.

> **Beispiel:** Die Kommission genehmigt den Zusammenschluss zweier Unternehmen. Diese Entscheidung betrifft ein Konkurrenzunternehmen unmittelbar und individuell, da sich dessen Wettbewerbssituation auf dem betreffenden Markt spürbar verschlechtern kann.

469 Echte **Verordnungen** kann ein Privatrechtssubjekt nur dann mit der Nichtigkeitsklage angreifen, wenn die Verordnung es wie eine Einzelfallentscheidung betrifft. Das ist dann der Fall, wenn das Privatrechtssubjekt durch bestimmte persönliche Umstände aus dem Kreis aller übrigen Personen herausgehoben ist.[364] Im Regelfall wird das nur gegeben sein, wenn es sich um eine Entscheidung im Gewand einer Verordnung handelt, dh wenn eine Einzelfallregelung durch Verordnung geschaffen wurde.[365]

> **Beispiel:** Eine EU-VO beschränkt den Import eines bestimmten Produkts. Aufgrund der Marktlage gibt es nur einen Unternehmer, den dies betrifft.

470 • **Klagefrist**: Schließlich muss die Klage innerhalb 2 Monaten nach Erlass des angegriffenen Rechtsaktes erhoben werden (vgl. Art. 263 VI AEUV).

b) Begründetheit

471 Begründet ist die Nichtigkeitsklage, wenn einer der in Art. 263 II AEUV genannten Rechtsverstöße tatsächlich gegeben ist. Der EuGH erklärt den Rechtsakt dann gem. Art. 264 I AEUV für nichtig, dh dieser entfaltet keine Wirkung (mehr).

472 Zur Verdeutlichung der Anforderungen an die Erfolgsaussichten der Nichtigkeitsklage einer natürlichen oder juristischen Person dient der folgende Beispielsfall.

Übungsfall 10	
Eine EU-VO schreibt vor, dass Hersteller von Tabakwaren in Zukunft ihre Erzeugnisse mit einem Warnhinweis (»Rauchen gefährdet Ihre Gesundheit«) versehen müssen. Hersteller H-AG möchte den EuGH anrufen, weil seine Berufsfreiheit verletzt sei. Hat die H-AG mit ihrer Klage Aussicht auf Erfolg?	

473 ■ Wissen Sie noch,[366] wann ein Rechtsbehelf Aussicht auf Erfolg hat?

▶ Der Rechtsbehelf müsste zulässig und begründet sein.

---

364 Sog. »Plaumann-Test«; vgl. EuGH Slg. 1963, 214; näher *Doerfert* EuropaR Rn. 160 ff. oder *Oppermann/Classen/Nettesheim* EuropaR § 9 Rn. 42.

365 Näher dazu *Baumeister*, Effektiver Individualrechtsschutz im Gemeinschaftsrecht, EuR 2005, 1 ff.; *Cremer*, Nichtigkeitsklagen Einzelner gegen Rechtsakte der Gemeinschaft: Klagegegenstand und Klagebefugnis nach Art. 174 EGV, EWS 1999, 48 ff.; *Korth/Schwelz*, Die Geltendmachung der Gemeinschaftsgrundrechte im Wege des Individualrechtsschutzes, JA 2004, 340 ff.; *Röhl*, Rechtsschutz gegen EG-Verordnungen, Jura 2003, 830.

366 Sie haben oben bei der Verfassungsbeschwerde bereits etwas darüber erfahren; → Rn. 123.

■ Bevor Sie die Falllösung lesen, versuchen Sie, zunächst selbst eine ausformulierte Lösung zu erstellen. 474

▶ **Lösung:** In Betracht kommt nur eine Nichtigkeitsklage nach Art. 263 AEUV. Diese müsste zunächst zulässig sein.

a) Die VO ist als Rechtshandlung des Rates und des Parlaments ein geeigneter Klagegegenstand iSv Art. 263 I AEUV.

b) Auch stützt sich die H-AG auf einen zulässigen Klagegrund, da die Berufsfreiheit als unionsrechtliches Grundrecht anerkannt ist und damit ein Verstoß gegen das bei der Durchführung des EGV anzuwendende Recht vorliegen könnte.

c) Problematisch ist aber die Klageberechtigung der H-AG. Die H-AG ist zwar als juristische Person grundsätzlich klageberechtigt. Nach Art. 263 IV AEUV müsste sie aber durch die angegriffene Maßnahme unmittelbar und individuell betroffen sein. Zwar ist die H-AG durch die Verordnung unmittelbar betroffen, da sich die Etikettierungspflicht direkt aus der Verordnung ergibt. Es fehlt jedoch die individuelle Betroffenheit, da die H-AG in der gleichen Weise betroffen ist wie alle anderen Tabakhersteller, sich aus dem Kreis der in der gleichen Situation befindlichen Personen also nicht abhebt.[367]

Ergebnis: Die Klage hat keine Aussicht auf Erfolg, da sie bereits unzulässig ist.

3. Die Untätigkeitsklage

Die Untätigkeitsklage kann als Gegenstück zur Nichtigkeitsklage angesehen werden, 475 allerdings nur insoweit als ein EU-Organ überhaupt nicht gehandelt hat. Es geht bei ihr nämlich darum, feststellen zu lassen, dass ein Unterlassen des Europäischen Parlaments, des Europäischen Rates, des Rates, der Kommission oder der EZB unionsrechtswidrig war.[368] Erhoben werden kann die Klage vom gleichen Klägerkreis wie die Nichtigkeitsklage. Bei natürlichen oder juristischen Personen ist dabei wieder eine Klageberechtigung erforderlich, die nur vorliegt, wenn die natürliche oder juristische Person geltend macht, dass an sie eine Entscheidung hätte ergehen müssen.

Beispiel: Zwei Unternehmer beantragen die nach Art. 103 AEUV iVm der Fusions-VO erforderliche Genehmigung für ihren Zusammenschluss. Gegen die Nichtbescheidung ihres Antrags können sie mit der Untätigkeitsklage vorgehen.

Für alle Klageberechtigten ist erforderlich, dass sie vor Erhebung der Klage das untätige Organ zum Handeln aufgefordert haben. Näheres zu diesem **Vorverfahren** regelt Art. 265 II AEUV. Stellt der EuGH fest, dass das verklagte Organ hätte handeln müssen, stellt er die Rechtswidrigkeit des Unterlassens fest. Das betreffende Organ ist dann gem. Art. 266 AEUV verpflichtet, die entsprechende Handlung vorzunehmen. 476

4. Das Vorabentscheidungsverfahren

Das Vorabentscheidungsverfahren ist das Verfahren, mit dem der EuGH am Häufigsten befasst ist. Seine Besonderheit liegt darin, dass es bei ihm zwar um unionsrecht- 477

367 Vgl. EuGH EuZW 1996, 434.
368 Näher *Hobe* EuropaR § 11 Rn. 155 ff.

liche Fragen geht, die sich aus einem konkreten Streit um die Rechtmäßigkeit staatlichen Handelns ergeben, der tatsächlich Betroffene aber den EuGH nicht selbst anrufen kann. Antragsberechtigt im Vorabentscheidungsverfahren sind vielmehr nur nationale Gerichte.

478 Das Vorabentscheidungsverfahren führt daher dazu, dass in einem nationalen Rechtsstreit eine Art Zwischenverfahren stattfindet. Das nationale Gericht unterbricht das bei ihm anhängige Verfahren, leitet die Akten an den EuGH weiter und setzt, nach der Stellungnahme des EuGH zur vorgelegten Frage, das Verfahren fort.

Verdeutlichen lässt sich der Ablauf mit der in Übersicht 29 enthaltenen graphischen Darstellung.

479 **Übersicht 29: Der Ablauf des Vorabentscheidungsverfahrens**

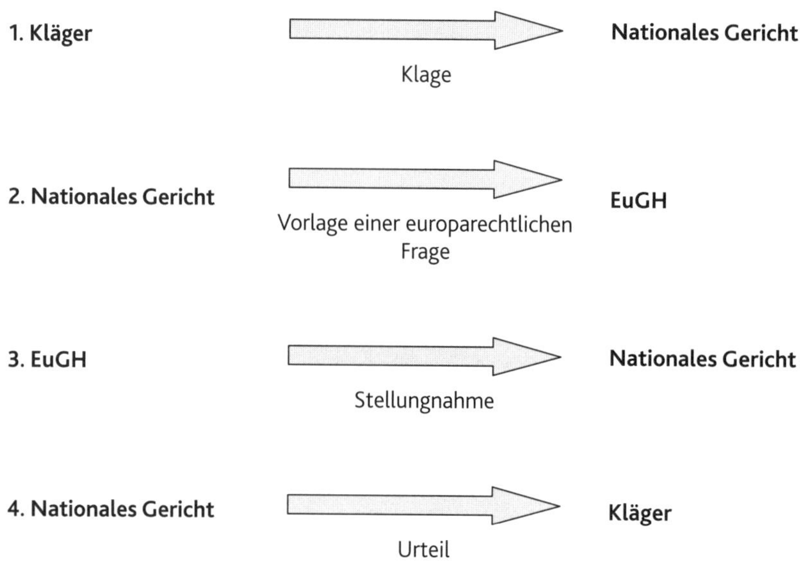

480 Die Verfahrensbeteiligten können eine Vorlage zwar anregen, sie können sie aber nicht erzwingen. Allerdings kann in der Nichtvorlage durch ein deutsches Gericht uU eine Verletzung des Art. 101 I 2 GG (Anspruch auf den gesetzlichen Richter) liegen und damit eine Anrufung des BVerfG zulässig sein. Voraussetzung ist, dass das betreffende Gericht gegen eine sich aus Art. 267 AEUV oder sonst ergebende Vorlagepflicht verstoßen hat.[369]

481 Für ein **Vorlagerecht** eines nationalen Gerichts ist erforderlich, dass es für die Entscheidung in einem konkreten Rechtsstreit darauf ankommt, ob ein Rechtsakt des sekundären Unionsrechts gültig ist oder darauf, wie Rechtssätze des primären oder sekundären Unionsrechts auszulegen sind.

369 Einzelheiten siehe *Fischer* EuropaR § 8 Rn. 315.

Beispiel: Einem deutschen Unternehmen wird die Einfuhrgenehmigung für eine Ware aus einem anderen Mitgliedstaat verweigert. Dieses Unternehmen klagt vor dem Verwaltungsgericht (VG) auf Erteilung der Genehmigung. Das VG legt die Frage, wie Art. 34 AEUV, der Einfuhrbeschränkungen verbietet, auszulegen ist, dem EuGH vor.

Eine **Vorlagepflicht** besteht nach Art. 267 III AEUV für letztinstanzliche Gerichte. 482
Die in der Bundesrepublik Deutschland hM definiert die »Letztinstanzlichkeit« eines Gerichts konkret. Es kommt daher nicht darauf an, ob das Gericht das jeweils Oberste des jeweiligen Gerichtszweigs ist (abstrakte Betrachtungsweise), sondern darauf, ob im konkreten Fall gegen die Entscheidung noch Rechtsmittel möglich sind.[370]

Beispiel: In einem zivilrechtlichen Verfahren kann also nicht nur der BGH vorlagepflichtig sein, sondern, soweit im konkreten Fall, zB wegen Nichterreichung der Berufungssumme, kein Rechtsmittel möglich ist, auch ein Amtsgericht.

Über Art. 267 III AEUV hinaus vertritt die hM eine Vorlagepflicht aller Gerichte für 483
den Fall, dass das Gericht eine Norm des sekundären Unionsrechts für unwirksam hält und sie deswegen auf einen konkreten Rechtsstreit nicht anwenden will.[371] Begründet wird dies mit dem sog. **Verwerfungsmonopol des EuGH** für sekundäres Unionsrecht.

Ist eine Vorlage an den EuGH zulässig, entscheidet dieser über die vorgelegte Frage 484
und gibt die Sache dann an das vorlegende Gericht zurück. Dieses ist an die Entscheidung des EuGH gebunden und legt diese seiner eigenen Entscheidung in der konkreten Sache zugrunde.

Beispiel: In dem Fall, der dem Sachverhalt im Beispielsfall bei Rn. 437 zugrunde lag (nicht rechtzeitig umgesetzte Pauschalreiserichtlinie) hat das Landgericht Bonn, bei dem fünf betroffene Urlauber die Bundesrepublik Deutschland verklagt hatten, dem EuGH die Frage vorgelegt, ob das Unionsrecht so auszulegen ist, dass bei nicht rechtzeitiger Umsetzung einer Richtlinie dem von dieser Begünstigten der dadurch entstandene Schaden zu ersetzen sei. Der EuGH bejahte diese Frage. Das LG Bonn hätte daraufhin in seinem Urteil die Bundesrepublik Deutschland zum Schadensersatz verurteilen müssen (dazu kam es allerdings nicht, da die Kläger aufgrund eines Vergleichs mit der Bundesrepublik Deutschland ihre Klagen zurückgenommen haben).

5. Die Schadensersatzklage

Nach Art. 268 AEUV ist der EuGH schließlich für Klagen zuständig, mit denen ein 485
Schadensersatzanspruch gegen die EG gem. Art. 340 II AEUV durchgesetzt werden soll.

Voraussetzung für eine Haftung nach Art. 340 II AEUV ist, dass ein Bediensteter der 486
EU einen Fehler begangen hat, für den die EU nach den allgemeinen Rechtsgrundsätzen, die in den Mitgliedstaaten gemeinsam gelten, haftet. Eine Haftung der EU richtet sich danach nach den Grundsätzen, die in den Mitgliedstaaten für die sog. Staatshaftung gelten.[372] Damit ist für eine Haftung der EU erforderlich, dass ein Unionsorgan oder ein Bediensteter eines solchen rechtswidrig gehandelt hat und dadurch ein Schaden entstanden ist. Die Rechtswidrigkeit des Handelns nimmt der EuGH

370 *Streinz* EuropaR § 8, Rn. 687.
371 Vgl. näher *Herdegen* EuropaR § 9 Rn. 31.
372 Zur Staatshaftung nach deutschem Recht → Rn. 835 ff.

dabei nur an, wenn ein hinreichend qualifizierter Verstoß gegen Unionsrecht, das die Begünstigung Einzelner bezweckt, vorliegt. Eine Handlung in diesem Sinne ist auch der Erlass einer Richtlinie oder einer Verordnung.

Literatur zur Vertiefung: *Arndt*, Erster Teil bis Sechster Teil; *Borchardt* Grundl. EU §§ 1–6; *Doerfert* EuropaR Teil 2 und 3; *Ehlers*, Die Nichtigkeitsklage des Europäischen Gemeinschaftsrechts, JuS 2009, 31 ff.; *Fischer* EuropaR §§ 5–8; *Frenz*, Kommission, VR 2011, 305 ff.; *ders.*, Verfahrensmöglichkeiten vor dem Gerichtshof der EU, VR 2011, 885; *Herdegen* EuropaR §§ 4–10; *Herrmann/Michl*, Wirkungen von EU-Richtlinien, JuS 2009, 1065; *Hobe* EuropaR §§ 5–8, 10-12; *Haratsch/Koenig/Pechstein* EuropaR Drittes Kapitel; *Oppermann/Classen/Nettesheim* EuropaR §§ 5–9; *Polzin*, Das Rangverhältnis von Verfassungs- und Unionsrecht nach der neusten Rechtsprechung des Bundesverfasssungsgerichts, JuS 2010, 1 ff.; *Sensburg*, Handlungsformen der EG und EU – Ein Überblick, JA 2007, 612; *Schäfer* EuropaR §§ 3–9; *Streinz* EuropaR §§ 1–8; *Schöbener*, Das Verhältnis von EU-Recht zum nationalen Recht aus der Sicht der Bundesrepublik Deutschland, JA 2011, 885; *WKSZ* ÖffR/EuropaR § 14–18; *Zacker/Wernicke*, B I bis III; *Wernsmann/Behrmann*, Das Vorabentscheidungverfahren nach Art. 234 EGV, Jura 2006, 181.

2. Kapitel. Überblick über das europäische Wirtschaftsrecht

I. Die Wirtschaftsverfassung der EU

Entsprechend der Frage nach der Wirtschaftsverfassung des GG[373] geht es hier um die Frage, inwieweit das Unionsrecht, insbesondere der AEUV, rechtliche Vorgaben für die wirtschaftliche Betätigung innerhalb der EU macht. 487

1. Die Wirtschaftsordnung der Europäischen Union

a) Allgemeines

■ Erinnern Sie sich, welche Wirtschaftsordnung in der Bundesrepublik gilt? 488

▶ Wenn nein, lesen Sie oben[374] nach!

Art. 3 III EUV und Art. 119 AEUV (bitte beide lesen!) verpflichten die europäische Union und die Mitgliedstaaten auf den **Grundsatz einer offenen Marktwirtschaft mit freiem Wettbewerb.**[375] Damit soll ein Wirtschaftsraum geschaffen werden, in dem das wirtschaftliche Handeln grundsätzlich frei und staatliches Eingreifen die Ausnahme ist. Dieser Wirtschaftsraum ist der **Binnenmarkt,**[376] dessen Verwirklichung nach Art. 3 III EUV eines der Hauptziele der Europäischen Union ist. Der Binnenmarkt umfasst einen Raum, der durch den freien Verkehr von Waren, Personen, Dienstleistungen und Kapital gekennzeichnet ist und der durch die Gewährung der unten zu besprechenden Grundfreiheiten abgesichert ist (vgl. auch Art. 26 II AEUV). 489

Durchbrochen wird der Grundsatz der offenen Marktwirtschaft mit freiem Wettbewerb dadurch, dass der AEUV verschiedentlich die Befugnis zu Eingriffen in den Markt gibt. Zu nennen ist hier vor allem die Möglichkeit für bestimmte Bereiche, zB die Landwirtschaft, Marktordnungen einzuführen.[377] Diese treffen genaue Regeln für die Preisgestaltung oder legen andere Maßnahmen zur Marktregulierung, wie Import- oder Produktionsquoten, fest (vgl. für die Landwirtschaft Art. 38 ff. AEUV). 490

Beschränkungen für die wirtschaftliche Betätigung des Einzelnen in den Mitgliedstaaten können sich aber auch aus Instrumenten des Unionsrechts ergeben, die der Schaffung bzw. Aufrechterhaltung gleicher Wirtschaftsbedingungen im Wirtschaftsraum der EU dienen. Zu nennen sind hier insbesondere die Rechtsangleichung durch das sekundäre Unionsrecht und die Wettbewerbsordnung der EU. 491

b) Angleichung der innerstaatlichen Rechtsvorschriften

Zur Schaffung eines Wirtschaftsraums, der als gemeinsamer Markt ausgestaltet ist, ist es notwendig, dafür zu sorgen, dass in jedem Mitgliedstaat annähernd gleiche rechtliche Rahmenbedingungen für die wirtschaftliche Betätigung gelten. Ein entsprechendes Postulat enthält Art. 26 I AEUV. 492

---

373 → Rn. 147 ff.

374 → Rn. 148.

375 Näher *Schmidt/Vollmöller* ÖffWirtschaftsR § 1 Rn. 8 ff.; durch den Vertrag von Lissabon wurde die Wettbewerbsklausel aber aus dem Zielkatalog gestrichen.

376 Nach dem Inkrafttreten des Vertrags von Lissabon wird im AEUV der Begriff »Gemeinsamer Markt« nicht mehr gebraucht.

377 Vgl. dazu *Kilian* EuropWirtschaftsR Kapitel F.

493 Als Ermächtigung zum Erlass von sekundärem Unionsrecht zur Angleichung von Rechts- und Verwaltungsvorschriften der Mitgliedstaaten, die sich unmittelbar auf die Errichtung oder das Funktionieren des Binnenmarktes auswirken, dienen Art. 114, 115 AEUV. Auf der Grundlage dieser Normen wurden und werden zahlreiche Richtlinien und Verordnungen geschaffen, die die Rechtslage in dem jeweiligen Mitgliedstaat modifizieren und damit die wirtschaftliche Betätigung unmittelbar beeinflussen.[378] Von den beiden Normen ist Art. 114 AEUV die speziellere, die sich auf die Verwirklichung des Binnenmarktes bezieht.

Beispiel: Auf Art. 95 EGV, dem der Art. 114 AEUV entspricht, beruhte zB die Tabakwerbungsrichtlinie 98/43, die vom EuGH wegen Überschreitung der Kompetenzen aus dem damaligen Art. 95 EGV für nichtig erklärt wurde[379] und ihre Nachfolgerin die Richtlinie 2003/33, die ebenfalls die Werbung für Tabakerzeugnisse erheblich einschränkt.

c) Die Wettbewerbsordnung der Europäischen Union

494 Anders als früher[380] ist der Schutz des Wettbewerbs innerhalb der Union in den Zielen der Union nicht mehr ausdrücklich erwähnt. Dennoch zielt das Handeln der EU darauf ab. Die Umsetzung erfolgt insbesondere durch die Wettbewerbsregeln der Art. 101 ff. AEUV und die Regelungen über mitgliedstaatliche Beihilfen in Art. 107 ff. AEUV. Einen ersten Überblick über den Inhalt dieser Regelungen erhalten Sie durch Übersicht 30.

Übersicht 30: Die Wettbewerbsordnung der Europäischen Union

378 Näher zur Harmonisierung vgl. *Oehlert*, Harmonisierung durch EG-Richtlinien: Kompetenzen, Legitimation, Effektivität, JuS 1997, 317 ff.
379 EuGH NJW 2000, 3701.
380 Art. 3 lit.g EGV; vgl. dazu *Streinz/Ohler/Herrmann* Lissabon § 7 I.

Nach Art. 106 AEUV gilt die Wettbewerbsordnung des EGV grundsätzlich auch für öffentliche Unternehmen, dh Unternehmen, auf die Träger öffentlicher Verwaltung maßgeblichen Einfluss haben.[381] 495

Die Wettbewerbsregelungen des EGV können hier nur angeschnitten werden.[382] Die wesentlichen Elemente des Wettbewerbsrechts sind das Kartellverbot (Art. 101 AEUV), das Verbot der missbräuchlichen Ausnutzung einer marktbeherrschenden Stellung (Art. 102 AEUV) sowie die Fusionskontrolle (Art. 103 AEUV iVm der Fusionskontrollverordnung). 496

aa) Das Kartellverbot

Das Kartellverbot nach Art. 101 AEUV (bitte lesen!) betrifft Vereinbarungen und aufeinander abgestimmte Maßnahmen von Unternehmen, die geeignet sind, den Handel mit Waren und Dienstleistungen zwischen verschiedenen Mitgliedstaaten zu beeinträchtigen und die sich auf den Wettbewerb innerhalb des gemeinsamen Marktes auswirken oder auswirken können. 497

Solche Maßnahmen können sein: 498

- Vereinbarungen zwischen konkurrierenden Unternehmen (**horizontale** Vereinbarungen)
- abgestimmte Verhaltensweisen zwischen den im Wettbewerb miteinander stehenden Unternehmen
- Absprachen innerhalb des Absatzsystems eines Unternehmens (**vertikale** Wettbewerbsbeschränkungen).

Beispiele: Mehrere Unternehmen einer Branche treffen eine Preisabsprache; verschiedene Unternehmen schließen ein gemeinsames Vertriebssystem; ein Hersteller verbietet einem Vertriebshändler den Vertrieb von Produkten anderer Hersteller.

Verletzt ist Art. 101 AEUV dabei allerdings nur, wenn der zwischenstaatliche Handel spürbar beeinträchtigt ist, was anhand der Marktanteile und des Umsatzes festzustellen ist. Die Kommission hat hierzu in der sog. **Bagatell-Bekanntmachung** Hinweise dafür gegeben, wann eine Störung nicht als spürbar gilt.[383] Bei horizontalen Vereinbarungen soll dies bei einem Marktanteil der Beteiligten von weniger als 10% bei vertikalen von weniger als 15% der Fall sein. 499

Nach Art. 101 II AEUV sind Maßnahmen, die unter Art. 101 I AEUV fallen, nichtig. Allerdings können bestimmte Verhaltensweisen vom Kartellverbot befreit werden. Hier hat die neue **Kartell-Verordnung**[384] zum 1.5.2004 erhebliche Änderungen gebracht. Nunmehr sind nach Art. 101 III AEUV (bitte lesen) bestimmte Verhaltensweisen automatisch vom Kartellverbot ausgenommen.[385] Die Unternehmen müssen dabei selbst beurteilen, ob die Voraussetzungen für eine Befreiung gegeben sind.[386] Damit spielt die Unterscheidung von **Einzelfreistellungen** und **Gruppenfreistellun-** 500

381 Ausführlich dazu *Weiß*, Öffentliche Unternehmen und der EGV, EuR 2003, 165.
382 Zur Ausgliederung des Wettbewerbsrechts aus dem Wirtschaftsverwaltungsrecht → Rn. 17.
383 Näher dazu *Schäfer* EuropaR S. 230/31.
384 VO 1/2003 ABl. 2003 L 1,1.
385 Früher war dafür eine Entscheidung der Kommission erforderlich; ausführlich zum Ganzen *Hörn*, Umbruch im Wettbewerbs- und Kartellrecht, JuS 2004, 766; *Schäfer* EuropaR S. 213 ff.
386 *Schäfer* EuropaR S. 235.

gen keine Rolle mehr. Den Gruppenfreistellungsverordnungen[387] kommt damit nur noch deklaratorische Wirkung zu.[388]

bb) Der Missbrauch einer marktbeherrschenden Stellung

501 Der Missbrauch einer marktbeherrschenden Stellung iSv Art. 102 AEUV (bitte lesen) liegt vor, wenn ein Unternehmen eine solche wirtschaftliche Machtstellung hat, dass es in der Lage ist, die Aufrechterhaltung eines wirksamen Wettbewerbs in einem bestimmten Raum bezüglich eines bestimmten Produkts zu verhindern. Maßgeblich für das Vorliegen einer marktbeherrschenden Stellung sind die Marktanteile, die das betreffende Unternehmen besitzt. Zur Feststellung dieser Marktanteile muß zunächst der in geographischer und produktbezogener Hinsicht **relevante Markt** ermittelt werden,[389] bevor dann der Marktanteil des betreffenden Unternehmens auf diesem Markt festgestellt werden kann. Der EuGH nimmt eine marktbeherschende Stellung in der Regel erst bei einem Marktanteil von 50% an.[390] Ein Missbrauch dieser Stellung ist gegeben, wenn der Wettbewerb auf einem bestimmten Markt durch die Verwendung von Mitteln behindert wird, die von denen eines normalen Wettbewerbs deutlich abweichen. Als Beispiele nennt Art. 102 S. 2 AEUV:

- die Erzwingung von unangemessenen Einkaufs- oder Verkaufspreisen oder sonstiger Geschäftsbedingungen,
- die Einschränkung der Erzeugung oder des Absatzes,
- die diskriminierende Behandlung einzelner Handelspartner,
- die Vereinbarung zusätzlicher Verpflichtungen des Vertragspartners, die mit dem eigentlichen Vertragsgegenstand nichts zu tun haben.

502 Im Übrigen liegt ein Missbrauch immer vor, wenn durch Ausnutzung der marktbeherrschenden Stellung Konkurrenz verdrängt oder unmöglich gemacht wird.

> **Beispiel:** Unternehmer U ist in Europa Marktführer für die Herstellung aseptischer Getränkeverpackungen. Er erwirbt ein anderes Unternehmen, das im Besitz der ausschließlichen Lizenz für diese Art der Verpackungen ist.[391] Hier liegt ein Missbrauch der Marktstellung vor. Der Eintritt neuer Konkurrenten in den Markt wird erheblich erschwert. Durch den Erwerb der Lizenz nimmt U potentiellen Konkurrenten die letzte Möglichkeit, überhaupt auf den Markt zu kommen, da andere Unternehmen die betreffenden Verpackungen gar nicht mehr herstellen können.

503 Eine Verhaltensweise, die gegen Art. 102 AEUV verstößt, kann von der Kommission geahndet werden. Einzelheiten regelt die Kartell-VO. Soweit das Verhalten in einem Vertrag besteht, ist dieser nichtig, wobei sich das hier aus nationalem Recht und nicht aus dem AEUV ergibt.[392]

---

387 Bekannt geworden ist die Gruppenfreistellungsverordnung für den Kfz-Vertrieb VO Nr. 1400/2002, ABl. 2002 L 203 (abgelöst durch die VO Nr. 461/2010, ABl. 2010 L 129, 52) oder die Vertikal Gruppenfreistellungsverordnung VO 2790/99 ABl. 1999, L 336 (abgelöst durch die VO Nr. 330/2010, ABl. 2010 L 102, 1).

388 *Hobe* EuropaR § 22 Rn. 402.

389 Näher dazu *Hakenberg* EuropaR Rn. 391.

390 Vgl. *Hobe* EuropaR § 22 Rn. 405.

391 Vgl. EuGH Slg. 1990, II – 309 – Tetra Pak.

392 *Hakenberg* EuropaR Rn. 394.

cc) Die Fusionskontrolle

Die **Fusion von Unternehmen** ist durch die aufgrund von Art. 103 AEUV (bitte lesen!) ergangene **Fusionskontroll-VO**[393] geregelt. Danach bedürfen alle Unternehmenszusammenschlüsse von gemeinschaftsweiter Bedeutung der Genehmigung durch die Kommission, sofern sie den Wettbewerb beeinträchtigen. Die Einzelheiten des erforderlichen Verfahrens, das mit der Anmeldung des Zusammenschlusses bei der Kommission beginnt, regelt die Fusionskontroll-VO. Die Kommission untersagt den Zusammenschluss, wenn durch ihn ein wirksamer Wettbewerb im Binnenmarkt erheblich beeinträchtigt wird.[394] In der Praxis sind Untersagungsverfügungen bisher sehr selten gewesen. 504

dd) Vollzug der Wettbewerbsregelungen

Gemeinsam ist den Regelungen über den Wettbewerb, dass ihr **Vollzug** nicht durch die Mitgliedstaaten, sondern durch EU-Organe, insbesondere die Kommission, erfolgt (= direkter Vollzug von EG-Recht). Diese kann dazu Beschlüsse (vgl. Art. 288 IV AEUV) treffen, die Gegenstand einer Nichtigkeitsklage des betreffenden Unternehmens sein können. Außerdem kann der Kommission aufgrund von sekundärem Unionsrecht die Befugnis gegeben sein, gegen das betreffende Unternehmen ein Bußgeld zu verhängen (Ahndung des Verstoßes) oder ihm ein Zwangsgeld aufzuerlegen (Erzwingung eines bestimmten zukünftigen Verhaltens). 505

d) Die Kontrolle staatlicher Beihilfen

Der angestrebte Wettbewerb innerhalb des Wirtschaftsraumes der EU wäre gefährdet, wenn jeder Mitgliedstaat nach eigenem Gutdünken seine Wirtschaft subventionieren könnte. Staatliche Vergünstigungen, die einzelne Mitgliedstaaten einem Unternehmen gewähren wollen, sind daher nach dem Beihilfeverbot des Art. 107 I AEUV grundsätzlich unzulässig. Die Einzelheiten zu diesem Verbot und die bestehenden Ausnahmen werden im Fünften Teil Kapitel 5 näher besprochen. 506

2. Die Finanzverfassung der Europäischen Union

Wie im nationalen Recht[395] ist auch für die Europäische Union die Aufstellung eines Haushaltsplans vorgeschrieben. Art. 310 AEUV legt fest, dass in dem **Haushaltsplan** alle Einnahmen und Ausgaben der Gemeinschaft einzustellen und sie auszugleichen sind.[396] Die Einnahmen der EU setzen sich nach Art. 311 AEUV aus den Eigenmitteln, zu denen unter anderem die Beitragszahlungen der Mitgliedstaaten gehören, und den sonstigen Einnahmen (zB die durch Zahlungen von Buß- und Zwangsgeldern zugeflossenen Mittel) zusammen. Bei den Ausgaben stehen Zahlungen der Kommission, die nach Art. 317 AEUV den Haushaltsplan durchzuführen hat, im Vordergrund. 507

Das Verfahren zur Aufstellung des Haushaltsplans ist in Art. 314 AEUV detailliert geregelt.[397] Seit dem Vertrag von Lissabon wird der Haushalt gemeinsam von Parlament und Rat beschlossen (Art. 314 I AEUV). Das Verfahren beginnt mit dem Entwurf eines Haushaltsplans durch die Kommission, zu dem der Rat seinen Standpunkt 508

393 VO 179/2004 vom 20.1.2004 ABl. L 24, 1, die die VO 4064/89 vom 31.12.1989 ABl. L 395, 1 ff. (geändert durch die VO 1310/97 ABl. 1997 L 180, 1) abgelöst hat.
394 *Hobe* EuropaR § 22 Rn. 416.
395 → Rn. 166 ff.
396 Einzelheiten bei *Schäfer* EuropaR S. 160 f.
397 Einen Überblick zum Ablauf gibt *Hobe* EuropaR § 9 Rn. 244 ff.

festlegt (Art. 314 II u. III AEUV). Das Parlament kann diesen billigen oder Abänderungen beschließen (Art. 314 IV AEUV), die dann in einem Vermittlungsverfahren verhandelt werden (Art. 314 V u. VI AEUV). Führt das Vermittlungsverfahren zu einem gemeinsamen Entwurf können Parlament und Rat den Haushaltsplan entsprechend beschließen (Art. 314 VII). Kommt es im Vermittlungsverfahren zu keinem gemeinsamen Entwurf, muss die Kommission einen neuen Entwurf für den Haushaltsplan vorlegen (Art. 314 VIII AEUV). Die endgültige Feststellung des Haushaltsplans erfolgt durch den Präsidenten des Europäischen Parlaments (Art. 314 IX AEUV).

3. Die Wirtschafts- und Währungspolitik innerhalb der Union

509 Art. 119 I AEUV schreibt die Einführung einer Wirtschaftspolitik vor, die neben der Verwirklichung des Binnenmarktes vor allem auf die Koordinierung der Wirtschaftspolitiken der Mitgliedstaaten gerichtet sein soll. An die Seite der Wirtschaftspolitik wird durch Art. 119 II AEUV die Einführung einer einheitlichen Währungspolitik gestellt. Dadurch ist der Weg zur europäischen **Wirtschafts- und Währungsunion** vorgezeichnet. Diese hat zur Folge, dass die Gemeinschaft auf die Wirtschaftspolitik der einzelnen Mitglieder Einfluss nimmt und Träger der Währungspolitik nicht mehr der jeweilige Mitgliedstaat, sondern die Gemeinschaft ist.

a) Wirtschaftspolitische Befugnisse der Union

510 Die Wirtschaftspolitik der einzelnen Mitgliedstaaten bleibt zwar in ihrer eigenen Verantwortung, das Unionsrecht setzt aber gewisse Eckpunkte, die die Mitgliedstaaten zu beachten haben.

511 Zunächst haben die Mitgliedstaaten nach Maßgabe des Art. 121 AEUV ihre Wirtschaftspolitiken aufeinander abzustimmen, was durch entsprechende Verhandlungen im Rat geschieht, die in einer Empfehlung des Rates münden. Die Beachtung dieser Empfehlung ist durch Überwachungsbefugnisse des Rates und Berichtspflichten der Mitgliedstaaten abgesichert (Art. 121 II–VI AEUV). Darüber kann der Rat auf Vorschlag der Kommission nach Art. 122 AEUV geeignete Maßnahmen beschließen, wenn es in einem Mitgliedstaat zu gravierenden wirtschaftlichen Schwierigkeiten kommt.

512 Art. 126 AEUV sieht schließlich Maßnahmen vor, die eine solide Haushaltsführung in den einzelnen Mitgliedstaaten gewährleisten sollen. Dieser Grundsatz der **Haushaltsdisziplin** kommt erst seit der Vollendung der Wirtschafts- und Währungsunion voll zum Tragen. Ergänzt wird das vertragliche Instrumentarium durch die Verpflichtungen der Mitgliedstaaten aufgrund des im Dezember 1996 geschlossenen **Stabilitäts- und Wachstumspakts**. Nach der entsprechenden Verordnung[398] sind insbesondere Sanktionen gegen solche Mitgliedstaaten möglich, in denen das öffentliche Haushaltsdefizit 3 % des Bruttoinlandsproduktes (BIP) überschreitet.[399]

513 ■ Wissen Sie, welche Mitgliedstaaten in letzter Zeit Schwierigkeiten mit den Vorgaben des Stabilitäts- und Wachstumspakts hatten?

▶ Sie haben es sicher den Medien entnehmen können. Wegen der weltweiten Wirtschaftskrise läuft seit November 2009 gegen insgesamt 20 Mitgliedstaaten ein Haushaltsdefizitverfahren.

398 VO/EG 1496/97 ABl. 1997 L 209; geändert durch VO 1055/2005, ABl. L 174, 1.
399 Näher *Herdegen* EuropaR § 25 Rn. 9 ff.

2005 wurden die Anforderungen des Pakts konkretisiert.[400] Durch den Vertrag von Lissabon wurde Art. 126 AEUV leicht modifiziert. Auf dieser Grundlage ergingen 2011 verschiedene Verordnungen. Anfang 2012 wurde von 25 der 27 Mitgliedstaaten die Schaffung eines sog. **Fiskalpakts** beschlossen, in dem die Haushaltsaufsicht deutlich verschärft werden soll.[401] Danach sollen die beteigten Staaten sich dazu verpflichten, dass ihr jährliches Defizit nicht mer als 0,5% des BIP überschreiten darf.[402]

b) Die Einführung der Währungsunion

Zentrales Element der Wirtschafts- und Währungspolitik der Gemeinschaften ist die **514** Übertragung der Währungshoheit von den Mitgliedstaaten auf die Gemeinschaft. Für den Weg dorthin hatte das Gemeinschaftsrecht drei Stufen vorgesehen. Dabei dienten die 1. Stufe, die am 1. Juli 1990 startete, und die 2. Stufe, die am 1. Januar 1994 begonnen hatte (vgl. Art. 116 I EGV), dazu, durch Angleichung der mitgliedstaatlichen Wirtschafts-, Finanz- und Geldpolitik und die Zusammenarbeit der zuständigen Institutionen, die endgültige Einführung der Währungsunion vorzubereiten. Die noch fehlende 3. Stufe hat entsprechend Art. 116 IV EGV am 1. Januar 1999 begonnen. Zu diesem Zeitpunkt haben 11 Mitgliedstaaten eine einheitliche Währung, nämlich den Euro, eingeführt. Griechenland führte den Euro 2001 ein. Nach der Einführung des Euros in einem Mitgliedstaat tritt er nach Art. 140 III AEUV endgültig an die Stelle der bisherigen Währung in diesem Mitgliedstaat.

■ Wissen Sie, in welchen Mitgliedstaaten der Euro noch nicht gilt? **515**

▶ Nicht auf Euro umgestellt haben von den 15 »alten« Mitgliedstaaten Schweden, Dänemark und Großbritannien.[403] In den neuen Mitgliedstaaten wird der Euro erst eingeführt werden, wenn sie die sog. Konvergenzkriterien (Art. 140 I AEUV) erfüllen.[404] Als erstes führte von diesen zum 1.1.2007 Slowenien den Euro ein. Am 1.1.2008 sind dem Malta und Zypern gefolgt, am 1.1.2009 die Slowakei und am 1.1.2011 Estland.

Für die Staaten, die den Euro bereits eingeführt haben, enthält das Unionsrecht seit **516** dem Vertrag von Lissabon besondere Bestimmungen (Art. 136–138 AEUV), die den Rat zum Erlass von Maßnahmen berechtigen, die zum Funktionieren der Wirtschafts- und Währungsunion oder zm Schutz der Stellung des Euros im internationalen Währungssystem notwendig sind. Der bereits oben (Rn 512 f.) erwähnte Gundsatz der Haushaltsdsziplin hat für die Eurostaaten also besonde Bedeutung.

In diesem Zusammenhang ist auf den »**Euro-Retttungsschirm**« hinzuweisen. Zur Bekämpfung der Schuldenkriese in Griechenland und zur Rettung des dortigen Staatshaushalts haben die Europäische Union und die Mitgliedstaaten im Frühjahr 2010 vorläufige Maßnahmen zur finanziellen Förderung geschaffen. Nach der VO zur Einführung eines europäischen Finanzstabilisierungsmechansimus (EFSM)[405] können Griechenland und anderen Mitgliedstaaten aus EU-Haushaltsmitteln bei

400 *Hobe* EuropaR § 21 Rn. 347.
401 Näher *Herdegen* EuropaR § 23 Rn. 6.
402 Ausführlich *Streinz* EuropaR § 15 Rn. 1102; kritisch dazu *Issing*, Die Währungsunion im Spannungsfeld von Politik und Ökonomie, EWS 2011, 257 ff.
403 Die Rechtsstellung der Mitgliedstaaten, die den Euro nicht eingeführt haben, richtet sich nach Art. 140 II UAbs. 1 AEUV.
404 Vgl. *Hakenberg* EuropaR Rn. 455.
405 VO 407/2010, ABl. 2019 L118, 1 ff.

Einhaltung bestimmter wirtschaftspolitischer Bedingungen Finanzhilfen zur Verfügung gestellt werden. Dieser Rettungsschirm umfasst 750 Milliarden Euro, von dem die Mitgliedstaaten 440 Milliarden Euro übernehmen. Außerdem wurde mit der Europäischen **Finanzstabilsierungsfazilität** eine Zweck-Aktiengesellschaft nach luxemburgischem Recht geschaffen, die die Kreditvergabe vornimmt.[406] In Deutschland werden diese Vorgaben durch das Euro-Stabilitätsmechanismus-Gesetz vom 21.5.2010 umgesetzt. Verfassungsbeschwerden dagegen wurden vom BVerfG zurückgewiesen.[407]

Diese Maßnahmen sind europarechtlich nicht unproblematisch. So schreibt Art. 125 AEUV eigentlich vor, dass die Mitgliedstaaten für ihre Verbindlichkeiten alleine haften müssen (sog. **»no-bail-out-Prinzip«**). Jedoch soll Art. 125 AEUV nach wohl h.M.[408] eine freiwillige Unterstützung eines Mitgliedstaates durch die Union oder andere Mitgliedstatten nicht verbieten. Außerdem wird die Hilfe auf Art. 122 II AEUV gestützt, wonach Mitgliedstaaten, die durch Naturkatastrophen oder andere außergewöhnliche Ereignisse von Schwierigkeiten betroffen sind, finanzielle Unterstützung gewährt werden darf.[409]

Für die Zukunft soll auf der Grundlage eines neu zu schaffenden Art. 136 III AEUV ab Juni 2013 ein dauerhafter Europäischer Stabilitätsmechanismus (ESM) eingeführt werden. Damit werden die bisher nur vorübergehend geltenden Maßnahmen dauerhafter Teil des europäischen Wirtschaftsrechts. Der ESM wird seinen Sitz in Luxemburg haben und durch den Verwaltungsrat, dem die Finanzminister der Eurozone angehören, nach Außen vertreten werden.[410]

517 Durch die Vollendung der 3. Stufe der Währungsunion wurden auch neue Institutionen geschaffen. Wichtigstes Organ der Geld- und Währungspolitik ist das **Europäische System der Zentralbanken** (ESZB). Dieses setzt sich aus der Europäischen Zentralbank (EZB) mit Sitz in Frankfurt und den nationalen Zentralbanken zusammen.[411] Dabei haben die EZB bzw. deren Organe die Aufgabe, das ESZB zu leiten (Art. 129 I AEUV) und deren Aufgaben zu erfüllen. Diese sind nach Art. 127 II AEUV:

- die Festlegung der Geldpolitik der EU,
- die Durchführung von Devisengeschäften,
- die Verwaltung der offiziellen Währungsreserven der Mitgliedstaaten,
- die Förderung des reibungslosen Funktionierens der Zahlungssysteme.

518 Einzelheiten zu diesen Aufgaben und den dafür zur Verfügung stehenden Instrumenten enthält das Statut des ESZB.[412] Ausführende Organe sind das Direktorium der EZB und der EZB-Rat, in dem neben den Mitgliedern des Direktoriums die Präsidenten der nationalen Zentralbanken vertreten sind (vgl. Art. 283 AEUV) sowie der erweiterte Rat (vgl. Art. 141 I AEUV). Die EZB selber hat die Aufgabe bzw. das

406 Näher *Hakenberg* EuropaR Rn. 460a; *Herdegen* EuropaR § 23 Rn. 9.
407 BVerfG NVwZ 2011, 1515; allgemein dazu *Hobe* EuropaR § 21 Rn. 364 ff.
408 *Herdegen* EuropaR § 23 Rn. 9; Streinz EuropaR § 15 Rn. 1097 f.
409 Kritisch dazu *Knopp*, Griechenland-Nothilfe auf dem verfassungsrechtlichen Prüfstand, NJW 2010, 1177 ff. (1780).
410 *Horn*, Die Reform der Europäischen Währungsunion und die Zukunft des Euro, NJW 2011, 1398 ff. (1401); *Kube*, Rechtsfagen der völkervertraglichen Euro-Rettung, WM 2012, 245 ff.; *Weber*, Reform der Währungs- und Wirtschaftsunion in der Finanzkrise, EuZW 2011, 935 ff.
411 Näher vgl. *Kilb*, Das Europäische System der Zentralbanken, JA 1999, 262 f.
412 Vgl. auch *Schäfer* EuropaR S. 266 ff.

Recht, Banknoten auszugeben (Art. 128 AEUV) und kann nach Art. 132 AEUV Rechtsakte erlassen.

Zusammenfassend ergibt sich die in Übersicht 31 dargestellte Konstruktion.

Übersicht 31: Die Träger der Geld- und Währungspolitik 519

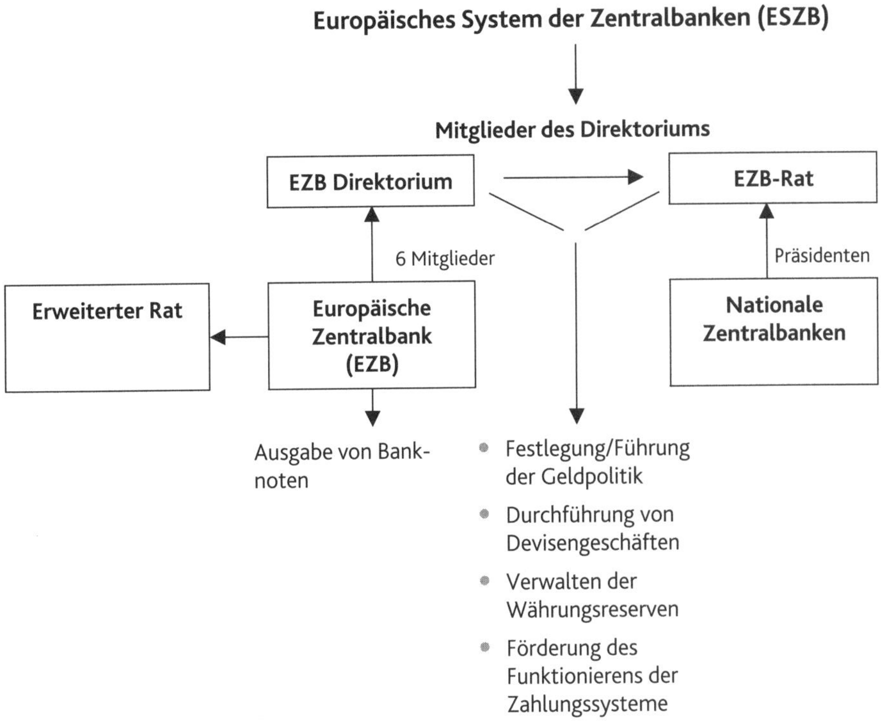

4. Die Handelspolitik der Union

Die Handelspolitik betrifft im Wesentlichen die Wirtschaftsbeziehungen der Europäischen Gemeinschaft bzw. ihrer Mitgliedstaaten nach außen. Aus Art. 206 AEUV ergibt sich die Verpflichtung auf eine gemeinsame Handelspolitik. Art. 207 AEUV präzisiert dies durch die Festlegung von Grundsätzen für die gemeinsame Handelspolitik. Neben der Aufstellung eines gemeinsamen Zolltarifs obliegen auch der Abschluss von Handels- und Zollabkommen mit Nicht-EU-Staaten, die Ausfuhrpolitik oder handelspolitische Schutzmaßnahmen (Art. 215 AEUV) allein der Union.[413] So ist die EU Mitglied der World Trade Organisation (WTO).[414] Außerdem ist sie allein befugt Embargo- oder Anti-Dumping-Maßnahmen gegen Drittstaaten zu treffen.[415] 520

413 Einzelheiten bei *Streinz* EuropaR § 9 Rn. 1226; siehe auch *Schwan*, Einführung in das Europäische Außenwirtschaftsrecht, JA 2003, 1173.
414 Vgl. dazu *Hakenberg* EuropaR Rn. 468 ff.
415 Ausführlich *Hakenberg* EuropaR Rn. 473 ff.

521 Die handelspolitische Kompetenz der einzelnen Mitgliedstaaten beschränkt sich daher weitgehend auf die Fälle, in denen sich aufgrund einer Entscheidung der Kommission oder einer unionsrechtlichen Rechtsvorschrift eine entsprechende Befugnis ergibt. Damit wird das nationale Außenwirtschaftsrecht in weiten Bereichen vom Unionsrecht bestimmt bzw. überlagert.

II. Die Wirtschaftsgrundrechte des Unionsrechts

522 Das Unionsrecht enthält seit dem Vertrag von Lissabon einen geschriebenen Grundrechtskatalog, da die am 7.12.2000 in Nizza erstmals verkündete und 2007 überarbeitete Charta der Grundrechte der EU (GRCh)[416] nach Art. 6 I EUV für alle Mitgliedstaaten außer England und Polen rechtsverbindlich geworden ist.

523 Auch vorher bestand aber stets Einigkeit, dass das Unionsrecht Grundrechte des Einzelnen garantiert. Abgeleitet wurden diese daraus, dass in allen Mitgliedstaaten Grundrechte bestehen und damit die Grundrechte als allgemeine Rechtsgrundsätze zum primären Unionsrecht gehören. Durch Art. 6 III EUV werden diese Grundrechte jetzt ausdrücklich Bestandteil des Unionsrecht. Entsprechendes gilt für die Grundrechte, die von der Europäischen Menschenrechtskonvention gewährleistet werden.

524 Auf die unionsrechtlichen Grundrechte berufen können sich EU-Bürger oder Unternehmen, die in den Mitgliedstaaten ihren Sitz haben. Gemessen an den EU-Grundrechten werden in erster Linie Maßnahmen der Unionsorgane.

> **Beispiel:** Die Kommission verhängt gegen zwei Unternehmen aus Italien und Frankreich eine Geldbuße wegen eines Verstoßes gegen das unionsrechtliche Kartellverbot. Die Unternehmen können sich gegenüber dem Bußgeldbescheid auf die europäischen Grundrechte berufen.

525 Maßnahmen der Mitgliedstaaten müssen sich nur ausnahmsweise an den EU-Grundrechten messen lassen. Dies ist vor allem der Fall, wenn die Maßnahme dem Vollzug von EU-Recht dient.[417]

526 Für die wirtschaftliche Betätigung sind nach dem Vorgesagten und entsprechend der bisherigen Rechtsprechung des EuGH vor allem folgende Grundrechte, die auch in der Grundrechtscharta enthalten sind, relevant:

- Vereinigungsfreiheit(Art. 12 GRCh)
- Berufsfreiheit (Art. 15 GRCh)
- Eigentum (Art. 17 GRCh)
- Gleichheitsgrundsatz (Art. 20 GRCh)

527 Die Schutzbereiche dieser Grundrechte decken sich dabei weitgehend mit denen der entsprechenden Grundrechte des GG.[418] Eingriffe in die Grundrechte sind nur gerechtfertigt, wenn die Einschränkung auf einer gesetzlichen Regelung beruht und die Erreichung von dem Gemeinwohl dienenden Zielsetzungen der Union bezweckt

---

416 Diese ist in den gängigen Textsammlungen zum EU-Recht abgedruckt; zum Inhalt vgl. *Tettinger*, Die Charta der Grundrechte der EU, NJW 2001, 1010.

417 *Streinz* EuropaR § 10 Rn. 751.

418 Einzelheiten siehe *Klingreen*, Die Gemeinschaftsgrundrechte, JuS 2000, 857; *Oppermann/Classen/Nettesheim* EuropaR § 6 Rn. 26 ff.; *Pache/Rösch*, Die neue Grundrechtsordnung der EU nach dem Vertrag von Lissabon, EuR 2009, 769; *Rengeling*, Die wirtschaftsbezogenen Grundrechte der Europäischen Grundrechtscharta, DVBl. 2004, 453.

(vgl. auch Art. 52 I 1 GRCh). Bei der entsprechenden Prüfung sind auch allgemeine rechtsstaatliche Gebote, wie zB das Verhältnismäßigkeitsprinzip (so auch Art. 52 I 2 GRCh), zu beachten.[419]

Beispiel: Die Kartell-VO, die die Tätigkeit von Unternehmern einschränkt, verletzt die Berufsfreiheit nicht. Sie dient einem legitimen Zweck, nämlich der Erhaltung des Wettbewerbs im Wirtschaftsraum der europäischen Union und ihre Instrumente sind geeignet, erforderlich und angemessen, da sie den Unternehmen genügend Freiraum lassen und nur in Missbrauchsfällen die unternehmerische Tätigkeit beschränken.

III. Die Grundfreiheiten

Die Grundfreiheiten, dh die Garantie des freien Verkehrs von Waren, Arbeits- und Dienstleistungen sowie des Kapitals, sind die Grundpfeiler des Europäischen Binnenmarktes. Die Grundfreiheiten des EGV sind unmittelbar geltendes Recht in den einzelnen Mitgliedstaaten. Sie schützen den Einzelnen vor Maßnahmen der Mitgliedstaaten, die die grenzüberschreitende wirtschaftliche Betätigung beschränken. Anders als die gerade besprochenen unionsrechtlichen Grundrechte betreffen die Grundfreiheiten damit nicht das Verhältnis Bürger-EU, sondern die **Beziehung Bürger-Mitgliedstaaten**. Darüber hinaus kann ihnen auch in der Rechtsbeziehung zwischen einzelnen privaten Rechtssubjekten Bedeutung zukommen. Diese **unmittelbare Drittwirkung** der Grundfreiheiten wird im Folgenden bei der Behandlung der einzelnen Grundfreiheiten vertieft werden. 528

Nicht zur Anwendung kommen die Grundfreiheiten, wenn für einen bestimmten Sachverhalt eine spezielle Regelung in einem Rechtsakt der EU besteht. So bestehen im Bereich der Personenfreiheiten (Freizügigkeit, Niederlassungs- und Dienstleistungsfreiheit) zahlreiche Richtlinien zur Harmonisierung der mitgliedstaatlichen Rechtsvorschriften. Diese schreiben zB für Ärzte, Architekten etc. die gegenseitige Anerkennung von Hochschulabschlüssen vor. Soweit dieser eine bestimmte mitgliedstaatlichen Vorschrift entgegensteht, ergibt sich deren Verstoß gegen Unionssrecht bereits aus dem Verstoß gegen die Rechtsvorschrift, nicht erst aus der Verletzung der entsprechenden Grundfreiheit. 529

Die Prüfung, ob eine staatliche Maßnahme eine Grundfreiheit verletzt, kann grundsätzlich in folgenden Schritten erfolgen,[420] die dem Prüfungsablauf bei der Grundrechtsprüfung[421] entsprechen: 530

- Grundfreiheit durch vorrangige Sonderregel verdrängt?
- Anwendungsbereich der Grundfreiheit betroffen?
- Eingriff in die Grundfreiheit?
- Eingriff in die Grundfreiheit ausnahmsweise zugelassen (Rechtfertigung)?

Einen ersten Überblick über den Inhalt der Grundfreiheiten gibt Ihnen die Übersicht 32.

419 Vgl. auch *Schmidt/Vollmöller* ÖffWirtschaftsR § 1 Rn. 28 ff., die auch ein Prüfungsschema anbieten.
420 Ähnlich *Streinz* EuropaR § 11 Rn. 789 ff.
421 → Rn. 206.

531 **Übersicht 32: Die Grundfreiheiten**

Grundfreiheit	Inhalt
Freiheit des Warenverkehrs	• Keine Zölle oder Abgaben gleicher Wirkung • Keine Einfuhr-/Ausfuhrbeschränkungen oder Maßnahmen gleicher Wirkung
Freizügigkeit	• Schutz von Arbeitnehmern vor Diskriminierung und Beschränkung bei Tätigkeiten in einem anderen Mitgliedstaat
Niederlassungsfreiheit	• Schutz vor Diskriminierung und Beschränkung bei selbstständiger Tätigkeit in einem anderen Mitgliedstaat
Dienstleistungsfreiheit	• Schutz vor Diskriminierung und Beschränkung bei Dienstleistungen in oder für Angehörige eines anderen Mitgliedstaats
Freiheit des Kapital- und Zahlungsverkehrs	• Keine Beschränkungen des Geld- und Zahlungsverkehrs

532 Ergänzt werden die Grundfreiheiten durch das **allgemeine Diskriminierungsverbot** in Art. 18 AEUV. Danach dürfen die Mitgliedstaaten niemanden aus Gründen der Staatsangehörigkeit diskriminieren.[422] Art. 18 AEUV kommt allerdings nur zum Tragen, soweit sich die Pflicht zur Gleichbehandlung eines EU-Bürgers mit einem Inländer nicht schon aus den Grundfreiheiten ergibt.[423]

533 Neben dem allgemeinen Diskriminierungsverbot enthält der EGV mit **Art. 157 AEUV** noch eine spezielle Regelung, die die unterschiedliche Entlohnung von Männern und Frauen verbietet. Diese Bestimmung enthält unmittelbar geltendes Recht und gilt auch gegenüber privaten Arbeitgebern. Art. 157 AEUV wird ergänzt durch die Gleichbehandlungsrichtlinie.[424]

422 Zum Problem inwieweit daraus folgt, dass die Deutschengrundrechte des GG auch auf EU-Bürger anzuwenden sind → Rn. 189.
423 *Detterbeck* ÖffR Rn. 1749 ff.
424 RL 76/207 ABl. 1967 L 39, 40.

1. Das Verbot von Zöllen und Abgaben gleicher Wirkung

Der freie Verkehr von Waren wird zunächst durch das Verbot von Zöllen und Abgaben gleicher Wirkung (Art. 28, 30 AEUV) geschützt. **Waren** sind alle körperlichen Gegenstände, die Geldwert haben und deswegen Gegenstand von Handelsgeschäften sein können.[425] 534

Neben der Einführung eines gemeinsamen Zolltarifs (GZT) und der Anwendung gleicher Zollvorschriften ist das Verbot von Zöllen und Abgaben gleicher Wirkung das 3. Element der durch Art. 28 AEUV vorgegebenen und seit 1968 realisierten **Zollunion**. Das Verbot von Zöllen und Abgaben gleicher Wirkung richtet sich gegen entsprechende Maßnahmen der Mitgliedstaaten. Es entfaltet keine Drittwirkung, dh es gilt nur gegenüber staatlichen Maßnahmen und nicht im Verhältnis der Bürger untereinander. 535

Zölle sind Zahlungspflichten, die sich aufgrund eines Zolltarifs ergeben und wegen des Grenzübertritts erhoben werden. Das Verbot der Erhebung von Einfuhr- oder Ausfuhrzöllen spielt in der Praxis wegen Art. 30 AEUV keine Rolle mehr. 536

Abgaben gleicher Wirkung sind einseitig auferlegte finanzielle Belastungen wegen des Grenzübertritts von Waren.[426] Erfasst sind, unabhängig von ihrer Bezeichnung, alle Zahlungspflichten, die ein Mitgliedstaat wegen des Grenzübertrittes erhebt und die keinen Zoll darstellen. Abzugrenzen sind solche Abgaben gleicher Wirkung von der Erhebung von Abgaben iSv Art. 110 AEUV.[427] Solche liegen vor, wenn die Zahlung an den Staat andere Gründe hat als den Grenzübertritt. Gemeint sind damit insbesondere die nationalen Steuern, aber auch produktbezogene Abgaben. Die Kompetenz zu deren Erhebung bleibt unberührt, soweit sie Bestandteil einer allgemeinen inländischen Abgabenregelung sind, die in- und ausländische Produkte nach denselben Maßstäben erfasst. 537

> **Beispiel:** Abgaben gleicher Wirkung sind damit zB Gebühren für eine Gesundheitskontrolle an der Grenze, Verwaltungsgebühren für die Erfassung von Waren oder Gebühren für die Lagerung von Waren an der Grenze; keine Abgaben gleicher Wirkung, sondern an Art. 110 AEUV zu messen, sind dagegen nationale Steuern, wie zB die Mehrwertsteuer oder eine Ökosteuer, soweit sie keine Diskriminierung ausländischer Waren beinhalten.

Der AEUV enthält für die Erhebung von Abgaben gleicher Wirkung keinen Rechtfertigungsgrund. Der EuGH lässt Abgaben gleicher Wirkung zum einen dann zu, wenn die Zahlungspflicht ein angemessenes Entgelt für Dienste ist, die dem Importeur/Exporteur tatsächlich geleistet werden.[428] 538

> **Beispiel:** Möglich wäre daher, einem Importeur Gebühren für die Benutzung an der Grenze bereitgehaltener Lagerräume aufzuerlegen.

Zum anderen ist die Erhebung solcher Abgaben zulässig, die zwar durch einen Mitgliedstaat bei Grenzübertritt erfolgt, deren Grundlage sich aber im Unionsrecht findet. Hierunter fallen insbesondere Gebühren für Kontrollen, die das Unionsrecht für die Einfuhr oder Ausfuhr von Waren verlangt. 539

---

425 EuGH Slg. 1968, 633 ff.
426 EuGH EuZW 1990, 98.
427 Ausführlich zur Abgrenzung *Streinz* EuropaR § 11 Rn. 860 ff.
428 EuGH Slg. 1969, 193 ff.

540 **Beispiel:** Nach der EG-Richtlinie 81/389 muss bei der Ein- oder Durchfuhr lebender Tiere eine tierärztliche Kontrolle stattfinden. Diese Kosten kann der betreffende Mitgliedstaat durch die Erhebung einer entsprechenden Gebühr vom Importeur verlangen.

2. Das Verbot von mengenmäßigen Einfuhr-/Ausfuhrbeschränkungen und Maßnahmen gleicher Art

a) Anwendungsbereich

541 Art. 34, 35 AEUV (bitte lesen) betreffen staatliche Maßnahmen im Zusammenhang mit der Grenzüberschreitung von Waren. Waren sind, wie schon ausgeführt, alle körperlichen Gegenstände, die Gegenstand von Handelsgeschäften sein können.

b) Umfang der Gewährleistung/Eingriffe

542 Die Art. 34, 35 AEUV enthalten das Verbot für die Einfuhr oder Ausfuhr von Waren Kontingente einzuführen oder die Einfuhr oder die Ausfuhr durch andere Maßnahmen zu beschränken. In der Praxis finden sich in erster Linie Einfuhrbeschränkungen durch andere Maßnahmen als Mengenbegrenzungen. Darauf sollen sich die folgenden Ausführungen daher beschränken.

543 ■ Können Sie sich vorstellen, was eine Maßnahme gleicher Wirkung iSv Art. 34 AEUV (bitte erneut lesen) ist?

▶ Der Begriff ist gesetzlich nicht definiert. Der EuGH hat durch zwei grundlegende Entscheidungen festgelegt, was Maßnahmen gleicher Wirkung sind.

544 **aa)** Nach der sog. **Dassonville-Formel** liegt eine **Maßnahme gleicher Wirkung** bei jeder Regelung eines Mitgliedstaates vor, die geeignet ist, den innergemeinschaftlichen Handel unmittelbar oder mittelbar, tatsächlich oder potentiell zu behindern.[429] Damit hat der EuGH den Schutzbereich des Art. 34 AEUV zunächst sehr weit gefasst und damit alle Maßnahmen unter die Warenfreiheit gefasst, die dem Importeur von Waren bestimmte Handlungen etc. vorschreiben, damit er seine Waren vertreiben kann. Wichtig ist dabei, dass eine Maßnahme gleicher Wirkung danach nicht nur bei Regelungen vorliegt, die nur für ausländische Waren gelten (sog. diskriminierende Maßnahmen), sondern auch für Vorgaben, die sowohl inländische als auch ausländische Waren betreffen (sog. unterschiedslos geltende Maßnahmen).[430]

Beispiele: Maßnahmen gleicher Wirkung sind die Festlegung eines Mindestalkoholgehalts für die Bezeichnung Likör,[431] die Beschränkung der Zutaten für Bier,[432] das Verbot Waren außerhalb der gesetzlichen Ladenöffnungszeiten zu verkaufen, das Verbot, im Fernsehen für Alkohol zu werben oder das Verbot, eine Warenverpackung so zu gestalten, dass der Verbraucher falsche Vorstellungen über die Menge des Inhalts bekommen kann.[433]

545 **bb)** Mit seiner Entscheidung im **Fall Keck**[434] hat der EuGH den Begriff der Maßnahme gleicher Wirkung enger gefasst. Danach sind keine Maßnahmen gleicher Wirkung solche mitgliedstaatlichen Regelungen, die bloße Verkaufsmodalitäten darstellen, inländische und ausländische Waren in gleicher Weise belasten und den Marktzugang ausländischer Waren nicht besonders erschweren.

429 EuGH NJW 1975, 515 – Dassonville.
430 Siehe auch *Hobe* EuropaR § 15 Rn. 71.
431 EuGH NJW 1979, 1766 – Cassis de Dijon.
432 EuGH Slg. 1987, 1193 ff. – Biergesetz Griechenland.
433 EuGH Slg. 1995, 1923 – Mars.
434 EuGH NJW 1994, 121 f. – Keck.

Beispiel: Im Fall Keck ging es darum, dass eine französische Regelung die Weiterveräußerung von Waren unter dem Einstandspreis verboten hat. Ein niederländischer Importeur hatte diese Regelung missachtet und war mit einem Bußgeld belegt worden. Der EuGH hat eine Behinderung des grenzüberschreitenden Warenverkehrs durch das entsprechende Verbot verneint, da dieses nur den Absatz der Ware betreffe, für in- und ausländische Waren in gleicher Weise gelte und auch nicht dazu führe, dass dem ausländischen Marktteilnehmer der Zugang unzumutbar erschwert wird.

Damit fallen nur noch solche Regelungen unter Art. 34 AEUV, die **produktbezogen** sind, dh die den Importeur zwingen, sein Produkt gegenüber dem Verkauf im Heimatland zu verändern oder die zwar nicht produktbezogen sind, aber den Importeur diskriminieren.[435] 546

Beispiele: Das Verbot, eine Verpackung zu verwenden, die den Verbraucher über den Umfang des Inhalts zu täuschen vermag, fällt unter Art. 34 AEUV, weil sie den Importeur zur Veränderung seines Produkts zwingt.[436] Demgegenüber berühren das Verbot, im Fernsehen für Alkohol zu werben, oder die Vorschriften eines deutschen Ladenschlussgesetzes den Schutzbereich Art. 34 AEUV nicht, weil der Importeur an seiner Ware nichts verändern muss und die Maßnahmen inländische und ausländische Anbieter gleichermaßen treffen.

Etwas anderes gilt aber dann, wenn eine Regelung nur ausländische Waren betrifft. 547

Beispiel: Art. 34 AEUV wäre daher berührt, wenn eine Regelung vorschriebe, dass ein bestimmtes Heilmittel nur dann apothekenpflichtig ist, wenn es aus einem anderen Mitgliedstaat stammt. Zwar geht es auch hier wieder um eine bloße Verkaufsmodalität (Ort des Absatzes); aber diese betrifft nur die ausländische Ware, sodass der grenzüberschreitende Handel behindert wird.

Schließlich ist Art. 34 AEUV auch tangiert, wenn eine nationale Reglung zwar sowohl für inländische und ausländische Waren gilt, für letztere aber eine besonders nachteilige Wirkung hat. 548

Beispiel: Art. 34 AEUV ist daher berührt, wenn ein Staat den Handel mit Arzneimitteln über das Internet verbietet. Zwar stellt das Verbot eine bloße Verkaufsmodalität (Ort des Absatzes) dar und betrifft inländische und ausländische Ware gleichermaßen. Da der Internetvertrieb für den ausländischen Anbieter ein besonders wichtiges Mittel ist, um Zugang zum inländischen Markt zu erlangen, wird sein Marktzugang aber in besonderer Weise erschwert.[437]

Grundsätzlich gilt Art. 34 AEUV nur bei staatlichen Maßnahmen. Maßnahmen Dritter werden daher nicht erfasst. Etwas anderes kann aber gelten, wenn Maßnahmen Dritter, die den Grenzübertritt behindern, wie zB die Blockade einer Transitstraße, vom Staat nicht unterbunden werden.[438] 549

c) Die Rechtfertigung von Beschränkungen der Warenverkehrsfreiheit

Auch Art. 34 AEUV gilt nicht schrankenlos. Zulässig sind nach allgemeiner Meinung solche Beschränkungen der Warenverkehrsfreiheit, die unter Art. 36 AEUV fallen oder durch die sog. Cassis-Rechtsprechung des EuGH abgedeckt sind. 550

aa) Die Cassis-Rechtsprechung des EuGH

Die Cassis-Rechtsprechung betrifft von vornherein nur **unterschiedslos wirkende Maßnahmen**. Das sind solche Maßnahmen, die gleichermaßen für in- und ausländische Waren gelten, in denen also keine einseitige Belastung der ausländischen Ware 551

435 Ebenso *Schmidt/Vollmöller* ÖffWirtschaftsR § 1 Rn. 56.
436 Vgl. EuGH Slg. 1995, 1923 – Mars.
437 EuG NJW 2004, 134 – Doc Morris.
438 EuGH Slg. 2003, 5659 – Schmidberger; siehe dazu auch *Koch*, Brenner-Blockade durch Private – Kein Verstoß gegen die Warenverkehrsfreiheit, EuZW 2003, 598.

(Diskriminierung) liegt. Die Cassis-Rechtsprechung besagt, dass Beschränkungen, die gleichermaßen für in- und ausländische Waren gelten, zulässig sind, wenn sie aufgrund zwingender Erfordernisse des Gemeinwohls des jeweiligen Mitgliedstaates notwendig sind.[439] Als solche **zwingenden Erfordernisse** hat der EuGH in seiner Rechtsprechung den Verbraucherschutz,[440] die Lauterkeit des Handelsverkehrs, die wirksame steuerliche Kontrolle und den Umweltschutz[441] anerkannt. Den Gesundheitsschutz erkennt der EuGH im Gegensatz zu seiner Cassis-Entscheidung heute nicht mehr an, da dieser bereits im Rahmen von Art. 36 AEUV zu Reglementierungen des Warenverkehrs legitimiere.[442]

Beschränkungen des Warenverkehrs, die sich auf ein zwingendes Erfordernis des Allgemeininteresses stützen lassen, müssen zusätzlich dem Grundsatz der Verhältnismäßigkeit entsprechen, dh für den angestrebten Zweck geeignet sein, das mildeste Mittel darstellen und den Betroffenen nicht unangemessen belasten.[443]

552 ■ Dem Italiener I wird von einer deutschen Behörde verboten, seinen Wein in Bocksbeutelflaschen einzuführen. Begründet wird dies mit dem deutschen Weingesetz, das vorschreibt, dass sog. Bocksbeutelflaschen nur für Wein aus dem deutschen Anbaugebiet Franken verwendet werden dürfen. Könnte sich die Bundesrepublik zur Rechtfertigung der Maßnahme auf die Cassis-Rechtsprechung des EuGH berufen?

▶ Nein. Zwar könnte man den Verbraucherschutz als zwingendes Erfordernis für die Regelung heranziehen, jedoch erweist sich das Vertriebsverbot für Nichtfrankenwein in Bocksbeutelflaschen als unverhältnismäßig, weil der Zweck Verbraucherschutz sich auch durch eine mildere Maßnahme, insbesondere eine entsprechende Etikettierungspflicht, erreichen ließe.

553 Im Ergebnis lässt die Cassis-Rechtsprechung Beschränkungen der Warenfreiheit also dann zu, wenn die Beschränkung in- und ausländische Ware gleichermaßen betrifft, durch ein zwingendes Erfordernis des Allgemeininteresses des betreffenden Mitgliedstaates gedeckt ist und die Beschränkung verhältnismäßig ist.

554 Dogmatisch kann die Cassis-Rechtsprechung des EuGH als Tatbestandsbegrenzung im Sinne einer weiteren Einschränkung der Dassonville-Formel, als immanente Schranke oder als Rechtfertigungsgrund aufgefasst werden.[444] Bedeutung hat die unterschiedliche Einordnung zB für den Klausuraufbau. Dort kann die Cassis-Rechtsprechung schon beim Schutzbereich, als zusätzlicher Prüfungspunkt oder erst bei der Rechtfertigung behandelt werden.

bb) Die Rechtfertigung nach Art. 36 AEUV

555 Die Rechtfertigung nach Art. 36 AEUV betrifft in erster Linie Maßnahmen, die die ausländische Ware gegenüber der inländischen diskriminieren. Die Rechtfertigungsgründe des Art. 36 AEUV spielen aber auch für unterschiedslos wirkende Maßnahmen eine Rolle, soweit sie nach den gerade dargestellten Grundsätzen in den Schutzbereich des Art. 34 AEUV eingreifen.

439 EuGH Slg. 1979, 64 ff. (= NJW 1979, 1766).
440 EuGH Slg. 1988, 4233.
441 EuGH Slg. 1988, 4607.
442 EuGH Slg. 1991, 4151.
443 Näher *Hobe* EuropaR § 15 Rn. 104.
444 Vgl. *Arndt/Fischer* EuropaR S. 192 f.; *Hobe* EuropaR § 15 Rn. 102.

Art. 36 S. 1 AEUV nennt neben dem Gesundheitsschutz als Rechtfertigungsgründe: die öffentliche Sittlichkeit, die Ordnung und Sicherheit, den Schutz des nationalen Kulturguts und das gewerbliche und kommerzielle Eigentum. Dabei wird unter der **öffentlichen Sittlichkeit** der in einem Staat geltende Moralkodex, und unter der **Sicherheit und Ordnung** die hoheitlich festgelegten Grundregeln, die wesentliche Interessen des Staates schützen, verstanden.[445] Mit dem Schutz des **gewerblichen und kommerziellen Eigentums** sind die von den nationalen Rechtsordnungen insoweit verliehenen Rechtspositionen, wie Patent-, Urheber- oder Markenrechte, gemeint. Auf diese kann sich ihr Inhaber aber nur berufen, soweit sein Recht nicht schon durch europäisches Recht geschützt wird und soweit nicht der sog. **Erschöpfungsgrundsatz** greift. Dieser besagt, dass ein Rechtsinhaber, der sein Werk willentlich in einem EU-Mitgliedstaat in den Verkehr gebracht hat, weder die Ausfuhr in einen anderen Mitgliedstaat noch den Reimport verhindern kann.[446] 556

Beispiel: Dementsprechend wäre eine Regelung im UrhG, dass mit Willen ihres Schöpfers ausgeführte Computerprogramme nicht wieder nach Deutschland eingeführt werden dürfen, nicht durch Art. 36 AEUV gedeckt (vgl. auch Art. 36 S. 2 AEUV).

Für die Rechtfertigung einer Maßnahme, die den freien Warenverkehr behindert, ist neben dem Vorliegen eines der in Art. 36 S. 1 AEUV genannten Gründe erforderlich, dass die Regelung **verhältnismäßig** ist. Die hM begründet dies neben allgemeinen Erwägungen vor allem mit Art. 36 S. 2 AEUV, der verbietet, dass eine auf Art. 36 S. 1 AEUV gestützte Maßnahme das Mittel zur willkürlichen Diskriminierung ist oder eine verschleierte Handelsbeschränkung darstellt. 557

Beispiel: So wäre ein Importverbot für pornographische oder gewaltverherrlichende Computerprogramme nicht zulässig, wenn entsprechende inländische Produkte zulässig wären.

Ist eine Maßnahme, die die Einfuhr einer Ware beschränkt, weder durch die Cassis-Rechtsprechung noch durch Art. 36 AEUV abgedeckt, liegt ein Verstoß gegen Art. 34 AEUV vor. Folge ist, dass die entsprechende mitgliedstaatliche Vorschrift dem Importeur nicht entgegengehalten werden darf. 558

■ Daraus ergibt sich im oben[447] erwähnten »Bocksbeutelfall«, dass Italiener I seinen Wein in Bocksbeutelflaschen einführen darf. Darf dann auch ein Winzer aus der Pfalz Bocksbeutelflaschen verwenden? 559

▶ Nein! Im Verhältnis zu einem nationalen Hersteller etc. bleibt die Regelung gültig. Nach hM ist diese sog. **Inländerdiskriminierung** weder an Art. 34 AEUV zu messen noch an den unionsrechtlichen Grundrechten.[448]

■ Aus dem schon Gelernten, müssten Sie diese Auffassung eigentlich begründen können. Überlegen Sie einmal!

▶ Die Anwendung der Art. 34 AEUV scheitert an dem fehlenden grenzüberschreitendem Bezug. Die EU-Grundrechte sind nicht einschlägig, weil kein EU-Organ gehandelt hat und die fragliche deutsche Regelung auch nicht dem Vollzug von EU-Recht dient.

445 *Haratsch/Koenig/Pechstein* EuropaR *§ 15* Rn. 104.
446 Näher *Oppermann/Classen/Nettesheim* EuropaR § 19 Rn. 35.
447 → Rn. 552.
448 EuGH Slg. 1982, 3723 ff.

560 Ein von der »Inländerdiskrimierung« Betroffener kann sich daher nur auf nationales Recht berufen. In Deutschland kommt insbesondere ein Verstoß gegen den Gleichheitsgrundsatz des Art. 3 GG in Betracht. Ein solcher wurde vom BVerfG noch nicht untersucht, die Meinung in der Literatur ist gespalten.[449]

561 Die besprochenen Voraussetzungen für die Überprüfung einer staatlichen Maßnahme an Art. 34 AEUV können in folgenden Schritten behandelt werden:

Übersicht 33:

Prüfungsablauf Art. 34 AEUV
1. Art. 34 AEUV grundsätzlich anwendbar oder durch vorrangige Sonderregel verdrängt?[450] 2. Schutzbereich des Art. 34 AEUV berührt? a) Staatliche Maßnahme? b) Ware betroffen? 3. Eingriff in Art. 34 AEUV? a) Behinderung des grenzüberschreitenden Warenverkehrs (Dassonville Formel)? b) keine nicht diskriminierende bloße Verkaufsmodalität (Keck-Formel)? 4. Rechtfertigung der Maßnahme a) Zulässigkeit der Beschränkung nach Cassis-Rechtsprechung • unterschiedslos wirkende Beschränkung? • zwingendes Erfordernis für Beschränkung? b) Rechtfertigung der Maßnahme durch Art. 36 AEUV? 5. Verhältnismäßigkeit der Maßnahme?

562 Die Anwendung des Prüfungsschemas wird durch folgenden Beispielsfall[451] verdeutlicht.

Übungsfall 11	
Im Mitgliedstaat X verbietet ein Gesetz jegliche Werbung im Fernsehen, die an Kinder unter 12 Jahren gerichtet ist. Hersteller H aus dem Mitgliedstaat Y vertreibt in X Tretfahrzeuge für Kinder und möchte dafür in einem Fernsehspot werben. Verletzt das Werbeverbot Art. 34 AEUV?	

563 ■ Bevor Sie die Falllösung lesen, versuchen Sie, zunächst selbst eine ausformulierte Lösung zu erstellen.

449 Vgl. *Herdegen* EuropaR § 6 Rn. 20 ff. und *Streinz* EuropaR § 11 Rn. 819 f.

450 Beispiele für den freien Warenverkehr betreffend das Sekundärrecht finden sich bei *Doerfert* EuropaR Rn. 197.

451 Der Fall ist EuGH EWS 1997, 346 ff. nachgebildet. Weitere Übungsfälle finden sich bei *Arndt/Fischer* EuropaR – Fälle Fälle 3–5; *Detterbeck* ÖffR S. 559 ff.; *Doerfert/Oberrath/Schäfer* EuropaR Fälle 5 u. 6; *Hobe* EuropaR § 15 Rn. 110.

▶ **Lösung:** Art. 34 AEUV wäre verletzt, wenn er überhaupt anwendbar wäre, sein Schutzbereich eröffnet wäre, in diesen eingegriffen worden wäre und für den Eingriff keine Rechtfertigung vorläge.

a) Eine vorrangige Regelung ist nicht ersichtlich, sodass Art. 34 AEUV grundsätzlich anwendbar ist.

b) Der Schutzbereich von Art. 34 AEUV ist berührt, wenn es um eine Ware geht, die aus einem Mitgliedstaat kommt. Dies ist bezüglich der von H hergestellten Tretfahrzeuge, die nach X importiert werden sollen, unproblematisch.

c) Fraglich ist, ob ein Eingriff in Art. 34 AEUV vorliegt. Eine Ungleichbehandlung zwischen Inländern und Ausländern liegt nicht vor, da auch inländische Unternehmen dem Werbeverbot unterliegen. Nach der Dassonville-Formel läge aber eine Beschränkung vor, wenn das Werbeverbot den freien Warenverkehr behindern würde. Dies ist der Fall, da H der Absatz im Lande X erschwert wird. Nach der Keck-Rechtsprechung fallen aber nicht diskriminierende Beschränkungen aus dem Schutzbereich des Art. 34 AEUV heraus, soweit sie eine reine Verkaufsmodalität betreffen. Durch das Verbot wird lediglich der Absatz der Ware berührt, der Hersteller wird aber nicht verpflichtet, sein Produkt in irgendeiner Form anders zu gestalten, als er das für den heimischen Markt tut. Außerdem gilt die Regelung auch für inländische Anbieter, ist also nicht diskriminierend. Damit wird in die Warenverkehrsfreiheit schon nicht eingegriffen.

Die Frage einer Zulässigkeit gemäß der Cassis-Rechtsprechung oder einer Rechtfertigung nach Art. 36 AEUV stellt sich damit nicht mehr.

Ergebnis: H kann sich nicht auf Art. 34 AEUV berufen.

3. Die Freizügigkeit

a) Anwendungsbereich

Die Freizügigkeit gem. Art. 45 AEUV betrifft die unselbstständige Tätigkeit gegen **564**
Entgelt. Inhaber der Freizügigkeitsrechte sind damit **Arbeitnehmer**, die die Staatsangehörigkeit eines Mitgliedstaates besitzen. In den persönlichen Schutzbereich können dabei auch Personen einbezogen werden, die sich erst im Vorfeld einer beruflichen Tätigkeit befinden, wie zB Studenten.[452]

Generell ausgeschlossen von der Garantie der Freizügigkeit sind nach Art. 45 IV AEUV Tätigkeiten in der **öffentlichen Verwaltung**. Hintergrund ist, dass es zur Erfüllung bestimmter staatlicher Aufgaben legitim ist, eine besondere Loyalitätsbeziehung zum Staat zu verlangen, die in der Regel nur bei eigenen Staatsangehörigen vorliegt. Allerdings wird Art. 45 IV AEUV vom EuGH eng ausgelegt. Öffentliche Verwaltung soll danach nur vorliegen, wenn es um die Teilnahme an der Ausübung hoheitlicher Befugnisse oder um die Wahrnehmung von Aufgaben geht, die der Wahrung der allgemeinen Belange des Staates oder bestimmter öffentlich-rechtlicher Körperschaften dienen.[453]

452 Einzelheiten vgl. *Herdegen* EuropaR § 16 Rn. 3.
453 EuGH Slg. 1980, 1845.

Beispiele: Nicht unter den Schutz des Art. 45 AEUV fällt danach die Tätigkeit bei der Polizei oder der Justiz (Ausübung hoheitlicher Befugnisse) sowie beim Militär (Wahrung der Belange des Staates); dagegen können sich Krankenschwestern, Lehrer, oder Eisenbahnangestellte uneingeschränkt auf Art. 45 AEUV berufen.

b) Umfang der Gewährleistung/Eingriffe

565 Die Freizügigkeit garantiert zunächst die **Gleichbehandlung mit Inländern**, da Art. 45 II AEUV jede unterschiedliche Behandlung in Bezug auf Beschäftigung, Entlohnung und sonstige Arbeitsbedingungen verbietet. Neuerdings misst der EuGH aber auch nicht diskriminierende Beschränkungen, also Regelungen, die inländische und ausländische Arbeitnehmer in gleicher Weise betreffen, an Art. 45 AEUV.[454] Damit hat sich Art. 45 AEUV zu einem **allgemeinen Beschränkungsverbot** weiterentwickelt.[455]

566 Außerdem gewährt die Freizügigkeit eine Reihe sog. **Begleitrechte**. Art. 45 III AEUV zählt beispielhaft verschiedene Rechte auf, wie das Recht auf Bewerbung, auf Ausreise aus dem Heimatland, auf Einreise in den anderen Mitgliedstaat oder auf Aufenthalt im Einreisestaat. In diesem Zusammenhang ergingen auch eine Reihe von EU-Verordnungen und EU-Richtlinien, die Einzelfragen regeln. Zu nennen sind:

- die »Freizügigkeits-Verordnung«,[456]
- die Verbleiberecht-VO[457] und
- die VO zur Koordinierung der Systeme der Sozialsicherheit,[458] die sozialversicherungsrechtliche Fragen, wie die Anrechnung von im Ausland zurückgelegten Beitragszahlungen regelt[459]
- die Freizügigkeits-RL[460]

567 Schutz bietet Art. 45 AEUV den erfassten Personen in erster Linie gegen staatliche Maßnahmen. Aber auch auf **private Arbeitsverhältnisse** hat die Freizügigkeit Auswirkungen. Ausdrücklich anerkannt hat der EuGH dies im weithin bekannt gewordenen **Bosman-Urteil**,[461] für den Fall, dass ein einzelner Arbeitnehmer mit Verbandsmacht konfrontiert wird. In der Literatur wird die Anwendung auch für ein normales Arbeitsverhältnis vertreten.[462] Die Frage kann für das Diskriminierungsverbot letztlich dahinstehen, da nach Art. 7 IV Freizügigkeits-Verordnung diskriminierende Bestimmungen in Einzelarbeitsverträgen, Tarifverträgen und sonstigen Kollektivvereinbarungen nichtig sind.

---

454 Vgl. EuGH Slg. 1995, I, 4921 – Bosman.

455 Näher *Haratsch/Koenig/Pechstein* EuropaR Rn. 542.

456 VO 1612/68, ABl. 1968 L 257, 13.

457 VO 1251/70, ABl. 1970 L 142, 24.

458 VO 883/2004, ABl. 2004 L 166, 1, die die VO über die soziale Sicherheit (VO 1408/71, ABl. 1971 L 149, 2) abgelöst hat.

459 Vgl. zum Inhalt näher *Eichenhofer*, Einführung in das Europäische koordinierende Sozialrecht anhand der wichtigsten Fälle, Jura 1994, 11 ff.; allgemein zum Sekundärrecht zu Art. 45 AEUV siehe *Arndt/Fischer* EuropaR S. 105 ff.

460 RL 38/2004, ABl. 2004, L 155, 77.

461 EuGH NJW 1996, 505 = Slg. 1995 I, 4921 – Bosman; näher dazu *Schäfer*, Europarecht: »Fall Bosman«, JA 2005, 497 ff.

462 *Hobe* EuropaR § 16 Rn. 150 ff.; kritisch *Streinz* EuropaR § 11 Rn. 850; so jetzt auch EuGH EWS 2000, 402 – Angonese.

c) Rechtfertigung von Beschränkungen der Freizügigkeit

Eine Rechtfertigung von Eingriffen in den Schutzbereich der Freizügigkeit sieht der EGV nur in Art. 45 III AEUV vor. Nach diesem sog. **ordre-public-Vorbehalt** sind Einschränkungen, die die Rechte aus Art. 45 II AEUV betreffen, durch Gründe der öffentlichen Sicherheit und Ordnung und der Gesundheit[463] gerechtfertigt. Diese Möglichkeit wird durch die bereits erwähnte RL 38/2004 näher festgelegt. 568

Beispiel: Danach könnte einem Arbeitnehmer wegen einer erheblichen Vorstrafe oder wegen einer ansteckenden Krankheit die Einreise zum Zwecke der Bewerbung um eine offene Stelle ohne Verstoß gegen Art. 45 AEUV verweigert werden.

Auch hier ist aber wieder zusätzlich das Erfordernis der Verhältnismäßigkeit der einzelnen Maßnahme zu beachten.

Über Art. 45 III AEUV hinaus vertritt die hM die Ansicht, dass Beschränkungen der Freizügigkeit, die unterschiedslos wirken, auch dann zulässig sind, wenn sie auf **wichtige Belange des Allgemeinwohls** zu stützen sind und sich als verhältnismäßig erweisen.[464] Es sind also ähnliche Anforderungen zu stellen, wie sie der EuGH für Beschränkungen der Warenverkehrsfreiheit entwickelt hat. 569

Die dargestellten Voraussetzungen für eine Verletzung der Freizügigkeit lassen sich in den in Übersicht 34 dargestellten Schritten prüfen.[465] 570

Übersicht 34:

Prüfungsablauf Art. 45 AEUV
1. Art. 45 AEUV grundsätzlich anwendbar oder durch Spezialvorschrift verdrängt?
2. Schutzbereich des Art. 45 AEUV berührt?
a) Adressat der Maßnahme = Arbeitnehmer oder sonst geschützte Person?
b) Geschützte Betätigung in einem anderen Mitgliedstaat betroffen?
c) Kein Ausschluss aus Schutzbereich gemäß Art. 45 IV AEUV
3. Eingriff in Art. 45 AEUV?
a) Ungleichbehandlung im Vergleich mit Inländern?
b) Sonstige Beschränkung?
4. Rechtfertigung des Eingriffs
a) Gründe der öffentlichen Sicherheit und Ordnung oder Gesundheit (Art. 45 III AEUV)
b) Zwingende Erfordernisse des Mitgliedstaates für eine unterschiedslos wirkende Beschränkung
5. Verhältnismäßigkeit der Beschränkung.

463 Näher zu den Begriffen *Hobe* EuropaR § 16 Rn. 154 ff.
464 Vgl. *Detterbeck* ÖffR Rn. 1775.
465 Vgl. zum Prüfungsablauf auch *Doerfert/Oberrath/Schäfer* EuropaR S. 49.

571 Die Anwendung des Prüfungsschemas wird durch folgenden Beispielsfall zur Freizügigkeit[466] verdeutlicht.

Übungsfall 12	
Arbeitgeber A führt einen Betrieb mit 50 Arbeitnehmern. In allen Arbeitsverträgen ist eine Zusatzklausel enthalten, wonach die Arbeitnehmer, die mehr als 100 km vom Betriebssitz entfernt wohnen, ein sog. Anreisegeld erhalten. Dieses beträgt grundsätzlich 20 EUR pro Arbeitstag. Allen Arbeitnehmern, die mehr als 200 km entfernt ihren Wohnsitz haben, wird dagegen nur das halbe Anreisegeld gewährt, da hier eine tägliche An- und Abreise ohnehin nicht erfolgen könne. Mitarbeiter M, der seinen Wohnsitz in Belgien hat und auch belgischer Staatsangehöriger ist, ist der Auffassung, dass die Regelung ihn in seiner Grundfreiheit aus Art. 45 AEUV verletze. Ist die Auffassung vom M zutreffend?	

572 ■ Bevor Sie die Falllösung lesen, versuchen Sie, zunächst selbst eine ausformulierte Lösung zu erstellen.

▶ **Lösung:** M hätte Recht, wenn Art. 45 AEUV verletzt wäre. Dazu müsste er überhaupt anwendbar, sein Schutzbereich eröffnet und in diesen eingegriffen sein sowie für den Eingriff keine Rechtfertigung vorliegen.

a) Eine vorrangige Regelung ist nicht ersichtlich,[467] sodass Art. 45 AEUV grundsätzlich anwendbar ist.

b) Der Schutzbereich von Art. 45 AEUV wäre grundsätzlich berührt, wenn es um eine grenzüberschreitende Tätigkeit eines Arbeitnehmers ginge. M, der in Belgien wohnt, leistet für A in Deutschland gegen Entgelt unselbstständige Dienste, ist also Arbeitnehmer. Damit ist Art. 45 AEUV einschlägig.

c) Fraglich ist, ob ein Eingriff in Art. 45 AEUV vorliegt.

aa) Nach Art. 45 AEUV iVm der Freizügigkeits-VO besteht ein umfassendes Diskriminierungsverbot. Damit darf auch in Arbeitsverträgen mit privaten Arbeitgebern der Angehörige eines Mitgliedstaates nicht anders behandelt werden, als ein inländischer Arbeitnehmer. Insoweit ist die Regelung im Arbeitsvertrag A – M aber nicht zu beanstanden, da auch deutsche Staatsangehörige, die weiter als 200 km vom Betriebssitz des A entfernt ihren Wohnsitz haben, nur das halbe Anreisegeld bekommen.

bb) Nach neuerer Rspr. des EuGH gewährt Art. 45 AEUV aber auch ein allgemeines Beschränkungsverbot, dh, jede Behinderung der Freizügigkeit muss sich an Art. 45 AEUV messen lassen. Fraglich ist jedoch, ob diese Ausweitung hier in Frage kommt, da M nicht von einer staatlichen Maßnahme, sondern von einem privaten Arbeitsvertrag nachteilig betroffen wird. Damit stellt sich die Frage der sog. Drittwirkung des Art. 45 AEUV. Nach der neueren Rechtsprechung des EuGH,[468] dürfte eine Drittwirkung zu bejahen sein. Damit liegt ein Eingriff in Art. 45 AEUV vor.

cc) Fraglich ist aber ob dieser Eingriff gerechtfertigt ist. Da es hier um die Maßnahme eines Privaten geht, wäre dazu erforderlich, dass für die Maßnahme ein

466 Weitere Übungsfälle finden sich bei *Arndt/Fischer* EuropaR-Fälle Fälle 6 und 7 sowie *Doerfert/Oberrath/Schäfer* EuropaR Fall 7.

467 Die Freizügigkeits-RL ergänzt Art. 45 AEUV nur, verdrängt ihn aber nicht.

468 EuGH EWS 2000, 402 – Angonese.

sachlicher Grund besteht und sie verhältnismäßig erscheint. Beides ist hier zu bejahen, da die Halbierung des Reisegeldes für die weiter entfernt wohnenden Arbeitnehmer auf einem berechtigten Interesses des A beruht und diese auch nicht unzumutbar belastet.

Ergebnis: Art. 45 AEUV ist nicht verletzt, M hat also nicht Recht.

4. Die Niederlassungsfreiheit

a) Anwendungsbereich

Die Niederlassungsfreiheit nach Art. 49 ff. AEUV betrifft die **selbstständige Erwerbstätigkeit**, stellt also insoweit das Gegenstück zur Freizügigkeit dar. Von der unten noch zu behandelnden Dienstleistungsfreiheit grenzt sie sich dadurch ab, dass es einer dauerhaften Tätigkeit mittels fester Einrichtung in einem anderen Mitgliedstaat bedarf.[469] 573

In den persönlichen Schutzbereich fallen außer natürlichen Personen, die die Staatsangehörigkeit eines Mitgliedstaates besitzen, auch bestimmte **Personenzusammenschlüsse.** Nach Art. 54 AEUV sind alle Gesellschaftstypen erfasst, unabhängig davon, ob sie als juristische Person gelten, soweit ihr Sitz, ihre Hauptverwaltung oder die Hauptniederlassung in einem Mitgliedstaat liegen. 574

Erfasst werden von der Niederlassungsfreiheit die Aufnahme und Ausübung selbstständiger Erwerbstätigkeit sowie die Gründung und Leitung von Unternehmen (Art. 49 II AEUV). Letzteres umfasst gem. Art. 49 I AEUV auch die Gründung von Agenturen, Zweigniederlassungen oder Tochtergesellschaften in einem anderen Mitgliedstaat. 575

Beispiele: Ein deutsches Unternehmen, das in Italien eine Niederlassung gründen will, kann sich ebenso auf die Niederlassungsfreiheit berufen, wie ein österreichischer Steuerberater, der in Deutschland ein Büro eröffnen will.

Problematisch sind in diesem Zusammenhang die Fälle, in denen eine in einem Mitgliedstaat gegründete Gesellschaft ihre Tätigkeit rechtlich oder tatsächlich in einen anderen Mitgliedstaat verlagert. Die Verlagerung des rechtlichen Sitzes einer Gesellschaft, um die Steuervorschriften des Heimatlandes zu umgehen, hat der EuGH nicht als von Art. 49 AEUV gedeckt angesehen.[470] Dagegen darf die **Verlagerung der tatsächlichen Tätigkeit** in einen anderen Mitgliedstaat grundsätzlich keinen Beschränkungen unterliegen. So hat der EuGH einen Verstoß gegen Art. 49 AEUV darin gesehen, dass die Eintragung einer Zweigniederlassung einer ausländischen Gesellschaft verweigert wird, weil die Geschäftsaktivitäten nur über die Zweigstelle laufen sollen[471] oder, dass die Gesellschaft bei der Verlagerung der Tätigkeit in einem anderen Mitgliedstaat aufgrund der sog. Sitztheorie dort neu gründet werden muß.[472] Schließlich hat der EuGH entschieden, dass alle Beschränkungen der Aktivitäten einer Ge- 576

469 *Hobe* EuropaR § 17 Rn. 174.
470 Vgl. dazu EuGH NJW 1989, 2186 – Daily Mail.
471 EuGH Slg. 1999, I-1459 – Centros.
472 EuGH EuZW 2002, 754 – Überseering; vgl. *Schäfer* EuropaR S. 295.

sellschaft, die in einem anderen Mitgliedstaat gegründet wurde, einer besonderen Rechtfertigung bedürfen.[473]

577 Nicht anwendbar ist Art. 49 AEUV bei Tätigkeiten, die mit der Ausübung öffentlicher Gewalt verbunden sind (Art. 51 AEUV). Dies ist zwar bei einem Notar, aber nicht bei einem Rechtsanwalt oder Steuerberater der Fall.[474]

578 Zur Erleichterung der Niederlassung in anderen Mitgliedstaaten wird Art. 49 AEUV durch verschiedene Richtlinien ergänzt, die insbesondere die gegenseitige Anerkennung von Prüfungen, Abschlüssen etc. betreffen. Beispiele sind:

- die Hochschuldiplomrichtlinie[475]
- die Richtlinie über die Anerkennung von Prüfungen etc. bei Architekten[476]
- die Richtlinie über die Anerkennung von Prüfungen etc. bei Ärzten[477]
- die Richtlinie über die Erlaubnis für die Ausübung des Rechtsanwaltsberufs[478]
- die Richtlinie über die Anerkennung von Berufsqualifikationen.[479]

b) Umfang der Gewährleistung/Eingriffe

579 Garantiert wird durch die Niederlassungsfreiheit zunächst der Schutz vor Maßnahmen, die einen ausländischen Erwerbstätigen oder eine ausländische Gesellschaft gegenüber Inländern ungleich behandeln. Art. 49 I AEUV enthält also in erster Linie ein **Diskriminierungsverbot**. Daneben werden von der Niederlassungsfreiheit, wie bei der Freizügigkeit, auch bestimmte **Begleitrechte**, die die Einreise oder den Aufenthalt betreffen, gewährt. Nach heute hM[480] enthält Art. 49 AEUV auch ein **allgemeines Beschränkungsverbot**. Art. 49 AEUV gilt daher auch für Regelungen, die Inländer und Ausländer gleichermaßen belasten.

> **Beispiel:** Ein Italiener möchte in Deutschland als Steuerberater tätig sein. Nach deutschen Vorschriften bedarf es dazu einer formellen Zulassung. Diese Regelung stellt einen Eingriff in Art. 49 AEUV dar und bedarf daher einer besonderen Rechtfertigung.

c) Rechtfertigung von Beschränkungen der Niederlassungsfreiheit

580 Zulässig sind Eingriffe in Art. 49 AEUV, soweit sie diskriminierend wirken, nur nach Art. 52 AEUV, der wie bei der Freizügigkeit Maßnahmen rechtfertigt, die aus Gründen der öffentlichen Sicherheit und Ordnung oder der Gesundheit ergehen. Sonstige Beschränkungen, dh solche, die unterschiedslos wirken, sind zulässig im Interesse des Allgemeinwohls, soweit sie den Grundsatz der Verhältnismäßigkeit beachten.

> **Beispiel:** Die im obigen Beispiel erwähnte Zulassungspflicht für Steuerberater wäre danach mit Art. 49 AEUV vereinbar, da sie auch für deutsche Bewerber gilt und im Interesse des Allgemeinwohls verhältnismäßig erscheint.

473 EuGH NJW 2003, 3331 – Inspire-Art.; ausführlich zum Ganzen, auch zur Schaffung eines europäischen Gesellschaftsrechts, siehe *Hakenberg* EuropaR Rn. 570 ff.
474 EuGH Slg. 1991, I-727 – Kommission/Griechenland.
475 RL 89/48, ABl. 1989 L 19, 16.
476 RL 85/384, ABl. 1985 L 233, 15.
477 RL 93/16, ABl. 1993 L 165, 1.
478 RL 98/5, ABl. 1998 L 77, 36.
479 RL 2005/36, ABl. 2005 L 255, 22.
480 EuGH NJW 1996, 579.

Zusammenfassend kann eine Verletzung der Niederlassungsfreiheit daher in den in Übersicht 35 dargelegten Schritten[481] geprüft werden. 581

Übersicht 35: 582

Prüfungsablauf Art. 49 AEUV
1. Art. 49 AEUV grundsätzlich anwendbar oder durch spezielle Regelung verdrängt? 2. Anwendungsbereich der Niederlassungsfreiheit betroffen? a) Ausübung selbstständiger Erwerbstätigkeit auf unbestimmte Dauer in anderem Mitgliedstaat? b) Gründung/Leitung eines Unternehmens iSv Art. 54 AEUV? c) Kein Fall des Art. 51 AEUV 3. Eingriff in die Niederlassungsfreiheit? a) Ungleichbehandlung gegenüber Inländern? b) sonstige Behinderung? 4. Rechtfertigung des Eingriffs? a) Gründe der öffentlichen Sicherheit und Ordnung etc. (Art. 52 AEUV)? b) Zwingende Erfordernisse des Allgemeinwohls bei unterschiedslos wirkenden Maßnahmen? 5. Verhältnismäßigkeit der Beschränkung?

Die Anwendung des Prüfungsschemas können sie an folgendem Beispielsfall zur Niederlassungsfreiheit[482] erproben. 583

Übungsfall 13
Die deutsche S-AG, die Arzneimittel herstellt, betreibt eine Zweigniederlassung in Großbritannien. Gemäß dem zwischen England und Deutschland bestehenden Doppelbesteuerungsabkommen muss für die englische Niederlassung in England Einkommensteuer bezahlt werden. In der entsprechenden Steuererklärung für 2012 beantragt die S-AG, von ihren Einkünften die von 2009–2012 entstandenen Verluste abzuziehen. Die Steuerverwaltung verweigert dies, da nach britischem Recht ein Verlustvortrag nur möglich ist, wenn der ausländische Steuerpflichtige über seine Tätigkeit in Großbritannien eigene Bücher führt. Die S-AG führt aber nur für beide Standorte gemeinsam Buch. Verletzt die Buchführungspflicht die Niederlassungsfreiheit des EGV?

■ Bevor Sie die Falllösung lesen, versuchen Sie, zunächst selbst eine ausformulierte Lösung zu erstellen. 584

▶ **Lösung:** Art. 49 AEUV wäre verletzt, wenn er überhaupt anwendbar wäre, sein Schutzbereich eröffnet wäre, in diesen eingegriffen worden wäre und für den Eingriff keine Rechtfertigung vorläge.

481 Zum Prüfungsablauf auch *Doerfert/Oberrath/Schäfer* EuropaR S. 53.

482 Weitere Übungsfälle finden sich bei *Arndt/Fischer* EuropaR-Fälle Fälle 9 und 10 sowie *Doerfert/Oberrath/Schäfer* EuropaR Fall 8.

a) Art. 49 AEUV ist grundsätzlich anwendbar, da keine speziellere Regelung ersichtlich ist.

b) Fraglich ist, ob sein Schutzbereich eröffnet ist. Dazu müsste eine selbstständige Erwerbstätigkeit, die auf Dauer ausgeübt werden soll, oder die Gründung oder Leitung eines Unternehmens betroffen sein. Die Gründung von Zweigniederlassungen wird nach Art. 49 I 2 AEUV erfasst. Außerdem können sich nach Art. 54 AEUV auch Gesellschaften auf die Niederlassungsfreiheit berufen. Der Schutzbereich des Art. 49 AEUV ist also eröffnet.

c) Weiter müsste ein Eingriff in die Niederlassungsfreiheit vorliegen. Ein Eingriff liegt bei diskriminierenden Maßnahmen und bei sonstigen Beschänkungen der Niederlassung in einem anderen Mitgliedstaat vor. Eine Diskriminierung der S-AG gegenüber den inländischen Firmen liegt nicht vor. Es ist aber eine sonstige Beschränkung gegeben, da die Buchführungspflicht die Führung von Zweigniederlassungen erschwert.

d) Fraglich ist aber, ob der Eingriff gerechtfertigt ist. Eine Rechtfertigung nach Art. 52 AEUV ist nicht ersichtlich. Eine Rechtfertigung könnte sich aber aus zwingendem Interesse des Mitgliedstaates ergeben. Als solches kann die Überprüfbarkeit der Steuerpflicht anerkannt werden. Allerdings müsste die Buchführungspflicht auch verhältnismäßig sein. Hier erscheint die Regelung aber unverhältnismäßig. Durch die Möglichkeit, sich die erforderlichen Auskünfte von der deutschen Finanzverwaltung zu beschaffen, steht dem Mitgliedstaat ein milderes Mittel zur Verfügung, um einen Nachweis für die behaupteten Verluste zu erhalten.[483]

Ergebnis: Die Buchführungspflicht verletzt die Niederlassungsfreiheit.

5. Die Dienstleistungsfreiheit

a) Anwendungsbereich

585 Art. 56 ff. AEUV runden das System der Personenverkehrsfreiheiten ab, indem sie Garantien für solche grenzüberschreitende selbstständige Tätigkeiten aufstellen, die nicht unter Art. 49 AEUV fallen, weil sie nur vorübergehender Natur sind.

586 Erfasst werden vom Schutzbereich des Art. 56 AEUV drei Fallgruppen:

- die Grenzüberschreitung durch den Dienstleistungserbringer (**aktive Dienstleistungsfreiheit**),
- die Grenzüberschreitung durch den Dienstleistungsempfänger (**passive Dienstleistungsfreiheit**),
- der Fall, dass lediglich die Dienstleistung die Grenzen überschreitet (**Korrespondenzdienstleistungsfreiheit**).

587 ■ Ordnen Sie die folgenden Beispiele den einzelnen Fallgruppen zu: 1. Ein Bauunternehmer aus Deutschland baut in Österreich ein Haus; 2. Eine französische Lottogesellschaft verkauft in Deutschland Lose; 3. Ein italienischer Patient geht zu einem Arzt in England.

483 Vgl. EuGH EuZW 1997, 443 ff. mit Anmerkung *v. Borries*.

▶ Fall 1 betrifft die aktive Dienstleistungsfreiheit, Fall 2 die Korrespondenzdienstleistungsfreiheit und Fall 3 die passive Dienstleistungsfreiheit.

Als Dienstleistung gem. Art. 57 AEUV sind alle Tätigkeiten einzustufen, die – negativ ausgedrückt – nicht unter die anderen Personenfreiheiten fallen und auch nicht den freien Verkehr von Waren oder Kapital betreffen. In Art. 57 II AEUV findet sich eine nicht abschließende Aufzählung von erfassten Tätigkeiten. **588**

Ganz vom Schutz des Art. 57 AEUV ausgeschlossen sind, wie bei der Niederlassungsfreiheit, Tätigkeiten, die mit der Ausübung öffentlicher Gewalt verbunden sind (Art. 62 iVm 51 I AEUV). Nach Art. 58 AEUV gelten im Bereich des Verkehrs und bei Banken und Versicherungen Besonderheiten. **589**

Auch die Dienstleistungsfreiheit wurde durch verschiedene Sekundärrechtsakte der EG verwirklicht. So gibt es Richtlinien zur Regelung des Aufenthaltsrechts, zur Vergabe öffentlicher Aufträge[484] oder zur Entsendung von Arbeitnehmern.[485] Viel diskutiert wurde die sog. **Dienstleistungs-RL**, die unter anderem regelt, welchen Rechtsvorschriften der Dienstleistungserbringer unterliegt.[486] Maßgeblich sind nun – entgegen dem ursprünglichen Entwurf – nicht allein die Vorschriften des Heimatlandes des Dienstleistungserbringers (sog. Herkunftslandprinzip). Vielmehr richtet sich die Ausgestaltung der Tätigkeit im Zielland nach den dortigen Vorschriften (sog. Bestimmungslandprinzip). Allerdings bedürfen etwaige Einschränkungen der Dienstleistungsfreiheit durch das Zielland einer besonderen Rechtfertigung und müssen dem Verhältnismäßigkeitsgrundsatz entsprechen. **590**

b) Umfang der Gewährleistung/Eingriffe

Ein Eingriff in die Dienstleistungsfreiheit liegt zum einen bei diskriminierenden Handlungen vor, da Art. 57 AEUV die Gleichbehandlung mit Inländern garantiert. Zum anderen schützt Art. 57 AEUV aber vor jeder Beschränkung, die inländische und ausländische Dienstleistungen gleichermaßen treffen.[487] **591**

c) Rechtfertigung von Beschränkungen der Dienstleistungsfreiheit

Für die Rechtfertigung von Eingriffen gilt das zur Niederlassungsfreiheit Gesagte entsprechend.[488] Diskriminierende Regelungen sind daher nur aus Gründen der öffentlichen Sicherheit und Ordnung oder der Gesundheit möglich (Art. 62 iVm Art. 52 I AEUV). Unterschiedslos wirkende Regelungen sind zulässig, soweit sie sich auf die Wahrung von zwingenden Erfordernissen des Allgemeinwohlinteresses stützen lassen und dem Grundsatz der Verhältnismäßigkeit entsprechen. Verneint hat der EuGH die Verhältnismäßigkeit zB bezüglich des **staatlichen Glücksspielmonopols in Deutschland**, da er ihm, insbesondere wegen der intensiven Werbung für staat- **592**

---

484 Zur öffentlichen Auftragsvergabe allgemein und speziell zu den entsprechenden gemeinschaftsrechtlichen Vorgaben → Rn. 1320 ff.

485 RL 71/1996, ABl. 1997 L 618, 1.

486 RL 2006/23, ABl. 2006 L 376, 36; näher dazu *Eisenmenger*, Das öffentliche Wirtschaftsrecht im Umbruch. 3 Jahre Dienstleistungsrichtlinie in Deutschland, NVwZ 2010, 337; *Hobe* EuropaR § 18 Rn. 230; *Ziekow*, Die Auswirkungen der Dienstleistungsrichtlinie auf das deutsche Genehmigungsverfahrensrecht, GewArch 2007, 179, 217.

487 Näher *Haratsch/Koenig/Pechstein* EuropaR Rn. 671.

488 Näher *Hobe* EuropaR § 18 Rn. 216 ff.

liche Lotterien, die Geeignetheit für die Bekämpfung der Spielsucht abgesprochen hat.[489]

593 Nach dem Gesagten lässt sich eine Verletzung der Dienstleistungsfreiheit in den in Übersicht 36 genannten Schritten abprüfen.[490]

Übersicht 36:

Prüfungsablauf Art. 56 AEUV
1. Art. 56 AEUV grundsätzlich anwendbar oder durch spezielle Regelung verdrängt?
2. Anwendungsbereich der Dienstleistungsfreiheit betroffen?
a) Dienstleistung in einem anderen Mitgliedstaat erbracht, aufgesucht oder angeboten
b) Kein Fall des Art. 51 AEUV (Art. 62 AEUV)
3. Eingriff in die Dienstleistungsfreiheit?
a) Ungleichbehandlung gegenüber Inländern?
b) Sonstige Behinderung?
4. Rechtfertigung des Eingriffs?
a) Gründe der öffentlichen Sicherheit und Ordnung etc. (Art. 62, 52 AEUV)
b) Zwingende Erfordernisse des Allgemeinwohls bei unterschiedslos wirkenden Maßnahmen?
5. Verhältnismäßigkeit der Beschränkung?

594 ■ Zum Abschluss der Dienstleistungsfreiheit ein kleiner Test.[491] Ist Ihrer Meinung nach ein Verbot des sog. cold calling, dh der unangemeldeten Kontaktaufnahme mit Privatleuten, um ihnen Finanzdienstleistungen (zB Warentermingeschäfte) anzubieten, mit Art. 56 AEUV vereinbar?

▶ Ja, das Verbot verletzt die Dienstleistungsfreiheit nicht. Zwar schützt Art. 56 AEUV auch den Fall, dass nur die Dienstleistung die Grenze überschreitet. Als nicht diskriminierende Regelung lässt sich das Verbot aber mit zwingenden Gründen des Allgemeinwohls rechtfertigen. Das Verbot der cold callings lässt sich nach dem EuGH auf den Schutz der Lauterkeit der Finanzmärkte und auf den Verbraucherschutz stützen.[492]

6. Die Freiheit des Kapital- und Zahlungsverkehrs

595 Die Art. 63 ff. AEUV ergänzen die Warenverkehrs- und die Personenfreiheiten, indem sie auch den freien Verkehr von Kapital und Zahlungsmitteln garantieren.

489 EuGH JuS 2011, 85.
490 Ein ausführlicheres Prüfungsschema bieten *Doerfert/Oberrath/Schäfer* EuropaR S. 56.
491 Übungsfälle finden sich bei *Arndt/Fischer* EuropaR-Fälle Fälle 12 und 13 sowie *Doerfert/Oberrath/Schäfer* EuropaR Fall 9; *Hobe* EuropaR § 18 Rn. 241.
492 Vgl. EuGH EuZW 1995, 404 ff.

a) Anwendungsbereich

Unter **Kapitalverkehr** versteht man alle finanziellen Transaktionen, die selbstständig erfolgen und in keinem Zusammenhang mit Warenlieferungen oder mit der Erbringung von Arbeits- oder Dienstleistungen stehen. Erfasst werden danach alle einseitigen Wertübertragungen, wie zB der Erwerb von Wertpapieren oder Unternehmensanteilen. 596

Der **Zahlungsverkehr** betrifft dagegen den grenzüberschreitenden Transfer von Geld als Gegenleistung für Waren oder Dienstleistungen. Erfasst werden daher zB die Gewährung eines Darlehens oder die Gegenleistung für den Erwerb eines Gesellschaftsanteils oder eines Grundstücks. 597

b) Umfang der Gewährleistung/Eingriffe

Art. 63 I AEUV verbietet jede Beschränkung des Kapitalverkehrs, also jede mitgliedstaatliche Regelung, die geeignet ist, den Kapitalverkehr irgendwie zu behindern.[493] Dabei können sich auf Art. 63 AEUV nicht nur EG-Angehörige berufen, Anknüpfungspunkt ist vielmehr der Sitz des Kapitals. 598

Art. 63 II AEUV verbietet jede Beschränkung des freien Zahlungsverkehrs. 599

c) Rechtfertigung von Beschränkungen der Freiheit des Kapital- und Zahlungsverkehrs

Eingeschränkt werden kann die Freiheit des Kapitalverkehrs aufgrund bestehender Abreden mit Drittländern (Art. 64 AEUV), aus steuerlichen Zwecken oder aus Gründen der öffentlichen Ordnung und Sicherheit (Art. 65 AEUV) sowie bei besonderen Situationen (vgl. Art. 66, 75 AEUV). Praktische Bedeutung hat daher für den Kapitalverkehr zwischen Mitgliedstaaten vor allem Art. 65 AEUV. Dieser ist auch die wesentliche Grundlage für Beschränkungen des Zahlungsverkehrs.[494] Neben den geschriebenen Rechtfertigungsgründen kommt auch bei der Kapital-und Zahlungsverkehrsfreiheit eine Rechtfertigung nicht diskriminierender Einschränkungen durch zwingende Erfordernisse des Gemeinwohls in Betracht. 600

Literatur zur Vertiefung: *Arndt* Siebter und Achter Teil; *Borchardt* Grundl. EU §§ 9–11; *Doerfert* EuropaR Teil 4 und 5; *Ehlers*, Die Grundfreiheiten des europäischen Gemeinschaftsrechts, Jura 2001, 266 ff. und 284 ff.; *Fischer* EuropaR §§ 12–19; *Frotscher/Kramer* WirtschaftsVerfR/WirtschaftsVerwR Rn. 145 ff.; *Hatje*, Die Niederlassungsfreiheit im europäischen Binnenmarkt, Jura 2003, 160 ff.; *Herdegen* EuropaR §§ 13–18; *Hobe* EuropaR §§ 15–19; *Horn*, Deutsches und Europäisches Gesellschaftsrecht und die EuGH-Rechtsprechung zur Niederlassungsfreiheit – Inspire Art, NJW 2004, 893; *Kenntner*, Grundfälle zur Warenverkehrsfreiheit, JuS 2004, 22; *Haratsch/Koenig/Pechstein* EuropaR Viertes Kapitel; *Ohler*, Das Beschränkungsverbot der Grundfreiheiten, JA 2006, 939; *Oppermann/Classen/Nettesheim* EuropaR §§ 15 u. 19; *Ruffert*, Die Grundfreiheiten im Recht der EU, JuS 2009, 97 ff.; *Schäfer* EuropaR §§ 12, 13; *Scheidler*, Die Grundfreiheiten zur Verwirklichung des Europäischen Binnenmarktes – ein Überblick; GewArch 2010, 1; *Streinz* EuropaR §§ 10, 11, 14, 15; *Thiele*, Die Grundfreiheiten in der öffentlich-rechtlichen Arbeit, JA 2005, 621; *Trautwein*, Die Kapitalverkehrsfreiheit des Art. 56 I EGV, JA 2008, 281 ff.; *WKSZ* ÖffR/EuropaR §§ 19, 20; *Zacker/Wernicke* C IIII und VIIII.

493 Ausführlich *Schmidt/Vollmöller* ÖffWirtschaftsR § 1 Rn. 78; EuGH EuZW 2007, 702 zum VW-Gesetz aF, das ua eine anteilsunabhängige Begrenzung des Stimmrechts auf 20 % vorsah.

494 *Streinz* EuropaR Rn. 767.

Urteile zur Vertiefung: EuGH NJW 1987, 1133 – Reinheitsgebot für Bier; EuGH NJW 1994, 2693 – Säger/Dennemeyer; EuGH EuZW 1995, 404 – Alpine Investments; EuGH EuZW 1996, 205 – Bosmann; EuGH 1998, 84 – Agrarblockaden; EuGH EuZW 1999, 216 – Centros; EuGH Slg. 1999, I-2517 – Ciola; EuGH EuZW 2001, 158 – Emmentaler; EuGH EuZW 2002, 437 – Golden shares; EuGH NJW 2003, 3331 – Inspire Art; EuGH EWS 2004, 33 – Schmitzer; EuGH NJW 2007, 1515 – Placanica (Staatliches Sportwettenmonopol), EuGH ZUM 2010,946 – Stoß (Staatliches Glücksspielmonopol);EuGH EuZW 2011, 219 (Zutritt zu Coffeeshops); EUGH JuS 2011,851 (Staatsangehörigkeitserfordernis für Notare).

4. Teil. Allgemeines Verwaltungsrecht und Verwaltungsprozessrecht

1. Kapitel. Grundlagen

Die vielfältigen Einwirkungsmöglichkeiten des Staates auf den Einzelnen und auf die wirtschaftliche Betätigung, deren verfassungsrechtlichen und europarechtlichen Grenzen bisher besprochen wurden, werden durch das Handeln der Verwaltung vollzogen. Das Verwaltungshandeln, mit dem man als Privatmann oder als Unternehmer fast in jeder Lebenslage konfrontiert ist, unterliegt verschiedenen rechtlichen Vorgaben. Von Bedeutung ist zunächst, was Verwaltung überhaupt ist und das Handeln welcher Institutionen bzw. Personen davon erfasst ist. 601

I. Begriff und Organisation der Verwaltung

1. Der Begriff der öffentlichen Verwaltung

Die staatliche Einwirkung auf die wirtschaftliche Betätigung erfolgt auf der Ebene der Exekutive nicht durch eine einheitliche Stelle, sondern die Verwaltungstätigkeit verteilt sich auf eine Vielzahl von Einrichtungen. Der rechtliche Begriff der Verwaltung ist schwer zu fassen. In der Literatur zum Verwaltungsrecht finden sich, jeweils von einem anderen Blickwinkel ausgehend, drei unterschiedliche Verwaltungsbegriffe.[495] 602

- Der **materielle Verwaltungsbegriff** stellt auf den Inhalt der Tätigkeit ab. Unter Verwaltung im materiellen Sinne kann man danach die öffentlich-rechtlichen Tätigkeiten fassen, die der Erfüllung öffentlicher Aufgaben dienen und nicht Gesetzgebung, Rechtsprechung oder Regierungstätigkeit sind. 603
- Der **organisatorische Verwaltungsbegriff** stellt darauf ab, ob eine Stelle gehandelt hat, die einem Verwaltungsträger zuzuordnen ist. 604
- Der **formelle Verwaltungsbegriff** stellt unabhängig vom materiellen Inhalt der Tätigkeit darauf ab, ob eine Stelle, die dem organisatorischen Verwaltungsbegriff unterfällt, gehandelt hat. 605

In der Literatur besteht dabei Einigkeit, dass keiner der drei Begriffe vollständig überzeugen kann. Für die folgenden Ausführungen sollen unter Verwaltung alle die staatlichen Stellen verstanden werden, deren Handeln den Bürger unmittelbar betrifft und nicht Gesetzgebung oder Rechtsprechung ist. 606

2. Die Organisation der öffentlichen Verwaltung

a) Allgemeines

Träger der öffentlichen Verwaltung ist an sich der Staat als Ganzes. Aufgrund der föderalen Struktur der Bundesrepublik Deutschland sind das sowohl der Bund als auch 607

495 Näher *Detterbeck* VerwR AT § 1 Rn. 9; *Hendler* VerwR AT Rn. 10 ff.; *Peine* VerwR AT Rn. 27 ff.

die Länder. Beide können ihre Verwaltungstätigkeit durch eigene Einrichtungen ausüben oder sich fremder, rechtlich selbstständiger Organisationen bedienen. Alle Organisationen, die Aufgaben öffentlicher Verwaltung wahrnehmen, kann man als **Träger öffentlicher Verwaltung** (Verwaltungsträger) bezeichnen.

608 Die Verwaltungsträger sind regelmäßig juristische Personen des öffentlichen Rechts. Nach außen treten die Verwaltungsträger jedoch nicht selbst auf. Nach außen handelt vielmehr eine organisatorische Untereinheit des Verwaltungsträgers, die man als Verwaltungsstelle bezeichnen kann.[496] Diese Stelle wird regelmäßig als **Behörde** bezeichnet. Damit korrespondiert auch die Regelung des § 1 IV VwVfG, wonach Behörde jede Stelle ist, die Aufgaben der öffentlichen Verwaltung wahrnimmt. Dabei kann die Behörde mit einem Organ des Verwaltungsträgers identisch sein, muss es aber nicht.[497]

Beispiel: Behörde ist ein Ministerium, eine Bezirksregierung, das Finanzamt, die Agentur für Arbeit sowie eine Stadt; bei einer Stadt kann Behörde auch der Oberbürgermeister bzw. der 1. Bürgermeister, die Organe sind, sein; der Stadtrat dagegen ist zwar Organ, aber keine Behörde, da seine Beschlüsse ein Internum sind und erst durch das Handeln des Bürgermeisters nach außen umgesetzt werden.

609 Die Behörden sind teilweise sehr umfassende Gebilde (vgl. zB ein Bundes- oder Landesministerium). Sie sind daher in verschiedene untergeordnete Organisationseinheiten, wie zB Abteilungen oder Sachgebiete, untergliedert. Die letztlich dem Bürger gegenübertretende Stelle wird häufig als **Amt** bezeichnet.[498] Die Person, die für diese Stelle verantwortlich handelt, wird **Organwalter** genannt.[499]

Beispiel: Eine Baugenehmigung wird vom Bauamt, einer Organisationseinheit der Behörde Stadt erteilt. Derjenige, der die Baugenehmigung für die Stadt unterzeichnet ist deren Organwalter.

610 Schließlich besteht für eine Materie regelmäßig nicht nur ein Träger der öffentlichen Verwaltung. Durch den hierarchischen Aufbau der öffentlichen Verwaltung besteht vielmehr häufig eine Vielzahl von Behörden auf verschiedenen Ebenen. Regelmäßig besteht ein dreigliedriger Aufbau, infolgedessen zwischen der oberen, der mittleren und der unteren Verwaltungsebene unterschieden wird.

611 Aufgrund der Verteilung der öffentlichen Verwaltung auf viele verschiedene Stellen stellt sich das Problem, welche Behörde im Einzelfall handeln darf. Diese Frage wird unter dem Problem der Zuständigkeit behandelt, wobei in erster Linie die **örtliche** und die **sachliche** Zuständigkeit unterschieden werden. Die sachliche Zuständigkeit betrifft die Frage, welcher Stelle in der staatlichen Organisation welche Aufgabe zugewiesen ist.[500] Sie ist meist in dem Gesetz, aufgrund dessen die Behörde handelt, festgelegt. Die örtliche Zuständigkeit betrifft demgegenüber die Frage, wer von mehreren sachlich zuständigen Behörden auf der gleichen Ebene handeln darf. Nach dem Grundsatz der dezentralen Verwaltung ist im Regelfall sachlich zuständig eine Stelle auf der unteren Ebene der Verwaltungsorganisation und örtlich zuständig die Behörde, die dem betreffenden Sachverhalt räumlich am nächsten liegt.

496 *Ipsen* VerwR AT § 4 Rn. 213.
497 Näher *Detterbeck* VerwR AT § 5 Rn. 208.
498 Zur Uneinheitlichkeit der Begriffe *Koch/Rubel/Heselhaus* VerwR AT § 2 Rn. 7 ff.
499 *Sodan/Ziekow* GK ÖffR § 58 Rn. 2.
500 Näher *Ipsen* VerwR AT § 4 Rn. 228 ff.

Beispiele: Für den Erlass von Steuerbescheiden ist nach der AO das Finanzamt zuständig und zwar das, in dessen Bezirk der Wohnsitz des Steuerpflichtigen liegt; sachlich zuständig für die Erteilung einer Baugenehmigung ist nach den Landesbauordnungen die untere Bauaufsichtsbehörde, und örtlich ist diejenige zuständig, in deren Gebiet das betreffende Grundstück liegt.

b) Verwaltungsbehörden des Bundes und der Länder

Soweit Bund und Länder zur Erfüllung ihrer Verwaltungsaufgaben selbst, also nicht mit Hilfe weiterer Einrichtungen, tätig werden, spricht man von **unmittelbarer Staatsverwaltung**. Hierbei ist eine Vielzahl von Organisationseinheiten anzutreffen: 612

- Auf der **oberen Verwaltungsebene** existieren zunächst die obersten Bundes- und Landesbehörden. Dies sind sowohl im Bund als auch im Land die verschiedenen **Ministerien**. Für die Wirtschaft haben vor allem die Bundesministerien große Bedeutung, da dort die wirtschaftspolitischen Entscheidungen fallen und die wesentlichen Gesetze vorbereitet werden. Den Ministerien unmittelbar nachgeordnet sind in vielen Bereichen sog. **Bundes- und Landesoberbehörden**. Diese nehmen bestimmte Aufgaben für das gesamte Bundes- bzw. Landesgebiet wahr. 613

  Beispiel: Bundesbehörden sind zB das Bundeskartellamt, die Bundesanstalt für Finanzdienstleistungsaufsicht oder das Bundesamt für die gewerbliche Wirtschaft. Diese Behörden haben wichtige Befugnisse, zB zur Erteilung von Genehmigungen oder zum Erlass von Anordnungen im Einzelfall. Landesoberbehörden bestehen in vielen Bundesländern für den Bereich der Statistik (Statistische Landesämter) oder des Bergwesens (Landesbergämter).

- Auf der **mittleren Verwaltungsebene** finden sich nur wenige Bundesbehörden, während alle Flächenstaaten unter den Bundesländern Mittelbehörden installiert haben. 614

  Beispiel: So ist im Bereich der Bundeswasserstraßenverwaltung (vgl. Art. 85 GG) der Verwaltungsaufbau dreigliedrig und wird die mittlere Ebene von den Wasser- und Schifffahrtsdirektionen ausgeübt. Bei der allgemeinen Landesverwaltung stehen auf der mittleren Ebene die Bezirksregierungen oder die Regierungspräsidien.

- Auf der **unteren Verwaltungsebene** finden sich im Bund ebenfalls nur selten Behörden (eine Ausnahme sind zB die Wasser- und Schifffahrtsämter), während in den Ländern die Kreise und Gemeinden die Aufgaben der unteren staatlichen Verwaltungsbehörde wahrnehmen (dazu gleich noch Näheres). 615

c) Der Träger der mittelbaren Staatsverwaltung

Soweit die Erledigung öffentlicher Aufgaben nicht durch den Staat selbst, sondern durch rechtlich verselbstständigte Organisationen (juristische Personen des öffentlichen Rechts) erfolgt, spricht man von **mittelbarer Staatsverwaltung**.[501] Bezüglich der rechtlichen Struktur unterteilt man die juristischen Personen des öffentlichen Rechts in Körperschaften, Anstalten und Stiftungen. 616

aa) Körperschaften des öffentlichen Rechts

Definition: Körperschaften des öffentlichen Rechts sind Zusammenschlüsse, die kraft eines Hoheitsaktes entstanden sind, Mitglieder haben und öffentliche Aufgaben wahrnehmen. 617

501 Ausführlich zur Unterscheidung von unmittelbarer und mittelbarer Staatsverwaltung *Maurer* VerwR AT §§ 22 u. 23.

618 Innerhalb der Körperschaften wird insbesondere zwischen **Gebietskörperschaften** und Personalkörperschaften unterschieden.[502] Bei ersteren, zu denen die Gemeinden und die Kreise gehören, ergibt sich die Mitgliedschaft aufgrund der Zuordnung zu einem bestimmten Gebiet. Bei den **Personalkörperschaften**, zB den früheren Landesversicherungsanstalten oder den Industrie- und Handelskammern,[503] folgt die Zugehörigkeit zur Körperschaft dagegen aus bestimmten Eigenschaften einer Person.

619 Die Rechtsstellung der Gemeinden und Landkreise unterliegt Besonderheiten, weil ihnen durch Art. 28 II GG das **Recht auf kommunale Selbstverwaltung** eingeräumt ist. Ausfluss dieses Prinzips ist unter anderem, dass die Gemeinden die Angelegenheiten der örtlichen Gemeinschaft eigenverantwortlich regeln können und insoweit nur einer Rechtsaufsicht des Staates unterliegen.[504] Einzelheiten dazu regeln die Gemeindeordnungen der einzelnen Bundesländer. Außerdem sind Kreise und kreisfreie Städte nicht nur Träger der mittelbaren Landesverwaltung, sondern auch unmittelbarer Träger der kommunalen Verwaltung.

Beispiel: Der Landrat ist sowohl Staatsbehörde als auch Kommunalbehörde. Von den Bediensteten der Kreisverwaltung stehen daher einige im Dienst des Landes und andere im Dienst des Kreises.

bb) Anstalten und Stiftungen

620 Die **Anstalten** unterscheiden sich von den Körperschaften dadurch, dass sie nicht mitgliedschaftlich organisiert sind. Grundlage ihrer Existenz ist vielmehr die zweckgebundene Zusammenfassung von Personal- und Sachmitteln.[505] Die öffentlichen Anstalten erfüllen öffentliche Aufgaben, indem sie an bestimmte Personen Leistungen erbringen. Diese Personen werden nicht als Mitglieder, sondern als Benutzer bezeichnet. Typische Anstalten des öffentlichen Rechts sind die öffentlich-rechtlichen Rundfunkanstalten, die ehemalige Zentralstelle für die Vergabe von Studienplätzen oder die Sparkassen.

621 Unter **Stiftungen des öffentlichen Rechts** versteht man die Zusammenfassung von Vermögen (Kapital und Sachen) zur Erfüllung öffentlicher Aufgaben. Stifungen haben keine Mitglieder oder Benutzer, sondern Nutznießer.[506] Auf Bundesebene sind die Stiftung »Preußischer Kulturbesitz« und die Stiftung »Haus der Geschichte« zu nennen.

622 Zum Abschluss können Sie die Organisation der öffentlichen Verwaltung noch einmal anhand von Übersicht 37 wiederholen.

---

502 Zu weiteren Unterscheidungen siehe *WKSZ* ÖffR/EuropaR S. 393 f.

503 Teilweise wird die IHK auch als sog. Realkörperschaft eingestuft; vgl. zB *Detterbeck* VerwR AT § 5 Rn. 185.

504 Einen Überblick über die Rechtsstellung der Gemeinden bieten *Sodan/Ziekow* GK ÖffR § 60 Rn. 3 ff. oder *Schliesky*, Ausgewählte Grundfragen des Kommunalrechts, JA 1999, 51 ff.

505 Näher *Peine* VerwR AT § 2 Rn. 94.

506 *Sodan/Ziekow* GK ÖffR § 60 Rn. 28.

Übersicht 37: Die Organisation der Öffentlichen Verwaltung

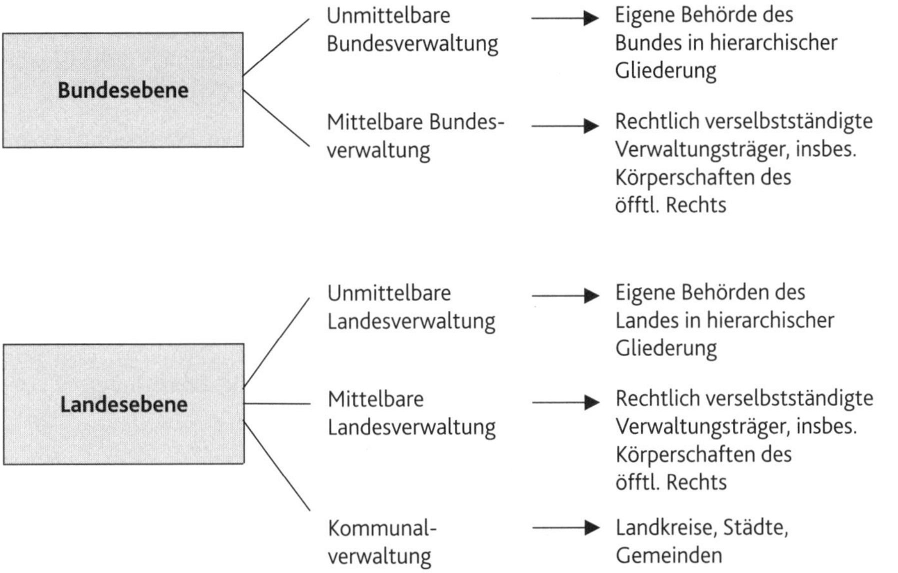

d) Inkurs: Die Einschaltung Privater in die Staatsverwaltung

Einen Sonderfall der mittelbaren Staatsverwaltung stellen diejenigen Sachverhalte dar, 623 in denen sich der Staat zur Erfüllung öffentlicher Aufgaben der Hilfe Privater, seien es Einzelpersonen oder Unternehmen, bedient. Rechtlich sind dabei zwei Möglichkeiten zu unterscheiden: Handelt das Privatrechtssubjekt im eigenen Namen und sind ihm hoheitliche Befugnisse übertragen, spricht man von sog. **Beliehenen.**[507] Unterbleibt eine Übertragung hoheitlicher Befugnisse und handelt der Private im Auftrag der Behörde, kann man von **Verwaltungshelfern** sprechen.[508]

Beispiele: Die Werkstatt, die die Abgasuntersuchung nach § 47a StVZO durchführt, ist Beliehener – sie führt die Prüfung in eigenem Namen durch und hat ggf. die Befugnis, die Plakette zu verweigern; demgegenüber wird ein Schülerlotse, der den Schulweg sichert, als Verwaltungshelfer tätig. Nach wohl hM ist dagegen ein privates Abschleppunternehmen, das im Auftrag der Polizei ein falsch geparktes Fahrzeug abschleppt, weder Beliehener noch Verwaltungshelfer, sondern bloßer Erfüllungsgehilfe.[509] Weitere Beispiele für Beliehene sind der Fleischbeschauer oder der TÜV-Sachverständige.

Der Einsatz von Beliehenen ist wegen der Übertragung hoheitlicher Befugnisse 624 rechtlich nur zulässig, wenn dies von einer gesetzlichen Regelung vorgesehen ist. Zudem muss der einzelne Beliehene durch einen Hoheitsakt eingesetzt werden.[510] Beim Verwaltungshelfer ist dagegen weder eine gesetzliche Grundlage noch eine formelle Bestellung nötig, da dieser dem Bürger nicht als Träger öffentlicher Gewalt gegenübertritt.

507 *Detterbeck* VerwR AT § 5 Rn. 192.
508 Vgl. *Sodan/Ziekow* GK ÖffR § 60 Rn. 31.
509 BGH JZ 1993, 1001.
510 Näher dazu *Peine* VerwR AT § 3 Rn. 110.

625 Die Frage, ob ein Privater Beliehener oder (nur) Verwaltungshelfer ist, ist vor allem für die Frage des Rechtsweges von Bedeutung. Gegen die Maßnahmen von Beliehenen ist der Verwaltungsrechtsweg iSv § 40 VwGO eröffnet, gegenüber Maßnahmen von Verwaltungshelfern dagegen der Zivilrechtsweg. Bezüglich der Haftung des Staates für Schäden, die ein Beliehener bzw. Verwaltungshelfer verursacht, werden beide dagegen gleichgestellt.[511]

626 Weder als Beliehener noch als Verwaltungshelfer sind diejenigen Privatrechtspersonen anzusehen, die aufgrund gesetzlicher Bestimmung verpflichtet sind, bestimmte Handlungen vorzunehmen, wie zB der Arbeitgeber, der die Lohnsteuer und die Sozialversicherungsbeiträge abzuführen hat.

3. Organisationen der Wirtschaftsverwaltung

627 Für den Bereich der Wirtschaftsverwaltung spielen neben den staatlichen Verwaltungsträgern verschiedene Organisationen, deren Aufgaben und Bedeutung im Folgenden erläutert werden sollen, eine besondere Rolle.

a) Die sog. Kammern

628 Als öffentlich-rechtliche Körperschaften sind die sog. Kammern organisiert, die Selbstverwaltungskörperschaften darstellen und zum Teil hoheitliche Befugnisse haben. Im Wesentlichen sind das die Industrie- und Handelskammern (IHK), die Handwerkskammern und die Kammern der freien Berufe, wie die Steuerberaterkammern, die Rechtsanwaltskammern und die Ärztekammern. Die Rechtsfragen im Zusammenhang mit solchen Organisationen sollen hier in erster Linie am Beispiel der Industrie- und Handelskammern beleuchtet werden, da sich die Grundsätze auch auf die anderen Kammern anwenden lassen.[512]

629 Rechtsgrundlage für die IHK ist das **IHK-Gesetz** (IHKG) von 1956, das mit Wirkung vom 1.1.1999 erheblich geändert wurde.[513] § 1 IHKG legt die Aufgaben der Industrie- und Handelskammern fest. Danach sollen die Industrie- und Handelskammern das Gesamtinteresse der ihnen zugehörigen Gewerbetreibenden wahrnehmen und sich für die Förderung der gewerblichen Wirtschaft einsetzen (Abs. 1). Nach § 1 III IHKG ist die IHK weiter für die Erstellung von Zeugnissen, die dem Wirtschaftsverkehr dienen, und nach § 1 IV IHKG zur Erfüllung der durch spezielles Gesetz übertragenen Aufgaben zuständig. So ist die IHK nach § 1 IV IHKG iVm §§ 34 ff. BBiG zB für das Prüfungswesen in der gewerblichen Berufsausbildung zuständig, oder nach § 32 I UAG für die Führung des Registers, das die Standorte, die am Umweltauditsystem teilnehmen, enthält.

630 Die Organisation der IHK ist in den §§ 5 ff. IHKG geregelt. Danach sind drei Hauptorgane zu unterscheiden, nämlich der Präsident, der Hauptgeschäftsführer und die Vollversammlung. Während Hauptgeschäftsführer und Präsident die IHK nach außen vertreten (§ 7 II IHKG), ist die Vollversammlung für die grundsätzlichen Entscheidungen zuständig (§ 4 IHKG). Ferner unterliegt die Tätigkeit der IHK gem.

511 BGH JuS 2006, 570; vgl. auch *Peine* VerwR AT § 17 Rn. 1093.

512 Eine vergleichende Übersicht zwischen IHK und Handwerkskammer findet sich bei *Ziekow* ÖffWirtschaftsR § 4 Rn. 14.

513 Vgl. dazu *Jahn*, Die Neuregelungen des IHK-Gesetzes zum 1.1.1999, NJW 1998,1049; allgemein zum IHK-Recht *Rosenkranz*, Einführung in das Recht der IHK, Jura 2009, 597.

§ 11 IHKG der Rechtsaufsicht des entsprechenden Bundeslandes, dh der Prüfung, ob die IHK bei ihrer Tätigkeit die geltenden Rechtsvorschriften beachtet. Besonders wichtige Beschlüsse der Vollversammlung müssen nach § 11 II IHKG sogar von der Aufsichtsbehörde genehmigt werden.

Mitglieder in der IHK sind nach § 2 IHKG alle natürlichen Personen oder Personenzusammenschlüsse, die im Bezirk der jeweiligen IHK eine gewerbliche Niederlassung, eine Betriebsstätte oder einen Verkaufsstelle unterhalten, soweit sie der Gewerbesteuerpflicht unterliegen. Diese **Zwangsmitgliedschaft** wird von der ganz. hM grundsätzlich für verfassungsgemäß gehalten. 631

■ Wissen Sie noch, womit das begründet wurde? 632

▶ Argumentiert wird bezüglich Art. 9 I GG damit, dass schon der Schutzbereich nicht berührt sei, da die Vereinigungsfreiheit nur privatrechtliche Zusammenschlüsse schütze.[514] Hinsichtlich der allgemeinen Handlungsfreiheit nach Art. 2 I GG wird der Eingriff damit gerechtfertigt, dass ein legitimer Zweck (Förderung der Mitgliederinteressen) verfolgt werde und die Belastung durch die Zwangsmitgliedschaft dazu nicht außer Verhältnis stehe. Diese Sichtweise ist nicht unumstritten, wird von den Gerichten aber – auch unter europarechtlichen Aspekten – weiter aufrechterhalten.[515]

Allerdings ist der Umstand, dass die Mitglieder der IHK zwangsweise in der IHK zusammengeschlossen sind, bei dem Tätigwerden der IHK zu berücksichtigen. So hat sich die IHK streng an die oben erwähnte Zielsetzung zu halten. Darüber hinausgehende Tätigkeiten könnten die allgemeine Handlungsfreiheit der Mitglieder verletzen.[516] Schon kraft Gesetzes ist der IHK jegliche politische Tätigkeit verboten (vgl. § 1 V IHKG). Bei der aus der Zwangmitgliedschaft resultierenden **Beitragspflicht** (§ 3 IHKG) führt das Bestehen einer Zwangsmitgliedschaft dazu, dass der Grundsatz der Verhältnismäßigkeit besonders zu beachten ist. Die oben erwähnte Neuregelung des IHKG hat dem dadurch Rechnung getragen, dass nunmehr die Möglichkeit besteht, Kleingewerbetreibende von der Beitragspflicht ganz freizustellen (vgl. § 3 III 3 u. 4 IHKG). Dem Eingriffscharakter der Beitragserhebung wird im IHKG ferner dadurch Rechnung getragen, dass die wesentlichen Elemente der Beitragszahlung (Höhe, Fälligkeit, Ausnahmen etc.) in der Satzung der IHK, die von der Vollversammlung verabschiedet werden muss, festzulegen sind. 633

Die genannten Grundsätze gelten entsprechend bei den **Handwerkskammern**[517] und bei den **Kammern der freien Berufe**. In den dafür geltenden Gesetzen sind teilweise auch noch weitergehende Regelungen enthalten. Insbesondere enthalten diese sog. Standesregeln, die den Angehörigen des jeweiligen freien Berufs bestimmte Verhaltensweisen vorschreiben bzw. verbieten[518] wie zB die Robenpflicht für Anwälte oder Einschränkungen für die Werbung durch Rechtsanwälte und Steuerberater. 634

514 → Rn. 359.

515 Zuletzt BVerfG NJW 1997, 815; BVerwG DVBl. 1999, 47 ff.; BVerfG NVwZ 2002, 335.

516 VG Stuttgart NVwZ 2011, 895 (Plakataktion in Zusammenhang mit »Stuttgart 21«; näher dazu *Schmidt/Vollmöller* ÖffWirtschaftsR § 3 Rn. 52; *Ziekow* ÖffWirtschaftsR § 4 Rn. 26 ff.

517 Zum dortigen Organisationsaufbau → Rn. 1112.

518 Einen Überblick über die Regelungen für freie Berufe gibt *Stober* WirtschaftsVerwR BT § 58; vgl. auch *Tettinger*, Aktuelle Akzente der Berufsfreiheit für Freie Berufe auf deutscher und europäischer Ebene, GewArch 1999, 265 ff.

635 ■ Welches Grundrecht ist durch solche Regelungen tangiert und wann sind diese mit dem Grundrecht vereinbar?

▶ Entsprechende Regelungen sind immer an Art. 12 GG zu messen (Berufsausübungsregelung).[519] Daher ist eine Rechtfertigung der einschränkenden Regelungen nur durch vernünftige Zwecke des Allgemeinwohls zu rechtfertigen.

b) Die Wirtschaftsverbände

636 Anders als die als öffentliche Körperschaften organisierten Kammern üben die Wirtschaftsverbände keine hoheitlichen Befugnisse aus und sind damit nicht Teil der mittelbaren Staatsverwaltung. Die Wirtschaftsverbände sind privatrechtlich organisierte Zusammenschlüsse von wirtschaftlich Tätigen eines bestimmten Wirtschaftszweiges. Die Wirtschaftsverbände können sich ihrerseits wieder zu gemeinsamen Verbänden zusammenschließen. So besteht der Bundesverband der Deutschen Industrie (BDI) aus den Verbänden der einzelnen Industriezweige.

637 Die Aufgaben der Wirtschaftsverbände bzw. ihrer Spitzenorganisationen liegen in der Förderung der Interessen ihrer Mitglieder. Dies geschieht zum einen durch das Erbringen von Serviceleistungen des Verbandes gegenüber seinen Mitgliedern und zum anderen dadurch, dass die Verbände auf das wirtschaftsrelevante Handeln des Staates, zB auf die Steuerpolitik oder wichtige Gesetzesvorhaben, Einfluss nehmen.

638 Diese Mitwirkung an der staatlichen Wirtschaftsverwaltung ist teilweise gesetzlich vorgeschrieben, kann aber auch aufgrund informeller Absprachen erfolgen. So sehen verschiedene Gesetze vor, dass bei Änderungen des Gesetzes oder beim Erlass von Verordnungen die Wirtschaftsverbände gehört werden müssen.[520] In anderen Bereichen ist die Beteiligung der Wirtschaftsverbände dadurch gesichert, dass sie in bestimmten Gremien zu beteiligen sind.

Beispiel: So sind im oben[521] besprochenen Wirtschafts- und Sozialausschuss der Europäischen Gemeinschaften die Verbandsvertreter der einzelnen Wirtschaftszweige vertreten; auf der Grundlage des Produktsicherheitsgesetzes (ProdSG) besteht ein Ausschluss für technische Arbeitsmittel und Verbraucherprodukte, in dem unter anderem Vertreter von Herstellern bzw. Betreibern bestimmter technischer Anlagen sitzen.

639 Ein wichtiger Anwendungsfall informeller Abreden zwischen Wirtschaftsverbänden und dem Staat sind die sog. **Selbstbeschränkungsabkommen**. Das sind Abreden zwischen einem Wirtschaftsverband und dem Staat, aufgrund deren die Wirtschaft freiwillig bestimmte Verhaltensweisen vornimmt oder unterlässt, ohne dass der Staat sie durch Gesetz oder ähnliches dazu verpflichtet. Solche Abkommen werden vor allem im Bereich des Umweltschutzes geschlossen. Sie sind rechtlich nicht ganz unbedenklich, weil der Staat das versprochene Verhalten nicht erzwingen kann und durch die Abkommen teilweise in Rechtspositionen unbeteiligter Dritter eingegriffen wird.[522]

Beispiel: Schon vor Erlass der sog. FCKW-Verordnung, die die Verwendung von FCKW bei der Produktion verbietet, hatten sich die Hersteller von Kühlgeräten dazu verpflichtet, auf die Verwendung von FCKW zu verzichten.

519 → Rn. 223.
520 So zB § 51 BImSchG, der die Anhörung der sog. beteiligten Kreise vorschreibt.
521 → Rn. 421.
522 Näher dazu siehe *Maurer* VerwR AT § 15 Rn. 14 ff.

II. Tätigkeitsbereiche der Wirtschaftsverwaltung

Die Verwaltung hat viele unterschiedliche Tätigkeitsbereiche, die sich aus Über- 640
sicht 38 ergeben:

Übersicht 38: Arten der Verwaltung 641

Lenkungsverwaltung ⇒	Steuerung bestimmter Lebensbereiche; zB Aufstellung von Raumordnungs- oder Bauleitplänen
Leistungsverwaltung ⇒	Gewährung von Leistungen an einzelne Bürger; zB Bereitstellung öffentlicher Einrichtungen, Subventionen
Eingriffsverwaltung ⇒	Gebote, Verbote zur Aufrechterhaltung eines geordneten Zusammenlebens; zB Genehmigungspflichten, Bußgeldvorschriften
Bedarfsverwaltung ⇒	Beschaffung der Sach- und Personalmittel für die Verwaltungstätigkeit; zB Einstellung von Personal

Für den wirtschaftlich Tätigen können alle Bereiche der Verwaltungstätigkeit relevant 642
werden. Vielfach wird er von der Eingriffsverwaltung betroffen sein, weil viele Gesetze des öffentlichen Wirtschaftsrechts ein Tun, Dulden oder Unterlassen des wirtschaftlich Tätigen verlangen. Genauso, wenn auch im geringen Maße, können die wirtschaftlich Tätigen aber auch von Maßnahmen der Verwaltung in den anderen Bereichen betroffen sein.

> **Beispiele:** Die Ansiedlung von Unternehmen wird von Bebauungsplänen beeinflusst (Lenkungsverwaltung); die Investitionsbereitschaft wird von den Leitzinsen für die Bankgeschäfte (Lenkungsverwaltung) oder der Bereitstellung von Subventionen (Leistungsverwaltung) gefördert; schließlich sind die Hauptkunden vieler Unternehmen staatliche Stellen (Bedarfsverwaltung).

Im Folgenden sollen die wichtigsten Berührungspunkte zwischen Verwaltung und Wirtschaft näher besprochen werden.

■ Schon oben im Ersten Teil haben Sie verschiedene Möglichkeiten staatlicher Ein- 643
flussnahme auf die Wirtschaft als Ganzes oder den Einzelnen, der wirtschaftlich tätig ist, kennen gelernt. Erinnern Sie sich?

▶ Die Antwort finden sie unter → Rn. 18 ff.

1. Die Wirtschaftsplanung

644 Eine erste Form staatlicher Einwirkung auf die wirtschaftliche Betätigung ist das Aufstellen einer staatlichen Planung für die wirtschaftliche Entwicklung. Mit dem Mittel der Wirtschaftsplanung versucht der Staat, für die Gesamtwirtschaft oder einzelne Bereiche der Wirtschaft mittel- oder langfristige Ziele zu formulieren und Vorgaben zu deren Erreichung zu machen. Das Ergebnis solcher Planungen wird in der Regel als **Plan** bezeichnet. Der Begriff des Plans taucht in vielen für die Wirtschaft relevanten Gesetzen auf.

Beispiele: Haushaltsplan (Art. 110 GG), Finanzplan (§ 9 StWG), Raumordnungs- und Regionalpläne (§§ 8, 9 ROG), Flächennutzungs- und Bebauungsplan (§ 1 II BauGB), Planfeststellungsbeschluss (§ 74 VwVfG) oder Bedarfsplan für die Bundesfernstraßen.

645 Inhaltlich kann dabei die reine Wirtschaftsplanung (zB Haushaltspan, Finanzplan), die räumliche Planung (zB Raumordnungspläne, Bauleitpläne) und die vorhabensbezogene Planung (Planfeststellungsverfahren) unterschieden werden. Die beiden letzten Formen werden unter → Rn. 748 und → Rn. 749 besprochen, bezüglich der reinen Wirtschaftsplanung kann auf die Ausführungen im Zweiten Teil[523] verwiesen werden.

2. Die Wirtschaftslenkung

646 Unter Wirtschaftslenkung versteht man die Einwirkungen des Staates, die nicht eine bestimmte wirtschaftliche Tätigkeit oder einen bestimmten Wirtschaftsbereich betreffen, sondern auf die Gesamtwirtschaft abzielen.[524] Hierunter fallen alle Maßnahmen, die auf irgendeine Weise in den Wirtschaftsprozess eingreifen und ihn nicht allein dem Spiel der freien Kräfte, dem Wettbewerb, überlassen.

647 Mittel der Wirtschaftslenkung sind zunächst die bereits besprochenen[525] konjunkturpolitischen Instrumente.

648 ■ Können sie noch zwei Instrumente nennen?

► Wenn nein, lesen Sie bitte unter → Rn. 155 nach!

649 Dazu zählen aber auch Maßnahmen, die, wie Marktordnungen, für einen bestimmten Wirtschaftszweig den Wettbewerb ganz ausschließen, sowie jegliche Art von staatlichen Förderungsmaßnahmen, da diese den Wettbewerb beeinflussen. Letztere werden wegen ihrer großen Bedeutung allgemein als selbstständiges Mittel der Wirtschaftsverwaltung angesehen.

3. Die Wirtschaftsförderung

650 Staatliche Wirtschaftsförderung kann auf verschiedenste Weise erfolgen. Rechtlich relativ unproblematisch sind faktische Hilfestellungen, wie die Abgabe von Informationen, die Einrichtung von Beratungsstellen oder die Vermittlung von Arbeitskräften. Von größerer praktischer Bedeutung und auch rechtlich vielschichtiger sind aber

523 → Rn. 153 ff.
524 Näher *Badura* WirtschaftsVerfR/WirtschaftsVerwR Rn. 212 ff.
525 → Rn. 158.

die Förderungen, die in der Gewährung irgendwelcher Leistungen an wirtschaftlich Tätige, im Verzicht auf Abgaben oder in der Vergabe von Aufträgen bestehen.[526]

4. Die Wirtschaftsaufsicht

a) Grundlegung

Die meisten Handlungen des Staates, mit denen er auf die wirtschaftliche Betätigung einwirkt, sind Mittel der Wirtschaftsaufsicht bzw. Wirtschaftsüberwachung.[527] Die Wirtschaftsaufsicht/Wirtschaftsüberwachung dient dazu, mögliche Gefahren, die von der wirtschaftlichen Tätigkeit ausgehen können, abzuwehren. Damit sollen bestimmte öffentliche Interessen, aber auch Rechtsgüter Einzelner geschützt werden. 651

■ Überlegen Sie selbst einmal – welche Gefahren könnten wirtschaftliche Betätigungen mit sich bringen? 652

▶ Wirtschaftliche Tätigkeiten, die die Technik einsetzen, gehen mit Gefahren für Gesundheit und Leben einher; bestimmte wirtschaftliche Tätigkeiten greifen auf natürliche Ressourcen zurück und gefährden die Umwelt; manche Produkte oder Dienstleistungen gefährden die öffentliche Sicherheit und Ordnung.

Soweit bestimmte Tätigkeiten spezifische Gefahrenpotentiale aufweisen, ist die staatliche Aufsicht/Überwachung durch Spezialgesetze geregelt. Die wichtigsten davon werden im besonderen Wirtschaftsverwaltungsrecht (siehe unter Teil 5) besprochen. Geht es um Gefahren, die nicht charakteristisch für den bestimmten Tätigkeitsbereich sind, erfolgen Maßnahmen auf der Grundlage des allgemeinen Polizei- und Ordnungsrechts der Länder. 653

Beispiele: Das BImSchG regelt die staatliche Kontrolle über Anlagen, von denen Umweltgefährdungen ausgehen; die GewO und das GastG enthalten Befugnisse für den Fall, dass ein Gewerbe oder eine Gaststätte nicht ordnungsgemäß betrieben werden; das PBefG und das GüKG regeln die Personen- und Güterbeförderung, um Gefahren insbesondere für Leben und Gesundheit der Benutzer abzuwehren.

Unabhängig von dem jeweils einschlägigen Spezialgesetz lassen sich bestimmte rechtliche Instrumente der staatlichen Aufsicht/Überwachung feststellen, die in allen Bereichen eingesetzt werden. Einen ersten Überblick dazu liefert die Übersicht 39. 654

526 Siehe dazu den Fünften Teil, Kapitel 5.
527 Zu Gemeinsamkeiten und Unterschieden der beiden Begriffe *Stober* WirtschaftsVerwR AT § 29 I.

655 **Übersicht 39: Instrumente der Wirtschaftsaufsicht**

Zugangskontrolle	Eingriffe in den laufenden Betrieb	Beendigung der wirtschaftlichen Betätigung
• Anmeldung	• Ausübungsregelungen	• Aufhebung der Zulassung
• Zulassung	• Kontrollbefugnisse	• Verpflichtung, die Betätigung zu beenden
	• Einzelfallanordnungen	• Tatsächliche Verhinderung der weiteren Betätigung

b) Zugangskontrollen

656 Für viele Tätigkeiten schreibt der Gesetzgeber vor, dass der wirtschaftlich Tätige vor Aufnahme seiner Tätigkeit bestimmte öffentlich-rechtliche Pflichten hat.

aa) Anzeigepflichten

657 Soweit es der Gesetzgeber für ausreichend hält, dass die zuständige Behörde über die Aufnahme einer wirtschaftlichen Tätigkeit Bescheid erhält, begründet er nur eine **Anzeige- oder Anmeldepflicht**.

> **Beispiele:** Nach § 14 GewO ist die Aufnahme eines stehenden Gewerbes der zuständigen Behörde anzuzeigen, nach § 4 ChemG treffen Hersteller von neuen Stoffen Anmeldepflichten; nach § 6 TKG ist die Erbringung von Telekommunikationsleistungen an die Öffentlichkeit anzuzeigen.

Eine Verletzung der Anzeigepflicht wird im Regelfall als Ordnungswidrigkeit geahndet (vgl. zB §§ 144 ff. GewO).

bb) Zulassungspflichten

658 Für manche Bereiche wird es jedoch nicht als ausreichend angesehen, dass die Behörde über die Aufnahme einer wirtschaftlichen Betätigung informiert wird. Vielmehr wird eine **vorhergehende Prüfung** der beabsichtigten Tätigkeit bzw. des Tätigen für erforderlich gehalten. Erst, wenn diese positiv ausfällt, darf die entsprechende Tätigkeit aufgenommen werden. Solche behördlichen Zulassungen sind für eine Vielzahl von Tätigkeiten vorgeschrieben. Die in den verschiedenen Gesetzen verwendeten Begriffe sind dabei nicht einheitlich. Am Häufigsten wird von Genehmigung, Erlaubnis, Planfeststellung, Konzession oder von Zulassung gesprochen.

659 ■ Haben Sie schon einmal von Tätigkeiten gehört, deren Durchführung einer vorherigen behördlichen Gestattung unterliegen?

▶ Für die Errichtung einer baulichen Anlage bedarf es einer Baugenehmigung; für den Betrieb einer Anlage, die unter das BImSchG fällt, einer immissionsschutzrechtlichen Genehmigung; wer, zB für die Kühlung von Produktionsmaschinen, Wasser aus einem Fluss entnehmen will, bedarf der wasserrechtlichen Erlaubnis nach §§ 8,10 WHG; wer eine private Abfalldeponie errichten will, bedarf einer Planfeststellung (§ 31 II KrW-/AbfG); für den Betrieb einer Privatkrankenanstalt bedarf der Unternehmer nach § 30 GewO einer Konzession und für bestimmte technische Anlagen ist eine Bauartzulassung nötig (zB § 33 BImSchG).

Die Voraussetzungen, unter denen die jeweilige Zulassung erteilt wird, sind in den jeweiligen Fachgesetzen geregelt (näher dazu im Fünften Teil). Dabei lassen sich hinsichtlich der Intensität der zu erfüllenden Anforderungen grundsätzlich zwei Fälle unterscheiden. 660

- Liegt der Zulassungspflicht ein Verbot mit Zulassungsvorbehalt (**sog. präventiv-normatives Verbot mit Erlaubnisvorbehalt**) zugrunde, findet nur eine Art Unbedenklichkeitskontrolle statt.[528] Das hat zur Konsequenz, dass der Antragsteller die Zulassung erhalten muss, wenn die gesetzlichen Voraussetzungen vorliegen. 661

  Beispiele: Steht das Bauvorhaben mit Bauplanungs- und mit Bauordnungsrecht in Einklang, muss die Baugenehmigung erteilt werden; gehen von einer Anlage, die dem BImSchG unterfällt, keine schädlichen Umwelteinwirkungen aus und entspricht sie auch sonstigem öffentlichen Recht, ist die Genehmigung zu erteilen (vgl. § 6 BImSchG).

- Liegt der Zulassungspflicht hingegen ein **repressiv-normatives Verbot mit Befreiungsvorbehalt** vor, hat die Behörde eine umfassendere Prüfungskompetenz und im Einzelfall ein Ermessen, ob sie von dem grundsätzlichen Verbot der betreffenden Tätigkeit eine Ausnahme zulässt. 662

  Beispiele: Nach § 56 II GewO kann die zuständige Behörde auf Antrag eine Ausnahme vom Verbot, Brillen außerhalb einer gewerblichen Niederlassung und ohne vorherige Bestellung des Kunden zu vertreiben (§§ 55 I, 56 I Nr. 1d GewO), erteilen.

c) Ausübungsregelungen

In vielen Fällen begnügt sich der Gesetzgeber nicht damit, nur die Aufnahme einer wirtschaftlichen Betätigung zu kontrollieren. Vielmehr legt er zusätzlich verschiedene Pflichten fest, die bei der tatsächlichen Ausübung der Tätigkeit zu beachten sind. Solche Pflichten können entweder das »Wie« der Tätigkeit betreffen oder besondere Verpflichtungen der wirtschaftlich Tätigen gegenüber der Behörde begründen. 663

■ Überlegen Sie erneut! Kennen Sie entsprechende Pflichten für Gewerbetreibende? 664

▶ Das »Wie« der Tätigkeit betreffen bestimmte Vorgaben bei der Produktion oder der Verpackung von Produkten, Anforderungen an die Sicherheit technischer Geräte oder die Beachtung von Schutzmaßnahmen zugunsten von Beschäftigten. Die Pflichten gegenüber den Behörden können verschiedene Inhalte haben. Die meisten Ausübungsregelungen verpflichten den wirtschaftlich Tätigen zu Mitteilungen an die Behörde, zu innerbetrieblichen Organisationsmaßnahmen und zur Duldung behördlicher Überwachungstätigkeiten.

Beispiele: So müssen nach § 52 BImSchG Betreiber von genehmigungspflichtigen Anlagen, nach § 17 HandwO die Inhaber von Handwerksbetrieben und nach § 22 GastG Gastwirte den Behörden bestimmte Auskünfte geben und diesen auch die Möglichkeit zum Betreten des Betriebs einräumen; nach § 53 BImSchG muss in bestimmten Betrieben ein Betriebsbeauftragter für Immissionsschutz bestellt werden.

Hält sich ein wirtschaftlich Tätiger nicht an die Ausübungsregelungen, hat die Behörde die Möglichkeit, sog. **Einzelfallanordnungen** zu erlassen, mit denen sie vom 665

528 Vgl. *Stober* WirtschaftsVerwR AT § 29 III.

Betroffenen ein bestimmtes Verhalten einfordert. Diese Maßnahmen sind rechtlich als Verwaltungsakte zu qualifizieren.[529]

666 Verstöße gegen Ausübungsregelungen sind nach den meisten Gesetzen des besonderen Wirtschaftsverwaltungsrechts als Ordnungswidrigkeiten einzustufen.

d) Unterbindung der weiteren Tätigkeit

667 Beginnt jemand eine Tätigkeit ohne die erforderliche Zulassung oder hält sich der wirtschaftlich Tätige trotz aller Maßnahmen der Behörde nicht an die bestehenden Ausübungsregelungen, kommt als Reaktion der Verwaltung nur noch die Unterbindung der entsprechenden Tätigkeit in Betracht.

668 ■ Was ist aufgrund des Verfassungsrechts Mindestvoraussetzung für ein entsprechendes Handeln der Behörde?

▶ Wenn Sie es nicht (mehr) wissen, lesen Sie unbedingt → Rn. 38 ff. nach. Die Antwort finden Sie in der Fußnote[530].

669 Entsprechende Befugnis- oder Ermächtigungsnormen finden sich entweder im jeweiligen Fachgesetz oder im allgemeinen Polizei- und Sicherheitsrecht.

Beispiele: Befugnisse zur Verhinderung der weiteren Tätigkeit finden sich in fast allen Gesetzen des besonderen Wirtschaftsverwaltungsrechts. So kann bei Unzuverlässigkeit des Betreibers der Betrieb eines Gewerbes untersagt werden (§ 35 GewO); nach § 20 BImSchG kann der Betrieb einer unter das BImSchG fallenden Anlage untersagt werden, wenn von ihr Beeinträchtigungen der Umwelt ausgehen.

Rechtlich sind die entsprechenden Entscheidungen als Verwaltungsakt (§ 35 VwVfG) zu qualifizieren. Sie müssen daher in formeller und inhaltlicher Hinsicht den Vorgaben der VwVfG bzw. der LVwVfG entsprechen. Für ihre Durchsetzung gelten die Grundsätze der Verwaltungsvollstreckung die in diesem Teil in Kapitel 2 besprochen werden.

e) Sonstige Instrumente

670 Die Wirtschaftsaufsicht/Wirtschaftsüberwachung kann sich neben den besprochenen Standardinstrumenten auch verschiedener Maßnahmen, die eher mittelbar auf die wirtschaftliche Betätigung einwirken, bedienen.

aa) Behördliche Empfehlungen, Hinweise und Warnungen

671 Eine praktisch bedeutsame, aber rechtlich auch besonders problematische Form der Wirtschaftsaufsicht/Wirtschaftsüberwachung sind behördliche Empfehlungen, Hinweise und Warnungen, die von Behörden insbesondere in Bezug auf bestimmte Produkte abgegeben werden. Die Praxis hat gezeigt, dass die Verbraucher auf solche Äußerungen sehr sensibel reagieren und Unternehmen durch die Konsumentenreaktion erheblich in Schwierigkeiten geraten können.[531]

529 Für ihren Erlass und ihre Durchsetzung gelten daher die in diesem Teil unter → Rn. 762 ff. dargestellten Grundsätze.

530 Dieser massive Eingriff in die Rechte des wirtschaftlich Tätigen bedarf einer gesetzlichen Grundlage (Vorbehalt des Gesetzes).

531 Die Gerichte beschäftigte zB eine Warnung vor Glykol in Wein (BVerwGE 87, 37 ff.) oder vor Nudeln, in denen nicht einwandfreie Eier verarbeitet worden waren (OLG Stuttgart NJW 1990, 2690).

Rechtlich sind solche behördlichen Äußerungen äußerst problematisch.[532] Hingewiesen sei auf Probleme, wie das Fehlen einer gesetzlichen Grundlage, den Grundrechtsschutz, Zuständigkeitsfragen oder die Frage nach einem Schadensersatzanspruch bei unberechtigten Warnungen. 672

Rechtliche Grundlagen für entsprechendes behördliches Handeln existieren nur für spezielle Bereiche. Zu nennen sind § 9 StrVG (Empfehlungen bei Ereignissen mit Austritt von Radioaktivität) oder § 69 IV AMG (Warnung vor Arzneimitteln, bei denen der Verdacht schädlicher Wirkungen besteht). 673

Den größten Anwendungsbereich dürfte das Produktsicherheitsgesetz (ProdSG) haben, das zum 1.12.2011 in Kraft getreten ist und das Geräte- und Produktsicherheitsgesetz (GPSG) von 2004 abgelöst hat.[533] Es gilt für Produkte, die nicht schon unter ein Spezialgesetz fallen. Diesbezüglich erlaubt das Gesetz in § 26 II Nr. 9 ProdSG **Warnungen** gegenüber der Öffentlichkeit, wenn eine Warnung durch den verantwortlichen Wirtschaftsakteur, unter dem gemäß § 2 Nr. 29 ProdSG insbesondere der Hersteller zu verstehen ist, selbst nicht oder nicht rechtzeitig möglich ist. Unter Warnung werden dabei solche Behördenäußerungen verstanden, die die Benutzung eines Produkts eindeutig mit einer Gefahr, insbesondere für die Gesundheit, in Verbindung setzen. 674

Empfehlungen, also behördliche Äußerungen, die zur Vermeidung einer Gefahr dazu auffordern, die Verwendung eines bestimmten Produkts der eines anderen vorzuziehen, sowie **Hinweise**, dh die Erklärung, dass von einem Produkt möglicherweise eine bestimmte Gefahr ausgeht, sind im ProdSG nicht angesprochen und dürften auch sonst grundsätzlich nicht möglich sein.[534] 675

Durch die hohen Anforderungen an die Rechtmäßigkeit behördlicher Warnungen, Empfehlungen oder Hinweise steigt die Chance betroffener Unternehmer, bei einer unberechtigten amtlichen Äußerung wenigstens einen Schadensersatzanspruch realisieren zu können. Als Anspruchsgrundlage wird dabei im Regelfall § 839 BGB iVm Art. 34 GG in Betracht kommen.[535] Die dafür erforderliche Amtspflichtverletzung dürfte jedenfalls dann vorliegen, wenn die Behörde schuldhaft das Vorliegen der erforderlichen Gefahrenlage falsch eingeschätzt oder im Rahmen ihrer Ermessensausübung den Verhältnismäßigkeitsgrundsatz nicht hinreichend beachtet hat. 676

bb) Absprachen zwischen Staat und Wirtschaft

Eine weitere Form der Wirtschaftsaufsicht sind Absprachen des Staates mit den wirtschaftlich Tätigen. So können mit einzelnen Unternehmen öffentlich-rechtliche Verträge geschlossen werden oder es können die Unternehmen oder ihre Verbände zur Selbstbeschränkung in bestimmten Bereichen angehalten werden.[536] 677

---

532 Näher *Detterbeck* VerwR AT § 7 Rn. 297 ff.; *di Fabio*, Information als hoheitliches Gestaltungsmittel, JuS 1997, 1 ff.; *Leger*, Staatliche Warnungen, DVBl. 1999, 569.

533 *Polly/Lach,* Das neue Produktsicherheitsgesetz – was Wirtschaftsakteure beachten sollten, BB 2012, 71 ff.

534 Näher *Tremmel/Nolte*, Amtshaftung wegen behördlicher Warnungen nach dem Produktsicherheitsgesetz, NJW 1997, 2268.

535 Allgemein zu dessen Voraussetzungen → Rn. 839 ff.

536 Ausführlich dazu *Koch/Rubel/Heselhaus* VerwR AT § 3 Rn. 129.

cc) Verfügbarmachen von Informationen

678 Ein anderes Mittel mittelbarer Staatsaufsicht stellen Regelungen dar, die das wirtschaftliche Handeln, insbesondere etwaige von ihm ausgehende Gefahren, transparent machen. Dies geschieht durch das Sammeln von Informationen, die entweder allein der öffentlichen Verwaltung zur Verfügung stehen, wie Datenerhebungen zu statistischen Zwecken, oder aber auch der Öffentlichkeit insgesamt oder interessierten Einzelnen zugänglich sein können. Entsprechende gesetzliche Regelungen existieren in vielen Bereichen der Wirtschaftstätigkeit.

Beispiele: Statistiken werden zB über das produzierende Gewerbe (Gesetz über die Statistik im produzierenden Gewerbe) oder über den Handel (Handelsstatistikgesetz) geführt; ein Informationsanspruch Einzelner gegenüber Behörden ergibt sich zB aus dem Umweltinformationsgesetz (UIG).

Darüber hinaus gibt es inzwischen auf Bundesebene (Gesetz zur Regelung des Zugangs zu Informationen des Bundes – IFG)[537] und in einigen Bundesländern allgemeine **Informationsfreiheitsgesetze**, die dem Bürger einen Anspruch auf Zugang zu den bei Behörden vorhandenen Informationen einräumen.[538] Außerdem gewähren die Umweltinformationsgesetze von Bund (UIG) und Ländern einen Anspruch auf Informationen über die Umwelt und das Verbraucherinformationsgesetz des Bundes (VIG) ein Auskunftsanspruch über verbraucherrelevante Vorgänge[539], zB über Verstöße gegen das Lebensmittelrecht.

5. Die staatliche Regulierung von Wirtschaftsmärkten

679 In der letzten Zeit hat sich mit der Regulierung bestimmter Märkte durch den Staat eine neue Form der Wirtschaftsverwaltung gebildet. Sie betrifft vor allem Bereiche der Daseinsversorgung, die früher in staatlicher Hand waren und dann in den freien Wettbewerb Privater übergegangen sind. Betroffen sind danach

- die Telekommunikation
- die Post
- die Eisenbahn
- die Versorgung mit Energie, insbes. mit Elektrizität und Gas

Mit der Regulierung der entsprechenden Märkte sollen zum einen die nach dem Rückzug des Staates aus diesen Bereichen bestehenden Monopole beseitigt und Wettbewerb geschaffen werden. Zum anderen verfolgt die Regulierung das Ziel, die Versorgung der Bevölkerung mit den entsprechenden Leistungen zu sichern. Daher kann die Regulierung sowohl als Instrument der mittelbaren Wirtschaftslenkung[540] als auch als Mittel der Wirtschaftsaufsicht[541] begriffen werden.

2005 wurden die Regulierungsaufgaben bezüglich der genannten Bereiche institutionell bei der Bundesnetzagentur für Elektrizität, Gas, Telekommunikation, Post und Eisenbahnen (**Bundesnetzagentur**) gebündelt. Die Rechtsgrundlagen für die Regulierung finden sich aber weiterhin in unterschiedlichen Gesetzen, nämlich dem Tele-

537 Vgl. dazu *Sittard/Ullrich*, Informationsfreiheitsgesetze, JA 2008, 205 ff.
538 Näher *Sodan/Ziekow* GK ÖffR § 72 Rn. 19a.
539 *Detterbeck* VerwR § 18 Rn. 953.
540 *Schmidt/Vollmöller* ÖffWirtschaftsR § 11 Rn. 5.
541 *Sodan/Ziekow* GK ÖffR § 13 Rn. 11.

kommunikationsgesetz (TKG), dem Postgesetz (PostG), dem Allgemeinen Eisenbahngesetz (AEG) sowie dem Energiewirtschaftsgesetz(EnWG), auf die hier nicht im Einzelnen eingegangen werden kann.[542] Zersplittert sind auch die Rechtsgrundlagen für einen weiteren Bereich staatlicher Regulierung, nämlich die der Finanz- und Bankdienstleistungen. Hier gelten eine Vielzahl von Gesetzen, wie das Kreditwesengesetz (KWG), das Versicherungsaufsichtsgesetz (VAG) oder das Wertpapierhandelsgesetz (WpHG). Außerdem existiert mit der Bundsanstalt für Finanzdienstleistungsaufsicht (BaFin) eine besondere Regulierungsbehörde.

Allen Gesetzen lassen sich aber drei Schwerpunkte entnehmen. 680

- Regelungen zur **Eröffnungskontrolle**: so braucht man für das Angebot von Eisenbahnverkehrsleistungen, für die Beförderung von Briefsendungen und für den Betrieb eines Elektrizitäts- oder Gasversorgungsnetzes eine Erlaubnis (§ 6 I AEG, § 5 I PostG, § 4 I EnWG) und muss man das Eröffnen eines Telekommunikationsnetzes bzw. das Anbieten von Telekommunikationsleistungen anzeigen (§ 6 TKG)
- Regelungen, die Konkurrenten den **Zugang zum Netz** garantieren (§§ 21 TKG, 14 AEG, 20 EnwG)
- Regelungen zum **Schutz der Endnutzer**, wie Netzanschlussansprüche (zB § 17, 18 EnWG) oder die staatliche Kontrolle der Abgabebedingungen, insbesondere der erhobenen Entgelte (§§ 27, 30 TKG)

III. Allgemeine Grundsätze des Verwaltungshandelns

1. Vorgaben des Verfassungsrechts

Anders als das Handeln Privater unterliegt das Handeln der Verwaltung strengen Vorgaben, die sich zum Teil schon aus dem GG ergeben.

■ Im verfassungsrechtlichen Teil haben Sie unter dem Stichwort der Gesetzmäßigkeit der Verwaltung schon zwei wichtige Grundsätze für das Handeln der Verwaltung kennen gelernt. Erinnern Sie sich? 681

▶ Es waren der Vorbehalt des Gesetzes und der Vorrang des Gesetzes.[543]

■ Welche verfassungsrechtlichen Grundsätze könnten für das Handeln der Verwaltung noch eine Rolle spielen? 682

▶ Es sind vor allem der Bestimmtheitsgrundsatz und das Verhältnismäßigkeitsprinzip.

542 Kurzdarstellungen zum TKG finden sich bei *Schmidt/Vollmöller* ÖffWirtschaftsR § 11 oder *Ziekow* ÖffWirtschaftsR § 14. Einen Überblick über das AEG gibt *Frotscher/Kramer* WirtschaftsVerfR/WirtschaftsVerwR § 18 III; eine Übersicht über das Energiewirtschaftsrecht findet sich bei *Badura* WirtschaftsVerf/WirtschaftsVerw Rn. 302 ff., *Frotscher/Kramer* WirtschaftsVerfR/WirtschaftsVerwR § 19 II und *Ziekow* ÖffWirtschaftsR § 15.

543 Falls Ihnen die Begriffe nicht mehr geläufig sind, lesen Sie bitte → Rn. 36 ff. noch einmal nach.

2. Öffentlich-rechtliches und privatrechtliches Handeln der Verwaltung

683 Eine weitere Besonderheit ist, dass die Verwaltung in verschiedenen der oben erwähnten Tätigkeitsbereiche die Möglichkeit hat, zwischen **privatrechtlichen und öffentlich-rechtlichen** Handlungsformen zu wählen.

Beispiele: So kann die Benutzung einer öffentlichen Einrichtung, zB einer Stadthalle, öffentlich-rechtlich oder privatrechtlich erfolgen; das Gleiche gilt für die Regelung eines Subventionsverhältnisses; weiter kann die Aufgabe, die Bürger einer Gemeinde mit Wasser zu versorgen durch die Gemeinde selbst erledigt werden (öffentlich-rechtliches Handeln) oder durch eine von der Gemeinde gegründeten AG (privatrechtliches Handeln) erfüllt werden.

684 Die Einstufung behördlichen Handelns als privatrechtliches oder öffentlich-rechtliches hat weit reichende Folgen. Viele der im Folgenden zu besprechenden Grundsätze des Verwaltungshandelns, wie zB die Regelungen zum Verwaltungsverfahren, die Anforderungen an die Rechtmäßigkeit des Handelns oder die nach der Verwaltungsgerichtsordnung bestehenden Rechtsschutzmöglichkeiten, gelten nur dann, wenn die Behörde öffentlich-rechtlich gehandelt hat.

685 Die Frage der Abgrenzung zwischen Privatrecht und öffentlichem Recht beschäftigt seit Jahrzehnten Rechtslehre und Rechtsprechung. Es sind dazu eine Vielzahl von Theorien entwickelt worden.[544] Zu nennen sind insbesondere:

686 • Die **Subordinationstheorie**, die darauf abstellt, ob die Beteiligten sich auf der Ebene der Gleichordnung (Privatrecht) oder auf der der Überordnung-Unterordnung (Öffentl. Recht) gegenüberstehen.

687 • Die **Interessentheorie**, die öffentliches Recht immer dann annimmt, wenn ein Handeln öffentlichen Interessen dient.

688 • Die **neuere Subjektstheorie (Sonderrechtstheorie)**, die öffentliches Recht dann für einschlägig hält, wenn es um Rechtssätze geht, die dem öffentlichen Recht angehören.

689 Vorherrschend ist heute die neuere Subjektstheorie. Entscheidend für die Anwendung der nur für öffentlich-rechtliches Handeln geltenden Vorschriften ist damit, ob sich die Behörde auf Rechtssätze stützt, die dem öffentlich-rechtlichen Normenbestand angehören, oder auf solche, die dem Privatrecht zuzurechnen sind.

Beispiele: Geht die Behörde gegen einen Gastwirt vor, der die Sperrzeiten nicht beachtet, muss sie sich auf Gaststättenrecht stützen, also auf öffentliches Recht; will sie dagegen den Schaden geltend machen, der ihr dadurch entstanden ist, dass die für die Mitarbeiter bestellten Computer nicht fristgerecht geliefert werden, muss sie sich auf die §§ 280, 286 BGB berufen, also auf Privatrecht.

690 Soweit die Behörde sich für privatrechtliches Handeln entscheidet, bedeutet dies nicht, dass sie von den normalerweise geltenden Spielregeln des öffentlichen Rechts völlig befreit wird. Schlagwortartig kann man diesen Grundsatz so formulieren, dass es »**keine Flucht ins Privatrecht**« gibt. Für die Frage, wie stark die Bindung an öffentlich-rechtliche Vorgaben, insbesondere an Grundrechte der Beteiligten ist, werden üblicherweise drei Arten privatrechtlichen Verwaltungshandelns unterschieden: die Fiskalgeschäfte, die Erfüllung öffentlicher Aufgaben in Formen des Privatrechts und die eigenwirtschaftliche Betätigung der Verwaltung.[545]

544 Ausführlich dazu *Detterbeck* ÖffR Rn. 1370 ff.
545 *Detterbeck* VerwR AT § 17 Rn. 905 ff.

Fiskalgeschäfte liegen vor, wenn das Handeln der Verwaltung der Deckung ihres Sach- oder Personalbedarfs dient. Im obigen Beispiel der Computerbestellung läge ein solches Geschäft vor. Auch bei der Vergabe öffentlicher Aufträge, zB im Bausektor (näher dazu im Fünften Teil, Kapitel 5), gilt dies. Nach hM sind bei solchen Geschäften Vorgaben des öffentlichen Rechts nicht zu beachten, sondern es gilt allein Privatrecht. 691

Anders ist das, wenn die Verwaltung öffentlich-rechtliche Aufgaben im privatrechtlichen Gewand erfüllt. Man spricht hier vom sog. **Verwaltungsprivatrecht**[546] Hier besteht eine starke Bindung an das öffentliche Recht, insbesondere müssen die Grundrechte beachtet werden.[547] Hauptanwendungsfälle des Verwaltungsprivatrechts sind der Betrieb öffentlicher Einrichtungen (zB Stadthallen, Schwimmbäder) und die Versorgung der Bürger mit Strom, Wasser oder öffentlichen Verkehrsmitteln. Zur Behandlung solcher Gestaltungen hat sich die sog. **Zweistufentheorie** durchgesetzt.[548] Danach ist wie folgt zu unterscheiden: die Entscheidung, ob zwischen Verwaltung und Bürger überhaupt eine Rechtsbeziehung begründet wird, erfolgt nach öffentlichem Recht. Dagegen richtet sich die nähere Ausgestaltung der einmal begründeten Rechtsbeziehung nach privatrechtlichen Regeln. 692

Beispiel: Eine Stadt vermietet ihre Stadthalle zu privaten Zwecken. Die Stadthalle ist eine öffentliche Einrichtung, auf deren Benutzung die Gemeindebürger grundsätzlich einen Anspruch haben. Die Entscheidung, ob sie zB an einen Unternehmer zum Zwecke der Durchführung einer Jubiläumsfeier vermietet wird, entscheidet sich nach öffentlichem Recht. Streitigkeiten bei der Abwicklung des eingegangenen Mietverhältnisses sind dagegen nach BGB zu behandeln.

Die letzte Fallgruppe privatrechtlichen Handelns der Behörde, die **eigenwirtschaftliche Betätigung**, bei der der Staat mit Gewinnabsicht am Privatrechtsverkehr teilnimmt, wird in Fünften Teil unter Kapitel 5 behandelt. 693

3. Das Verwaltungsverfahren

Das Handeln des Staates gegenüber seinen Bürgern ist viel stärker formalisiert als das Handeln der Bürger untereinander. Zum Ausdruck kommt dies dadurch, dass dem Handeln der Verwaltung vielfach ein bestimmtes Verfahren vorauszugehen hat. 694

a) Rechtsgrundlagen

Das Verwaltungsverfahren ist nicht in einem einzelnen Gesetz geregelt. Vielmehr besteht eine Vielzahl gesetzlicher Regelungen. Zunächst ist zwischen der Regelung auf Bundesebene und der auf Landesebene zu unterscheiden. 695

- Das **Verwaltungsverfahrensgesetz des Bundes** (VwVfG) gilt nach § 1 VwVfG nur, wenn Bundesbehörden handeln oder Landesbehörden im Auftrag des Bundes Bundesrecht vollziehen. 696
- Die **Länderverwaltungsverfahrensgesetze** (LVwVfG) gelten dementsprechend für alle Handlungen der Landesbehörden. 697

Allerdings entsprechen die Regelungen in den Ländergesetzen inhaltlich weitgehend den Regeln des VwVfG. Überwiegend ist sogar die Paragraphenzählung identisch. 698

546 Zum Streit, ob die Bedarfsdeckung zum Verwaltungsprivatrecht gehört vgl. *Maurer* VerwR AT § 3 Rn. 10 (verneinend) und *Ipsen* VerwR AT § 3 Rn. 199 (bejahend).
547 *Detterbeck* ÖffR Rn. 1319.
548 Ausführlich *Sodan/Ziekow* GK ÖffR § 67 Rn. 17 f.

Die weitere Darstellung des Verwaltungsverfahrensrechts orientiert sich daher grundsätzlich am VwVfG.

699 Neben den Verwaltungsverfahrensgesetzen bestehen Sonderregelungen für bestimmte Bereiche, die nach § 1 I und § 2 VwVfG den Regelungen des VwVfG vorgehen.

> **Beispiele:** So richtet sich das Verwaltungsverfahren in steuerrechtlichen Angelegenheiten nach der AO (§ 2 I Nr. 2 VwVfG), in sozialversicherungsrechtlichen Angelegenheiten nach dem SGB X (§ 2 I Nr. 4 VwVfG) und das Verfahren in Zusammenhang mit der Verfolgung von Ordnungswidrigkeiten nach dem OWiG.

700 Schließlich wird das VwVfG für bestimmte Aspekte des Verwaltungshandelns durch Spezialgesetze ergänzt. So ist:

701 • das Verfahren für die **amtliche Zustellung** behördlicher Entscheidungen im Verwaltungszustellungsgesetz des Bundes (VwZG) und entsprechenden Ländergesetzen geregelt;

702 • das Verfahren im Zusammenhang mit der **Durchsetzung behördlicher Entscheidungen** durch das Verwaltungsvollstreckungsgesetz des Bundes (VwVG) und entsprechende Ländergesetze abgedeckt und

703 • das Verfahren zur **Überprüfung einer Behördenentscheidung** durch die Verwaltung selbst (sog. Widerspruchsverfahren) überwiegend durch die §§ 68 ff. Verwaltungsgerichtsordnung (VwGO) bestimmt.

b) Arten des Verwaltungsverfahren

704 Nach § 9 VwVfG ist ein Verwaltungsverfahren die nach außen wirkende Tätigkeit der Behörden zur Vorbereitung einer verbindlichen Entscheidung und deren Erlass. Man unterscheidet dabei das allgemeine Verwaltungsverfahren, das förmliche Verwaltungsverfahren und das Planfeststellungsverfahren.

aa) Das einfache Verwaltungsverfahren

705 Die Regelungen des allgemeinen Verwaltungsverfahrens finden dabei immer dann Anwendung, wenn ein Fachgesetz nicht das förmliche Verfahren oder das Planfeststellungsverfahren anordnet (§ 10 VwVfG). Das einfache Verwaltungsverfahren wird im Zusammenhang mit dem Verwaltungsakt näher besprochen.[549]

bb) Das förmliche Verwaltungsverfahren

706 Das förmliche Verwaltungsverfahren, das in den §§ 63 ff. VwVfG näher geregelt ist, kommt nur zur Anwendung, wenn es von einem Fachgesetz ausdrücklich vorgesehen ist. Solche Anordnungen sind bisher selten.[550] Häufiger sehen die Fachgesetze ein spezielles Verfahren vor (vgl. zB § 10 BImSchG), das dann die Vorschriften der §§ 63 ff. VwVfG verdrängt. Besondere Merkmale des förmlichen Verfahrens nach dem VwVfG sind die Einbeziehung von Zeugen und Sachverständigen (§ 65 VwVfG) sowie das Erfordernis, dass die Behörde grundsätzlich erst nach einer mündlichen Verhandlung entscheidet (§ 67 VwVfG).[551]

549 → Rn. 766 ff.
550 Vgl. die Beispiele bei *Detterbeck* VerwR AT § 18 Rn. 943.
551 Vgl. *Detterbeck* VerwR AT § 18 Rn. 932.

cc) Das Planfeststellungsverfahren

Ein in Zusammenhang mit wirtschaftlicher Betätigung häufig durchzuführendes Verfahren ist das Planfeststellungsverfahren, das einen Sonderfall des förmlichen Verfahrens darstellt und in den §§ 72 ff. VwVfG näher geregelt wird. 707

Das VwVfG normiert dabei nur, wie das Planfeststellungsverfahren abzulaufen hat. 708
Ob ein solches überhaupt erforderlich ist, bestimmt sich nach dem jeweils anzuwendenden Fachgesetz. Planfeststellungen sind zB erforderlich für den Bau von Straßen (§ 17 FStrG) oder Eisenbahntrassen (§ 18 AEG), für die Herstellung oder wesentliche Änderung von Gewässern (§ 68 WHG) oder für die Errichtung von Abfalldeponien (§ 31 II KrW-/AbfG).

Der wesentliche Unterschied des Planfeststellungsverfahrens zu dem allgemeinen 709
Verwaltungsverfahren liegt darin, dass bei der Planfeststellung die **Öffentlichkeit einbezogen** wird. Wegen der mannigfaltigen Auswirkungen, die das geplante Vorhaben auf die Umwelt oder einzelne Personen haben kann, sollen alle, die Nachteile befürchten, ihre Bedenken vorbringen können. Dem Planfeststellungsverfahren angenäherte Verfahren finden bei der Aufstellung eines Bebauungsplanes sowie für die Anlagengenehmigung nach dem BImSchG statt.

Nach § 73 VwVfG durchläuft das Planfeststellungsverfahren im Wesentlichen die 710
folgenden Schritte, die durch fachgesetzliche Regelungen Modifizierungen erfahren können:

- Antragstellung des Vorhabenträgers unter Vorlage der erforderlichen Unterlagen.
- Beteiligung aller öffentlichen Stellen, deren Aufgabenbereich durch das Vorhaben tangiert ist.
- Bekanntmachung der Auslegung des Plans und der Unterlagen mit dem Hinweis, gegen das Vorhaben innerhalb von zwei Wochen nach Ablauf der Auslegungsfrist schriftlich Bedenken geltend machen zu können.[552]
- Auslegung des Plans und der Unterlagen in den vom Vorhaben berührten Gemeinden.
- Durchführung eines Erörterungstermins, in dem die Einwendungen gegen das Vorhaben mit dem Vorhabenträger, der Behörde und ggf. erforderlichen Experten diskutiert wird.
- Entscheidung der Behörde über die Zulassung des Vorhabens und die vorgebrachten Bedenken.

Nach Ablauf dieses Verfahrens ergeht bei positiver Entscheidung der Behörde der sog. **Planfeststellungsbeschluss**. Dieser ist als Verwaltungsakt zu qualifizieren und bedarf zu seiner Wirksamkeit der Zustellung an den Vorhabenträger (§ 74 IV VwVfG).[553] Nach § 75 I VwGO kommt dem Planfeststellungsbeschluss sog. Konzentrationswirkung zu, dh andere behördliche Entscheidungen, die nach anderen gesetzlichen Vorschriften nötig wären, werden ersetzt.

552 Konsequenz dieses sog. Einwendungsrechts ist es, dass Einwendungen, die nicht rechtzeitig vorgebracht werden, ausgeschlossen sind (Präklusion); näher *Ipsen* VerwR § 16 Rn. 953.
553 Vgl. zum Ganzen *Peters*, Grundlagen des Rechts der Planfeststellung, Jura 1999, 327 ff.

4. Unterscheidung von gebundener und nicht gebundener Verwaltung

711 Zahlreiche Vorschriften des besonderen Verwaltungsrechts begründen bei Vorliegen ihrer Tatbestandsvoraussetzungen keine absolute Handlungspflicht der zuständigen Behörde, sondern räumen dieser nur die Möglichkeit zum Handeln ein. Die Entscheidung über das »Ob« und »Wie« des Handelns bleibt der Behörde überlassen. Solche Vorschriften werden **Ermessensvorschriften** genannt.[554] Ob eine solche vorliegt erkennt man an Formulierungen wie »kann« oder »darf« auf der Rechtsfolgenseite der betreffenden Norm.

Beispiel: Ermessensvorschrift ist zB § 15 II GewO:»Wird ein Gewerbe, zu dessen Betrieb eine Erlaubnis, Genehmigung ... erforderlich ist, ohne diese Zulassung betrieben, so **kann** die Fortsetzung des Betriebes von der zuständigen Behörde verhindert werden«.

712 Das der Behörde bei einer solchen Formulierung eingeräumte Ermessen muss ordnungsgemäß ausgeübt werden (vgl. § 40 VwVfG). Das ist nicht der Fall, wenn

- die Behörde gar kein Ermessen ausübt, weil sie die anzuwendende Vorschrift für bindend gehalten hat (sog. **Ermessensausfall oder -nichtgebrauch**),
- die Behörde in ihre Entscheidung im Hinblick auf den Zweck der Ermessenseinräumung sachfremde Erwägungen einstellt, bestimmte entscheidungserhebliche Umstände gar nicht berücksichtigt oder bei verschiedenen entscheidungserheblichen Umständen diese falsch gewichtet (sog. **Ermessensfehlgebrauch oder -missbrauch**),[555]
- die Behörde die gesetzlichen Grenzen des Ermessens überschreitet: das ist der Fall, wenn sie eine Entscheidung trifft, die vom Tatbestand der Befugnisnorm nicht abgedeckt ist[556] oder, wenn sie andere Gesetze oder den allgemeinen Verhältnismäßigkeitsgrundsatz nicht beachtet[557] (sog. **Ermessensüberschreitung**).

713 Einen Sonderfall stellt die sog. **Ermessensreduzierung auf Null** dar. Dabei geht es um Fälle, in denen nur eine bestimmte Entscheidung der Behörde als ermessensfehlerfrei angesehen werden kann. Dies wird zB in Fällen angenommen, in denen der Polizei zwar durch die entsprechende Befugnisnorm Ermessen bezüglich eines Einschreitens eingeräumt ist, das Einschreiten aber zur Abwehr von Gefahren für ein wichtiges Rechtsgut, zB das Leben eines Menschen, dringend geboten ist.[558]

Nach § 39 I 3 VwVfG muss ein Verwaltungsakt, der auf eine Ermessensvorschrift gestützt wird, in seiner Begründung auch Ausführungen zur Ermessensausübung enthalten.

714 Schreibt eine Vorschrift dagegen vor, dass die Behörde beim Vorliegen ihrer Voraussetzungen handeln **muss**, spricht man von einer **gebundenen Entscheidung**. Hier hat die Behörde keinen Spielraum bei der Entscheidung darüber, ob und wie sie handelt. Soweit eine solche Vorschrift den Erlass eines begünstigenden Verwaltungsaktes be-

554 Ausführlich dazu *Peine* VerwR AT § 4 Rn. 200 ff.
555 *Detterbeck* VerwR AT § 8 Rn. 330 ff.
556 *Detterbeck* VerwR AT § 8 Rn. 329.
557 Zum Teil wird der Verstoß gegen höherrangiges Recht auch als eigene Kategorie eines Ermessensfehlers angesehen, was sich im Ergebnis aber nicht auswirkt; näher *Detterbeck* VerwR AT Rn. 334 f.; *Sodan/Ziekow* GK ÖffR § 69 Rn. 8.
558 BVerwGE 11, 95 ff.; vgl. auch *Detterbeck* ÖffR Rn. 1101.

trifft, korrespondiert mit dieser Pflicht der Behörde ein Anspruch des Antragstellers auf Erlass des betreffenden Verwaltungsaktes.

Beispiele: Nach § 35 I GewO **ist** die Ausübung eines Gewerbes »ganz oder teilweise zu untersagen, wenn Tatsachen vorliegen, welche die Unzuverlässigkeit des Gewerbetreibenden dartun«; nach § 6 BImSchG **ist** eine Genehmigung einer Anlage zu erteilen, wenn bestimmte Voraussetzungen vorliegen.

Schließlich gibt es noch Vorschriften, nach denen die Behörde eine bestimmte Entscheidung erlassen **soll** (zB § 17 I 2 BImSchG). Hier handelt es sich grds. um eine Ermessensvorschrift. Allerdings ist das Ermessen sehr eingeschränkt, da der Gesetzgeber davon ausgeht, dass die einzige ermessensfehlerfreie Entscheidung regelmäßig der Erlass des betreffenden VA ist.[559] 715

Von den Ermessensvorschriften abzugrenzen sind diejenigen Rechtsnormen, die auf der Tatbestandsseite sog. **unbestimmte Rechtsbegriffe** enthalten. Ein wichtiges Beispiel für eine solche Norm ist der § 35 GewO. Danach kann die Behörde den Betrieb eines Gewerbes untersagen, wenn sich der Betreiber als unzuverlässig erweist. Die Unzuverlässigkeit ist ein unbestimmter Rechtsbegriff, den die zuständige Behörde im Einzelfall näher bestimmen muss. Die entsprechende Entscheidung der Behörde kann nach heute hM von den Gerichten voll überprüft werden, dh, den Behörden steht **kein** sog. **Beurteilungsspielraum** zur Verfügung.[560] Etwas anderes gilt nur dann, wenn die betreffende Norm eine Entscheidung betrifft, die wertende Elemente enthält. Daher verbleibt zB bei **Prüfungsentscheidungen** ein bestimmter Spielraum, der von den Gerichten nicht voll überprüft werden kann.[561] 716

Beispiel: Bei der Überprüfung der Bewertung einer Hochschulklausur steht den Prüfern ein Beurteilungsspielraum zu. Die Anfechtung der Bewertung wird daher nur Erfolg haben, wenn sich der Prüfling auf Störungen des Prüfungsablaufs oder auf schwere Bewertungsfehler, wie zB das Einstellen sachfremder Erwägungen berufen kann.[562]

IV. Überblick über die öffentlich-rechtlichen Handlungsformen

1. Allgemeines

Die Verwaltung kann sich, wenn sie gegenüber dem Bürger etwas regeln will, nur bestimmter öffentlich-rechtlich Handlungsformen bedienen. Diese unterliegen hinsichtlich ihrer Rechtmäßigkeit unterschiedlichen Anforderungen. Die möglichen Handlungsformen können unter zwei verschiedenen Gesichtspunkten unterschieden werden: 717

Zum einen kann man rein tatsächliches Verhalten, wie zB eine unverbindliche Auskunft oder das Abreißen eines zu Unrecht errichteten Gebäudes (**sog. Realakte**), und solches Handeln, mit dem die Behörde eine Rechtsfolge herbeiführen will, unterscheiden. 718

Zum anderen kann man danach differenzieren, ob das Handeln der Behörde eine Vielzahl von Personen und Sachverhalten treffen soll (**generell-abstrakte Regelung**) oder ausschließlich an einen einzelnen Bürger gerichtet ist und nur einen bestimmten Sachverhalt betrifft (**individuell-konkrete Regelung**). 719

559 Vgl. BVerwGE 88, 1 ff.
560 Ausführlich zur Problematik *Detterbeck* ÖffR Rn. 1106 ff.
561 BVerwGE 84, 34 ff.
562 Näher *Detterbeck* VerwR § 8 Rn. 362 ff.

720 Die verschiedenen Arten der Handlungsformen und ihre Zuordnung zu den genannten Kategorie lassen sich Übersicht 40 entnehmen.

Übersicht 40: Formen des Verwaltungshandelns

Rechtsverordnung und Satzung	Regelung für eine Vielzahl von Fällen und Personen; zB Gebührensatzung einer Gemeinde
»Plan«	Abschluss einer abstrakten oder konkreten staatlichen Planung; zB Haushaltsplan, Bebauungsplan
Verwaltungsakt	hoheitliche Maßnahme zur Regelung eines Einzelfalls mit Außenwirkung; zB Baugenehmigung
verwaltungsrechtlicher Vertrag	Regelung eines Sachverhalts durch einvernehmliche Regelung zwischen Behörde und Bürger; zB Erschließungsvertrag
privatrechtliches Handeln	Auftreten der Behörde als Privatrechtssubjekt; zB Einkauf von Büromaterial
Realakt	tatsächliche Handlung ohne mittelbare Rechtsfolge; zB Auskunft einer Behörde

721 Nicht genannt in der Übersicht sind die sog. **Verwaltungsvorschriften**. Zwar gelten auch sie für eine Vielzahl von Sachverhalten und Personen. Jedoch kommt ihnen unmittelbar keine rechtliche Verbindlichkeit gegenüber dem Bürger zu, da sie ihrer Rechtsnatur nach nur interne Handlungsanweisungen an die Verwaltung sind.[563]

563 Näher zu den Verwaltungsvorschriften *Detterbeck* VerwR AT § 14; *Sodan/Ziekow* GK ÖffR § 64.

Im Folgenden werden die Rechtsverordnung, die Satzung, der Plan und der öffentlich-rechtliche Vertrag kurz vorgestellt. Der Verwaltungsakt wird wegen seiner Bedeutung in der Praxis in einem gesonderten Kapitel[564] besprochen.

2. Die Rechtsverordnung

Die Rechtsverordnung stellt eine generell-abstrakte Regelung dar, ist also Gesetz im materiellen Sinne. Im Gegensatz zum formellen Gesetz wird sie nicht von der Legislative, sondern von der Exekutive erlassen. Sie ist ein häufig gebrauchtes Instrument zum Vollzug formeller Gesetze und kann auf Bundes- und auf Landesebene ergehen. 722

Für Rechtsverordnungen des Bundes bestimmt Art. 80 GG, dass sie nur auf der Grundlage eines formellen Gesetzes ergehen dürfen.[565] Dabei muss dieses Gesetz Zweck, Inhalt und Ausmaß der Rechtsverordnung genau bestimmen. Solche Ermächtigungen finden sich in zahlreichen für die Wirtschaft bedeutsamen Gesetzen. 723

Beispiele: So ermächtigt § 4 I 3 BImSchG die Bundesregierung dazu, durch Rechtsverordnung den Kreis der Anlagen zu bestimmen, die einer Genehmigung bedürfen; nach § 14 I ProdSG kann die Bundesregierung durch Rechtsverordnung Anforderungen für bestimmte technische Anlagen stellen; nach § 34c III GewO kann das Bundeswirtschaftsministerium Verpflichtungen für das Betreiben des Maklergewerbes festlegen.

Für die Rechtmäßigkeit einer Rechtsverordnung sind, wie bei allen Rechtsakten, formelle und materielle Voraussetzungen zu erfüllen.[566] 724

In **formeller Hinsicht** ist zu beachten, dass nach Art. 80 I 4 GG Rechtsverordnungen nur von der Bundesregierung, einem Bundesminister oder einer Landesregierung erlassen werden können. Außerdem kann nach Art. 80 II GG in bestimmten Fällen die Zustimmung des Bundesrates notwendig sein. Schließlich sind bestimmte Formvorschriften zu beachten, nämlich die Angabe des ermächtigenden Gesetzes (Art. 80 I 3 GG) und das Erfordernis der Ausfertigung und Verkündung (Art. 82 GG). 725

In **materieller Hinsicht** ist erforderlich, dass eine verfassungsmäßige Ermächtigungsgrundlage besteht, dass die tatbestandlichen Voraussetzungen dieser Norm erfüllt sind und, dass der Inhalt der Rechtsverordnung mit höherrangigem Recht (zB dem Rechtsstaatsprinzip oder den Grundrechten) in Einklang steht. 726

Damit ergibt sich für die Überprüfung einer Rechtsverordnung das in Übersicht 41 niedergelegte Prüfungsschema.[567] 727

564 → Rn. 748 ff.

565 In den Landesverfassungen bestehen entsprechende Regelungen für den Erlass von Rechtsverordnungen der Länder; vgl. *Ipsen* VerwR AT § 5 Rn. 291 f.

566 *Frenz* Rn. 577 ff.

567 Vgl. auch *Sodan/Ziekow* GK ÖffR § 17 Rn. 44.

Übersicht 41:

Prüfung einer Rechtsverordnung
I. Formelle Rechtmäßigkeit der Rechtsverordnung 1. Zuständigkeit der erlassenden Stelle 2. Verfahren 3. Form
II. Materielle Rechtmäßigkeit 1. Vorhandensein einer Ermächtigungsgrundlage a) Wirksame Ermächtigungsgrundlage • formell und materiell rechtmäßiges Gesetz • ggf. Anforderungen nach Art. 80 GG beachtet b) Übereinstimmung der Rechtsverordnung mit der Ermächtigungsgrundlage 2. Kein Verstoß des Inhalts der Rechtsverordnung gegen höherrangiges Recht

Soweit eine Rechtsverordnung formell und/oder materiell rechtswidrig ist, hat das grundsätzlich ihre Nichtigkeit zur Folge.[568]

3. Die Satzung

728 Satzungen sind generell-abstrakte Regelungen, die von einer juristischen Person des öffentlichen Rechts zur **Regelung ihrer eigenen Angelegenheiten** erlassen werden. Im Gegensatz zur Rechtsverordnung, die vom Staat selbst erlassen wird, sind zum Erlass der Satzungen also Stellen der mittelbaren Staatsverwaltung zuständig. Am wichtigsten sind die Satzungen von Gemeinden und Landkreisen. Aber auch die Industrie- und Handelskammern, die Sozialversicherungsträger oder berufsständische Organisationen, wie die Steuerberaterkammer, erlassen Satzungen.

Beispiele: Die Gemeinde regelt per Satzung die Höhe der Gebühren für die Müllabfuhr, die Benutzung ihres Schwimmbades oder die Frage der Bebaubarkeit von Grundstücken im Gemeindegebiet (Bebauungsplan gemäß § 10 BauGB); die IHK regelt in einer Satzung die Höhe der Mitgliedsbeiträge; die Steuerberaterkammern regeln in einer Satzung Fragen der Zulassung als Steuerberater.

729 Satzungen bedürfen anders als Rechtsverordnungen nicht immer einer ausdrücklichen Ermächtigung in einem Gesetz.[569] Das Recht, sie zu erlassen, folgt aus dem Recht der jeweiligen Organisation auf Selbstverwaltung (vgl. zB Art. 28 II GG für die Gemeinden). Außerdem werden sie von demokratisch legitimierten Organen, wie dem Gemeinderat oder einer Mitgliederversammlung, erlassen. Etwas anderes gilt allerdings aufgrund des Vorbehalts des Gesetzes dann, wenn die Satzung Regelungen enthält, die sich einschränkend auf Grundrechte auswirken.[570]

568 Nach BVerfGE 91, 148 gilt das bei Verfahrensverstößen nur, wenn diese offensichtlich sind.
569 *Detterbeck* VerwR AT § 13 Rn. 847.
570 BVerfGE 6, 247 ff.

Beispiel: Das Recht, durch eine gemeindliche Satzung den sog. Anschluss- und Benutzungszwang für öffentliche Versorgungseinrichtungen (zB die Wasserversorgung) anzuordnen, folgt damit noch nicht aus Art. 28 II GG, sondern aufgrund entsprechender Befugnisnormen in den Gemeindeordnungen der Länder.

4. Der öffentlich-rechtliche Vertrag

a) Begriffe

Die §§ 54 ff. VwVfG enthalten Vorgaben für den Abschluss öffentlich-rechtlicher Verträge durch die Verwaltung. Weil es neben den dort gemeinten Verträgen viele weitere öffentlich-rechtliche Verträge gibt, wird im Folgenden vom **verwaltungsrechtlichen Vertrag** gesprochen.[571] 730

Definition: Ein verwaltungsrechtlicher Vertrag ist ein Vertrag über einen Gegenstand des öffentlichen Rechts zwischen einem Verwaltungsträger und einem Bürger oder zwischen mehreren Trägern öffentlicher Verwaltung. 731

Wird ein Vertrag zwischen zwei Trägern öffentlicher Gewalt geschlossen, zB zwischen zwei Gemeinden, spricht man vom **koordinationsrechtlichem Vertrag**. Sind Vertragspartner dagegen die Verwaltung auf der einen und ein Bürger auf der anderen Seite, liegt ein sog. **subordinationsrechtlicher Vertrag** vor. Letzterer kommt insbesondere bei Sachverhalten in Betracht, in denen die Behörde normalerweise einen Verwaltungsakt erlassen würde. 732

Beispiele: Nach den Landesbauordnungen der Länder sind die Bauherren von Gebäuden verpflichtet, eine ausreichende Anzahl von PKW-Stellplätzen für Bewohner, Besucher etc. zu errichten. Statt einen entsprechenden Verwaltungsakt an den Bauherrn zu erlassen (Verpflichtung zum Bau von x Stellplätzen) könnte die zuständige Behörde mit dem Bauherrn auch einen sog. Ablösungsvertrag schließen, in dem der Bauherr sich verpflichtet, einen bestimmten Geldbetrag pro Stellplatz zu zahlen und die Stadt auf die Verpflichtung des Bauherrn zur tatsächlichen Errichtung von Stellplätzen verzichtet.

b) Wirksamkeitsvoraussetzungen

Für die Wirksamkeit eines verwaltungsrechtlichen Vertrages sind vor allem folgende Voraussetzungen zu beachten:[572] 733

- Gegenstand ist öffentlich-rechtlicher Natur
- Handlungsform »Vertrag« ist grundsätzlich zulässig
- Wirksamer Vertragsschluss
- Zulässiger Vertragsinhalt.

aa) Öffentlich-rechtlicher Natur ist der Inhalt eines Vertrages nur, wenn er Fragen betrifft, die nach öffentlichem Recht zu beurteilen sind. Es geht damit erneut um die Abgrenzung zwischen öffentlichem Recht und Privatrecht.[573] 734

■ Nennen sie je ein Beispiel für einen öffentlich-rechtlichen bzw. einen privatrechtlichen Vertrag zwischen Behörde und Bürger. 735

571 *Maurer* VerwR AT § 14 Rn. 1.

572 Ausführliche Prüfungsschemata finden sich bei *Sodan/Ziekow* GK ÖffR § 83 Rn. 1 oder *Oberrath/Schmidt/Schomerus* ÖffWirtschaftsR S. 53 (Anspruch eines Bürgers aus einem öffentlich-rechtlichen Vertrag).

573 Falls Sie nicht mehr wissen, wie diese vorgenommen werden, lesen Sie bitte bei → Rn. 685 ff. nach.

▶ Im oben erwähnten Stellplatzablösungsvertrag geht es um einen Frage des öffentlichen Rechts; wird dagegen ein Streit zwischen der Verwaltung und einer Computerfirma wegen der Lieferung einer EDV-Anlage für eine Behörde durch Vergleichsvertrag beigelegt, liegt ein privatrechtlicher, nach dem BGB zu beurteilender, Vertrag vor.

736 bb) Die Verwaltung darf sich des Mittels des verwaltungsrechtlichen Vertrags nur bedienen, wenn ihr diese Handlungsform nicht durch eine gesetzliche Regelung verboten ist. Das ergibt sich aus dem Wortlaut des § 54 VwVfG (bitte lesen) und letztlich aus dem verfassungsrechtlichen Grundsatz der Gesetzmäßigkeit der Verwaltung.

Beispiel: Ein Vertrag zwischen dem Finanzamt und einem Steuerpflichtigen, der die Höhe der Steuerschuld festlegt, wäre nicht möglich, da § 155 I AO festschreibt, dass die Steuern durch Bescheid, also einseitig, festgelegt werden.

737 cc) Für den Abschluss verwaltungsrechtlicher Verträge ist zunächst zu beachten, dass sie gemäß § 57 VwVfG nur **schriftlich** geschlossen werden dürfen und dass nach § 58 VwVfG unter Umständen die Zustimmung eines Dritten oder einer anderen Behörde erforderlich ist. Im Übrigen sind durch die Verweisung in § 62 VwVfG die Vorschriften des BGB über den Abschluss von Verträgen zu beachten.

738 dd) Inhaltliche Grenzen für einen verwaltungsrechtlichen Vertrag ergeben sich durch die Bindung der Verwaltung an bestehende Gesetze (vgl. Art. 20 III GG und § 54 VwVfG).[574] Dies gilt sowohl für den **Vergleichsvertrag** (§ 55 VwVfG), mit dem ein streitiger Sachverhalt oder eine unklare Rechtslage beseitigt werden, als auch für den **Austauschvertrag** (§ 56 VwVfG),[575] in dem sich der Vertragspartner der Behörde zu einer Gegenleistung verpflichtet. Der Abschluss eines Vertrages darf damit vor allem nicht dazu führen, dass sich die Verwaltung zu Gunsten einzelner Bürger über geltendes Recht hinwegsetzt und, dass sie sich Handlungen, zu denen sie durch Gesetz verpflichtet ist, durch eine Gegenleistung belohnen lässt (sog. Koppelungsverbot).[576]

Beispiel: Die Verpflichtung einer Gemeinde zum Erlass eines Bebauungsplans in einem Vertrag mit einem Unternehmer verstößt gegen § 1 VI BauGB, wonach ein Bebauungsplan erst nach gerechter Abwägung aller öffentlicher und privater Belange aufgestellt werden darf (vgl. auch §§ 11, 12 BauGB).

739 Rechtsfolge eines formell oder inhaltlich unzulässigen Vertrages ist seine Rechtswidrigkeit. Nichtig ist ein Vertrag nur, wenn einer der in § 59 genannten Tatbestände vorliegt. Nach § 59 I VwVfG kann sich die Nichtigkeit aus dem Vorliegen eines der Nichtigkeitsgründe des BGB (zB §§ 134, 138) ergeben. Gemäß § 59 II VwVfG ist ein subordinationsrechtlicher Vertrag nichtig, wenn ein entsprechender Verwaltungsakt nichtig (§ 44 VwVfG) oder aus materiellen Gründen rechtswidrig wäre oder wenn die speziellen Voraussetzungen der §§ 55, 56 VwVfG nicht beachtet sind.[577]

Beispiele: Nichtig ist danach zB ein Vertrag, der von einer Behörde außerhalb ihres örtlichen Zuständigkeitsbereiches geschlossen wird (§ 59 II Nr. 1 iVm § 44 VwVfG), oder ein Vertrag, in dem die Behörde die Erteilung einer Baugenehmigung an einen Unternehmer davon abhängig macht, dass er die rückständigen Sozialabgaben für seine Arbeitnehmer begleicht (§ 59 II Nr. 4 iVm § 56 VwVfG).

574 Ausführlich *Gurlit*, Grundlagen des Verwaltungsvertrages, Jura 2001, 659 ff.
575 Näher zu den Begriffen *Detterbeck* ÖffR Rn. 1286 ff.
576 *Ipsen* VerwR AT § 12 Rn. 798.
577 Vgl. *Sodan/Ziekow* GK ÖffR § 83 Rn. 25.

c) Durchführung und Durchsetzung eines öffentlich-rechtlichen Vertrages

Kommt es bei der Durchführung eines verwaltungsrechtlichen Vertrages zu Schwierigkeiten, gelten über § 62 S. 2 VwVfG die Vorschriften des BGB über Leistungsstörungen. Die aus einem wirksamen verwaltungsrechtlichem Vertrag resultierenden Ansprüche müssen wie die Ansprüche aus einem privatrechtlichen Vertrag mit Hilfe der staatlichen Gerichte durchgesetzt werden. Dies gilt auch für die Ansprüche der Verwaltung aus einem öffentlich-rechtlichen Vertrag. Zuständig für die Erlangung des erforderlichen Vollstreckungstitels sind grundsätzlich die Verwaltungsgerichte.[578] 740

Etwas anderes gilt allerdings, wenn die Vertragsparteien gemäß § 61 VwVfG von der Möglichkeit der sog. **Unterwerfung unter die sofortige Vollstreckung** Gebrauch gemacht haben. Dies bedeutet, dass für die Durchsetzung der Ansprüche aus dem Vertrag nicht erst ein gerichtlicher Titel erforderlich ist, sondern dass allein aufgrund des Vertrages die Vollstreckung betrieben werden kann. 741

5. Exkurs: Die Handlungsformen staatlicher Planung

Der Staat muss in vielen Bereichen vorhersehend tätig werden und für bestimmte Problemlagen Ziele setzen sowie Grundstrukturen für deren zukünftige Erreichung vorgeben. Solche Planungen können auf politischer Ebene erfolgen, aber auch durch die Verwaltung oder durch beide zusammen vorgenommen werden. 742

Beispiele: Die Aufstellung von Regierungsprogrammen ist eine Sache der Politik, die Aufstellung eines Bebauungsplans für ein Gemeindegebiet dagegen Angelegenheit der Gemeinde; bei der Finanzplanung und Haushaltsplanung arbeiten Politik und Verwaltung schließlich zusammen.

Die staatliche Planung kann inhaltlich in die eigentliche Wirtschaftsplanung, die räumliche Planung und die vorhabensbezogene Planung unterschieden werden. 743

Bei der **eigentlichen Wirtschaftsplanung** geht es um wirtschaftspolitische Steuerung.[579] 744

Die **raumbezogenen Planungen** enthalten Vorgaben für die Ordnung bestimmter flächenmäßig begrenzter Gebiete. Zu unterscheiden sind die überörtliche und die örtliche Planung. Die überörtliche Planung hat die Gesamtentwicklung des Bundesgebietes bzw. des Gebietes eines einzelnen Bundeslandes zum Gegenstand. Hier soll eine gewisse Strukturierung vorgegeben werden, die verschiedensten Ziele und Interessen, wie zB dem Umweltschutz oder der Schaffung von Wohngebieten und leistungsfähigen Wirtschaftsräumen, dienen kann. Rechtliche Grundlagen sind das 1998 reformierte Raumordnungsgesetz des Bundes (ROG), das gewisse Grundaussagen trifft, und die Landesplanungsgesetze der Bundesländer. Auf örtlicher Ebene ist die im BauGB geregelte **Bauleitplanung der Gemeinden** eine raumbezogene Planung. Sie legt fest, welcher baulichen oder sonstigen Nutzung die Grundstücke in einer Gemeinde zugeführt werden dürfen.[580] 745

Vorhabensbezogene Planung findet aufgrund ausdrücklicher gesetzlicher Anordnung (zB § 31 II KrW-/AbfG für Abfalldeponien) statt, wenn ein Vorhaben zugelas- 746

578 *Detterbeck* VerwR AT § 11 Rn. 823.

579 → Rn. 644 ff.

580 Zu den materiellen Voraussetzungen eines Bebauungsplanes vgl. *Sodan/Ziekow* GK ÖffR § 70 Rn. 2 ff.

sen werden soll, das negative Auswirkungen auf die Allgemeinheit oder Einzelne haben könnte.

747 Die Planung ist ein dynamischer Vorgang, dessen Ergebnis eine bestimmte Entscheidung, der sog. **Plan**, ist. So sind Ergebnis der Haushaltsplanung der Haushaltsplan, Ausdruck der Bauleitplanung die Flächennutzungs- und Bebauungspläne und Folge der sog. Regionalplanung der Regionalplan. Für solche staatlichen Pläne gibt es keine einheitliche Rechtsform. Die Gesetze, die die Planung vorgeben, sehen vielmehr unterschiedliche Rechtsformen vor: Der Haushaltsplan des Bundes ergeht nach Art. 110 II GG als Gesetz, der Bebauungsplan nach § 10 BauGB als Satzung, das Landesentwicklungsprogramm aufgrund einzelner landesrechtlicher Regelungen als Rechtsverordnung und der sog. Planfeststellungsbeschluss, der den Abschluss vorhabensbezogener Planungen darstellt, ist nach § 74 I VwVfG als Verwaltungsakt einzustufen.

Literatur zur Vertiefung: *Battis* VerwR Kapitel B, C II–IV; *Detterbeck* VerwR AT §§ 23, 24 II, III; *Erichsen*, Die Nichtigkeit und Unwirksamkeit verwaltungsrechtlicher Verträge, Jura 1994, 47 ff.; *Hendler* VerwR AT 4. Kapitel; *Hofmann/Gerke* VerwR AT Abschnitte 9 u. 17; *Höfling/Krings*, Der verwaltungsrechtliche Vertrag: Begriff, Typologie, Fehlerlehre, JuS 2000, 625; *Ipsen* VerwR AT §§ 3–5; *Maurer* StaatsR I §§ 6–8 u. 13–16; *Peine* VerwR AT §§ 2, 4, 5 und 8; *Scherzberg*, Grundlagen des verwaltungsrechtlichen Vertrages, JuS 1992, 205 ff.; *Sodan/Ziekow* GK ÖffR §§ 69, 72, 83; *WKSZ* ÖffR/EuropaR §§ 26, 27, 28 III.

2. Kapitel. Der Verwaltungsakt (VA)

I. Begriffe und Allgemeines

1. Der VA iSv § 35 S. 1 VwVfG

Der Verwaltungsakt ist nach der gesetzlichen Definition in § 35 VwVfG durch folgende Merkmale gekennzeichnet: 748

- hoheitliche Maßnahme
- einer Behörde
- auf dem Gebiet des öffentlichen Rechts
- zur Regelung
- eines Einzelfalls
- mit Außenwirkung

Erfasst werden damit nur solche Handlungen der Behörde, die kraft ihrer staatlichen Autorität auf dem Gebiet des öffentlichen Rechts ergehen und für jemanden, der außerhalb der Behörde steht, eine rechtlich verbindliche Entscheidung treffen. 749

> **Beispiele:** Verwaltungsakte sind danach die Baugenehmigung, die Untersagung eines Gewerbebetriebes, die Erteilung einer Gaststättenerlaubnis oder der Bescheid, mit dem eine Subvention gewährt wird. Keine Verwaltungsakte sind der Abschluss eines Vertrages, eine unverbindliche Auskunft oder die Anweisung eines Beamten zur Vornahme einer bestimmten Tätigkeit durch seinen Vorgesetzten.

Im Einzelnen verlangen die einzelnen Merkmale des Verwaltungsrechtsbegriffs Folgendes:[581] 750

- **Behörde** ist nach § 1 IV VwVfG jede Stelle, die Aufgaben der öffentlichen Verwaltung wahrnimmt.
- Eine **hoheitliche Maßnahme** liegt nur vor, wenn ein einseitiges Handeln der Behörde gegeben ist. Die Annahme eines Verwaltungsaktes scheidet daher dann aus, wenn es, wie beim öffentlich-rechtlichen Vertrag, um ein einvernehmliches Handeln geht. Der Begriff der Maßnahme verlangt, dass das staatliche Verhalten zweckgerichtet ist und Erklärungscharakter hat. Als Beispiele für Maßnahmen nennt das Gesetz Verfügungen und Entscheidungen.
- **Auf dem Gebiet des öffentlichen Rechts** handelt die Behörde entsprechend der oben dargestellten Sonderrechtstheorie,[582] wenn die Vorschrift, auf deren Grundlage die Behörde tätig wird, dem öffentlichen Recht zuzuordnen ist.
- Eine **Regelung** liegt vor, wenn mit dem Behördenhandeln eine Rechtsfolge erzielt werden soll. Nicht erfasst sind daher vor allem Realakte, dh rein tatsächliches Verwaltungshandeln, wie zB die Auszahlung eines Geldbetrags.[583] Problematisch ist das Vorliegen einer Regelung bei vorbereitenden Maßnahmen oder Teilakten[584], wie die Bewertung einer einzelnen Klausur in einem Studium.
- Ein **Einzelfall** ist betroffen, wenn sich die Maßnahme der Behörde auf einen individuellen Adressaten und einen konkreten Sachverhalt bezieht (**individuell-kon-**

---

581 Vgl. auch *WKSZ* ÖffR/EuropaR S. 429 ff.
582 → Rn. 688.
583 *Detterbeck* ÖffR Rn. 1145.
584 *Detterbeck* VerwR § 10 Rn. 453 ff.

krete Regelung). Das Merkmal der Einzelfallregelung dient insoweit der Abgrenzung zur Rechtsnorm, die eine **generell-abstrakte** Regelung enthält, also eine Vielzahl von Fällen und eine Vielzahl von Personen betrifft.

Beispiel: Unternehmer U erhält eine Baugenehmigung. Die Baugenehmigung ist ein Verwaltungsakt, da sie für eine individuelle Person einen konkreten Sachverhalt regelt.

751 Die hM[585] erweitert den Anwendungsbereich des § 35 S. 1 VwVfG auf Maßnahmen, die zwar eine Vielzahl von Fällen betreffen, sich aber nur an eine Person wenden (individuell-abstrakte Regelung), wie zB die Anordnung an einen einzelnen Grundstückseigentümer die generelle Räum- und Streupflicht auf dem Weg vor seinem Grundstück zu übernehmen.

Beispiel: Unternehmer V wird verpflichtet, bei bestimmten Windrichtungen den Betrieb einzustellen, weil durch Immissionen sonst eine Gefährdung eines bestimmten Wohnbaugebietes zu befürchten wäre.

752 • **Außenwirkung** hat eine Maßnahme der Behörde nur, wenn der Adressat nicht zum Rechtskreis der Behörde gehört. Dieses Merkmal ist bei Handlungen des Wirtschaftsverwaltungsrechts regelmäßig gegeben; es fehlt bei behördeninternen Maßnahmen, wie zB bei Entscheidungen gegenüber Mitarbeitern der Behörde. Dort wird ein Verwaltungsakt nur angenommen, wenn die Maßnahme die persönliche Rechtsstellung des Mitarbeiters betrifft, wie zB eine Versetzung.[586]

2. Die Allgemeinverfügung nach § 35 S. 2 VwVfG

753 Nach § 35 S. 2 VwVfG sind Maßnahmen als Verwaltungsakt zu qualifizieren, deren Einordnung als Verwaltungsakt nach § 35 S. 1. VwVfG zweifelhaft sein könnte.[587] § 35 S. 2 VwVfG regelt damit Unterfälle des § 35 S. 1 VwVfG. Teilweise gelten für sie allerdings Sonderregelungen.[588] § 35 S. 2 VwVfG unterscheidet drei Fälle der Allgemeinverfügung:

754 • Regelungen, die sich an einen bestimmten oder bestimmbaren Personenkreis richten (generell-konkrete Regelung)

Beispiele: Die Behörde verbietet allen Groß- und Einzelhändlern in ihrem Zuständigkeitsbereich, Gemüse und Früchte aus einem bestimmten Gebiet zu verkaufen, weil diese verstrahlt sein könnten (bestimmbarer Personenkreis); die Polizei ordnet wegen einer Bombendrohung die Räumung eines Hauses an (bestimmter Personenkreis).

755 • Regelungen, die die öffentlich-rechtliche Eigenschaft einer Sache betreffen

Beispiel: Die Widmung einer Straße für den öffentlichen Verkehr ist Allgemeinverfügung weil sie die öffentlich-rechtliche Eigenschaft der Straße begründet.

756 • Regelungen, die die Benutzung einer Sache durch die Allgemeinheit betreffen

Beispiel: Die Parkordnung, die die Bedingungen für die Benutzung eines öffentlichen Parks festlegt, ist Allgemeinverfügung, weil sie regelt wie sich die Besucher verhalten müssen, also das »Wie« der Benutzung betrifft.

585 Vgl. *Peine* VerwR AT § 7 Rn. 372.
586 *Sodan/Ziekow* GK ÖffR § 74 Rn. 15.
587 *Detterbeck* ÖffR Rn. 1158 ff.
588 So zB nach § 28 II Nr. 4 VwVfG für die Anhörung oder nach § 41 III VwVfG für ihre Bekanntgabe.

■ Heftig umstritten war lange Zeit, ob ein Verkehrszeichen einen VA darstellt. Inzwischen geht die hM davon aus. Welcher Fall des § 35 VwVfG liegt Ihrer Meinung nach vor? 757

▶ Die hM nimmt an, dass Verkehrszeichen unter § 35 S. 2 3. Alt. VwVfG fallen, weil sie für die Benutzung der öffentlichen Sache »Straße« eine Regelung treffen.[589]

3. Arten von Verwaltungsakten

Erfüllt eine Maßnahme einer Behörde die Merkmale des § 35 S. 1 oder S. 2 VwVfG, liegt ein Verwaltungsakt vor. Man kann die Verwaltungsakte nach verschiedenen Kriterien unterscheiden. 758

Hinsichtlich ihrer Wirkung auf den Adressaten können die Verwaltungsakte in **belastende Verwaltungsakte** und **begünstigende Verwaltungsakte** unterschieden werden. Erstere greifen in eine bestehende Rechtsposition des Betroffenen ein, während Letztere eine Rechtsposition begründen. 759

Beispiele: Eine Gewerbeuntersagung nach § 35 GewO oder der Widerruf einer Gaststättengenehmigung nach § 15 GastG sind belastende Verwaltungsakte; ein Subventionsbescheid oder die Baugenehmigung sind demgegenüber begünstigende Verwaltungsakte.

Einen **Sonderfall** stellen insoweit noch die **Verwaltungsakte mit Doppel- oder Drittwirkung**[590] dar. Diese führen beim Adressaten zu einer Begünstigung und bei einem Dritten zu einer Belastung oder umgekehrt. Diese Qualifikation ist insbesondere für Rechtsschutzfragen von Bedeutung (→ Rn. 860, 955).

Hinsichtlich der Art der von ihnen getroffenen Regelung kann man nach **rechtsgestaltenden** oder **feststellenden** Verwaltungsakten unterscheiden. Bei Ersteren wird die Rechtslage verändert, während bei Letzteren das Bestehen oder Nichtbestehen einer bestimmten Rechtslage lediglich festgestellt wird.[591] 760

Beispiele: Die Erteilung einer Gaststättenerlaubnis begründet für den Adressaten eine (neue) Rechtsposition (rechtsgestaltender Verwaltungsakt); die Aussage, dass jemand eine bestimmte Staatsangehörigkeit hat, gibt dagegen lediglich eine bestehende Rechtslage wieder und ist daher feststellender Verwaltungsakt.[592]

4. Konsequenzen der Verwaltungsakteigenschaft

Die Einstufung einer behördlichen Entscheidung als Verwaltungsakt hat bestimmte Konsequenzen: 761

- Die im Anschluss zu besprechenden Verfahrensregeln setzen einen Verwaltungsakt voraus.
- Ein wirksam erlassener Verwaltungsakt erwächst in sog. **Bestandskraft**. Hintergrund ist, dass aus Gründen der Rechtssicherheit und des Rechtsfriedens die von

589 BVerwGE 59, 221 ff.; vgl. auch *Sodan/Ziekow* GK ÖffR § 74 Rn. 22; aA *Ipsen* VerwR § 7 Rn. 427 (Fall des § 35 S.2 1. Alt VwVfG); ausführlich *Beaucamp*, Verwaltungsrechtliche Fragen rund um das Verkehrszeichen, JA 2008, 612.

590 Zum Unterschied zwischen beiden Begriffen vgl. *Erbguth* VerwR AT § 12 Rn. 40 f.

591 Näher zu den feststellenden Verwaltungsakten *Ipsen* VerwR AT § 7 Rn. 396 ff.

592 Zum Problem der Abgrenzung von bloßen Hinweisen auf die Rechtslage siehe *Sodan/Ziekow* GK ÖffR § 74 Rn. 9.

ihm getroffene Regelung verbindlich und von Dauer sein soll.[593] Daher ist der Verwaltungsakt nach bestimmter Zeit nicht mehr mit Rechtsbehelfen angreifbar (formelle Bestandskraft) und bindet die Beteiligten an die von ihm getroffene Regelung (materielle Bestandskraft). Letzteres führt vor allem dazu, dass ein bestandskräftiger Verwaltungsakt nur unter bestimmten Voraussetzungen wieder geändert oder sogar aufgehoben werden kann.
- Für den Rechtsschutz gegen Verwaltungsakte gelten besondere Regelungen.[594]

II. Der Erlass eines Verwaltungsaktes

762 Die Voraussetzungen für den fehlerfreien Erlass eines Verwaltungsaktes lassen sich in formelle und materielle Voraussetzungen untergliedern.

1. Formelle Voraussetzungen

763 Zur formellen Fehlerfreiheit eines Verwaltungsaktes ist erforderlich, dass die handelnde Behörde zuständig war sowie, dass das erforderliche Verfahren und die vorgeschriebene Form beachtet wurden.

a) Zuständigkeit der Behörde

764 Ein Verwaltungsverfahren darf nur von derjenigen Behörde eingeleitet und betrieben werden, die sachlich und örtlich zuständig ist. Die sachliche Zuständigkeit ergibt sich aus dem jeweiligen Fachgesetz, die örtliche ist in § 3 VwVfG geregelt.

765 ■ Bitte lesen Sie § 3 VwVfG und überlegen Sie dann, welche Behörde für die Schließung eines Gewerbebetriebes örtlich zuständig ist.

▶ Nach § 3 I Nr. 2 VwVfG ist die Behörde zuständig, in deren Bezirk der Gewerbebetrieb betrieben wird.

b) Ordnungsgemäße Durchführung des Verwaltungsverfahrens

766 Wie bereits erwähnt, werden Verwaltungsakte regelmäßig im nicht förmlichen Verfahren erlassen. Eingeleitet wird ein Verwaltungsverfahren grundsätzlich aufgrund freier Entscheidung der Behörde (§ 22 S. 1 VwVfG). Etwas anderes gilt aber nach § 22 S. 2 Nr. 1 VwVfG dann, wenn die Behörde kraft Amtes tätig werden muss, und in den Fällen, in denen von dem maßgeblichen Fachgesetz ein Antrag vorausgesetzt wird.

> **Beispiele:** Wenn Anhaltspunkte vorliegen, dass ein Gastwirt seine Gaststätte entgegen gesetzlichen Vorgaben betreibt, muss die Behörde ein Verfahren einleiten, um zu prüfen, ob gegen den Wirt vorgegangen werden muss. Wenn ein Student einen BAföG-Antrag stellt, muss die Behörde ein Verfahren einleiten; umgekehrt darf sie jemanden, der keinen Antrag gestellt hat, kein BAföG gewähren.

aa) Beteiligung der Betroffenen

767 Das Verwaltungsverfahren ist dadurch geprägt, dass derjenige, den die zu treffende Entscheidung rechtlich berührt, in das Verfahren einzubeziehen ist. Als sog. **Beteiligter** hat er bestimmte Rechte, soweit er gemäß § 12 VwVfG handlungsfähig ist, was grundsätzlich Geschäftsfähigkeit nach dem BGB voraussetzt. Beteiligt ist nach § 13 I Nr. 1 VwVfG insbesondere der Antragsteller bzw. der Antragsgegner sowie der Ad-

593 *Sodan/Ziekow* GK ÖffR § 81 Rn. 3 f.
594 → Rn. 866 ff.

ressat der behördlichen Entscheidung.[595] Der Beteiligte hat in dem Verfahren eine besondere Stellung:

- Nach § 28 I VwVfG ist ein Beteiligter vor Erlass eines belastenden Verwaltungsaktes **anzuhören**. Dies bedeutet, dass ihm Gelegenheit gegeben werden muss, seine Sicht der Dinge darzulegen. Ob er von diesem Äußerungsrecht tatsächlich Gebrauch macht oder nicht, ist unerheblich. Entfallen kann die Anhörung in den Fällen des § 28 II VwVfG. Diese liegen vor allem dann vor, wenn die behördliche Entscheidung keinen Aufschub duldet, weil sie im öffentlichen Interesse dringend geboten ist.[596]
  Umstritten ist, ob § 28 I VwVfG auch gilt, wenn die Behörde einen begünstigenden Verwaltungsakt ablehnen will. Wegen des entgegenstehenden Wortlauts des § 28 VwVfG ist dies mit der Rechtsprechung abzulehnen.[597]
- Nach § 29 VwVfG hat der Beteiligte ein Recht auf **Akteneinsicht**. Danach kann er alle Informationen verlangen, die zur Wahrung seiner Rechte erforderlich sind. Der Anspruch aus § 29 VwVfG lässt den allgemeinen Informationsanspruch nach den Informationsfreiheitsgesetzen des Bundes (**IFG**) und der Länder unberührt.[598] Die Art der Informationsgewährung ist im Gesetz nicht festgelegt. Die Behörde hat insoweit einen Spielraum. Sie kann also zB bloße Einsicht gewähren, aber auch Kopien weitergeben. Das Einsichtsrecht kann aus Gründen des öffentlichen Interesses oder des privaten Geheimnisschutzes ausgeschlossen oder eingeschränkt sein (§ 30 VwVfG). Nach Abschluss des Verfahrens begründet § 29 VwVfG keinen generellen Anspruch auf Akteneinsicht mehr[599], so dass sich ein Betroffener ggf. auf die Informationsfreiheitsgesetze berufen muss.
- Nach § 14 I VwVfG kann der Beteiligte sich im Verwaltungsverfahren vertreten lassen, insbesondere einen **Rechtsanwalt** beiziehen.
- Die Behörde hat die Beteiligten mit **Rat und Auskunft** zu unterstützen (§ 25 VwVfG). Danach muss sie den Bürger zB darüber aufklären, ob und ggf. wie ein Antrag zu stellen ist, und ihn über seine Rechte im Verfahren aufklären. Nach § 25 II VwVfG, der § 71c VwVfG aF ersetzt, hat die Behörde außerdem bereits vor Stellung des Antrags mit dem zukünftigen Antragsteller zu erörtern, welche Unterlagen und Nachweise dieser zu erbringen hat, wenn dies zur Verfahrensbeschleuinigung beitragen kann. Eine Verletzung dieser Pflichten macht die betreffende Entscheidung zwar regelmäßig nicht angreifbar (vgl. § 44a VwGO), kann aber evtl. Schadensersatzpflichten des Staates auslösen. Auskünfte der Verwaltung sind grds. unverbindlich. Etwas anderes gilt nur, wenn der Erlass oder Nichterlass eines Verwaltungsaktes nach Maßgabe von § 38 VwVfG verbindlich zugesagt wurde (sog. **Zusicherung**).[600]

bb) Korrekte Entscheidungsfindung der Behörde

Auch für die Art und Weise, wie die Behörde zu ihrer Entscheidung kommt, gelten bestimmte Grundsätze: 768

595 Näher *Ipsen* VerwR AT § 15 Rn. 923 f.
596 Zu den anderen Fällen vgl. *Ipsen* VerwR AT § 15 Rn. 925.
597 Vgl. BVerwG NJW 1986, 3161; ebenso Wolff/Decker/*Decker* VwVfG§ 28 Rn. 8; aA *Kopp/Ramsauer* VwVfG § 28 Rn. 26.
598 *Ipsen* VerwR AT § 15, Rn. 931.
599 *Sodan/Ziekow* GK ÖffR § 72 Rn.20.
600 Näher dazu *Peine* VerwR AT § 9 Rn. 876.

769 • Nach den §§ 20 ff. VwVfG dürfen seitens der Behörde nur solche Personen an der Entscheidungsfindung teilnehmen, die Gewähr dafür bieten, dass sie unparteilich sind. Das Gesetz nennt in § 20 VwVfG verschiedene Fälle, in denen eine solche Unparteilichkeit gefährdet erscheint. Der Beteiligte hat die Möglichkeit, Personen, die er für voreingenommen hält, wegen **Besorgnis der Befangenheit** abzulehnen (§ 21 VwVfG).

770 • Die Behörde hat nach § 24 I 1 VwVfG den ihrer Entscheidung zugrunde zu legenden tatsächlichen Sachverhalt selbst zu ermitteln (sog. **Untersuchungsgrundsatz**), darf sich also nicht mit den von den Beteiligten vorgebrachten Tatsachen etc. begnügen. Zur Erforschung des Sachverhalts kann die Behörde Auskünfte einholen, Zeugen befragen oder Sachverständige einschalten (vgl. § 26 VwVfG). Verschiedene Spezialvorschriften verlangen auch, dass die Behörde, die die Entscheidung zu treffen hat, andere Behörden, deren Aufgabenbereich tangiert ist, beteiligen muss.

771 • Die Behörde hat das Verfahren so einfach und zweckmäßig wie möglich, insbesondere auch zügig zu betreiben (§ 10 VwVfG). Zum Zweck der Beschleunigung des Verwaltungsverfahrens sehen die §§ 71a–71e VwVfG, die im Rahmen der Umsetzung der europäischen Dienstleistungs-Richtlinie in deutsches Recht Ende 2008 geändert wurden, für Verwaltungsverfahren, die über eine einheitliche Stelle abgewickelt werden, besondere Regelungen vor. Danach ist die betreffende Behörde zu besonderer Zügigkeit verpflichtet (§ 71b VwVfG), muss bestimmte Informationen erteilen (§ 71c VwVfG) und muss das Verfahren auf Verlangen in elektronischer Form durchführen.[601] Ebenfalls zur Beschleunigung des Verfahrens dient die **Genehmigungsfiktion** des § 42a VwVfG. Danach gilt, sofern das einschlägige Fachgesetz dies vorsieht, wie zB in § 10 HwO, eine beantragte Genehmigung nach Ablauf von in der Regel drei Monaten nach Eingang der vollständigen Unterlagen als erteilt.[602]

c) Form und Begründung des Verwaltungsaktes

772 Nach § 37 VwVfG kann ein Verwaltungsakt grds. auch mündlich, elektronisch[603] oder in anderer Form ergehen. Bei mündlich oder elektronisch erlassenen Verwaltungsakten kann der Betroffene aber eine schriftliche Bestätigung verlangen (§ 37 II 3 und 4 VwVfG). Soweit ein Verwaltungsakt schriftlich oder elektronisch erlassen wird, ist er nach § 39 I VwVfG zu begründen, wenn kein Ausnahmefall gemäß § 39 II VwVfG vorliegt.

Keine formelle Rechtmäßigkeitsvoraussetzung ist hingegen grundsätzlich[604], dass dem Verwaltungsakt eine **Rechtsbehelfsbelehrung** beizufügen ist. Das Fehlen einer solchen Aufklärung über die Möglichkeit, gegen den Verwaltungsakt einen Rechtsbehelf einlegen zu können, hat nach § 58 VwGO allerdings Auswirkungen im Rechtschutzverfahren.[605]

601 *Detterbeck* VerwR § 10 Rn. 453 ff.

602 Näher *Kluth*, Die Genehmigungsfiktion des § 42a VwVfG – Verfahrensrechtliche und prozessuale Probleme, JuS 2011, 1078 ff.

603 Allgmeine *Vorgaben* zur elektronischen Kommunikation im Verwaltungsverfahrensrecht macht § 3a VWfVG; s. dazu *Peine* VerwR AT § 7 Rn. 636 f.

604 Anders zB nach § 59 VwGO für Verwaltungsakte von Bundesbehörden.

605 → Rn. 894.

2. Materielle Voraussetzungen

Die materiellen Voraussetzungen für den fehlerfreien Erlass eines Verwaltungsaktes ergeben sich aus einer Vielzahl unterschiedlicher rechtlicher Vorgaben, die sich aus Übersicht 42 ersehen lassen. 773

Übersicht 42: Materielle Rechtmäßigkeit eines Verwaltungsaktes

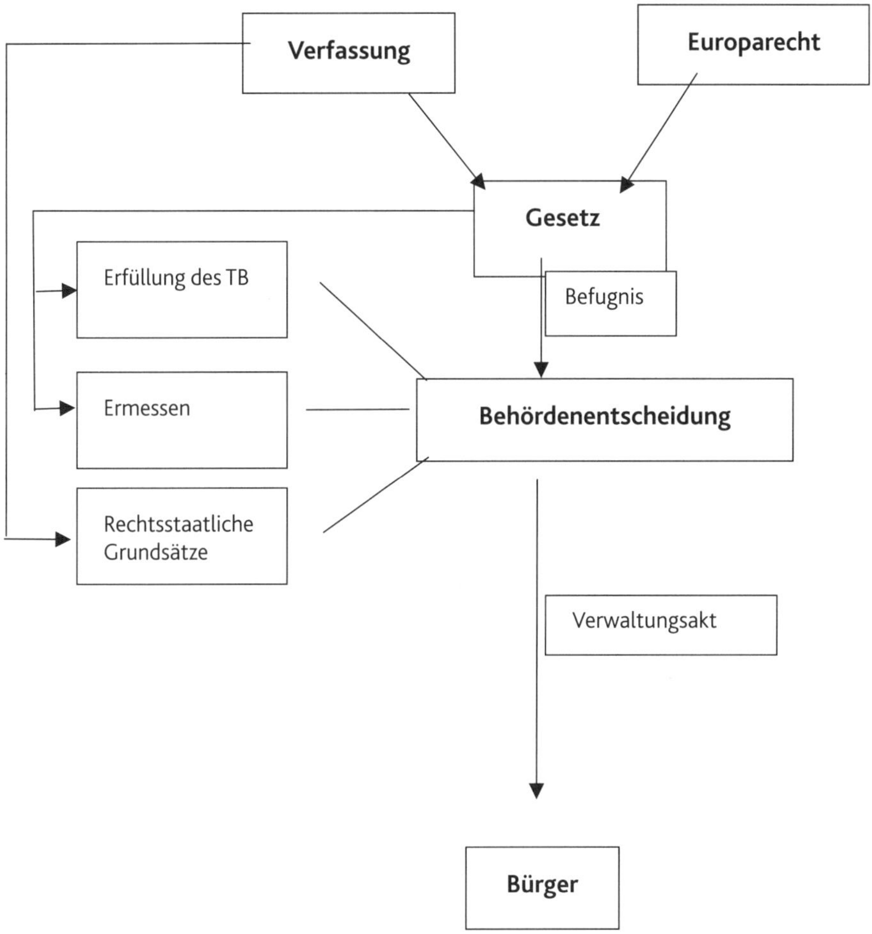

a) Eingreifen einer Befugnisnorm

Für die materielle Rechtmäßigkeit ist zu beachten, dass aufgrund des Vorbehalts des Gesetzes für den Erlass eines Verwaltungsaktes grundsätzlich eine gesetzliche Grundlage erforderlich ist.[606] Erste Voraussetzung für einen materiell fehlerfreien Verwaltungsakt ist daher, dass die Tatbestandsvoraussetzungen dieser Befugnisnorm erfüllt sind. 774

606 → Rn. 681 ff. und → Rn. 34 ff.

b) Die Einhaltung des ggf. eingeräumten Ermessens

775 Soweit die Befugnisnorm der Behörde Ermessen einräumt, muss das Ermessen ordnungsgemäß ausgeübt werden.

- Wissen Sie noch, woran man erkennt, ob eine Befugnisnorm der Behörde Ermessen einräumt und wann dieses nicht ordnungsgemäß ausgeübt wird?
- Wenn nicht, lesen Sie bitte unbedingt an der in der Fußnote[607] angegebenen Stelle nach.

c) Einhaltung sonstiger Rechtmäßigkeitsvoraussetzungen

776 Ist die einschlägige Befugnisnorm erfüllt, ist zur materiellen Rechtmäßigkeit des Verwaltungsaktes außerdem erforderlich, dass er nicht gegen höherrangiges Recht, insbesondere Verfassungsrecht verstößt. Daraus ergibt sich vor allem, dass der Verwaltungsakt **hinreichend bestimmt** sein muss, was sich auch aus § 37 VwVfG erkennen lässt.[608] Die Prüfung der Verhältnismäßigkeit und die Vereinbarkeit mit den Grundrechten werden, soweit es sich um Ermessensvorschriften handelt, bereits bei der Frage, ob eine Ermessensüberschreitung vorliegt, behandelt. Bei gebundenen Entscheidungen wird davon ausgegangen, dass die angesprochenen Aspekte schon bei Erlass der Befugnisnorm berücksichtigt wurden, sodass eine Prüfung im Einzelfall regelmäßig ausscheidet.

III. Die Wirksamkeit eines Verwaltungsaktes

1. Grundlagen

777 Die vom VA beabsichtigten Rechtswirkungen können erst eintreten, wenn die von der Behörde getroffene Entscheidung bewusst nach außen gegeben wird. Nach § 43 I VwVfG wird ein Verwaltungsakt daher erst mit der **Bekanntgabe** wirksam. Sie erfolgt an denjenigen, für den der Verwaltungsakt bestimmt ist, oder an den, der durch ihn betroffen ist. Vor dieser Bekanntgabe ist der Verwaltungsakt ein bloßes Verwaltungsinternum ohne Rechtswirkung.[609] Der Zeitpunkt der Bekanntgabe ist wichtig für den Beginn etwaiger Rechtsbehelfsfristen. Grundsätzlich bestimmt sich dieser Zeitpunkt nach den Regeln über den Zugang von Willenserklärungen (§ 130 BGB). Zu beachten ist aber die Sonderregel des § 41 II VwVfG. Danach gilt ein Verwaltungsakt, der durch einen einfachen Brief oder elektronisch bekannt gegeben wurde, am dritten Tag nach der Aufgabe zur Post bzw. Absendung als bekannt gegeben.[610]

778 Eine besondere Art der Bekanntgabe ist die sog. **Zustellung.** Dies ist die förmliche Übergabe des Schriftstücks, das den Verwaltungsakt verkörpert. Die Zustellung ist in besonderen Verwaltungszustellungsgesetzen auf Bundes- und Landesebene geregelt. Eine Zustellung nach der Maßgabe dieser Gesetze ist immer erforderlich, wenn ein Gesetz für die Bekanntgabe eines Verwaltungsaktes die Zustellung vorschreibt, wie zB § 73 III VwGO für den Widerspruchsbescheid.[611] Die betreffenden Gesetze sehen bestimmte Zustellungsarten, wie die Übermittlung durch Zustellungsurkunde, durch

607 → Rn. 711 ff.
608 Näher *Sodan/Ziekow* GK ÖffR § 79 Rn. 2.
609 Ist die Bekanntgabe an sich erfolgt, wurden dabei aber rechtliche Vorgaben an die Bekanntgabe verletzt, ist der Verwaltungsakt existent aber fehlerhaft; *Detterbeck* VerwR § 10 Rn. 556 ff.
610 Näher *Sodan/Ziekow* GK ÖffR § 79 Rn. 14.
611 *Sodan/Ziekow* GK ÖffR § 79 Rn. 15.

Einschreiben oder durch Boten vor. Werden die insoweit gestellten Anforderungen nicht gewahrt, ist die Zustellung unwirksam, sodass der VA mangels Bekanntgabe keine Wirkung entfalten kann.

2. Die Wirksamkeit fehlerhafter Verwaltungsakte

Ist der Verwaltungsakt mit einem Fehler behaftet, ist wie bei der Fehlerhaftigkeit von Willenserklärungen im Zivilrecht zu unterscheiden, ob der VA von vornherein keine Wirksamkeit entfaltet (**Nichtigkeit**) oder, ob er zunächst wirksam ist, aufgrund des Fehlers aber nachträglich aufgehoben werden kann (**Rechtswidrigkeit**). 779

a) Die Nichtigkeit von Verwaltungsakten

Nichtigkeit liegt nach § 44 I VwVfG vor, wenn der Fehler besonders schwer wiegt und dies offenkundig ist.[612] § 44 II VwVfG nennt Beispiele für Nichtigkeitsgründe, wie das Handeln einer örtlich unzuständigen Behörde oder den Verstoß gegen die guten Sitten. § 44 III VwVfG führt demgegenüber Gründe auf, die grundsätzlich nicht zur Nichtigkeit führen.[613] 780

■ Das Gewerbeamt in X-Stadt untersagt einem Gewerbetreibenden in Y-Stadt die weitere Ausübung seines Gewerbes. Ist der entsprechende Bescheid nichtig? 781

▶ Sinnvollerweise prüft man zunächst § 44 III und II VwVfG. Nach § 44 III Nr. 1 VwVfG kommt hier § 44 II Nr. 3 VwVfG in Betracht, da es um die Verletzung der örtlichen Zuständigkeit geht. Danach müsste die Behörde die Zuständigkeitsregelung nach § 3 I Nr. 1 VwVfG nicht beachtet haben. Dies ist aber nicht der Fall, da sich die Zuständigkeit für ein Vorgehen gegen Gewerbebetriebe aus § 3 I Nr. 2 VwVfG ergibt. Diese Vorschrift wurde zwar von der handelnden Behörde verletzt, doch ergibt sich aus § 44 III Nr. 1 VwVfG, dass dies grundsätzlich nicht zur Nichtigkeit führt. Besondere Umstände, die über § 44 I VwVfG zur Nichtigkeit führen könnten, sind nicht ersichtlich. Der Verwaltungsakt ist also nicht nichtig.

b) Der rechtswidrige Verwaltungsakt

In den Fällen, in den § 44 VwVfG nicht eingreift, führt ein Fehler des Verwaltungsaktes nur zu seiner Rechtswidrigkeit. Besonderheiten ergeben sich dabei aber aus den §§ 45, 46 VwVfG:[614] 782

Nach § 45 VwVfG können bestimmte Formfehler geheilt werden (zB die fehlende Anhörung nach § 28 VwVfG dadurch, dass sie später nachgeholt wird). 783

Nach § 46 VwVfG sind Fehler unbeachtlich, soweit die Entscheidung auch bei korrekter Durchführung des Verfahrens nicht anders ausgefallen wäre. Erfasst werden von § 46 VwVfG Verstöße gegen die örtliche Zuständigkeit, das Verfahren oder die Form.[615] 784

612 *Sodan/Ziekow* GK ÖffR § 81 Rn. 8 f.
613 Vgl. auch *WKSZ* ÖffR/EuropaR S. 464 ff.
614 Näher *WKSZ* ÖffR/EuropaR S. 470 ff.
615 Zur Nichtanwendung des § 46 VwVfG auf Verstöße gegen die sachliche Zuständigkeit siehe *Sodan/Ziekow* GK ÖffR § 81 Rn. 16.

3. Das Ende der Wirksamkeit eines Verwaltungsaktes

785 Ein nur **rechtswidriger** VA, dh nicht nach § 44 VwVfG nichtiger VA, bleibt nach § 43 II VwVfG wirksam, solange er nicht zurückgenommen, widerrufen oder sonst aufgehoben wird oder sich durch Zeitablauf oder auf andere Weise erledigt.

786 Rücknahme und Widerruf werden in diesem Kapitel noch näher besprochen.[616] Unter sonstige Aufhebung fällt vor allem die Aufhebung eines Verwaltungsaktes im Rahmen eines **Rechtsschutzverfahren.**[617]

787 Die **Erledigung** eines Verwaltungsaktes liegt vor, wenn ihm aus tatsächlichen Gründen keine Rechtswirkung mehr zukommt. Dies ist zum einen dann der Fall, wenn die Rechtswirkung zeitlich begrenzt war. Zum anderen ist ein Verwaltungsakt erledigt, wenn sein Regelungsgehalt sich erschöpft hat.

Beispiele: Gastwirt G hat eine Gaststättenerlaubnis für zwei Jahre erhalten: nach Ablauf der zwei Jahre hat sich der Verwaltungsakt erledigt; Unternehmer U hat eine ohne Baugenehmigung errichtete Lagerhalle aufgrund einer Baubeseitigungsanordnung der Baubehörde abgerissen: der entsprechende Verwaltungsakt entfaltet keine Wirkung mehr, hat sich also erledigt.

4. Hinweis für die Fallbearbeitung

788 Die Wirksamkeit eines Verwaltungsaktes spielt vor allem für die Praxis eine Rolle. Aufgrund der besprochenen Regelung des § 43 II VwVfG muss der Adressat einen Verwaltungsakt auch dann beachten, wenn er ihn für fehlerhaft hält. Nur in den – in der Praxis – seltenen Fällen der Nichtigkeit kann der Verwaltungsakt ignoriert werden, ohne rechtliche Nachteile fürchten zu müssen.

789 In den Prüfungen wird allerdings regelmäßig nicht nach der Wirksamkeit eines Verwaltungsaktes gefragt, sondern nach seiner Rechtmäßigkeit. Dann ist zu untersuchen, ob die oben[618] besprochenen Voraussetzungen für den fehlerfreien Erlass eines Verwaltungsaktes vorliegen. Dabei kann der sich aus Übersicht 43 ergebende Prüfungsablauf[619] zugrunde gelegt werden.

616 → Rn. 801 ff.

617 → Rn. 866 ff.

618 → Rn. 762 ff.

619 Vgl. auch die Prüfungsschemata bei *Detterbeck* ÖffR Rn. 1204, *Sodan/Ziekow* GK ÖffR § 81 Rn. 18 oder *Oberrath/Schmidt/Schomerus* ÖffWirtschaftsR S. 42.

Übersicht 43:

Überprüfung der Rechtmäßigkeit eines Verwaltungsaktes
I. Feststellung der in Betracht kommenden Ermächtigungsgrundlage (Befugnisnorm)[620]
II. Formelle Rechtmäßigkeit 1. Zuständigkeit der handelnden Behörde 2. Einhaltung des Verfahrens, insbes. • Anhörung (§ 28 VwVfG) • Form (§ 37 VwVfG) • Begründung (§ 39 VwVfG) 3. Keine Heilung bzw. Unbeachtlichkeit des festgestellten Verfahrensfehlers (§§ 45, 46 VwVfG)
III. Materielle Rechtmäßigkeit 1. Voraussetzungen der Ermächtigungsgrundlage/Befugnisnorm erfüllt • (ggf. Vorprüfung, ob Ermächtigungsgrundlage verfassungsmäßig ist, vgl. Prüfungsschema unter → Rn. 83) • Tatbestand der Ermächtigungsgrundlage/Befugnisnorm erfüllt • ggf. Prüfung, ob Ermessen ordnungsgemäß ausgeübt 2. Allgemeine Rechtmäßigkeitsvoraussetzungen, insbesondere Bestimmtheit der Regelung

Hinweis: Wie bei allen Prüfungsschemata ist zu beachten, dass die einzelnen Punkte nicht sklavisch abzuarbeiten sind, sondern nur soweit wie sie für den konkreten Sachverhalt eine Rolle spielen. Beim obigen Schema sind insbesondere die Heilungsmöglichkeiten und die Verfassungsmäßigkeit der Befugnisnorm nur anzusprechen wenn im Sachverhalt entsprechende Hinweis gegeben sind. Vor allem bei tatsächlich existierenden Befugnisnormen macht es wenig Sinn, ihre Verfassungsmäßigkeit zu hinterfragen, sofern der Aufgabensteller nicht entsprechende Hinweise gibt.

IV. Nebenbestimmungen zum Verwaltungsakt

1. Allgemeines

Die vom Begriff des Verwaltungsakts vorausgesetzte rechtliche Regelung kann darin 790
bestehen, dass ein Verbot ausgesprochen, eine bestimmte Maßnahme verlangt oder ein bestimmtes Verhalten erlaubt wird. Im letzten Fall geht es dabei meist um die Erteilung der beantragten Genehmigung für eine bestimmte Tätigkeit, zB den Bau eines Gebäudes oder den Betrieb einer Anlage nach dem BImSchG. Hierbei besteht die Be-

620 An dieser Stelle müssen Sie die in Betracht kommende Norm lediglich erwähnen. Ob sie tatsächlich vorliegt, prüfen Sie erst unter III. 1. Hintergrund ist, dass die formellen Voraussetzungen, insbes. die Zuständigkeit und die Verfahrensanforderungen davon abhängen können, welche Befugnisnorm maßgeblich ist.

sonderheit, dass in der Verwaltungspraxis kaum ein Verwaltungsakt ergeht, der sich auf die bloße Erlaubnis eines bestimmten Verhaltens beschränkt. Vielmehr werden neben der Hauptregelung weitere Dinge ausgesprochen oder angeordnet. Man spricht dabei von den sog. **Nebenbestimmungen**.

791 Nach § 36 I VwVfG sind Nebenbestimmungen bei gebundenen Entscheidungen nur zulässig, wenn sie von der betreffenden Rechtsvorschrift zugelassen sind oder wenn sie erforderlich sind, um die rechtlichen Voraussetzungen für den Erlass des Verwaltungsaktes zu erfüllen.[621] Dabei ist zu beachten, dass die Aufnahme einer Nebenbestimmung in den Verwaltungsakt gegenüber seiner Versagung immer das mildere Mittel iSd Verhältnismäßigkeitsgrundsatzes ist.

Beispiele: Nach § 12 BImSchG kann die Genehmigung einer Anlage unter Bedingungen oder mit Auflagen erteilt werden; nach § 5 GastG können Gewerbetreibenden jederzeit bestimmte Auflagen gemacht werden. In beiden Fällen darf die Behörde die beantragte Genehmigung nicht versagen, wenn die Anlage oder die Gaststätte durch die Auferlegung einer Nebenbestimmung genehmigungsfähig wird.

§ 36 II VwVfG (bitte lesen) stellt bei Ermessensentscheidungen die Beifügung von Nebenbestimmungen in das Ermessen der Behörde und nennt Beispiele für Nebenbestimmungen. In der Praxis am Häufigsten sind die sog. Auflage sowie die Bedingung bzw. Befristung des Verwaltungsaktes. Für die Rechtmäßigkeit aller Nebenbestimmungen gelten das Bestimmtheitsgebot und der Verhältnismäßigkeitsgrundsatz.[622]

2. Die Auflage

792 Eine Auflage (§ 36 II Nr. 4 VwVfG) ist eine Bestimmung, durch die von dem vom Verwaltungsakt Begünstigten ein bestimmtes Verhalten verlangt wird. Erfüllt er dieses Verlangen nicht, verliert er nicht automatisch das durch den Verwaltungsakt zugesprochene Recht, sondern er muss nur damit rechnen, dass die Behörde Maßnahmen zur Durchsetzung ihrer Forderung ergreift. Von dieser echten Auflage zu unterscheiden sind die Fälle, bei denen die Forderung der Behörde dazu führt, dass der Antragsteller etwas anderes erhält, als er eigentlich gewollt hat. Diese Art von Regelungen wird häufig als sog. **modifizierende Auflage** bezeichnet.[623] Da sie sich unmittelbar auf den Inhalt des erlassenen Verwaltungsaktes auswirken, ist es aber systematisch richtiger sie ganz aus dem Kreis der Nebenbestimmungen auszuschließen und als modifizierte Genehmigung anzusehen.[624]

Beispiel: Eine Baugenehmigung verpflichtet den Bauherrn, im Interesse des Nachbarschutzes an einer Grundstücksseite Schallschutzfenster einzubauen (echte Auflage); abweichend vom Bauantrag lässt eine Baugenehmigung nur ein Satteldach, aber kein Flachdach zu (modifizierende Auflage).

793 Die Unterscheidung zwischen echter Auflage und modifizierender Auflage hat insbes. Auswirkung auf die Frage, ob derjenige, der gegen eine solche belastende Regelung vorgehen will, den gesamten Verwaltungsakt oder nur die betreffende Regelung

621 Vgl. auch *Axer*, Nebenbestimmungen zum Verwaltungsakt, Jura 2001, 748.
622 *Maurer* VerwR AT § 12 Rn. 21.
623 So insbesondere die Rechtsprechung; vgl. BVerwG DÖV 1974, 380.
624 Näher *Detterbeck* ÖffR Rn. 1215; andere (zB *Sodan/Ziekow* GK ÖffR § 78 Rn. 4) sprechen von einer Inhaltsbestimmung.

angreifen muss. Das Nähere dazu wird im Kapitel über den Rechtsschutz behandelt.[625]

3. Die Bedingung

Eine **Bedingung** (§ 36 II Nr. 2 VwVfG) macht die Wirkung eines Verwaltungsaktes vom Eintritt oder Wegfall eines zukünftigen Ereignisses, dessen Eintritt nicht sicher ist, abhängig. 794

Beispiel: Die Erteilung einer Gaststättengenehmigung wird davon abhängig gemacht, dass der Antragsteller durch Schallschutzmaßnahmen bestimmte Lärmgrenzwerte unterschreitet.

Die Abgrenzung zwischen Bedingung und Auflage ist nicht immer ganz einfach. Sie hat aber große Bedeutung, da bei einer Bedingung die Genehmigung erst mit Erfüllung des abverlangten Verhaltens Rechtswirkung entfaltet, während bei einer Auflage die Genehmigung auch bei Nichterfüllung der Auflage zunächst einmal gilt. 795

■ Unternehmer U beantragt und bekommt eine Genehmigung für die Errichtung und den Betrieb einer Anlage nach dem BImSchG. In dem entsprechenden Bescheid steht: »Die Genehmigung wird mit der Maßgabe erteilt, dass ein Schadstofffilter eingebaut wird.« Liegt ihrer Meinung nach eine Bedingung oder eine Auflage vor? 796

▶ Ihrer Antwort fällt große Bedeutung zu! Liegt eine Bedingung vor, darf U mit dem Anlagenbetrieb nicht vor Einbau des Filters beginnen. Liegt »nur« eine Auflage vor, darf er sofort beginnen. Die Entscheidung, ob eine Bedingung oder eine Auflage vorliegt, bestimmt sich in erster Linie nach dem Willen der Behörde. War dieser das abverlangte Verhalten so wichtig, dass sie die Wirksamkeit der Genehmigung davon abhängig machen wollte, handelt es sich um eine Bedingung. Für die Auslegung der Behördenerklärung kommt es dabei wie bei der Auslegung von Willenserklärungen im Privatrecht[626] auf den objektiven Empfängerhorizont an. Ist der Wille der Behörde trotz Auslegung nicht eindeutig erkennbar, wird von der für den Bürger günstigeren Nebenbestimmung ausgegangen.[627] Damit ist hier eine Auflage anzunehmen, da nicht klar erkennbar wird, dass die Behörde die Aufnahme des Anlagenbetriebs von dem Einbau des Filters abhängig machen wollte und die Bedingung den U härter treffen würde als eine Auflage.

4. Die Befristung

Eine **Befristung** (§ 36 II Nr. 1 VwVfG) führt dazu, dass die Wirkung des Verwaltungsaktes zu einem bestimmten Zeitpunkt beginnt oder endet. 797

Beispiel: Die Genehmigung einer Anlage, die unter das BImSchG fällt, wird nur für zehn Jahre erteilt.

625 → Rn. 922 ff.
626 Siehe dazu *Wörlen/Metzler-Müller* BGB AT Rn. 146.
627 *Sodan/Ziekow* GK ÖffR § 78 Rn. 3.

V. Die Aufhebung von Verwaltungsakten durch die Verwaltung

1. Die Rücknahme eines Verwaltungsaktes

798 Die Rücknahme nach § 48 VwVfG steht der Behörde zur Verfügung, wenn der aufzuhebende Verwaltungsakt schon bei seinem Erlass rechtswidrig war. In der Fallbearbeitung ist an dieser Stelle der aufgehobene Verwaltungsakt entsprechend dem obigen Ablaufschema[628] zu untersuchen.

799 Die Anforderungen an die Rücknahme unterscheiden sich dabei zunächst danach, ob ein **belastender oder ein begünstigender Verwaltungsakt** vorliegt. Erstere können aus Gründen der Gerechtigkeit auch für die Vergangenheit uneingeschränkt aufgehoben werden (§ 48 I 1 VwVfG).

800 Bei begünstigenden Verwaltungsakten ist dagegen zu berücksichtigen, dass ihr Empfänger im Regelfall auf das Fortbestehen des VA vertrauen durfte. Für die Rücknahme solcher Verwaltungsakte bestehen daher Einschränkungen (§ 48 I 2 VwVfG). Nach § 50 VwVfG gelten diese allerdings nicht, wenn bei einem Verwaltungsakt mit Doppelwirkung (→ Rn. 759) ein belasteter Dritter Widerspruch oder Klage erhoben hat.[629]

801 • Verwaltungsakte, die eine **einmalige oder laufende Geldleistung** oder teilbare Sachleistungen gewähren, dürfen danach nicht zurückgenommen werden, wenn der Empfänger auf den Bestand des Verwaltungsaktes vertraut hat und dieses Vertrauen als schutzwürdig anzusehen ist (§ 48 II VwVfG). Vom Vertrauen auf den Bestand des Verwaltungsaktes ist in der Regel auszugehen.[630] Die Schutzwürdigkeit ist dagegen im Einzelfall zu begründen. Grundsätzlich schützenswert ist das Vertrauen, wenn der Begünstigte die Begünstigung bereits in Anspruch genommen bzw. über sie verfügt hat (§ 48 II 2 VwVfG). Umgekehrt ist das Vertrauen grds. nicht schützenswert, wenn der Begünstigte das Vertrauen noch nicht betätigt hat.[631] Generell **nicht schutzwürdig** ist das Vertrauen dagegen in den Fällen des § 48 II 3 VwVfG.

> **Beispiel:** Unternehmer U hat eine Subvention von 500.000 EUR erhalten. Er kauft damit Maschinen. Die Behörde, die im nachhinein erkennt, dass sie U die Subvention nicht hätte gewähren dürfen, kann den Bescheid nur aufheben, wenn U den Bescheid durch Täuschung oder Drohung erwirkt hat (§ 48 II 3 Nr. 1 VwVfG), falsche Angaben gemacht hat (§ 48 II 3 Nr. 2 VwVfG) oder die Rechtswidrigkeit des Subventionsbescheids kannte bzw. kennen musste (§ 48 II 3 Nr. 3 VwVfG).

802 • **Sonstige begünstigende Verwaltungsakte**, die keine Leistung iSv § 48 II VwVfG zum Gegenstand haben, können grundsätzlich ohne weitere Voraussetzungen zurückgenommen werden.[632] Erforderlich ist insoweit lediglich, dass die Behörde das ihr eingeräumte Ermessen fehlerfrei ausübt. Dabei darf sie nach dem BVerwG Vertrauensgesichtspunkte nicht berücksichtigen, da ansonsten der von § 48 II VwVfG abweichende Wortlaut nicht hinreichend berücksichtigt würde.[633] Soweit das Ver-

628 Übersicht 43 → Rn. 789.
629 Ausführlich *Detterbeck* VerwR § 10 Rn. 739 ff.
630 Vgl. *Detterbeck* ÖffR Rn. 1239.
631 Einzelheiten zur Prüfung des § 48 II VwVfG bei *Detterbeck* ÖffR Rn. 1239; *Peine* VerwR AT § 12 Rn. 938 ff.
632 Näher *Peine* VerwR AT § 12 Rn. 947.
633 BVerwG GewArch 1987, 274; aA VGH München BayVBl. 2001, 249.

trauen des Empfängers auf ihren Bestand schutzwürdig ist, muss die Behörde aber Ersatz für die durch die Rücknahme entstehenden Vermögensnachteile gewähren. Der Höhe nach ist diese Entschädigung auf den sog. Vertrauensschaden beschränkt (vgl. § 48 III 3 VwVfG), dh, der Betroffene muss so gestellt werden, wie er gestanden hätte, wenn der Verwaltungsakt nicht erlassen worden wäre.

■ Ein Anwendungsbeispiel: Unternehmer U erhält die beantragte Baugenehmigung. 803
Hinterher stellt die zuständige Behörde fest, dass sie die Genehmigung nicht hätte erlassen dürfen, weil die Abstandsflächen nicht eingehalten wurden. Kann die Behörde die Genehmigung zurücknehmen?

▶ Die Erteilung der Baugenehmigung war rechtswidrig, daher ist § 48 VwVfG der richtige Ansatzpunkt. Die Baugenehmigung ist ein begünstigender Verwaltungsakt. Daher kann sie nur unter den besonderen Voraussetzungen des § 48 II oder III VwVfG zurückgenommen werden. Einschlägig ist § 48 III VwVfG, da kein Geldleistungsverwaltungsakt vorliegt. Besondere Voraussetzungen an die Rücknahme stellt § 48 III VwVfG allerdings nicht. Die Behörde kann die Genehmigung also aufheben. Jedoch muss die Behörde ggf. die Aufwendungen ersetzen, die der Empfänger des Verwaltungsaktes im Vertrauen auf den Bestand desselben erbracht hat. Soweit U mit den Bauarbeiten begonnen hat, kann er also Ersatz seiner bereits entstandenen Aufwendungen verlangen.

Schließlich ist die Rücknahme rechtswidriger Verwaltungsakte noch dadurch er- 804
schwert, dass die Rücknahme nur innerhalb eines Jahres ab positiver Kenntnis der zur Rücknahme berechtigenden Umstände erfolgen kann (§ 48 IV VwVfG).[634]

2. Der Widerruf eines Verwaltungsaktes

Der Widerruf nach § 49 VwVfG kommt grundsätzlich nur bei solchen Verwaltungs- 805
akten in Betracht, die bei ihrem Erlass rechtmäßig waren.

Nach § 49 I VwVfG kann ein **belastender Verwaltungsakt** grundsätzlich ohne Ein- 806
schränkung widerrufen werden, während für begünstigende Verwaltungsakte abgesehen vom Sonderfall des § 50 VwVfG (→ Rn. 800) wieder Einschränkungen bestehen.

Begünstigende Verwaltungsakte können in der Regel nur **für die Zukunft** und nur 807
unter den Voraussetzungen des § 49 II VwVfG widerrufen werden. Die gesetzliche Aufzählung ist abschließend gemeint. Die häufigsten Fälle eines Widerrufs sind dabei der Vorbehalt des Widerrufs im betreffenden Verwaltungsakt (§ 49 II Nr. 1 VwVfG) oder die Nichterfüllung einer Auflage (§ 49 II Nr. 2 VwVfG). Die Änderung der Sach- oder Rechtslage (§ 49 II Nr. 3 und 4 VwVfG) berechtigt nur unter erschwerten Bedingungen zum Widerruf. Bei einer Änderung von Tatsachen ist erforderlich, dass ohne den Widerruf das öffentliche Interesse gefährdet ist. Bei einer Änderung der Rechtslage muss hinzukommen, dass der Begünstigte von der Vergünstigung noch keinen Gebrauch gemacht hat bzw. noch keine Leistungen empfangen hat. Nach § 49 VI VwVfG sind dem Betroffenen außerdem uU die Nachteile zu ersetzen, die er im Vertrauen auf den Bestand des Verwaltungsaktes erlitten hat.

Beispiel: Unternehmen U wurde eine Subvention bewilligt, die in zwei Raten ausgezahlt werden soll. Nach der ersten Rate stellt die Behörde fest, dass U aufgrund einer Gesetzesänderung die

634 Näher *Sodan/Ziekow* GK ÖffR § 82 Rn. 12.

Subventionsvoraussetzungen nicht mehr erfüllt. Nach § 49 II Nr. 4 VwVfG kann auch im Hinblick auf die noch nicht ausgezahlte zweite Rate der Bescheid nicht widerrufen werden, da U aufgrund des aufzuhebenden Bescheids bereits Leistungen erlangt hat.

808 Mit Wirkung auch **für die Vergangenheit** kann ein begünstigender Verwaltungsakt nach § 49 III VwVfG nur in Ausnahmefällen widerrufen werden. Dafür ist erforderlich, dass sich der Verwaltungsakt auf eine Geld- oder Sachleistung bezieht und diese Leistung zweckwidrig verwendet wird.[635] In einem solchen Fall kann der Verwaltungsakt innerhalb eines Jahres nach Kenntnis der rechtswidrigen Verwendung widerrufen werden (§ 49 III 2 iVm § 48 IV VwVfG). Von dem rückwirkenden Widerruf des Verwaltungsaktes, der eine Leistung gewährt, ist die Rückforderung der in der Vergangenheit schon gewährten Leistung zu unterscheiden. Diese richtet sich nach der Spezialvorschrift des § 49a VwVfG, die im Fünften Teil Kapitel 1 besprochen wird.

809 Über den Wortlaut des § 49 I VwVfG hinaus wendet die hM § 49 VwVfG auch auf rechtswidrige Verwaltungsakte an.[636] Dies wird damit gerechtfertigt, dass Gründe, die die Aufhebung eines rechtmäßigen Verwaltungsaktes erlauben, erst recht die Beseitigung eines rechtswidrigen Verwaltungsaktes rechtfertigen müssten.

810 Die Übersicht 44 fasst die Anforderungen an die Aufhebung von Verwaltungsakten noch einmal zusammen. Bitte lesen Sie sie aufmerksam.

Übersicht 44: Aufhebung eines Verwaltungsaktes

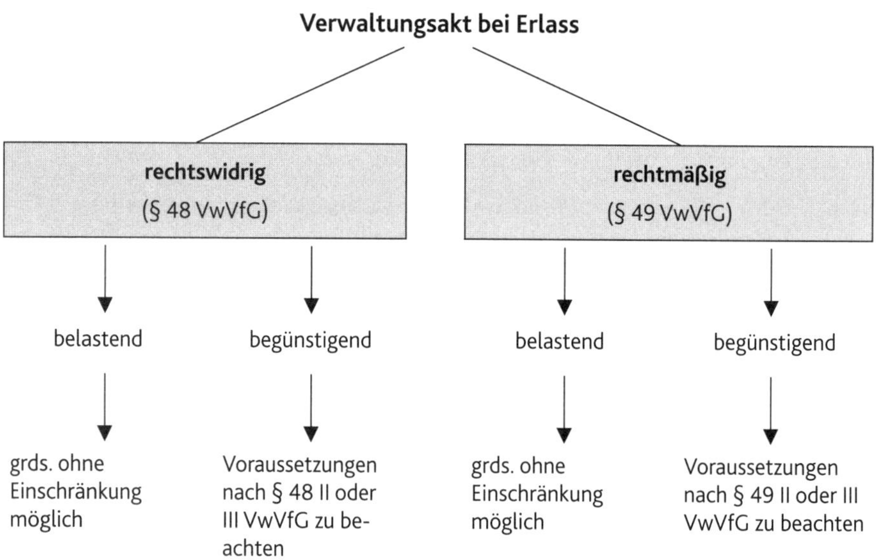

635 Näher *Ipsen* VerwR AT § 11 Rn. 756 f.
636 BVerwG DVBl. 2001, 216.

Zur Überprüfung, ob Sie das Erlernte auch anwenden können, dient folgender Beispielsfall[637] zur Aufhebung eines Verwaltungsaktes. 811

Übungsfall 14:	

Unternehmer U beantragt eine Baugenehmigung. Die zuständige Behörde führt das nach der Landesbauordnung vorgeschriebene Verfahren durch, übersieht aber, dass dem Vorhaben Bauplanungsrecht entgegensteht, und genehmigt den Bau. Auf Hinweis der Aufsichtsbehörde stellt die Behörde ihren Fehler fest und hebt die Baugenehmigung wieder auf. Zu diesem Zeitpunkt hatte U zwar noch nicht mit den Bauarbeiten begonnen, aber bereits entsprechende Aufträge vergeben.
Ist die Aufhebung der Baugenehmigung materiell rechtmäßig?

■ Bevor Sie die Falllösung lesen, versuchen Sie, zunächst selbst eine ausformulierte Lösung zu erstellen. 812

▶ **Lösung:** Die Aufhebung der Baugenehmigung stellt für U eine Belastung dar. Als Eingriff in seine durch die Erteilung der Baugenehmigung erworbene Rechtsposition setzt die Aufhebung daher eine entsprechende Befugnis der Behörde voraus. Eine solche Ermächtigung könnte sich aus § 48 VwVfG, der die Aufhebung rechtswidriger Verwaltungsakte regelt, ergeben.

a) Erste Voraussetzung wäre, dass § 48 VwVfG überhaupt anwendbar ist. Dazu müsste der aufzuhebende Verwaltungsakt schon zum Zeitpunkt seines Erlasses rechtswidrig gewesen sein. Damit ist zu prüfen, ob die Baugenehmigung (= Ausgangsbescheid) an A rechtmäßig oder rechtswidrig erteilt wurde. 813

aa) Formelle Rechtmäßigkeit der Baugenehmigung: nach dem Sachverhalt handelte die zuständige Behörde und wurde das notwendige Verfahren eingehalten. Die Baugenehmigung war also formell rechtmäßig erteilt. 814

bb) Materielle Rechtmäßigkeit: nach dem Sachverhalt hätte die Baugenehmigung wegen Verstoßes gegen das Bauplanungsrecht nicht erteilt werden dürfen. Sie ist also materiell rechtswidrig. 815

Damit ist § 48 VwVfG grundsätzlich anwendbar.

b) Nach § 48 I VwVfG dürfte die Baugenehmigung aber nur unter den Voraussetzungen von § 48 II–IV VwVfG zurückgenommen werden, sofern sie ein begünstigender Verwaltungsakt wäre. Dem U wird durch die Baugenehmigung das Bauen erlaubt, wodurch eine Verbesserung seiner Rechtsposition eintritt. Damit liegt ein begünstigender Verwaltungsakt vor. Die Baugenehmigung hat weiter keine laufende Geld- oder Sachleistung zum Gegenstand, sodass sie unter den Bedingungen des § 48 III VwVfG zurücknehmbar ist. 816

Danach konnte die Behörde die Baugenehmigung grundsätzlich aufheben. Eine Verletzung des durch § 48 I VwVfG eingeräumten Ermessens oder die Nichteinhaltung der Rücknahmefrist nach § 48 IV VwVfG ist ebenfalls nicht ersichtlich. Allerdings muss die Behörde auf Antrag des U die Aufwendungen ersetzen, die jener durch das Vertrauen auf die Baugenehmigung erlitten hat. Insoweit kommen hier etwaige Stornogebühren der beauftragten Baufirmen in Betracht. 817

637 Weitere Übungsfälle finden Sie zB bei *Oberrath/Schmidt/Schomerus* ÖffWirtschaftsR S. 49 oder *Haug* StaatsR/VerwR Fall 15.

818 **Ergebnis:** Die Aufhebung der Baugenehmigung war rechtmäßig. U hat aber einen Anspruch auf Erstattung seiner Aufwendungen.

3. Wiederaufgreifen des Verfahrens nach § 51 VwVfG

819 § 51 VwVfG betrifft die Frage, wann ein Bürger es erreichen kann, dass sich die Behörde mit einem Verwaltungsakt, der nicht mehr anfechtbar ist, erneut befassen und den Verwaltungsakt ggf. ändern oder aufheben muss. Einen entsprechenden Anspruch hat er nur, wenn einer der in § 51 I VwVfG genannten Wiederaufgreifensgründe (zB eine nachträgliche Änderung der Sach- oder Rechtslage zugunsten des Betroffenen) tatsächlich vorliegt und der Anspruchsteller diesen Grund nicht bereits in einem früheren Verfahren hätte vorbringen können.[638]

VI. Die Durchsetzung eines wirksamen Verwaltungsaktes

1. Allgemeines

820 Ist ein Verwaltungsakt erlassen worden, mit dem die Behörde vom Betroffenen etwas verlangt, stellt sich die Frage, was die Behörde unternehmen kann, wenn der Adressat der auferlegten Verpflichtung nicht nachkommt.

821 ■ Die Behörde verlangt vom Unternehmer U, dass er seine ohne Genehmigung errichtete Lagerhalle wieder abreißt. U reagiert nicht. Was meinen Sie wird die Behörde tun?

▶ Die Frage betrifft die Durchsetzung von Verwaltungsakten. Wie bei privatrechtlichen Forderungen spricht man auch bei Verwaltungsakten von der **Vollstreckung**. Anders als eine Privatrechtsperson bedarf die Behörde dabei aber nicht der Hilfe des Gerichts, sondern kann die Vollstreckung von Verwaltungsakten selbst in die Hand nehmen. Geregelt sind die damit zusammenhängenden Fragen im Verwaltungsvollstreckungsgesetz des Bundes (VwVG) und den entsprechenden Landesgesetzen.[639]

822 Dabei wird danach unterschieden, ob die Forderung der Behörde auf die Zahlung einer Geldforderung oder auf ein anderes Verhalten gerichtet ist. Im ersten Fall wird das Geld durch die Finanzbehörden beigetrieben (sog. **Beitreibung**).[640]

823 Bei anderen Verpflichtungen, zB der im Beispiel genannten Verpflichtung zur Beseitigung eines Gebäudes, stellen die Verwaltungsvollstreckungsgesetze verschiedene Möglichkeiten des sog. **Verwaltungszwangs** zur Verfügung (vgl. § 9 VwVG), nämlich die Androhung von Zwangsgeld (§ 11 VwVG), die Ersatzvornahme (§ 10 VwVG) und den unmittelbaren Zwang (§ 12 VwVG).

- **Zwangsgeld** (§ 11 VwVfG) ist die Auferlegung einer Zahlungspflicht zur Durchsetzung von Handlungen, Duldungen oder Unterlassungen.
- **Ersatzvornahme** (vgl. § 10 VwVG) ist die Vornahme einer vertretbaren Handlung durch einen anderen als den Pflichtigen. Nach hM ist dabei die Vornahme der

638 Einzelheiten bei *Detterbeck* ÖffR Rn. 1269 ff.

639 Ausführlich zum Ganzen *Peine* VerwR AT § 19; einen Überblick über die Regelungen der verschiedenen Bundesländer gibt *Ipsen* VerwR AT § 14 Rn. 867.

640 Näher zum erforderlichen Verfahren *Detterbeck* VerwR AT § 20 Rn. 1014 ff.

betreffenden Handlung durch die Behörde selbst nicht erfasst. Eine Ersatzvornahme liegt damit zB vor, wenn die Behörde den vom Verpflichteten verweigerten Abriss eines ohne Genehmigung errichteten Gebäudes durch einen Dritten vornehmen lässt.

- **Unmittelbarer Zwang** (§ 12 VwVG) bedeutet, dass eine Verpflichtung durch Anwendung körperlicher Gewalt gegen eine Person oder eine Sache durchgesetzt wird.

Bei der Wahl des Zwangsmittels ist der Verhältnismäßigkeitsgrundsatz zu beachten (§ 9 II VwVG), was für den unmittelbaren Zwang durch § 12 VwVG zusätzlich ausdrücklich angeordnet ist. **824**

2. Voraussetzungen und Ablauf der Verwaltungsvollstreckung

Die Vollstreckung läuft regelmäßig so ab, dass zunächst ein Verwaltungsakt erlassen **825** wird (sog. Grundverwaltungsakt) und dieser bei Nichtbeachtung durch seinen Adressaten später von der Behörde vollstreckt wird (sog. gestrecktes Verfahren). Eine Vollstreckung ohne vorhergehenden Verwaltungsakt (sog. **sofortiger Vollzug**) ist nach § 6 II VwVG möglich, wenn eine drohende Gefahr abzuwenden ist oder wenn es um die Verhinderung einer Straftat oder einer Ordnungswidrigkeit geht.[641]

a) Voraussetzungen der Vollstreckung

Zur Rechtmäßigkeit der Vollstreckung müssen zunächst die allgemeinen Vollstre- **826** ckungsvoraussetzungen vorliegen. Allgemeine Voraussetzungen sind, dass der Verwaltungsakt wirksam, vollstreckungsfähig und vollstreckbar ist:

- **Wirksam** ist ein Verwaltungsakt, wenn er dem Adressaten bekannt gegeben wurde **827** (§ 41 VwVG) und nicht nichtig ist (§ 44 VwVG).
- **Vollstreckungsfähig** ist er, wenn der Verwaltungsakt einen durchsetzungsfähigen **828** Inhalt hat. Dies sind nur solche Verwaltungsakte, die von ihrem Adressaten ein bestimmtes Tun, Dulden oder Unterlassen verlangen.
- **Vollstreckbar** ist der Verwaltungsakt erst dann, wenn er nicht mehr mit Rechts- **829** mitteln angreifbar ist oder, wenn Rechtsmittel der Vollstreckung nicht entgegenstehen.

b) Ablauf des Vollstreckungsverfahrens

Das Verfahren ist grundsätzlich dreistufig. Zunächst muss das Zwangsmittel, das ein- **830** gesetzt werden soll, angedroht werden (§ 13 VwVG). Diese Androhung ist Verwaltungsakt iSv § 35 VwVfG.[642] Sie kann bereits im betreffenden Verwaltungsakt enthalten sein und muss das betreffende Zwangsmittel genau beschreiben. Zweiter Schritt des Vollstreckungsverfahrens ist nach § 14 VwVG die Festsetzung eines konkreten Zwangsmittels, die ebenfalls Verwaltungsakt ist.[643] Schließlich muss das betreffende Zwangsmittel noch angewendet werden (§ 15 VwVG). Die Anwendung ist nach h.M kein Verwaltungsakt.[644]

641 Näher dazu und zur Abgrenzung zur sog. unmittelbaren Ausführung einer Maßnahme, die in einigen Landespolizeigesetzen vorgesehen ist, siehe *Sodan/Ziekow* GK ÖffR § 80 Rn. 12.

642 BVerwGE 82, 243 f.

643 BVerwG NVwZ 1997, 381.

644 *Maurer* VerwR AT § 20 Rn. 24; aA BVerwG 26, 161.

831 Für den Rechtsschutz gegen Maßnahmen im Rahmen der Verwaltungsvollstreckung trifft § 18 VwVG eine Sonderregelung.[645]

Literatur zur Vertiefung: *App*, Einführung in das Verwaltungsvollstreckungsrecht, JuS 2004, 786; *Battis* VerwR Kapitel C I; *Detterbeck* VerwR AT §§ 10 und 20; *Ehlers/Schröder*, Der Widerruf von Verwaltungsakten, Jura 2010, 583 u. 824 ff.; *Ennuschat*, Der Verwaltungsakt und seine Rechtsgrundlage, JuS 1998, 905 ff.; *Erbguth* VerwR AT §§ 14–19; *Fehling*, Der Verwaltungsakt – Begriff und Bedeutung, JA 1997, 482 ff.; *Hendler* VerwR AT Kapitel 3; *Ipsen* VerwR AT §§ 6–10; *Kahl*, Der Verwaltungsakt – Bedeutung und Begriff, Jura 2001, 505; *Krausnick*, Grundfälle zu §§ 48, 49 VwVfG, JuS 2010, 594 ff.; *Maurer* VerwR AT §§ 9–12, 19, 20; *Peine* VerwR AT §§ 12 und 19; *Sasse*, Das Wiederaufgreifen des Verfahrens gemäß § 51 VwVfG, Jura 2010, 493 ff.; *Schellenbach*, Rechtsfolgen von Verwaltungsakten, JA 1996, 981 ff.; *Schoch*, Begründung von Verwaltungsakten, JuS 2005, 757; *Schomerus/Hobro* VerwR Kapitel 4.1; *Sodan/Ziekow* GK ÖffR §§ 74–82; *Werner*, Ausgewählte Grundfragen des Verwaltungsvollstreckungsrechts, JA 2000, 902; *Wagner*, Nebenbestimmungen zu Verwaltungsakten – Grundlegendes an Beispielen aus der Praxis, JA 2008, 866; *WKSZ* ÖffR/EuropaR §§ 28 II, 29.

645 Näher dazu *Ipsen* VerwR AT § 14 Rn. 896.

3. Kapitel. Staatlicher Ausgleich für nachteiliges Verwaltungshandeln (Staatshaftungsrecht)

Von besonderer Bedeutung für den Bürger oder den wirtschaftlich Tätigen kann die Frage werden, ob er bei staatlichem Handeln, das ihm Nachteile bringt, einen finanziellen Ausgleich erhalten kann. Je nachdem, ob das Verwaltungshandeln rechtswidrig oder rechtmäßig war, geht es um Schadensersatz oder um Entschädigung. Zusammenfassen lassen sich diese Ansprüche unter dem Begriff der **Staatshaftung**. Nachdem der Versuch eines Staatshaftungsgesetzes in den 80er Jahren scheiterte, gründen sich die verschiedenen Ansprüche heute auf Regelungen in verschiedenen Rechtsvorschriften oder auf in Lehre und Rechtsprechung entwickelte Grundsätze.[646] **832**

Näher behandelt werden sollen der Amtshaftungsanspruch (§ 839 BGB, Art. 34 GG), der Anspruch aus der sog. Aufopferung sowie schließlich der Folgenbeseitigungsanspruch. Auf die Ansprüche wegen Beeinträchtigung des Eigentums wurde schon im Zweiten Teil[647] eingegangen. Nur hingewiesen sei auf den öffentlich-rechtlichen Erstattungsanspruch, der wie § 812 BGB für Privatrechtssubjekte untereinander, für das Verhältnis Staat-Bürger die Rückabwicklung unberechtigter Vermögensverschiebungen regelt.[648] Zum Teil ist dieser Anspruch spezialgesetzlich geregelt, wie zB in § 49a VwVfG, auf den später[649] noch näher eingegangen wird.[650] Bereits besprochen wurde die Haftung des Staates wegen Verletzung europäischen Unionsrechts.[651] **833**

Einen ersten Überblick über die in Betracht kommenden Ausgleichsansprüche gibt Übersicht 45. **834**

646 Vgl. *Erbguth* VerwR AT § 32.

647 → Rn. 258 ff.

648 Näher vgl. zB *Detterbeck* ÖffR Rn. 1651 ff., *Schoch*, Der öffentlich-rechtliche Erstattungsanspruch, Jura 1994, 82 ff.

649 → Rn. 1223.

650 Einen Überblick über weitere in Betracht kommende Ansprüche des Bürgers gegen den Staat gibt *Maurer* VerwR AT § 29 Rn. 1 ff.

651 → Rn. 435.

835 **Übersicht 45: Ausgleichsansprüche gegen den Staat**

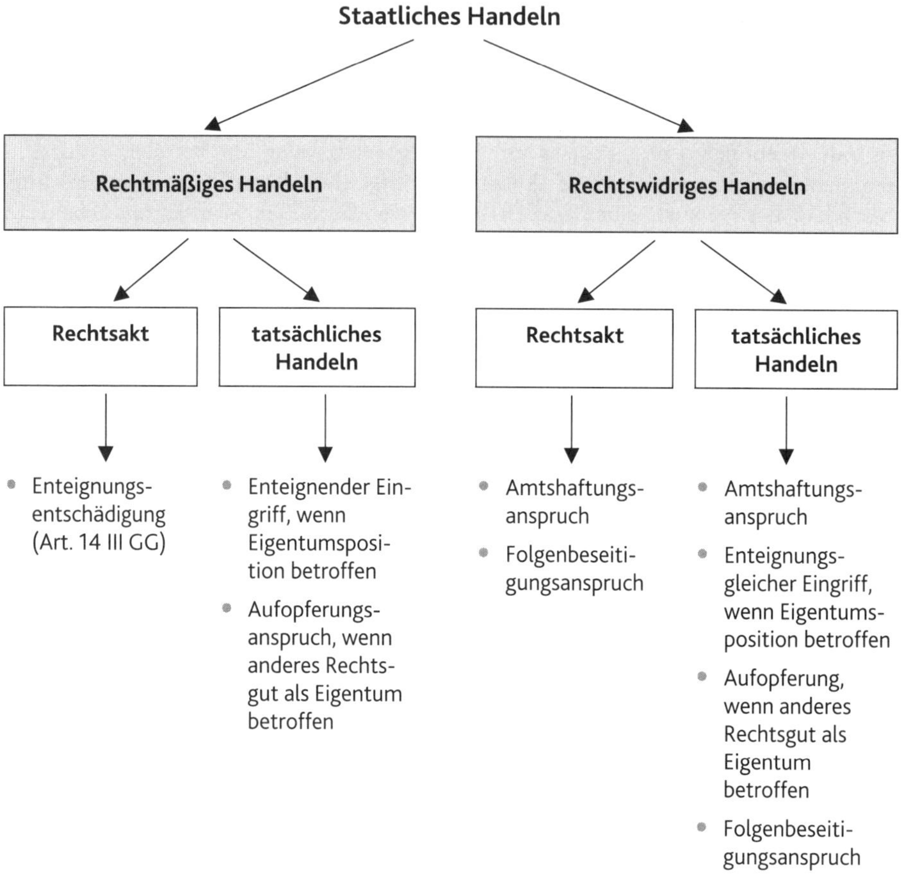

I. Die Amtshaftung

836 Die Amtshaftung nach **§ 839 BGB, Art. 34 GG** begründet eine nur mittelbare Staatshaftung, da eigentlich der Handelnde haftet, diese Haftung aber auf den Staat übergeleitet wird.[652] Ausgelöst wird die Haftung durch die schuldhafte Verletzung einer drittbezogenen Amtspflicht durch einen Amtsträger in Ausübung eines öffentlichen Amtes (§ 839 I BGB). Art. 34 S. 1 GG legt dann fest, dass die Verantwortlichkeit für die Pflichtverletzung grundsätzlich nicht den handelnden Amtsträger, sondern den dahinter stehenden Verwaltungsträger trifft. Im Einzelnen hat der Anspruch aus Art. 34 GG iVm § 839 BGB folgende Voraussetzungen:[653]

- Handeln einer natürlichen Person in Ausübung eines öffentlichen Amtes
- Verletzung einer drittbezogenen Amtspflicht
- Verschulden des Handelnden

652 Näher *Ipsen* VerwR AT § 20 Rn. 1252 ff.

653 Vgl. *Detterbeck* ÖffR Rn. 1553; *Sodan/Ziekow* GK ÖffR § 86 Rn. 2.

- Entstehung eines Schadens
- Kein Haftungsausschuss nach § 839 I 2 oder III BGB.

Geltend zu machen ist der Anspruch aus Amtshaftung, obwohl er sich auf öffentliches Recht stützt, nicht vor den Verwaltungsgerichten, sondern vor den **Zivilgerichten** (vgl. § 40 II 1 VwGO). 837

1. Handeln eines Amtsträgers

Das Erfordernis des Handelns in Ausübung eines öffentlichen Amtes ergibt sich aus dem schon erwähnten Zusammenspiel von Art. 34 S. 1 GG und § 839 I BGB. Danach muss ein sog. **Amtsträger** gehandelt haben. 838

Nach dem sog. haftungsrechtlichen Beamtenbegriff der hM ist Amtsträger jeder, der hoheitlich tätig ist. Das sind zum einen alle Angehörigen der öffentlichen Verwaltung,[654] daneben aber auch Außenstehende, die von der Verwaltung mit hoheitlichen Aufgaben betraut wurden, sog. Beliehene, oder diejenigen, die als sog. Verwaltungshelfer oder als Erfüllungsgehilfen zur Erfüllung hoheitlicher Aufgaben herangezogen wurden.[655] Bei letzterem wird man aber verlangen müssen, dass sie den Weisungen der Verwaltung unterliegen (sog. Werkzeugtheorie).[656] 839

Beispiele: Als »Auslöser« der Haftung nach § 839 BGB iVm Art. 34 GG kommt sowohl der verbeamtete Abteilungsleiter als auch der angestellte Sachbearbeiter einer Behörde in Betracht; daneben aber auch ein TÜV-Sachverständiger, ein Schülerlotse oder der Abschleppunternehmer, der im Auftrag der Polizei und nach ihren Weisungen ein falsch geparktes Fahrzeug entfernt.

2. Verletzung einer drittbezogenen Amtspflicht

Eine Haftung des Staates für das Verhalten des Amtsträgers tritt aber nur ein, wenn der Amtsträger bei der Erfüllung der ihm übertragenen öffentlichen Aufgaben eine drittbezogene Amtspflicht verletzt hat. Eine Amtspflicht ist verletzt, wenn der Amtsträger eine Pflicht verletzt, die sich aus bestehenden Rechtssätzen, Verwaltungsvorschriften oder Weisungen gegenüber seinem Dienstherrn ergibt.[657] Als allgemeine **Amtspflichten**, die bei jeder Amtshandlung zu beachten sind, werden zB angesehen: richtige Ermittlung des Sachverhalts, richtige Anwendung des geltenden Rechts, ordnungsgemäße Ausübung eines evtl. bestehenden Ermessens, rasche Entscheidung.[658] Darüber hinaus können sich aber aus der jeweils zu behandelnden Materie noch besondere Amtspflichten ergeben. 840

Drittbezug hat eine Amtspflicht, wenn die betreffende Pflicht nicht nur im Interesse der Allgemeinheit, sondern zumindest auch zum Schutz der Belange Dritter besteht.[659] Das Merkmal der Drittbezogenheit ist in der Fallprüfung am schwierigsten festzustellen. Maßgeblicher Ansatzpunkt ist die Norm, die die jeweilige Pflicht begründet. Diese muss Drittschutzcharakter haben, dh nicht nur im Interesse der All- 841

654 Zum Begriff → Rn. 607.
655 Näher *Hendler* VerwR AT Rn. 664 ff.
656 *Erbguth* VerwR AT § 33 Rn. 5.
657 Allgemeines dazu und zu den verschiedenen Gruppen von Amtspflichten *Peine* VerwR AT § 17 Rn. 1104 ff.
658 *Sodan/Ziekow* GK ÖffR § 86 Rn. 10.
659 *Erbguth* VerwR AT § 33 Rn. 12.

gemeinheit bestehen, sondern auch dem Schutz einzelner dienen. Weiter muss der Betreffende zu dem geschützten Personenkreis gehören und gerade in einer Rechtsposition betroffen sein, die von dem Schutz erfasst ist.[660]

Beispiel: Ein Unternehmer beantragt eine Baugenehmigung. Diese wird erteilt, obwohl das Vorhaben bauplanungsrechtlich nicht zulässig ist. Die Pflicht, das Bauplanungsrecht zu beachten, wurde verletzt. Diese Pflicht hat drittschützenden Charakter auch hinsichtlich des Bauherrn. Zwar dient das Bauplanungsrecht fast ausschließlich den Interessen der Allgemeinheit. Allerdings dient die Baugenehmigung (auch) dazu, dem Bauherrn Klarheit über die Zulässigkeit seines Vorhabens zu verschaffen und ihm insoweit Planungssicherheit zu gewähren. Damit dient die im Vorfeld der Genehmigungserteilung erfolgende Überprüfung des Bauplanungsrechts auch dem Bauherrn.

3. Verschulden des Amtsträgers

842 Schuldhaft ist die Amtspflicht verletzt, wenn der Amtsträger vorsätzlich oder fahrlässig gehandelt hat. Die sich aus § 276 BGB ergebenden Maßstäbe können grundsätzlich auch hier zugrunde gelegt werden.

4. Eintritt eines Schadens

843 Folge der Amtspflichtverletzung muss ein Schaden sein. Dabei ist keine Rechtsgutverletzung iSv § 823 BGB erforderlich, sondern es reicht auch die Beeinträchtigung des Vermögens an sich. Erforderlich ist aber immer die **Kausalität** der Amtspflichtverletzung für den eingetretenen Schaden. Maßgeblich dafür ist die aus dem Zivilrecht bekannte Adäquanztheorie.[661]

Gegenstand des Anspruchs ist immer nur eine Entschädigung in Geld.[662] Ihr Umfang richtet sich nach den §§ 249 ff. BGB. Der Schadensersatz kann dabei auch die Gewährung von Schmerzensgeld umfassen (vgl. § 253 BGB).

5. Haftungsausschlüsse

844 § 839 BGB enthält zwei wichtige Haftungsausschlüsse, die auch gegenüber dem nach Art. 34 GG haftenden Staat grundsätzlich Anwendung finden.

845 • § 839 I 2 BGB legt fest, dass die Amtshaftung bei nur **fahrlässigem Handeln** des Amtsträgers nur in Betracht kommt, wenn der Geschädigte nicht anderweitig Ersatz erlangen kann. Im Rahmen der auf den Staat übergeleiteten Amtshaftung wird dieser Tatbestand aber sehr eng ausgelegt, da er eigentlich nicht der Entlastung des Staates, sondern der des Amtsträgers dienen soll.[663]

846 • Nach § 839 III BGB ist der Amtshaftungsanspruch schließlich ausgeschlossen, wenn der Geschädigte die Möglichkeit gehabt hätte, den Schaden durch Vorgehen gegen die Handlung des Amtsträgers, insbesondere durch die Einlegung von Rechtsmitteln, zu vermeiden. Der Betroffene hat also nicht die Wahl, ob er einen Eingriff duldet und dann den entstandenen Schaden ersetzt verlangt (liquidiert),

660 *Sodan/Ziekow* GK ÖffR § 86 Rn. 13.
661 BGHZ 96, 157 ff.; vgl. zum Zivilrecht *Wörlen/Metzler-Müller* SchuldR BT Rn. 397 f.
662 *Ipsen* VerwR AT § 20 Rn. 1291.
663 BGHZ 75, 134 ff.; 79, 26; für eine generelle Nichtanwendung der Subsidiaritätsklausel *Ipsen* VerwR AT § 20 Rn. 1282.

sondern er ist verpflichtet, sich mit den zur Verfügung stehenden rechtlichen Mitteln gegen eine falsche Entscheidung zu wehren.[664]

Beispiel: Einem Unternehmer wird zu Unrecht die beantragte Baugenehmigung versagt, was er erkennt. Er lässt das aber auf sich beruhen und verlangt, nach Ablauf der Rechtsbehelfsfrist, den Schaden ersetzt, der ihm durch die jetzt vergeblichen Aufwendungen entstanden ist. Nach § 839 III BGB würde ein solcher Anspruch scheitern, auch wenn sonst alle Voraussetzungen von § 839 I BGB iVm Art. 34 GG erfüllt sind.

II. Der Anspruch aus Aufopferung

Da der Aufopferungsgedanke bezüglich Beschränkungen des Eigentums durch die bereits oben[665] besprochenen Ansprüche aus enteignendem bzw. enteigungsgleichem Eingriff besondere Ausprägungen erfahren hat, kommt der Aufopferungsanspruch in engerem Sinne nur noch bei anderen Rechtsgütern als dem Eigentum in Betracht.[666] Er wird insbesondere herangezogen, wenn Rechtsgüter im Sinne von Art. 2 II GG, also das Leben, die Gesundheit oder die Bewegungsfreiheit, betroffen sind.[667] 847

Beispiel: Ein Anspruch aus Aufopferung kommt in Betracht, wenn bei einer rechtmäßigen Polizeiaktion zur Beendigung einer Geiselnahme ein unbeteiligter Passant durch einen fehlgegangenen Schuss aus einer Dienstpistole erheblich verletzt wird; wäre durch den fehlgegangenen Schuss dagegen das Auto eines unbeteiligten Passanten beschädigt worden, ergäbe sich ein Anspruch aus enteignendem Eingriff.

Voraussetzungen des Aufopferungsanspruchs sind:[668] 848

- Öffentlich-rechtliche Handlung
- Unmittelbare Beschränkung eines Rechtsgutes
- Sonderopfer des Betroffenen
- Kein Haftungsausschuss entsprechend § 254 BGB

Das öffentlich-rechtliche Handeln kann rechtmäßig oder rechtswidrig sein und kann auch in einem Unterlassen bestehen.[669] Es muss dazu führen, dass eine Rechtsposition des Betroffenen beeinträchtigt wird. Ein **Sonderopfer** tritt ein, wenn die Maßnahme nur einen Einzelnen betrifft oder zwar die Allgemeinheit betrifft, beim Einzelnen aber eine besondere Belastung hervorruft, die unmittelbar eines seiner Rechtsgüter beschränkt. 849

Nach hM soll ein Aufopferungsanspruch entsprechend des Rechtsgedankens des § 254 BGB ausscheiden, wenn den Betroffenen an der eingetretenen Beeinträchtigung ein Mitverschulden trifft. Dies ist vor allem dann der Fall, wenn er es versäumt, gegen die entsprechende Maßnahme Rechtsbehelfe einzulegen.[670]

Der allgemeine Aufopferungsanspruch greift nicht, wenn ausnahmsweise eine gesetzliche Regelung einen Aufopferungsanspruch ausdrücklich vorsieht. So sehen zB die §§ 60 ff. Infektionsschutzgesetz (IfSG) eine Entschädigung für Impfschäden vor. 850

664 *Sodan/Ziekow* GK ÖffR § 86 Rn. 19.
665 → Rn. 257.
666 Näher *Peine* VerwR AT § 17 Rn. 1161.
667 BGHZ 65, 169 ff.; zum Problem, ob auch das allgemeine Persönlichkeitsrecht oder das Namensrecht einzubeziehen sind, vgl. *Kunig*, Aufopferung, Jura 1992, 554 ff.
668 Vgl. auch *Erbguth* VerwR AT § 36 Übersicht 41 und *Sodan/Ziekow* GK ÖffR § 88 Rn. 2.
669 Näher *Peine* VerwR AT § 17 Rn. 1166 ff.
670 *Sodan/Ziekow* GK ÖffR § 86 Rn. 7.

851 Der Aufopferungsanspruch deckt nur Vermögensschäden ab, Schmerzensgeld kann aus ihm daher nicht verlangt werden.[671] Geltend gemacht werden muss der Anspruch vor den **Zivilgerichten** (vgl. § 40 II 2 VwGO).

III. Der Folgenbeseitigungsanspruch

852 Anders als die bisher besprochenen Ansprüche ist der Folgenbeseitigungsanspruch nicht auf Schadensersatz oder Entschädigung gerichtet. Vielmehr dient er dazu, einen nicht mehr bestehenden Zustand wiederherzustellen. Begründet wird das Bestehen des Anspruchs mit dem Rechtsstaatprinzip und der Abwehrfunktion der Grundrechte sowie der Existenz entsprechender Ansprüche im Zivilrecht (vgl. §§ 12, 867, 1004 BGB).[672]

853 Voraussetzung des Anspruchs ist, dass durch eine staatliche Maßnahme in ein Grundrecht eingegriffen wird und dadurch ein **rechtswidriger Zustand** eintritt, dessen Beseitigung möglich und dem Staat zumutbar ist.[673] Dabei kann der rechtswidrige Zustand auf den Vollzug eines Verwaltungsaktes, auf die Vornahme einer tatsächlichen Handlung (Realakt) oder auf die Aufrechterhaltung eines zunächst rechtmäßigen Zustands zurückzuführen sein.

Beispiele: Die Gaststätte des G wird im Rahmen der Vollziehung einer Untersagungsverfügung, die sich als rechtswidrig herausstellt, versiegelt; beim Bau einer Straße wird ein Teil eines im privaten Eigentum stehenden Grundstücks überbaut; ein Obdachloser wird für eine bestimmte Zeit durch behördliche Anordnung in eine Privatwohnung eingewiesen, der Obdachlose bleibt nach Ablauf der Zeit in der Wohnung.

854 Erforderlich für den Folgenbeseitigungsanspruch ist, dass die durch staatliches Handeln geschaffene Lage – nicht notwendig die staatliche Maßnahme selbst – rechtswidrig ist.[674] Dies ist nur der Fall, wenn sich für die herbeigeführte tatsächliche Lage keine rechtliche Rechtfertigung findet oder wenn keine Duldungspflicht der Betroffenen besteht. Eine Duldungspflicht kann sich aus einer behördlichen Anordnung oder aus Gesetz ergeben.

Beispiele: Für die oben erwähnte Einweisung eines Obdachlosen fehlt mit Ablauf der rechtmäßigen Einweisungsverfügung die Rechtfertigung; der Zustand »Einweisung« ist daher rechtswidrig; die nachbarrechtlichen Duldungspflichten aufgrund § 906 BGB gelten auch gegenüber Immissionen von staatlichen Anlagen.

855 Ausgeschlossen ist der Folgenbeseitigungsanspruch, wenn der frühere Zustand wegen tatsächlicher oder rechtlicher Hindernisse nicht wiederhergestellt werden kann oder wenn die erforderlichen Maßnahmen zu hohe Kosten verursachen würden.[675]

856 Außerdem scheidet der Anspruch nach der Rechtsprechung aus, wenn sich der Betroffene gegen die staatliche Maßnahme gerichtlich hätte wehren können. Auch hier ist der Entschädigungsanspruch also nur subsidiär.

671 BGHZ 22, 43.
672 *Detterbeck* ÖffR Rn. 1628.
673 Ein Prüfungsschema finden Sie bei *Baldus/Grzeszіak/Wienhues* StaatsHaftR Rn. 6 oder *Sodan/Ziekow* GK ÖffR § 89 Rn. 3.
674 *Detterbeck* ÖffR Rn. 1628.
675 *Detterbeck* ÖffR Rn. 1633.

Geltend zu machen ist der Folgenbeseitigungsanspruch im Gegensatz zu den bisher besprochenen Ansprüchen vor den **Verwaltungsgerichten.**[676] 857

Einen Sonderfall des Folgenbeseitigungsanspruchs stellt nach hM der öffentlich-rechtliche **Unterlassungsanspruch** dar. Dieser ist auf die Abwehr vom Staat drohender Rechtsbeeinträchtigungen gerichtet.[677] Er kommt daher zum Beispiel bei der Abwehr von Immissionen durch öffentlich rechtliche Einrichtungen, wie zum Beispiel dem Glockengeläut von Kirchen, oder bei staatlichen Warnungen vor Produkten in Betracht.[678] 858

Literatur zur Vertiefung: *Battis* VerwR Kapitel E; *Baldus/Grzesziak/Wienhues* StaatsHaftR Kapitel 1 A und B.I; Kapitel 2 A; *Brugger*, Gestalt und Begründung des Folgenbeseitigungsanspruchs, JuS 1999, 625 ff.; *Bumke*, Der Folgenbeseitigungsanspruch, JuS 2005, 22; *Brosius-Gersdorf*, Vollzugsfolgenbeseitigung, JA 2010, 41 ff.; *Czybulka/Jean d'Heur*, Das Amtshaftungsrecht in der Fallbearbeitung, JuS 1992, 396; *Detterbeck* VerwR AT §§ 21–24, 30; *Durner*, Grundfälle zum Staatshaftungsrecht, JuS 2005, 793, 900; *Erbguth* VerwR AT §§ 32–37; *Hendler* VerwR AT Kapitel 8; *Hoesch*, Staatshaftung und Aufopferungsanspruch, DÖV 1999, 676 ff.; *Ipsen* VerwR AT §§ 20, 22; *Kemmler*, Allgemeiner Aufopferungsanspruch und öffentlich-rechtlicher Erstattungsanspruch, JA 2005, 659 ff.; *Maurer* VerwR AT §§ 25, 26, 28, 29, 30; *Peine* VerwR AT §§ 17 und 18; *Schmitt-Kammler*, Der Aufopferungsgedanke, JuS 1995, 473 ff.; *Stangl*, Der Aufopferungsanspruch, JA 1998, 479 ff.; *Stangl*, Die Subsidiaritätsklausel des § 839 I 2 BGB in der Rechtsprechung des BGH, JA 1995, 572 ff.; *Walther*, Der Folgenbeseitigungsanspruch, JA 1994, 199 ff.

676 *Ipsen* VerwR AT § 22 Rn. 1358.
677 Näher dazu *Köckerbauer/Büllesbach*, Der öffentlich-rechtliche Unterlassungsanspruch, JuS 1991, 379 ff.
678 *Erbguth* VerwR AT § 37 Rn. 12.

4. Kapitel. Der Rechtsschutz gegen Maßnahmen der Verwaltung (Verwaltungsprozessrecht)

I. Grundlagen

859 Die vielfältigen Einwirkungsmöglichkeiten des Staates auf den Bürger und den wirtschaftlich Tätigen machen die Fragen nach dem Rechtsschutz gegen nachteilige Maßnahmen besonders wichtig. Außerdem folgt aus Art. 19 IV GG die Notwendigkeit, ein Rechtsschutzsystem zu schaffen, das es dem Einzelnen ermöglicht, gegen staatliches Handeln ein Gericht anzurufen.

860 ■ Erinnern Sie sich daran, welche Rechtsschutzmöglichkeit Sie im Verfassungsrecht kennen gelernt haben?

▶ Die Verfassungsbeschwerde,[679] die gegen eine staatliche Maßnahme den Weg zum Bundesverfassungsgericht eröffnet, wurde oben bereits vorgestellt.[680] Aufgrund des Grundsatzes der Subsidiarität der Verfassungsbeschwerde kommt diese aber erst zum Zuge, wenn der Rechtsweg erschöpft ist. Im Hinblick auf staatliche Maßnahmen ist, sofern das staatliche Handeln nach öffentlichem Recht zu beurteilen ist, hier der Verwaltungsrechtsweg gemeint.

Wann der **Verwaltungsrechtsweg** gegeben ist, ist in der VwGO näher geregelt. Dort ist zunächst bestimmt, dass es in erster Instanz die Verwaltungsgerichte, in zweiter die Oberverwaltungsgerichte, die in manchen Bundesländern als Verwaltungsgerichtshof bezeichnet werden, und in letzter Instanz das Bundesverwaltungsgericht in Leipzig gibt (§ 2 VwGO). Weiter enthält die VwGO nähere Vorgaben für die Organisation der Gerichte (§§ 3 ff. VwGO) und die möglichen Klagearten sowie für den Ablauf des Verfahrens (§§ 54 ff. VwGO). Vor allem legt die VwGO aber fest, wann überhaupt der Verwaltungsrechtsweg zu beschreiten ist (§ 40 VwGO) und dass in bestimmten Fällen die Verwaltungsgerichte erst bemüht werden dürfen, wenn vorher ein bestimmtes Vorverfahren, nämlich das sog. Widerspruchsverfahren stattgefunden hat (§ 68 VwGO).

861 Nicht in der VwGO geregelt sind die sog. **nichtförmlichen Rechtsbehelfe**, die ebenfalls gegen eine staatliche Maßnahme ergriffen werden können und die in Übersicht 46 zusammengefasst sind.

679 Vgl. Art. 93 I Nr. 4a GG iVm §§ 90 ff. BVerfGG.
680 → Rn. 122 ff.

Übersicht 46: Nichtförmliche Rechtsbehelfe 862

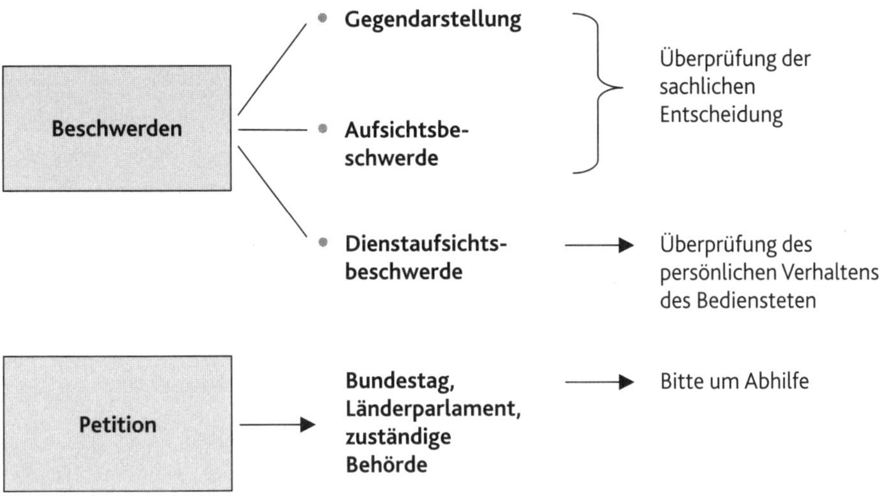

Gemeinsam ist den nichtförmlichen Rechtsbehelfen, dass sie zum einen keinen be- 863
sonderen formellen Voraussetzungen unterliegen, zum anderen aber auch keinen Anspruch auf eine echte sachliche Prüfung begründen. Oft werden sie daher als »**form-, frist- und fruchtlos**« bezeichnet. Die drei Arten der nichtförmlichen Rechtsbehelfe unterscheiden sich hinsichtlich der Stelle, bei der sie eingelegt werden, und bezüglich des verfolgten Ziels:

Die **Dienstaufsichtsbeschwerde** wendet sich gegen das persönliche Verhalten desje- 864
nigen, der für den Staat gehandelt hat, während **Gegenvorstellung** und **Fachaufsichtsbeschwerde** auf eine andere Entscheidung in der Sache abzielen. Dabei wendet man sich mit der Gegenvorstellung an die Behörde, die gehandelt hat (sog. Ausgangsbehörde), während man bei der Fachaufsichtsbeschwerde die nächsthöhere Behörde und bei der Dienstaufsichtsbeschwerde den direkten Vorgesetzten des betreffenden Bediensteten um Entscheidung bittet.

Beispiele: Unternehmer U hat bei der Baubehörde vorgesprochen, weil er an seinem Betriebsgebäude eine bauliche Veränderung vornehmen will. Beamter B hat ihm mitgeteilt, dass U für die Änderung einen Baugenehmigungsantrag stellen muss. Soweit U meint, der Beamte habe zwar Recht, habe sich aber unhöflich verhalten und den U beleidigt, kann U Dienstaufsichtsbeschwerde einlegen. Ist U dagegen der Ansicht, er könne die Veränderungen an seinem Betriebsgebäude ohne Baugenehmigung durchführen, könnte er eine Gegenvorstellung an die Baubehörde oder eine Aufsichtsbeschwerde an die nächst höhere Behörde, zB die Bezirksregierung, richten.

Einen Sonderfall der nichtförmlichen Rechtsbehelfe stellen die sog. **Petitionen** dar, 865
mit denen sich jedermann mit Bitten oder Beschwerden an die entsprechende Behörde oder das Parlament wenden kann. Das Petitionsrecht ist für den Bund in Art. 17 GG und für die Bundesländer in den jeweiligen Landesverfassungen geregelt.[681]

681 Vgl. dazu zB *Sodan/Ziekow* GK ÖffR § 44.

II. Rechtsschutz gegen Verwaltungsakte

1. Das Widerspruchsverfahren

866 Sofern die staatliche Handlung als Verwaltungsakt einzustufen ist, kann nach § 68 VwGO das Verwaltungsgericht grundsätzlich erst angerufen werden, wenn vorher ein Vorverfahren stattgefunden hat.[682]

867 ■ Wissen Sie noch, was ein Verwaltungsakt ist?

▶ Wenn nicht, lesen Sie bitte den in der Fußnote[683] angegeben Paragraphen nach.

868 Das Vorverfahren wird durch die Erhebung eines Widerspruchs eingeleitet (§ 69 VwGO) und deshalb auch Widerspruchsverfahren genannt. Es dient im Wesentlichen drei Zwecken. Es soll der Verwaltung die Möglichkeit geben, evtl. begangene Fehler selbst zu beheben (Selbstkontrolle der Verwaltung), es soll die Verwaltungsgerichte entlasten und schließlich soll es dem Rechtsschutz des Betroffenen dienen, indem dieser quasi eine zusätzliche Instanz erhält.

869 Obwohl das Widerspruchsverfahren weitgehend in der VwGO geregelt ist (§§ 68 ff.), ist es ein **Verwaltungsverfahren**. Das bedeutet, dass es von einer Behörde, der Widerspruchsbehörde, durchgeführt wird, und vor allem, dass neben der VwGO auch das VwVfG des Bundes bzw. der Länder zur Anwendung kommt. So gelten nach § 79 VwVfG die wesentlichen Vorschriften über das Verwaltungsverfahren und bestimmt § 80 VwVfG die Frage der Kostenerstattung im Widerspruchsverfahren.

870 ■ Haben Sie eine Vorstellung, welche Kosten dem Rechtsbehelfsführer entstehen können?

▶ Das Widerspruchsverfahren oder auch das Klageverfahren verursachen in zweierlei Hinsicht Kosten: Zum einen haben die Beteiligten Aufwendungen zur Durchsetzung ihres Rechts, zB Rechtsanwalts-Kosten. Zum anderen fallen durch die Tätigkeit der Verwaltung bzw. des Gerichts Verwaltungs- bzw. Gerichtskosten an. Ob und in welcher Höhe im Widerspruchsverfahren Verwaltungskosten anfallen, bestimmen die entsprechenden Kostengesetze der Länder. § 80 VwVfG bzw. entsprechende Vorschriften in den Landes- VwVfG regeln die Frage, ob der Widerspruchsführer seine eigenen Aufwendungen erstattet bekommt. Dies ist jedenfalls dann der Fall, wenn der Widerspruch Erfolg hatte (vgl. § 80 I VwVfG). Die Kosten für einen Rechtsanwalt werden dabei jedoch nur erstattet, wenn dessen Zuziehung nach der Bedeutung der Sache und der Schwierigkeit der Rechtslage notwendig war (§ 80 II VwVfG). Für das Klageverfahren enthalten die §§ 154 ff. VwGO entsprechende Vorschriften.[684]

a) Der Ablauf des Widerspruchsverfahrens

871 Einen ersten Überblick über den Ablauf des Widerspruchsverfahrens gibt Ihnen Übersicht 47.

682 Zu Ausnahmen → Rn. 886.
683 Der Begriff des Verwaltungsaktes findet sich in § 35 VwVfG.
684 Näher *Hufen* VerwProzR § 38 Rn. 18 ff.

Übersicht 47: Der Ablauf des Widerspruchs 872

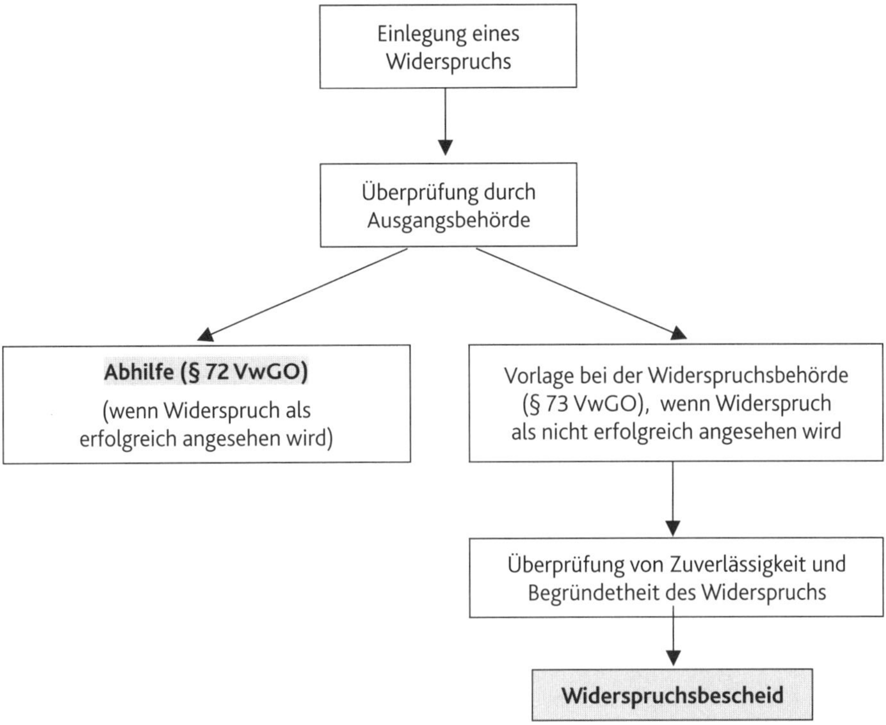

Nach § 69 VwGO beginnt das Widerspruchsverfahren damit, dass derjenige, der 873 Rechtsschutz begehrt (= Widerspruchsführer), Widerspruch einlegt. Nach § 70 VwGO kann dies entweder bei der Ausgangsbehörde oder bei der Widerspruchsbehörde geschehen. Der Widerspruch muss die Form und Frist des § 70 VwGO einhalten. Eine Begründung ist nicht vorgesehen. Auch muss der Widerspruchsführer nicht den Begriff Widerspruch verwenden. Es muss aus seiner Einlassung lediglich hervorgehen, dass er die ergangene behördliche Entscheidung nicht akzeptiert und eine Überprüfung wünscht.

Beispiel: Unternehmer U hat eine Anordnung auf der Grundlage des BImSchG erhalten. Er schreibt an die Behörde: »Ich akzeptiere Ihre Entscheidung nicht«. Die Behörde muss dieses Schreiben als Widerspruch werten und das Widerspruchsverfahren einleiten.

Mit Zugang des Widerspruchs bei der Ausgangs- oder Widerspruchsbehörde hat das 874 Widerspruchsverfahren begonnen. Zuständig für den Erlass des Widerspruchsbescheides, der das Verfahren abschließt, ist grundsätzlich die nächsthöhere Behörde in der Behördenhierarchie (§ 73 I Nr. 1 VwGO). Etwas anderes gilt allerdings, wenn die nächsthöhere Behörde eine oberste Bundes- oder Landesbehörde ist (§ 73 I Nr. 2 VwGO) oder wenn der angegriffene Bescheid in einer Selbstverwaltungsangelegenheit erging (§ 73 I Nr. 3 VwGO).

Beispiele: Widerspruchsbehörde bezüglich des Ausgangsbescheids einer kreisangehörigen Stadt ist grds. der Landrat (Oberkreisdirektor) als nächsthöhere Behörde; handelt es sich um eine Selbstverwaltungsangelegenheit, zB einen Müllgebührenbescheid, ist der Bürgermeister (Gemeindedirektor) Widerspruchsbehörde; hat eine Bezirksregierung einen Ausgangsbescheid erlassen, entscheidet sie selbst über einen dagegen gerichteten Widerspruch, da die nächsthöhere Behörde eine oberste Landesbehörde, nämlich das zuständige Ministerium, wäre.

875 Die Widerspruchsbehörde darf aber erst entscheiden, wenn die Ausgangsbehörde gem. § 72 VwGO (bitte lesen) geprüft hat, ob sie dem Widerspruch stattgeben kann. Dieses sog. **Abhilfeverfahren** ist zwingend vorgeschrieben. Die Widerspruchsbehörde muss daher auch dann, wenn der Widerspruchsführer den Widerspruch ausnahmsweise direkt bei ihr eingelegt hat, zunächst der Ausgangsbehörde Gelegenheit geben, die Möglichkeit der Abhilfe zu überprüfen.[685] Unterbleibt dies, ist der spätere Widerspruchsbescheid (formell) rechtswidrig und würde in einem späteren Klageverfahren aufgehoben werden.

876 Die Ausgangsbehörde überprüft den Widerspruch im gleichen Umfang wie später ggf. die Widerspruchsbehörde auf Rechtswidrigkeit oder Zweckwidrigkeit (vgl. § 68 I VwGO). Kommt sie zu dem Ergebnis, dass der Widerspruch zulässig und begründet ist, erlässt sie den sog. **Abhilfebescheid** nach § 72 VwGO.[686] Hält sie den Widerspruch dagegen für unzulässig und/oder unbegründet, legt sie ihn der Widerspruchsbehörde zur Entscheidung vor. Dieser erlässt gemäß § 73 I VwGO einen **Widerspruchsbescheid**. Dieser stellt seinerseits einen Verwaltungsakt dar und kann mit Anfechtungs- oder Verpflichtungsklage angegriffen werden.

877 Die Widerspruchsbehörde kann entweder den Widerspruch zurückweisen oder, wenn dieser Erfolg hat, diesem stattgegeben. Im Erfolgsfall hebt sie den angegriffenen Bescheid auf (Anfechtungswiderspruch) oder erlässt den gewünschten Bescheid bzw. ordnet die Verpflichtung der zuständigen Behörde zum Erlass des begehrten Bescheides (Verpflichtungswiderspruch) an. Erfolg hat der Widerspruch entsprechend den für alle Rechtsbehelfe geltenden Regeln, wenn er zulässig und begründet ist.

b) Die Zulässigkeit des Widerspruchs

Wie bei jedem Rechtsbehelf müssen auch für den Widerspruch gewisse Voraussetzungen erfüllt sein, damit die Behörde ihn sachlich prüft. Neben der Beteiligten- und Handlungsfähigkeit (§§ 11, 12 VwVfG) müssen die folgenden besonderen Sachentscheidungsvoraussetungen vorliegen.

aa) Eröffnung des Verwaltungsrechtswegs

878 Wie dargestellt, ist der Widerspruch bzw. die Durchführung des Widerspruchsverfahrens eine Vorstufe zur Klage vor dem Verwaltungsgericht. Dementsprechend kann der Widerspruch nur zulässig sein, wenn es um einen Streit geht, der letztlich von den Verwaltungsgerichten zu entscheiden wäre. In entsprechender Anwendung des § 40 I VwGO muss daher schon für das Widerspruchsverfahren der Verwaltungsrechtsweg eröffnet sein. Dafür ist erforderlich:

- Vorliegen einer öffentlich-rechtlichen Streitigkeit
- Streitigkeit ist nicht verfassungsrechtlicher Art
- Fehlen einer Zuweisung an eine andere Gerichtsbarkeit

685 *Ipsen* VerwR AT § 18 Rn. 1063.

686 Zum Verhältnis zwischen der Abhilfekompetenz nach Art. 72 VwGO und der Rücknahme bzw. dem Widerruf nach §§ 48, 49 VwVfG vgl. BVerwG 101, 64, (70) und *Ipsen* VerwR AT § 18 Rn. 1065.

Das Kriterium der **öffentlich-rechtlichen Streitigkeit** dient dazu, den Verwaltungsrechtsweg von der ordentlichen Gerichtsbarkeit (Zivilgerichte) abzugrenzen. Es kann daher hier auf die bereits oben[687] angesprochene Abgrenzung zwischen öffentlichem und privatem Recht zurückgegriffen werden. 879

■ Erinnern Sie sich, welche Theorie für die Abgrenzung überwiegend herangezogen wird? 880

▶ Es ist die sog. neue oder modifizierte Subjektstheorie. Danach kommt es entscheidend darauf an, ob für die Entscheidung über den Widerspruch Normen des öffentlichen Rechts oder solche des Privatrechts einschlägig sind.

Bei belastenden Maßnahmen, die einer Befugnisnorm bedürfen, wird daher regelmäßig eine öffentlich-rechtliche Streitigkeit vorliegen. Das gleiche gilt, wenn es um die Erteilung von Genehmigungen, Erlaubnissen und Ähnlichem geht, da das Erfordernis solcher behördlichen Entscheidungen in öffentlich-rechtlichen Normen verankert ist. Keine öffentlich-rechtliche Streitigkeit liegt demgegenüber vor, wenn, wie bei sog. fiskalischem Handeln, der Staat wie ein Privatrechtssubjekt auftritt (zB Kauf von Büromaterial).[688] Ebenfalls kann eine öffentlich-rechtliche Streitigkeit in Fällen zu verneinen sein, in denen sich der Staat für die Erfüllung öffentlicher Aufgaben privatrechtlicher Rechtsformen bedient. 881

Beispiel: Aufgrund eines Haushaltstitels kann ein Bundesland Subventionen vergeben. Diese werden durch den Abschluss von privatrechtlichen Darlehensverträgen mit dem begünstigten Unternehmen gewährt. Da nach der sog. **Zweistufentheorie**[689] die Frage des »Ob« der Leistung grds. nach öffentlichem Recht beurteilt wird, während sich die tatsächliche Gewährung der Leistung (das »Wie«) privatrechtlich beurteilt, müsste sich ein Unternehmer, dem eine Subventionsleistung verweigert wird, also mit Widerspruch und Klage vor dem Verwaltungsgericht wehren; dagegen hätte derjenige, dem die Subvention gewährt wurde, dem aber der Darlehensbetrag zu spät ausbezahlt wird, sich wegen des Verzugsschadens an ein Zivilgericht zu wenden.

Das Merkmal der **nicht verfassungsrechtlichen Streitigkeit** hat keine große praktische Bedeutung, da es nur Streitigkeiten ausschließt, die zwischen Verfassungsorganen oder sonst unmittelbar am Verfassungsleben teilnehmenden Organisationen bezüglich der Anwendung oder Auslegung von Verfassungsrecht bestehen (sog. doppelte Verfassungsunmittelbarkeit).[690] 882

Beispiel: Der Streit zwischen einer Partei und der Bundesregierung um den Fraktionsstatus einer Abgeordnetengruppe gehört danach vor das Bundesverfassungsgericht.

Das Kriterium der **fehlenden Zuweisung an ein anderes Gericht** trägt dem Umstand Rechnung, dass es für bestimmte Bereiche des öffentlichen Rechts Spezialgerichte gibt bzw. der Gesetzgeber eine andere Gerichtsbarkeit für besser geeignet hält. Solche Zuweisungsnormen bestehen zB für die oben[691] besprochene Staatshaftung (vgl. Art. 34 S. 3 GG, § 40 II VwGO), für die Enteignung (Art. 14 III 4 GG), für Steuerstreitigkeiten (§ 33 FGO) oder für Streitigkeiten in Angelegenheiten der Sozialversicherung (§ 51 SGG). 883

687 → Rn. 685 ff.
688 → Rn. 691.
689 → Rn. 1211.
690 *Schenke* VerwProzR § 3 Rn. 127.
691 → Rn. 832 ff.

bb) Die Erforderlichkeit eines Widerspruchs (Statthaftigkeit)

884 Ein Widerspruch gegen eine staatliche Maßnahme ist nur dann der richtige Rechtsbehelf (= sog. **Statthaftigkeit**), wenn er notwendige Voraussetzung für eine spätere Anrufung des Verwaltungsgerichts ist. Nach § 68 I 1 und II VwGO (bitte lesen) ist das dann der Fall, wenn der Widerspruchsführer bei Scheitern seines Widerspruchs Anfechtungs- oder Verpflichtungsklage erheben müsste. Nach § 42 I VwGO (bitte lesen) betrifft eine Anfechtungsklage die Aufhebung eines Verwaltungsaktes und die Verpflichtungsklage den Erlass eines abgelehnten oder unterlassenen Verwaltungsaktes. Ein Widerspruch ist also nur statthaft, wenn die angegriffene oder von der Behörde geforderte Maßnahme als Verwaltungsakt iSv § 35 VwVfG zu qualifizieren ist.[692]

885 ■ Ist der Widerspruch statthaft, den Unternehmer U gegen einen Bescheid, wonach er seine ohne Baugenehmigung errichtete Lagerhalle wieder beseitigen muss, eingelegt hat?

▶ Nach § 68 I oder II VwGO wäre das der Fall wenn der betreffende Bescheid als Verwaltungsakt im Sinne von § 35 VwVfG zu qualifizieren wäre. Die Beseitigungsanordnung ist eine hoheitliche Maßnahme auf dem Gebiet des öffentlichen Rechts (Baurecht) zur Regelung eines Einzelfalls (Gebot an eine bestimmte Person) mit Außenwirkung (U ist kein Angehöriger der Baubehörde), also ein Verwaltungsakt (§ 35 VwVfG). Damit muss U Widerspruch einlegen, bevor er vor dem Verwaltungsgericht klagen kann.

886 Obwohl die vom Betroffenen angegriffene oder begehrte Maßnahme ein Verwaltungsakt ist, ist ein Widerspruch unstatthaft und würde damit als unzulässig zurückgewiesen werden, wenn ein Ausnahmefall zu § 68 I 1 bzw. II VwGO vorliegt. In § 68 VwGO sind drei **Ausnahmen** vorgesehen:

- Ausschluss des Widerspruchsverfahrens infolge spezieller Regelung in einem Gesetz (§ 68 I 2 VwGO): solche Ausschlüsse finden sich auf Bundesebene zB in § 74 I 2 iVm § 70 VwVfG (Planstellungsbeschluss) oder in § 11 AsylVfG (Entscheidungen im Asylverfahren). Zudem schließen zunehmend die Bundesländer das Widerspruchsverfahren ganz oder für bestimmte Materien aus, so zB Bayern, Hessen, Niedersachsen und Nordrhein-Westfalen.[693] In der Praxis wird das Widerspruchsverfahren daher in Zukunft deutlich an Bedeutung verlieren. Trotzdem kann es für Klausuren relevant bleiben.
- Die angegriffene bzw. begehrte Entscheidung stammt von einer obersten Bundes- oder Landesbehörde (§ 68 I 2 Nr. 1 VwGO).
- Abhilfebescheid oder Widerspruchsbescheid enthalten erstmals eine **Beschwer**: Diese in der Praxis sehr häufig vorkommende Ausnahme betrifft Verwaltungsakte, die für verschiedene Betroffene unterschiedliche Wirkung haben können (sog. **Verwaltungsakte mit Doppelwirkung**), wie zB eine Gaststättenerlaubnis, die für den Gastwirt eine Begünstigung, für den Nachbarn aber unter Umständen eine

692 Den Begriff haben Sie gerade in → Rn. 867 wiederholt.

693 Näher dazu *Riemann*, Das Widerspruchsverfahren unter Reformdruck, DÖV 2008, 395; *Rüssel*, Die Zukunft des Widerspruchsverfahrens, NVwZ 2006, 523; *Steinbeiß-Winkelmann/Ott*, Das Widerspruchsverfahren als Voraussetzung des Gerichtszugangs in VwGO, FGO und SGG, NVwZ 2011, 914; Wolff/Decker/*Decker* § 68 VwGO Rn. 11 f.

Belastung darstellen kann. Tritt die Belastung erst durch den Abhilfebescheid oder den Widerspruchsbescheid ein, kann der Betroffene sofort Klage erheben.

Beispiele: Dem Bauherrn wird die Baugenehmigung zunächst verweigert, auf seinen Widerspruch hin aber von der Widerspruchsbehörde erteilt: hier wird der Nachbar durch den Widerspruchsbescheid erstmals beschwert und kann gegen die Baugenehmigung nunmehr sofort klagen; oder umgekehrt: eine Gaststättenerlaubnis wird erst erteilt, aufgrund Nachbarwiderspruchs aber per Abhilfebescheid der Behörde wieder aufgehoben: hier kann der Gastwirt sofort, dh ohne Widerspruch, auf Erteilung der Gaststättenerlaubnis klagen.

Eine ungeschriebene Ausnahme von der Notwendigkeit, vor Klageerhebung ein Wi- 887
derspruchsverfahren durchzuführen, besteht nach der hM bei der sog. **Fortsetzungsfeststellungsklage.**[694] Diese kommt dann in Betracht, wenn sich ein angegriffener Verwaltungsakt vor oder nach Klageerhebung erledigt oder ein zunächst abgelehnter Verwaltungsakt vor oder nach Klageerhebung doch erlassen wird. Eine Erledigung des Verwaltungsaktes liegt vor, wenn er von der Behörde aufgehoben wird oder durch Zeitablauf bzw. tatsächliche Umstände gegenstandslos geworden ist. Ein Widerspruchsverfahren ist in diesen Fällen allerdings nur entbehrlich, wenn die Erledigung vor Ablauf der Widerspruchsfrist eintritt.[695]

Beispiel: Ein Unternehmer erhält einen Bescheid, eine illegal errichtete Halle wieder abzureißen. Noch vor Erhebung eines Widerspruchs stürzt die Halle bei einem Unwetter ein und wird so beschädigt, dass kein Wiederaufbau möglich ist. Hier kann, sofern die Widerspruchsfrist noch nicht abgelaufen war, der Unternehmer sofort die sog. Fortsetzungsfeststellungsklage erheben, um feststellen zu lassen, dass die Anordnung der Behörde rechtswidrig war.

cc) Die individuelle Betroffenheit des Widerspruchsführers (Widerspruchsbefugnis)

Das Widerspruchsverfahren dient, ebenso wie die Verfassungsbeschwerde,[696] der 888
Durchsetzung des individuellen Rechtsschutzes und stellt keinen Popularrechtsbehelf dar. Entsprechend der in § 42 II VwGO geregelten **Klagebefugnis** muss der Widerspruchsführer daher geltend machen, dass er durch den angegriffenen Verwaltungsakt bzw. durch die Verweigerung des begehrten Verwaltungsaktes in eigenen, subjektiven Rechten verletzt ist (= Widerspruchsbefugnis). Das bedeutet, dass sich der Widerspruchsführer auf eine Rechtsnorm beziehen muss, die zumindest auch seinen Interessen zu dienen bestimmt ist (sog. **drittschützende Norm**[697]). Das kann die für den betreffenden Verwaltungsakt maßgebliche Vorschrift eines Fachgesetzes oder eine Grundrechtsbestimmung des GG sein. In der Klausur sollte stets eine konkrete Norm angegeben werden und nicht nur auf den Umstand, dass der Widerspruchsführer Adressat eines belastenden Verwaltungsaktes ist, verwiesen werden (sog. Adressatentheorie).

Beispiele: Ein Nachbar, der Widerspruch gegen die Genehmigung einer unter das BImSchG fallenden Anlage erheben will, kann sich auf § 5 I Nr. 1 BImSchG berufen, da dort die Nachbarschaft als Schutzobjekt ausdrücklich genannt ist; ein Unternehmer, der Widerspruch gegen den Subventionsbescheid erhebt, den ein Konkurrent erhalten hat, kann sich auf Art. 12 I GG stützen, wenn zu befürchten ist, dass er durch den geförderten Konkurrenten vom Markt gedrängt wird.

694 Ausführlich dazu *Hufen* VerwProzR § 18 V; *Rozek*, Grundfälle der verwaltungsgerichtlichen Fortsetzungsfeststellungsklage, JuS 1995, 413 ff., 598 ff., 697 ff.
695 *Detterbeck* ÖffR Rn. 1481.
696 Dazu unter Teil 2, 5. Kapitel.
697 Näher dazu *Frenz* ÖffR Rn. 698 ff.

889 Für die Zulässigkeit des Widerspruchs muss dabei nur dargelegt werden, dass eine Rechtsverletzung im genannten Sinne **möglich erscheint.**[698] Die Frage, ob die Rechtsverletzung tatsächlich vorliegt, ist hier noch unerheblich. Ihre Beantwortung entscheidet erst darüber, ob der Widerspruch begründet oder unbegründet ist.

890 Hinzuweisen ist noch darauf, dass sich der Widerspruchsführer wegen des Prüfungsumfangs im Widerspruchsverfahren (vgl. § 68 I 1 VwGO) auch darauf berufen kann, dass er durch die **Zweckwidrigkeit** des Erlasses bzw. Nichterlasses eines VA in seinen Interessen beeinträchtigt sei. Die hM fordert aber auch insoweit, dass die für den angegriffenen bzw. begehrten VA einschlägige Vorschrift nicht allein den Interessen der Allgemeinheit dienen darf.[699] Somit sind Fälle, in denen eine Rechtsverletzung ausscheidet, aber eine Interessenbeeinträchtigung in Betracht kommt, äußerst selten.

dd) Die Einhaltung von Form und Frist (§ 70 VwGO)

891 Schließlich ist für die Zulässigkeit des Widerspruchs noch erforderlich, dass er schriftlich oder zur Niederschrift eingelegt wird und zwar innerhalb eines Monats nach Bekanntgabe des Verwaltungsaktes an den Widerspruchsführer. Das Formerfordernis der Schriftlichkeit richtet sich nach § 126 BGB, dh es ist insbesondere eine Unterschrift erforderlich. Diese ist auch für die Einlegung zur Niederschrift notwendig. Es reicht damit nicht aus, wenn der Widerspruchsführer bei der Behörde anruft und der Beamte ein Gesprächsprotokoll aufnimmt. Die Einlegung mittels Fax wird dagegen inzwischen für ausreichend gehalten.[700] Eine Einlegung per Email ist nur fristwahrend, wenn eine elektronische Signatur verwendet wird (§§ 79, 3a II VwVfG). Eine Begründung ist für den Widerspruch nicht vorgesehen. Trotzdem ist es dem Widerspruchsführer anzuraten, in dem Widerspruch seine Argumente gegen die Behördenentscheidung vorzubringen.

892 Nach § 70 I VwGO beträgt die Widerspruchsfrist grundsätzlich **einen Monat**. Die Berechnung der Widerspruchsfrist erfolgt nach wohl hM infolge der Verweisungsvorschrift des § 31 I VwVfG nach den §§ 187 I, 188 II, 193 BGB.[701] Nach § 70 I VwGO beginnt die Frist mit der Bekanntgabe des Verwaltungsaktes gegenüber dem Betroffenen zu laufen. Dabei ist § 41 VwVfG bzw. die entsprechenden Vorschriften der Landes- VwVfG zu beachten.

893 ■ Die Behörde schickt einem Unternehmer am 2.5. per einfachen Brief einen Bescheid. Wann läuft die Widerspruchsfrist ab?

▶ Nach § 41 II VwVfG bzw. LVwVfG gilt der Bescheid am 5.5. als bekannt gegeben. Damit beginnt die Frist am 6.5. 0.00 Uhr zu laufen (§ 187 I BGB) und läuft gem. § 188 II BGB erst am 5.6. um 24.00 Uhr ab. Handelt es sich bei diesem Tag um einen Samstag, Sonntag oder Feiertag, würde sich die Frist sogar noch auf den nächsten Werktag verlängern (vgl. § 193 BGB).

894 Nach § 58 I VwGO beginnt die Widerspruchsfrist allerdings nur dann zu laufen, wenn dem Verwaltungsakt eine **ordnungsgemäße Rechtsbehelfsbelehrung** beigefügt war. Ist diese unterblieben oder wurde sie nicht ordnungsgemäß erteilt,[702] kann

698 Sog. Möglichkeitstheorie; vgl. *Hufen* VerwProzR § 14 Rn. 75 ff.
699 *Sodan/Ziekow* GK ÖffR § 93 Rn. 12
700 *Kopp/Schenke* § 70 Rn. 2; Wolff/Decker/*Decker* § 70 VwGO Rn. 4 u. § 81 Rn. 5.
701 Ebenso *Hufen* VerwProzR § 6, Rn. 33; nach anderer Ansicht ergibt sich die Anwendung der BGB-Vorschriften aus §§ 57 II VwGO, 222 ZPO; vgl. *Kopp/Schenke* § 70 Rn. 6.
702 BVerwG DÖV 1980, 918.

nach § 58 II VwGO der Widerspruch innerhalb eines Jahres nach Zustellung, Eröffnung oder Verkündigung des Verwaltungsaktes erfolgen.

Fehlt die Bekanntgabe des Verwaltungsaktes, kann die Widerspruchsfrist nicht zu laufen beginnen. Allerdings kann nach hM eine Widerspruchseinlegung trotzdem nicht zeitlich unbegrenzt möglich sein. Vielmehr kann der Betroffene sein Recht auf Widerspruch iSv § 242 BGB verwirken.[703] Sofern der Betroffene anders als durch Bekanntgabe Kenntnis von dem Verwaltungsakt erlangt, gilt nach dem BVerwG § 58 II VwGO analog, dh der Betroffene muss innerhalb eines Jahres seit Kenntnis Widerspruch einlegen.[704] **895**

Versäumt der Widerspruchsführer die Frist nach § 70 I VwGO, hat er nach §§ 70 II, 60 VwGO die Möglichkeit, die sog. **Wiedereinsetzung in den vorigen Stand** zu beantragen. Die Fristversäumnis gilt dann als geheilt, wenn der Betroffene glaubhaft macht, dass ihn an der Versäumnis der Frist kein Verschulden trifft.[705] Außerdem wird diskutiert, ob die Widerspruchsbehörde sich über die Fristversäumung hinweg setzen und über den verfristeten Widerspruch in der Sache entscheiden darf. Die Rechtsprechung bejaht das mit dem Argument, dass die Widerspruchbehörde Herrin des Verfahrens sei.[706] Eine Ausnahme macht sie nur, sofern ein Dritter durch den bestandskräftigen Verwaltungsakt bereits eine gesicherte Rechtsposition erhalten hat. Die Rechtslehre lehnt die Rechtsprechung größtenteils ab, weil die Fristenregelungen damit ad absurdum geführt würden.[707] **896**

c) Die Begründetheit des Widerspruchs

Nach § 68 I 1 VwGO überprüft die Widerspruchsbehörde die Rechtmäßigkeit und die Zweckmäßigkeit der behördlichen Entscheidung. Wegen der Rechtsnatur des Widerspruchsverfahrens als individuelles Rechtsschutzverfahren genügt die Feststellung der Rechtswidrigkeit bzw. Zweckwidrigkeit des Behördenhandelns jedoch nicht, sondern es muss eine Rechtsverletzung bzw. Interessenbeeinträchtigung des Widerspruchsführers hinzukommen.[708] Für den Fall der Rechtswidrigkeit des Behördenhandelns ergibt sich das aus einer entsprechenden Anwendung des für die Klage maßgeblichen § 113 VwGO. **897**

Danach ist ein **Anfechtungswiderspruch** begründet (§ 113 I 1 VwGO analog), wenn: **898**

- der angegriffene Verwaltungsakt rechtwidrig ist **und**
- der Widerspruchsführer dadurch in seinen Rechten verletzt wird.

Ein **Verpflichtungswiderspruch** ist entsprechend § 113 V VwGO begründet, wenn: **899**

- die Ablehnung oder Unterlassung des begehrten Verwaltungsaktes rechtswidrig ist **und**
- der Widerspruchsführer dadurch in seinen Rechten verletzt ist.

703 Näher vgl. *Schenke* VerwProzR Rn. 675 ff.
704 BVerwGE 44, 249; 78, 89 ff.
705 Näher dazu *Schenke* VerwProzR Rn. 678.
706 BVerwG NVwZ 2002, 1506.
707 Vgl. *Sodan/Ziekow* GK ÖffR § 92 Rn. 8.
708 Näher dazu und zur Prüfung der Zweckwidrigkeit in der Klausur *Sodan/Ziekow* GK ÖffR § 93 Rn. 11 f.

900 Damit ist es möglich und aufgrund der Natur des Widerspruchs als Individualrechtsbehelf auch gerechtfertigt, dass fehlerhafte Verwaltungsakte bestehen bleiben, obwohl die Widerspruchsbehörde ihre Rechtswidrigkeit erkennt.

Beispiel: Nachbar N legt Widerspruch gegen eine Gaststättenerlaubnis ein, die dem Hotelier H erteilt wurde, weil er Lärmbelästigungen befürchtet. Die Widerspruchsbehörde stellt fest, dass die bestehenden Lärmgrenzwerte eingehalten werden, die Gaststättenerlaubnis aber rechtswidrig ist, weil H zu wenige Notausgänge vorgesehen hat. Hier kann die Widerspruchsbehörde die Gaststättenerlaubnis nicht aufheben, weil es an der erforderlichen Rechtsverletzung des Widerspruchsführers fehlt.

901 Eine Korrektur des fehlerhaften Verwaltungsaktes kann in solchen Fällen nur durch die Ausgangsbehörde erfolgen. Sie hat dabei aber die Einschränkungen des § 48 VwVfG bzw. LVwVfG zu beachten.[709]

902 Stellt die Widerspruchsbehörde fest, dass der angegriffene Verwaltungsakt rechtmäßig ist bzw. zwar rechtswidrig ist, aber eine Rechtsverletzung des Widerspruchsführers fehlt, weist sie den Widerspruch als unbegründet zurück. Folge ist, dass der Widerspruchsführer die Gebühren für den Widerspruchsbescheid zahlen muss und seine eigenen Kosten nicht erstattet bekommt.

903 Darüber hinaus ist es aber möglich, dass der Widerspruchsführer noch mehr belastet wird. Nach hM besteht nämlich die Möglichkeit der sog. Verböserung (**reformatio in peius**). Danach kann die Widerspruchsbehörde den angegriffenen VA nicht nur bestehen lassen, sondern ihn auch zum Nachteil des Widerspruchsführers verändern.

904 **Beispiel:** U hat für seinen Betrieb eine Anlagengenehmigung nach dem BImSchG erhalten. In dem Bescheid ist festgelegt, dass der Produktionslärm 60 Dezibel nicht überschreiten dürfe. U legt Widerspruch mit dem Ziel ein, dass der zulässige Lärmwert auf 65 Dezibel heraufgesetzt ist. Die Widerspruchsbehörde setzt im Widerspruchsbescheid den Wert auf 55 Dezibel herab.

905 Voraussetzung dafür ist, dass sie für die Änderung die Zuständigkeit besitzt und dass durch die Verböserung nicht in das schützenswerte Vertrauen des Widerspruchsführers auf den Bestand des Ausgangsverwaltungsaktes eingegriffen wird.[710]

906 Zusammenfassend ergibt sich für die Überprüfung eines Widerspruchs damit der in Übersicht 48 wiedergegebene Prüfungsablauf.[711]

709 → Rn. 798 ff.

710 Einzelheiten siehe zB bei *Hufen* VerwProzR § 9 Rn. 15 ff.

711 Vgl. auch *Detterbeck* VerwR AT § 30 Rn. 1375; *Oberrath/Schmidt/Schomerus* ÖffWirtschaftsR S. 102/103; *Sodan/Ziekow* GK ÖffR § 92 Rn. 2; *WKSZ* ÖffR/EuropaR S. 510.

Übersicht 48:

Prüfung eines Widerspruchs
I. Zulässigkeit 1. Beteiligungs- und Handlungsfähigkeit des Widerspruchsführers (§§ 79, 11, 12 VwVfG) 2. Eröffnung des Verwaltungsrechtswegs (§ 40 I VwGO analog) 3. Statthaftigkeit des Widerspruchs (§ 68 I 1 und 2 VwGO): => angegriffene oder begehrte Maßnahme = Verwaltungsakt iSv § 35 VwVfG u. Widerspruchsverfahren nicht ausgeschlossen (§ 68 I 2 VwGO)? 4. Widerspruchsbefugnis (§ 42 II VwGO analog): => Verletzung des Widerspruchführers in eigenen subjektiven Rechten möglich? 5. Form/Frist (§ 70 VwGO)
II. Begründetheit 1. Rechtswidrigkeit des Behördenhandelns a) Nennung der in Betracht kommenden Befugnisnorm (Anfechtungswiderspruch) bzw. Anspruchsnorm (Verpflichtungswiderspruch) b) formelle Rechtmäßigkeit des Ausgangsbescheids, insbesondere Zuständigkeit, Verfahren und Form c) materielle Rechtmäßigkeit des Ausgangsbescheids aa) Voraussetzungen der Befugnisnorm (Anfechtungswiderspruch) bzw. der Anspruchsnorm (Verpflichtungswiderspruch) erfüllt bb) ggf. ordnungsgemäße Ermessensausübung cc) Vereinbarkeit der Belastung/Verweigerung mit höherrangigem Recht 2. Rechtsverletzung des Widerspruchsführers 3. Zweckwidrigkeit des Behördenhandelns und Interessenbeeinträchtigung des Widerspruchsführers

Abschließend können Sie das Erlernte auf folgenden Übungsfall anwenden.

Übungsfall 15
Unternehmer U hat eine Baugenehmigung für ein neues Betriebsgelände erhalten. Nachbar S legt gegen die Baugenehmigung, die ihm am 1.4. zugestellt wurde, am Montag, den 3.5. Widerspruch ein, weil das Gebäude zu nah an seiner Grenze stände. Die Widerspruchsbehörde, der der Widerspruch vorgelegt wird, meint, dass die Abstandsflächen gewahrt sind. Sie stellt aber fest, dass das genehmigte Vorhaben gegen Festsetzungen des Bebauungsplans, die allein dem Allgemeinwohl dienen, verstößt. Wird die Widerspruchsbehörde den Widerspruch des S positiv bescheiden?

■ Bevor Sie die Falllösung lesen, versuchen Sie, zunächst selbst eine ausformulierte Lösung zu erstellen. 907

▶ **Lösung:** Die Behörde wird den Widerspruch positiv bescheiden, wenn er zulässig und begründet ist.

a) Zulässigkeit des Widerspruchs:

aa) Von der Beteiligungs- und Handlungsfähigkeit des S ist mangels entgegenstehender Angaben im Sachverhalt auszugehen.

bb) Zunächst müsste der Verwaltungsrechtsweg analog § 40 I VwGO eröffnet sein, also eine öffentlich-rechtliche Streitigkeit nicht verfassungsrechtlicher Art vorliegen. Vorliegend geht es um einen Streit, der nach öffentlich-rechtlichen Normen, nämlich dem Baurecht zu entscheiden ist. Nach der neueren Subjektstheorie liegt damit eine öffentlich-rechtliche Streitigkeit vor. Es geht bei dem Streit auch nicht um die Auseinandersetzung von Verfassungsorganen um Verfassungsrecht, sodass auch keine verfassungsrechtliche Streitigkeit vorliegt. Schließlich ist auch keine abdrängende Verweisungsnorm ersichtlich. Damit ist der Verwaltungsrechtsweg eröffnet.

cc) Weiter müsste der Widerspruch nach § 68 VwGO statthaft sein, dh die angegriffene Maßnahme müsste ein Verwaltungsakt sein (§ 68 I 1 VwGO iVm § 42 I VwGO) und das Widerspruchsverfahren dürfte nicht ausgeschlossen sein (§ 68 I 2 VwGO). Die Baugenehmigung ist eine hoheitliche Maßnahme einer Behörde zur Regelung eines Einzelfalles mit Außenwirkung, sodass sie den Begriff des Verwaltungsaktes (§ 35 S. 1 VwVfG) erfüllt. Ein Ausschluss des Widerspruchsverfahrens nach Bundes- oder Landesrecht ist aus dem Sachverhalt nicht ersichtlich. In einer Klausur wird aber auf das Recht des Bundeslandes, in dem die betreffende Hochschule ihren Sitz hat, abzustellen sein. Daher sollte dem Prüfling die jeweilige landesrechtliche Rechtslage bekannt sein. In NRW zB wäre der Widerspruch des S wegen § 6 I 1 AGVwGO unstatthaft.

dd) Außerdem müsste S widerspruchsbefugt sein (§ 42 II VwGO analog), also geltend machen, durch die Baugenehmigung in eigenen Rechten verletzt zu sein. Da es nach dem Vortrag des S möglich erscheint, dass drittschützende Vorschriften des Baurechts (Abstandsflächenrecht) bzw. sein Eigentum (Art. 14 GG) verletzt sind, ist auch das der Fall.

ee) Schließlich müsste der Widerspruch schriftlich und innerhalb eines Monats nach Bekanntgabe der Baugenehmigung an S eingelegt worden sein (§ 70 VwGO). Die Schriftform ist gewahrt, fraglich ist die Einhaltung der Monatsfrist. Die Berechnung der Frist richtet sich gemäß § 31 I VwVfG nach den §§ 187 ff. BGB. Die Bekanntgabe erfolgte am 1.4. Nach § 187 I BGB lief die Frist daher am 2.4. um 0:00 Uhr an und hätte gemäß § 188 II BGB am 1.5. um 24:00 Uhr geendet. Da der 1.5. ein Feiertag und der 2.5. laut Sachverhalt ein Sonntag war, verlängert sich die Frist nach § 193 BGB auf den nächsten Werktag. Mithin ist Fristablauf erst am Montag, den 3.5., um 24:00 Uhr, sodass S's Widerspruch rechtzeitig erhoben wurde.

Der Widerspruch ist zulässig.

b) Begründetheit des Widerspruchs:

Gemäß § 113 I VwGO analog wäre der Widerspruch begründet, wenn die Baugenehmigung rechtswidrig und N dadurch in seinen Rechten verletzt ist oder wenn der Verwaltungsakt zweckwidrig wäre und S dadurch in seinen Interessen beeinträchtigt wäre.

Hier ist nach dem Sachverhalt die Baugenehmigung zwar materiell rechtswidrig, da sie gegen Bauplanungsrecht verstößt. Jedoch werden Rechte des S dadurch nicht berührt, da die verletzten Vorschriften nach dem Sachverhalt keinen drittschützenden Charakter haben. Da auch für die Zweckwidrigkeit des Bescheids nichts ersichtlich ist, ist der Widerspruch des S unbegründet.

Ergebnis: Der Widerspruch wird von der Widerspruchsbehörde nicht positiv beschieden werden.

2. Zulässigkeit und Begründetheit der Anfechtungsklage (§ 42 I 1. Alt. VwGO)

Die Anfechtungsklage ist die richtige Klageart, wenn der Kläger einen von der Behörde erlassenen Verwaltungsakt wieder aufgehoben haben möchte. 908

a) Zulässigkeit

Für die Zulässigkeit der Anfechtungsklage kann wie bei allen Klagen zwischen allgemeinen und besonderen Zulässigkeitsvoraussetzungen unterschieden werden.

aa) Allgemeine klageartunabhängige Zulässigkeitsvoraussetzungen

Bestimmte Voraussetzungen sind bei allen Klagearten zu beachten. Im Wesentlichen sind das: 909

- die Geltung der deutschen Gerichtsbarkeit
- die **Eröffnung des Verwaltungsgerichtsweges** gemäß § 40 VwGO
- die **Zuständigkeit** des angerufenen Verwaltungsgerichts gemäß den §§ 45 ff. VwGO (sachliche Zuständigkeit) bzw. § 52 VwGO (örtliche Zuständigkeit)
- die Fähigkeit des Klägers, Partei eines Verwaltungsgerichtsprozesses zu sein (sog. **Beteiligtenfähigkeit** nach § 61 VwGO) und die Fähigkeit, im Verfahren selbst Verfahrenshandlungen vornehmen zu können (sog. **Prozessfähigkeit** nach § 62 VwGO)
- das Fehlen anderweitiger Rechtshängigkeit und entgegenstehender Rechtskraft
- das **allgemeine Rechtsschutzbedürfnis**, dh das Fehlen einer einfacheren, aber genauso effektiven Möglichkeit der Rechtsdurchsetzung
- die **formgerechte Einlegung** der Klage entsprechend den §§ 81, 82 VwGO

In wirtschaftsrechtlichen Klausuren wird regelmäßig nur die Eröffnung des Verwaltungsrechtsweges eine Rolle spielen. Diesbezüglich gelten die Ausführungen zum Widerspruch[712] entsprechend. Hinsichtlich der anderen Voraussetzungen muss auf die verwaltungsprozessuale Spezialliteratur verwiesen werden.[713] 910

bb) Spezifische Zulässigkeitsvoraussetzungen 911

Daneben bestehen besondere Zulässigkeitsvoraussetzungen für die Anfechtungsklage.

Zunächst muss die Anfechtungsklage die **richtige Klageart**, dh statthaft sein. Das ist sie, wenn der Kläger die Aufhebung eines Verwaltungsaktes begehrt (§ 42 I VwGO). 912

Weitere Voraussetzung ist die **Klagebefugnis** des Klägers. Nach § 42 II VwGO muss er insoweit die Verletzung eines subjektiven Rechts geltend machen. Hier gilt das zum 913

712 → Rn. 878 ff.

713 Siehe zB *Tettinger/Wahrendorf* VerwProzR §§ 7–13; einen Gesamtüberblick geben *Sodan/Ziekow* GK ÖffR §§ 95, 96.

Widerspruch[714] Gesagte. Insbesondere genügt auch hier wieder, dass eine **Rechtsverletzung** des Klägers **möglich** erscheint.

914 Nach § 68 VwGO muss außerdem das erforderliche **Vorverfahren erfolglos**, aber ordnungsgemäß durchgeführt worden sein. Wann das Widerspruchsverfahren entbehrlich ist, wurde bereits beim Widerspruch besprochen. Ordnungsgemäß durchgeführt wurde das Widerspruchsverfahren nach hM immer dann, wenn der Widerspruchsführer den Widerspruch form- und fristgerecht eingelegt hat und die Widerspruchsbehörde einen ablehnenden Widerspruchsbescheid erlassen hat.[715]

915 Schließlich ist die erforderliche **Klagefrist** einzuhalten. Gemäß § 74 VwGO muss die Klage innerhalb eines Monats nach Zustellung des Widerspruchsbescheids bzw., wenn ein Vorverfahren nicht erforderlich ist,[716] einen Monat nach Bekanntgabe des Verwaltungsaktes erhoben werden. Die Frist berechnet sich gem. §§ 57 II VwGO, 222 ZPO nach den §§ 187, 188, 193 BGB. Damit ergeben sich für die Berechnung die gleichen Grundsätze wie beim Widerspruch. Die Klagefrist beginnt nicht zu laufen, wenn dem Widerspruchsbescheid keine Rechtsbehelfsbelehrung beigefügt war (§ 58 I VwGO). Auch bezüglich der Klagefrist besteht die Möglichkeit der Wiedereinsetzung in den vorigen Stand (§ 60 VwGO).

b) Begründetheit

916 Begründet ist die Anfechtungsklage, wenn sie gegen den richtigen Klagegegner (§ 78 VwGO) gerichtet wurde[717] und die Voraussetzungen des § 113 I VwGO, also Rechtswidrigkeit des Verwaltungsaktes **und** Rechtsverletzung des Klägers, gegeben sind. Welcher Zeitpunkt dafür maßgeblich ist, ist umstritten. Grundsätzlich ist für die Feststellung der Rechtswidrigkeit auf den Zeitpunkt der letzten Verwaltungsentscheidung abzustellen,[718] die erforderliche Rechtsverletzung muss aber noch im Zeitpunkt der letzten mündlichen Verhandlung vor Gericht bestehen.[719] Überprüft wird vom Gericht gemäß § 79 I Nr. 1 VwGO im Regelfall der Verwaltungsakt in der Gestalt, den er durch den Widerspruchsbescheid gefunden hat. Änderungen des ursprünglichen Verwaltungsaktes durch die Widerspruchsbehörde werden also mitgeprüft. Anders ist es, wenn mit der Klage allein der Widerspruchsbescheid angegriffen wird. Nach § 79 I Nr. 2 VwGO ist dies dann möglich, wenn der Widerspruchsbescheid erstmals eine Beschwer enthält. Nach § 79 II VwGO ist der Widerspruchsbescheid außerdem dann alleiniger Klagegegenstand, wenn der Kläger sich nur gegen eine zusätzliche Beschwer durch den Widerspruchsbescheid wehren will.

Beispiele: Unternehmer U wird die beantragte Baugenehmigung zunächst versagt, von der Widerspruchsbehörde auf seinen Widerspruch hin dann doch erteilt; Gegenstand der Klage eines Nachbarn gegen die Baugenehmigung ist allein der Widerspruchsbescheid (§ 79 I Nr. 2 VwGO). Gegen Unternehmer U erging wegen Verstoßes gegen das BImSchG eine Stilllegungsanordnung für einen Teil seines Betriebs; wenn die Widerspruchsbehörde im Widerspruchsbescheid die Stilllegung auf

714 → Rn. 888 ff.

715 Fehler des Widerspruchsverfahrens, die nicht dem Widerspruchsführer zuzurechnen sind, lassen die ordnungsgemäße Durchführung des Widerspruchsverfahrens dagegen unberührt; vgl. zum Ganzen *Kopp/Ramsauer* Vorbem. § 68 VwGO Rn. 7.

716 Vgl. § 68 I 2 VwGO und → Rn. 886.

717 Zum Problem, ob § 78 VwGO auch die zur Zulässigkeit gehörende sog. passive Prozessführungsbefugnis regelt, vgl. *Detterbeck* ÖffR Rn. 1392.

718 BVerwGE 34, 155; zu Ausnahmen, wenn es ein sog. Dauerverwaltungsakt ist vgl.BVerwG NJW 1986, 1187.

719 *Frenz* Rn. 729 ff.

den gesamten Betrieb ausdehnt, kann U gemäß § 79 II VwGO seine Anfechtungsklage auf diese Verschlechterung seiner Rechtsposition beschränken.

Bei erfolgreicher Anfechtungsklage hebt das Verwaltungsgericht durch Urteil den angegriffenen Bescheid auf. Hat die Klage keinen Erfolg, wird sie zurückgewiesen und der Kläger muss nach § 154 I VwGO die Kosten des Verfahrens tragen. Nach Maßgabe der §§ 124 ff. VwGO kann er das Urteil des Verwaltungsgerichts mit der Berufung angreifen, nach § 134 VwGO unter bestimmten Umständen sogar gleich mit der Revision (sog. Sprungrevision).[720] 917

Zusammenfassend ergibt sich für die Überprüfung einer Anfechtungsklage damit der in Übersicht 49 dargelegte Prüfungsablauf.[721] 918

Übersicht 49:

Prüfung einer Anfechtungsklage

I. Zulässigkeit
   1. Eröffnung des Verwaltungsrechtswegs (§ 40 I VwGO)
   2. Richtige Klageart (§ 42 I VwGO): => Aufhebung eines Verwaltungsaktes begehrt?
   3. Ordnungsgemäße Durchführung eines Widerspruchsverfahrens gem. § 68 ff. VwGO
   4. Klagebefugnis (§ 42 II VwGO)
   5. Klagefrist (§ 74 VwGO)
   6. Sonstige klageartunabhängige Zulässigkeitsvoraussetzungen[722]

II. Begründetheit
   1. Richtiger Klagegegner (§ 78 VwGO)
   2. Rechtswidrigkeit des angegriffenen Verwaltungsaktes
      a) formelle Rechtmäßigkeit insbes. Zuständigkeit, Verfahren und Form
      b) materielle Rechtmäßigkeit
         aa) Voraussetzung der einschlägigen Befugnisnorm erfüllt
         bb) ggf. ordnungsgemäße Ermessensausübung
         cc) Vereinbarkeit mit höherrangigem Recht, insbes. Bestimmtheitsgrundsatz
   3. Rechtsverletzung des Klägers

Eine Besonderheit stellt die Zulässigkeit der Anfechtungsklage gemäß **§ 75 VwGO** (sog. **Untätigkeitsklage**) dar. Danach kann die Anfechtungsklage ausnahmsweise vor 919

720 Näher zu Berufung und Revision im Verwaltungsprozessrecht vgl. *Schenke* VerwProzR Rn. 1122 ff.

721 Vgl. auch *Detterbeck* ÖffR Rn. 1467; *Tettinger/Wahrendorf* VerwProzR § 17 Rn. 26 f.; *WKSZ* ÖffR/EuropaR 524.

722 → Rn. 909.

Abschluss eines Vorverfahrens erhoben werden, wenn ohne hinreichenden Grund über den Widerspruch nicht innerhalb angemessener Frist entschieden wurde. Diese Form der Anfechtungsklage hat in der Praxis allerdings geringe Bedeutung.[723]

3. Zulässigkeit und Begründetheit der Verpflichtungsklage (§ 42 I 2. Alt. VwGO)

920 Die Verpflichtungsklage ist die richtige Klageart, wenn es dem Kläger darum geht, den Erlass eines abgelehnten oder unterlassenen Verwaltungsaktes zu erreichen. Ihre Abgrenzung zur gerade besprochenen Anfechtungsklage ergibt sich aus Übersicht 50.

Übersicht 50: Abgrenzung von Anfechtungs- und Verpflichtungsklage

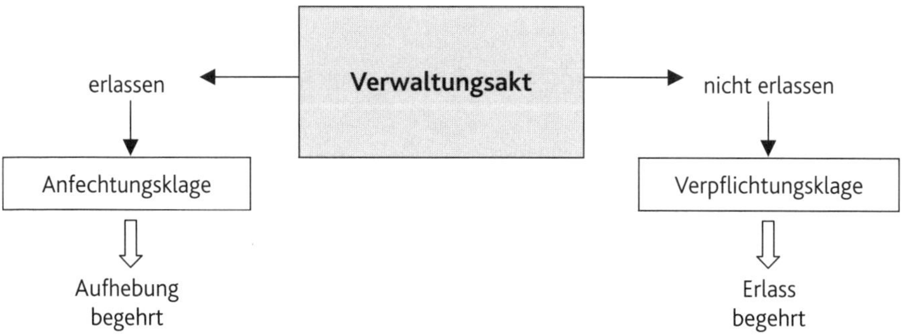

a) Zulässigkeit

921 Die Verpflichtungsklage ist grundsätzlich unter den gleichen Voraussetzungen **zulässig** wie eine Anfechtungsklage. Besonderheiten ergeben sich nur bei der Klagebefugnis. Hier muss sich der Kläger bei der Verpflichtungsklage auf eine Vorschrift berufen, die ihm einen Anspruch auf den begehrten Verwaltungsakt vermittelt.

922 Schwierig kann die Abgrenzung zwischen Anfechtungs- und Verpflichtungsklage sein, wenn sich der Kläger gegen **Nebenbestimmungen** in einem Verwaltungsakt[724] wenden will. Es stellt sich hier die Frage, ob der Betroffene allein gegen die Nebenbestimmung vorgehen kann (Anfechtungsklage) oder ob er auf Erlass eines nebenbestimmungsfreien Verwaltungsaktes klagen muss (Verpflichtungsklage). Bei echten Auflagen kann der Betroffene nach hM die Auflage mit der Anfechtungsklage angreifen, während er bei modifizierenden Auflagen[725] eine Verpflichtungsklage (Begehren auf Erlass eines Verwaltungsaktes ohne Nebenbestimmung) erheben müsste.[726]

923 ■ Zur Übung: A beantragt eine Gaststättenerlaubnis. Diese wird erteilt, aber mit der Maßgabe, dass A maximal 300 Personen in die Gaststätte einlassen darf. Mit welcher Klage müsste A gegen die Gaststättenerlaubnis vorgehen?

▶ A kann gegen diese Bestimmung, die eine echte Auflage darstellt, mit der Anfechtungsklage vorgehen.

723 Wolff/Decker/*Decker* § 75 Rn. 2.
724 → Rn. 790 ff.
725 Zum Begriff → Rn. 792.
726 Näher zum Ganzen *Hufen* VerwProzR § 14 Rn. 67; *Schomerus/Hobro* VerwR S. 64 f.; *Sturm*, Isolierter Rechtsschutz gegen Nebenbestimmungen, VR 2004, 15.

Gegenbeispiel: U beantragt die Genehmigung für den Bau eines Hauses mit Flachdach, er bekommt die Genehmigung für ein Haus mit Satteldach; hier muss U Verpflichtungsklage erheben, wenn er weiter ein Flachdach bauen will, weil er letztendlich einen anderen Genehmigungsinhalt erreichen will.

b) Begründetheit

Begründet ist die Verpflichtungsklage, wenn sie gegen den richtigen Klagegegner gerichtet wurde und die Voraussetzungen des **§ 113 V VwGO** (bitte lesen) vorliegen. Danach hat die Klage Erfolg, wenn die Verweigerung des begehrten Verwaltungsaktes rechtswidrig war und der Kläger dadurch in seinen subjektiven Rechten verletzt wird. 924

Für die Rechtswidrigkeit der behördlichen Verweigerung und das Vorliegen einer Rechtsverletzung ergeben sich gegenüber der Anfechtungsklage an sich keine Besonderheiten. Allerdings kann man in den Mittelpunkt der Begründetheitsprüfung auch die Frage stellen, ob der Kläger auf den begehrten Verwaltungsakt einen Anspruch hat.[727] 925

Bei der Entscheidung über eine erfolgreiche Verpflichtungsklage ist zu beachten, dass das Gericht als Organ der Judikative den begehrten Verwaltungsakt nicht selbst erlassen kann. Es kann wegen des Grundsatzes der Gewaltenteilung daher nur das Exekutivorgan verpflichten, den gewünschten Verwaltungsakt an den Kläger zu erlassen (vgl. § 113 V 1 VwGO). Ein solches sog. **Vornahmeurteil** ist aber nur möglich, wenn die Sache spruchreif ist. Die **Spruchreife** fehlt, wenn die Entscheidung über den Anspruch des Klägers auf Erlass des Verwaltungsaktes noch von weiteren Prüfungen der zuständigen Behörde abhängt. Ist das der Fall, zB weil die Behörde ein Ermessen hat oder weil sie noch Ermittlungen zum Sachverhalt anstellen muss,[728] ergeht »nur« ein sog. **Bescheidungsurteil** (§ 113 V 2 VwGO). Das Gericht verpflichtet die zuständige Behörde dann dazu, über den Antrag auf Erlass des Verwaltungsaktes neu zu entscheiden. Die Behörde muss dabei die Rechtsauffassung des Gerichts beachten. 926

Beispiel: Das Verwaltungsgericht stellt fest, dass die Voraussetzungen des § 6 BImSchG für die beantragte Anlagengenehmigung vorliegen; es wird die zuständige Behörde zum Erlass der Genehmigung verpflichten, da nach § 6 BImSchG beim Vorliegen der Genehmigungsvoraussetzungen die Genehmigung zu erteilen ist. Stellt das Gericht dagegen fest, dass die Behörde nicht hinreichend geprüft hat, ob die Genehmigung erteilt werden kann, wenn man dem Antragsteller bestimmte Auflagen macht, wird das Gericht die Behörde nur verpflichten, über den Genehmigungsantrag neu zu entscheiden.

Bei mangelndem Erfolg der Verpflichtungsklage gilt das zur Anfechtungsklage Gesagte entsprechend. 927

Zusammenfassend ergibt sich für die Überprüfung einer Verpflichtungsklage der in Übersicht 51 angegebene Prüfungsablauf.[729] 928

727 Näher zu diesem sog. Anspruchsaufbau *WKSZ* ÖffR/EuropaR S. 527.

728 *Sodan/Ziekow* GK ÖffR § 99 Rn. 7.

729 Vgl. auch *Oberrath/Schmidt/Schomerus* ÖffWirtschaftsR S. 109/110 und *Sodan/Ziekow* GK ÖffR § 99 Rn. 1; zum Prüfungsablauf beim sog. Anspruchsaufbau vgl. *Tettinger/Wahrendorf* VerwProzR § 17 Rn. 28 f. oder *WKSZ* ÖffR/EuropaR S. 527.

Übersicht 51:

Prüfung einer Verpflichtungsklage
I. Zulässigkeit 1. Eröffnung des Verwaltungsrechtswegs (§ 40 I VwGO) 2. Richtige Klageart (§ 42 II VwGO): => Erlass eines Verwaltungsaktes begehrt? 3. Ordnungsgemäße Durchführung des Widerspruchsverfahrens gem. §§ 68 ff. VwGO 4. Klagebefugnis (§ 42 II VwGO) 5. Klagefrist (§ 74 VwGO) 6. Sonstige klageartunabhängige Zulässigkeitsvoraussetzungen[730]
II. Begründetheit 1. Richtiger Klagegegner (§ 78 VwGO) 2. Rechtswidrigkeit der Ablehnung/Unterlassung des Erlasses des begehrten Verwaltungsaktes: a) formelle Rechtmäßigkeit des Ablehnungsbescheids, insbesondere Zuständigkeit, Verfahren und Form b) materielle Rechtmäßigkeit der Ablehnung bzw. Unterlassung aa) Voraussetzung der Anspruchsnorm bb) ggf. ordnungsgemäße Ermessensausübung der Behörde cc) Vereinbarkeit der Ablehnung/Unterlassung des VA-Erlasses mit höherrangigem Recht, 3. Rechtsverletzung des Klägers 4. Spruchreife (sofern Kläger Vornahmeurteil begehrt)

929 Hinzuweisen ist noch darauf, dass auch bei der Verpflichtungsklage § 75 VwGO gilt, sodass eine direkte Klagemöglichkeit besteht, wenn über den Antrag auf Erlass eines VA nicht in angemessener Frist entschieden wurde.

930 Zum Abschluss noch ein Beispielsfall, in dem Sie das zur Verpflichtungsklage Erlernte anwenden können:

Übungsfall 16	
Schluck hat eine Gaststättenerlaubnis beantragt. Diese wird abgelehnt. In der Begründung steht, dass zwar an sich alle Voraussetzungen für eine Gaststättenerlaubnis vorlägen, es in der Stadt, in der Schluck seine Gaststätte eröffnen möchte, jedoch schon genug Kneipen gäbe. Ein Widerspruch des Schluck gegen die Versagung scheitert. Schluck meint, dass diese beiden Bescheide falsch wären, da sie nicht mit § 4 GastG in Einklang ständen. Er erhebt daher Klage zum Verwaltungsgericht mit der Bitte, die Behörde zum Erlass der Gaststättenerlaubnis zu verurteilen. Hat die Klage Aussicht auf Erfolg?	

730 → Rn. 909.

■ Bevor Sie die Falllösung lesen, versuchen Sie, zunächst selbst eine ausformulierte Lösung zu erstellen. Dass Sie das Gaststättenrecht noch nicht kennen, steht dem nicht im Wege. Es genügt insoweit, wenn Sie sich die Vorschrift des § 4 GastG durchlesen. 931

▶ **Lösung:** Die Klage des Schluck hat Aussicht auf Erfolg, wenn sie zulässig und begründet ist.

a) Zulässigkeit:

aa) Zunächst müsste der Verwaltungsrechtsweg gemäß § 40 I VwGO eröffnet sein, also eine öffentlich-rechtliche Streitigkeit vorliegen. Der vorliegende Streit ist nach Gaststättenrecht, also nach öffentlich-rechtlichen Normen zu entscheiden. Damit liegt nach der neueren Subjektstheorie eine öffentlich-rechtliche Streitigkeit vor. Für das Vorliegen einer verfassungsrechtlichen Streitigkeit oder einer abdrängenden Sonderzuweisung ist nichts ersichtlich. Damit ist der Verwaltungsrechtsweg eröffnet.

bb) Weiter müsste Schluck die richtige Klageart gewählt haben. Schluck geht es darum, die abgelehnte Gaststättenerlaubnis erteilt zu bekommen. Diese stellt eine hoheitliche Maßnahme einer Behörde zur Regelung eines Einzelfalles mit Außenwirkung, also einen Verwaltungsakt im Sinne von § 35 VwVfG, dar. Schluck begehrt also den Erlass eines Verwaltungsaktes, sodass die Verpflichtungsklage nach § 42 I 2. Alt. VwGO die richtige Klageart ist.

cc) Weitere Zulässigkeitsvoraussetzung ist, dass das nach § 68 II VwGO erforderliche Widerspruchsverfahren ordnungsgemäß durchgeführt wurde. Nach dem Sachverhalt war das der Fall.

dd) Weiter müsste Schluck klagebefugt sein (§ 42 II VwGO), also geltend machen, durch die Versagung der Gaststättenerlaubnis in eigenen Rechten verletzt zu sein. Schluck hat nach § 4 I GastG einen Anspruch auf Erteilung der Gaststättenerlaubnis, soweit kein Versagungsgrund vorliegt. Damit erscheint eine Verletzung seiner Rechte zumindest möglich.

ee) Schließlich müsste die Klage formgerecht (§§ 81, 82 VwGO) und innerhalb eines Monats nach Bekanntgabe des Versagungsbescheides an Schluck eingelegt worden sein (§ 74 VwGO). Vom Vorliegen dieser Voraussetzungen ist auszugehen, da dem Sachverhalt keine entgegenstehenden Anhaltspunkte zu entnehmen sind.

ff) Gleiches gilt für die Erfüllung der sonstigen klageartunabhängigen Zulässigkeitsvoraussetzungen.

Die Klage ist also zulässig.

b) Begründetheit der Klage:

Gemäß § 113 V VwGO wäre die Klage begründet, wenn die Ablehnung der Gaststättenerlaubnis rechtswidrig und Schluck in seinen Rechten verletzen wäre.

aa) Rechtswidrigkeit des Versagungsbescheides:

- Die formelle Rechtmäßigkeit setzt voraus, dass die zuständige Behörde gehandelt und das notwendige Verfahren sowie die erforderliche Form eingehalten hat. Davon ist mangels entgegenstehender Angaben im Sachverhalt auszugehen.
- Die materielle Rechtmäßigkeit richtet sich nach § 4 GastG (bitte lesen). Danach darf die Gaststättenerlaubnis nur versagt werden, wenn einer der dort genannten

Gründe vorliegt. Die Behörde stützt sich bei der Versagung darauf, dass schon zu viele Gaststätten vorhanden sind. Dieser Grund ist aber in § 4 GastG nicht genannt.

bb) Rechtsverletzung des Schluck: Schluck ist dadurch auch in seinen Rechten verletzt, da ihm der Zugang zu einer beruflichen Tätigkeit ohne gesetzliche Grundlage verweigert wird und er damit in seiner Berufsfreiheit nach Art. 12 GG verletzt wird.

cc) Da § 4 I GastG eine gebundene Entscheidung ist und nicht ersichtlich ist, dass noch weitere Sachverhaltsaufklärung notwendig ist, liegt auch Entscheidungsreife vor. Das Verwaltungsgericht wird die Behörde also zum Erlass der Gaststättenerlaubnis verurteilen.

Ergebnis: Die Klage des Schluck hat Aussicht auf Erfolg, weil sie zulässig und begründet ist.

III. Überblick über weitere Klagearten

932 Neben der schon besprochenen Anfechtungs- bzw. Verpflichtungsklage bestehen weitere Möglichkeiten zur Anrufung der Verwaltungsgerichte. Lesen Sie dazu zunächst die Übersicht 52.

Übersicht 52: Die Klagearten der VwGO

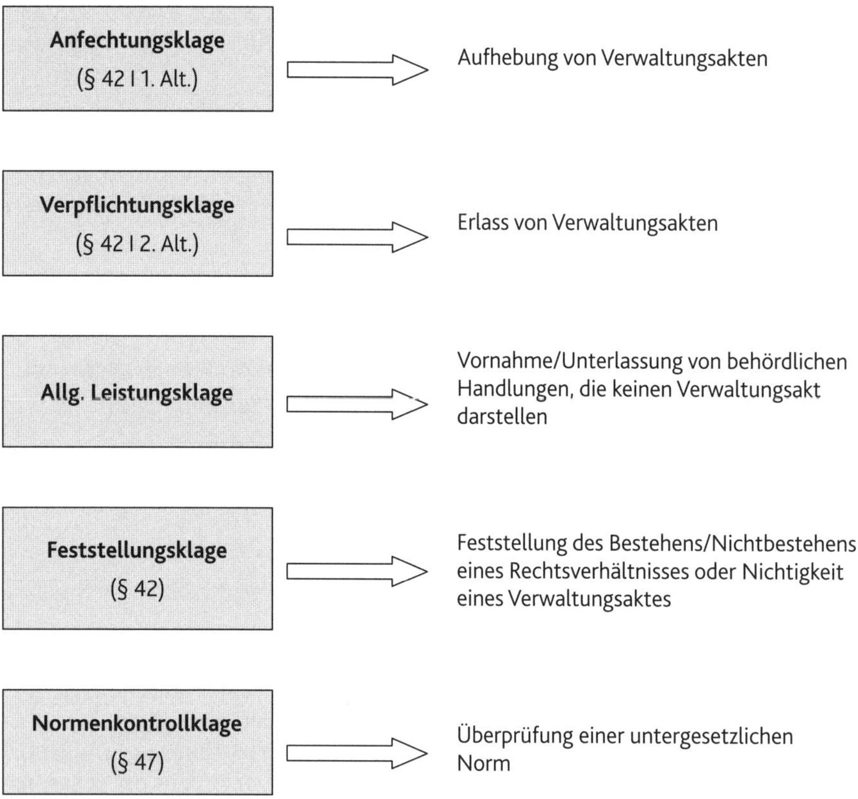

1. Die allgemeine Leistungsklage

Die allgemeine Leistungsklage ist in der VwGO nicht näher geregelt, wird aber zB in § 43 II VwGO erwähnt.[731] Sie dient vor allem dem Bürger zur Erlangung von Rechtsschutz gegenüber staatlichem Verhalten, kann aber auch vom Staat zur Durchsetzung von Ansprüchen gegen den Bürger erhoben werden. 933

> **Beispiel:** Bauherr B hat sich in einem öffentlich-rechtlichen Vertrag verpflichtet, anstelle der Errichtung von Stellplätzen eine bestimmte Geldsumme an die Stadt zu zahlen.[732] Wenn B nicht zahlt, muss die Stadt gegen ihn eine Leistungsklage vor dem Verwaltungsgericht erheben.

Dem Bürger dient die Leistungsklage dazu, Maßnahmen einer Behörde zu erlangen oder abzuwehren, die nicht als Verwaltungsakt zu qualifizieren sind. Die erste Variante lässt sich als Vornahmeklage, die zweite als Abwehrklage bezeichnen. 934

> **Beispiele:** Ein Unternehmer hat einen positiven Subventionsbescheid erhalten, die tatsächliche Auszahlung des Geldes kann er mit der allgemeinen Leistungsklage durchsetzen, soweit sie sich nach öffentlichem Recht richtet (Vornahmeklage); ein Unternehmer möchte erreichen, dass eine Behörde es unterlässt, eine Warnung vor einem seiner Produkte auszusprechen (Abwehrklage).

Für die **Zulässigkeit** der allgemeinen Leistungsklage ist neben der Eröffnung des Verwaltungsrechtswegs (§ 40 VwGO) nach hM vor allem eine Klagebefugnis entsprechend § 42 II VwGO erforderlich.[733] Das bedeutet, dass der Kläger geltend machen muss, durch das Verwaltungshandeln bzw. Unterlassen in subjektiven Rechten verletzt zu sein. Nicht erforderlich sind dagegen die Durchführung eines Vorverfahrens und die Einhaltung einer bestimmten Frist. 935

Begründet ist die allgemeine Leistungsklage, wenn der Kläger einen Anspruch darauf hat, dass die betreffende Maßnahme unterbleibt bzw. vorgenommen wird. Dies ist immer dann der Fall, wenn das entgegengesetzte Verwaltungshandeln rechtswidrig ist. 936

Damit ergibt sich für die Überprüfung einer allgemeinen Leistungsklage der in Übersicht 53 dargestellte Prüfungsablauf.[734] 937

731 Vgl. auch *Detterbeck* ÖffR Rn. 1427 ff.
732 → Rn. 732.
733 *Sodan/Ziekow* GK ÖffR § 101 Rn. 5.
734 Ein ausführliches Prüfungsschema bieten *Oberrath/Schmidt/Schomerus* ÖffWirtschaftsR S. 119/120; *Sodan/Ziekow* GK ÖffR § 100 Rn. 1.

Übersicht 53:

Prüfung einer Leistungsklage
I. Zulässigkeit 1. Eröffnung des Verwaltungsrechtswegs (§ 40 I VwGO) 2. Richtige Klageart: ⇒ Abwehr oder Begehren eines Verwaltungshandelns, das nicht als Verwaltungsakt zu qualifizieren ist 3. Klagebefugnis (§ 42 II VwGO analog): ⇒ Möglichkeit des Bestehens eines Anspruchs auf Unterlassen bzw. Vornahme eines bestimmten Verwaltungshandelns 4. Sonstige klageartunabhängige Zulässigkeitsvoraussetzungen[735]
II. Begründetheit (+), wenn Anspruch auf Unterlassen bzw. Vornahme des Verwaltungshandelns tatsächlich besteht.

938 ■ Zum Abschluss ein kleiner Test: Z betreibt eine Zoohandlung. Die zuständige Behörde hat aufgrund eines entsprechenden Bescheids mehrere exotische Tiere beschlagnahmt, weil ihr Verkauf durch Z gegen Naturschutzrecht verstieße. Nach Aufhebung des Bescheids durch die Widerspruchsbehörde verlangt Z von der Behörde die Tiere heraus. Die Behörde reagiert nicht. Hätte eine allgemeine Leistungsklage des Z auf Herausgabe der Tiere Aussicht auf Erfolg?

▶ Z hätte Erfolg, wenn die Klage zulässig und begründet wäre. Sie ist zulässig, weil der Verwaltungsrechtsweg eröffnet ist (Streit um Naturschutzrecht, also öffentliches Recht), Z einen Realakt und keinen Verwaltungsakt begehrt und Z sich auf die Verletzung seines Eigentums (Art. 14 GG) berufen kann. Sie wäre auch begründet, da die Verweigerung der Herausgabe rechtswidrig ist, da, aufgrund der Aufhebung des Beschlagnahmebescheids, kein Rechtsgrund mehr besteht, dem Z seine Tiere vorzuenthalten.

2. Die Feststellungsklage (§ 43 VwGO)

939 Die Feststellungsklage verfolgt das Ziel, durch das Verwaltungsgericht das Bestehen oder Nichtbestehen eines Rechtsverhältnisses oder die Nichtigkeit eines Verwaltungsaktes feststellen zu lassen. Mit Rechtsverhältnis ist dabei eine öffentlich-rechtliche Rechtsbeziehung gemeint, die aufgrund eines konkreten Sachverhalts zwischen einer Person und einer Sache oder zwischen mehreren Personen besteht.[736]

Beispiele: Gegenstände einer Feststellungsklage können sein: die Feststellung, dass ein bestimmtes Grundstück, auf dem bereits Arbeiten durchgeführt wurden, nicht bebaubar ist oder, dass ein Selbstständiger für eine bestimmte Tätigkeit keiner Eintragung in die Handwerksrolle bedarf; nicht zulässig wäre die Feststellungsklage nach hM dagegen, wenn ohne konkrete Auswirkung auf den Kläger die Ungültigkeit einer Rechtsnorm festgestellt werden soll.

735 → Rn. 909.

736 *Ipsen* VerwR AT § 18 Rn. 1114.

Nach § 43 II 1 VwGO kann eine Feststellungsklage nur erhoben werden, wenn der Kläger sein Ziel nicht durch Gestaltungs- oder Leistungsklage verfolgen kann oder hätte verfolgen können (sog. **Subsidiarität der Feststellungsklage**). Eine Feststellungsklage ist also nicht zulässig, wenn eine Anfechtungs-, eine Verpflichtungs- oder eine allgemeine Leistungsklage in Betracht kommt. 940

Beispiel: Eine Klage auf Feststellung der Bebaubarkeit eines bestimmten Grundstücks wäre nicht möglich. Der Kläger kann sein Ziel auch mit einer Verpflichtungsklage bezüglich der Erteilung einer Baugenehmigung erreichen.

Eine Ausnahme vom Grundsatz der Subsidiarität der Feststellungsklage macht § 43 II 2 VwGO für die Feststellung der **Nichtigkeit eines Verwaltungsaktes**. Darüber hinaus soll der Subsidiaritätsgrundsatz nach der Rechtsprechung nicht gelten, wenn statt der Feststellungsklage nur die allgemeine Leistungsklage in Betracht käme und Klagegegner die öffentliche Hand ist.[737] In dem obigen Beispielsfall zur allgemeinen Leistungsklage[738] hätte Z danach also auch eine Feststellungsklage erheben können. Die Literatur lehnt diese Rechtsprechung unter Hinweis auf den Wortlaut des § 43 II VwGO weitgehend ab.[739] 941

Abgesehen von § 43 II VwGO ist die Feststellungsklage nur **zulässig,**[740] wenn der Verwaltungsrechtsweg eröffnet ist (§ 40 VwGO), eine Rechtsverletzung des Klägers möglich erscheint (Klagebefugnis analog § 42 II VwGO)[741] und der Kläger gem. § 43 I VwGO ein besonderes Interesse an der baldigen Feststellung geltend macht. Dieses sog. **Feststellungsinteresse** ist nur zu bejahen, wenn an der gewünschten Feststellung ein schutzwürdiges Interesse rechtlicher, wirtschaftlicher oder sonstiger Art besteht.[742] Notwendig ist dabei jeweils, dass das betreffende Interesse von der Rechtsordnung geschützt wird. 942

Beispiel: An der oben erwähnten Feststellung der nicht erforderlichen Eintragung in die Handwerksrolle besteht ein rechtliches Interesse, da bei Entbehrlichkeit der Eintragung bestimmte Pflichten nicht bestehen.

Begründet ist eine Feststellungsklage, wenn das fragliche Rechtsverhältnis besteht (positive Feststellungsklage) oder nicht besteht (negative Feststellungsklage) bzw. der betreffende Verwaltungsakt nichtig ist. 943

Beispiel: Die Klage auf Feststellung, dass eine Eintragung in die Handwerksrolle nicht erforderlich ist, wäre begründet, wenn der Gewerbetreibende kein Handwerk iSd HandwO betreiben würde (vgl. § 1 I HandwO).

Zusammenfassend lassen sich die genannten Punkte nach dem in Übersicht 54 dargelegten Ablaufschema prüfen.[743] 944

737 BVerwG DVBl. 2001, 393.
738 → Rn. 938.
739 *Sodan/Ziekow* GK ÖffR § 101 Rn. 8.
740 Vgl. auch *Kunig*, Die Zulässigkeit verwaltungsrechtlicher Feststellungsklagen, Jura 1997, 926 ff.
741 So jedenfalls die Rechtsprechung; vgl. zB BVerwG UPR 2000, 460 ff.; vgl. auch *Tettinger/Wahrendorf* VerwProzR § 19 Rn. 13.
742 BVerwG NVwZ 1991, 470.
743 Siehe auch *Oberrath/Schmidt/Schomerus* ÖffWirtschaftsR S. 123/124; *WKSZ* ÖffR/EuropaR S. 533.

Übersicht 54:

Prüfung einer Feststellungsklage
I. Zulässigkeit 1. Eröffnung des Verwaltungsrechtsweges (§ 40 I VwGO) 2. Richtige Klageart: ⇒ a) Begehren auf Feststellung des Bestehens oder Nichtbestehens eines Rechtsverhältnisses bzw. der Nichtigkeit eines Verwaltungsaktes b) Keine Subsidiarität (§ 43 II 1 VwGO) 3. Klagebefugnis (§ 42 II VwGO analog): ⇒ Möglichkeit einer eigenen Rechtsverletzung des Klägers 4. Feststellungsinteresse (§ 43 I VwGO) 5. Sonstige klageartunabhängige Zulässigkeitsvoraussetzungen[744]
II. Begründetheit (+), wenn das behauptete Rechtsverhältnis tatsächlich besteht oder nicht besteht bzw. der betreffende Verwaltungsakt nichtig ist.

3. Die Normenkontrolle (§ 47 VwGO)

945 Die Klagemöglichkeit nach § 47 VwGO betrifft die Überprüfung eines Gesetzes im materiellen Sinne durch das Oberverwaltungsgericht bzw. den Verwaltungsgerichtshof. Es handelt sich dabei um eine sog. abstrakte Normenkontrolle, da kein konkreter Rechtsstreit für die Überprüfung notwendig ist. Die Normenkontrolle nach § 47 VwGO ist für eine natürliche oder juristische Person neben der Verfassungsbeschwerde die einzige Möglichkeit, eine Rechtsnorm unmittelbar zur Überprüfung durch ein Gericht zu stellen.

946 ■ Warum ist diese Aussage richtig? Haben Sie nicht im Verfassungsrecht weitere Möglichkeiten zur Kontrolle von Rechtsnormen kennen gelernt?

▶ Die Aussage ist richtig. Zwar gibt es nach Art. 93 I Nr. 2 und 100 GG zwei weitere Verfahren, die die Überprüfung von Rechtsnormen zum Gegenstand haben.[745] Jedoch können diese Verfahren nur von bestimmten Verfassungsorganen (Art. 93 I Nr. 2 GG) bzw. einem Gericht (Art. 100 GG) initiiert werden.

947 Allerdings kann Gegenstand des Verfahrens nach § 47 I VwGO nur eine **untergesetzliche Rechtsvorschrift** sein. Gesetze im formellen Sinne (Parlamentsgesetze) können über § 47 VwGO nicht überprüft werden. Aber auch für die untergesetzlichen Vorschriften bestehen Einschränkungen. Gegenstand des Antrags nach § 47 VwGO können nämlich nur sein:

- Bauplanungsrechtliche Normen (§ 47 I Nr. 1 VwGO), dh in erster Linie Bebauungspläne (§ 10 BauGB).

744 → Rn. 909.
745 → Rn. 117 bzw. → Rn. 120.

- Untergesetzliche Rechtsvorschriften eines Bundeslandes, soweit der Landesgesetzgeber dies zugelassen hat (§ 47 I Nr. 2 VwGO): nach der jetzigen Rechtslage ist aufgrund der jeweiligen Ausführungsgesetze zur VwGO in allen Bundesländern bis auf NRW, Berlin und Hamburg die Normenkontrolle nach § 47 VwGO für untergesetzliches Landesrecht zugelassen;[746] damit können dort vor allem landesrechtliche Rechtsverordnungen und kommunale Satzungen mit der Normenkontrolle angegriffen werden.

Soweit ein zulässiger Antragsgegenstand vorliegt, kann der Antrag nach § 47 VwGO von Behörden sowie von juristischen und natürlichen Personen gestellt werden. Bei den natürlichen bzw. juristischen Personen ist allerdings erforderlich, dass sie durch die angegriffene Norm oder deren Anwendung in ihren subjektiven Rechten verletzt sind oder in absehbarer Zeit verletzt werden (§ 47 II u. IIa VwGO). Ob dies der Fall ist, ist nach den zu § 42 II VwGO dargestellten Grundsätzen zu prüfen.[747] Anders als nach der bis 1996 geltenden alten Gesetzesfassung reicht damit eine bloße Interessenbeeinträchtigung nicht mehr aus.[748] 948

Beispiel: Gastwirt G betreibt am Ortsrand einer Gemeinde ein beliebtes Ausflugslokal. Diese Gemeinde erlässt einen Bebauungsplan, wonach in nur 500 Metern Entfernung von G's Lokal ein Industriegebiet ausgewiesen wird. G befürchtet, dass durch die neue Nachbarschaft der Zustrom zu seinem Lokal abnehmen wird, und will gegen den Bebauungsplan vorgehen. Ein entsprechender Antrag wäre unzulässig, da eine Rechtsverletzung des G nicht ersichtlich ist. Insbesondere wird Art. 14 GG nicht berührt, da dieser bloße Erwerbschancen nicht schützt.[749]

Weitere Zulässigkeitsvoraussetzungen sind die Einhaltung einer Frist von einem Jahr ab Bekanntmachung der Norm (§ 47 II VwGO)[750] und das Bestehen eines allgemeinen Rechtsschutzbedürfnisses. Dieses fehlt zB, wenn die Antragstellung als bloße Rechthaberei erscheint und irgendwelche Verbesserungen der Rechtsstellung des Antragstellers nicht mehr möglich sind.[751] 949

Begründet ist der Normenkontrollantrag, wenn die angegriffene Norm gegen höherrangiges Recht verstößt. Anders als im Widerspruchsverfahren und bei der Anfechtungs- bzw. Verpflichtungsklage, ist eine Rechtsverletzung des Antragstellers für den Erfolg des Rechtsbehelfs nicht notwendig. Hintergrund ist, dass hier ein staatlicher Akt angegriffen wird, der nicht nur für einen Einzelnen, sondern für die Allgemeinheit Geltung beansprucht. Ein Verstoß gegen höherrangiges Recht liegt vor, wenn die formellen und materiellen Rechtmäßigkeitsvoraussetzungen für die betreffende Norm nicht vorliegen. Stellt das OVG/der VGH einen entsprechenden Fehler fest, erklärt es/er die angegriffene Norm gem. § 47 V 2 VwGO für nichtig. Diese kann also für niemanden mehr Wirkung entfalten (Allgemeinverbindlichkeit der Entscheidung). 950

Beispiel: Ein Bebauungsplan, der unter Missachtung des Abwägungsgebots nach § 1 VI BauGB beschlossen wurde, verstößt gegen höherrangiges Recht und würde in einem Verfahren nach § 47 VwGO für nichtig erklärt werden.

746 *Ipsen* VerwR AT § 18 Rn. 1146.
747 *Sodan/Ziekow* GK ÖffR § 104 Rn. 7.
748 Näher dazu *Löhnig*, Rechtsschutz gegen Bauleitpläne nach § 47 VwGO nF, JuS 1998, 315 ff.
749 → Rn. 252.
750 Die früher geltende Zweijahresfrist wurde zum 1.1.2007 verkürzt. Die Berechnung der Frist richtet sich gemäß § 57 VwGO nach den §§ 187 ff. BGB.
751 BVerwGE 78, 85 f.; DVBl. 2000, 194 ff.

951 Zusammenfassend ergibt sich für die Prüfung eines Normenkontrollantrags der in Übersicht 55 wiedergegebene Prüfungsablauf.[752]

Übersicht 55:

Prüfung eines Antrags nach § 47 VwGO
I. Zulässigkeit des Antrags 1. Eröffnung des Verwaltungsrechtswegs (§ 40 VwGO) 2. Statthaftigkeit => geeigneter Antragsgegenstand gem. § 47 I Nr. 1 oder 2 VwGO? 3. Antragsberechtigung/Beteiligungsfähigkeit (§ 47 II 1): natürliche/juristische Person oder Behörde 4. Antragsbefugnis (§ 47 II 1, IIa VwGO): => Geltendmachung einer Rechtsverletzung? 5. Einhaltung der Antragsfrist gem. § 47 II VwGO 6. Sonstige klageartunabhängige Zulässigkeitsvoraussetzungen[753]
II. Begründetheit des Antrags 1. Richtiger Antragsgegner (§ 47 II 2 VwGO) 2. Nichtigkeit der angegriffenen Norm? => a) formelle Rechtmäßigkeit der Norm, insbes. Zuständigkeit, Einhaltung der Verfahrensvorschriften b) materielle Rechtmäßigkeit der Norm aa) Einhaltung der Norm, die zum Erlass ermächtigt bb) Kein Verstoß gegen höherrangiges Recht

952 ■ Zum Abschluss noch eine Verständnisfrage! Unternehmer U ist der Meinung, er zahle zuviel Abwassergebühren an seine Gemeinde. Die Berechnung der Gebühren sei zwar in Ordnung, aber die Bemessungsgrundlage in der entsprechenden Gemeindesatzung sei fehlerhaft gebildet. Kann U gegen die Satzung vorgehen und wenn nicht, welche Rechtsschutzmöglichkeit hätte U dann?

▶ Nach § 47 I Nr. 2 VwGO kann er mit der Normenkontrolle gegen die Satzung vorgehen, falls dies durch das für ihn geltende Landesrecht zugelassen ist. Wenn ihm dieser Weg nicht offen steht, könnte er gegen einen entsprechenden Gebührenbescheid Widerspruch bzw. nach dessen Erfolglosigkeit Anfechtungsklage erheben. Die Widerspruchsbehörde bzw. das Verwaltungsgericht würden dann prüfen, ob die Satzung als Rechtsgrundlage des Bescheids fehlerhaft ist.

752 Vgl. auch *Schenke* VerwProzR § 24 Rn. 924 oder Wolff/Decker/*Wolff* § 47 VwGO Rn. 6.
753 → Rn. 909.

IV. Der vorläufige Rechtsschutz

Die Entscheidungen über einen Widerspruch bzw. eine Klage nehmen eine gewisse 953
Zeit in Anspruch. Die Verfahren können einige Monate, aber auch ein Jahr oder mehr dauern. Es besteht daher die Notwendigkeit, rechtliche Möglichkeiten zur Verfügung zu stellen, dass während dieser Zeit keine Tatsachen geschaffen werden, die nach Vorliegen der endgültigen Entscheidung nur schwer wieder verändert werden können. Dieses Bedürfnis nach einem sog. vorläufigen Rechtsschutz hat die VwGO in zwei Verfahrensarten berücksichtigt, die im Folgenden kurz vorgestellt werden sollen.[754]

Das eine Verfahren betrifft Verwaltungsakte, die mit Anfechtungswiderspruch 954
oder -klage angegriffen werden, und ist in **§ 80 V VwGO** geregelt. Das andere, die sog. **einstweilige Anordnung** nach § 123 VwGO, ist immer dann einschlägig, wenn ein Verwaltungsakt begehrt wird oder die Situation einer allg. Leistungsklage vorliegt. Die einstweilige Anordnung kommt nach § 123 V VwGO nur dann in Betracht, wenn das Verfahren nach § 80 V VwGO ausscheidet. Zur Abgrenzung der beiden Verfahren lesen Sie bitte zunächst Übersicht 56.

Übersicht 56: Die Möglichkeiten vorläufigen Rechtsschutzes nach der VwGO

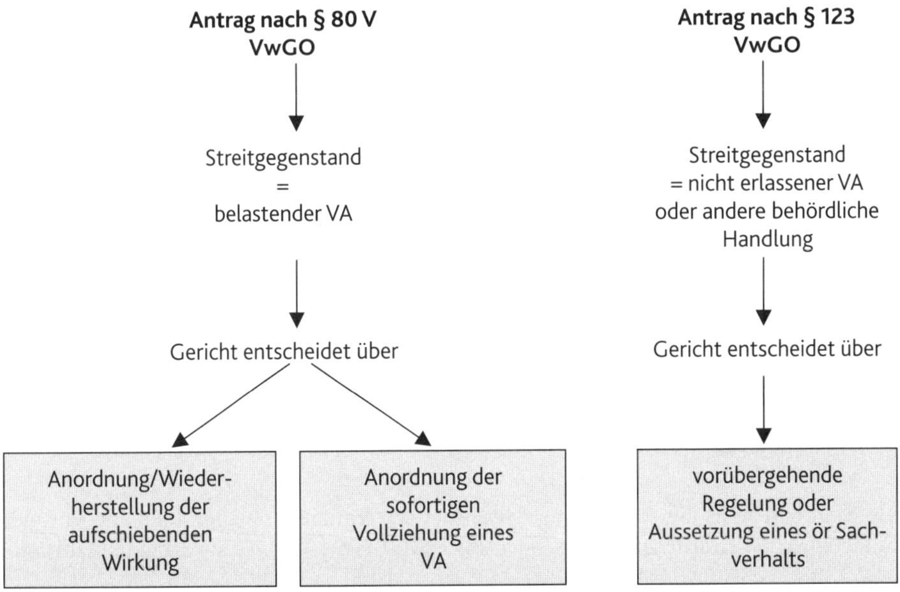

1. Der vorläufige Rechtsschutz nach § 80 V VwGO

a) Die aufschiebende Wirkung von Widerspruch und Anfechtungsklage

Hintergrund der Regelung des § 80 V VwGO ist die Vorschrift des § 80 I VwGO. 955
Danach haben Widerspruch und Anfechtungsklage **aufschiebende Wirkung**. Nach der heute hM heißt das, dass der Vollzug des Verwaltungsaktes gehemmt ist, solange

754 Eine ausführliche Darstellung geben *Brühl*, Vorläufiger Rechtsschutz im Verwaltungsstreitverfahren, JuS 1995, 722 ff. u. 818 ff.; *Huba*, Grundfälle zum vorläufigen Rechtsschutz nach der VwGO, JuS 1990, 983.

die aufschiebende Wirkung besteht.[755] Das bedeutet, dass, solange das Widerspruchs- bzw. Klageverfahren läuft, die Behörde den Verwaltungsakt nicht vollziehen darf und der Begünstigte nicht von ihm Gebrauch machen darf. Nach § 80 I 2 VwGO gilt dies auch für sog. **Verwaltungsakte mit Doppelwirkung**. Das sind solche Verwaltungsakte, die ihren Adressaten begünstigen, Dritte aber belasten.

Beispiel: Unternehmer A erhält eine auf das BImSchG gestützte Anordnung, wonach er verpflichtet ist, zur Vermeidung von Luftverschmutzungen eine Filteranlage einzubauen; solange über seinen Widerspruch bzw. seine Klage nicht rechtskräftig entschieden ist, braucht U gemäß § 80 I 1 VwGO den Filter nicht einzubauen und kann die Behörde die Anordnung nicht durchsetzen. Erhält Unternehmer B eine Anlagengenehmigung nach dem BImSchG (= Verwaltungsakt mit Doppelwirkung, weil die Errichtung der Anlage die Nachbarschaft belasten kann) und legt Nachbar N dagegen Widerspruch ein, darf B, solange über den Widerspruch nicht entschieden ist, mit der Errichtung und dem Betrieb der Anlage nicht beginnen (§ 80 I 2 VwGO).

956 Von diesem Grundsatz der aufschiebenden Wirkung gibt es zahlreiche **Ausnahmen**, die in § 80 II VwGO geregelt sind. Dabei besteht in den Fällen des § 80 II Nr. 1–3 VwGO bei der Anforderung von öffentlichen Abgaben und Kosten, bei unaufschiebbaren Anordnungen von Polizeivollzugsbeamten und in den von Bundes- oder Landesgesetzen angeordneten Fällen von vornherein keine aufschiebende Wirkung.

Beispiele: Keine aufschiebende Wirkung hat danach der Widerspruch gegen einen Steuerbescheid (§ 80 II Nr. 1 VwGO), der Widerspruch gegen die Anordnung eines Polizisten, ein baufälliges Haus zu räumen (§ 80 II Nr. 2 VwGO) und der Widerspruch gegen eine Baugenehmigung (§ 80 II Nr. 3 VwGO iVm § 212a BauGB).

957 Im Fall des § 80 II Nr. 4 VwGO besteht dagegen die aufschiebende Wirkung an sich, wird durch eine Entscheidung der Behörde aber für den konkreten Widerspruch ausgeschlossen. Dieser Fall kommt in der Praxis sehr häufig vor. Die Entscheidung, mit der die Behörde die aufschiebende Wirkung beseitigen kann, wird **Anordnung der sofortigen Vollziehung** genannt. Diese Anordnung wird im Regelfall bereits im Ausgangsbescheid erlassen.

Beispiel: Im obigen Fall der Anordnung zum Einbau eines Filters würde der Tenor des betreffenden Bescheides zB wie folgt aussehen:

1. Unternehmer A ist verpflichtet, bis zum ... in seinen Betrieb in ... eine Filteranlage ... einzubauen.
2. Für die Zuwiderhandlung wird ein Zwangsgeld von ... EUR angeordnet.
3. Die **sofortige Vollziehung** der Anordnung in Ziff. 1 des Bescheides wird angeordnet.
4. Kosten

958 Gelegentlich wird die Anordnung der sofortigen Vollziehung aber auch erst von der Widerspruchsbehörde ausgesprochen, was § 80 II Nr. 4 VwGO ausdrücklich zulässt.

959 Voraussetzung der Anordnung der sofortigen Vollziehung ist, dass das Interesse der Allgemeinheit bzw. das überwiegende Interesse eines Beteiligten an der sofortigen Vollziehbarkeit des Verwaltungsaktes (= **Vollzugsinteresse**) höher einzustufen ist, als das Interesse des Betroffenen an der aufschiebenden Wirkung seines Rechtsbehelfs (**Suspensivinteresse**).[756] Bei der damit gebotenen Interessenabwägung ist zu berücksichtigen, dass nach dem Gesetz der Eintritt der aufschiebenden Wirkung die Regel und ihr Ausschluss die Ausnahme ist. Deswegen müssen die Gründe, die für eine

755 *Schenke* VerwProzR § 25 Rn. 949 ff.
756 *Sodan/Ziekow* GK ÖffR § 106 Rn. 7.

Anordnung der sofortigen Vollziehung sprechen, ganz besonderes Gewicht haben und muss die Behörde in ihrem Bescheid die Gründe für die Anordnung darlegen.

Beispiele: Keine hinreichende Begründung für die Anordnung wäre zB das allgemeine Interesse am Erlass des Bescheides oder die mangelnden Erfolgsaussichten eines Widerspruchs gegen ihn; dagegen würde der Hinweis auf bei Hinausschieben der Vollziehung des Bescheides zu erwartende Gefahren ausreichen; damit könnte im Beispiel mit der Filteranlage die sofortige Vollziehung angeordnet werden, wenn bereits Gesundheitsbeeinträchtigungen der Nachbarn des Betriebs festzustellen waren.

b) Die Anordnung/Wiederherstellung der aufschiebenden Wirkung

§ 80 V VwGO iVm § 80a VwGO regelt den vorläufigen Rechtsschutz für die Fälle, in 960 denen jemand durch das Bestehen oder Nichtbestehen der aufschiebenden Wirkung beeinträchtigt sein kann. Der Betroffene kann sich unmittelbar an das Gericht wenden, das in der Hauptsache über die Anfechtungsklage entscheiden würde. Der in § 80 IV VwGO vorgesehene entsprechende Antrag an die Ausgangs- bzw. Widerspruchsbehörde[757] ist nach hM grundsätzlich keine Zulässigkeitsvoraussetzung für den Antrag nach § 80 V VwGO.[758]

aa) Fallkonstellationen

Im Einzelnen kommt eine Antragstellung nach § 80 V iVm § 80a VwGO in den folgenden vier Konstellationen in Betracht:[759]

- Der von einem Verwaltungsakt Belastete beantragt, die aufschiebende Wirkung 961 seines Rechtsbehelfs anzuordnen (Fälle des § 80 II Nr. 1–3 VwGO) oder wiederherzustellen (§ 80 II Nr. 4 VwGO).

  Beispiel: Widerspruch gegen einen Gebührenbescheid; Widerspruch gegen eine behördliche Anordnung, deren sofortige Vollziehung angeordnet wurde.

- Der von einem Verwaltungsakt Begünstigte beantragt, nachdem ein Dritter den 962 Verwaltungsakt angegriffen hat, dessen sofortige Vollziehung (§ 80a I Nr. 1 VwGO).

  Beispiel: Ein Nachbar legt Widerspruch gegen eine Gaststättenerlaubnis ein, die ein Gastwirt bekommen hat. Der Gastwirt kann versuchen, durch einen Antrag nach § 80 V VwGO iVm § 80a I Nr. 1 VwGO die eingetretene aufschiebende Wirkung wieder beseitigen zu lassen, sodass er die Gaststätte bis zum Abschluss des Verfahrens betreiben darf.

- Ein Dritter, dessen Widerspruch keine aufschiebende Wirkung hat, weil in dem Ver- 963 waltungsakt an den Begünstigten die sofortige Vollziehung angeordnet war, beantragt, dass die aufschiebende Wirkung wiederhergestellt wird (§ 80a I Nr. 2 VwGO).

  Beispiel: Unternehmer U bekommt einen Subventionsbescheid, in dem die sofortige Vollziehung angeordnet ist. Konkurrent K, der Widerspruch eingelegt hat, kann über einen Antrag nach § 80 V VwGO erreichen, dass die Behörde das Geld nicht an U auszahlt, solange das Widerspruchsverfahren läuft.

- Ein Dritter, der durch einen Verwaltungsakt, der seinen Adressaten belastet, be- 964 günstigt wird, beantragt, nachdem der Adressat des Verwaltungsaktes Widerspruch eingelegt hat, die sofortige Vollziehung dieses Verwaltungsaktes (§ 80a II VwGO).

757 Näher zu diesem *Sodan/Ziekow* GK ÖffR § 106 Rn. 8.

758 VGH Mannheim NVwZ 1995, 292; ausführlich dazu und zur gesetzlichen Ausnahme für Abgaben- und Kostenbescheide Wolff/Decker/*Decker* VwGO§ 80 Rn. 55 ff.

759 Vgl. auch *Erbguth* VerwR AT § 19 b Rn. 18 ff.; *Schenke* VerwProzR § 25 Rn. 1012 f.

Beispiel: Gastwirt G hat einen Bescheid bekommen, der die Schließung seines Lokals anordnet. Durch seinen Widerspruch ist die Durchsetzung der Schließung gehemmt. Durch den Antrag nach § 80 V VwGO kann der lärmgeplagte Nachbar N die sofortige Vollziehung des Bescheides und damit die Schließung der Gaststätte erreichen.

965 **bb) Zulässigkeit und Begründetheit eines Antrags**

Ein Antrag nach § 80 V VwGO hat Erfolg, wenn er zulässig und begründet ist:

966 **Zulässig** ist der Antrag nach § 80 V VwGO, wenn in der Hauptsache Anfechtungsklage einzulegen wäre und deren allgemeine Voraussetzungen (insbesondere Eröffnung des Verwaltungsrechtsweges, Klagebefugnis) erfüllt sind. Außerdem gelten die Formvorschriften der §§ 81, 82 VwGO entsprechend. Ob der Antragsteller schon Widerspruch oder Klage erhoben haben muss und ob diese nicht offensichtlich unzulässig sein dürfen, ist umstritten. Bezüglich der Anfechtungsklage stellt § 80 V 2 VwGO klar, dass eine vorherige Anfechtungsklage nicht erforderlich ist. Die wohl hM hält auch die vorhergehende Einlegung des Widerspruchs für nicht erforderlich, soweit die Widerspruchsfrist noch nicht abgelaufen ist.[760] In Hinblick auf den Wortlaut des § 80 V 2 VwGO, der nur auf die Anfechtungsklage abstellt, erscheint das nicht überzeugend.[761]

967 **Begründet** ist der Antrag, wenn das Gericht der Meinung ist, dass das Interesse des Antragstellers an der aufschiebenden Wirkung bzw. der sofortigen Vollziehung höher einzustufen ist als das entgegenstehende Interesse der Allgemeinheit oder eines anderen Beteiligten. Dabei trifft das Gericht eine völlig eigenständige Entscheidung, die von der Abwägung, die die Ausgangsbehörde ggf. vorgenommen hat, völlig unabhängig ist.[762]

968 Wesentlicher Maßstab des Gerichts ist dabei die Frage, ob der Rechtsbehelf in der Hauptsache Erfolg haben wird. Das Gericht prüft Zulässigkeit und Begründetheit dieses Rechtsbehelfs aber nicht in vollem Umfange, sondern nimmt nur eine entsprechende Prognose vor (= sog. **summarische Prüfung**).[763] Kommt es dabei zu keinem eindeutigen Ergebnis, nimmt das Gericht eine Interessenabwägung vor, in dem es die Folgen, die die Entscheidung im Verfahren des vorläufigen Rechtsschutzes für die Beteiligten hätte, bewertet.[764]

Beispiele: U hat eine Anlagengenehmigung nach dem BImSchG bekommen, die N mit Widerspruch angefochten hat. U beantragt die Anordnung der sofortigen Vollziehung, damit er gleich mit der Errichtung der Anlage beginnen kann. Kommt das Gericht bei der summarischen Prüfung des Widerspruchs des N zum Ergebnis, dass dieser offensichtlich keinen Erfolg haben wird, weil schon die Klagebefugnis fehlt, wird es dem Antrag des U entsprechen. Hat es dagegen Zweifel am Ausgang des Widerspruchsverfahrens, wird es den Antrag des U ablehnen, weil durch den Beginn der Bauarbeiten Fakten geschaffen werden könnten, die gar nicht (Belastung für N) oder nur mit erheblichem Aufwand (Belastung des U) wieder beseitigt werden könnten.

969 Wird ein Antrag nach § 80 V VwGO gestellt, weil die Behörde die sofortige Vollziehung angeordnet hat, überprüft das Gericht, bevor es die Interessenabwägung vor-

760 Ausführlich Tettinger/Wahrendorf VerwProzR § 24 Rn. 5.

761 Im Ergebnis ebenso *Hufen* VerwProzR § 32 Rn. 34; *Ipsen* VerwR AT § 19 Rn. 1219; *Erbguth* VerwR AT § 19b Rn. 10.

762 *Schenke* VerwProzR § 25 Rn. 1000.

763 Näher *Sodan/Ziekow* GK ÖffR § 106 Rn. 12.

764 Ausführlich dazu Wolff/Decker/*Decker* VwGO§ 80 Rn. 73.

nimmt, ob die Behörde die formellen Voraussetzungen für die Anordnung der sofortigen Vollziehung, insbesondere die Begründungspflicht, beachtet hat.

Nach dem Vorstehenden ergibt sich für die Überprüfung eines Antrags nach § 80 V VwGO der in Übersicht 57 wiedergegebene Prüfungsablauf.[765] 970

Übersicht 57:

Prüfung eines Antrags nach § 80 V VwGO
I. Zulässigkeit 1. Eröffnung des Verwaltungsrechtswegs (§ 40 I VwGO) 2. Statthaftigkeit: ⇒ in der Hauptsache Anfechtungsklage richtige Klageart? 3. Antragsbefugnis (§ 42 II VwGO analog) 4. Allgemeines Rechtsschutzbedürfnis: ⇒ Widerspruch bereits erhoben und nicht offensichtlich unzulässig
II. Begründetheit (+), wenn Aussetzungsinteresse das Vollzugsinteresse überwiegt (Fälle des § 80 II Nr. 1–3 VwGO); im Fall des § 80 II Nr. 4 VwGO zusätzlich erforderlich, dass Anordnung der Behörde formell in Ordnung war

2. Die einstweilige Anordnung nach § 123 VwGO

a) Gegenstand einer einstweiligen Anordnung

Der Antrag auf Erlass einer einstweiligen Anordnung kommt nur in Betracht, wenn die §§ 80, 80a VwGO nicht eingreifen (§ 123 V VwGO). Damit erlangt die einstweilige Anordnung nur dort Bedeutung, wo in der Hauptsache Verpflichtungs-, Leistungs- oder Feststellungsklage zu erheben ist. 971

Beispiele: Unternehmer H beantragt, schon vor Erteilung der Baugenehmigung bauen zu dürfen; Nachbar N möchte, dass die Behörde gegen die Fabrik des U eine Anordnung nach dem BImschG erlässt, weil die zulässigen Lärmgrenzwerte überschritten seien.

Bezüglich des Ziels, das mit der einstweiligen Anordnung verfolgt wird, unterscheidet man die **Sicherungsanordnung**, mit der es dem Antragsteller um die Sicherung des status quo geht, und die **Regelungsanordnung**, mit der vorläufig die Begründung oder Erweiterung einer Rechtsposition erstrebt wird.[766] 972

Beispiele: Eine Sicherungsanordnung liegt vor, wenn die Vergabe eines Auftrags an einen Konkurrenten verhindert werden soll; eine Regelungsanordnung ist gegeben, wenn verlangt wird, dass bereits vor Erteilung der Genehmigung für eine bestimmte Tätigkeit die Tätigkeit aufgenommen werden darf.

b) Zulässigkeit und Begründetheit einer einstweiligen Anordnung

Ein Antrag nach § 123 VwGO hat Erfolg, wenn er zulässig und begründet ist: 973

765 Vgl. auch *Oberrath/Schmidt/Schomerus* ÖffWirtschaftsR S. 114/115; *Schenke* VerwProzR Anhang zu § 25; *Tettinger/Wahrendorf* VerwProzR § 24 Rn. 28 ff.; Wolff/Decker/*Decker* VwGO § 80 Rn. 48; zu Übungsfällen siehe *Oberrath/Schmidt/Schomerus* ÖffWirtschaftsR Fall 22 und *Schenke* VerwProzR § 25 Anhang zu Rn. 1023.

766 *Sodan/Ziekow* GK ÖffR § 107 Rn. 2.

Zulässig ist ein Antrag auf einstweilige Anordnung nur, wenn der Verwaltungsrechtsweg überhaupt eröffnet ist (§ 40 I VwGO), ein Antrag nach § 80 V VwGO ausscheidet und die im Hauptsacheverfahren ggf. erforderliche Klagebefugnis vorliegt. Außerdem muss der Antragsteller sich darauf berufen, dass ihm ohne vorläufige Entscheidung Nachteile drohen (sog. Geltendmachung des Anordnungsgrundes).[767] Nicht erforderlich ist nach hM, dass in der Hauptsache schon ein Rechtsbehelf eingelegt wurde.[768] Der Antrag auf Erlass einer einstweiligen Anordnung ist also auch schon vor Widerspruchs- bzw. Klageeinlegung möglich.

974 Für die **Begründetheit** des Antrags auf Erlass einer einstweiligen Anordnung ist zunächst erforderlich, dass der Antragsteller **Anordnungsanspruch und Anordnungsgrund** glaubhaft macht. Der Anordnungsanspruch betrifft die Frage, ob dem Antragsteller die entsprechende Rechtsposition zukommt. Das Gericht nimmt insoweit aber nur eine summarische Prüfung vor.[769] Beim Anordnungsgrund geht es dagegen um die Eilbedürftigkeit des Begehrens. Der Antragsteller muss insoweit behaupten, dass ohne einstweilige Anordnung sein Recht vereitelt werden würde (§ 123 I 1 VwGO) bzw. er sonst wesentliche Nachteile erleiden würde (§ 123 I 2 VwGO).[770]

975 Das Gericht erlässt dementsprechend eine einstweilige Anordnung nur, wenn es das Bestehen der behaupteten Rechtsposition für wahrscheinlich hält und bei einer Abwägung zwischen den Vor- und Nachteilen einer vorläufigen Entscheidung die Interessen des Antragstellers für schutzwürdiger hält. Schließlich kann das Gericht dem Antrag auf einstweilige Anordnung nach § 123 VwGO nur stattgeben, wenn durch die positive Entscheidung nicht die Entscheidung in der Hauptsache vorweggenommen wird. Anders ausgedrückt dürfen keine Zustände herbeigeführt werden, die nicht oder nur schwer wieder beseitigt werden könnten, falls die Hauptsacheentscheidung anders ausfällt.[771]

Beispiel: Über die einstweilige Anordnung dürfte keine vorläufige Baugenehmigung erteilt werden, weil bei Gebrauchmachen von der Baugenehmigung schnell irreversible Zustände herbeigeführt werden könnten.

976 Damit ergibt sich für die Überprüfung einer einstweiligen Anordnung das in Übersicht 58 enthaltene Prüfungsschema:[772]

767 Näher *Hufen* VerwProzR § 33 Rn. 8; Wolff/Decker/Deck*er* VwGO§ 123 Rn. 20 ff.
768 Tettinger/Wahrendorf VerwProzR § 25 Rn. 7.
769 *Sodan/Ziekow* GK ÖffR § 107 Rn. 6.
770 Ausführlich dazu Wolff/Decker/*Decker* VwGO § 123 Rn. 33 f.
771 Näher Tettinger/Wahrendorf VerwProzR § 25 Rn. 15.
772 Vgl. auch *Erbguth* VerwR AT § 20 Rn. 24; *Schenke* § 25 Rn. 1040 Anhang; *Tettinger/Wahrendorf* VerwProzR § 25 Rn. 21.

Übersicht 58:

Prüfung eines Antrags nach § 123 VwGO
I. Zulässigkeit 1. Eröffnung des Verwaltungsrechtsweg (§ 40 I VwGO) 2. Statthaftigkeit (§ 123 V VwGO) 3. Antragsbefugnis (§ 42 II VwGO analog), dh Behauptung eines Anordnungsanspruchs 4. Behauptung eines Anordnungsgrundes 5. Allgemeines Rechtsschutzbedürfnis
II. Begründetheit 1. Glaubhaftmachung des Anordnungsanspruchs 2. Glaubhaftmachung des Anordnungsgrundes 3. Keine Vorwegnahme der Hauptsache

Literatur zu Vertiefung: *Budroweit/Wuttke*, Der vorläufige Rechtsschutz bei Verwaltungsakten mit Doppelwirkung (§§ 80, 80 a VwGO), JuS 2006, 876; *Deckenbrock/Patzer*, Grundfälle zu Widerspruchs- und Klagefrist im Verwaltungsprozess, Jura 2003, 476 ff.; *Detterbeck*, VerwR, §§ 30, 32; *Ehlers*, Die verwaltungsrechtliche Anfechtungsklage, Jura 2004, 30 ff., 176 ff.; *Ehlers*, Die verwaltungsrechtliche Verpflichtungsklage, Jura 2004, 310 ff.; *ders.*, Die verwaltungsgerichtliche Normenkontrolle, Jura 2005, 171; *ders.*, Die allgemeine verwaltungsgerichtliche Leistungsklage, Jura 2006, 351; *Engst*, Das Widerspruchsverfahren als ein- oder zweistufiges Verwaltungsverfahren, Jura 2006, 645; *Erbguth* VerwR AT §§ 19a, 19b; *Erbguth*, Einstweiliger Rechtsschutz gegen Verwaltungsakte, JA 2008, 357; *Frenz*, Die Anfechtungsklage, JA 2011, 433 ff.; *Geis/Hinterseh*, Grundfälle zum Widerspruchsverfahren, JuS 2001, 1074 ff. und 1176 ff.; *Hufen* VerwProzR §§ 5–9, 14, 15, 31 ff.; *Hummel*, Der vorläufige Rechtsschutz im Verwaltungsprozess; JuS 2011, 317; *Jahndorf*, Rechtsschutz gegen Nebenbestimmungen, JA 1999, 676; *Konrad*, Die Normenkontrolle nach § 47 VwGO, JA 1999, 331 ff.; *Loos*, Vorläufiger Rechtsschutz im Verwaltungsrecht: Das Verfahren nach § 80 VwGO, JA 2001, 698 ff.; *Loos*, Vorläufiger Rechtsschutz im Verwaltungsrecht: Das Verfahren nach § 123 VwGO, JA 2001, 871 ff.; *Mückl*, Die einstweilige Anordnung nach § 123 VwGO, JA 2000, 329; *Schenke* VerwProzR §§ 18–25; *Sodan/Ziekow* GK ÖffR §§ 92–104; *Tettinger/Wahrendorf* VerwProzR §§ 15–19, 23–25; *WKSZ* ÖffR/EuropaR § 30; *Würtenberger* VerwProzR Kapitel D und E.

5. Teil. Ausgewählte Bereiche des Besonderen Wirtschaftsverwaltungsrechts

Nachdem in den vorherigen Kapiteln die Grundlagen in den verschiedenen Bereichen des öffentlichen Rechts geschaffen wurden, sollen im Folgenden einige für die Ausbildung besonders wichtige Fragen zum öffentlichen Wirtschaftsrecht behandelt werden.[773]

1. Kapitel. Grundbegriffe des Rechts der Gewerbebetriebe

Zusätzlich zu den rechtlichen Rahmenbedingungen, die für das wirtschaftliche Handeln ganz allgemein relevant sind, gelten für den, der ein Gewerbe betreibt, spezielle Regelungen, die im Folgenden besprochen werden sollen. 977

I. Begriff und Rechtsgrundlagen des Gewerberechts

Gewerberecht im klassischen Sinne ist die Summe der rechtlichen Regelungen, die zum Zwecke der Gefahrenabwehr im Bereich der gewerblich Tätigen erlassen werden.[774] Dabei existiert keine einheitliche Rechtsgrundlage, sondern die Regelungen des Gewerberechts ergeben sich aus einer Vielzahl von Gesetzen. 978

Als eine Art Grundordnung des Gewerberechts kann die **Gewerbeordnung** (GewO) angesehen werden. Auf sie kann immer zurückgegriffen werden, wenn eine spezielle Regelung für einen bestimmten Gewerbezweig nicht existiert, oder zwar besteht, die betreffende Frage aber nicht erfasst. 979

Spezielle Gesetze des Gewerberechts sind insbesondere: 980

- Das Gaststättengesetz (GastG) für das Gaststättengewerbe
- Die Handwerksordnung (HandwO) für die Handwerksbetriebe
- Das Kreditwesengesetz (KWG) für die Banken- und Kreditwirtschaft
- Das Versicherungsaufsichtsgesetz (VAG) für die Versicherungswirtschaft
- Für die Verkehrswirtschaft:
  - Das Personenbeförderungsgesetz (PBefG)
  - Das Güterkraftverkehrsgesetz (GüKG)
  - Das Luftverkehrsgesetz (LuftVG)
  - Das allgemeine Eisenbahngesetz (AEG)
- Das Energiewirtschaftsgesetz (EnwG) für die Energiewirtschaft
- Das Bundesimmissionsschutzgesetz (BImSchG) für das Betreiben von Anlagen
- Das Telekommunikationsgesetz (TKG) und das Telemediengesetz (TMG) für die Kommunikations- und Medienwirtschaft
- Das Lebensmittel- und Futtermittelgesetzbuch (LFGB) für die Lebensmittelbranche.

773 Allgemein zum Wirtschaftsverwaltungsrecht → Rn. 14 ff.
774 Vgl. *Stober* WirtschaftsVerwR BT § 45 IV 1.

II. Der Begriff des Gewerbes

981 Zentraler Begriff des Gewerberechts, an den nicht nur die GewO, sondern auch verschiedene Spezialgesetze anknüpfen, ist der des Gewerbes.

982 **Definition:** Gewerbe ist jede erlaubte, auf Gewinnerzielung gerichtete, dauerhafte und selbstständige Tätigkeit, die nicht freier Beruf, Urproduktion oder Verwaltung eigenen Vermögens ist.[775]

Der Gewerbebegriff enthält damit positive Elemente, die die sog. **Gewerbsmäßigkeit** beschreiben und negative Elemente, die die **Gewerbefähigkeit** betreffen.

1. Die Gewerbsmäßigkeit

983 • Eine **erlaubte Tätigkeit** liegt jedenfalls dann vor, wenn sie nicht gegen bestehende Gesetze, zB Strafgesetze verstößt. Der Auftragskiller oder der Menschenhändler betreiben daher kein Gewerbe. Umstritten ist, ob nicht verbotene, aber als sozial unwertig eingestufte Tätigkeiten unerlaubte Tätigkeiten sind und daher aus dem Gewerbebegriff herausfallen. Die wohl hM nimmt dies nur an, wenn durch die Tätigkeit Grundrechte tangiert werden.[776] Die Prostitution kann seit Erlass des Prostitutionsgesetzes nicht mehr grundsätzlich als sozial unwertig angesehen werden.[777]

984 • Auf **Gewinnerzielung** gerichtet ist eine Tätigkeit, wenn die Erzielung von Einkünften beabsichtigt ist. Dabei genügt das entsprechende Bestreben, die tatsächliche Erzielung von Gewinn ist nicht notwendig. Ebenfalls ist – anders als beim Begriff des Berufs iSv Art. 12 GG[778] – nicht erforderlich, dass die Einkünfte der Erlangung oder Sicherung einer Lebensgrundlage dienen sollen. Allerdings scheidet die Erzielung ganz geringfügiger Einkünfte aus.[779] Problematisch ist das Vorliegen dieses Merkmals insbesondere dann, wenn die Tätigkeit gemeinnützigen Zwecken dient. Entscheidend für die Abgrenzung ist insoweit, ob die fragliche Tätigkeit selbst oder nur die erzielten Erträge ideellen Zwecken dienen sollen. Nur im ersten Fall fehlt die Gewinnerzielungsabsicht.

Beispiel: Eine Kirchengemeinde hält einen Wohltätigkeitsbasar ab; sie handelt mit Gewinnerzielungsabsicht, da die eigentliche Tätigkeit (Basar) der Gewinnerzielung dient und nur die Verwendung der erzielten Gewinne ideelle Zwecke hat.[780]

Problematisch ist die Gewinnerzielungsabsicht bei **öffentlichen Unternehmen**, da diese häufig Zwecke verfolgen, die dem Allgemeinwohl dienen, sodass die Gewinnerzielung nur Nebenzweck ist. Für die Bejahung von Gewinnerzielungsabsicht dürfte es aber ausreichen, wenn die Gewinnerzielung nicht von völlig untergeordneter Bedeutung ist.[781]

775 Vgl. BVerwG NVwZ 2003, 603.
776 Vgl. *Schmidt/Vollmöller* ÖffWirtschaftsR § 8 Rn. 5 f.
777 Ebenso *Frotscher/Kramer* WirtschaftsVerfR/WirtschaftsVerwR Rn. 256; näher *Stühler*, Auswirkungen des Prostitutionsgesetzes auf das Bau-, Gaststätten- und Gewerberecht, GewArch 2005, 129 f.
778 → Rn. 212 f.
779 Vgl. OLG Hamm NJW 1977, 399.
780 OVG Münster GewArch 1979, 236.
781 Näher vgl. *Schmidt/Vollmöller* ÖffWirtschaftsR § 8 Rn. 8.

- **Auf Dauer angelegt** ist eine Tätigkeit, wenn sie für längere Zeit ausgeübt werden soll, es also nicht um eine einmalige oder gelegentliche Betätigung geht. Der Dauerhaftigkeit steht aber nicht entgegen, dass, wie bei einer Eisdiele oder beim Verkauf von Waren auf Messen etc., längere Zeiten der Untätigkeit gegeben sind.[782] 985
- Eine **selbstständige Tätigkeit** erfordert grundsätzlich, dass jemand in eigenem Namen auf eigene Rechnung (unternehmerisches Risiko) und weitgehend weisungsfrei tätig ist. Damit scheiden vor allem Arbeitnehmer aus dem Gewerbebegriff aus.[783] Zu beachten ist, dass die genannten Kriterien nur Anhaltspunkte darstellen und im Einzelfall jeweils eine Gesamtbetrachtung notwendig ist.[784] 986

■ Problematisch ist die Abgrenzung zwischen Gewerbetreibenden und Arbeitnehmern zB bei Fotomodellen oder bei Franchisenehmern. Wie würden Sie die betreffenden Tätigkeiten einordnen? 987

▶ Fotomodelle werden in der Regel nicht als Gewerbetreibende angesehen;[785] bei Franchisenehmern kommt es auf die jeweilige Vertragsgestaltung an: je stärker die Vorgaben des Franchisegebers sind, desto eher ist der Franchisenehmer als unselbstständig Tätiger anzusehen.[786]

2. Die Gewerbefähigkeit

Erfüllt eine Tätigkeit die dargestellten Merkmale, ist sie trotzdem nicht als Gewerbe einzustufen, wenn sie nicht gewerbefähig ist. Nicht gewerbefähig sind nach allgemeiner Meinung die sog. Urproduktion, die Ausübung eines freien Berufs, dh eine persönlichen Dienstleistung höherer Art, oder die wissenschaftliche, künstlerische oder schriftstellerische Tätigkeit sowie die Verwaltung eigenen Vermögens. 988

- **Urproduktion** ist die Gewinnung von rohen Naturerzeugnissen durch die Nutzung von Grund und Boden. § 6 GewO nennt als Beispiele für Urproduktion die Fischerei, die Viehzucht und den Bergbau. Weitere Bereiche sind die Wald- und Forstwirtschaft sowie der Wein- und Gartenbau. Problematisch ist das Herausfallen entsprechender Tätigkeiten aus dem Gewerbebegriff dann, wenn durch industrielle Elemente die für die Urproduktion kennzeichnende Abhängigkeit von der Natur fehlt, wie zB bei der Massentierhaltung. Werden die Erzeugnisse nach entsprechender Verarbeitung verkauft, zB in einem sog. Bauernladen, der dem Hof angegliedert ist, liegt insoweit ein Gewerbe vor, wenn die Tätigkeit nicht mehr als Nebenbetrieb zur Landwirtschaft anzusehen ist.[787] 989
- **Persönliche Dienstleistungen höherer Art** (sog. freie Berufe) sind Tätigkeiten, bei denen die eigene persönliche Leistung und Verantwortung im Vordergrund stehen.[788] § 6 GewO nennt mit den Rechtsanwälten, den Steuerberatern, den Wirtschaftsprüfern, den vereidigten Buchprüfern, den Apothekern, den ärztlichen und anderen Heilberufen sowie den im Unterrichtswesen Tätigen einige Beispiele. An- 990

782 *Jarass* WirtschaftsVerwR § 15 Rn. 13.
783 *Frotscher/Kramer* WirtschaftsVerfR/WirtschaftsVerwR Rn. 259; zur Problematik sog. Scheinselbstständiger Robinski/*Sprenger-Richter* GewR Abschnitt A Rn. 33 ff.
784 Näher *Stober* WirtschaftsVerwR BT § 45 V 3.
785 Vgl. OLG Karlsruhe GewArch. 1979, 25, das von Arbeitnehmern ausgeht; aA für Top-Models Tettinger/Wank/*Ennuschat* § 1 Rn. 31.
786 Näher Tettinger/Wank/*Ennuschat* § 1 Rn. 28.
787 Vgl. OLG Köln JuS 2001, 921.
788 *Jarass* WirtschaftsVerwR § 15 Rn. 24.

haltspunkte liefern auch § 18 I Nr. 1 EStG und § 1 II PartG. Erforderlich für eine Dienstleistung höherer Art ist nach hM zum einen eine höhere Bildung, dh ein abgeschlossenes Hochschulstudium,[789] zum anderen, dass das Gewinnstreben hinter die eigenverantwortliche Ausübung der Tätigkeit nach berufsethischen Grundsätzen zurücktritt.[790]

Beispiele: Keine höhere Dienstleistung und damit ein Gewerbe üben aus: ein Fahrlehrer,[791] ein Hausaufgabenbetreuer[792] oder ein Tanzlehrer. Nicht unter die GewO fallen dagegen Heilpraktiker, für die allerdings das HPG gilt. Streitig ist die Anwendung der GewO zB für die Betreiber ambulanter Pflegedienste oder die Inhaber von Piercingstudios.

991 ■ Übt der Leiter eines Fitnessstudios einen freien Beruf aus?

▶ Im Regelfall nicht, da diese Tätigkeit keine höhere Bildung voraussetzt, sofern keine besondere individuelle Betreuung der Kunden (zB unter medizinischen Gesichtspunkten) stattfindet.[793]

992 • **Wissenschaftliche, künstlerische und schriftstellerische Tätigkeiten** sind Tätigkeiten, die traditionell nicht als Gewerbe angesehen werden, weil sie in gewisser Weise höheren Zwecken dienen, wie zB der Erforschung der Wahrheit oder dem Ausdruck der individuellen Persönlichkeit des Künstlers. Hinzu kommt, dass, wenn man diese Tätigkeiten dem Gewerberecht unterstellen würde, es zu Konflikten mit dem Grundgesetz käme, weil dieses die betreffenden Tätigkeiten unter besonderen Schutz stellt (vgl. Art. 5 III GG).

Entscheidend für die Abgrenzung von gewerblicher und künstlerischer Tätigkeit ist, ob eine Tätigkeit schwerpunktmäßig freie schöpferische Gestaltung ist, in der der Tätige seine Eindrücke und Erfahrungen zum Ausdruck bringt.[794]

Beispiele: Daher ist zB der Verkauf eigener Bilder kein Gewerbe,[795] wogegen die Tätigkeit des Portraitfotografen[796] oder das Silhouettenschneiden auf der Straße[797] dem Gewerbebegriff unterfallen.

993 • Die **Verwaltung eigenen Vermögens** liegt vor, wenn Gegenstand der Tätigkeit die wirtschaftliche Nutzung eines eigenen Vermögensgegenstandes ist und diese sich im wirtschaftlich üblichen, angemessenen Rahmen hält.[798] Problematisch ist die Abgrenzung zwischen der Verwaltung eigenen Vermögens und dem Betreiben eines Gewerbes vor allem bei der wirtschaftlichen Nutzung von Grundstücken durch Vermietung und Verpachtung.[799] Kriterien für die Abgrenzung sind die Intensität der Nutzung und der mit ihr verbundene Verwaltungsaufwand.

Beispiele: In der Rechtsprechung wurde zB die Vermietung von mehr als 10 Ferienwohnungen[800] oder das Betreiben eines Campingplatzes mit etwa 1.200 Standplätzen[801] als Betreiben

789 OVG Münster DÖV 2001, 829.
790 Näher *Stober* WirtschaftsVerwR BT § 45 VIII 4.
791 BayVGH GewArch 1981, 37.
792 OVG Lüneburg GewArch 1977, 368.
793 BFH SpuR 1996, 209 f.
794 So der Kunstbegriff des BVerfG zu Art. 5 II GG; vgl. BVerfGE 30, 173 ff.
795 OVG Münster DÖV 1987, 1075.
796 OLG München GewArch 1993, 204.
797 BVerwG NJW 1990, 2011.
798 BVerwG NJW 1977, 772 ff.
799 *Ruthig/Storr* ÖffWirtschaftsR § 3 Rn. 217.
800 BVerwG DÖV 1993, 616.

eines Gewerbes eingestuft, da die Grenzen einer Verwaltung eigenen Vermögens überschritten seien.

Die Übersicht 59 fasst die Merkmale des Gewerbebegriffs noch einmal graphisch zusammen. 994

Übersicht 59: Der Gewerbebegriff

Tätigkeit die:

- erlaubt
- dauerhaft
- mit Gewinnerziehlungsabsicht
- und selbstständig erfolgt

gewerbsmäßig

nicht aber:

- Urproduktion
- freier Beruf
- oder künstlerische, wissenschaftliche Tätigkeit ist

gewerbefähig

■ Zum Abschluss noch ein kleiner Test: Dealer D handelt geschäftsmäßig mit Heroin. Der Steuerberater S arbeitet ganztags in der Sozietät X & Y. Ihm werden seine Mandate zugewiesen. Seine Arbeitszeit ist festgelegt von 9.00–18.00 Uhr, montags bis freitags. Er ist unterschriftsberechtigt. Laut schriftlichem Vertrag ist er als freier Mitarbeiter für eine Vergütung von 3.500 EUR monatlich bei der Sozietät beschäftigt. Sind D und S Gewerbetreibende? 995

▶ Nein! Beide betreiben kein Gewerbe! Bei D fehlt es an der Erlaubtheit der Tätigkeit, bei S an deren Selbstständigkeit, da S zumindest aufgrund der vorgegebenen Arbeitszeit persönlich abhängige Arbeit leistet.

III. Der Grundsatz der Gewerbefreiheit

Nach § 1 I GewO (bitte lesen) ist jedermann »der Betrieb eines Gewerbes gestattet, soweit nicht durch dieses Gesetz Ausnahmen oder Beschränkungen vorgesehen sind«. Diese sog. Gewerbefreiheit würde sich auch schon aus Art. 12 I GG ergeben, 996

801 BVerwG NJW 1977, 772.

wobei die Reichweite beider Normen aber nicht völlig deckungsgleich ist. So gilt die Gewerbefreiheit auch für Ausländer und erfasst auch Tätigkeiten, die nicht der Erlangung oder Sicherung der Lebensgrundlage dienen. Zur Auslegung der Gewerbefreiheit ist, soweit es um Gewerbetreibende aus anderen Mitgliedstaaten der EU geht, auch die Dienstleistungsfreiheit des Art. 56 AEUV, die durch die **EU-Dienstleistungsrichtlinie**[802] konkretisiert wurde, zu beachten. Dem trägt der seit 28.12.2009 gültige § 4 GewO Rechnung, indem er bestimmte Einschränkungen der Gewerbefreiheit für auf EU-Ausländer nicht anwendbar erkärt.

997 »Jedermann« iSv § 1 I GewO können sowohl natürliche als auch juristische Personen sein. Gewerbetreibender im Sinne des Gewerberechts ist damit bei einer GmbH oder Aktiengesellschaft die Gesellschaft selbst. Dagegen ist bei einer KG oder einer OHG auf die Gesellschafter abzustellen.[803]

998 ■ Bitte lesen Sie erneut § 1 GewO. Darf der Staat die Gewerbetätigkeit damit überhaupt nicht regulieren?

▶ Nein. Die Gewerbefreiheit geht nicht soweit, wie es der Wortlaut des § 1 GewO vermuten ließe. Zum einen betrifft sie nur die Zulassung zum Gewerbe, ist also streng genommen eine **Gewerbezulassungsfreiheit**.[804] Zum anderen ist sie nicht nur durch die GewO selbst, sondern auch durch andere Bundesgesetze einschränkbar.

999 Solche Beschränkungen ergeben sich zB aus § 14 AuslG oder aus § 2 I GastG. Die Ausübung des Gewerbes, also das »wie«, kann sogar durch landesrechtliche Vorschriften beschränkt werden, zB durch Regelungen des allgemeinen Polizei- und Ordnungsrechts, das Bauordnungsrecht oder das Sonn- und Feiertagsrecht.[805]

IV. Die Instrumente des Gewerberechts

1000 Das Gewerberecht enthält im Wesentlichen Regelungen, die der Wirtschaftsaufsicht oder -überwachung[806] dienen. Die Einwirkungsmöglichkeiten, die die GewO bzw. die Spezialgesetze zur Verfügung stellen, lassen sich in drei Gruppen einteilen, nämlich in:

- Zugangskontrollen vor Eröffnung des Gewerbebetriebs
- Ausübungsregelungen und entsprechende Überwachungsbefugnisse der Behörde
- Maßnahmen zur Verhinderung der weiteren Gewerbeausübung.

1001 Ausgeübt werden die Instrumente des Gewerberechts im Regelfall von den unteren Landesbehörden, also den Landkreisen und Städten, die entsprechende **Gewerbeämter** eingerichtet haben.[807] Für besonders gelagerte Fälle können nach den Landesgesetzen auch die **Regierungspräsidien** bzw. **Bezirksregierungen** zuständig sein. Für bestimmte Wirtschaftszweige bestehen auch Sonderbehörden. Nichts mit dem Vollzug des Gewerberechts als Materie des Verwaltungsrechts haben dagegen die **Gewer-**

802 RL 2006/123/EG.
803 Vgl. näher *Odenthal*, Gesellschafter von Personengesellschaften als Gewerbetreibende, GewArch 1991, 261 ff.; *Stober* WirtschaftsVerwR BT, § 45 X.
804 *Stober* WirtschaftsVerwR BT § 45 IX 2; Tettinger/Wank/*Ennuschat* § 1 GewO Rn. 81.
805 BVerwGE 115, 189 ff.
806 → Rn. 651 ff.
807 *Stober* WirtschaftsVerwR BT § 45 V 1.

beaufsichtsämter zu tun. Diese erfüllen aufgrund landesrechtlicher Zuweisung Vollzugsaufgaben im Bereich des Arbeitsschutzrechtes (zB die Zustimmungserklärung zur Kündigung einer Schwangeren nach § 9 III MuSchG) oder des Umweltrechts.

1. Zugangskontrolle

Damit der Staat eine Kontrolle der Gewerbetätigkeit ausüben kann, muss er über- 1002
haupt wissen, dass ein Gewerbe betrieben wird. Hierzu gibt es zwei Möglichkeiten: Der Gewerbetreibende kann entweder nur zur Anzeige der Aufnahme seiner Tätigkeit verpflichtet sein oder aber, er bedarf vor Aufnahme seiner Tätigkeit einer behördlichen Zulassung.

Anzeigepflichten verpflichten den Gewerbetreibenden dem zuständigen Gewerbe- 1003
amt die Aufnahme seiner Tätigkeit mitzuteilen. Die Anzeigepflicht entfällt auch dann nicht, wenn der Gewerbetreibende eine spezielle Erlaubnis benötigt. Die wichtigste Anzeigepflicht enthält § 14 GewO, auf den später noch näher einzugehen sein wird. Sie umfasst den Beginn des Betriebs, seine Verlegung, den Wechsel des Betriebsgegenstands und die Betriebsaufgabe.

Zulassungspflichten bedeuten, dass eine gewerbliche Tätigkeit erst begonnen wer- 1004
den darf, wenn die zuständige Behörde eine entsprechende Zulassung erteilt hat. Solche Zulassungspflichten stellen einen massiven Eingriff in die Freiheit der Berufswahl (Art. 12 GG) und in die Gewerbefreiheit (§ 1 GewO) dar. Sie müssen daher immer durch ein Gesetz vorgeschrieben sein.

Beispiele: Zulassungspflichten ergeben sich aus der GewO für Privatkrankenanstalten (§ 30 GewO) oder für das Reisegewerbe (§ 55 GewO). Daneben finden sich auch in zahlreichen Spezialgesetzen Zulassungspflichten, insbesondere für bestimmte Anlagen (zB § 4 I BImSchG), Auswandererberatung (§ 1 AuswSG), Banken (§ 32 I KWG), Energieversorgungsunternehmen (§ 3 I EnWG), Gaststätten (§ 2 GastG), Handwerksbetriebe (§ 1 HwO), Personen- und Güterverkehrsbetriebe (§§ 2 I PBefG, 3 GüKG), Rundfunkanstalten (§ 20 RStV iVm Landesrecht) oder Versicherungsunternehmen (§ 5 I VAG).

Die Bezeichnung der benötigten Zulassung ist nicht in allen Gesetzen einheitlich. 1005
Verwendet werden die Begriffe Erlaubnis, Genehmigung oder Konzession. Bezüglich der Art der Zulassung werden Personal- und Sacherlaubnisse unterschieden. Erstere machen die Zulassung in erster Linie von persönlichen Eigenschaften des Gewerbetreibenden abhängig (zB § 34 c GewO) und gelten nicht für den Rechtsnachfolger, während die Sacherlaubnisse allein von Voraussetzungen abhängen, die den Gewerbetrieb als solchen betreffen (zB § 4 BImSchG) und auch für einen etwaigen Rechtsnachfolger wirken.[808]

Einen Kompromiss zwischen Anzeigepflicht und Zuassungspflicht ist der Gesetzgeber bei den sog. **überwachungsbedürftigen Gewerben** gemäß § 38 GewO eingegangen. Hier findet neben der Anzeige nach § 14 GewO eine **Zuverlässigkeitskontrolle**[809] des Gewerbetreibenden statt. Gewerbetreibende, die eines der dort genannten Gewerbe betreiben, zB Betriebe, die bestimmte Gebrauchtwaren an- oder verkaufen, Detekteien oder Reisebüros, müssen ein Führungszeugnis und eine Auskunft aus dem Bundeszentralregister beantragen (§ 38 I 2 GewO) und nach § 29 I Nr. 3 GewO

808 Näher *Frotscher/Kramer* WirtschaftsVerfR/WirtschaftsVerwR Rn. 294.
809 Zum Begriff der Zuverlässigkeit → Rn. 1032 ff.

der Behörde bestimmte Auskünfte erteilen. Außerdem hat die Behörde das Recht, die entsprechenden Betriebsräume zu betreten (sog. Nachschau).[810]

2. Ausübungsregelungen und Überwachungsbefugnisse

1006 Ausübungsregelungen bedeuten, dass das Gewerberecht bestimmte Anforderungen an den laufenden Betrieb stellt. Solche Ausübungsregelungen können das »Wie« der Tätigkeit beeinflussen, können aber dem Gewerbetreibenden auch bestimmte zusätzliche Pflichten auferlegen.[811]

Beispiele: § 6 GastG enthält zB bestimmte Vorgaben für den Ausschank von Alkohol in Gaststätten; § 22 PBefG schreibt für Taxiunternehmen eine grundsätzliche Beförderungspflicht und § 7 GüKG die Mitführung bestimmter Papiere vor; die §§ 44 ff. KWG begründen bestimmte Auskunftspflichten des Gewerbetreibenden gegenüber der zuständigen Behörde.

1007 Das Aufstellen von Ausübungsregeln ist nur sinnvoll, wenn die zuständigen Behörden auch auf deren Einhaltung Einfluss nehmen können. Mittel der Gewerbeüberwachung sind daher zum einen Befugnisse zur Überprüfung der Einhaltung der jeweiligen Vorschriften, zum anderen Befugnisse, die Beachtung der Ausübungsregelungen auch durchzusetzen.

1008 Zur **Überprüfung der Einhaltung der Ausübungsregelungen** durch den Gewerbetreibenden sehen verschiedene Vorschriften Auskunftsrechte und Mitwirkungspflichten des Betroffenen vor.[812]

Ein allgemeines Mittel zur Gewinnung von notwendigen Informationen ist § 11 GewO. Dieser regelt die Erhebung, Verarbeitung und Nutzung personenbezogener Daten. Insbesondere können Daten aus straf-, steuer-, sozialversicherungs- und ausländerrechtlichen Verfahren verwendet werden. Die betreffenden staatlichen Stellen, zB die Finanzämter, sind zur Datenweitergabe an die Gewerbeämter berechtigt, soweit die für sie geltenden Vorschriften (zB über das Steuergeheimnis) dies erlauben.

1009 Ebenfalls der Informationsgewinnung dient das nach Maßgabe der §§ 149 ff. GewO eingerichtete und geführte **Gewerbezentralregister**, in das alle Maßnahmen von Behörden wegen Pflichtverletzungen von Gewerbetreibenden eingetragen werden. Dies hat also ähnliche Funktionen wie das Bundeszentralregister für die Erfassung von Straftaten. Entsprechend enthalten die §§ 149 ff. GewO auch detaillierte Regelungen über die Eintragung und die Löschung entsprechender Daten sowie über die Auskunft über die vorhandenen Einträge. Zu unterscheiden vom Gewerbezentralregister ist das bei der jeweiligen Behörde geführte **Gewerbeverzeichnis**, in das die für den jeweiligen Zuständigkeitsbereich registrierten Gewerbebetriebe eingetragen werden.

1010 Zur **Durchsetzung der Ausübungsregelungen** kann die Behörde Anordnungen erlassen. Entsprechende Befugnisse der Behörde ergeben sich aus speziellen Vorschriften, aus der Norm, die ein Verbot des Gewerbes zulässt oder aus dem allgemeinen Polizei- und Ordnungsrecht. Außerdem liegt beim Verstoß gegen bestimmte Vor-

810 Näher *Stober* WirtschaftsVerwR BT § 46 IV 4.
811 → Rn. 663 ff.
812 Vgl. die Übersicht bei *Stober* WirtschaftsVerwR AT § 29 III 2.

schriften (vgl. die Kataloge in den §§ 144 ff. GewO) eine Ordnungswidrigkeit vor, die mit Bußgeld geahndet werden kann.[813]

3. Maßnahmen zur Verhinderung der Gewerbeausübung

Beachtet ein Gewerbetreibender die an die Ausübung eines Gewerbes gestellten Anforderungen dauerhaft nicht, muss der Staat im Interesse der Allgemeinheit die Möglichkeit haben, die entsprechende Tätigkeit zu unterbinden. Für die rechtliche Vorgehensweise ist dabei zwischen zulassungspflichtigen und zulassungsfreien Gewerben zu unterscheiden: 1011

Bei einem **zulassungspflichtigen Gewerbe** ist zunächst der entsprechende Zulassungsbescheid aufzuheben. Dazu ist eine Befugnis der Behörde erforderlich. Diese ergibt sich teilweise aus Spezialvorschriften, zB §§ 15 GastG, 25 PBefG. Fehlen solche Regelungen, muss auf die allgemeinen Vorschriften der §§ 48, 49 VwVfG[814] zurückgegriffen werden. Wird der Gewerbebetrieb nach der Aufhebung der Erlaubnis fortgeführt, kann der weitere Betrieb durch eine besondere Verfügung unterbunden werden. Rechtsgrundlagen sind § 15 II GewO oder Spezialvorschriften. Entsprechende Anordnungen der Gewerbebehörde können dann mit den Mitteln der Verwaltungsvollstreckung[815] durchgesetzt werden. 1012

Bei einem **zulassungsfreien Gewerbe** benötigt die Gewerbebehörde eine Befugnis zur Untersagung der Gewerbeausübung. Eine solche enthält zB § 35 GewO, der auch über die in der GewO geregelten Gewerbe hinaus Bedeutung hat. Hält sich der Gewerbetreibende nicht an die Untersagungsverfügung, kann die Behörde diese wiederum mit Mitteln der Verwaltungsvollstreckung durchsetzen. 1013

Einzelheiten zu der jeweiligen Befugnisnorm und zu möglichen Abgrenzungsproblemen werden bei den einzelnen Gewerbearten besprochen.[816] 1014

Literatur zur Vertiefung: *Frotscher/Kramer* WirtschaftsVerfR/WirtschaftsVerwR §§ 10, 11; *Guckelberger*, Einführung in das Gewerberecht, JuS 2007, 598; *Handan*, Grundzüge des Gewerberechts, JA 2007, 249; *Jarass* WirtschaftsVerwR § 15; *Schliesky* ÖffWirtschaftsR 4. Teil 1. Abschnitt A, B; *Schmidt/Vollmöller* ÖffWirtschaftsR § 8; *Robinski/Sprenger-Richter* GewR Abschnitt B; *Stober* WirtschaftsVerwR BT § 45.

813 Allgemein zum Ordnungswidrigkeitenrecht vgl. *Stollmann*, Das Recht der Ordnungswidrigkeiten, VR 1999, 53 ff.

814 → Rn. 798 ff.

815 → Rn. 820 ff.

816 Einen Gesamtüberblick bietet *App*, Die Erzwingung von Maßnahmen der Gewebebehörden und anderer gewerbebetriebsbezogener Anordnungen, GewArch 1992, 55 ff.

2. Kapitel. Die Gewerbe nach der GewO

I. Die Ausübung eines stehenden Gewerbes nach der GewO

1. Begriff/Grundlagen

1015 Der Begriff des stehenden Gewerbes ist in der Gewerbeordnung nicht definiert. Nach allgemeiner Auffassung wird der Begriff in Abgrenzung zu anderen Gewerbearten negativ definiert.

1016 **Definition:** Stehendes Gewerbe ist die gewerbsmäßig betriebene und gewerbsfähige Tätigkeit, die weder Reise- noch Marktgewerbe ist.

1017 Aus § 55 GewO lässt sich entnehmen, dass ein stehender Gewerbebetrieb regelmäßig über eine gewerbliche Niederlassung verfügt, dh bestimmte Räumlichkeiten vorhanden sind, von denen aus der Gewerbetreibende das Gewerbe betreibt.[817] § 4 III GewO fordert eine feste Einrichtung.[818]

1018 Stehende Gewerbe können nach der Gewerbeordnung entweder erlaubnisfrei oder erlaubnispflichtig sein. Aufgrund der Gewerbefreiheit des § 1 GewO ist die Erlaubnispflicht dabei die Ausnahme. Eine Erlaubnis ist nur erforderlich, wenn eines der in den §§ 30 ff. GewO genannten Gewerbe betrieben wird.

1019 Die Unterscheidung zwischen erlaubnisfreiem und erlaubnispflichtigem Gewerbe ist maßgeblich für die Frage, welche Regelungen für Eröffnung, Ausübung oder Unterbindung des Gewerbebetriebes einschlägig sind. Sehen Sie sich dazu zunächst die Übersicht 60 an.

817 Anderer Ansicht sind *Schmidt/Vollmöller* ÖffWirtschaftsR § 8 Rn. 18.

818 Zur Anwendung dieser an sich nur für grenzüberschreitende Tätigkeiten gelten Normen auch auf Inländer vgl. *Ruthig/Storr* ÖffWirtschaftsR § 3 Rn. 239.

Übersicht 60: Aufsicht über das stehende Gewerbe 1020

Zugangskontrolle	→ Anzeigepflicht	→ jedes Gewerbe (§ 14 GewO)
	→ Zulassungspflicht	→ Gewerbearten der §§ 30–34e GewO
Ausübungsregelungen u. Überwachung	→ Pflichten aus Spezialgesetzen oder Rechtsverordnungen	
	→ Kontrollbefugnisse	→ § 29 GewO, Rechtsverordnungen, Landesrecht
Verhinderung der weiteren Ausübung	→ Erlaubnisfreies Gewerbe	→ • Untersagung nach § 35 GewO • Vollstreckung
	→ Erlaubnispflichtiges Gewerbe	→ • Aufhebung der Erlaubnis (§§ 48, 49 VwVfG) • Verhinderung der weiteren Ausübung (§ 15 II GewO) • Vollstreckung

2. Zulassungsfreie Gewerbe

a) Zugangskontrolle

Zulassungsfreie Gewerbe bedürfen vor ihrer Aufnahme lediglich einer **Anzeige**. Diese Anzeigepflicht ist in § 14 GewO (bitte lesen) näher geregelt. Sie gilt für Gewerbetreibende, die von einer Niederlassung in einem anderen Mitgliedstaat der EU vorübergehend selbstständig in Deutschland tätig werden, nur ausnahmsweise (§ 4 I 2 GewO). Mit der Anzeige soll die zuständige Behörde in die Lage versetzt werden, ihre Überwachungsaufgaben durchzuführen.[819] Auf die Anzeige hin, nimmt die zuständige Behörde keine Prüfung der Zulässigkeit des Gewerbes vor, weil ein zulassungsfreies Gewerbe nach § 1 GewO per se erlaubt ist. Vielmehr stellt sie nur fest, ob die Einordnung als zulassungsfreies Gewerbe zutreffend ist und leitet gem. § 14 V bis XI GewO die in der Anmeldung enthaltenen Daten an verschiedene Stellen weiter, zB die IHK oder die Handwerkskammer. 1021

Die Anzeige kann nicht formlos erfolgen, sondern es müssen bestimmte Vordrucke verwendet werden, für die durch eine Rechtsverordnung auf der Grundlage des § 14 XIV Nr. 2 GewO Muster erlassen werden können. Dem Gewerbetreibenden ist in- 1022

819 *Schmidt/Vollmöller* ÖffWirtschaftsR § 8 Rn. 19.

nerhalb von drei Tagen der Empfang der Anzeige zu bestätigen (§ 15 I GewO). Diese Eingangsbestätigung ist der sog. **Gewerbeschein.** Dieser bestätigt nur, dass der Gewerbetreibende seiner Anzeigepflicht nachgekommen ist. Er ist mangels Regelungscharakter nicht als Verwaltungsakt zu qualifizieren[820] und kann eine eventuell erforderliche Erlaubnis nicht ersetzen. Allerdings kann die Behörde nach hM auf Grundlage des § 14 GewO die Abgabe der Anzeige durch Verwaltungsakt anordnen.[821]

1023 Bei nicht oder nicht rechtzeitig erfolgter Anzeige des Gewerbes liegt nach § 146 II Nr. 1 GewO eine Ordnungswidrigkeit vor, die mit Bußgeld belegt werden kann. Zu Eingriffen der Behörde in das aufgenommene Gewerbe berechtigt die nicht erfolgte Anzeige dagegen nicht.

b) Ausübungsregelungen und Überwachungsbefugnisse

1024 Für die Mehrzahl zulassungsfreier Gewerbe stellt die GewO selbst nur wenige Ausübungsregelungen auf, wie zB die Mitteilungspflicht bezüglich Änderungen des Gewerbebetriebs (§ 14 GewO).[822]

1025 Außerdem ergeben sich auf Landesebene zahlreiche Ausübungsregelungen. Diese können zum einen aus allgemeinen landesrechtlichen Vorschriften resultieren.

> **Beispiele:** So bestehen für die Betriebsräume baurechtliche oder feuerpolizeiliche Anforderungen und darf ein Gewerbe an Feiertagen und Sonntagen grundsätzlich nicht betrieben werden.

1026 Zum anderen ermächtigt § 38 III GewO die Länder, für die in § 38 I GewO genannten Gewerbe durch Rechtsverordnung Vorschriften zur Führung von Geschäftsbüchern zu erlassen.[823]

c) Die Verhinderung der weiteren Gewerbeausübung – § 35 GewO

1027 Hält sich der Gewerbetreibende nicht an die für sein Gewerbe bestehenden Ausübungsregelungen, kann die zuständige Behörde als ultima ratio die weitere Ausübung des Gewerbes unterbinden. Entsprechende Befugnisnorm ist § 35 I GewO (bitte lesen).

aa) Allgemeines

1028 Die Untersagung eines Gewerbes kann nur auf § 35 GewO gestützt werden, wenn keine spezielleren Regelungen zur Verfügung stehen, die ebenfalls zu einer Unterbindung des Gewerbes wegen Unzuverlässigkeit des Gewerbetreibenden berechtigen (§ 35 VIII GewO). Das sind insbesondere alle Normen, die zu einer Aufhebung einer erteilten Genehmigung berechtigen (zB §§ 15 GastG, 35 II KWG). Damit kommt § 35 GewO im Wesentlichen nur für erlaubnisfreie Gewerbe in Betracht.[824]

1029 Die Untersagungsverfügung nach § 35 GewO ist ein Verwaltungsakt iSv § 35 S. 1 VwVfG. Die formellen Voraussetzungen des VwVfG sind also auch hier einschlägig.[825] Insbesondere ist der Gewerbetreibende regelmäßig vor Erlass der Untersa-

---

820 *Frotscher/Kramer* WirtschaftsVerfR/WirtschaftsVerwR Rn. 267.
821 BVerwG NJW 1977, 772; näher *Frotscher/Kramer* WirtschaftsVerfR/WirtschaftsVerwR Rn. 268.
822 Die Vorschriften zum Anbringen von Namen und Firma bzw. zur Namensangabe im Schriftverkehr (§§ 15a, 15b GewO aF) wurden 2009 aufgehoben; vgl. dazu *Jahn*, Die Änderungen der GewO durch das Dritte Mittelstandsentlastungsgesetz, GewArch 2009, 230.
823 Näher Robinski/*Marcks* GewR Abschnitt H Rn. 12 f.
824 Zur Anwendung auf erlaubnispflichtige Gewerbe → Rn. 1078.
825 → Rn. 766 ff.

gungsverfügung anzuhören (§ 28 VwVfG). Rechtsbehelfe gegen eine Untersagung nach § 35 GewO sind Widerspruch und Anfechtungsklage.[826] Dritte haben dagegen grundsätzlich keine Möglichkeit gegen den Nichterlass einer Untersagung vorzugehen, da § 35 GewO keinen drittschützenden Charakter hat.[827]

bb) Die materiellen Voraussetzungen der Gewerbeuntersagung

Nach § 35 I GewO hat die zuständige Behörde (§ 35 VII GewO) die Ausübung eines stehenden Gewerbes ganz oder teilweise zu untersagen, wenn folgende Voraussetzungen vorliegen: 1030

- Anwendbarkeit des § 35 I GewO (§ 35 VIII GewO)[828]
- Betrieb eines stehenden Gewerbes
- Unzuverlässigkeit des Gewerbetreibenden oder des Betriebsleiters in Bezug auf dieses Gewerbe
- Erforderlichkeit der Gewerbeuntersagung zum Schutz der Allgemeinheit oder der im Betrieb beschäftigten Personen.

■ Wissen sie noch, was ein stehendes Gewerbe ist? 1031

▶ Sowohl der Gewerbegriff als auch der Begriff des stehenden Gewerbes wurden oben[829] bereits besprochen, lesen sie ggf. nach.

Wichtigste Voraussetzung des § 35 I GewO ist die **Unzuverlässigkeit** des Gewerbetreibenden. 1032

> **Definition:** Unzuverlässig ist ein Gewerbetreibender, der nach dem Gesamteindruck seines Verhaltens keine Gewähr dafür bietet, dass er sein Gewerbe zukünftig ordnungsgemäß betreibt.[830]

Weder die GewO noch Spezialgesetze legen den Begriff der Unzuverlässigkeit eindeutig fest. Manche Gesetze, zB § 4 Nr. 1 GastG oder § 3 III Nr. 1 GüKG nennen zwar Beispiele, definieren die Unzuverlässigkeit aber nicht abschließend. Daher haben Rechtsprechung und Rechtslehre bestimmte Fallgruppen entwickelt, in denen Unzuverlässigkeit vorliegen kann. Dies sind insbesondere folgende Sachverhalte: 1033

- **Begehen von Straftaten und Ordnungswidrigkeiten**: Erforderlich ist, dass der Gewerbetreibende wegen Straftaten bestraft oder wegen einer Ordnungswidrigkeit verfolgt wurde, die mit dem Gewerbe in Zusammenhang stehen und nicht lediglich den Privatbereich betreffen.[831] Nicht ausreichend ist wegen der Unschuldsvermutung grundsätzlich, dass gegen den Gewerbetreibenden lediglich Ermittlungen laufen.[832] Erforderlich ist auf jeden Fall, dass die Staatsanwaltschaft bereits Anklage erhoben hat. Nicht berücksichtigt werden dürfen Straftaten, die nicht mehr im Bundeszentralregister eingetragen sind.[833] 1034
- **Nichtabführung von Steuern und Sozialversicherungsbeiträgen**: Die Verletzung der entsprechenden Abgabepflichten muss eine gewisse Dauer und eine ge- 1035

826 → Rn. 866 ff.
827 VGH Kassel, GewArch 1991, 28.
828 → Rn. 1028.
829 → Rn. 981 ff. und → 1016.
830 BVerwG NVwZ 1997, 280.
831 *Frotscher/Kramer* WirtschaftsVerfR/WirtschaftsVerwR Rn. 266.
832 Anderer Ansicht VGH Wiesbaden GewArch 1991, 28 ff.
833 Näher Tettinger/Wank/*Ennuschat* § 35 Rn. 40 ff.

wisse Intensität aufweisen.[834] Kurzfristige Zahlungsverweigerungen dürften daher nicht ausreichen.

1036 • **Fehlende/eingeschränkte wirtschaftliche Leistungsfähigkeit**: Eine solche liegt vor, wenn die Finanzkraft des Gewerbetreibenden längerfristig so schwach erscheint, dass eine ordnungsgemäße Gewerbeausübung nicht möglich ist. Anhaltspunkte dafür sind die Ablehnung der Eröffnung des Insolvenzverfahrens mangels Masse (bis zur entsprechenden Entscheidung ist allerdings nach § 12 GewO eine Gewerbeuntersagung nicht möglich), erfolglose Vollstreckungsversuche gegen den Gewerbetreibenden oder die Abgabe einer eidesstattlichen Versicherung.

1037 Dagegen wird idR durch die fehlende Fachkunde des Gewerbetreibenden keine Unzuverlässigkeit begründet.

1038 Liegt einer der genannten Sachverhalte vor, begründet dies nicht zwingend die Unzuverlässigkeit des Gewerbetreibenden. Vielmehr muss die Behörde in jedem konkreten Einzelfall aufgrund einer Gesamtschau eine **Prognose** über das künftige Verhalten des Gewerbetreibenden vornehmen.[835] Ein Verschulden des Gewerbetreibenden bezüglich des gegebenen Sachverhalts ist dabei nicht erforderlich, um seine Unzuverlässigkeit anzunehmen.[836] Damit lassen sich die Voraussetzungen für die Unzuverlässigkeit eines Gewerbetreibenden, wie in Übersicht 61 dargestellt zusammenfassen.

1039 **Übersicht 61: Unzuverlässigkeit iSv § 35 GewO**

Prüfungsschritte

1. **Tatsachen**, die auf das zukünftige Verhalten des Gewerbetreibenden schließen lassen

2. **Prognose**, dass Gewerbetreibender in Zukunft sein Gewerbe nicht ordnungsgemäß betreiben wird (Verletzung von Rechtsvorschriften, Gefährdung Dritter)

3. **Feststellung** der Unzuverlässigkeit im Zeitpunkt der Behördenentscheidung

834 BVerwG GewArch 1988, 162.
835 Robinski/*Sprenger-Richter* GewR Abschnitt C Rn. 12.
836 BVerwG GewArch 1982, 294 ff.

Außer auf die Unzuverlässigkeit des Gewerbetreibenden selbst, kann die Untersagung nach § 35 GewO in bestimmten Fällen auch auf die Unzuverlässigkeit **dritter Personen** gestützt werden, die nach § 35 VIIa GewO auch selbst Adressat einer Untersagungsverfügung sein können:[837] **1040**

- Bei juristischen Personen und Personengesellschaften kann der Betrieb untersagt werden, wenn Vorstand bzw. Geschäftsführer oder die für die Führung der Geschäfte verantwortlichen Gesellschafter unzuverlässig sind.
- Ist mit der Leitung eines Gewerbebetriebs vertraglich eine andere Person als der Gewerbetreibende beauftragt (sog. **Betriebsleiter**), kann der Gewerbebetrieb untersagt werden, wenn diese Person unzuverlässig ist.
- Die Unzuverlässigkeit Dritter ist maßgeblich, wenn diese erheblichen Einfluss auf die Geschäftsführung haben, wie zB ein mitarbeitender Ehegatte.[838]
- Trägt die Verantwortung für den Betrieb des Gewerbes nicht derjenige, der »offiziell« das Gewerbe betreibt, sondern ein anderer (sog. »**Strohmann**«), ist die Gewerbeuntersagung auch möglich, wenn der »Hintermann« unzuverlässig ist.[839]

Entscheidender **Zeitpunkt für die Beurteilung** der Unzuverlässigkeit ist nach BVerwG der Zeitpunkt der letzten Verwaltungsentscheidung.[840] Bei Durchführung eines Widerspruchsverfahrens ist dies der Erlass des Widerspruchsbescheids (→ Rn. 876). Zu diesem Zeitpunkt müssen der Behörde bestimmte Tatsachen vorliegen, die eine Unzuverlässigkeit begründen können. **1041**

Weitere Voraussetzung des § 35 I GewO ist, dass die Untersagung zum Schutz der Allgemeinheit oder der im Betrieb beschäftigten Personen **erforderlich** ist, dh dass der Behörde kein milderes Mittel zum Abstellen der Missstände zur Verfügung stehen darf, wie zB Abmahnungen oder nachträgliche Auflagen.[841] **1042**

Bei Vorliegen der genannten Voraussetzungen muss die Behörde einschreiten – sie hat **kein Ermessen**. Verhältnismäßigkeitserwägungen müssen aber bei der Prüfung der Erforderlichkeit der Untersagung zum Schutz der Allgemeinheit bzw. der Betriebsangehörigen einfließen.[842] **1043**

Nach § 35 I 2 GewO kann schließlich nicht nur das Betreiben des konkreten Gewerbes untersagt werden, sondern die Untersagung auch auf den Betrieb jedweden Gewerbes ausgedehnt werden. Allerdings steht diese Entscheidung im Ermessen der Behörde (»kann«), sodass dem Verhältnismäßigkeitsgrundsatz hier besondere Bedeutung zukommt. Außerdem kann nach § 35 VIIa GewO, wie schon gesagt, nicht nur dem Betriebsinhaber, sondern auch Vertretungsberechtigten oder Betriebsleitern die Gewerbeausübung untersagt werden. **1044**

Durchgesetzt werden kann die Gewerbeuntersagung mit Maßnahmen der Verwaltungsvollstreckung, insbesondere durch eine Schließung der Betriebsräume.[843] Der **1045**

837 Vgl. *Schmidt/Vollmöller* ÖffWirtschaftsR § 8 Rn. 27.
838 BVerwGE 9, 222.
839 Vgl. BVerwGE 65, 12 f.
840 BVerwG GewArch 1999, 73 ff.; NVwZ 2004, 13.
841 *Schmidt/Vollmöller* ÖffWirtschaftsR § 8 Rn. 29.
842 *Stober* WirtschaftsVerwR BT § 46 I 5.
843 Zur alten Rechtslage, wonach erst noch eine zusätzliche Schließungsanordnung nötig war, siehe *Schliesky* ÖffWirtschaftsR S. 207 f.

Ablauf bis zu einer tatsächlichen Schließung eines Gewerbebetriebes lässt sich Übersicht 62 entnehmen.

Übersicht 62: Die Gewerbeuntersagung nach § 35 GewO und ihre Durchsetzung

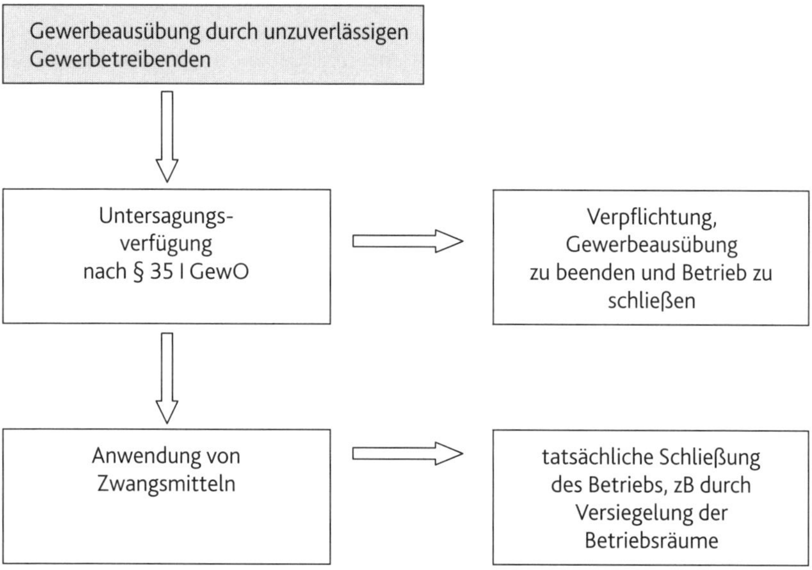

d) Fortführung und Wiedergestattung des Gewerbes

1046 Nach § 35 II GewO kann der Gewerbetreibende, dem die Gewerbeausübung untersagt wurde, beantragen, dass sein Gewerbebetrieb durch einen sog. **Stellvertreter** (vgl. § 45 GewO) fortgeführt wird. Voraussetzung für eine entsprechende Gestattung ist, dass die vorgeschlagene Person Gewähr für die ordnungsgemäße Führung des Gewerbes bietet.[844]

1047 Nach § 35 VI GewO kann dem Gewerbetreibenden, gegen den eine Untersagungsverfügung nach § 35 I GewO ergangen ist, beantragen, dass er sein Gewerbe wieder ausüben darf. Diesem Antrag ist in der Regel erst ein Jahr nach Ausspruch der Untersagung zu entsprechen (§ 35 VI 2 GewO). Der Regelung des § 35 VI GewO entnimmt die hM außerdem, dass ein Wegfall der Unzuverlässigkeit im Laufe des Rechtsbehelfsverfahrens (zB wird die wirtschaftliche Leistungsfähigkeit des Gewerbetreibenden wiederhergestellt) nicht dazu führen kann, dass der Rechtsbehelf Erfolg hat.[845]

1048 Zum Abschluss der Erörterung von § 35 GewO erhalten Sie noch Gelegenheit, das Erlernte, in einem Beispielsfall[846] anzuwenden.

844 Ausführlich zur Stellvertretererlaubnis Tettinger/Wank/*Ennuschat* § 35 Rn. 136 ff.

845 Näher zum Streitstand siehe *Schmidt/Vollmöller* ÖffWirtschaftsR § 8 Rn. 37 ff.

846 Weitere Übungsfälle finden sich bei *Frotscher/Kramer* WirtschaftsVerfR/WirtschaftsVerwR Rn. 271; *Oberrath/Schmidt/Schomerus* ÖffWirtschaftsR Fall 14; *Sander/Sigloch* Fälle WirtschaftsVerfR/WirtschaftsVerwR Fall 10.

Übungsfall 17[847]	
Betriebswirt B betreibt nach dem Studium ein Büro für Unternehmensberatung. Als das zuständige Gewerbeamt erfährt, dass B seit Monaten weder Steuern zahlt noch Sozialversicherungsbeiträge abführt, untersagt sie ihm (ohne vorherigen Kontakt mit B) die weitere Ausübung des Gewerbes. Ist die Gewerbeuntersagung rechtmäßig?	

Das ist der erste Fall, in denen das allgemeine Verwaltungsrecht mit dem besonderen Verwaltungsrecht verknüpft wird. Daher soll die Lösung schrittweise entwickelt werden. 1049

■ Überlegen sie zunächst, welche Handlungsform die Verwaltung gewählt hat und welche Rechtmäßigkeitsvoraussetzungen für diese bestehen. 1050

▶ Die Gewerbeuntersagung ist Verwaltungsakt iSv § 35 VwVfG. Es müssen daher alle Anforderungen an die Rechtmäßigkeit eines Verwaltungsaktes erfüllt sein.[848]

■ Ist die formelle Rechtmäßigkeit des Bescheids gegeben? 1051

▶ Die formelle Rechtmäßigkeit verlangt, dass die zuständige Behörde gehandelt hat und das einzuhaltende Verfahren sowie die notwendige Form beachtet wurden. Die zuständige Behörde hat nach dem Sachverhalt gehandelt. Allerdings könnte ein Verfahrensfehler vorliegen. Dies ist der Fall, da B entgegen § 28 VwVfG vor Erlass des Bescheids nicht gehört wurde und eine besondere Eilbedürftigkeit iSv § 28 II VwVfG nicht ersichtlich ist. Allerdings ist zu beachten, dass dieser Verfahrensfehler nach § 45 I Nr. 3 VwVfG heilbar ist, sodass nicht endgültig von der formellen Rechtswidrigkeit ausgegangen werden kann.

■ Was ist für die materielle Rechtmäßigkeit erforderlich? 1052

▶ Erforderlich ist, dass für die Gewerbeuntersagung eine Rechtsgrundlage besteht und dass die sonstigen Anforderungen an die Rechtmäßigkeit staatlichen Handelns beachtet sind.

■ Welche Befugnisnorm kommt in Betracht? 1053

▶ Befugnisnorm könnte § 35 I GewO sein.

■ Bitte prüfen sie jetzt eigenständig, ob die Tatbestandsvoraussetzungen des § 35 GewO vorliegen! 1054

▶ **Lösung:**[849] **a)** § 35 I GewO setzt zunächst voraus, dass § 35 VIII nicht entgegensteht. Für die Unterbindung einer Unternehmensberatung gibt es keine Sondervorschriften, sodass § 35 I GewO grundsätzlich anwendbar ist.

b) § 35 I GewO verlangt weiter, dass B ein stehendes Gewerbe betreibt.

aa) Um den Gewerbebegriff zu erfüllen, müsste die Tätigkeit erlaubt, dauerhaft und selbstständig sein, der Gewinnerzielung dienen und keine Urproduktion oder freier Beruf sein. Die Tätigkeit eines Unternehmensberaters ist generell erlaubt, sie wird von B in eigenem Namen, auf eigene Rechnung und in eigener Verantwort-

847 Nachgebildet HessVGH, GewArch 1994, 238 f.
848 → Rn. 762 ff.
849 Aufbauschemata bieten *Oberrath/Schmidt/Schomerus* ÖffWirtschaftsR S. 80 und *Schmidt/Vollmüller* ÖffWirtschaftsR § 8 Rn. 40.

lichkeit ausgeübt und B übt sie fortwährend und mit Gewinnerzielungsabsicht aus. Allerdings könnte ein freier Beruf vorliegen, dh eine Dienstleistung höherer Art. Dagegen spricht, dass die Tätigkeit in § 6 GewO nicht genannt ist, und dass für den Beruf des Unternehmensberaters nirgends eine höhere Schulbildung vorgeschrieben ist. Dafür spricht, dass in § 1 II PartGG der Unternehmensberater als freier Beruf verzeichnet ist. Allerdings fällt beim Vergleich mit anderen freien Berufen auf, dass die Berufsausübung des Unternehmensberaters nicht spezialgesetzlich geregelt ist, wie das zB im Steuerberatungsgesetz für Steuerberater erfolgt ist, sodass eine Notwendigkeit für seine Überwachung nach Gewerberecht zu bejahen ist.[850] Damit übt der Unternehmensberater keinen freien Beruf, sondern ein Gewerbe aus (aA vertretbar).

bb) Es handelt sich dabei auch um ein stehendes Gewerbe, da weder ein Reisegewerbe noch die Veranstaltung eines Marktes etc. vorliegen.

c) Weiter verlangt § 35 I GewO, dass Tatsachen vorliegen, aus denen sich die Unzuverlässigkeit des B ergeben kann. Unzuverlässigkeit liegt vor, wenn Tatsachen die Besorgnis begründen, dass der Gewerbetreibende sein Gewerbe auch zukünftig nicht ordnungsgemäß betreiben wird. B hat monatelang seine Steuern und Sozialversicherungsabgaben nicht bezahlt. Erhebliche Zahlungsrückstände gegenüber öffentlichen Gläubigern lassen nach der hM grundsätzlich die Prognose zu, dass B auch in Zukunft sein Gewerbe nicht ordnungsgemäß ausüben wird. B ist daher unzuverlässig.

d) Schließlich müsste die Untersagung auch erforderlich sein. Ein milderes Mittel zum Schutz der Kunden und der Allgemeinheit ist nicht ersichtlich, sodass auch diese Voraussetzung gegeben ist.

1055 Damit ist der Tatbestand des § 35 I GewO erfüllt. Ermessen räumt § 35 I GewO der Behörde nicht ein. Auch ist ein Verstoß gegen allgemeine rechtsstaatliche Anforderungen, insbesondere das Bestimmtheitsgebot, nicht ersichtlich.

Ergebnis: Die Gewerbeuntersagung ist rechtmäßig.

3. Zulassungspflichtige Gewerbe

a) Zugangskontrolle

1056 Bei bestimmten Gewerbearten wird vor ihrer Aufnahme neben der Anzeige nach § 14 GewO eine besondere Zulassung verlangt. Nach der GewO ist ein Gewerbe genehmigungspflichtig, wenn es in den §§ 30 ff. GewO aufgeführt ist.[851] Danach sind folgende Tätigkeiten genehmigungspflichtig:

- Das Betreiben von Privatkrankenanstalten (§ 30 GewO)[852]
- Die Schaustellung von Personen, soweit sie nicht überwiegend künstlerischen, sportlichen, akrobatischen oder ähnlichen Charakter hat (§ 33a GewO); hierunter

850 Vgl. zB OLG Celle GewArch 1996, 333; aA VG Freiburg GewArch 2009, 450 und ihm zustimmend *Haake*, Unternehmensberatung ein Gewerbe, GewArch 2010, 60.

851 Aufgrund der Föderalismusreform I ist für einige der dort genannten Materien die Gesetzgebungskompetenz des Bundes weggefallen, zB für Spielhallen; vgl. *Frotscher/Kramer* WirtschaftsVerfR/WirtschaftsVerwR Rn. 10.

852 Zum Begriff siehe *Schmidt/Vollmöller* ÖffWirtschR § 8 Rn. 46.

fallen zB Peep-Shows oder die Veranstaltung sog. »Zwergenweitwürfe«, die wegen ihrer Sittenwidrigkeit aber grundsätzlich nicht zulassungsfähig sind[853]

- Das Aufstellen von Spielgeräten mit Gewinnmöglichkeiten (§ 33c GewO) und die Veranstaltung von anderen Spielen mit Gewinnmöglichkeiten (§ 33d GewO), wobei Spielbanken, Lotterien und nach § 284 StGB verbotene Glücksspiele (zB Roulette, Würfeln oder Pokern um Geld) ausgenommen sind (vgl. § 33h GewO)[854]
- Das Betreiben von Spielhallen (§ 33i GewO)
- Das Pfandleih- (§ 34 GewO), das Bewachungs- (§ 34a GewO) und das Versteigerergewerbe (§ 34b GewO)
- Die Tätigkeit als Makler, Bauträger oder Baubetreuer (§ 34c)
- Die Tätigkeit als Versicherungsvermittler (§ 34d GewO) oder Versicherungsberater (§ 34e GewO)
- Die Tätigkeit als Finanzanlagenvermittler (ab 1.1.2013 gemäß § 34f GewO[855]).

Auf eine Darstellung der Einzelheiten zu den verschiedenen Tätigkeiten muss hier verzichtet werden.[856] Der jeweilige Tatbestand (bitte die §§ 30 ff. GewO lesen) legt fest, welche Tätigkeit erfasst wird. Trotzdem ist die Zuordnung von Tätigkeiten zu einem der genannten Gewerbe nicht immer unproblematisch. So ist zB bezüglich § 34b GewO strittig, ob **Internetauktionen** von der Zulassungspflicht erfasst werden. Die wohl hM lehnt dies ab, weil Versteigerungen im Sinne von § 34b GewO voraussetzen, dass die Versteigerung örtlich und zeitlich begrenzt sei. Außerdem sei bei Internetversteigerungen das Schutzbedürfnis der Bieter geringer als bei herkömmlichen Versteigerungen.[857] Bei § 33h GewO wird zur Zeit die Behandlung von **Online-Glücksspielen**, wie zB Poker und Sportwetten, insbesondere, wenn sie von ausländischen Anbietern angeboten werden, diskutiert.[858] Im Zusammenhang mit § 33i GewO werden aktuell sog. **Laserdrome**, in denen sich Spieler gegenseitig mit Waffen beschießen, erörtert. Eine Erlaubnisbedürftigkeit nach § 33i GewO wird weitgehend abgelehnt. Solche Betriebe können aber nach allgemeinem Polizei- und Sicherheitsrecht untersagt werden.[859] 1057

Die gesetzlichen Voraussetzungen für die Genehmigungserteilung sind für jedes Gewerbe gesondert geregelt. Für alle Gewerbearten ist aber erforderlich, dass der Gewerbetreibende **zuverlässig** erscheint. Nach § 34a IV GewO ist im Bewachungsgewerbe sogar die Beschäftigung unzuverlässiger Mitarbeiter verboten. Der Begriff der Zuverlässigkeit entspricht dabei dem in § 35 GewO. Außerdem wird für den Betrieb einiger Gewerbe eine gewisse Fachkenntnis vorausgesetzt (vgl. zB §§ 34a I Nr. 3 o. 34d II Nr. 4 GewO). Nach den meisten Vorschriften in den §§ 30 ff. GewO kann die

853 Vgl. dazu BVerwGE 84, 314 bzw. VG Neustadt NVwZ 1993, 98.

854 Ausführlich dazu *Hahn*, Neuregelungen zum gewerblichen Spielrecht, GewArch 2007, 89.

855 *Schulze-Werner*, Das neue Recht der Finanzanlagenvermittler in der Gewerbeordnung, GewArch 2012, 102 ff.

856 Ausführliche Darstellungen der einzelnen Gewerbe finden sich aber bei Robinski/*Marcks* GewR Abschnitt J oder *Stober* WirtschaftsVerwR BT § 46 III.

857 Ausführlich *Hösch*, Gewerberechtliche Einordnung von Internetauktionen, GewArch 2002, 257 ff.

858 Allgemein zur Behandlung von Glücksspielen nach dem Fall des staatlichen Glücksspielsmonopols (→ Rn. 592) *Diesbach/Alhaus*, Verfassungs- und europarechltiche Vorgaben für die Neuordnung des Glücksspielrechts, ZUM 2011, 129; *Heeg/Levermann*, Glücksspielregulierung in Deutschland vor der Marktöffnung – Lotto, Sportwetten und Gaming im Internet, MMR 2012, 19 f.

859 BVerwG GewArch 2002, 154 ff.; vgl. auch *Schmidt/Vollmöller* ÖffWirtschaftsR § 10 Rn. 48.

Genehmigung mit Nebenbestimmungen versehen und die Ausübung des Gewerbes durch den Erlass nachträglicher Anordnungen beeinflusst werden (zB §§ 33a I 3, 34 I 2, 34c I 2, 34d I 2 GewO).

1058 Keine echte Genehmigung stellt die in § 36 GewO geregelte öffentliche Bestellung von Sachverständigen dar.[860] Vielmehr wird hier festgelegt welche Anforderungen für die öffentliche Bestellung als Sachverständiger durch die IHK zu erfüllen sind. Das BVerwG hat in diesem Zusammenhang vor kurzem entschieden, dass die von einigen Industrie- und Handelskammern festgelegten Altershöchstgrenzen gegen das Verbot der Altersdiskriminierung verstoßen.[861] § 36 GewO wird durch § 36a GewO ergänzt, der eine Sonderregelung für Personen, die eine entsprechende Qualifikation in einem anderen Mitgliedstaat der Europäischen Union oder einem anderen Vertragsstaat des Abkommens über den Europäischen Wirtschaftsraum erworben haben, enthält.

b) Ausübungsregelungen und Überwachungsbefugnisse

1059 Auch für die Ausübung zulassungspflichtiger Gewerbe sieht die GewO selbst keine wesentlichen Ausübungsregelungen und Überwachungsbefugnisse vor. Bundesrechtlich ergeben sich aber aus den zu den nach der GewO zulassungspflichtigen Gewerben erlassenen Rechtsverordnungen solche Vorschriften. Beispiele sind die Spielverordnung (zu §§ 33e ff. GewO), die Makler- und Bauträgerverordnung (zu § 34c GewO) oder die Bewachungsverordnung (zu § 34a GewO).

1060 Schließlich sind auch im Bereich der zulassungspflichtigen Gewerbe landesrechtliche Vorgaben für die Gewerbeausübung zu beachten.

c) Die Verhinderung der Gewerbeausübung

1061 Die Maßnahmen zur Verhinderung der (weiteren) Ausübung eines zulassungspflichtigen Gewerbes richten sich danach, ob der Gewerbetreibende im Besitz der erforderlichen Zulassung ist oder nicht.

aa) Aufhebung der erforderlichen Zulassung

1062 Besitzt ein Gewerbetreibender die nach der GewO erforderliche Zulassung, zB die Erlaubnis als Makler (§ 34c GewO), muss die Behörde diese Zulassung zunächst aufheben, wenn sie die Untersagung des Betriebs erreichen will.

1063 ■ Was meinen Sie? Geht das so ohne weiteres? Könnten sich dafür evtl. Grenzen aus bereits besprochenen Rechtsgebieten ergeben?

▶ Die Behörde greift in eine bestehende Rechtsposition eines Bürgers ein. Nach dem Vorbehalt des Gesetzes braucht sie daher eine Befugnisnorm. Wegen des Vorrangs des Gesetzes darf sie die Erlaubnis außerdem nur aufheben, wenn der Tatbestand dieser Befugnisnorm erfüllt ist.

1064 ■ Werfen Sie einen Blick in die GewO und suchen Sie eine entsprechende Befugnisnorm! Auf welche schon besprochenen Normen könnten Sie zurückgreifen, wenn Sie in der GewO nicht fündig werden?

▶ Die GewO enthält keine speziellen Befugnisse für die Aufhebung der für ein stehendes Gewerbe erteilten Zulassung. Damit richtet sich die Aufhebung nach den

860 Ausführlich dazu *Stober* WirtschaftsVerwR BT § 46 III 10.

861 BVerwG DS 2012,124; allgemein zu § 36 GewO *Bleutge*, Öffentliche Bestellung von Sachverständigen – Neue Gesetzgebung und Rechtsprechung, GewArch 2011, 237 ff. u. 287 f.

§§ 48, 49 VwVfG.[862] Erforderlich ist dabei, dass die Zulassungsvoraussetzungen von vornherein nicht vorgelegen haben oder nachträglich weggefallen sind.

Beispiele: Eine Erlaubnis für ein Bewachungsgewerbe wurde erteilt, obwohl der Gewerbetreibende entgegen § 34a I 3 GewO nicht die notwendigen finanziellen Mittel nachgewiesen hat (Rücknahme nach § 48 III VwVfG). Ein Makler hat die Erlaubnis nach § 34c GewO erhalten und begeht danach mehrere einschlägige Straftaten, wird also unzuverlässig (Widerruf nach § 49 II Nr. 3 VwVfG).

bb) Betrieb eines zulassungspflichtigen Gewerbes ohne die erforderliche Zulassung

Wird ein zulassungspflichtiges Gewerbe betrieben, ohne dass die nach den §§ 30 ff. GewO erforderliche Genehmigung vorliegt, verstößt der Gewerbetreibende gegen das grundsätzlich bestehende Verbot der betreffenden Betätigung. Dies gilt sowohl wenn der Gewerbetreibende die erforderliche Zulassung von vornherein nicht eingeholt hat, als auch in dem Fall, dass die erteilte Zulassung, wie gerade behandelt, wieder aufgehoben wurde. Nach **§ 15 II GewO** (bitte lesen) kann die Behörde die Fortsetzung eines solchen Gewerbebetriebs verhindern. Das bedeutet, dass sie durch entsprechende Anordnung den konkreten Betrieb verbieten kann. Die ergangene Anordnung kann sie mit Mitteln der Verwaltungsvollstreckung durchsetzen. **1065**

Für ein Vorgehen nach § 15 II GewO sind folgende Voraussetzungen erforderlich: **1066**

- Betrieb eines stehenden Gewerbes
- Erlaubnispflicht des Gewerbes
- Ordnungsgemäße Ermessensausübung

§ 15 II GewO ist nur anwendbar, wenn das stehende Gewerbe nach den §§ 30 ff. GewO oder anderen Gesetzen zulassungspflichtig ist. Für den Tatbestand des § 15 II GewO ist nur erforderlich, dass das Gewerbe ohne die erforderliche Zulassung betrieben wird[863] (sog. **formelle Illegalität**). **1067**

Allerdings steht die Entscheidung nach § 15 II GewO im **Ermessen** der Behörde. Für den Fall, dass der Gewerbetreibende eine Genehmigung gar nicht erst beantragt hat, ist dabei eine Besonderheit zu beachten. Nach hM darf eine Anordnung nach § 15 II GewO nur ergehen, wenn zu der formellen Illegalität auch die **materielle Illegalität** des Gewerbebetriebs hinzukommt.[864] Materiell illegal ist das Betreiben eines Gewerbes dann, wenn die notwendige Genehmigung nach den dafür einschlägigen Vorschriften nicht erteilt werden kann.[865] Für die Ermessensausübung der Behörde bedeutet dies, dass sie zunächst eine Prüfung vornehmen muss, ob die materiellen Voraussetzungen für die Erteilung der erforderlichen Zulassung vorliegen oder nicht. Liegen sie vor, kann wegen des Gebots des mildesten Mittels eine Entscheidung nach § 15 II GewO erst dann ergehen, wenn sich der Gewerbetreibende beharrlich weigert, den notwendigen Zulassungsantrag zu stellen.[866] Eine sofort ergehende Untersagungsanordnung wäre wegen fehlerhafter Ermessensausübung grundsätzlich rechtswidrig. **1068**

Über die nach der GewO genehmigungspflichtigen Gewerbe hinaus ist § 15 II GewO auf die nach Spezialgesetzen zu beurteilenden Gewerbe anzuwenden, falls diese keine

862 → Rn. 798 ff.
863 → Rn. 1068.
864 Ausführlich Tettinger/Wank/*Ennuschat* § 15 Rn. 18 ff.
865 VGH Mannheim GewArch 1987, 34 f.
866 *Stober* WirtschaftsVerwR BT § 46 I 8b.

entsprechende Vorschrift enthalten. So sieht das GastG in § 15 nur die Aufhebung der Gaststättenerlaubnis vor; eine Befugnis, den Betrieb einer ohne Erlaubnis eröffneten Gaststätte zu unterbinden, enthält das GastG dagegen nicht; daher kann die Behörde insoweit auf § 15 II GewO zurückgreifen.

1069 Neben § 15 II GewO kann nach hM auch ggf. auf § 35 GewO zurückgegriffen werden.[867] § 15 II GewO ist, wie aus dem Wortlaut hervorgeht, betriebsbezogen, dh, ein konkreter Gewerbebetrieb eines Gewerbetreibenden kann unterbunden werden. Dagegen bezieht sich § 35 GewO generell auf die Ausübung eines bestimmten Gewerbes.

Beispiel: A betreibt in B eine Privatkrankenanstalt. Die zuständige Behörde hebt die Konzession auf, weil A wegen unerlaubter Sterbehilfe in mehreren Fällen verurteilt wurde. Ein weiteres Betreiben der Anstalt in B kann die Behörde nach § 15 II GewO verhindern. Dass A auch landesweit keine Privatkrankenanstalt führen kann, kann sie dagegen nur erreichen, wenn sie ihm die Ausübung des Gewerbes nach § 35 GewO untersagt.

1070 Die Anforderungen, die zu erfüllen sind, um einen zulassungspflichtigen und zugelassenen Gewerbebetrieb tatsächlich schließen zu können, sind in Übersicht 63 noch einmal zusammengefasst.

Übersicht 63: Verhinderung eines zugelassenen Gewerbebetriebs wegen nicht ordnungsgemäßer Ausübung

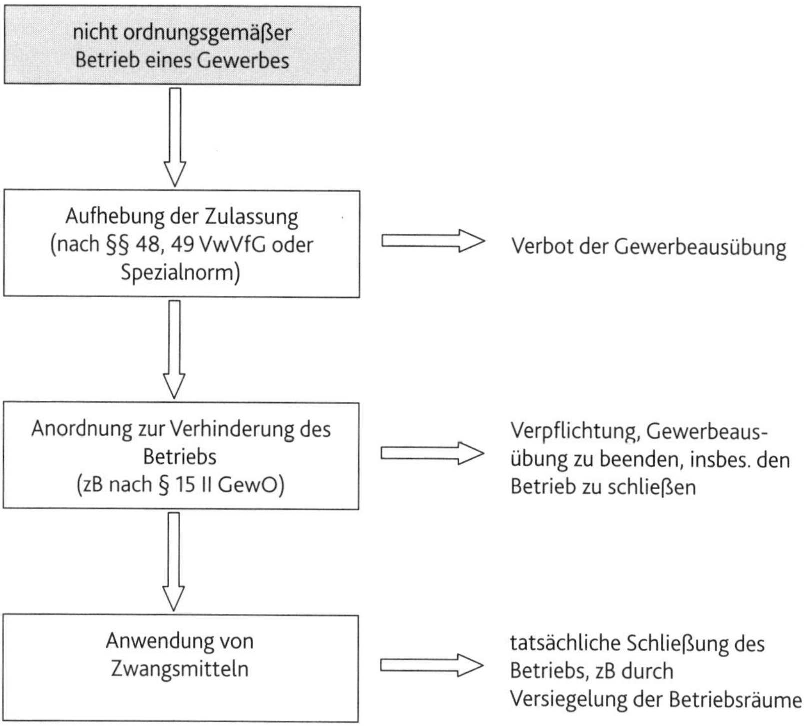

867 BVerwG GewArch 1982, 299 ff.

Auch bei § 15 II GewO können Sie zum Abschluss noch einen Beispielsfall[868] lösen. 1071

Übungsfall 18:

B führt seit 2009 das Bewachungsunternehmen »Golden Eye«. 2012 wird der zuständigen Gewerbebehörde bekannt, dass B 2011 wegen mehrfachen Betrugs verurteilt wurde. Nach Anhörung des B ergeht daher ein Bescheid an B, dass ihm die Erlaubnis zur Ausübung eines Bewachungsgewerbes entzogen sei. Auch nach Erhalt dieses Bescheides setzt B seine Tätigkeit fort. Er erhält daraufhin einen weiteren Bescheid, mit dem die Schließung seines Gewerbebetriebs angeordnet wird.
Sind die Aufhebung der Gewerbeerlaubnis **und** die Schließungsanordnung rechtmäßig?

■ Sie wissen, auch aus Fallbearbeitungen im BGB, dass die Fallfrage Ihr Prüfungsprogramm bestimmt und deshalb auf deren Formulierung genau geachtet werden muss. Was fällt Ihnen hier insoweit auf? 1072

▶ Nach der Fallfrage müssen Sie **zwei** unterschiedliche Maßnahmen der Behörde untersuchen. Aus dem Vorstehenden wissen Sie, dass die Aufhebung der Zulassung eines Gewerbes und dessen Untersagung/Schließung rechtlich selbstständige Handlungen der Verwaltung sind. Dementsprechend müssen Sie sie auch getrennt prüfen.

■ Bevor Sie die Falllösung lesen, versuchen Sie, zunächst selbst eine ausformulierte Lösung zu erstellen. 1073

▶ **Lösung: 1.** Die Aufhebung der Erlaubnis:

a) Vorüberlegung: Zunächst ist zu überlegen, welche Befugnisnorm der Behörde zur Seite stehen könnte. Da ein Bewachungsgewerbe nach § 34a GewO nur von einem zuverlässigen Gewerbetreibenden betrieben werden darf, könnte man an eine Untersagungsverfügung nach § 35 GewO denken. Nach § 35 VIII GewO gehen aber speziellere Vorschriften zur Unterbindung eines Gewerbes dem § 35 I GewO vor. Gemeint sind Vorschriften, die dazu ermächtigen, eine erteilte Erlaubnis wieder aufzuheben. Daher ist zunächst zu prüfen, ob eine Befugnisnorm zur Aufhebung der Erlaubnis existiert. Die GewO sieht eine solche Befugnisnorm nicht vor, daher ist auf die §§ 48, 49 VwVfG zurückzugreifen. Es ist hier nichts dafür ersichtlich, dass die Erlaubnis an B schon bei ihrem Erlass rechtswidrig war. Somit kommt nur **§ 49 VwVfG** als Befugnisnorm in Betracht.

b) Formelle Rechtmäßigkeit:

Zuständig nach § 49 VwVfG ist die Behörde, die den aufzuhebenden Bescheid erlassen hat. Diese hat nach dem Sachverhalt auch gehandelt. Ebenso ist vom ordnungsgemäßen Ablauf des Verwaltungsverfahrens auszugehen. Insbesondere wurde B gemäß § 28 VwVfG angehört.

c) Materielle Rechtmäßigkeit:

aa) § 49 VwVfG setzt zunächst voraus, dass die Erlaubnis an B bei ihrem Erlass rechtmäßig war. Mangels entgegenstehender Angaben ist dies zu bejahen. Damit ist § 49 VwVfG grundsätzlich anwendbar.

868 Weitere Übungsfälle zu § 15 II GewO finden sich bei *Frotscher/Kramer* WirtschaftsVerfR/WirtschaftsVerwR Rn. 293 und *Häde* VerwR Fall 3; ein Aufbauschema bieten *Oberrath/Schmidt/Schomerus* ÖffWirtschaftsR S. 84.

bb) Da die Erlaubnis, ein Bewachungsgewerbe zu betreiben, einen begünstigenden Verwaltungsakt, der keine Geldleistung zum Gegenstand hat, darstellt, ist § 49 II VwVfG zu beachten. In Betracht kommt hier § 49 II Nr. 3 VwVfG, wonach ein Verwaltungsakt widerrufen werden kann, wenn die Behörde ihn aufgrund nachträglich eingetretener Tatsachen nicht mehr erlassen dürfte. Nach § 34a I 3 Nr. 1 GewO setzt die Erlaubnis für ein Bewachungsgewerbe die Zuverlässigkeit des Gewerbetreibenden voraus. Zuverlässig ist, wer die Gewähr dafür bietet, sein Gewerbe auch in Zukunft ordnungsgemäß zu betreiben. Aufgrund der einschlägigen Vorstrafen bietet B diese Gewähr nicht. B ist daher unzuverlässig.

Damit ist der Tatbestand des § 49 II Nr. 3 VwVfG erfüllt, denn aufgrund der jetzt vorliegenden Unzuverlässigkeit des B wäre die Behörde berechtigt, dem B die Erlaubnis nach § 34a GewO zu untersagen.

cc) Ermessensfehler oder ein Verstoß gegen höherrangiges Recht sind nicht ersichtlich.

Zwischenergebnis: Die Aufhebung der Erlaubnis ist rechtmäßig.

2. Die Schließungsverfügung

a) Vorüberlegung: Durch die Aufhebung der Erlaubnis nach § 34a GewO wird nur festgestellt, dass B kein Bewachungsgewerbe mehr betreiben darf. Für die Schließung des konkreten Gewerbebetriebs muss nach hM daher noch eine gesonderte Schließungsverfügung ergehen. Als entsprechende Befugnis kommt **nur § 15 II GewO** in Betracht.

b) Formelle Rechtmäßigkeit:

Nach den Angaben des Sachverhalts hat die zuständige Behörde gehandelt. Fraglich ist, ob das erforderliche Verfahren eingehalten wurde. Dazu wäre insbesondere eine vorherige Anhörung des B nach § 28 VwVfG erforderlich gewesen. Eine solche hat offensichtlich nicht stattgefunden. Allerdings ist zu beachten, dass dieser Verfahrensfehler nach § 45 I Nr. 3 VwVfG heilbar ist, sodass nicht endgültig von der formellen Rechtswidrigkeit ausgegangen werden kann.

c) Materielle Rechtmäßigkeit:

aa) Voraussetzung für das Eingreifen von § 15 II GewO wäre zunächst das Vorliegen eines stehenden Gewerbes.

- Ein Bewachungsunternehmen hat eine erlaubte, selbstständige, dauerhafte Tätigkeit, die mit Gewinnerzielungsabsicht betrieben wird und kein freier Beruf etc. ist, zum Gegenstand, ist also Gewerbe.
- Es stellt auch ein stehendes Gewerbe dar, da es sich bei der Tätigkeit nicht um ein Reisegewerbe (§ 55a GewO) oder einen Markt etc. handelt.

bb) Weiter müsste die Tätigkeit des B ein erlaubnispflichtiges Gewerbe darstellen. Für ein Bewachungsgewerbe nach § 34a GewO ist eine Erlaubnis erforderlich. Damit ist auch diese Voraussetzung erfüllt.

cc) Schließlich müsste das Gewerbe ohne diese Erlaubnis betrieben werden. Dies ist ebenfalls zu bejahen, da die dem B erteilte Erlaubnis aufgehoben wurde.

Damit liegt der Tatbestand des § 15 II GewO vor.

dd) Fraglich ist aber, ob das der Behörde eingeräumte Ermessen richtig ausgeübt wurde. Das wäre nicht der Fall, wenn dem B die benötigte Erlaubnis nachträglich erteilt werden könnte. Eine (Wieder-)Erteilung der Erlaubnis ist wegen der Unzuverlässigkeit des B aber nicht möglich. Damit ist der Betrieb des Bewachungsunternehmens auch materiell illegal. § 15 II GewO ist also insgesamt erfüllt.

Ergebnis: Sowohl die Aufhebung der Erlaubnis als auch die Schließungsverfügung sind rechtmäßig.

4. Inkurs: Das Ladenschlussrecht

Vor allem für den Handel sind die Regelungen des Ladenschlusses von Bedeutung. 1074
Das Ladenschlussgesetz (LadSchlG) dient in erster Linie dem Schutz der Beschäftigten, daneben aber auch wettbewerbsrechtlichen Zielen. 1996 und 2003 wurde es erheblich überarbeitet, um den Verbraucherinteressen besser gerecht werden zu können.[869] Durch die Förderalismusreform I[870] wurde zum 1.9.2006 die Gesetzgebungskompetenz für das Ladenschlussrecht auf die Länder übertragen. Das LadSchlG des Bundes gilt daher nur noch, soweit ein Bundesland es nicht durch ein eigenes Ladenschlussgesetz ersetzt hat (Art. 125a I 2 GG). Die meisten Länder haben inzwischen eigene Ladenöffnungsgesetze erlassen.[871] Diese enthalten weitgehend vergleichbare Regelungen. Anwendbar sind sie immer, wenn eine Verkaufsstelle[872] betrieben wird. Hauptregelungspunkt ist die Festlegung bestimmter Ladenöffnungszeiten. **Verkaufsstellen** dürfen danach mit Ausnahme der Sonn- und Feiertage in den meisten Ländern von 0–24 Uhr geöffnet sein. Für den Verkauf an Sonn- und Feiertagen gibt es Sonderregelungen, die zwischen den einzelnen Ländern variieren. Für bestimmte Verkaufsstellen, wie Apotheken, Tankstellen, Bahnhöfe und Flughäfen ist das Öffnungsverbot an Sonn- und Feiertagen vielfach gelockert. Sonstige Tätigkeiten unterfallen den **Sonn- und Feiertagsgesetzen** der Länder. Diese stellen in der Regel darauf ab, ob eine Tätigkeit die Sonn- und Feiertagsruhe stört oder nicht. Diese Beurteilung ist häufig Gegenstand von Gerichtsentscheidungen. Danach sollen zB Sonnenstudios die Sonn- und Feiertagsruhe nicht stören,[873] Autowaschanlagen und Videotheken dagegen schon.[874]

Mit europarechtlichen Vorgaben, insbes. der Warenverkehrsfreiheit nach Art. 34 AEUV ist das LadSchlG bzw. die Ladenöffnungsgesetze der Länder nach dem EuGH vereinbar.[875]

Verstöße gegen die Bestimmungen des LadSchlG bzw. der Ladenöffnungsgesetze der 1075
Länder sind als Ordnungswidrigkeiten mit Bußgeld bewehrt. Außerdem kann der Betrieb einer Verkaufsstelle außerhalb der zulässigen Zeiten auf der Grundlage des allgemeinen Polizei- und Ordnungsrechts unterbunden werden.

■ Zum Abschluss des Abschnitts über die stehenden Gewerbe noch zwei Fälle zum 1076
Üben:

869 Näher dazu siehe *Kollmer*, Neues Ladenschlussrecht 1996, GewArch. 1997, 92 ff.; *Tegebauer*, Die Entwicklung des Ladenschlussrechtes seit dem Jahr 2000, GewArch 2002, 185 ff.

870 → Rn. 89.

871 Vgl. *Tegebauer*, Die Entwicklung des Ladenschlussrechts seit dem Jahr 2004, GewArch 2007, 49 ff.

872 Zum Begriff siehe § 1 LadSchlG und *Stober* WirtschaftsVerwR BT § 50 III.

873 BVerwG NVwZ 1993, 182.

874 OVG Münster NVwZ 1983, 620 bzw. BVerwG NVwZ-RR 1995, 516.

875 EuGH EuZW 1996, 600; näher dazu und zu verfassungsrechtlichen Bedenken vgl. *Frotscher/Kramer* WirtschaftsVerfR/WirtschaftsVerwR Rn. 381 ff. und *Schmidt/Vollmöller* ÖffWirtschaftsR § 10 Rn. 68.

Übungsfall 19	
Gegen den Gebrauchtwagenhändler G ist ein Ermittlungsverfahren wegen Betruges, Unterschlagung und Diebstahls anhängig. Am 25.3. erhält die zuständige Behörde Mitteilung von der Staatsanwaltschaft, dass gegen G Anklage erhoben wird. Daraufhin erlässt sie 2 Tage später einen Bescheid, dass er seinen Gebrauchtwagenhandel ab sofort nicht weiter betreiben dürfe. Ist dieser Bescheid materiell rechtmäßig?	

1077 ■ Bevor Sie die Falllösung lesen, versuchen Sie, zunächst selbst eine ausformulierte Lösung zu erstellen. Achten Sie dabei besonders auf die Fallfrage.

▶ **Lösung:** Es war nur die materielle Rechtmäßigkeit des Bescheids an G zu prüfen.

a) Für diese wäre zunächst erforderlich, dass der Tatbestand einer Befugnisnorm erfüllt ist. Weder gibt es ein Spezialgesetz für Gebrauchtwagenhändler, noch begründen die §§ 30a ff. GewO eine Zulassungspflicht für diese. Es liegt daher ein erlaubnisfreies Gewerbe vor, sodass nur § 35 GewO in Betracht kommt.

aa) Zunächst müsste § 35 I GewO überhaupt anwendbar sein. Dazu dürfte § 35 VIII GewO nicht entgegenstehen. Da keine Sondervorschriften zur Unterbindung eines Gebrauchtwagenhandels existieren, ist dies der Fall.

bb) § 35 I GewO verlangt weiter den Betrieb eines stehenden Gewerbes.

- Dazu müsste die Tätigkeit des G erlaubt, dauerhaft und selbstständig sein, der Gewinnerzielung dienen und keine Urproduktion oder freier Beruf sein. Die Tätigkeit eines Gebrauchtwagenhändlers ist generell erlaubt, sie wird von B in eigenem Namen, auf eigene Rechnung und in eigener Verantwortlichkeit ausgeübt und B übt sie fortwährend und mit Gewinnerzielungsabsicht aus. Da auch kein freier Beruf vorliegt, betreibt der G ein Gewerbe.
- Es handelt sich dabei auch um ein stehendes Gewerbe, da weder ein Reisegewerbe noch die Veranstaltung eines Marktes vorliegen.

cc) Weitere Voraussetzung des § 35 I GewO ist, dass Tatsachen vorliegen, die die Unzuverlässigkeit des B dartun würden. Die Verurteilung wegen einschlägiger Straftaten, wie zB Betrug, lässt regelmäßig die Prognose zu, dass der Betreffende auch in Zukunft sein Gewerbe nicht ordnungsgemäß ausüben wird. Fraglich ist aber, ob die bloße Anklageerhebung dafür ausreicht. Die wohl hM bejaht dies.[876] Danach wäre G hier unzuverlässig, sodass § 35 GewO als Grundlage für die Untersagungsverfügung erfüllt ist. Die Untersagung ist auch als erforderlich anzusehen, da kein milderes Mittel ersichtlich ist.

Ergebnis: Der Bescheid an G ist materiell rechtmäßig.[877]

876 → Rn. 1034.

877 Eine andere Ansicht ist aber durchaus vertretbar. In diesem Fall wäre die Verfügung rechtswidrig.

Übungsfall 20
P betreibt eine Pfandleihe, für die er vor Jahren eine Genehmigung erhalten hat. Nunmehr zahlte er seit Monaten nicht die für seine fünf Angestellten von ihm abzuführenden Sozialversicherungsbeiträge und Lohnsteueranteile. Er ist zahlungsunfähig. Die Behörde untersagt ihm nach Anhörung den Betrieb. Er wendet sich per ordnungsgemäß eingelegtem Widerspruch gegen die Verfügung mit der Begründung, dass nicht er selbst seine finanzielle Lage verschuldet habe, sondern seine Schuldner ihn im Stich gelassen hätten. Dies entspricht den Tatsachen. Ist der Widerspruch des P begründet?

■ Übungsfall 20 ist ein weiteres Beispiel für eine Kombination verschiedener Rechtsgebiete in einer Klausur des öffentlichen Rechts und zwar für die Verknüpfung des prozessualen mit dem materiellen Recht. Bevor Sie die Falllösung lesen, versuchen Sie, zunächst selbst eine ausformulierte Lösung zu erstellen. **1078**

▶ **Lösung:** Entsprechend § 113 I VwGO analog wäre der Widerspruch des W begründet, wenn der angegriffene Bescheid rechtswidrig und P dadurch in seinen Rechten verletzt wäre.

1. Rechtswidrigkeit des Bescheids

a) Formelle Rechtmäßigkeit: Von der formellen Rechtmäßigkeit ist mangels entgegenstehender Angaben im Sachverhalt auszugehen. Insbesondere ist nach dem Sachverhalt die nach § 28 VwVfG erforderliche Anhörung erfolgt.

b) Materielle Rechtmäßigkeit:

Die materielle Rechtmäßigkeit des Bescheids setzt zunächst voraus, dass der Tatbestand einer Befugnisnorm erfüllt ist. In Betracht kommt § 35 I GewO. Dieser müsste überhaupt anwendbar sein. Nach § 35 VIII GewO ist das nicht der Fall, wenn der Gewerbetreibende eine Erlaubnis besitzt, die wegen Unzuverlässigkeit zurückgenommen oder widerrufen werden könnte.

aa) Fraglich ist damit zunächst, ob die Tätigkeit des P zulassungspflichtig ist. In Betracht kommt eine Zulassungspflicht nach § 34 GewO. Dazu müsste P das Geschäft eines Pfandleihers oder Pfandvermittlers im stehenden Gewerbe ausüben.

- P ist nach dem Sachverhalt als Pfandleiher tätig.
- Für das Vorliegen eines Gewerbes müsste seine Tätigkeit erlaubt, dauerhaft und selbstständig sein, der Gewinnerzielung dienen und keine Urproduktion oder freier Beruf sein. Die Tätigkeit eines Pfandleihers ist generell erlaubt, sie wird von P in eigenem Namen, auf eigene Rechnung und in eigener Verantwortlichkeit ausgeführt und P übt sie fortwährend und mit Gewinnerzielungsabsicht aus. Schließlich ist die Tätigkeit als Pfandleiher auch kein freier Beruf, da sie keine Dienstleistung höherer Art darstellt. Damit übt P ein Gewerbe aus.
- Ein stehendes Gewerbe liegt vor, wenn kein Reisegewerbe oder die Abhaltung eines Marktes etc. gegeben ist. Auch das ist der Fall.

Damit liegt ein stehendes Pfandleihgewerbe vor.

bb) Weiterhin ist aber zu prüfen, ob die Erlaubnis im Sinne von § 34 GewO bei Unzuverlässigkeit des Gewerbetreibenden aufgehoben werden kann. Nach § 34 I 3 Nr. 1 GewO setzt die Erlaubnis eines Pfandleihgewerbes voraus, dass der Gewerbetreibende zuverlässig ist. Damit kann eine Erlaubnis aufgehoben werden, wenn die Unzuverlässigkeit des Gewerbetreibenden schon bei ihrem Erlass gegeben war

(Rücknahme nach § 48 I, III VwVfG) oder nach der Erteilung der Erlaubnis eingetreten ist (Widerruf nach § 49 II Nr. 3 VwVfG). Damit scheidet gemäß § 35 VIII GewO die Anwendung des § 35 I GewO aus.

Die Behörde hätte zunächst die Erlaubnis aufheben müssen und dann nach § 15 II GewO gegen P vorgehen müssen. Mangels Befugnisnorm ist der an P ergangene Bescheid daher rechtswidrig.

2. Rechtsverletzung

P ist durch den rechtswidrigen Bescheid auch in seinen Rechten verletzt, da ihm die Ausübung einer beruflichen Tätigkeit ohne gesetzliche Grundlage verweigert wird und damit die Gewerbefreiheit nach § 1 GewO und die Berufsfreiheit nach Art. 12 GG verletzt werden.

Ergebnis: Der Widerspruch des P ist begründet.

II. Das Reisegewerbe

1. Begriffliches

1079 Die §§ 55 ff. GewO enthalten die Regelungen für das sog. Reisegewerbe, das in § 55 I GewO (bitte lesen) legal definiert wird.

Definition: Reisegewerbe ist das gewerbsmäßige Vertreiben von Waren und das Anbieten von Leistungen, das Aufsuchen entsprechender Bestellungen sowie das Schaustellergewerbe, sofern die Tätigkeiten außerhalb einer gewerblichen Niederlassung oder ohne eine solche betrieben werden und ohne vorhergehende Bestellung erfolgen.

1080 Wegen der größeren Relevanz für die Gesamtwirtschaft soll im Folgenden nur das den Vertrieb von Waren und Leistungen betreffende Reisegewerbe näher besprochen werden.[878] Gegenstand eines Reisegewerbes nach § 55 I Nr. 1 GewO muss das Anbieten von Waren oder Leistungen bzw. die Aufnahme entsprechender Bestellungen sein. Ein Reisegewerbe liegt damit nicht nur vor, wenn eine Ware oder Leistung sofort übergeben bzw. erbracht wird, sondern auch wenn der Kunde nur eine entsprechende Bestellung vornimmt. Nicht ausreichend ist dagegen, dass auf Waren oder Leistungen nur aufmerksam gemacht wird (zB bei einer Werbeveranstaltung), ohne dass die Möglichkeit zur sofortigen Erlangung oder Bestellung der Ware bzw. Leistung besteht.[879]

1081 Weiter sind nach § 55 I Nr. 1 GewO folgende Begriffselemente erforderlich:

1082
- Das **gewerbsmäßige Betreiben** der Tätigkeit in eigener Person. Dabei ist seit der Neufassung der GewO durch das 2. Bürokratieabbaugesetz vom 7.9.2007 der allgemeine Gewerbebegriff[880] zugrundezulegen. Angestellte, die ein Reisegewerbe betreiben, wie zB Angehörige sog. Drückerkolonnen, betreiben daher kein zulassungspflichtiges Gewerbe mehr. Sind sie nicht zuverlässig im Sinne des Gewerberechts, kann dem Gewerbetreibenden aber nach § 60 GewO nF ihre Beschäftigung untersagt werden.[881]

---

878 Näher zu § 55 I Nr. 2 *Ruthig/Storr* ÖffWirtschaftsR § 3 Rn. 321.
879 Tettinger/Wank/*Ennuschat* § 55 GewO Rn. 31.
880 → Rn. 985; nach § 55 I Nr.1 GewO aF war dagegen auch die unselbstständige Tätigkeit erfasst.
881 Näher *Lenski*, Die neue Beschäftigtenuntersagung im Reisegewerbe, GewArch 2008, 288.

- Die Tätigkeit muss **außerhalb einer gewerblichen Niederlassung** oder ohne eine solche erfolgen. Eine gewerbliche Niederlassung ist nach allgemeiner Meinung gegeben, wenn zum Betrieb des Gewerbes ein zum dauernden Gebrauch eingerichteter, ständig oder in regelmäßiger Wiederkehr benutzter Raum vorhanden ist. Bei Verkaufswagen kommt es für die Abgrenzung zwischen stehendem Gewerbe und Reisegewerbe auf die Länge des Aufenthalts an einem bestimmten Ort an.[882] Steht der Verkaufswagen regelmäßig nur an einem Standplatz, liegt ein stehendes Gewerbe vor. 1083
- Die Tätigkeit muss **ohne vorherige Bestellung** erfolgen. Entscheidend für das Vorliegen dieses Merkmals ist, von wem die Initiative für den Kontakt zwischen Gewerbetreibenden und Kunden ausgeht.[883] Nur wenn der Kontakt auf Initiative des Kunden entsteht, liegt eine vorherige Bestellung vor.[884] 1084

Beispiele: Ohne vorherige Bestellung handelt, wer unaufgefordert Kundenbesuche macht oder an öffentlichen Plätzen etc. entsprechende Geschäfte tätigt; keine vorherige Bestellung liegt ferner vor, wenn der Kunde eine Einladung zu einem Hausbesuch nur nach vorherigem Anruf des Gewerbetreibenden ausspricht;[885] nicht ohne vorherige Bestellung handelt dagegen, wer zB zu einer Reparatur ins Haus gebeten wird; das gleiche gilt für den Fall, dass jemand damit einverstanden ist, dass bei ihm eine sog. Hausparty stattfindet.[886]

2. Die Zugangskontrolle

a) Erlaubnispflicht

Die Ausübung eines Reisegewerbes bedarf gem. § 55 II GewO grundsätzlich einer Erlaubnis, nämlich der sog. **Reisegewerbekarte.** Diese ist sowohl behördliche Erlaubnis als auch Ausweisdokument für den Reisegewerbetreibenden (vgl. § 60c GewO). 1085

Ausgenommen von der Erlaubnispflicht sind die Tätigkeiten, die in § 55a bzw. § 55b GewO genannt sind. Dabei enthält § 55a GewO eine Aufzählung einzelner Tätigkeiten, während § 55b GewO generell den Fall betrifft, dass sich der Gewerbetreibende lediglich an Personen wendet, die selbst ein Gewerbe betreiben. 1086

Beispiele: Nach § 55a Nr. 1 GewO bedarf keiner Reisegewerbekarte, wer auf einem festgesetzten Markt Waren anbietet; das gleiche gilt nach § 55a Nr. 3 GewO für das Anbieten von Waren in der Wohnsitzgemeinde, sofern diese weniger als 10.000 Einwohner hat; nach § 55a Nr. 2 GewO braucht man keine Reisegewerbekarte für den Vertrieb selbstgewonnener landwirtschaftlicher bzw. gärtnerischer Produkte und nach § 55a Nr. 6 GewO keine für den Abschluss von Versicherungs- und Bausparverträgen.

Ein erlaubnisfreies Reisegewerbe muss der Gewerbetreibende unter Umständen aber anzeigen. Soweit nicht schon § 14 GewO einschlägig ist, ergibt sich die Anzeigepflicht aus den Tatbeständen des § 55c GewO. Eine Verletzung der Anzeigepflicht stellt gem. § 145 III Nr. 1 bzw. § 146 II Nr. 1 GewO eine Ordnungswidrigkeit dar. 1087

---

882 Vgl. VG Arnsberg GewArch 1980, 228.
883 Vgl. zur Parallelproblematik bei § 312 BGB (Widerrufsrecht bei Haustürgeschäften) Palandt/*Grüneberg* BGB § 312 Rn. 24 ff.
884 Vgl. näher dazu, insbes. zur Problematik des sog. Reisehandwerks *Frotscher/Kramer* WirtschaftsVerfR/WirtschaftsVerwR Rn. 323 und *Hüpers*, Reisegewerbe und handwerklicher Befähigungsnachweis, GewArch 2004, 230.
885 Vgl. BGH GewArch 1990, 129; sog. provozierte Bestellung.
886 VGH Mannheim GewArch 1997, 333; aA *Stober* WirtschaftsVerwR BT § 46 V 1 c; ausführlich dazu *Müller*, Tupperpartys und anderer Hauspartys aus der Sicht des Gewerberechts, GewArch 1999, 12 ff.

1088 Ebenfalls nur einer Anzeigepflicht unterliegen nach § 56a GewO sog. **Wanderlager,** dh der Vertrieb von Waren für eine bestimmte Zeit an einem bestimmten Ort (zB die Verkaufsveranstaltung während einer »Kaffeefahrt«).[887] Hier kann nach § 56a II GewO die Veranstaltung bei nicht rechtzeitiger oder nicht ordnungsgemäßer Anzeige untersagt werden.

b) Voraussetzungen der Erlaubniserteilung

1089 Eine Reisegewerbekarte wird von der zuständigen Behörde (zur örtlichen Zuständigkeit siehe § 62 GewO) erteilt, wenn keine verbotene Tätigkeit iSv § 56 GewO vorliegt und wenn der Gewerbetreibende die nach § 57 GewO erforderliche **Zuverlässigkeit** besitzt.

1090 • Verboten sind nach § 56 GewO zB der Vertrieb von Giften und gifthaltigen Waren mit Ausnahme bestimmter aufgezählter Mittel (Nr. 1 lit. b), von medizinischen Hilfsmitteln (Nr. 1 lit. d) sowie von Wertpapieren oder Losen (Nr. 1 lit. h), der Verkauf oder Ankauf von Edelmetallen (Nr. 2 lit. a) oder das Feilbieten alkoholischer Getränke (Nr. 3 lit. b). Allerdings können aufgrund einer nach § 56 II GewO erlassenen Verordnung über die Ausnahme des Verbotes des Vertriebs bestimmter Waren im Reisegewerbe Ausnahmetatbestände geschaffen werden. Außerdem kann nach § 56 II 3 GewO im Einzelfall auch von der Behörde eine Ausnahme von den Verboten zugelassen werden.

1091 • Die nach § 57 GewO erforderliche Zuverlässigkeit des Gewerbetreibenden unterliegt den gleichen Anforderungen wie im übrigen Gewerberecht.[888]

1092 ■ Wissen Sie noch, wann danach ein Gewerbetreibender als unzuverlässig gilt?

▶ Wenn nein, lesen bitte an der in der Fußnote[889] angegeben Stelle nach.

Wie beim stehenden Gewerbe ist auch hier erforderlich, dass die Behörde aufgrund entsprechender Tatsachen zu einer **negativen Prognose** über das zukünftige Verhalten des Gewerbetreibenden kommt.

Nach § 55 III GewO kann die Erteilung der Reisegewerbekarte inhaltlich beschränkt und mit Auflagen versehen werden.

3. Ausübungsregelungen und Überwachungsbefugnisse

1093 Für die **Ausübung** eines Reisegewerbes ergeben sich sowohl aus der GewO als auch aus dem Landesrecht Beschränkungen. So muss nach § 60c GewO die Reisegewerbekarte bei Ausübung der Tätigkeit mitgeführt werden. Außerdem besteht ein grundsätzliches Tätigkeitsverbot an Sonn- und Feiertagen (§ 55e GewO). Durch die Neufassung des § 60 GewO ist zudem die Beschäftigung von Personen, die nicht die gewerberechtliche Zuverlässigkeit besitzen, verboten und kann untersagt werden.

1094 Für die Überwachung des Reisegewerbes stellt die GewO den zuständigen Behörden verschiedene Instrumente zur Verfügung. So können nach § 55 III GewO auch nachträgliche Anordnungen ergehen. Bei einem erlaubnispflichtigen Reisegewerbe kann

887 *Schmidt/Vollmüller* ÖffWirtschaftsR § 8 Rn. 60.
888 *Ruthig/Storr* ÖffWirtschaftsR § 3 Rn. 327.
889 Die Zuverlässigkeit wurde unter → Rn. 1032 ff. besprochen.

die vorläufige Einstellung der Tätigkeit angeordnet werden, bis der Gewerbetreibende seine Reisegewerbekarte vorlegt (§ 60c I 1 2. Hs. GewO).

4. Die Verhinderung der Gewerbeausübung

Zur **Verhinderung** des weiteren Betriebs eines erlaubnispflichtigen Reisegewerbes **1095**
muss zunächst die Reisegewerbeerlaubnis aufgehoben werden. Als Befugnisnormen kommen mangels Spezialvorschrift in der GewO nur die §§ 48, 49 VwVfG in Betracht. Danach kann die Reisegewerbeerlaubnis aufgehoben werden, wenn ihre Erteilung von Anfang an rechtswidrig war oder wenn die Genehmigungsvoraussetzungen nicht mehr vorliegen.[890]

Wird das Reisegewerbe trotz Aufhebung der Erlaubnis fortgeführt, kann die zustän- **1096**
dige Behörde aufgrund des **§ 60d GewO** den weiteren Betrieb des Reisegewerbes verhindern. Das gleiche gilt für den Fall, dass der Gewerbetreibende erst gar keine Reisegewerbekarte beantragt hat. Die Anordnung nach § 60d GewO kann dann nach den allgemeinen Regeln der Verwaltungsvollstreckung durchgesetzt werden.[891]

Ein **erlaubnisfreies Reisegewerbe** kann nach § 59 GewO untersagt werden. Voraus- **1097**
setzung für einen Eingriff auf der Grundlage des § 59 GewO ist die Unzuverlässigkeit des Gewerbetreibenden.[892] Aufgrund der Untersagungsverfügung kann die weitere Tätigkeit durch eine Verfügung nach § 60d GewO verhindert werden.[893]

Abschließend finden Sie in Übersicht 64 die staatliche Aufsicht über das Reisegewer- **1098**
be noch einmal im Überblick dargestellt.

---

890 Vgl. zur Prüfung eines Widerrufs *Schmidt/Vollmöller* ÖffWirtschaftsR § 8 Rn. 58.
891 *Schmidt/Vollmöller* ÖffWirtschaftsR § 8 Rn. 59.
892 Zum Begriff → Rn. 1032 ff.
893 Tettinger/Wank/*Ennuschat* GewO § 59 Rn. 12; aA *Landmann/Rohmer/Schönleitner* GewO § 60d Rn.

1099 **Übersicht 64: Staatliche Aufsicht über das Reisegewerbe**

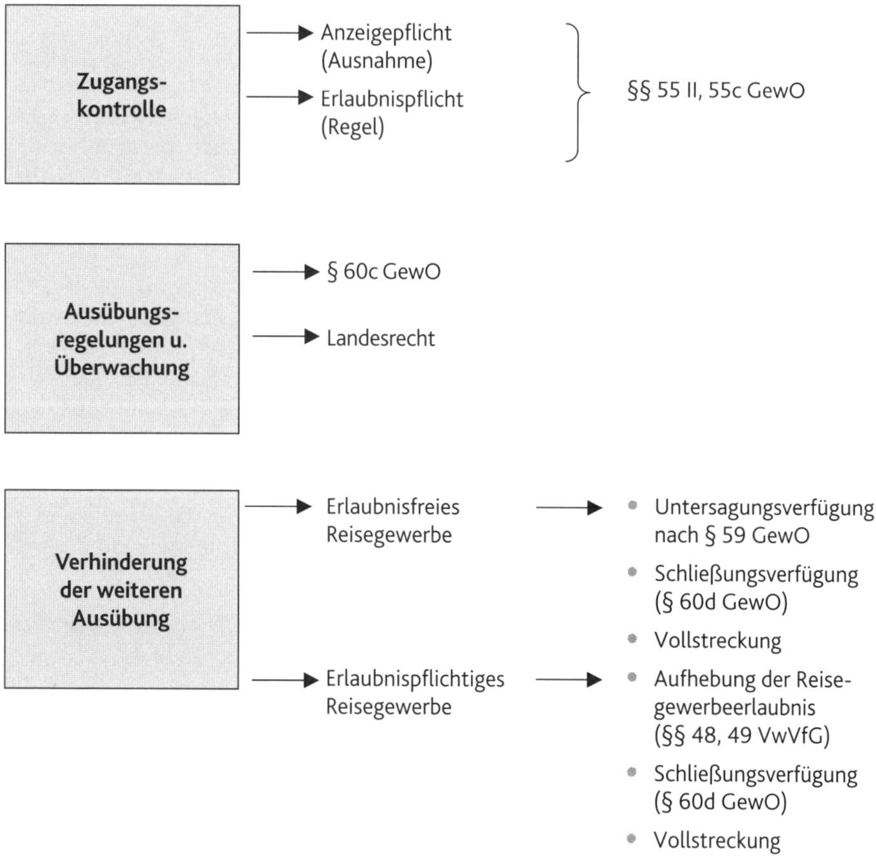

III. Die Veranstaltung von Messen, Ausstellungen und Märkten

1. Begriffe

1100 Die §§ 64 ff. GewO enthalten Vorschriften für Messen, Ausstellungen und Märkte.[894] Dabei wird sowohl die Rechtsstellung der Veranstalter als auch der Gewerbetreibenden, die an solchen Veranstaltungen teilnehmen, geregelt. Die Begriffe Messe, Ausstellung und Markt werden in den §§ 64–68 GewO definiert.

1101 • **Messen** sind dadurch gekennzeichnet, dass für eine bestimmte Zeit eine Vielzahl von Ausstellern das wesentliche Angebot eines oder mehrerer Wirtschaftszweige einem begrenzten Besucherkreis (idR Fachbesucher) präsentieren und Waren und Dienstleistungen nach Muster absetzen.

1102 • **Ausstellungen** unterscheiden sich von den Messen dadurch, dass nur ein Ausschnitt des Angebots eines oder mehrerer Wirtschaftszweige präsentiert wird und

894 Durch die Förderalismusreform I hat der Bund die entsprechende Gesetzgebungszuständigkeit zwar verloren, jedoch haben die Bundesländer bisher keine Landesregelungen für Messen, etc. erlassen; vgl. *Frotscher/Kramer* WirtschaftsVerfR/WirtschaftsVerwR Rn. 333.

dass der Absatz von Waren und Dienstleistungen auch anders als nach Muster erfolgen kann.

- **Märkte** sind Veranstaltungen, die allein dem Absatz von Waren dienen und sich entweder auf bestimmte Abnehmer (Großmärkte nach § 66 GewO) oder ausgewählte Produkte (Wochenmarkt nach § 67 GewO) beschränken oder nur gelegentlich stattfinden (Spezialmärkte und Jahrmärkte nach § 68 GewO). 1103

Beispiele: Unter die §§ 64 ff. GewO fallen damit zB die CEBIT oder die Leipziger Buchmesse (Messen), ein Großmarkt für Fleisch oder Gemüse, der Wochenmarkt in einer Gemeinde oder ein Trödelmarkt, soweit nicht ausschließlich Privatpersonen als Verkäufer auftreten (Jahrmarkt).

Nicht zu den Veranstaltungen im Sinne der §§ 64 ff. GewO gehören Volksfeste, wie das Münchener Oktoberfest oder der Cannstatter Wasen. Für sie gelten daher insbesondere die besonderen Rechte der Teilnehmer[895] grundsätzlich nicht. Nur die in § 60b GewO genannten Vorschriften gelten für sie entsprechend. 1104

2. Die Rechtsstellung des Veranstalters

Der Veranstalter einer Messe etc. bedarf gemäß § 69 I GewO für das Abhalten der Veranstaltung einer Erlaubnis. Die GewO bezeichnet diese Erlaubnis als **Festsetzung**. Diese wird überwiegend als Verwaltungsakt iSv § 35 VwVfG qualifiziert.[896] Die Festsetzung kann nur versagt werden, wenn einer der in § 69a GewO genannten Versagungsgründe vorliegt.[897] 1105

Beispiele: Die Festsetzung ist danach zB zu versagen, wenn die Veranstaltung nicht einem von der Gewerbeordnung beschriebenen Veranstaltungstyp entspricht oder Tatsachen vorliegen, die die Annahme rechtfertigen, dass der Veranstalter nicht die erforderliche Zuverlässigkeit besitzt.

Nach § 69a II GewO kann die Festsetzung mit Auflagen versehen werden. Gemäß § 69b GewO kann die Festsetzung nachträglich geändert sowie aufgehoben werden. 1106

Aufgrund der Festsetzung trifft den Veranstalter eine Pflicht zur Durchführung der Veranstaltung (§ 69 II GewO). Nach § 71 GewO darf er für bestimmte Veranstaltungen keinen Eintritt verlangen. 1107

3. Die Rechtsstellung der Teilnehmer

Die Festsetzung einer Messe, Ausstellung oder eines Marktes hat für diejenigen, die dort gewerblich tätig sind, die sog. Teilnehmer, bestimmte rechtliche Vorteile. 1108

Nach § 70 GewO haben sie ein Recht darauf, dass sie nach Maßgabe der vom Veranstalter festgelegten Zulassungsvoraussetzungen an der Veranstaltung teilnehmen dürfen (**sog. Marktfreiheit**). Allerdings kann der Veranstalter nach § 70 II GewO die Veranstaltung auf bestimmte Teilnehmergruppen begrenzen und nach § 70 III GewO einzelne Teilnehmer ausschließen, soweit dies, zB aus Kapazitätsgründen, erforderlich ist und er sachlich gerechtfertigte Auswahlkriterien, wie zB Reihenfolge der An- 1109

895 → Rn. 1108.
896 Ausführlich *Hösch*, GewArch 1996, 402 ff.
897 Näher *Ziekow* ÖffWirtschaftsR § 10 Rn. 84.

meldung, Attraktivität des Angebotes, frühere Bewährung,[898] anwendet.[899] Gewerbetreibenden, die gewerberechtlich unzuverlässig sind, kann von der zuständigen Behörde nach § 70a GewO die Teilnahme der Veranstaltung untersagt werden.

Soweit Veranstalter des Marktes etc. eine Gemeinde ist, kann zusätzlich ein kommunalrechtlicher Zugangsanspruch entstehen, falls die Veranstaltung **kommunalrechtlich** als öffentliche Einrichtung zu qualifizieren ist.[900]

1110 Außerdem gelten für Teilnehmer von festgesetzten Messen, Ausstellungen oder Märkten bestimmte Vorschriften des Gewerberechts nicht (sog. **Marktprivilegien**). Dies sind insbesondere:

- die Verpflichtung zum Besitz einer Reisegewerbekarte (§ 55a I Nr. 1 GewO),
- bestimmte Vorgaben für die Abgabe von Speisen und Getränken (§ 68a GewO iVm GastG) oder
- die Vorschriften des Ladenschlussgesetzes (§ 19 LadSchlG) bzw. der entsprechenden Landesgesetze.

Literatur zur Vertiefung: *Beaucamp/Kroll*, Leserdome als Gefahr für die öffentliche Ordnung, Jura 1996, 13 ff.; *Eiffert*, Zuverlässigkeit als persönliche Tätigkeitsvoraussetzung im Besonderen Verwaltungsrecht, JuS 2004, 225; *Frotscher/Kramer* WirtschaftsVerfR/WirtschaftsVerwR §§ 11–15; *Handan*, Grundzüge des Gewerberechts, JA 2007, 248; *Heß*, Wird die Unzuverlässigkeit im Sinn des § 35 I GewO in der Praxis zu ausufernd angewandt?, GewArch 2009, 89; *Kempen*, Rechtsschutz gegen Nichtzulassung zu festgesetzten Märkten, GewArch 1996, 402; *Meßmer*, Standvergabe zwischen Sondernutzung und Gewerberecht, JuS 2002, 755 ff.; *Oberrath*, Ausgewählte Probleme des Gewerberechts, JA 2001, 991; *Odenthal*, Die Gewerbeuntersagung nach § 15 II GewO, GewArch 2001, 448 ff.; *Robinski/Marcks* GewR Abschnitte G-J; *Ruthig/Storr* ÖffWirtschaftsR § 3; *Schliesky* ÖffWirtschaftsR Vierter Teil Erster Abschnitt C, D; *Schmidt/Vollmöller* ÖffWirtschaftsR § 8; *Schöbener/Jahn* ÖffWirtschaftsR-Fälle Fälle 5–7; *Stober* WirtschaftsVerwR BT § 46; *Ziekow* ÖffWirtschaftsR § 10.

---

898 Eine Übersicht über häufig verwandte Kriterien finden Sie bei *Ziekow* ÖffWirtschaftsR § 10 Rn. 94.

899 Vgl. zB BVerwG NVwZ 1984, 585, OVG Münster NVwZ 1992, 477; Einzelheiten bei *Frotscher/Kramer* WirtschaftsVerfR/WirtschaftsVerwR Rn. 351 ff.; Übungsfälle zur Problematik bieten *Frotscher/Kramer* WirtschaftsVerfR/WirtschaftsVerwR Rn. 332 und *Hösch* Fälle WirtschafsVerwR Fall 10.

900 Ausführlich zu dieser Problematik *Frotscher/Kramer* WirtschaftsVerfR/WirtschaftsVerwR Rn. 368 ff.; *Ziekow* ÖffWirtschaftsR § 10 Rn. 96 ff.; vgl. auch VGH München DÖV 2003, 819.

3. Kapitel. Die Ausübung eines Handwerks

I. Allgemeines

Das Recht des Handwerks ist in erster Linie in der HandwO des Bundes, die zum 1.1.2004 erheblich reformiert wurde[901] und in den HandwVOen der Länder geregelt. Soweit die HandwO keine Spezialregelungen enthält, ist daneben auf die Regelungen der GewO zurückzugreifen. 1111

Die HandwO enthält außer den Regelungen bezüglich des Zugangs und der Ausübung des Handwerks vor allem Vorschriften zur Ausbildung und legt die Organisation des Handwerks fest. In deren Mittelpunkt steht die **Handwerkskammer**, die eine öffentlich-rechtliche Körperschaft ist (§ 90 I HandwO) und gem. § 90 II HandwO auf dem Prinzip der Zwangsmitgliedschaft[902] basiert. Organe der Handwerkskammer sind nach § 92 HandwO der Vorstand, die Vollversammlung und die Ausschüsse. Zu den Aufgaben der Handwerkskammer zählen nach § 91 HandwO außer der Förderung der Interessen des Handwerks, verschiedenen Prüfungsangelegenheiten und der Bestellung von Sachverständigen vor allem die Führung der sog. **Handwerksrolle**. Diese ist ein Verzeichnis, in das die selbstständigen Handwerker im Bezirk der jeweiligen Handwerkskammer eingetragen werden (§ 7 I HandwO). 1112

Außer den Handwerkskammern sind als Organisationen des Handwerks in der HandwO noch die **Innungen** (§§ 52 ff. HandwO) und die **Kreishandwerkerschaft** (§§ 86 ff. HandwO) genannt. Die Innungen bestehen aus den selbstständigen Handwerkern eines bestimmten Handwerks in einem bestimmten Bezirk und dienen der Förderung der Interessen ihrer freiwilligen Mitglieder (vgl. § 54 HandwO). Die regionalen Innungen eines Handwerks können sich nach § 79 HandwO auf Landesebene zu einem Landesinnungsverband zusammenschließen. Innerhalb eines Stadt- oder Landkreises bilden die verschiedenen Innungen die Kreishandwerkerschaft (§ 86 HandwO). 1113

II. Der Begriff des Handwerks

Der Begriff des Handwerks an sich ist in der HandwO nicht definiert. Allgemein wird darunter ein jedes stehendes Gewerbe verstanden, das handwerksfähig ist und handwerksmäßig betrieben wird. 1114

Für das Vorliegen eines Handwerks müssen also zunächst alle Merkmale des allgemeinen Gewerbebegriffs erfüllt sein und das Gewerbe muss von einem festen Standort aus betrieben werden. Für handwerkliche Tätigkeiten außerhalb einer Niederlassung gelten die Vorschriften über das Reisegewerbe (§§ 55 ff. GewO). 1115

Weiter muss die Tätigkeit und handwerksfähig sein und handwerksmäßig betrieben werden. 1116

- **Handwerksfähig** ist eine Tätigkeit, die in Anlage A oder B Abschnitt 1 der HandwO aufgeführt sind. Da diese Anlagen durch Rechtsverordnung des Bun-

901 Vgl. *Müller*, Die Novellierung der Handwerksordnung 2004, NVwZ 2004, 403 ff.; *Schwannecke/Heck*, Die Handwerksnovelle 2004, GewArch 2004, 129 ff.

902 Zu verfassungsrechtlichen Fragen in diesem Zusammenhang vgl. die Ausführungen zur IHK → Rn. 286.

deswirtschaftsministers geändert werden kann (§ 1 III HandwO), ist der Handwerksbegriff nicht statisch.

■ Überlegen Sie selbst, welche Tätigkeiten/Berufe Sie als Handwerk einstufen würden!

▶ Ob Sie richtig liegen, können Sie nachprüfen, indem sie die Anlagen A und B Abschnitt 1 zur HandwO einmal durchblättern.

- **Handwerksmäßig** wird eine Tätigkeit betrieben, wenn sie nicht industriell ausgeführt wird.[903] Die Abgrenzung zwischen beiden Bereichen ist gesetzlich nicht definiert. Nach allgemeiner Meinung sind Kriterien wie der Umfang der Arbeitsteilung, die Höhe des Kapitaleinsatzes, die Verwendung technischer Hilfsmittel, die Anzahl und die Ausbildung der Beschäftigten sowie der Umfang der persönlichen Mitarbeit des Betriebsinhabers heranzuziehen.[904]

1117 Für die rechtliche Behandlung wird das Handwerk seit der Reform der HandwO von 2004 in zwei Kategorien unterschieden, nämlich in das **zulassungspflichtige Handwerk** und das **zulassungsfreie Handwerk**. Daneben enthält die HandwO noch Regelungen zum **handwerksähnlichen Gewerbe**.

III. Die Zugangskontrolle

1. Bestehen einer Zulassungspflicht

a) Allgemeines

1118 Nach § 1 I HandwO (bitte lesen) ist der selbstständige Betrieb eines Handwerks nur demjenigen gestattet, der in der Handwerksrolle eingetragen ist. Damit hat das Eintragungserfordernis den Charakter einer Zulassungspflicht. Mit der Eintragung besteht eine Gewerbeerlaubnis. Deren Reichweite ergibt sich aus den §§ 5 und 7 I S. 2 HandwO. Die Besonderheit ihrer Erteilung liegt darin, dass hier keine staatlichen Behörden, sondern die Handwerkskammern tätig werden.

1119 b) Allgemeine Voraussetzungen der Zulassungspflicht

§ 1 II HandwO fordert neben dem Betrieb eines stehenden Gewerbes und der Handwerksmäßigkeit des Betriebs, dass der Gewerbebetrieb ein Gewerbe umfasst, das in Anlage A zur HandwO aufgeführt ist oder in dem Tätigkeiten ausgeübt werden, die für ein solches Gewerbe wesentlich sind.

1120 Erfasst werden also zunächst Gewerbebetriebe, die das **gesamte Leistungsspektrum** eines der in Anlage A genannten Handwerke anbietet. In der Anlage A, die zum 1.1.2004 von 94 auf 41 Tätigkeiten reduziert wurde, sind zB Maurer (Nr. 1), Dachdecker (Nr. 3), Maler und Lackierer (Nr. 10), Metallbauer (Nr. 13), Zweiradmechaniker (Nr. 17), Klempner (Nr. 23), Installateure und Heizungsbauer (Nr. 24), Elektrotechniker (Nr. 25), Tischler (Nr. 27), Bäcker (Nr. 30), Konditoren (Nr. 31), Fleischer (Nr. 32) oder Friseure (Nr. 38) erfasst.

1121 Werden nur einzelne Tätigkeiten aus dem Spektrum eines Handwerks ausgeübt, kommt es für das Bestehen einer Zulassungspflicht darauf an, ob die Tätigkeiten für das betreffende Handwerk wesentlich oder typisch sind, oder aus der Sicht des

903 BVerwG GewArch 2004, 488.
904 Vgl. *Schmidt/Vollmöller* ÖffWirtschaftsR § 9 Rn. 11 f.

betreffenden Handwerks nur eine untergeordnete Tätigkeit, dh ein sog. **Minderhandwerk**, darstellen.[905] § 1 II 2 HandwO enthält eine Aufzählung von Kriterien, die für das Vorliegen einer unwesentlichen Tätigkeit sprechen. Unwesentlich ist danach zB eine Tätigkeit, die innerhalb ein bis drei Monaten erlernbar ist.[906]

Beispiele: Minderhandwerk ist danach zB das Herstellen von Speiseeis, weil diese Tätigkeit keine Kenntnisse verlangt, die nur durch entsprechende handwerkliche Schulung erlangt werden können und somit nicht zum Kernbereich des Konditorenhandwerks (HandwO Anlage A Ziff. 31) gehört; anders ist es zB beim Bau von Blitzschutz- und Erdungsanlagen, da dazu wesentliche Kenntnisse des Elektrotechnikerhandwerks (HandwO Anlage A Ziff. 25) notwendig sind[907] oder beim Schneiden von Haaren oder dem Anfertigen von Dauerwellen, da diese zum Kernbereich des Friseurhandwerks gehören.[908]

Die Zulassungspflicht gilt nicht nur für handwerkliche Hauptbetriebe Privater, sondern nach § 2 HandwO auch für **öffentlich-rechtliche Unternehmen**, die handwerksmäßig tätig sind, und für sog. Nebenbetriebe im Sinne von § 3 HandwO. 1122

c) Die Zulassungspflicht für Nebenbetriebe

Für das Vorliegen eines **Nebenbetriebs** im Sinne von § 3 HandwO (bitte lesen) sind drei Voraussetzungen erforderlich: 1123

- Nach § 3 I HandwO muss ein Betrieb gegeben sein, der mit einem Hauptbetrieb verbunden ist und in dem Waren zum Absatz an Dritte handwerksmäßig hergestellt oder Leistungen für Dritte handwerksmäßig bewirkt werden. Der Hauptbetrieb kann dabei nach § 2 Nr. 2 und 3 HandwO ein öffentliches Unternehmen oder ein privates Unternehmen jeden Wirtschaftszweiges sein. 1124

  Der Nebenbetrieb muss ein unselbstständiger Teil dieses Hauptbetriebs sein, was verlangt, dass organisatorische, wirtschaftliche und fachliche Verknüpfungen zwischen beiden bestehen.[909] Außerdem muss der Nebenbetrieb aber Leistungen erbringen, dic sich qualitativ von denen des Hauptbetriebes unterscheiden und für die ein eigener Zugang zum Markt besteht.[910] Schließlich müssen diese Tätigkeiten handwerksfähig sein und handwerksmäßig ausgeführt werden.

  Beispiele: Typische Nebenbetriebe sind daher die Kfz-Werkstatt einer Tankstelle oder der Reparaturbetrieb eines Fernsehhändlers. Die entsprechenden Betriebe sind dem Hauptbetrieb untergeordnet und erbringen andere Leistungen als der Hauptbetrieb (Reparaturen statt Verkauf). Außerdem sind die Tätigkeiten Handwerk (vgl. HandwO Anlage A Ziff. 20 bzw. 25) und ist eine industriemäßige Ausführung nicht gegeben.

- Weiter liegt ein Nebenbetrieb nur vor, wenn die dort durchgeführten Tätigkeiten nicht unerheblich sind. Nach der Neufassung des § 3 II HandwO ist dies nicht mehr durch einen Vergleich mit dem Umsatz eines entsprechenden Handwerksbetriebs, sondern durch die Berechnung der durchschnittlichen Jahresarbeitszeit eines Ein-Mann-Betriebs des betreffenden Handwerkszweiges zu ermitteln. 1125
- Schließlich muss der Nebenbetrieb eine gewisse funktionelle Selbstständigkeit aufweisen.[911] Dies ist nicht der Fall, wenn er nur als sog. Hilfsbetrieb iSv § 3 III 1126

905 Näher *Ziekow* Öffentl. WirtschafsR § 11 Rn. 15 ff.
906 Näher *Frotscher/Kramer* WirtschaftsVerfR/WirtschaftsVerwR Rn. 444 ff.
907 OVG Lüneburg GewArch. 1993, 382.
908 BVerwG BeckRS 2011, 55446.
909 Honig/Knarr HandwO § 3 Rn. 8.
910 *Frotscher/Kramer* WirtschaftsVerfR/WirtschaftsVerwR § 16 Rn. 449.
911 *Jarass* WirtschaftsVerwR § 16 Rn. 12.

HandwO (bitte lesen) anzusehen ist. **Hilfsbetriebe** sind danach Betriebe, in denen zwar handwerkliche Leistungen erbracht werden, die jedoch den Tätigkeiten des Hauptbetriebs völlig untergeordnet sind und keinen qualitativen Unterschied zu ihnen aufweisen. Besonders deutlich ist die Unterordnung unter den Hauptbetrieb bei Tätigkeiten, mit denen ein Dritter gar nicht in Berührung kommt (vgl. § 3 III Nr. 1 HandwO) wie zB den Reparaturen der eigenen Fahrzeuge in der Werkstatt einer Spedition. Aber auch wenn ein Dritter mit der Tätigkeit oder deren Ergebnis in Berührung kommt, kann es dem Betrieb an der erforderlichen Selbstständigkeit fehlen (§ 3 III Nr. 2 HandwO).

Beispiele: Hilfsbetriebe iSv § 3 III Nr. 2 HandwO sind zB die Herstellung von Backwaren für das eigene Hotel oder das praxiseigene Labor eines Zahnarztes.[912]

Damit ergeben sich für die Eintragungspflichtigkeit einer Tätigkeit insgesamt die in Übersicht 65 zusammengefassten Voraussetzungen.

Übersicht 65: Voraussetzung für eine eintragungspflichtige Tätigkeit nach der HandwO

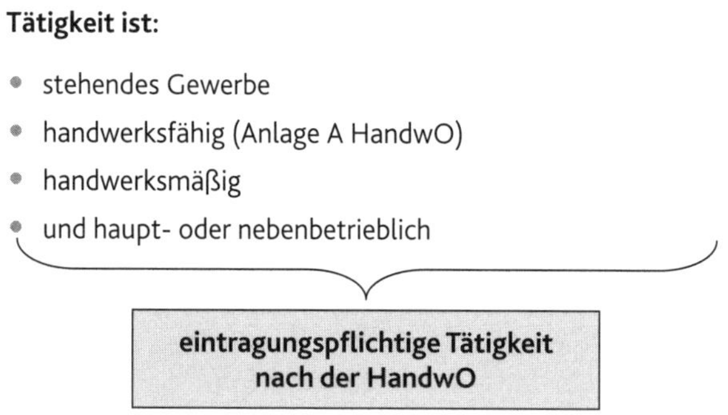

2. Exkurs: Zulassungsfreie Handwerke und handwerksähnliche Gewerbe

1127 Neben den zulassungspflichtigen Handwerken stehen nach der Reform der HandwO noch die neu eingeführten zulassungsfreien Handwerke und die schon immer geregelten handwerksähnlichen Gewerbe.[913]

1128 **Zulassungsfreie Handwerke** sind die in Anlage B Abschnitt 1 (bitte lesen) aufgeführten Tätigkeiten. Sie können zwar ohne Zulassung und damit ohne Meisterprüfung ausgeübt werden, der Betreiber kann die Meisterprüfung aber freiwillig absolvieren.

1129 **Handwerksähnliche Gewerbe** sind die Tätigkeiten, die in der Anlage B Abschnitt 2 (bitte lesen) genannt sind. Zu ihnen gehören zB Bodenleger, Fahrzeugverwerter, Rohr- und Kanalreiniger, Kunststopfer oder Speiseeishersteller.

912 BVerwGE 58, 95 ff.
913 Vgl. auch die Übersicht beim *Ziekow* Öffentl. WirtschaftsVerwR § 11 Rn. 11.

Sowohl bei den zulassungsfreien Handwerken als auch bei den handwerksähnlichen Gewerben müssen Aufnahme und Ende ihrer Tätigkeit angezeigt (§ 18 HandwO) werden. Außerdem werden sie in ein spezielles, bei der Handwerkskammer geführtes Verzeichnis eingetragen (§ 19 HandwO). Im Übrigen sind die in § 20 HandwO genannten Vorschriften über die Ausübung eines Handwerks auf sie anzuwenden. 1130

3. Die Voraussetzungen für die Eintragung in die Handwerksrolle

Eingetragen wird in die Handwerksrolle der Inhaber des Betriebs nicht der Betrieb als solcher.

a) Erfordernis der Meisterprüfung

Grundsätzlich setzt die Eintragung eines Handwerksgewerbes in die Handwerksrolle auch nach der Reform der HandwO voraus, dass der Betriebsleiter[914] die Meisterprüfung (sog. **großer Befähigungsnachweis**) in dem betreffenden Handwerk absolviert hat (§ 7 Ia HandwO).[915] 1131

Einzelheiten zu den Anforderungen und zur Durchführung der Meisterprüfung regeln die §§ 45 ff. HandwO. Das Erfordernis der Meisterprüfung ist als subjektive Berufszulassungsregelung mit Art. 12 I GG vereinbar.[916] Allerdings sieht die HandwO verschiedene Ausnahmen vom Erfordernis der Meisterprüfung vor, die durch die HandwO-Reform 2004 nochmals erweitert wurden: 1132

- Nach § 7 II HandwO reichen statt der Meisterprüfung auch die Ablegung einer als gleichwertig anerkannten Prüfung, insbesondere einer Ingenieurprüfung, und der Nachweis von mindestens drei Jahren Berufspraxis aus. Näheres regelt die Rechtsverordnung über die Anerkennung von Prüfungen bei der Eintragung in die Handwerksrolle und die Ablegung der Meisterprüfung. 1133
- Nach § 7 IIa HandwO kann durch Rechtsverordnung der Bundesregierung bestimmt werden, dass in die Handwerksordnung eingetragen wird, wer in einem anderen EU-Staat eine der Meisterprüfung entsprechende Berechtigung erworben hat. 1134
- Nach § 7 III HandwO wird in die Handwerksrolle auch eingetragen, wer eine von der höheren Verwaltungsbehörde nach Anhörung der Handwerkskammer erteilte **Ausnahmebewilligung** besitzt. Für die Erteilung der Bewilligung sind zwei Fälle zu unterscheiden: 1135
  - nach § 8 HandwO ist eine Ausnahmebewilligung zu erteilen, wenn der Antragsteller die erforderlichen Kenntnisse und Fertigkeiten besitzt und ihm die Ablegung der Meisterprüfung nicht zumutbar ist;[917] letzteres ist vor allem aufgrund des Alters, des Gesundheitszustands oder der wirtschaftlichen Situation des Betreffenden denkbar.[918]

914 Näher zur Aufgabe des sog. Inhaberprinzips durch die Reform der HandwO zum 1.1.2004 *Stober* WirtschaftsVerwR BT§ 48 X 2.

915 Näher dazu *Frotscher/Kramer* WirtschaftsVerfR/WirtschaftsVerwR Rn. 423 ff.

916 Vgl. zuletzt BVerwG GewArch. 1999, 108 f.; NvWZ 2001, 187 ff.; zur Diskussion um den großen Befähigungsnachweis siehe *Kolb*, Zweites Gesetz zur Änderung der Handwerksordnung und anderer handwerksrechtlicher Vorschriften, GewArch. 1998, 217 ff.

917 *Schmidt/Vollmöller* ÖffWirtschaftsR § 9 Rn. 32 ff.

918 Einzelheiten bei *Heck*, Die Ausnahmebewilligung zur Ausübung eines Handwerks, GewArch. 1995, 217 ff.

- nach § 9 HandwO iVm der EU/EWR-Handwerk-Verordnung[919] ist eine Ausnahmebewilligung mit Rücksicht auf Art. 49 AEUV[920] zu erteilen, wenn die für das betreffende Handwerk maßgeblichen Arbeiten in einem EU-Mitgliedstaat mindestens sechs Jahre lang ununterbrochen ausgeübt wurden. Dabei können sich auch Deutsche auf die Regelung berufen, sofern sie die entsprechende Praxis in einem anderen EU-Mitgliedstaat absolviert haben.[921]

1136 • Nach § 7 VII HandwO genügt für die Eintragung eine sog. **Ausübungsberechtigung**. Nach § 7a HandwO erhält diese jemand, der schon für ein anderes Handwerk in der Handwerksrolle eingetragen ist, sofern er den Nachweis erbringt, dass er die für das neue Gewerbe erforderlichen Kenntnisse und Fertigkeiten besitzt.

1137 • Nach § 7b HandwO erhält eine Ausübungsberechtigung nunmehr auch, wer als Geselle des entsprechenden Handwerks eine mindestens 6jährige Berufspraxis nachweisen kann, sofern er davon 4 Jahre in leitender Stellung tätig war (sog. **Altgesellenprivileg**[922]). Eine leitende Stellung setzt voraus, dass der Geselle im Betrieb oder einem wesentlichen Betriebsteil Entscheidungsbefugnisse hatte (§ 7b I Nr. 2 S. 2 HandwO). Erteilt wird die Ausübungsberechtigung von der höheren Verwaltungsbehörde (§ 7b II HandwO).

b) Sonstige Voraussetzungen

1138 Neben dem Betrieb eines stehenden Handwerkgewerbes und dem Vorliegen der persönlichen Qualifikation des Gewerbetreibenden bzw. des Betriebsleiters darf keine Eintragungssperre nach § 15 HandwO vorliegen. Danach darf ein Gewerbetreibender, dem die Eintragung bestandskräftig versagt wurde, erst nach Ablauf eines Jahres und bei einer wesentlichen Änderung der Voraussetzungen für die Ablehnung die erneute Eintragung beantragen.

Schließlich ist nach wohl hM[923] ungeschriebene Voraussetzung der Eintragung, dass der Gewerbetreibende die gewerberechtliche Zuverlässigkeit[924] besitzt.

4. Das Verfahren der Eintragung

1139 Zuständig für die Eintragung in die Handwerksrolle ist nach § 6 HandwO die Handwerkskammer für den Bezirk, in dem der Gewerbetreibende seine Niederlassung hat. Die Eintragung kann auch ohne entsprechenden Antrag erfolgen (§ 10 I HandwO). Sie wird in 2 Stufen vorgenommen:

1140 • Nach § 11 HandwO wird die beabsichtigte Eintragung dem Gewerbetreibenden und, sofern er einer Industrie- und Handelskammer angehört, dieser mitgeteilt. Diese Mitteilung hat nach hM Verwaltungsakteigenschaft, weil sie verbindlich die Eintragungsbedürftigkeit und -fähigkeit des Gewerbes festlegt.[925] Sie kann daher

919 VO v. 20.12.2007, BGBl. I 3075, zur Umsetzung der RL/2005/EG v. 7.9.2005.
920 Allg. zur Niederlassungsfreiheit → Rn. 576 ff.
921 Zu verfassungsrechtlichen Problemen in diesem Zusammenhang vgl. *Schmidt/Vollmöller* ÖffWirtschaftsR § 9 Rn. 51.
922 Näher *Stober* WirtschaftsVerwR BT § 48 V 3; vgl. auch *Günther,* Die „Altgesellenregelung nach § 7b Handwerksordnung unter Berücksichtigung der hierzu ergangenen Rechtsprechung, GewArch 2011, 189 ff.
923 Vgl. zum Meinungsstand *Schliesky* ÖffWirtschaftsR S. 231.
924 Zum Begriff → Rn. 1032 ff.
925 BVerwG NJW 1961, 844.

sowohl vom Gewerbetreibenden als auch von der betreffenden Industrie- und Handelskammer (vgl. § 12 HandwO) mit Widerspruch und Anfechtungsklage angegriffen werden.

- Danach folgt die eigentliche Eintragung in die Handwerksrolle, die durch die Aushändigung der sog. **Handwerkskarte** dokumentiert wird (§ 10 II HandwO). Auch die Eintragung ist Verwaltungsakt, da erst ab diesem Zeitpunkt die Ausübung des Handwerks gestattet ist (vgl. § 1 HandwO) und weil durch sie die Zwangsmitgliedschaft in der Handwerkskammer ausgelöst wird (§ 90 II HandwO).[926] 1141

  Damit könnte auch ein anderer Handwerker gegen die Eintragung (sog. Konkurrentenklage) Anfechtungsklage erheben. Die Klagebefugnis ergibt sich dabei aus einer möglichen Verletzung seiner Grundrechte aus Art. 12 oder 2 I GG.[927] Eine Anfechtung durch den Gewerbetreibenden oder die Industrie- und Handelskammer kommt nach hM aber nur wegen Umständen in Betracht, die nach Unanfechtbarkeit der Mitteilung nach § 11 HandwO eingetreten sind.[928] 1142

5. Die Löschung der Eintragung

Die Handwerkskammer, die die Eintragung vornimmt, kann diese auch wieder löschen. Eine Löschung erfolgt entweder von Amts wegen oder auf Antrag (§ 13 I HandwO). Erforderlich ist jeweils, dass die Voraussetzungen für eine Eintragung nicht mehr vorliegen. 1143

Wie bei der Eintragung, sind auch bei der Löschung zwei Stufen zu unterscheiden. Zunächst erfolgt durch Verwaltungsakt eine Mitteilung von der beabsichtigten Löschung (§ 13 III HandwO). Danach wird, wiederum durch Verwaltungsakt, die eigentliche Löschung vorgenommen. Infolge der Löschung muss der Inhaber des betreffenden Betriebs seine Handwerkskarte zurückgeben (§ 13 IV HandwO). 1144

IV. Ausübungsregelungen und Überwachungsbefugnisse

Für die Ausübung des Handwerks enthält die HandwO keine speziellen Regelungen. Selbstverständlich muss aber das betreffende Handwerk fachgerecht ausgeübt werden und muss der Betrieb tatsächlich von einer Person geleitet werden, die die Voraussetzungen nach § 7 I HandwO erfüllt. Soweit der Handwerksbetrieb Lehrlinge ausbildet, enthält die HandwO spezielle Vorgaben (§§ 21, 22 HandwO). 1145

Zur Überprüfung der ordnungsgemäßen Ausübung des Handwerks stehen der Behörde die Rechte nach § 17 HandwO (Auskunftspflicht des Gewerbetreibenden, Betretungsrecht) zur Verfügung.[929] Für die Überwachung von Ausbildungsbetrieben enthält § 23 HandwO eine Spezialregelung. 1146

V. Verhinderung der weiteren Ausübung eines Handwerks

Die Verhinderung der weiteren Ausübung obliegt ebenfalls der nach Landesrecht bestimmten **Behörde**. Sie hat insoweit zwei Möglichkeiten: 1147

926 *Honig/Knarr* HandwO § 6 Rn. 4.
927 Vgl. *Schmidt/Vollmöller* ÖffWirtschaftsR § 9 Rn. 79 f.
928 BVerwG GewArch 1961, 55.
929 Vgl. *Schmidt/Vollmöller* ÖffWirtschaftsR § 9 Rn. 57.

1148 • Eine Untersagung nach **§ 16 III HandwO** (bitte lesen) kommt in Betracht, wenn das Handwerk entgegen der Vorgaben der HandwO betrieben wird. Das ist der Fall, wenn ein Handwerk ohne Eintragung in die Handwerksrolle betrieben wird oder die Leitung des Betriebs jemandem übertragen wird, der nicht über die erforderlichen Voraussetzungen verfügt. Die Untersagung wegen fehlender Eintragung (formell illegal betriebenes Gewerbe) wird nur verhältnismäßig sein, wenn die Voraussetzungen für eine Eintragung nicht vorliegen, der Betrieb also auch materiell rechtswidrig ist.[930] Nach § 16 III S. 2 HandwO sind vor dem Erlass der Untersagungsverfügung die Handwerkskammer und die Industrie- und Handelskammer anzuhören und diese haben in einer gemeinsamen Erklärung mitzuteilen, dass sie die Voraussetzungen einer Untersagung als gegeben ansehen. Ist ein Handwerk nach § 16 III HandwO untersagt, kann die zuständige Behörde nach § 16 IX HandwO die Schließung des Betriebs anordnen und diese Anordnung mit den Mitteln der Verwaltungsvollstreckung durchsetzen.[931]

1149 Obwohl die Eintragung in die Handwerksrolle Erlaubnischarakter hat, ist hier eine Untersagungsverfügung auszusprechen und nicht etwa erst die »Erlaubnis« aufzuheben. Hintergrund ist, dass diese nicht von der (Aufsichts-) Behörde, sondern von der Handwerkskammer stammt. Diese hat parallel eine Löschung der Eintragung vorzunehmen, aber keine Einflussmöglichkeit auf den laufenden Betrieb.

1150 • Nach **§ 35 GewO** kann die Behörde ein Handwerk untersagen, wenn der Betriebsinhaber oder der Betriebsleiter unzuverlässig sind.[932] Obwohl die HandwO an keiner Stelle die Eintragung in die Handwerksrolle an die Zuverlässigkeit des Gewerbetreibenden anknüpft und § 35 GewO an sich nur für erlaubnisfreie Gewerbe gilt, ist der Rückgriff auf § 35 GewO zulässig, da das Handwerk ein Gewerbe ist und für den Betrieb eines solchen generell die Zuverlässigkeit des Gewerbetreibenden verlangt wird.[933] Ist eine Untersagung nach § 35 GewO ausgesprochen worden, kann sie nach den allgemeinen Grundsätzen der Verwaltungsvollstreckung durchgesetzt werden.

1151 Die Möglichkeiten zur Verhinderung der weiteren Ausübung eines Handwerks sind in Übersicht 66 noch einmal zusammengefasst.

930 Näher *Ziekow* ÖffWirtschaftsR § 11 Rn. 44.
931 *Schmidt/Vollmöller* ÖffWirtschaftsR § 9 Rn. 63.
932 *Ruthig/Storr* ÖffWirtschaftsR § 5 Rn. 499.
933 Ähnlich BVerwG NVwZ-RR 1992, 547; siehe auch *Stober* WirtschaftsVerwR BT § 48 XII 2.

Übersicht 66: Verhinderung der weiteren Ausübung eines Handwerks

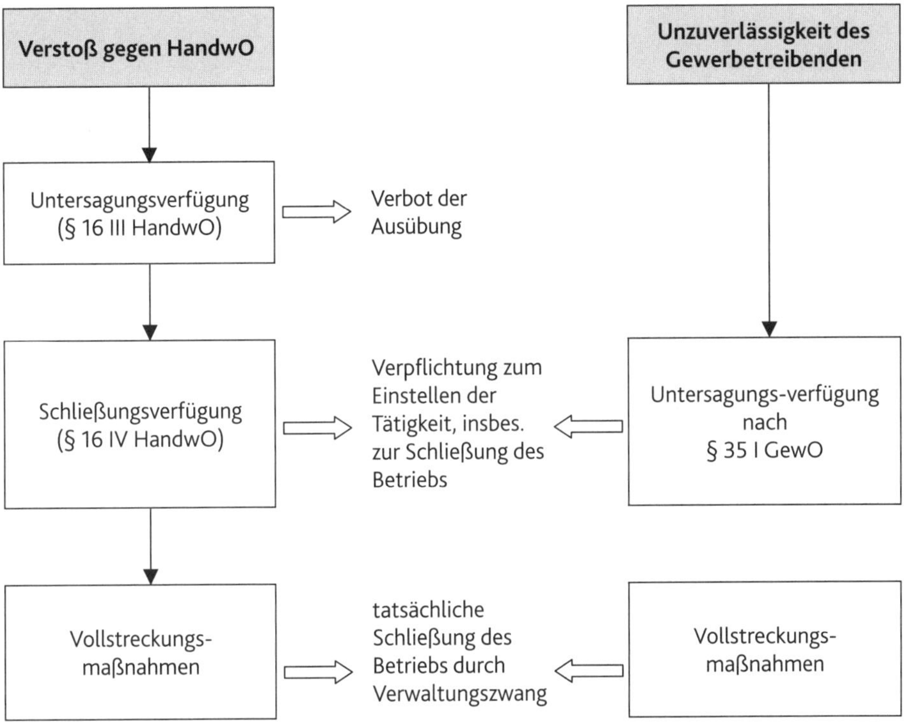

Abgeschlossen werden soll das Kapitel über das Handwerksrecht mit einem Bei- 1152
spielsfall.

Übungsfall 21
Die B-AG betreibt ein Sanitärfachgeschäft. Als Service für ihre Kunden bietet sie auch den Einbau und den Anschluss von Toiletten, Badewannen und Waschbecken an. Für diese Tätigkeiten hat die B-AG 3 Mitarbeiter eingestellt, zwei ungelernte Mitarbeiter und den Gesellen G. G, der die Servicegruppe seit einem Jahr leitet, hat vor zwei Jahren die Gesellenprüfung absolviert. Nach entsprechendem Hinweis der Handwerkskammer untersagt die zuständige Behörde der B-AG die Vornahme der Servicetätigkeiten, da insoweit ein nicht anders behebbarer Verstoß gegen die HandwO vorläge. Eine vorherige Anhörung der B-AG war erfolgt. Ist die Untersagungsverfügung rechtmäßig? (**Hinweis:** Es ist im Rahmen der Fallfrage ein umfassendes juristisches Gutachten anzufertigen, das auch solche juristischen Fragestellungen umfasst, die nach Ihrer Lösung für das Ergebnis nicht mehr relevant sind.)

■ Bevor Sie die Falllösung lesen, versuchen Sie, zunächst selbst eine ausformulierte 1153
Lösung zu erstellen. Achten Sie dabei besonders auf die Fallfrage.

Lösung:[934] Die Untersagungsverfügung wäre rechtmäßig, wenn die Behörde formell und materiell rechtmäßig gehandelt hätte.

1. Formelle Rechtswidrigkeit: die zuständige Behörde hat gehandelt. Für eine Nichtbeachtung des einzuhaltenden Verfahrens oder der notwendigen Form liegen keine Anhaltspunkte vor. Damit ist die formelle Rechtmäßigkeit gegeben.

2. Materielle Rechtmäßigkeit:

Für die materielle Rechtmäßigkeit wäre zunächst eine Befugnisnorm erforderlich. Hier kommt § 16 III HandwO in Betracht.

a) Der Tatbestand des § 16 III HandwO wäre erfüllt, wenn die B-AG entgegen der Handwerksordnung ein Handwerk betreiben würde. Dies ist insbesondere der Fall, wenn die nach § 1 II HandwO erforderliche Eintragung in die Handwerksrolle fehlt.

aa) Zunächst ist fraglich, ob die B-AG ein zulassungspflichtiges Handwerk betreibt. Das wäre der Fall, wenn die B-AG eine Tätigkeit ausüben würde, die handwerksmäßig und handwerksfähig ist. Für die nicht handwerksmäßige Ausführung der Tätigkeiten gibt der Sachverhalt keine Anhaltspunkte. Handwerksfähig ist eine Tätigkeit nur, wenn sie in Anhang A zur HandwO aufgeführt ist (vgl. § 1 II HandwO). Das Vertreiben von Sanitäreinrichtungen und -zubehör ist dort nicht genannt. Der Einbau und Anschluss der Sanitäreinrichtungen gehört aber zum Installateurhandwerk (Nr. 24 Anlage A der HandwO). Damit könnten die Tätigkeiten der B-AG einen handwerklichen Nebenbetrieb darstellen, der nach § 2 HandwO auch unter die HandwO fällt.

- Dazu müsste zunächst eine handwerkliche Tätigkeit vorliegen, also die vorgenommenen Arbeiten in Anlage A zur HandwO genannt sein und handwerksmäßig betrieben werden. Die genannten Tätigkeiten sind, wie schon festgestellt, Bestandteil des Installationshandwerkes (Nr. 24 Anlage A zur HandwO). Fraglich ist aber, ob der Anschluss der Sanitäreinrichtungen an das Wassernetz Tätigkeiten darstellen, die für das Handwerk wesentlich sind (§ 1 II 1 HandwO). Nach § 1 II 2 HandwO wäre das nicht der Fall, wenn die entsprechende Tätigkeit innerhalb kurzer Zeit (maximal 3 Monate) erlernbar wäre. Das ist hier wohl zu verneinen, da zumindest der Einbau von Badewannen und Toiletten für Laien nicht kurzfristig erlernbar ist (aA vertretbar; nach dem Bearbeitervermerk müsste dann aber trotzdem hilfsgutachtlich weitergeprüft werden). Damit stellen die Tätigkeiten kein Minderhandwerk dar. Sie werden außerdem nicht maschinell ausgeübt, sodass auch die Handwerksmäßigkeit gegeben ist.
- Schließlich müsste ein Nebenbetrieb iSv § 3 I HandwO vorliegen. Die Unterordnung unter den Hauptbetrieb der B-AG ist gegeben, und auch die funktionale Selbstständigkeit ist zu bejahen. Die Tätigkeit ist, da sie 3 Leute erfordert, auch nicht als nur unerheblich anzusehen. Schließlich spricht auch nichts für einen Hilfsbetrieb iSv § 3 III HandwO. Damit liegt ein Nebenbetrieb vor und die B-AG unterfällt insoweit den Anforderungen der HandwO.

bb) Weiter müsste dieses Handwerk entgegen der HandwO betrieben werden. Da die nach § 1 II HandwO erforderliche Eintragung in die Handwerksrolle fehlt, ist dies der Fall.

934 Ein Aufbauschema für § 16 III HwO findet sich bei *Oberrath/Schmidt/Schomerus* ÖffWirtschaftsR S. 85.

Damit ist der Tatbestand des § 16 III HandwO erfüllt.

b) Für die Rechtmäßigkeit der Anordnung müsste aber noch das von § 16 III HandwO eingeräumte Ermessen (»kann«) fehlerfrei ausgeübt worden sein. Ein Ermessensfehler läge insbesondere vor, wenn der Behörde ein milderes Mittel zur Verfügung stünde, um den Verstoß gegen die HandwO zu beseitigen. Ein solches Mittel wäre die Aufforderung an die B-AG, die Eintragung in die Handwerksrolle zu beantragen. Allerdings setzt dies voraus, dass die Eintragung nicht offensichtlich ausgeschlossen ist (sog. materielle Illegalität). Grundsätzlich setzt die Eintragung voraus, dass der Gewerbetreibende (hier die B-AG) oder der Betriebsleiter (hier G) die entsprechende Meisterprüfung absolviert hat. Eine Meisterprüfung hat G nicht absolviert. Es könnte ihn aber das sog. Altgesellenprivileg des § 7b HandwO zugute kommen. Dazu müsste er sein Handwerk bereits seit 6 Jahren ausüben und 4 Jahre in leitender Stellung tätig gewesen sein. Dies ist nicht der Fall. Damit kann der Betrieb der B-AG nicht in die Handwerksrolle eingetragen werden.

Die erforderliche materielle Illegalität des Handwerkbetriebes ist somit gegeben und das Ermessen ordnungsgemäß ausgeübt worden.

Ergebnis: Die Untersagungsverfügung ist rechtmäßig.

Literatur zur Vertiefung: *Frotscher/Kramer* WirtschaftsVerfR/WirtschaftsVerwR § 17; *Honig/Knarr*, HandwO, §§ 1, 3 und 16; *Jarass* WirtschaftsVerwR § 16; *Schliesky* ÖffWirtschaftsR Vierter Teil Zweiter Abschnitt A–C; *Ruthig/Storr* ÖffWirtschaftsR § 5; *Schmidt/Vollmöller* ÖffWirtschaftsR § 9; *Stober* WirtschaftsVerwR BT § 48; *Ziekow* ÖffWirtschaftsR § 11.

4. Kapitel. Das Betreiben einer Gaststätte

I. Rechtsgrundlagen/Begriffliches

1154 Das Gaststättenrecht lag bis zum Inkrafttreten der Föderalismusreform I in der Gesetzgebungskompetenz des Bundes, da die Gaststätten in Art. 74 Nr. 11 GG aF ausdrücklich genannt waren. Aufgrund dieser erging das GastG des Bundes, das zuletzt 2005 reformiert wurde. Durch die Föderalismusreform ist die Gesetzgebungskompetenz für das Gaststättenrecht auf die Länder übergegangen. Deswegen kann eine einheitliche Regelung zum **Nichtraucherschutz** auch nicht mehr auf die Kompetenz des Bundes für das Gaststättenrecht, sondern allenfalls auf den Schutz der Beschäftigten (Art. 74 I Nr. 12 GG) gestützt werden.[935] Unabhängig davon, gilt das GastG des Bundes nach Art. 125a I GG aber so lange fort, wie es nicht durch Landesrecht ersetzt wird. Bis heute sind in Baden-Württemberg, Brandenburg, Bremen, Niedersachsen, Saarland, Sachsen und Thüringen eigene Landes-Gaststättengesetze in Kraft getreten.[936] In den anderen Bundesländern ist das Gaststättenrecht damit immer noch durch das GastG des Bundes und die Gaststättenverordnungen der Länder geregelt. Daneben kommt teilweise die GewO zur Anwendung.

1155 Erfasst werden vom Gaststättenrecht nach § 1 GastG sowohl stehende Gewerbe als auch der Betrieb des Gaststättengewerbes als reisendes Gewerbe (§ 1 II GastO). Für letzteren Fall gelten die oben[937] besprochenen Vorschriften der GewO über das Reisegewerbe allerdings nicht, vielmehr ist allein das GastG einschlägig (vgl. § 13 GastG).

1156 **Definition:** Eine Gaststätte ist ein Gewerbebetrieb, der jedermann oder einem bestimmten Personenkreis zugänglich ist und in dem Getränke und/oder Speisen verabreicht werden (§ 1 GastG).[938]

1157 Damit ist das GastG grundsätzlich nur für das gewerbsmäßige Betreiben einer Gaststätte einschlägig.

1158 ■ Wissen Sie noch, was ein Gewerbe ist?

▶ Wenn nein, lesen Sie bitte an der in der Fußnote[939] angegeben Fundstelle nach.

Eine Ausnahme von diesem Grundsatz macht § 23 GastG allerdings für Vereine und Gesellschaften. Diese fallen auch dann unter das GastG, wenn sie die Gaststätte nicht gewerbsmäßig betreiben, sofern alkoholische Getränke ausgeschenkt werden.

Beispiel: Eine Vereinsgaststätte bedarf daher einer Gaststättenerlaubnis auch dann, wenn Speisen und Getränke zum Selbstkostenpreis abgegeben werden, sodass die für den Gewerbebegriff erforderliche Gewinnerzielungsabsicht fehlt.

1159 Das Merkmal »jedermann oder einem bestimmten Personenkreis zugänglich« dient zur Abgrenzung von der privaten Verabreichung von Speisen und Getränken. Ein bestimmter Personenkreis liegt vor, wenn eine Personengruppe durch ein gemeinsa-

---

935 *Vollmüller/Schmidt* ÖffWirtschaftsR § 10 Rn. 4; allgemein dazu *Holtwisch/Heimann*, Grundlagen des Nichtraucherschutes, VR 2009, 259.
936 Vgl. auch *Glaser/Klement* ÖffWirtschaftsR Fall 3 Rn. 95.
937 → Rn. 1082 ff.
938 Das Beherbergungsgewerbe wurde im Sommer 2005 aus dem Gaststättenbegriff herausgenommen.
939 Der Gewerbebegriff → Rn. 981 ff..

mes Merkmal verbunden ist, wie zB Vereinsmitglieder oder Betriebsangehörige. Betriebskantinen sind allerdings nach § 25 I 2 GastG von der Geltung des Gaststättenrechts ausgenommen, sofern nicht mehr als 10% der Benutzer Fremdbesucher sind.[940]

Beim stehenden Gaststättengewerbe werden zwei Grundformen unterschieden: 1160

- die Schankwirtschaft (§ 1 I Nr. 1 GastG) und
- die Speisewirtschaft (§ 1 I Nr. 2 GastG)

Innerhalb dieser generellen Typisierung ist aber auch die konkrete Gestaltung des 1161
Gaststättenbetriebes, die sog. **Betriebsart** (vgl. § 3 I GastG), rechtlich relevant.

Beispiel: Besondere Betriebsarten sind unter anderem Autobahnraststätten, Cafes, Diskotheken, Pubs, Schnellrestaurants oder Tanzlokale.[941]

II. Zugangskontrolle

Gem. § 31 GastG iVm § 14 GewO unterliegt jede Gaststätte der Anmeldepflicht bei 1162
der Gewerbebehörde. Ansonsten sind zulassungsfreie und zulassungspflichtige Gaststätten zu unterscheiden.

1. Erfordernis einer Gaststättenerlaubnis

Nach § 2 I GastG (bitte lesen) ist für das Betreiben einer Gaststätte grundsätzlich ei- 1163
ne Erlaubnis erforderlich. Diese kann auch juristischen Personen und nichtrechtsfähigen Vereinen (§ 2 I 2 GastG) erteilt werden, nicht aber für eine OHG oder eine KG.[942] Nach § 3 GastG bezieht sich die Gaststättenerlaubnis auf eine bestimmte Betriebsart und bestimmte Betriebsräume.

Keiner Erlaubnis bedürfen die in § 2 II GastG (bitte lesen) genannten Tätigkeiten. 1164

Beispiele: Keiner Gaststättenerlaubnis bedürfen daher zB Milchbars, Getränkeautomaten für alkohoholfreie Getränke und die Abgabe fertiger Speisen durch Bäcker oder Metzger in Imbissecken.

Die Erlaubnispflicht entfällt ferner bei sog. Straußwirtschaften (§ 14 GastG).

2. Voraussetzungen der Gaststättenerlaubnis

Die Gaststättenerlaubnis ist zu versagen, wenn einer der in § 4 GastG (bitte lesen) 1165
aufgeführten Tatbestände vorliegt. Positiv ausgedrückt ist die Gaststättenerlaubnis damit zu erteilen, wenn keiner der genannten Versagungsgründe vorliegt (gebundene Entscheidung). Erforderlich sind danach folgende Voraussetzungen:

- **Zuverlässigkeit des Antragstellers**: es gelten die allgemeinen Anforderungen an 1166
  die gewerberechtliche Zuverlässigkeit.[943] Das Gesetz enthält einige nicht abschließende Beispielsfälle, zB Alkoholsucht, die Ausbeutung bestimmter Personengrup-

940 Näher Michel/Kienzle/Pauly/*Pauly* § 25 GastG Rn. 2 ff.; zur Geltung des § 25 GastG für Hochschulmensen *Pöltl*, Gaststättenerlaubnis für *Mensen* GewArch 2004, 184 ff.
941 Zur Unterscheidung von Tanzlokalen und Diskotheken vgl. OVG Dresden NVwZ 1998, 37 f.
942 Vgl. näher *Frotscher/Kramer* WirtschaftsVerfR/WirtschaftsVerwR Rn. 398.
943 Zur Definition → Rn. 1032 ff.

pen sowie die Förderung bestimmter Straftaten oder der Unsittlichkeit. Der Begriff **der Unsittlichkeit** ist stark von den Anschauungen der Öffentlichkeit zu einer bestimmten Zeit geprägt und wird zunehmend eher restriktiv ausgelegt.[944] Insbesondere die Förderung der Prostitution kann seit dem Erlass des Prostitutionsgesetzes (ProstG) nicht mehr generell als unsittlich angesehen werden.
Abzustellen ist für das Vorliegen der Unzuverlässigkeit auf denjenigen, der die Gaststättenerlaubnis beantragt hat, sowie auf solche Personen, denen der Antragsteller maßgeblichen Einfluss auf die Führung des Gaststättenbetriebs einräumt.[945]

1167 • **Eignung der Betriebsräume**: nach § 4 I Nr. 2 GastG müssen die Räume der Gaststätte so gestaltet sein, dass weder den Beschäftigten noch den Gästen oder der Allgemeinheit Gefahren, insbes. für die Gesundheit drohen. Einzelheiten dazu regeln Rechtsverordnungen der Bundesländer.
Bei der Prüfung der Eignung der Betriebsräume ergeben sich oft Überschneidungen mit dem **Baurecht**.[946] Grundsätzlich ist Baurecht von der dafür zuständigen Bauaufsichtsbehörde zu prüfen, die über die im Regelfall erforderliche Baugenehmigung zu entscheiden hat. Bei einer vor der Gaststättenerlaubnis erteilten Baugenehmigung ist die Gewerbebehörde daher inhaltlich gebunden. Wird über die Gaststättenerlaubnis zeitlich vorher entschieden, kann die Gaststättenbehörde, soweit es für die Beurteilung der Eignung der Betriebsräume erforderlich ist, baurechtliche Fragen entscheiden, ohne damit aber Vorgaben für das baurechtliche Verfahren machen zu können.[947]

1168 • **Vereinbarkeit der Lage der Gaststätte mit öffentlichen Interessen** (§ 4 I Nr. 3 GastG): von der Gaststätte dürfen keine Gefahren, Nachteile oder Belästigungen nach außen ausgehen; dies gilt insbesondere für die Verursachung von Lärm, wobei § 4 I Nr. 3 GastG ausdrücklich auf die Maßstäbe des BImSchG verweist. Strittig ist, ob § 4 I Nr. 3 GastG drittschützende Wirkung hat. Nach heute hM[948] ist das der Fall, sodass ein Nachbar wegen zu starker Lärmbelästigung die Versagung einer Gaststättenerlaubnis verlangen könnte.[949] Außerdem muss die Lage der Gaststätte auch mit den Vorgaben des Bauplanungsrechts (§§ 30 ff. BauGB iVm BauNVO) in Einklang stehen.

1169 • **Nachweis der Unterrichtung über die notwendigen lebensmittelrechtlichen Kenntnisse**: schließlich muss der Antragsteller einen Nachweis über die Unterrichtung über lebensmittelrechtliche Vorgaben erbringen, der regelmäßig ohne Prüfung erteilt wird (§ 4 I Nr. 3 GastG).

1170 Die möglichen Versagungsgründe für die Erteilung einer Gaststättenerlaubnis sind in Übersicht 67 noch einmal zusammengefasst.

944 Zum Begriff der Unsittlichkeit siehe BVerwG GewArch 2003, 122 ff. (Erlaubnisfähigkeit eines sog. Swingerclubs) oder *Lehmann*, Prostituion und Unsittlichkeit im Wandel der Zeit, NVwZ 2009, 888.
945 Näher Robinski/*Pauly* Abschnitt N Rn. 38.
946 Ausführlich dazu *Schmidt/Vollmöller* ÖffWirtschaftsR § 10 Rn. 27 ff.
947 Vgl. BVerwG DVBl. 1999, 206 f.
948 BVerwG GewArch 1998, 254.
949 Näher *Schmidt/Vollmöller* ÖffWirtschaftsR § 10 Rn. 61 f.

Übersicht 67: Versagungsgründe nach § 4 GastG

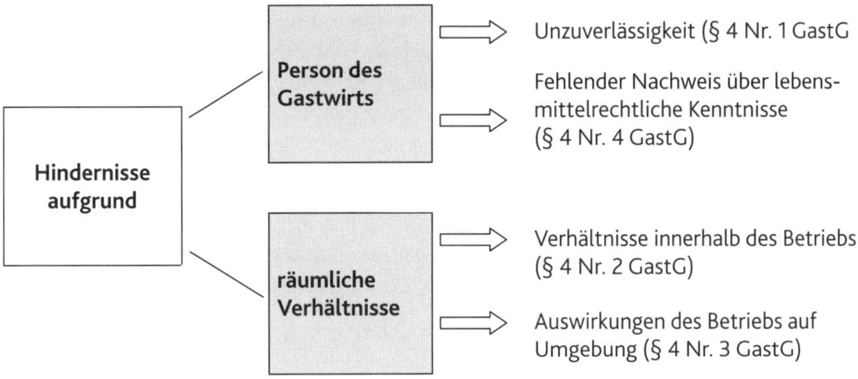

Die Gaststättenerlaubnis ist nach § 3 I GastG schriftlich zu erteilen und bezieht sich **1171** auf bestimmte Räume und eine bestimmte Betriebsart.[950] Änderungen der Betriebsart sind erlaubnispflichtig.

Beispiel: Gastwirt G betreibt eine normale Gaststätte: nach einigen Monaten richtet er eine Tanzfläche ein, stellt eine Musikanlage auf und veranstaltet jedes Wochenende Tanzabende. Es liegt jetzt auch die Betriebsart Tanzlokal bzw. Diskothek vor, sodass G eine geänderte Erlaubnis benötigt.

Die Gaststättenerlaubnis kann nach § 3 II GastG befristet werden, wenn dies im **1172** GastG ausdrücklich vorgesehen ist (zB § 9 GastG für die Stellvertretungserlaubnis) oder dies beantragt wird. Gemäß § 5 GastG sind Auflagen möglich und zwar sowohl bei der Erteilung der Gaststättenerlaubnis als auch nachträglich.[951]

3. Sonderfälle der Gaststättenerlaubnis

Sonderfälle der Erteilung einer Gaststättenerlaubnis stellen die Stellvertretungser- **1173** laubnis (§ 9 GastG), die Weiterführung nach § 10 GastG, die vorläufige Erlaubnis (§ 11 GastG) sowie die sog. Gestattung (§ 12 GastG) dar.

a) Weiterführung des Gewerbes und vorläufige Erlaubnis

Die Weiterführung des Gewerbes und die vorläufige Erlaubnis betreffen Fälle, in de- **1174** nen die Gaststätte auf jemand anderen als den Erlaubnisinhaber übergeht:

- Bei Tod des Erlaubnisinhabers können die Erben etc. nach § 10 GastG die Gast- **1175** stätte ohne weiteres fortführen (sog. **Hinterbliebenenprivileg**).[952] Die Weiterführung der Gaststätte ist lediglich anzuzeigen.
- Bei anderen Fällen des Inhaberwechsels kann gemäß § 11 GastG auf Antrag die **1176** Fortführung der Gaststätte bis zum Erhalt der eigenen Gaststättenerlaubnis für regelmäßig höchstens drei Monate widerruflich gestattet werden (sog. vorläufige Erlaubnis).

950 → Rn. 1161.
951 Zur nachträglichen Beifügung von Auflagen → Rn. 1181.
952 Näher *Frotscher/Kramer* WirtschaftsVerfR/WirtschaftsVerwR Rn. 408 ff.

b) Die Stellvertretungserlaubnis

1177 Die Stellvertretungserlaubnis nach § 9 GastG betrifft den Fall, dass der Betriebsinhaber das Gewerbe durch eine andere Person ausüben will, ohne selbst als Betriebsinhaber zurückzutreten. Hierzu ist im Gaststättenrecht eine gesonderte Erlaubnis für den Stellvertreter notwendig, die nur erteilt wird, wenn Zuverlässigkeit und Fachkenntnisse iSv § 4 GastG beim Stellvertreter vorliegen.

c) Die Gestattung

1178 Die Gestattung nach § 12 GastG ersetzt die Gaststättenerlaubnis, wenn deren strenge Voraussetzungen (§ 4 GastG) aus einem besonderen Anlass für den Gaststättenbetrieb nicht erforderlich sind. Einen solchen Anlass sieht das BVerwG[953] zB beim Ausschank von Getränken nach einem Rockkonzert als gegeben.[954]

4. Ausübungsregelungen und Überwachungsbefugnisse

1179 Die Ausübung des Gaststättengewerbes unterliegt zahlreichen besonderen Regelungen. Diese sind teilweise schon im GastG bzw. den GastVOen der Länder festgeschrieben, zT ergeben sie sich aus anderen Vorschriften, zB dem Baurecht.

Aufgrund des GastG gelten besondere Anforderungen für:

- den Ausschank alkoholfreier Getränke (§ 6 S. 2 GastG),
- den Straßenausschank und die Erbringung von Nebenleistungen außerhalb der Ladenöffnungszeiten nach dem LadSchlG (§ 7 GastG),
- die Sperrzeit der Gaststätte, dh die Zeit, in der die Gaststätte nicht geöffnet sein darf (§ 18 GastG),
- die Abgabe alkoholischer Getränke (§§ 19, 20 GastG) sowie
- die Auswahl des Personals (§ 21 GastG).

1180 So muss der Gastwirt mindestens ein alkoholfreies Getränk anbieten, das nicht teurer ist, als das billigste alkoholische Getränk gleicher Menge. Weiter muss er die Sperrzeiten einhalten, die durch Landesrecht einheitlich festgesetzt werden und unter Berücksichtigung der örtlichen Verhältnisse mit Rücksicht auf die öffentlichen Interessen ausgedehnt (**Sperrzeitverlängerung**) oder eingeschränkt (**Sperrzeitverkürzung**) werden können.[955] Schließlich kann es dem Gastwirt verwehrt sein, eine bestimmte Person zu beschäftigen, wie zB eine Person, die mehrfach wegen Körperverletzung vorbestraft ist, als Türsteher.

1181 Im Einzelfall kann die Behörde gem. § 5 GastG nachträglich Anordnungen treffen, um eine der dort genannten Gefahren abzuwehren. Über § 5 GastG kann nach wohl hM daher zB gegen sog. »**Flatrate-Parties**« oder »**1-Euro-Parties**«, bei denen alkoholische Getränke zu einem einmal entrichteten Preis ohne Mengenbegrenzung ausgeschänkt werden, vorgegangen werden.[956]

Um die ordnungsgemäße Ausübung des Gaststättengewerbes überwachen zu können, hat die zuständige Behörde Auskunfts- und Nachschaurechte (§ 22 GastG), dh

953 BVerwG NVwZ 1990, 367 f.; vgl. auch *Ruthig/Storr* ÖffWirtschaftsR § 4 Rn. 405.
954 Ausführlich Robinski/*Pauly* Abschnitt N Rn. 86 ff.
955 Näher *Schmidt/Vollmöller* ÖffWirtschaftsR § 10 Rn. 51 ff.
956 OVG Koblenz NVwZ-RR 2011, 441; VG Hannover GewArch 2007, 388; vgl. Auch *Scheidler*, Gaststättenrechtliche Auflagen gegen Alkoholmißbrauch »Flatratepartys«, DÖV 2008, 189.

der Gaststätteninhaber ist zu bestimmten Auskünften verpflichtet und muss Bediensteten der Behörde den Zugang zu seiner Gaststätte gestatten.

Die Befugnisse nach § 5 GastG gelten auch gegenüber erlaubnisfreien Gaststättengewerben (vgl. § 5 II GastG). **1182**

5. Die Verhinderung des weiteren Gaststättenbetriebs

a) Die erlaubnispflichtigen Gaststätten

Wie oben dargestellt, ist grundsätzlich eine Gaststättenerlaubnis erforderlich. Für den Fall, dass eine Gaststätte betrieben wird, ohne dass eine Erlaubnis vorliegt sieht das GastG keine ausdrückliche Befugnis vor. Allerdings verweist § 31 GastG auf die GewO. **1183**

■ Können Sie sich erinnern, ob es dort für den Fall des Betriebs eines zulassungspflichtigen Gewerbes ohne Zulassung eine Befugnisnorm gab? **1184**

▶ Wenn nein, lesen Sie bitte die in der Fußnote[957] genannte Norm!

Soll dagegen der Betrieb einer Gaststätte unterbunden werden, für die eine Erlaubnis erteilt wurde, muss zunächst die Gaststättenerlaubnis aufgehoben werden. Dazu enthält § 15 GastG eine Regelung, nach der verschiedene Konstellationen zu unterscheiden sind. **1185**

aa) Die Aufhebung einer von Anfang an rechtswidrigen Gaststättenerlaubnis

Nach § 15 I GastG (bitte lesen) **muss** eine rechtswidrig erteilte Gaststättenerlaubnis zurückgenommen werden, wenn der Erlaubnisinhaber zum Zeitpunkt der Erlaubniserteilung iSv § 4 I Nr. 1 GastG unzuverlässig war. **1186**

> **Beispiel:** Erst nach der Genehmigungserteilung wird bekannt, dass Gastwirt G seit Jahren alkoholsüchtig ist. Da diese Tatsache schon zum Zeitpunkt der Genehmigungserteilung die Unzuverlässigkeit des G begründet, ist für die Aufhebung der Gaststättenerlaubnis § 15 I GastG maßgeblich.

Wurde die Gaststättenerlaubnis aus anderen Gründen zu Unrecht erteilt, richtet sich die Aufhebung nach hM nach der allgemeinen Vorschrift des § 48 VwVfG.[958]

> **Beispiel:** Stellt die Behörde zB fest, dass G zum Zeitpunkt der Genehmigung nicht über die erforderlichen lebensmittelrechtlichen Kenntnisse verfügt (§ 4 I Nr. 4 GastG), kann die Gaststättenerlaubnis nur nach § 48 VwVfG aufgehoben werden.

Setzt der Gastwirt den Betrieb der Gaststätte trotz Aufhebung der Erlaubnis fort, kann die Behörde die Schließung der Gaststätte anordnen. Rechtsgrundlage ist mangels spezieller Regelung im GastG und aufgrund der Verweisungsnorm des § 31 GastG die Vorschrift des § 15 II GewO.[959] Die Schließungsverfügung kann dann mit den Mitteln der Verwaltungsvollstreckung durchgesetzt werden.[960] **1187**

---

957 Es geht um § 15 II GewO; → Rn. 1065 ff.
958 Vgl. *Stober* WirtschaftsVerwR BT § 47 V.
959 Diese wurde unter → Rn. 1065 ff. schon näher besprochen.
960 *Schmidt/Vollmöller* ÖffWirtschaftsR § 10 Rn. 45.

bb) Die Aufhebung einer (zunächst) rechtmäßigen Gaststättenerlaubnis

1188 Eine Gaststättenerlaubnis, die zum Zeitpunkt ihres Erlasses rechtmäßig war, kann nur aufgrund der Tatbestände in § 15 II bzw. III GastG aufgehoben werden. Nach hM[961] scheidet daneben ein Rückgriff auf § 49 VwVfG aus.

1189 **§ 15 II GastG** (bitte lesen) schreibt den Widerruf der Gaststättenerlaubnis zwingend (*bindende Vorschrift*) vor, wenn nach Erlass Umstände eingetreten sind, die eine Versagung der Gaststättenerlaubnis wegen Unzuverlässigkeit des Betreibers rechtfertigen würden.

1190 ■ Dazu ein kleiner Fall: Gastwirt G schenkt in seinem Lokal laufend Alkohol an Personen unter 14 Jahren aus und lässt zu, dass im Lokal Drogen konsumiert und vertrieben werden. Als G trotz entsprechender Aufforderung der Behörde nichts unternimmt, hebt diese die Gaststättenerlaubnis auf. *Zu Recht*?

▶ Lösung: Befugnisnorm könnte § 15 II GastG sein. Aufgrund der Verletzung der Vorschriften über den Jugendschutz und der Begünstigung des Drogenhandels besitzt G nicht die erforderliche Zuverlässigkeit nach § 4 I Nr. 1 GastG. Die entsprechenden Tatsachen sind auch nach Genehmigungserteilung eingetreten, sodass § 15 II GastG gegeben ist. Da die Behörde G vorher »abgemahnt« hat, ist der Widerruf der Erlaubnis auch verhältnismäßig. Dieses Merkmal ist trotz des fehlenden Ermessens einzuhalten, da § 15 GastG ansonsten nicht mit Art. 12 GG vereinbar wäre.[962]

1191 Nach **§ 15 III GastG** (bitte lesen) *kann* die Behörde die Gaststättenerlaubnis widerrufen (Ermessensvorschrift), wenn einer der dort genannten Gründe, zB Änderung der Betriebsart oder Verstoß gegen Auflagen nach § 5 GastG, vorliegt.[963]

1192 Zur Durchsetzung sowohl des Widerrufs nach § 15 II GastG als auch des nach § 15 III GastG ist der Erlass einer **Schließungsverfügung** auf der Grundlage der §§ 31 GastG, 15 II GewO erforderlich. Insoweit gilt das zur Rücknahme nach § 15 I GastG bzw. § 48 VwVfG Gesagte entsprechend.

1193 Damit ergibt sich für die Verhinderung des weiteren Betriebs einer zugelassenen, aber nicht ordnungsgemäß betriebene Gaststätte die in Übersicht 68 dargelegte Systematik.

961 Vgl. die Nachweise bei *Frotscher/Kramer* WirtschaftsVerfR/WirtschaftsVerwR Rn. 405.
962 Vgl. BVerwGE 49, 160 ff.; vgl. auch *Ziekow* ÖffWirtschaftsR § 122 Rn. 36.
963 Vgl. *Schmidt/Vollmüller* ÖffWirtschaftsR § 10 Rn. 37 ff.

Übersicht 68: Verhinderung des weiteren Betriebs einer zugelassenen Gaststätte

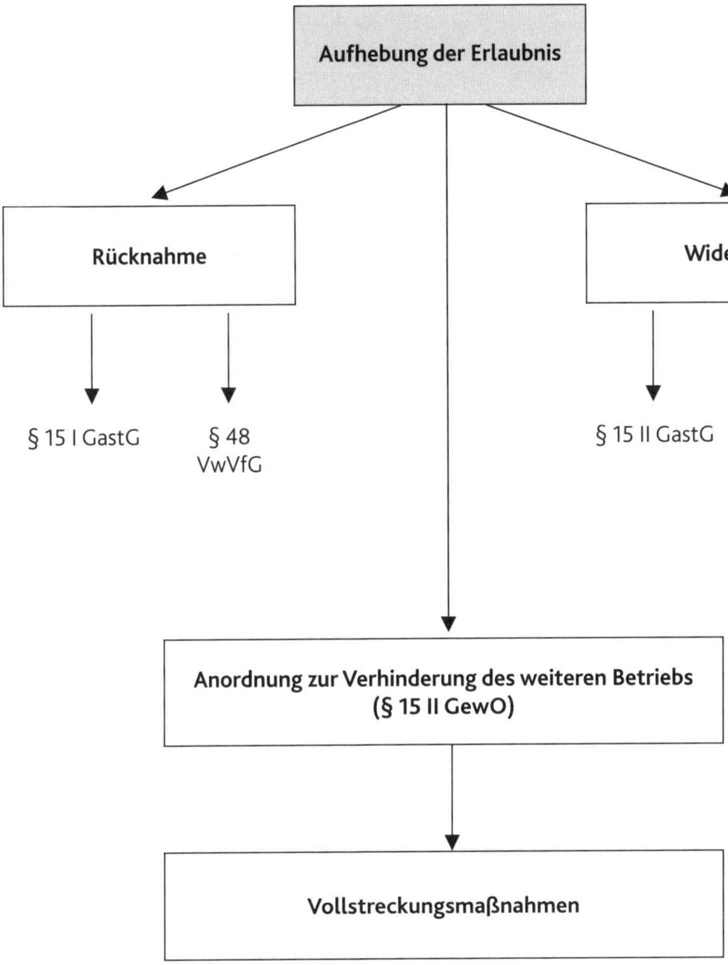

b) Die erlaubnisfreien Gaststätten

Soweit eine Gaststätte nach § 2 II GastG oder Sondervorschriften erlaubnisfrei be- 1194
trieben werden darf, kommt für eine Unterbindung des weiteren Gaststättenbetriebs mangels spezieller Regelungen im GastG und aufgrund der Verweisung in § 31 GastG nur die **Untersagungsverfügung nach § 35 GewO** in Betracht.[964] Zu ihrer Durchsetzung sind die Mittel der Verwaltungsvollstreckung anzuwenden.[965]

Zum Abschluss des Gaststättenrechts noch ein Beispielsfall.[966]

964 *Schmidt/Vollmöller* ÖffWirtschaftsR § 10 Rn. 45.

965 → Rn. 823 ff.

966 Weitere Übungsfälle zum GastG finden sich bei *Frotscher/Kramer* WirtschaftsVerfR/WirtschaftsVerwR Fälle 19 und 20; *Hösch*Fälle WirtschaftsVerwR Fälle 3–5; *Oberrath/Schmidt/Schomerus* ÖffWirtschaftsR Fälle 13 und 16; *Sander/Sigloch* WirtschaftsVerfR/Wirtschafts-VerwR-Fälle Fälle 13 und 14; *Schöbener/Jahn* ÖffWirtschaftsR-Fälle Fall 15.

Übungsfall 22	
Preuß betreibt in einer norddeutschen Kleinstadt die Speisegaststätte »Zum Bayernwirt«. Nach einiger Zeit bietet er den Gästen neben kulinarischen bayerischen Schmankerln auch jeden Samstagabend einen bayerischen Abend mit bayerischen Tanz- und Folkloredarbietungen (Schuhplattler) an. Durch den großen Andrang kommt es in der Nachbarschaft zu erheblichen Lärmbelästigungen; einerseits durch die an- und abfahrenden Kraftfahrzeuge, andererseits durch den im Lokal entstehenden Lärmpegel. Nach massiven Beschwerden der Nachbarn entzieht die zuständige Behörde dem A die Gaststättenerlaubnis. Ist die entsprechende Anordnung materiell rechtmäßig?	

1195 ■ Bevor Sie die Falllösung lesen, versuchen Sie, zunächst selbst eine ausformulierte Lösung zu erstellen.

▶ **Lösung:**

a) Vorüberlegung: Die Anordnung wäre materiell rechtmäßig, wenn eine entsprechende Befugnisnorm gegeben wäre. Da es um eine Gaststättenerlaubnis geht, muss zunächst § 15 GastG untersucht werden.[967] Einschlägig sein könnten hier § 15 II und III GastG, da die Probleme der Behörde mit P erst nach der Erteilung der Erlaubnis begannen.

b) Vorliegen des Tatbestandes einer Befugnisnorm

aa) In Betracht kommt § 15 II GastG. Der Widerruf nach § 15 II GastG setzt zunächst voraus, dass eine Gaststättenerlaubnis erteilt wurde und bei ihrem Erlass rechtmäßig war. P hat eine Gaststättenerlaubnis erhalten. Für deren formelle oder materielle Rechtswidrigkeit ist nichts ersichtlich, insbesondere da sich die Behörde auf einen Sachverhalt nach Erlass der Erlaubnis bezieht (Einführung der bayerischen Abende). Weiter verlangt § 15 II GastG, dass der Gaststättenbetreiber unzuverlässig ist, wofür hier nichts ersichtlich ist. Damit scheidet § 15 II als Befugnisnorm aus.

bb) In Betracht zu ziehen ist aber noch § 15 III GastG. Danach ist ein Widerruf möglich, wenn einer der in den Ziff. 1–7 genannten Gründe vorliegt. Hier käme zunächst Nr. 1 (Änderung der Betriebsart) in Betracht. Eine solche liegt wohl nicht vor, da Musik- oder Tanzveranstaltungen nach wie vor nicht im Vordergrund des Gaststättengewerbes stehen, sodass immer noch die Betriebsart »Speisegaststätte« vorliegt (aA vertretbar). Andere Gründe iSv § 15 III GastG sind nicht ersichtlich. Damit fehlen für das Vorgehen der Behörde schon die Tatbestandsvoraussetzungen des § 15 III GastG. Im übrigen würde, selbst wenn man eine Änderung der Betriebsart annehmen würde, einer Entziehung der Gaststättenerlaubnis (zunächst) der Verhältnismäßigkeitsgrundsatz entgegenstehen, da die Behörde erst prüfen müsste, ob die Betriebsartänderung erlaubnisfähig ist. Dazu müsste sie auch untersuchen, ob durch Auflagen nach § 5 I Nr. 3 GastG die Störung der Nachbarschaft unterbunden werden könnte.

Ergebnis: Die Anordnung ist rechtswidrig.

967 Ein Prüfungsschema für § 15 GastG findet sich bei *Oberrath/Schmidt/Schomerus* ÖffWirtschaftsR S. 88.

Literatur zur Vertiefung: *Ebert*, Raucherclubs versus Nichtraucherschutz, NVwZ 2010, 26; *Frotscher/Kramer* WirtschaftsVerfR/WirtschaftsVerwR § 15; *Jarass* WirtschaftsVerwR § 16; MKP, §§ 2, 15; *Robinski/Pauly* GewR Abschnitte N; *Ruthig/Storr* ÖffWirtschaftsR § 4; *Schliesky* ÖffWirtschaftR Vierter Teil Dritter Abschnitt; *Schmidt/Vollmöller* ÖffWirtschaftsR § 10; *Schoberth*, Das laute Bierstüberl – Referendarexamensklausur, JuS 2011, 730; *Stober* WirtschaftsVerwR BT § 47; *Ziekow* ÖffWirtschaftsR § 12.

5. Kapitel. Bereichsübergreifende Sonderfragen des Öffentlichen Wirtschaftsrechts

I. Subventionsrecht

1196 Staatliche Förderung wirtschaftlicher Betätigung spielt in Deutschland und Europa trotz der schwierigen Lage der öffentlichen Haushalte noch eine große Rolle. So wurde nach dem 23. Subventionsbericht der Bundesregierung[968] für 2011, mit über 6 Milliarden EUR an direkten Finanzhilfen und circa 17 Milliarden EUR für Steuervergünstigungen gerechnet und die Prognosen für 2012 auf 5, 8 bzw. 16,8 Milliarden EUR beziffert.

1. Begriffliches

1197 Bei staatlichen Leistungen an einen Unternehmer oder ein Unternehmen ist der Ausdruck Subvention weit verbreitet. Juristisch lässt sich ein einheitlicher Subventionsbegriff schwer finden. Weder der strafrechtliche Begriff der Subvention in § 264 VII StGB (»Jede Leistung aus öffentlichen Mitteln, die wenigstens teilweise ohne marktmäßige Gegenleistung gewährt wird und die der Förderung der Wirtschaft dienen soll«) noch der von § 12 I StWG (»Mittel, die für bestimmte Zwecke an Stellen außerhalb der Bundesverwaltung gegeben werden«) wird für hinreichend erachtet.[969] Einigkeit besteht aber weitgehend darüber, dass eine Subvention nur bei Erfüllung folgender Merkmale vorliegt:[970]

- Leistung eines Trägers öffentlicher Verwaltung,
- ohne marktmäßige Gegenleistung,
- an eine natürliche oder juristische Person des Privatrechts,
- zur Erreichung eines öffentlichen Zwecks.

1198 Die **Leistung** kann dabei in Geld- oder in Sachmitteln bestehen.[971] Geld kann ohne Rückzahlungsverpflichtung (sog. verlorene Zuschüsse), als Darlehen oder mittelbar durch die Übernahme von Sicherheiten, zB einer Bürgschaft, zugesagt werden. Sachmittelgewährungen liegen beim Bereitstellen von Räumen, beim Übereignen von Grundstücken oder bei der kostenlosen Erbringung von Dienstleistungen vor.

1199 Das Merkmal »**ohne marktmäßige Gegenleistung**« stellt klar, dass dem Staat als Subventionsgeber keine unmittelbaren Vorteile zufließen dürfen. Sobald ein Leistungsaustausch gegeben ist, handelt es sich nicht um eine Subvention, sondern um Wirtschaftsförderung in Gestalt staatlicher Auftragsvergabe (siehe zu dieser sogleich unter II).

1200 Von Subvention kann weiter nur gesprochen werden, wenn der Leistungsempfänger (der Subventionsnehmer) eine **Privatperson** ist. Zahlungen innerhalb des Staates un-

968 BT-Drs. 17/6795.
969 Vgl. *Gusy*, Subventionsrecht, JA 1991, 286 f. und 327 ff.
970 Ebenso *Frotscher/Kramer* WirtschaftsVerfR/WirtschaftsVerwR Rn. 530.
971 *Schmidt/Vollmöller* ÖffWirtschaftsR § 7 Rn. 5.

terliegen also nicht dem Subventionsrecht. Das gilt für die Leistungen nach Art. 104 GG ebenso wie für staatliche Zuwendungen an öffentliche Unternehmen.[972]

Schließlich müssen mit der Subvention bestimmte (**wirtschaftspolitische**) Zwecke 1201
verbunden sein. Der Staat muss die Absicht haben, in den Wirtschaftsprozess einzugreifen. Anlass dafür können insbesondere die in Art. 12 II StWG genannten Gründe sein, also die Erhaltung, Anpassung oder Förderung von einzelnen Unternehmen oder Wirtschaftszweigen.

Beispiele: Für die Werftindustrie werden Zuschüsse gewährt, um die Betriebe und damit die Arbeitsplätze zu erhalten; der Staat gibt einem Unternehmen ein Darlehen, um ihm die Nutzung neuester Technologien zu ermöglichen.

Der dargestellte Begriff deckt nur sog. **direkte Subventionen** ab. In den Wirt- 1202
schaftswissenschaften wird darüber hinaus auch von **indirekten Subventionen** gesprochen. Darunter versteht man, dass zur Erreichung eines bestimmten wirtschaftspolitischen Zwecks nicht eine staatliche Leistung gewährt wird, sondern Steuern oder sonstige Abgaben ermäßigt werden.[973] Dies erfolgt vor allem durch die Einräumung von Sonderabschreibungen oder die Zulassung steuerfreier Rücklagen und bedarf immer gesetzlicher Regelungen als Grundlage. Überwiegend werden die indirekten Subventionen aus dem verwaltungsrechtlichen Subventionsbegriff ausgeklammert. Im Folgenden sollen daher nur die Rechtsfragen erörtert werden, die im Zusammenhang mit direkten Subventionen eine Rolle spielen.

2. Rechtsgrundlage der Subventionsvergabe

Unmittelbare Grundlage der konkreten Subventionsleistung ist in der Regel ein ent- 1203
sprechender Bewilligungsbescheid bzw. eine entsprechende Abrede zwischen Subventionsgeber und Subventionsnehmer. Rechtlich problematisch ist dabei, ob die Gewährung der Subvention darüber hinaus einer rechtlichen Grundlage bedarf oder, ob die tatsächliche Verfügbarkeit von finanziellen Mitteln dafür ausreichend ist.

■ Welcher Grundsatz, den Sie im Verfassungsrecht kennen gelernt haben, könnte für 1204
die Vergabe von Subventionen eine gesetzliche Grundlage erfordern?

▶ Die Antwort finden Sie in Fußnote.[974]

■ Was denken Sie, findet dieser Grundsatz im Subventionsrecht uneingeschränkt 1205
Anwendung?

▶ Wie Sie oben gelernt haben, gilt der Vorbehalt des Gesetzes uneingeschränkt nur dort, wo der Staat in die Rechte seiner Bürger eingreift. Bei den Subventionen geht es aber darum, dass der Staat Leistungen erbringt. Die Rechsprechung lehnt daher das Erfordernis einer rechtlichen Grundlage für die Subventionsvergabe grundsätzlich ab.[975]

Die Gerichte lassen daher in ständiger Rechtsprechung die Bereitstellung von Mitteln 1206
im Haushaltsplan des entsprechenden Trägers öffentlicher Verwaltung genügen.[976]

972 Kritisch zu letzerem *Ruthig/Storr* ÖffWirtschaftsR § 9 Rn. 774.
973 *Frotscher/Kramer* WirtschaftsVerfR/WirtschaftsVerwR Rn. 531.
974 Der Grundsatz des Vorbehalts des Gesetzes → Rn. 36 ff.
975 Vgl. *Schmidt/Vollmöller* ÖffWirtschaftsR § 7 Rn. 55 ff.
976 ZB BVerwG NJW 1977, 1839.

Etwas anderes soll nur gelten, wenn eine Subvention ausnahmsweise in besonderer Weise Grundrechte Einzelner berührt. Eine gesetzliche Grundlage hat das BVerfG[977] daher zB für die Vergabe von Pressesubventionen verlangt, weil sonst die Gefahr der »Meinungsbildung« durch den Staat bestünde und damit die Meinungs- und Pressefreiheit des Art. 5 GG bedroht sei.

1207 Diese Ansicht der Rechtsprechung ist, da Subventionen für nicht begünstigte Konkurrenten oder für den Wettbewerb überhaupt durchaus eingreifenden Charakter haben können, nicht unproblematisch.[978] Momentan ist ein Umdenken der Rechtsprechung aber nicht erkennbar. Damit können die Modalitäten der Subventionsvergabe, also die Frage, wer, wie viel und unter welchen Voraussetzungen erhält, von der Exekutive allein entschieden werden. Im Regelfall existieren dafür Verwaltungsvorschriften, zB sog. **Subventions- oder Vergaberichtlinien**. Bei deren Anwendung müssen die Behörden aber selbstverständlich allgemeine rechtsstaatliche Vorgaben, wie den Gleichheitsgrundsatz oder die Regeln für die ordnungsgemäße Ermessensausübung, beachten.[979] Unabhängig von der Frage der Notwendigkeit einer gesetzlichen Grundlage kann der Staat natürlich die Vergabe einer Subvention durch Gesetz regeln. Dies ist allerdings (noch) die Ausnahme. Beispiele für Subventionsgesetze sind das Investitionszulagengesetz 1999 auf Bundesebene und verschiedene Fördergesetze der Länder.

Hinweis: Nichts mit der Frage nach den Voraussetzungen für die Vergabe einer Subvention hat trotz des Titels das **Subventionsgesetz** zu tun. Dieses gehört zum Wirtschaftsstrafrecht und regelt Fragen im Zusammenhang mit dem Straftatbestand des Subventionsbetrugs in § 264 StGB.[980]

3. Das Rechtsverhältnis zwischen Subventionsgeber und Subventionsnehmer

1208 Auch wenn die Voraussetzungen einer Subventionsvergabe nicht per Gesetz geregelt sein müssen, so ist die Gewährung einer Subvention natürlich ein rechtlicher Vorgang und führt zu Rechtsbeziehungen zwischen Subventionsgeber und Subventionsnehmer. Diese können öffentlich-rechtlich oder privatrechtlich ausgestaltet sein.

1209 Grundlage nicht zurückzuzahlender Leistungen, dh sog. **verlorener Zuschüsse**, ist regelmäßig der Bescheid einer Behörde. Damit richtet sich das Subventionsverhältnis nach öffentlichem Recht. Dieser Bewilligungsbescheid ist juristisch als Verwaltungsakt iSd § 35 VwVfG zu qualifizieren, für die durch die Verwaltungsverfahrensgesetze bestimmte Regeln vorgegeben werden.[981] In diesem Bescheid können zB auch bestimmte Verhaltensweisen des Subventionsempfängers verlangt werden.

Beispiel: Eine Subvention soll der Erhaltung von Arbeitsplätzen dienen. Im Subventionsbescheid wird festgelegt, dass der Unternehmer keine betriebsbedingten Entlassungen vornehmen darf.

1210 Bei Subventionen durch die Vergabe von **Darlehen** oder die Übernahme von Bürgschaften ist die Zuordnung der Rechtsbeziehung Subventionsgeber-Subventionsnehmer zum öffentlichen oder zum privaten Recht schwieriger. Dies wird auch bei der tatsächlichen Abwicklung der Subvention deutlich, da hier oft ein Dreiecksver-

977 BVerfGE 40, 237 ff. (249).
978 Ebenso *Schmidt/Vollmöller* ÖffWirtschaftsR § 7 Rn. 57.
979 *Ruthig/Storr* ÖffWirtschaftsR § 9 Rn. 812 ff.
980 Einführend dazu *Többens* WirtschaftsStrafR 79; *Wessels/Hillenkamp* StrafR BT/2 § 16.
981 Maßgeblich für seinen Erlass sind damit die unter → Rn. 762 ff. dargelegten Vorgaben.

hältnis vorliegt, an dem neben dem Subventionsgeber und dem Subventionsnehmer als Zahlstelle ein Privatrechtssubjekt eingeschaltet ist.

> **Beispiel:** Ein Bundesland übernimmt die Bürgschaft für einen Kredit, den eine Bank an den Subventionsnehmer auszahlt. Das Darlehen des Bundes für einen Unternehmer wird durch eine private Bank ausgezahlt.

Die Begründung und die Beendigung der Rechtsbeziehung zwischen Subventionsge- 1211
ber und Subventionsnehmer werden auch hier nach öffentlichem Recht beurteilt. Regelmäßig existiert damit wiederum ein Bescheid der Behörde, mit dem die Subvention gewährt bzw. wieder entzogen wird. Jedoch ist für diesen Bereich die juristische Begründung für dieses Ergebnis sehr umstritten. Vorherrschend ist dabei die sog. **Zweistufentheorie.**[982] Diese besagt, dass das »ob« der Subventionsvergabe, also die Frage, ob jemand eine staatliche Leistung erhält und, ob er sie behalten kann, nach öffentlichem Recht zu beurteilen ist. Demgegenüber ist die Abwicklung der Subventionsvergabe, also das »wie«, privatrechtlich zu beurteilen.[983]

> **Beispiel:** Ein Unternehmer, dem eine Subvention gewährt wird, würde danach einen nach öffentlichem Recht zu beurteilenden Bescheid bekommen; Grundlage der Auszahlung des bewilligten Geldes wäre aber ein nach § 488 BGB zu behandelnder Darlehensvertrag.

Andere Begründungsversuche stellen darauf ab, dass Subventionsgeber und Subven- 1212
tionsnehmer einen öffentlich-rechtlichen Vertrag abschließen, oder dass der öffentliche Charakter der Vergabeentscheidung das gesamte Rechtsverhältnis überlagert.[984]

Für die Praxis ist jedenfalls davon auszugehen, dass die Rechtsprobleme, die sich aus 1213
der Vergabe von Subventionen ergeben, grundsätzlich nach öffentlichem Recht zu beurteilen sind, sofern nicht im konkreten Fall feststellbar ist, dass zur Abwicklung ein privatrechtlicher Vertrag geschlossen wurde.[985] Dem entsprechend stehen einem übergangenen Konkurrenten auch die Rechtsbehelfe der VwGO zur Verfügung.[986]

4. Die Rückforderung von Subventionen

Rechtsstreitigkeiten zwischen Subventionsgeber und Subventionsnehmer entstehen 1214
in erster Linie dann, wenn die tatsächliche Zahlung der bewilligten Subvention gestoppt wird oder, wenn der Subventionsnehmer eine erlangte Leistung zurückgewähren soll. Rechtlich ist dabei zunächst zwischen der Aufhebung der Subventionsentscheidung und der Rückzahlung der gewährten Subvention zu unterscheiden.

a) Die Aufhebung der Subventionsentscheidung

■ Sofern die Entscheidung über die Subventionsvergabe durch einen Bewilligungs- 1215
bescheid, also einen Verwaltungsakt, erfolgte, müssten Sie noch wissen, welche Rechtsnormen für dessen Aufhebung relevant sind. Überlegen Sie mal!

▶ Es sind die §§ 48 ff. VwVfG.[987]

---

982 → Rn. 695 und *Schöbener/Jahn* ÖffWirtschaftsR-Fälle Fall 4 Rn. 45 ff.
983 Näher zum Ganzen *Schmidt/Vollmöller* ÖffWirtschaftsR § 7 Rn. 62.
984 *Henke*, Das Recht der Wirtschaftssubvention als öffentliches Recht, DÖV 1985, 471; *Maurer* VerwR AT § 17 Rn. 27.
985 Ähnlich *Schmidt/Vollmöller* ÖffWirtschaftsR § 7 Rn. 64.
986 *Ruthig/Storr* ÖffWirtschaftsR § 9 Rn. 839 ff.
987 → Rn. 798 ff.

1216 Die Voraussetzungen für die Aufhebung eines Subventionsbescheids unterscheiden sich damit danach, ob die Bewilligung zum Zeitpunkt ihres Erlasses rechtmäßig war oder nicht.

aa) Die Rücknahme eines Bewilligungsbescheids nach § 48 VwVfG

1217 Ein rechtswidriger Bewilligungsbescheid kann gem. § 48 I VwVfG grundsätzlich wieder aufgehoben werden. Voraussetzung dafür ist, dass die Vergabeentscheidung von Anfang an rechtswidrig war.[988] Rechtswidrig war eine Subventionsvergabe vor allem dann, wenn die Vergabevoraussetzungen nicht erfüllt waren.[989] Soweit die Voraussetzungen des § 48 I VwVfG vorliegen, kann die Aufhebung auch rückwirkend erfolgen. Das lässt sich damit rechtfertigen, dass es ein Gebot der Gerechtigkeit und der Rechtssicherheit ist, dass fehlerhafte staatliche Entscheidungen nicht bestehen bleiben dürfen. Allerdings kann es in einem Rechtsstaat keine Gerechtigkeit um jeden Preis geben. Daher schränken § 48 II und IV VwVfG den Grundsatz der freien Rücknehmbarkeit wieder ein.

1218 ■ Wissen Sie noch, welche Einschränkungen das waren und welche Voraussetzungen sich damit für die Rücknahme eines Subventionsbescheides grundsätzlich ergeben? Wenn nicht, lesen Sie § 48 VwVfG unbedingt noch einmal genau durch!

▶ Maßgeblich für den Subventionsbescheid als sog. Geldleistungsverwaltungsakt ist § 48 II und IV VwVfG. Danach ist eine Aufhebung des Subventionsbescheids nicht möglich, wenn der Subventionsnehmer auf den Bestand des Bescheids vertraut hat, dieses Vertrauen schutzwürdig ist und die Behörde nicht innerhalb eines Jahres nach Kenntnis von der Rücknehmbarkeit die Rücknahme ausspricht.

1219 Eine Rücknahme scheidet daher aus, wenn zB die Behörde die bestehenden Vergaberichtlinien falsch angewandt hat und der gutgläubige Subventionsnehmer das bewilligte Geld bereits investiert hat. Hingegen kann sich der Subventionsnehmer nicht auf Vertrauensschutz berufen, wenn er die Bewilligung der Subvention durch falsche Angaben in seinem Antrag erschlichen hat. Im Einzelnen bestehen im Zusammenhang mit Art. 48 II und IV VwVfG eine Vielzahl von Rechtsproblemen, die hier nicht erörtert werden können.[990] Das Spezialproblem der Rückforderung einer Subvention aufgrund eines Verstoßes gegen Unionsrecht wird sogleich unter Punkt I 5. (→ Rn. 1228 ff.) behandelt.

bb) Der Widerruf eines Subventionsbescheids nach § 49 VwVfG

1220 War die Subventionsvergabe zunächst rechtmäßig, kann die Subventionsentscheidung nach Maßgabe des § 49 VwVfG aufgehoben werden. Ein solcher Widerruf ist grundsätzlich nur für die Zukunft und nur unter den besonderen Voraussetzungen des § 49 II VwVfG möglich.[991] In der Praxis am Häufigsten sind die Fälle, dass sich die Behörde einen Widerruf vorbehalten hat (§ 49 II Nr. 1 VwVfG) oder dass sich der Subventionsnehmer nicht an die Vorgabe des Subventionsbescheids hält (§ 49 II Nr. 2

988 Die Meinung, dass § 48 VwVfG auch bei erst später rechtswidrig gewordenen Bescheiden anzuwenden ist, wird von der hM zu Recht abgelehnt; vgl. näher *Schmidt/Vollmöller* ÖffWirtschaftsR § 7 Rn. 77.

989 Näher *Ruthig/Storr* ÖffWirtschaftsR § 9 Rn. 884.

990 Vertiefende Ausführungen finden Sie zB bei *Schmidt/Vollmöller* ÖffWirtschaftsR § 7 Rn. 75 ff. oder *Stober* WirtschaftsVerwR BT § 57 VIII.

991 Näher *Schmidt/Vollmöller* ÖffWirtschaftsR § 7 Rn. 104 ff.

VwVfG). Ein rückwirkender Widerruf ist nur unter den noch engeren Bedingungen des § 49 III VwVfG zulässig.[992]

■ Wäre danach ein rückwirkender Widerruf in folgenden Fällen möglich?: 1221

1. Die Behörde hat den Subventionsbescheid mit der Klausel »Widerruf bei Anwachsen des Haushaltsdefizits über x % möglich« erlassen und das Haushaltsdefizit ist entsprechend angewachsen.

2. Der Subventionsbescheid war mit dem Zusatz versehen »Die Subvention ist zur Schaffung von Arbeitsplätzen einzusetzen« und der Subventionsnehmer hat das Geld zum Anschaffen neuer, die Handarbeit ersetzenden Maschinen verwendet.

▶ **1.** Der Bescheid kann nur mit Wirkung für die Zukunft aufgehoben werden, dh die Subventionierung kann eingestellt, das schon ausbezahlte Geld aber nicht zurückverlangt werden. Dies ergibt sich daraus, das § 49 III VwVfG den Widerrufsvorbehalt nicht erwähnt.

2. Dieser Bescheid kann nach § 49 III Nr. 1 VwVfG auch rückwirkend aufgehoben werden.

Sowohl bei § 49 II VwVfG als auch bei § 49 III VwVfG steht der Widerruf im Ermessen der Behörde.

cc) Die Aufhebung bei Fehlen eines Bewilligungsbescheides

Wurde eine Subvention ausnahmsweise nicht durch Bescheid, sondern durch öffentlich-rechtlichen Vertrag oder durch privatrechtlichen Vertrag gewährt, bestimmt sich die Rückforderung nach den jeweils getroffenen Abreden bzw. nach den gesetzlichen Vorschriften. Für den öffentlich-rechtlichen Vertrag wäre dies § 60 VwVfG und für den privatrechtlichem Vertrag § 812 iVm §§ 119 ff., 134, 138, 242 BGB. 1222

b) Die Verpflichtung zur Rückzahlung der Subvention bei rückwirkender Aufhebung des Bewilligungsbescheides

Wird ein Subventionsbescheid nach § 48 VwVfG rückwirkend aufgehoben oder nach § 49 III VwVfG rückwirkend widerrufen, sind bereits erhaltene Zahlungen zurückzuerstatten. 1223

Für diese Rückerstattung legt **§ 49a VwVfG** die Einzelheiten fest. So ist nach § 49a I 2 VwVfG die zu erstattende Leistung schriftlich festzusetzen, was eines eigenen, zusätzlichen Verwaltungsaktes bedarf. Für den Umfang des Anspruchs verweist § 49a VwVfG auf die Regelungen des Privatrechts über die ungerechtfertigte Bereicherung (§§ 812 ff. BGB).[993]

Zum Abschluss können Sie die wesentlichen Grundsätze zu Vergabe und Rückforderung einer direkten Subvention anhand der Übersicht 69 noch einmal wiederholen. 1224

992 Siehe dazu *Frotscher/Kramer* WirtschaftsVerfR/WirtschaftsVerwR Rn. 572 ff.
993 Einzelheiten dazu siehe *Ruthig/Storr* ÖffWirtschaftsR § 9 Rn. 906 f.

1225 **Übersicht 69: Vergabe und Rückforderung einer direkten Subvention**

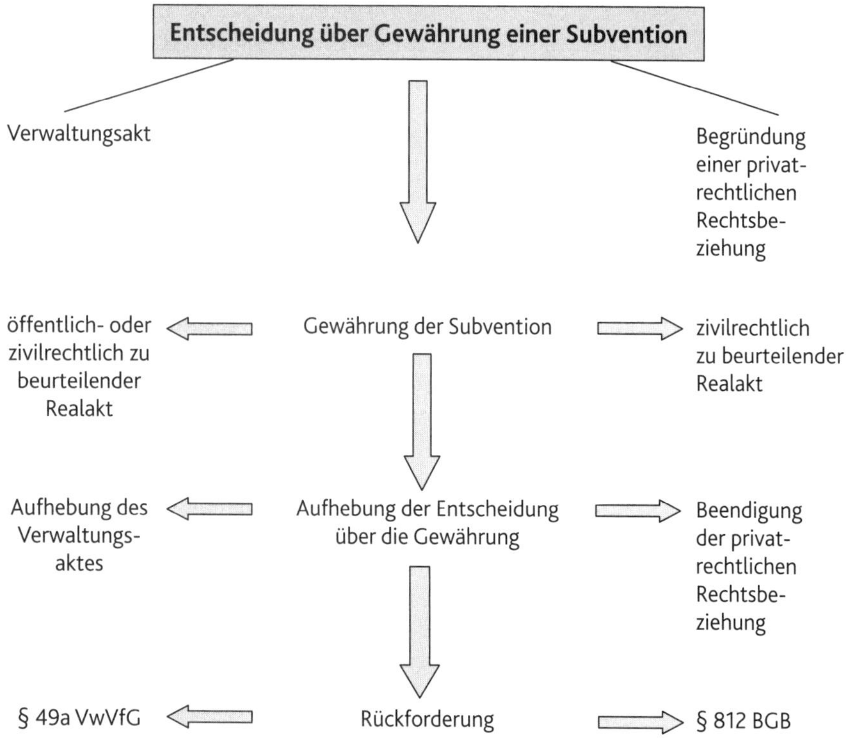

1226 Schließlich soll die Problematik der Rückforderung von Subventionen noch einmal an einem **Beispielsfall** verdeutlicht werden:

Übungsfall 23
Das Land X hat im Haushaltsplan Mittel für die Subventionierung von Not leidenden Wirtschaftszweigen vorgesehen. Aus diesem Haushaltstitel erhält der Unternehmer U ein Darlehen von 1 Mio. EUR bewilligt, weil er die Voraussetzungen der Vergaberichtlinien des Wirtschaftsministeriums erfüllt. In dem Bewilligungsbescheid steht, dass die Zahlung als Investitionshilfe gedacht ist und die Anpassung des Betriebs an die technische Entwicklung unterstützen soll. Trotzdem setzt U das erhaltene Geld zur Schuldentilgung ein. Kann die Bewilligung aufgehoben und das bereits ausgezahlte Geld zurückgefordert werden?

1227 ■ Bevor Sie die Falllösung lesen, versuchen Sie, zunächst selbst eine ausformulierte Lösung zu erstellen! Achten Sie dabei darauf, dass nach zwei Maßnahmen der Behörde gefragt ist!

▶ **Lösung:** Gefragt ist, ob der Bewilligungsbescheid aufgehoben werden kann und ob dann auch das gezahlte Geld zurückgefordert werden kann. Die Fragen sind getrennt zu untersuchen.

1. Aufhebung des Bewilligungsbescheids

a) Vorüberlegung: Da das Rechtsverhältnis X–U durch einen Bescheid begründet wurde, ist es nach öffentlichem Recht zu beurteilen. Eine Beendigung des Darlehensverhältnisses ist daher nur bei Aufhebung des entsprechenden Bescheids an U möglich. Der Bewilligungsbescheid war bei seinem Erlass rechtmäßig. Als Befugnis für seine Aufhebung kommt daher nur § 49 VwVfG in Betracht.

b) Vorliegen des Tatbestands des § 49 VwVfG:

aa) § 49 VwVfG ist grds. nur für bei ihrem Erlass rechtmäßige Verwaltungsakte anwendbar. Nach dem Sachverhalt war der Bewilligungsbescheid bei seinem Erlass rechtmäßig, sodass diese Voraussetzung erfüllt ist.

bb) Für den Widerruf begünstigender Verwaltungsakte sind nach § 49 II und III VwVfG zusätzliche Voraussetzungen erforderlich. Der Bewilligungsbescheid gewährte eine Geldleistung, sodass er einen begünstigenden Verwaltungsakt darstellt. Da er zudem mit Wirkung für die Vergangenheit aufgehoben werden soll, müssten die Voraussetzungen des § 49 III VwVfG vorliegen. U hat die Subvention statt für Investitionen zum Schuldenabbau eingesetzt. Damit liegt eine zweckwidrige Verwendung im Sinne von § 49 III Nr. 1 VwVfG vor.

Da für ein Versäumnis der Widerrufsfrist nach §§ 49 III 2, 48 IV VwVfG nichts ersichtlich ist, ist der Tatbestand des § 49 VwVfG damit erfüllt.

c) Nach § 49 III VwVfG steht der Widerruf aber im Ermessen der Behörde. Damit ist noch zu prüfen, ob diese ihr Ermessen ordnungsgemäß ausgeübt hat. Für einen Ermessensfehler ist nichts ersichtlich, sodass dies zu bejahen ist.

Damit war der Widerruf des Bewilligungsbescheids auch mit Wirkung für die Vergangenheit rechtmäßig.

2. Rückforderung des Geldes

a) Vorüberlegung: Die Rückforderung des Geldes bedarf als eigenständige Belastung des U einer gesetzlichen Grundlage. In Betracht kommt § 49a VwVfG.

b) Vorliegen des Tatbestands des § 49a VwVG: § 49a VwVfG verlangt als Voraussetzug nur, dass ein Verwaltungsakt nach § 48 oder § 49 VwVfG aufgehoben worden ist. Das ist, wie oben dargelegt, der Fall.

c) Ermessen ist der Behörde in § 49a VwVfG nicht eingeräumt und es ist auch nichts dafür ersichtlich, dass U im Sinne der §§ 49a II 2 VwVfG, 812 III BGB entreichert ist. Damit sind alle Voraussetzungen des § 49a VwVfG erfüllt.

Ergebnis: Das Geld kann von U zurückgefordert werden.

5. Europarechtliche Probleme staatlicher Subventionierung

Die nationale Wirtschaftsförderung, die den einheimischen Unternehmen zugute kommt, steht in gewissem Widerspruch zum Grundsatz des freien Marktes innerhalb der EU, da damit erheblich in den freien Wettbewerb unter den Unternehmen aus den EU-Mitgliedstaaten eingegriffen wird. Dem tragen die Regelungen über staatliche Beihilfen in den Art. 107 AEUV Rechnung. 1228

a) Das Beihilfeverbot des Art. 107 AEUV und seine Ausnahmen

Nach Art. 107 I AEUV sind staatliche Beihilfen für bestimmte Unternehmen oder Wirtschaftszweige, die den innergemeinschaftlichen Wettbewerb verfälschen oder zu 1229 verfälschen drohen, unzulässig, soweit sie den Handel zwischen den Mitgliedstaaten beeinträchtigen.

Definition: Beihilfen sind alle Begünstigungen aus staatlichen Mitteln ohne marktgerechte Gegenleistung.[994]

1230 Erfasst werden von diesem unionsrechtlichen Begriff der Beihilfe sowohl direkte als auch indirekte Subventionen.[995]

Eine Verfälschung des innergemeinschaftlichen Wettbewerbs liegt vor, wenn sich die Stellung des geförderten Unternehmens gegenüber seinen Konkurrenten aus anderen Mitgliedstaaten verbessert. Der freie Handel ist beeinträchtigt, wenn durch die Beihilfe die Einfuhr aus anderen Mitgliedstaaten erschwert oder die Ausfuhr aus dem betreffenden Mitgliedstaat erleichtert wird.[996]

> **Beispiel:** Der Automobilindustrie in der Bundesrepublik Deutschland wird eine Subvention in Milliardenhöhe gewährt. Diese verstößt gegen das Beihilfeverbot des AEUV, da die Stellung der deutschen Automobilhersteller verbessert wird und dadurch die Fahrzeuge zB zu günstigeren Preisen in andere Mitgliedstaaten exportiert werden können.

1231 Ausnahmen von diesem Verbot bestehen in den Fällen des Art. 107 II AEUV und wenn eine Beihilfe nach Maßgabe des Art. 107 III AEUV durch Einzelfallentscheidung der Kommission oder des Rates zugelassen wird.

1232 • Die Ausnahmen des **Art. 107 II AEUV** betreffen Beihilfen sozialer Art für einzelne Verbraucher, Beihilfen für Schäden aufgrund von Naturkatastrophen sowie Beihilfen für Unternehmen in von der deutschen Teilung besonders betroffenen Gebieten.

> **Beispiel:** Zulässig sind danach Zahlungen zur Verteilung von Lebensmitteln an Obdachlose, Wiederaufbauhilfen nach einem Erdbeben und staatliche Subventionen für Unternehmen in den neuen deutschen Bundesländern.

1233 • Durch Einzelfallentscheidung zugelassen werden können Beihilfen nach **Art. 107 III AEUV**, um wirtschaftlich schwache Regionen zu fördern, um gemeinsame europäische Interessen zu verfolgen oder um die Entwicklung bestimmter Wirtschaftsgebiete oder Wirtschaftszweige zu fördern.[997] Diese in Art. 107 III AEUV zugelassenen Ausnahmen haben in der Praxis große Bedeutung. Über sie können zB Not leidende Branchen oder unterentwickelte Gebiete unterstützt oder Zahlungen geleistet werden, die branchenübergreifend Ziele von allgemeinem Interesse verwirklichen sollen.

b) Die Überwachung des Beihilfeverbots

1234 Zur Überwachung der Einhaltung des Beihilfeverbots sieht Art. 108 AEUV verschiedene Vorgehensweisen bzw. Befugnisse vor.

1235 Nach Art. 108 III AEUV muss der Mitgliedstaat, in dem eine staatliche Beihilfe geplant ist, die Kommission so rechtzeitig unterrichten, dass sie sich dazu äußern kann (sog. **Notifizierungsverfahren**[998]). Während des Anmeldeverfahrens darf die Beihilfe

994 EuGH Slg. 2004, I-7139.
995 *Frotscher/Kramer* WirtschaftsVerfR/WirtschaftsVerwR Rn. 536.
996 Vgl. *Schmidt/Vollmöller* ÖffWirtschaftsR § 7 Rn. 17.
997 Näher *Streinz* EuropaR § 15 Rn. 1025 ff.
998 Ausführlich dazu *Streinz* EuropaR § 15 Rn. 1028 ff.

nicht gewährt werden (sog. Durchführungsverbot gemäß Art. 108 III 3 AEUV). Die Notifizierungspflicht trifft immer den Mitgliedstaat, unabhängig davon, welche Stelle innerhalb der staatlichen Organisation die Subventionen gewähren will. Einzelheiten zur Notifizierungspflicht und zum Verfahren regeln die Gruppenfreistellungsverordnungen und die Verordnung über das Verfahren bei der Beihilfenkontrolle.[999] Vom Notifizierungsverfahren ausgeschlossen sind danach zB Beihilfen für kleine und mittlere Unternehmen oder Beihilfen, die innerhalb von drei Jahren unter dem Gesamtbetrag von 100.000 EUR bleiben.[1000]

Hält die Kommission eine staatliche Beihilfe, von der sie mittels Unterrichtung durch den betreffenden Mitgliedstaat oder im Rahmen ihrer Überwachungstätigkeit nach Art. 108 I AEUV Kenntnis erlangt hat, für unzulässig, ordnet sie, nach vorheriger Anhörung des Staates, die Aufhebung oder Umgestaltung der Beihilfen (Art. 107 II AEUV) an. Bei Nichtbeachtung dieser Entscheidung kann die Kommission oder ein anderer Mitgliedstaat den betreffenden Staat vor dem EuGH verklagen (sog. Vertragsverletzungsverfahren nach Art. 258, 259 AEUV). Der betroffene Mitgliedstaat hat in dieser Situation seinerseits die Möglichkeit den Rat anzurufen, der unter bestimmten Voraussetzungen eine Beihilfe trotz Abweichung von Art. 107 AEUV für zulässig erklären kann (Art. 108 II und III AEUV). 1236

c) Die Rückforderung einer europarechtswidrig gewährten Beihilfe

Eine Beihilfe ist unter Verstoß gegen Unionsrecht gewährt, wenn sie entweder ohne die nach Art. 108 III AEUV erforderliche Information der Kommission gewährt wurde (sog. **formelle Rechtswidrigkeit**) oder, wenn die Ausnahmetatbestände des Art. 107 II AEUV nicht greifen bzw. eine Ausnahmeentscheidung gem. Art. 108 II AEUV fehlt (**materielle Rechtswidrigkeit**). Einzelheiten regeln die Art. 11 ff. der Verfahrensverordnung.[1001] 1237

Die Rückforderung wird durch eine Rückforderungsentscheidung der Kommission gegenüber dem betroffenen Mitgliedstaat eingeleitet.[1002] Danach muss die zuständige Stelle des Mitgliedstaates gegenüber dem Subventionsnehmer die Subvention aufgrund nationaler Rechtsvorschriften zurück fordern. Unionsrechtlich ist der Mitgliedstaat der Kommission gegenüber entweder aufgrund einer nach Art. 108 II AEUV ergangenen Aufforderung oder aufgrund der allgemeinen Pflicht zur Beachtung des EG-Rechts (vgl. Art. 4 III EUV) verpflichtet. 1238

Hieraus können sich erhebliche Konflikte mit dem nationalen Recht ergeben. Der hierzulande maßgebliche § 48 VwVfG lässt, wie oben[1003] dargestellt, eine Aufhebung des Bewilligungsbescheides und damit eine Rückforderung nur zu, wenn der Subventionsempfänger keinen Vertrauensschutz genießt. Auch die zeitliche Begrenzung der Rücknahmemöglichkeit durch § 48 IV VwVfG steht mit den europarechtlichen Grundsätzen, die allein auf den objektiven Verstoß gegen Art. 107 AEUV abstellen, im Widerspruch. 1239

999 VO EG 659/1999, ABl. 1999 Nr. L 83, 1.
1000 Vgl. VO 70/2001, ABl. L 10, 33 bzw. VO 69/2001, Abl. L 10, 30.
1001 Vgl. näher *Schmidt/Vollmöller* ÖffWirtschaftsR § 7 Rn. 88 ff.
1002 Eine graphische Darstellung des Rückforderungsverfahrens finden Sie bei *Ziekow* ÖffWirtschaftsR § 6 Rn. 84.
1003 → Rn. 801.

1240 Die Lösung dieser Konflikte ist rechtstheoretisch höchst umstritten. Die Rechtsprechung des BVerwG hat sich aufgrund entsprechender Vorgaben des EuGH zu einer europarechtskonformen Auslegung des § 48 VwVfG durchgerungen.[1004] Danach hat der Vertrauensschutzgedanke im Regelfall hinter die unionsrechtlichen Interessen zurückzutreten.[1005] Konstruktiv wird dies dadurch erreicht, dass die Anforderungen an das schützenswerte Vertrauen des Subventionsempfängers besonders »hoch geschraubt« werden. Zum einen geschieht dies dadurch, dass nach dem BVerwG von einer groben Fahrlässigkeit des Empfängers im Sinne von § 48 II Nr. III VwVfG auszugehen ist, wenn er sich nicht über die Durchführung des Notifizierungsverfahrens erkundigt hat.[1006] Zum anderen verlangt das BVerwG, dass bei der zur Ermittlung der Schutzwürdigkeit des Vertrauens vorzunehmenden Interessenabwägung dem öffentlichen Rücknahmeinteresse grundsätzlich Vorrang vor dem Vertrauensschutz einzuräumen ist.[1007]

1241 Bezüglich § 48 IV VwVfG wird die Durchsetzung des Unionsrechts dadurch gewährleistet, dass als maßgeblicher Zeitpunkt für den Fristbeginn erst die Zustellung der Kommissionsentscheidung zur Unionsrechtswidrigkeit der Subvention angesehen wird.[1008]

Literatur zur Vertiefung: *Frotscher/Kramer* WirtschaftsVerfR/WirtschaftsVerwR §§ 20 und 21; *Haak*, Die Bestandskraft gemeinschaftsrechtswidriger Verwaltungsakte, Jura 2008, 739; *Kahl*, Die Rückforderung europarechtswidriger Beihilfen, JA 1996, 857 ff.; *Kilb*, Subventionskontrolle durch europäisches Beihilferecht, JuS 2003, 1072; *Kühling/el-Baridi*, Grundzüge des Rechts der Wirtschaftsförderung, Jura 2006, 672; *Ludwigs*, Die Verordnung (EG) Nr. 659/1999 und die neuere Rechtsprechung der Gemeinschaftsgerichte zum Beihilfeverfahrensrecht, Jura 2006, 41 ff.; *Mähring*, Grundzüge des EG-Beihilferechts, JuS 2003, 448; *Michaelis*, Die Überbrückungshilfe für die Aluminiumhütte, JA 1997, 754 ff. (Fallbeispiel); *Oldiges*, Die Entwicklung des Subventionsrechts seit 1996, NVwZ 2000, 280 ff. und 626 ff.; *Ruthig/Storr* ÖffWirtschaftsR § 9; *Schliesky* ÖffWirtschaftsR 3. Teil 3. Abschnitt; *Schmidt/Vollmöller* ÖffWirtschaftsR § 7; *Stober* WirtschaftsVerwR BT § 55; *Ziekow* ÖffWirtschaftsR § 6; *Zivier*, Grundzüge und aktuelle Probleme des EU-Beihilferechts, Jura 1997, 116 ff.

II. Die Vergabe von Staatsaufträgen

1242 Ein wichtiges Element staatlicher Wirtschaftsförderung ist auch die Vergabe von Aufträgen an Wirtschaftsunternehmen. Abgesehen von den Aufträgen im Rahmen der Bedarfsverwaltung, nehmen im Baubereich Staatsaufträge einen erheblichen Anteil des Geschäftsaufkommens ein und lebt zB die Rüstungsindustrie fast ausschließlich von Staatsaufträgen. Damit ergeben sich zahlreiche Felder, in denen die Vergabe eines öffentlichen Auftrags wirtschaftslenkend eingesetzt werden kann.

1004 BVerwGE 92, 81 ff.; 106, 328 ff.
1005 Vgl. EuGH NJW 1998, 47 ff. (Alcan II).
1006 BVerwGE 92, 81 ff. (87); vgl. auch *Schmidt/Vollmöller* ÖffWirtschaftsR § 7 Rn. 97.
1007 BVerwGE 92, 81 ff. (86); vgl. auch *Detterbeck* VerwR AT Rn. 756.
1008 BVerwGE 92, 81 ff. (87).

1. Rechtsgrundlagen

a) Allgemeines 1243

Abgesehen von haushaltsrechtlichen Vorgaben[1009] sind beim Einsatz dieses Instruments bestimmte formelle und materielle Vergabevoraussetzungen zu beachten, die in verschiedenen Rechtsvorschriften geregelt sind. Aufgrund europarechtlicher Vorgaben wurde das Vergaberecht zu Beginn des Jahres 1999 weitgehend auf eine neue Rechtsgrundlage gestellt. Durch das Vergaberechtsänderungsgesetz vom 25.9.1998 wurde die Vergabe öffentlicher Aufträge in einem weiten Umfang auf eine **wettbewerbsrechtliche Basis** gestellt und ist nun in den §§ 97–129 Gesetz gegen Wettbewerbsbeschränkungen (GWB) geregelt.[1010] In der Neuregelung wurden vor allem die Vorgaben des Europarechts, insbesondere die Richtlinie über öffentliche Bauaufträge,[1011] die Lieferkoordinierungsrichtlinie[1012] und die Dienstleistungsrichtlinie,[1013] die inzwischen durch die neue, einheitliche Vergabekoordinierungsrichtlinie ersetzt wurden,[1014] eingearbeitet.[1015]

Weitere Rechtsgrundlagen sind verschiedene Rechtsverordnungen und Verwaltungsvorschriften, wie zB die Vergabeverordnung (VgV)[1016] sowie die 2009 überarbeiteten Vergabe- und Vertragsordnungen für Bauleistungen (VOB/A), sonstige Leistungen (VOL/A) und freiberufliche Leistungen (VOF). Die §§ 57a–57c Haushaltsgrundsätzegesetz (HGrG) wurden dagegen zum 1.1.1999 aufgehoben.

b) Der Anwendungsbereich der §§ 97 ff. GWB

Die Anwendung der §§ 97 ff. GWB hängt zunächst davon ab, dass ein **öffentlicher Auftraggeber** im Sinne von § 98 GWB vorliegt.[1017] 1244

> **Beispiele:** Öffentliche Auftraggeber sind zB der Bund, ein Bundesland oder eine Gemeinde (§ 98 Nr. 1 GWB), bestimmte juristische Personen des öffentlichen oder privaten Rechts, die im Allgemeininteresse liegende Aufgaben erfüllen (§ 98 Nr. 2 GWB), kommunale Zweckverbände (§ 98 Nr. 3 GWB) sowie Energieversorgungs- oder Verkehrsunternehmen (§ 98 Nr. 4 GWB).

Weiter ist für die Anwendung der §§ 97 ff. GWB erforderlich, dass ein **öffentlicher Auftrag** im Sinne von § 99 I GWB vergeben wird. Dies sind entgeltliche Verträge zwischen einem öffentlichen Auftraggeber und einem privaten Unternehmen, die in der Regel Beschaffungscharakter haben. 1245

Problematisch ist das Vorliegen eines öffentlichen Auftrags und damit die Anwendbarkeit des Vergaberechts bei so genannten **»Inhouse-Vergaben«**, bei dem der potentielle Leistungserbringer zwar eine Rechtsperson des Privatrechts ist, diese jedoch der

1009 Siehe dazu *Gusy*, Staatsaufträge an die Wirtschaft, JA 1989, 26 ff.

1010 Einzelheiten bei *Jasper*, Das Vergaberechtsänderungsgesetz, DB 1998, 2151 ff.; zu Mängeln der Neuregelung *Pache*, Der Staat als Kunde-System und Defizite des neuen deutschen Vergaberechts DVBl. 2001, 1781 ff.

1011 RL 93/37 EWG, ABl. L 159, 54.

1012 RL 93/36 EWG, ABl. L 199, 1.

1013 RL 92/50 EWG, ABl. L 205, 1.

1014 RL 2004/18 ABl. 2004 L 134, 114; vgl. dazu *Schmidt/Vollmöller* ÖffWirtschaftsR § 6 Rn. 6.

1015 Näher *Neßler*, Das Auftragsvergaberecht – Ein Beispiel für die Europäisierung des deutschen Rechts, EWS 1999, 89 ff.

1016 BGBl. 2000 I 170.

1017 Näher *Schmidt/Vollmöller* ÖffWirtschaftsR § 6 Rn. 11 ff.

Sphäre des öffentlichen Auftraggebers zuzurechnen ist.[1018] Der EuGH nimmt ein Inhouse-Geschäft und damit die Nichtanwendung des Vergaberechts nur an, wenn der öffentliche Auftraggeber auf das private Unternehmen genauso viel Einfluss hat, wie auf eine eigene Dienststelle. Für eine solche Einflussnahme reicht eine bloße Mehrheitsbeteiligung in der Regel nicht aus.[1019]

Bezüglich des Gegenstands des öffentlichen Auftrags wird zwischen Liefer- (§ 99 II GWB), Bau- (§ 99 III GWB) und Dienstleistungsaufträgen (§ 99 IV GWB) sowie Auslobungsverfahren (§ 99 V GWB) unterschieden.

1246 Schließlich hängt die Anwendung der §§ 97 ff. GWB gem. § 100 I GWB davon ab, dass der Wert des zu vergebenden Auftrags die sog. **Schwellenwerte**, ab denen Europarecht maßgeblich ist, überschreitet. Diese Schwellenwerte werden in der Vergabeverordnung geregelt und betragen seit 1.1.2010 für Bauaufträge 4.845.000 EUR, für Dienstleistungs- und Lieferaufträge im Sektorenbereich 387.000 EUR und für sonstige Dienstleistungs- und Lieferaufträge 193.000 EUR (§ 2 VgV iVm EU-Verordnung Nr. 1177/2009 vom 30.11.2009). Für Aufträge unterhalb dieser Schwellenwerte gelten allein haushaltsrechtliche Vorgaben sowie die Vergabeverordnung und die Vergabe- und Vertragsordnungen.[1020] Aus diesen und aus allgemeinen Rechtsgrundsätzen lassen sich bestimmte allgemeine Prinzipien, wie zB die Pflicht zur Transparenz des Vergabeverfahrens, das Gebot, dass ein Wettbewerb stattfinden muss, und der Grundsatz der Gleichbehandlung aller Bieter ableiten.[1021]

2. Das Vergabeverfahren nach dem GWB

a) Der Ablauf des Verfahrens

1247 Das GWB sieht für die Vergabe von öffentlichen Aufträgen vier Möglichkeiten vor:

- das offene oder formelle Vergabeverfahren,
- das nicht offene oder beschränkte Verfahren
- den wettbewerblichen Dialog
- und das Verhandlungsverfahren

1248 Das **offene Vergabeverfahren**, das in § 101 II GWB geregelt ist und gemäß dem Ende 2011 eingefügten § 106 VI GWB auch in einem elektronischen Verfahren durchgeführt werden kann, läuft in mehreren Schritten ab. Es beginnt mit der **Ausschreibung** des Auftrags. Mit der Ausschreibung wird öffentlich bekannt gemacht, dass ein öffentlicher Auftrag zu vergeben ist und zur Abgabe von Angeboten aufgefordert. Bei Aufträgen, die die Schwellenwerte überschreiten, ist eine europaweite Ausschreibung erforderlich. Auf die Ausschreibung hin geben Interessenten ihre Angebote ab (Angebotsphase), die dann vom Auftraggeber anhand bestimmter Kriterien geprüft werden müssen. Öffentliche Auftraggeber haben grundsätzlich die öffentliche Ausschreibung/das offene Verfahren durchzuführen (101 VII GWB).

1018 Näher dazu *Ruthig/Storr* ÖffWirtschaftsR § 10 Rn. 1057 ff.; *Schmidt/Vollmöller* ÖffWirtschaftsR § 6 Rn. 31; *Schröder*, Das sogenannte Wesentlichkeitskriterium bei In-House-Geschäften, NVwZ 2011, 780.

1019 EuGH JA 2005, 692 – Stadt Halle (Oberrath) und EuGH JA 2006, 427 – Parking Brixen (Oberrath); vgl. auch *Orlowski*, Zulässigkeit und Grenzen der Inhouse-Vergabe, NZBau 2008, 80 ff.

1020 Vgl. *Schmidt/Vollmöller* ÖffWirtschaftsR § 6 Rn. 36.

1021 *Hausmann*, Systematik und Rechtsschutz des Vergaberechts, GewArch 2012, 107 ff. (107).

Die **nicht offene Ausschreibung** (§ 101 III GWB) unterscheidet sich vom formellen Verfahren dadurch, dass die Vergabestelle nur ausgewählte Unternehmen zur Angebotsabgabe auffordert. Dieses Verfahren ist für öffentliche Auftraggeber nur ausnahmsweise zulässig. 1249

Der **wettbewerbliche Dialog** nach § 101 IV GWB ist dadurch gekennzeichnet, dass zunächst eine Aufforderung zur Teilnahme erfolgt (Teilnahmewettbewerb) und anschließend der Auftrag mit ausgewählten Unternehmen im Detail verhandelt wird (Dialogphase). Der wettbewerbliche Dialog findet besonders im Rahmen sog. Öffentlicher Privater Partnerschaften (→ Rn. 1261) statt. 1250

Bei dem **Verhandlungsverfahren** iSv § 101 V GWB findet gar keine Ausschreibung statt. Vielmehr wendet sich der Auftraggeber von vornherein nur an ein bestimmtes Unternehmen und handelt mit diesem die Bedingungen der Vergabe aus. 1251

Erfolgt eine Ausschreibung, muss sie den Auftrag und die Kriterien für seine Vergabe genau beschreiben. Interessierte Unternehmen können bis zu der in der Ausschreibung genannten Frist ihre Angebote abgeben. Diese bleiben bis zur Entscheidung des Auftraggebers über die Vergabe geheim.

b) Vergabeentscheidung und Zuschlag

Die Prüfung der eingegangenen Angebote und die Entscheidung über die Vergabe des Auftrags können nicht völlig frei erfolgen, sondern sind an bestimmte gesetzliche Vorgaben gebunden. Nach § 97 GWB bzw. den Verdingungsverordnungen ergeben sich für den Auftraggeber vor allem folgende Verpflichtungen, die sog. **Vergabegrundsätze:** 1252

- die Gleichbehandlung aller Teilnehmer am Vergabeverfahren (§ 97 II GWB),
- die angemessene Berücksichtigung des Mittelstandes bei der Vergabe (§ 97 III GWB),
- die Pflicht, den Auftrag nur an fachkundige, leistungsfähige und zuverlässige Unternehmen zu vergeben und grundsätzlich keine anderen (vergabefremden) Kriterien zugrunde zu legen (§ 97 IV GWB),[1022]
- die Beachtung des Wettbewerbsprinzips und des Transparenzgebots nach § 97 I GWB.[1023]

Im Anwendungsbereich des GWB haben die am Vergabeverfahren beteiligten Unternehmen einen **subjektiven Anspruch** darauf, dass der Auftraggeber die Bestimmungen über das Vergabeverfahren beachtet (§ 97 VII GWB). Kommen unter Zugrundelegung der genannten Auswahlkriterien mehrere Unternehmen für die Auftragsvergabe in Betracht, ist der Auftrag an den Bieter zu erteilen, dessen Angebot das **Wirtschaftlichste** ist (§ 97 V GWB). 1253

Aufgrund der Vergabeentscheidung erteilt der Auftraggeber einem der bietenden Unternehmen den **Zuschlag,** dh er nimmt dessen Angebot an. Den nicht berücksichtigten Unternehmen ist zeitgleich die Ablehnung ihres Angebots mitzuteilen. Dieser **Informationsanspruch** und die Folgen seiner Verletzung sind jetzt in §§ 101a, 101b näher geregelt. Ein abgelehnter Bewerber kann nach Maßgabe von § 126 GWB Scha- 1254

1022 Zu Ausnahmen vgl. *Schmidt/Vollmöller* ÖffWirtschaftsR § 6 Rn. 50 ff.
1023 Ausführlich zum Inhalt vgl. *Schmidt/Vollmöller* ÖffWirtschaftsR § 6 Rn. 8 ff.

denersatz verlangen (sog. Sekundärrechtsschutz), wenn das Vergabeverfahren fehlerhaft war.[1024]

c) Die Überprüfung der Vergabeentscheidung

1255 Die Art der rechtlichen Überprüfung von Entscheidungen über die Auftragsvergabe (sog. Primärrechtsschutz) hängt davon ab, ob die Schwellenwerte überschritten sind, also das GWB Anwendung findet, oder nicht. Unterhalb der Schwellenwerte kommt zunächst eine Überprüfung durch die Aufsichtsbehörden in Betracht. Ob gerichtlicher Schutz vor den Verwaltungsgerichten oder den Zivilgerichten in Anspruch zu nehmen ist, ist umstritten. In Hinblick auf den Rechtsweg bei Auftragsvergaben über dem Schwellenwert spricht mehr für den Zivilrechtweg.[1025] Hinsichtlich des von den Gerichten anzulegenden Prüfungsmaßstabs wurde lange Zeit vertreten, dass nur eine Willkürkontrolle staffinde. Inzwischen wird die Prüfung aber auch auf die Einhaltung der allgemeinen Vergabegrundsätze erstreckt.[1026]

Im Anwendungsbereich des GWB steht den nicht berücksichtigten Bietern dagegen ein **förmliches Rechtsschutzverfahren** zur Verfügung. Gemäß § 107 II GWB kann jedes Unternehmen, das ein berechtigtes Interesse am Auftrag hat und sich in seinen Rechten aus § 97 VII GWB verletzt fühlt, bei den sog. **Vergabekammern** (vgl. §§ 104 ff. GWB), die beim Bundeskartellamt eingerichtet sind, einen Antrag auf Nachprüfung des Verfahrens stellen.[1027]

1256 Die Vergabekammern überprüfen, ob Rechte des Antragstellers tatsächlich verletzt sind und treffen ggf. die notwendigen Maßnahmen (§ 114 GWB). Die wichtigste Konsequenz der Anhängigkeit eines solchen Nachprüfungsverfahrens ist, dass der Auftraggeber solange das Verfahren läuft, den betreffenden Auftrag nicht vergeben darf (§ 115 GWB). Die Entscheidung der Vergabekammer ergeht durch Verwaltungsakt (§ 114 III 1 GWB). Sie kann mit der sofortiger Beschwerde zum Oberlandesgericht angegriffen werden (vgl. § 106 GWB).

Damit ergeben sich für die Vergabe von Staatsaufträgen die in Übersicht 70 zusammengefassten Grundsätze.

1024 BVerwG NVwZ 2007, 2275; *Ziekow* ÖffWirtschaftsR § 9 Rn. 54; aA unter Verweis auf die Zweistufentheorie (→ Rn. 1211) *Ruthig/Storr* ÖffWirtschaftsR § 10 Rn. 1115.

1025 Ebenso *Detterbeck* VerwR AT § 17 Rn. 921.

1026 OLG Jena, VergabeR 2009, 525; OLG Düsseldorf NZBau 2010, 272.

1027 Näher dazu *Braun*, Nachprüfung der Vergabe öffentlicher Aufträge, BB 1999, 1069 ff.

Übersicht 70: Die Vergabe von Staatsaufträgen

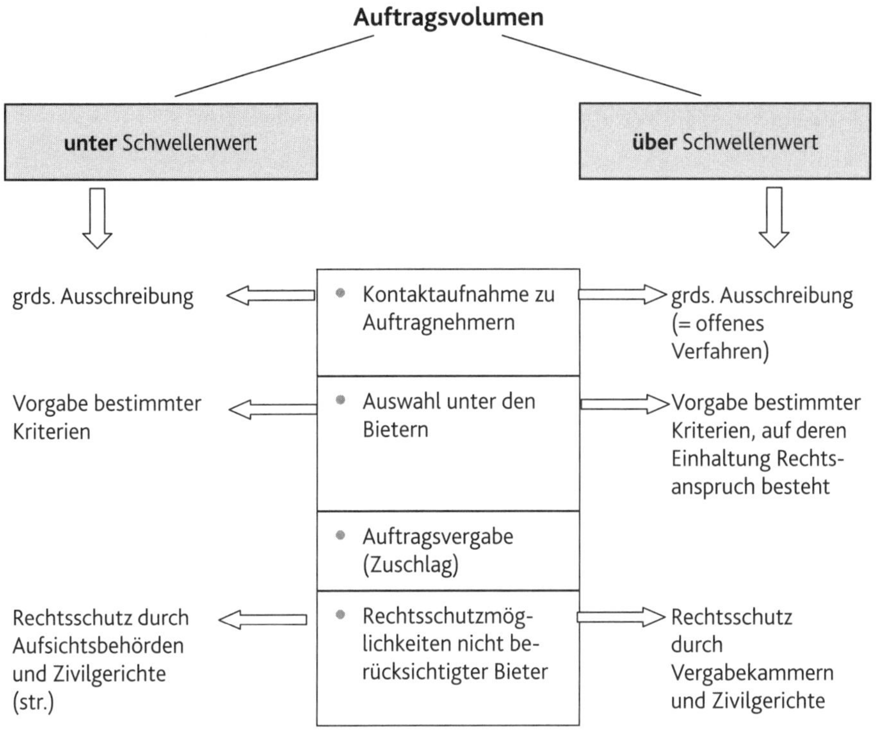

Literatur zur Vertiefung: *Badura* WirtschaftsVerf/WirtschaftsVerw C.II. 5.; *Burgi*, Vergaberechtsschutz unterhalb der Schwellenwerte aus der Hand des Bundesgesetzgebers?, NVwZ 2011, 1217 ff.; *Druschel*, Rechtswegfragen am Beispiel des Vergaberechts, JA 2008, 514; *Hausmann*, Systematik und Rechtsschutz im Vergaberecht, GewArch 2012, 107; *Kühling/Lehmberg*, Das Recht der öffentlichen Auftragsvergabe nach der GWB-Reform von 2009, Jura 2009, 835 ff.; *Lux*, Einführung in das Vergaberecht, JuS 2006, 969; *Raasch*, Die Vergabe öffentlicher Aufträge als Instrument des Verwaltungshandelns, JA 2009, 193; *Ruthig/Storr* ÖffWirtschaftsR § 10; *Schliesky* ÖffWirtschaftsR Dritter Teil Dritter Abschnitt; *Schmidt/Vollmöller* ÖffWirtschaftsR § 6; *Steinberg*, Die Entwicklung des europäischen Vergaberechts seit 2004, NZBau 2007, 150; *Stober* WirtschaftsVerwR AT § 37; *Ziekow* ÖffWirtschaftsR § 9.

III. Die eigenwirtschaftliche Betätigung des Staates

Eine besonders intensive Art staatlicher Einwirkung auf die Wirtschaft ist das Auftre- **1257**
ten des Staates als Konkurrent im wirtschaftlichen Wettbewerb. Teilweise wird die wirtschaftliche Betätigung staatlicher oder vom Staat beherrschter Unternehmen sogar als weitreichendste Einflussnahme des Staates auf das Wirtschaftsgeschehen eingestuft.[1028]

1028 So zB *Gusy*, Die wirtschaftliche Betätigung des Staates, JA 1995, 166 ff. und 253 ff.

Abzugrenzen ist die eigenwirtschaftliche oder erwerbswirtschaftliche Betätigung von der Teilnahme des Staates am Wirtschaftsleben im Rahmen der Bedarfsverwaltung und zur Erfüllung von Aufgaben der Daseinsvorsorge.[1029]

Beispiele: So gehören die Anschaffung von Computern zur Bedarfsverwaltung und das Betreiben eines Verkehrsunternehmens für den öffentlichen Personennahverkehr zur Daseinsvorsorge; dagegen handelt es sich beim Betreiben einer Spielbank durch ein Bundesland um eigenwirtschaftliche Betätigung.

1. Organisation und Erscheinungsformen der eigenwirtschaftlichen Betätigung des Staates

Die wirtschaftliche Betätigung des Staates erfolgt durch **öffentliche Unternehmen.**

a) Begriff des öffentlichen Unternehmens

1258 Eine gesetzliche Definition des Begriffs fehlt. Als wesentlich für das Vorliegen eines öffentlichen Unternehmens werden allgemein angesehen:[1030]

- das Vorliegen einer irgendwie verselbstständigten Organisationseinheit;
- die Zugehörigkeit dieser Organisation zu einem Träger öffentlicher Verwaltung;
- die Vornahme einer wirtschaftlichen Tätigkeit: eine solche liegt vor, wenn die Organisation am Markt Leistungen anbietet; nach wohl hM können dies auch Leistungen sein, die wie die Versorgung von Energie oder die Erbringung von Personennahverkehrsleistungen zur Daseinsvorsorge gehören.

In der Praxis kommen als Träger eines solchen Unternehmens sowohl der Bund, die Länder als auch die Gemeinden in Betracht. Besonders letztere entfalten in jüngster Zeit zahlreiche wirtschaftliche Aktivitäten.

Beispiele: Der Bund hält noch Anteile an der Deutschen Bahn-AG und der Telekom; einige Bundesländer betreiben in öffentlicher Form Versicherungen; Gemeinden/Gemeindeverbände sind Träger der Sparkassen.

Bezüglich der Organisationsform öffentlicher Unternehmen ist danach zu unterscheiden, ob sie öffentlich-rechtlich oder privatrechtlich organisiert sind:

Öffentlich-rechtliche Organisation

1259 Bezüglich der öffentlich-rechtlichen Organisation bieten sich folgende Organisationsformen an:

- der **Regiebetrieb**, der unselbstständiger Teil eines Verwaltungsträgers ist,
- der **Eigenbetrieb**, bei dem das öffentliche Unternehmen zwar kein eigenes Rechtssubjekt darstellt, aber selbstständiger Teil des Verwaltungsträgers ist, was vor allem dadurch zum Ausdruck kommt, dass es mit der Werkleitung und dem Werkausschuss eigene Organe gibt und
- die **Anstalt des öffentlichen Rechts**, durch die ein neues, vom Verwaltungsträger getrenntes Rechtssubjekt entsteht.

1029 → Rn. 690; speziell zur Daseinsvorsorge siehe auch *Doerfert*, Daseinsvorsorge – eine juristische Entdeckung und ihre heutige Bedeutung, JA 2006, 310.
1030 Ähnlich *Schmidt/Vollmöller* ÖffWirtschaftsR § 5 Rn. 3.

Privatrechtliche Organisationsformen

Als privatrechtliche Organisationsform bietet sich die Gründung von Kapitalgesellschaften, insbesondere der AG und der GmbH, an. Soweit diese allein in der Hand der Verwaltung sind, spricht man von sog. **Eigengesellschaften.** 1260

Soweit an der AG oder GmbH auch private Anteilseigner beteiligt sind, spricht man von **gemischt-wirtschaftlichen Unternehmen.**[1031] Diese zählen nur zu den öffentlichen Unternehmen, wenn der Staat beherrschenden Einfluss auf sie hat. Dies kann durch das Halten der Mehrheit der Anteile oder auf andere Weise sichergestellt sein.[1032]

b) Inkurs: Öffentliche Unternehmen als Mittel der Privatisierung öffentlicher Aufgaben

Unter Privatisierung öffentlicher Aufgaben wird allgemein verstanden, dass Privaten eine öffentliche Aufgabe oder deren Erfüllung übertragen wird. Sofern ein Verwaltungsträger eine Aufgabe durch ein Privatrechtssubjekt wahrnimmt, das ganz in seiner Hand ist, spricht man von **formeller Privatisierung.** Zieht sich der Verwaltungsträger dagegen ganz zurück, handelt es sich um **materielle Privatisierung.**[1033] 1261

Davon zu unterscheiden ist die **funktionelle Privatisierung.** Bei dieser behält der Verwaltungsträger die Aufgabe, arbeitet bei ihrer Erfüllung aber mit einem Privaten zusammen. Dazu zählt neben den schon oben besprochenen Möglichkeiten des Einsatzes von Beliehenen oder von Verwaltungshelfern[1034] das Tätigwerden von gemischt-wirtschaftlichen Unternehmen. Eine weitere, sehr aktuelle Form der Zusammenarbeit ist das **Private Public Partnership.**[1035] Dabei arbeiten die öffentliche Hand und ein Privatrechtssubjekt aufgrund entsprechender Vereinbarungen zur Umsetzung eines bestimmten Projekts, wie dem Betrieb eines Krankenhauses oder dem Bau und/oder Betrieb einer Fernstraße, langfristig zusammen.[1036]

2. Rechtliche Grenzen wirtschaftlicher Betätigung des Staates

Allgemeine Regeln, wann der Staat wirtschaftlich tätig werden kann, fehlen weitgehend.[1037] Aus dem Europarecht oder dem Grundgesetz ist kein generelles Verbot erwerbswirtschaftlicher Betätigung ersichtlich.[1038] Allerdings können sich nach hM aus dem GG sowie verschiedenen anderen rechtlichen Vorgaben Einschränkungen der eigenwirtschaftlichen Betätigung ergeben.[1039] 1262

a) Verfassungsrechtliche Grenzen

Aufgrund der wirtschaftspolitischen Neutralität des Grundgesetzes[1040] kann aus der Verfassung kein generelles Verbot der wirtschaftlichen Betätigung des Staates abgelei- 1263

1031 Näher dazu *Schmidt/Vollmöller* ÖffWirtschaftsR § 5 Rn. 4.
1032 Vgl. *Ruthig/Storr* ÖffWirtschaftsR § 8 Rn. 686.
1033 *Ruthig/Storr* ÖffWirtschaftsR § 7 Rn. 626. mit Beispielen.
1034 → Rn. 623 f.
1035 Eingedeutscht »Öffentlich Private Partnerschaft«.
1036 Näher *Ziekow* ÖffWirtschaftsR § 8 Rn. 6 ff.
1037 Vgl. *Schliesky* ÖffWirtschaftsR S. 156 f.
1038 *Britz*, Funktion und Funktionsweise öffentlicher Unternehmen im Wandel, NVwZ 2001, 380 ff. (381).
1039 *Schliesky* ÖffWirtschaftsR S. 158 ff.
1040 → Rn. 149.

tet werden. Vielmehr spricht die Erwähnung wirtschaftlicher Tätigkeiten des Staates in den Art. 74 Nr. 15 oder 108 GG dafür, dass eine wirtschaftliche Betätigung des Staates nicht generell unzulässig ist.

1264 Fraglich ist aber, ob sich aus den **Grundrechten privater Konkurrenten** verfassungsrechtliche Grenzen für den Staat ergeben können. An diese ist der Staat auch bei wirtschaftlicher Betätigung grundsätzlich gebunden, es sei denn die Tätigkeit verfolgt keine öffentlichen Zwecke.[1041]

1265 ■ An welche Grundrechte würden Sie denken?

▶ In Betracht kommen Art. 12 I (Berufsfreiheit) und Art. 14 I (Recht am eingerichteten und ausgeübten Gewerbebetrieb).[1042]

Ein Verstoß gegen Art. 12 I GG scheidet nach hM in der Regel aus, da die Berufsfreiheit keinen Schutz vor Konkurrenz gewährt.[1043] Etwas anderes gilt nach dem BVerwG erst dann, wenn der Staat eine Monopolstellung begründet oder seine Tätigkeit zur Verdrängung privaten Wettbewerbs führt.[1044] Nach der Literatur soll demgegenüber schon eine wesentliche Erschwerung der privaten Tätigkeit für einen Eingriff in die Berufsfreiheit genügen.[1045] Bezüglich Art. 14 GG lehnt das BVerwG einen Eingriff ebenfalls ab, wobei es auch hier darauf abstellt, dass kein Schutz vor Wettbewerb gewährleistet werde.[1046]

1266 Anerkannt ist aber, dass sich verfassungsrechtliche Einschränkungen der wirtschaftlichen Betätigung durch die Geltung des **Rechtstaatsprinzips** ergeben können.

■ Was meinen Sie, welche Prinzipien könnten einer wirtschaftlichen Betätigung des Staates am ehesten Grenzen setzen?

▶ Einschränkungen können sich vor allem aus dem Verhältnismäßigkeitsgrundsatz und der Bindung an die Gesetze (Vorrang des Gesetzes) ergeben. Überwiegend wird auch die Anwendung des Vorbehaltes des Gesetzes vertreten. Danach ist für die Gründung öffentlicher Unternehmen eine Rechtsgrundlage erforderlich.[1047]

b) Haushaltsrechtliche Grenzen

1267 Sowohl das Haushaltsrecht des Bundes, als auch das der Länder setzt der eigenwirtschaftlichen Betätigung Grenzen.[1048] Für den Bund ist § 65 BHO einschlägig. Danach soll sich der Bund an der Gründung oder an einem bestehenden privatrechtlichen Unternehmen nur beteiligen, wenn insoweit ein wichtiges Interesse des Bundes vorliegt, der verfolgte Zweck nicht besser und wirtschaftlicher auf andere Art zu erreichen ist, die Einzahlungsverpflichtung des Bundes betragsmäßig begrenzt ist und der Bund einen angemessenen Einfluss auf das Unternehmen erhält.

1041 BGHZ 91, 84 ff. (96); BVerfG NJW 2011, 1201; *Gurlit*, Grundrechtsbindung von Unternehmen, NZG 2012, 249.
1042 Art. 2 I GG scheidet wegen seines Auffangcharakters nach hM aus.
1043 BVerwGE 39, 329 (336).
1044 BVerwG NJW 1995, 2939.
1045 *Ruthig/Storr* ÖffWirtschaftsR § 8 Rn. 714 f.; *Stober* WirtschaftsVerwR AT § 24 III.
1046 BVerwGE 39, 329 (337).
1047 *Schmidt/Vollmöller* ÖffWirtschaftsR § 5 Rn. 31 mwN.
1048 *Schliesky* ÖffWirtschaftsR S. 170 f.

c) Kommunalrechtliche Grenzen

Soweit sich eine Gemeinde wirtschaftlich betätigt, sind die besonderen Beschränkungen des Kommunalrechts zu beachten. Die Gemeindeordnungen der Bundesländer enthalten insoweit detaillierte Regelungen, das **sog. Gemeindewirtschaftsrecht.**[1049] Diese gelten nur für **wirtschaftliche Unternehmen**. Darunter sind solche Tätigkeiten zu verstehen, die auch ein Privater in der Absicht der Gewinnerzielung vornehmen könnte.[1050] Darunter fallen daher nicht die Einrichtungen der Daseinsvorsorge, wie Versorgungsbetriebe (Wasser, Strom etc.) sowie Einrichtungen des Bildungs-, Erziehungs- und Gesundheitswesens, der Wohlfahrtspflege und des Sports. 1268

Beispiele: Wirtschaftliche Betätigung der Gemeinden liegt vor, wenn bei der Kfz-Zulassungsstelle von einer Stadt ein Kfz- Schilder Verkauf betrieben wird[1051] oder wenn eine Gemeinde ein kommerzielles Wohnungsvermittlungsbüro unterhält.[1052]

Für eine wirtschaftliche Betätigung in diesem Sinne verlangen die Gemeindeordnungen der Bundesländer weitgehend übereinstimmend folgende drei Voraussetzungen: 1269

- das öffentliche Unternehmen muss der Erfüllung eines öffentlichen Zwecks dienen,[1053]
- Art und Umfang des Unternehmens stehen zum bestehenden Bedarf und zur wirtschaftlichen Leistungsfähigkeit der Gemeinde in angemessenem Verhältnis,
- der Zweck des wirtschaftlichen Unternehmens kann nicht besser und wirtschaftlicher durch einen Privaten erfüllt werden (sog. **Subsidiaritätsklausel**).[1054]

Bezüglich der Rechtsform gemeindlicher Unternehmen schreiben die Gemeindeordnungen übereinstimmend vor, dass bei einer privatrechtlichen Organisation, die Haftung auf einen bestimmten Betrag begrenzt sein muss und dass die Gemeinde auf die Führung des Unternehmens erheblichen Einfluss haben muss. Damit bietet sich letztlich nur die GmbH als privatrechtliche Organisationsform an. Zusätzlich verlangen einige Gemeindeordnungen, dass die privatrechtliche Organisation unbedingt notwendig ist und eine öffentlich-rechtliche Organisation Nachteile bringen würde. 1270

Höchst umstritten ist, ob den Vorgaben der Gemeindeordnungen **drittschützende Wirkung** zukommt, dh ob sich private Konkurrenten gemeindlicher Unternehmen auf die Verletzung der genannten Vorgaben für wirtschaftliche Unternehmen berufen können. Bisher hat die Rechtsprechung dies abgelehnt, weil die betreffenden Bestimmungen lediglich dem Schutz der Gemeinde dienen sollten.[1055] Ein Teil der Literatur hält dem entgegen, dass insbesondere durch die Subsidiaritätsklauseln auch der Schutz der privaten Konkurrenten beabsichtigt sei.[1056] In jüngster Zeit haben einige Verwaltungsgerichte den Regelungen in den Gemeindeordnungen, wonach eine wirtschaftliche Betätigung der Gemeinden einen öffentlichen Zweck erfordert, grund- 1271

1049 Vgl. zu den Bestimmungen der verschiedenen Bundesländer *Frotscher/Kramer* WirtschaftsVerfR/WirtschaftsVerwR Rn. 52 ff.

1050 Vgl. zB § 107 I 3 GO NW.

1051 BGH, NJW 1974, 1333 ff.

1052 BGH, NJW 1978, 1538.

1053 Dazu ausführlich *Hösch*, Kommunale Wirtschaftstätigkeit und öffentlicher Zweck, GewArch 2001, 1 ff.

1054 Zur strengeren Fassung in NRW und anderen Bundesländern vgl. *Schöbener/Jahn* ÖffWirtschaftsR –Fälle Fall 12 Rn. 63 ff.; *Stober* WirtschaftsVerwR AT § 33 I 2.

1055 BVerwG NJW 1995, 2938 ff. (2940).

1056 Vgl. zum Meinungsstand *Frotscher/Kramer* WirtschaftsVerfR/WirtschaftsVerwR Rn. 54 f.

sätzlich drittschützende Wirkung zugesprochen.[1057] Die Folgen dieser Urteile sind noch nicht endgültig absehbar.[1058]

d) Wettbewerbsrechtliche Grenzen

1272 Wird vom Staat ein öffentliches Unternehmen betrieben, unterliegt dieses den gleichen wettbewerbsrechtlichen Grenzen wie ein Privatunternehmen. Damit gelten insbesondere die §§ 3 ff. des Gesetzes gegen den unlauteren Wettbewerb (UWG) auch für öffentliche Unternehmen und sind die Beschränkungen des GWB anwendbar (§ 98 GWB). Auch europarechtlich wird die Wettbewerbsaufsicht durch Art. 106 AEUV auf öffentliche Unternehmen ausgedehnt.

1273 Anknüpfungspunkt für die wettbewerbsrechtliche Überprüfung des Handelns öffentlicher Unternehmen ist § 3 UWG. Danach ist eine geschäftliche Handlung (hier also das staatliche Handeln zu Zwecken des Wettbewerbs), die geeignet ist, den Interessen von Mitbewerbern, Verbrauchern oder sonstigen Marktteilnehmern spürbar zu beeinträchtigen, unzulässig. Im Fall des wirtschaftlichen Handelns einer Gemeinde dürfte insoweit § 4 Nr. 10 und 11 UWG in Betracht kommen.[1059]

1274 Zur Feststellung unlauteren Wettbewerbs ist dabei nur auf das **»Wie« des Auftretens** der öffentlichen Hand auf dem Markt abzustellen.[1060] Zwar haben einige Zivilgerichte auch die Frage erörtert, ob sich der Staat überhaupt wirtschaftlich betätigen darf, dh ob der Marktzugang des öffentlichen Unternehmens rechtmäßig erfolgt ist[1061] und dies zB verneint, wenn mit der Tätigkeit kein öffentlicher Zweck verfolgt wurde. Der BGH hat diesem Ansatz aber inzwischen eine Absage erteilt.[1062] Danach dürfen die Zivilgerichte nur prüfen, ob das konkrete Wettbewerbsverhalten des öffentlichen Unternehmens mit den §§ 3, 4 UWG übereinstimmt.[1063]

Abschließend werden in Übersicht 71 die Grenzen wirtschaftlicher Betätigung des Staates noch einmal zusammengefasst.

1057 Insbesondere das OVG Münster DVBl. 2004, 133 ff. mit Anm. *Schliesky* und der VGH Mannheim NVwZ-RR 2006, 716.

1058 Vgl. *Antweiler*, Öffentlich-rechtliche Unterlassungsansprüche gegen kommunale Wirtschaftstätigkeit, NVwZ 2003, 1466 ff. (1469); *Jungkamp*, Rechtsschutz privater Konkurrenten gegen die wirtschaftliche Betätigung von Gemeinden, NVwZ 2010, 546 ff.

1059 Zu § 4 Nr. 11 aF UWG siehe *Frotscher/Kramer* WirtschaftsVerfR/WirtschaftsVerwR Rn. 61.

1060 Vgl. zu einem Fall, in dem ein Wettbewerbsverstoß angenommen wurde BGH, NJW 1974, 1333.

1061 OLG Hamm, NJW 1998, 3504 (sog. »Gelsengrün-Urteil«); OLG Düsseldorf, NVwZ 2000, 11; 2002, 248; OLG München, NVwZ 2000, 835.

1062 BGHZ 150, 347 ff.

1063 Ausführlich dazu *Wernecke*, Die wirtschaftliche Betätigung von Gemeinden und das Wettbewerbsrecht – BGHZ 150, 347, JuS 2003, 958 f.

Übersicht 71: Grenzen der wirtschaftlichen Betätigung des Staates

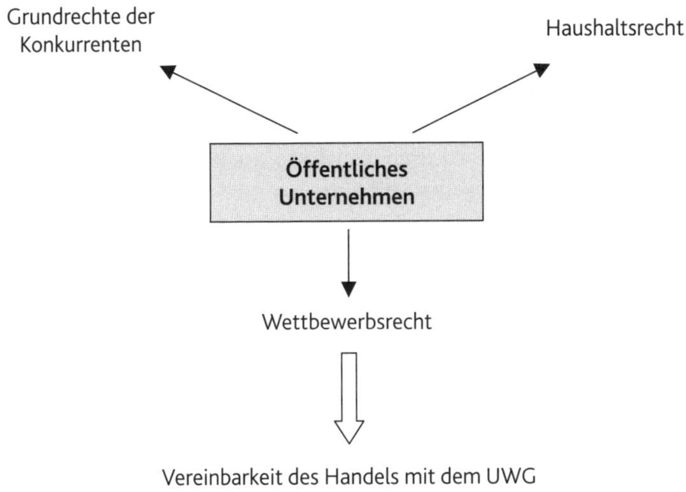

3. Der Rechtsschutz privater Konkurrenten gegen die wirtschaftliche Betätigung des Staates

Öffentliche Unternehmen genießen aufgrund ihrer besonderen Verbindung mit dem 1275
Staat eine Reihe von Wettbewerbsvorteilen gegenüber der privaten Konkurrenz. Private Unternehmen haben daher in der Praxis häufig ein Interesse daran, die wirtschaftliche Betätigung des Staates überhaupt oder die Art und Weise ihrer Ausübung unterbinden zu lassen oder zumindest Schadensersatz wegen erlittener Nachteile zu fordern. Aus welchen Gründen das Auftreten der öffentlichen Hand auf dem freien Markt unzulässig sein kann, wurde oben besprochen. Problematisch ist darüber hinaus aber die Frage, vor welchen Gerichten ein privater Konkurrent gegen das öffentliche Unternehmen vorgehen muss.

Die **Verwaltungsgerichte** sind zuständig, wenn sich ein Streit als öffentlich-rechtlich 1276
erweist (vgl. § 40 VwGO). Entscheidend dafür ist grundsätzlich die Rechtsnatur des geltend gemachten Anspruchs. Soweit der Konkurrent geltend macht, das gemeindliche Unternehmen hätte wegen des Verstoßes gegen die dargestellten Vorgaben des Haushalts- oder Gemeinderechts gar nicht tätig werden dürfen (»Ob« der wirtschaftlichen Tätigkeit) ist der **Verwaltungsrechtsweg** daher eröffnet.[1064]

Beispiel: Ein Unternehmer wendet sich dagegen, dass der Landkreis im Zusammenhang mit der Kfz-Zulassungsstelle einen Betrieb zur Prägung und zum Verkauf der Kfz-Schilder eröffnet; er kann vor dem Verwaltungsgericht auf Unterlassung der Tätigkeit klagen, wenn er die kommunalrechtlichen Voraussetzungen für eine wirtschaftliche Betätigung der Gemeinde nicht erfüllt sieht.

1064 BVerwG 1978, 1539.

Problematisch ist für die Zulässigkeit einer Klage zum Verwaltungsgericht aber außerdem die **Klagebefugnis** des Klägers. Da, wie erwähnt,[1065] die Möglichkeit einer Verletzung von Grundrechten des Konkurrenten grundsätzlich ausscheidet, wird die Klagebefugnis in der Regel nur zu bejahen sein, wenn man den Subsidiaritätsklauseln in den Gemeindeordnungen drittschützende Wirkung zuspricht.[1066]

1277 Der **Zivilrechtsweg** ist nach § 13 GVG für bürgerliche Rechtstreitigkeiten eröffnet. Damit kann ihn ein Unternehmer beschreiten, wenn er gegen das Verhalten des öffentlichen Unternehmens als faktisch gleichgeordneter Wettbewerber (»Wie« der wirtschaftlichen Tätigkeit) vorgehen will.[1067]

Beispiel: Ein Unternehmer wendet sich dagegen, dass der Landkreis im Zusammenhang mit der Kfz-Zulassungsstelle einen Betrieb zur Prägung und zum Verkauf der Kfz- Schilder führt und dafür in seinem Veröffentlichungsblatt wirbt; er kann vor dem Zivilgericht klagen,[1068] da der Staat sich hier gegenüber den konkurrierenden Unternehmen als gleich geordnetes Rechtssubjekt betätigt und der Konkurrent das »wie« der wirtschaftlichen Beförderung bemängelt.

Literatur zur Vertiefung: *Detterbeck*, Der praktische Fall – Öffentliches Recht: Die kommunale Heiratsvermittlung, JuS 2001, 1129 ff.; *Ehlers*, Die Zulässigkeit erwerbswirtschaftlicher Betätigung der öffentlichen Hand, Jura 1999, 212 ff.; *Franzius*, Die wirtschaftliche Betätigung der Kommunen, Jura 2009, 677; *Frotscher/Kramer* WirtschaftsVerfR/WirtschaftsVerwR § 3; *Gramlich* ÖffWirtschaftsR S. 69 ff.; *Gurlit*, Grundrechtsbindung von Unternehmen, NZG 2012, 249 ff.; *Ruthig/Storr* ÖffWirtschaftsR § 8; *Schink*, Wirtschaftliche Betätigung kommunaler Unternehmen, NVwZ 2002, 129 ff.; *Schliesky* ÖffWirtschaftsR Dritter Teil 1. Abschnitt; *Schliesky*, Einwirkungen des Staates auf den Wettbewerb, JA 1997, 902; *Schmidt/Vollmöller* ÖffWirtschaftsR § 5; *Schöbener/Jahn* ÖffWirtschaftsR-Fälle Fall 15; *Stober* WirtschaftsVerwR AT § 24.

1065 → Rn. 1263 f.
1066 *Ziekow* ÖffWirtschaftsR § 7 Rn. 63.
1067 *Schmidt/Vollmöller* ÖffWirtschaftsR § 5 Rn. 48.
1068 BGHZ 82, 375.

Sachverzeichnis

(Die Zahlen beziehen sich auf die Randnummern.)